叢書・ウニベルシタス　1092

スポーツの文化史

古代オリンピックから21世紀まで

ヴォルフガング・ベーリンガー
髙木葉子 訳

法政大学出版局

Kulturgeschichte des Sports.
Vom antiken Olympia bis ins 21. Jahrhundert
by Wolfgang Behringer

Japanese edition published by arrangement through The Sakai Agency

スポーツの文化史――古代オリンピックから21世紀まで◉目次

日本語版への序

韓国でのオリンピック冬季大会がテレビで放映されていたちょうどその時、拙著『スポーツの文化史』邦訳版への序文執筆の依頼を受けた。本書はすでに二〇一五年に中国語訳が出版されて数版を重ねているが、私の仕事の成果が日本の読者にも届くことは大変嬉しい。

幸いにも、拙著のうち三冊がすでに邦訳されている。二〇一三年から二〇一四年にかけてである。一冊は、二〇〇一年にケンブリッジで初版が出た概説書『魔女と魔女狩り――グローバルな歴史』（刀水書房）の英語版からである。ほか二冊はドイツ語版からである。一九九〇年に出版されたヨーロッパのコミュニケーション史に関する研究書『トゥルン・ウント・タクシス――その郵便と企業の歴史』（三元社）と、そして二〇〇七年に初版が出たのちに多数の言語に翻訳されている『気候の文化史――氷期から地球温暖化まで』（丸善プラネット）である。

社会史、法制史、気候史、コミュニケーション史といったこうした真面目なテーマを扱ったあとで、長いこと自分を楽しませてくれたテーマに関する本を書こうと思った。スポーツである。本書の執筆を始めてから、いったい自分は何種類のスポーツを定期的に行ってきたのかを数えたことがある。二三種類だった。たとえばサッカー、ハンドボール、バレーボール、バドミントン、卓球、高跳び、幅跳び、一〇〇メートル走、水泳、射撃（ピストルと空気銃）、ダーツ、水球、カヤック、漕艇、ハイキング、登山、自転車、スキー、スケート。そのどれもトップクラスではなかったが、私はかつて非常に積極的にスポーツを、それも毎日行っていた。そしてもちろん、子供の頃から、熱狂的なスポーツファンだった。一九七二年二月の第一一回札幌冬季オリンピックのことはいまなお覚えている。スキージャンプで日本の選手が金銀銅を独占した。当時、札幌は私の故郷ミュンヘンの公式姉妹都市だった。ミュンヘンでは、同じ年、夏季オリンピックが開催された。日本は、リーダー的なスポーツ国家として登場し、メダル獲得数で、ソ連、アメリカ、ドイツに次いで、上位だった。オリンピックで最多のメダルを獲得した日本の体操選手の加藤沢男（一九四六年生）は、メキシコ大会と同様、ミュンヘンで金メダル三個を獲得し、のちに筑波大学のスポーツ学教授となった。

しかし、一般にスポーツというと、考えられるのは最近の一〇〇年間のみか、あるいはギリシア古代であることが、歴史家としての私には引っかかっていた。古代ギリシアでは、数世紀にわたって、年代をオリンピア競技会に合わせて計算していたほどである。しかし私は、集めた史料の中で、古代と現代のあいだの数世紀にも、人々がスポーツを行っていたことを発見した。とりわけ若い男性たちが、学生であれ、諸侯であれ、スポーツには積極的だった。彼らにとって重要な種目は、走ること、乗馬、剣術、レスリング、水泳、弓術、射撃、弩、狩猟、テニス、フットボール、ファウストバル、体操などであった。一六世紀、イタリアの学者ジェロラモ・カルダーノ（一五〇一―一五七六年）は、多数のスポーツ種目に自伝の一章を割いている。スポーツに際してはまた女性も繰り返し登場してきた。中国では女性が蹴鞠を行い、ヴェネチアでは女性がレガッタを漕ぎ、ネーデルラントでは女性スケーターが登場した。イングランド女王エリザベス一世（一五三三—一六〇三年）は、ダンス、乗馬、弓術に卓越していた。

近世のスポーツに関するテクストや図版を集めるのに何年もかかった。スポーツ史のために使える参考文献がほとんどないからである。しかし、原典史料、日記、年代記、さらには会計帳簿の中に、信じられないほど多くの資料を見出すことができた。ワールド・ワイド・ウェブの検索も驚きだった。ここには、（当然のことながら！）日本の剣術家、モンゴルのレスラー、中国の蹴鞠選手、インドやペルシアのポロプレイヤー、カナダのファーストネーションズのラクロスプレイヤー、スカンディナヴィアやロシアの岩山でのスキーヤーなどの図版があったからである。これらの図版によって、スポーツの古い世界が新しい時代とモンタージュして復活するかのように私には思われた。

確かに日本についてはもっと多くのことを書けるはずだが、残念ながら私には日本語の知識がない。本書でヨーロッパのスポーツ種目の例が多く取られているのは、私がヨーロッパの数言語で史料を読むことができるためである。近代の世界スポーツがイギリスとアメリカに端を発しているため、特に英語は有益だった。また遊戯と試合のスポーツ化がルネサンス・イタリアで開始されたため、イタリア語も重要だった。おそらく、中国や日本を例にしても同じことを示すことができるだろう。だがそれは若い歴史家に委ねたいと思う。

一九世紀、古代のオリンピア競技会を復興させようとする計画によって、近代オリンピック競技会が開始された。近代オリンピック競技会とその競技種目の変遷については、本書で跡付けることができる。二〇二〇年の第三二回東京オリンピックでも、野球、ソフトボール、BMXフリースタイル、空手、スポーツクライミング、スケートボード、サーフィンが新種目となり、レスリングも残留が決まった。本書が第三二回東京オリンピックを機に日本語へ翻訳されることは、私にとって特別の喜びである。翻訳者の高木葉子氏、法政大学出版局とその編集部の方々のご苦労に心より感謝し、日本の読者もまた本書を喜んでくださることを希望してやまない。

二〇一八年三月五日

ザールラント大学教授
ヴォルフガング・ベーリンガー

凡例

一、本書は、Wolfgang Behringer, Kulturgeschichte des Sports. Vom antiken Olympia bis ins 21. Jahrhundert, München, Verlag C. H. Beck, 2012の全訳である。

二、原文の《 》は「 」で、引用文中の引用は〈 〉で表記した。

三、原著のイタリック体は、著書の表題および新聞雑誌名には『 』を付し、古典語の場合にはそのまま表記し、強調箇所には傍点を付した。

四、引用は、既訳に変更を加えた部分がある。

五、訳註は本文の理解に必要な最低限度にとどめ、事項については割註とした。人名については多数であるため、人名索引を参照されたい。

六、図版は必要に応じて、原著にないものも追加した。

七、原著に付された人名索引は、必要と思われる項目のみ採録した。

スポーツの文化史——古代オリンピックから21世紀まで

序章　まず、スポーツをしないこと！

「まず、スポーツをしないこと！」

ウィンストン・チャーチル（伝承）

歴史の授業や大学における史学の勉強でも、スポーツについて耳にすることはなかった。しかしそれは歴史そのものとではなく、文教政治家や歴史家の偏愛と関係しているにすぎない。伝統的な歴史叙述の中でスポーツに関して知ることが少ないとすれば、その理由は、神聖ローマ帝国皇帝カール五世やフランスのフランソワ一世や、イングランドのヘンリー八世のような歴史上の人物たちが汗まみれのスポーツマンであったり、大声を張り上げるスポーツファンであったりしたことを、本の虫レオポルト・フォン・ランケの弟子たちが想像したくなかったからであろう。しかし三人の君主がまさにそうだったことを、われわれは本書で知るだろう。史実と歴史叙述とのあいだのずれを示す典型的な例は、プファルツ選帝侯フリードリヒ四世である。プロテスタンティズムのこの英雄は、三〇〇年を経たのちにも、彼の日記の編集者から非難された。というのも、ほぼ毎日、日記の話題はスポーツと遊びのことだけで、宗教や政治はほとんど言及されていなかったからである。(1)　歴史家モーリッツ・

リッターも否定的に記している。「若い侯は、狩猟と馬上槍試合《トーナメント》、球技と娯楽騒ぎをひたすら好み、内面的には中身のない人であった。[2]」こうした否定的記述においても目立っているのは、決まり文句である。なぜなら、侯の日記によれば、選帝侯が好んだのは舞踊や狩猟などではなくテニスだったからである。平和を愛するスポーツマンは、一九世紀後半の歴史家リッターのイメージには合わなかった。ナショナリズムの時代が欲した若者の模範は、球技者ではなく、英雄的な戦士だったからである。

　スポーツ行為が多くの社会で高い価値を有し、学者も政治家もそれにふさわしく行動したことを本書は示すだろう。古代の哲学者プラトンは、若いときにイストミア祭に参加し、賞品を獲得したレスラーだった。[3]近代物理学の祖サー・アイザック・ニュートンは、老齢になっても上腕二頭筋を見せたがり、成功した現役ボクサーだった時代を追憶した。[4]神聖ローマ帝国皇帝としてはカール五世と呼ばれたスペイン王は、フランスやイングランドの政敵たちと同様に、熱狂的なテニスプレイヤーだった。彼らは身体を使うことによって、ただ娯楽に興じただけではなく、支配力をも誇示したのである。そうした例は現代にも見られる。老いた毛沢東は、文化大革命〔一九六六―一九七六年〕を開始する以前にカメラの前で揚子江を泳ぎ、体調がまだ良好であることを世界にアピールした。[5]イギリスの『デイリー・メール』紙は「選挙のためのランニング」〔立候補する＝run for election〕というしゃれの見出しをつけ、ジョギングする政治家たちを掲載した。[6]アメリカの大統領候補者は、日々スポーツをして——いったい彼らはほかにすることがないのだろうか——みずからの能力を実演する。バラク・オバマ大統領はバスケットボールやジョギングをしてみせる。一九七九年のジミー・カーター大統領のように、ジョギング中に発作を起こすことはイメージを落としてしまう。[7]スポーツを軽蔑する人が引き合いに出したがる名言「スポーツは殺人である」が真実であると証明することはできない。サー・ウィンストン・チャーチルは、若い頃はフェンシングの達人であり、インドでは騎兵連隊の少尉であり、かなり高齢になるまで熱狂的なポロとゴルフのプレイヤーだった。そのようなチャーチルを見れば、今も引用されることの多い彼の箴言「まず、スポーツをしないこと!」も、「スポーツは殺人である」も、正しくないことがわかる(8)。

それにもかかわらず、多くのスポーツ学者はチャーチルのモットーを借用したようである。スポーツは一〇〇年か二〇〇年前にはまったく存在していなかったか、せいぜいのところ宗教祭の枠内での儀式的な試合が存在していただけであると言われる(9)。社会学者ピエール・ブルデューは、もっぱらこの理論を踏襲して、現代のスポーツとかつての運動諸文化を区別した(10)。ドイツのイギリス学者クリスティアーネ・アイゼンベルクは、サッカーは一八六三年になって初めてイギリスで発明され、イギリスの「伝道師たち」によって世界の残りの地域に広められたという見解を代表している(11)。彼女によれば、サッカーはイングランド・サッカー協会によって制定されたルールに従い、定款をもつクラブによって組織され、規定どおりの競技形式で実施されたので、サッカーだけがスポーツ種目であったのだという。だが、クラブやナショナルリーグのような一九世紀のメディアや制度によってスポーツを定義するならば(12)、それより以前にスポーツは存在しなかったという考え方があっても驚くに値しない。クラブ(Verein)は市民社会の典型的な制度であり、鉄道がなければ大国ではナショナルリーグは存在しえなかったし、飛行機がなければ世界選手権は存在しえなかった。しかし、すでに一九世紀以前にスポーツを行い、たとえ多少異なったルールに則ってではあっても、明らかにサッカーをしていた人々すべてを、そうした狭い定義ではどのように扱えばよいのか。[13]

かつて、歴史家たちのあいだの議論のひとつでは、概念の存在しなかった事象や事物は史実においてまったく存在しえなかったのかという点が問題になったが、[14] そうした議論は現在では収拾されてきた。多くの分析的な概念はかなり最近のものであり、新しい理解関心に対応しているので、古いテクストの中には見出せない。しかし、「政治」や「社会」のような現象は、それについて語り始める以前にすでに存在していたのである。[15] スポーツも同じである。比較的最近のスポーツ学の一部では、「スポーツ」は概念として、また事象として、一九世紀以前には存在しなかったと主張されたが、それが誤りであることは論証できる。語源的に、英語の*sport*は、中期英語の*disport*、古フランス語の*desport*ないしは*se desporter*から派生している。これは、「興じる」という意味をもったラテン語の*de(s)portare*に基づいている。[16] この語は「我を奪われる」を意味しており、今日でもなお、何百万もの人々が、選手やファンとして大好きなスポーツに文字どおり「忘我する」。*desporter*という語は、フランス語では「興じさせられる」という意味で一三世紀に登場し、一四世紀初頭にイングランドへ広まった。一五世紀初め、女性の曲芸師は*disporteress*と呼ばれた。近世の開始と同時に能動的な*sporters*が語られるようになり、英語では省略形の*sport*が総称概念として普及した。[17]

イングランドのヘンリー八世は、充分に気晴らしを楽しむと、そのあと何時間もそれについて語りたがった（when he hath had good sport, he will talk thereof three or four hours after）。王妃キャサリン・オブ・アラゴンと宮廷貴族たちは皆、「気晴らしで（in disports）夏を過ごした。」馬上槍試合《トーナメント》、輪突き、競馬、（馬、犬、鷹などを用いての）狩猟、馬や徒歩での刀剣試合、（牛、熊、犬、闘鶏用ニワトリなどの）動物の格闘、弩射や弓射、バドミントン、テニス、レスリング、ボウリング、ダーツや投擲、玉突きやチェス、舞踊、馬の遠乗り、散歩が彼らの日常の気晴らしだった。イングランドの多くの居城や離宮の宮廷社会に必要なインフラを施設し維持するためだけでも、何百人ものスポーツ教師、トレーナー、審判員やボールボーイ、建築家、景観プランナー、競技場管理人や器具責任者が必要だった。宮内官職には「キーパー・オブ・ザ・テニス・プレーズ（The Keeper of the Tennis Plays）」も含まれていた。さらに休暇の行事が重なる祝祭期間には、「マスター・オブ・メリー・ディスポーツ（Master of Merry Disports）」が調整のために任命された。[18]

ジェームズ一世は『スポーツの書』の中で、清教徒の聖職者の意に反して、日曜日にも弓射や舞踊や跳躍のような人気のある娯楽を許可したが、過激な新教徒たちは、一六一八年、その『スポーツの書』を焚書にした。[19] スポーツは、英語では楽しみや気晴らしのために行われる「娯楽（pastimes）」とほぼ同意であった。[20] ジョゼフ・ストラットの『イギリス人のスポーツと娯楽』はスポーツ史の範となったが、その出版から見て取れるように、スポーツと娯楽のこうした同意性は一九世紀に至るまで残っていた。[21] ヨーロッパの各言語に同様な概念があることは同時代の辞書からわかる。一六世紀、ドイツ語では、これに相当する上位概念は「娯楽（Kurzweil）」だった。[22] ヨハン・ハインリヒ・ツェードラーの『百科事典』は、「競走（Wett-Rennen）」の項に、記録の記述や賭け金の額を含めて、同時代のドイツ、フランス、イタリア、イギリスのスポーツ種目と、古代ギリシア・ローマ史におけるスポーツ種目（競走、戦車競走、競馬、ゴンドラレースへの参照指示）をまとめている。[23] 英語で*games*、ドイツ語で*Spiele*と言うのとまったく同じように、スポーツの事柄に対して、イタリア語では上位概念

過激な新教徒たちに促されて死刑執行人が国王の『スポーツの書』を焚書した。新教徒たちは、余暇の娯楽が許可されたことに、日曜日の安息が無視されたのを見た。1618年、イングランド、木版画（作者不明）。

giuochi[24]、フランス語では*jeux*[25]、スペイン語では*juegos*[26]が用いられた。この*Spiele*という上位概念のもとで、ツェードラーの『百科事典』では、玉突き試合（Billardspiel）、「ペルメル球技（Pallemail）」（イタリアのパラマリオ）、またクインティン走（Quintanrennen）、馬上槍試合《トーナメント》（Turnierspiel）といった項目へと行き着く。そこでは、今日の概念によれば——部分的には、賭け事（Glücksspiel）[27]、カードゲーム（Kartenspiel）、盤上ゲーム（Brettspiel）、子供の遊び（Kinderspiel）とは明らかに異なって——近代的な意味でのスポーツが問題になっていた[28]。

ある文献には、オリンピア競技会の古代や騎士の中世と一九世紀とのあいだの時代、スポーツは完全に停滞していたという見解が見出される。その著作は『近世のスポーツ史』という表題をもち、三つの誤った判断を含んでいる。第一に、スポーツは、一九世紀と中世に繁栄したのに対し、近世には衰退したとされた。第二に、近世の娯楽は競争ではなかった、点数も数えなかったし、賞も与えなかったとされた。そして第三に、一七世紀にひとつの区切りがあったとされた。つまり、それまでは中世の軍事訓練が支配的であり、そののち舞踊とバレエが優勢となって、ついに一九世紀に真のスポーツが発明されたのだという。[29] 他方、ますます多くの歴史家たちが次のような考え方に傾倒してきている。すなわち、「スポーツは、そのときどきの文化の中で、変化する自然、政治、社会、歴史的条件によって規定され、独自の特徴を有した人類学的な定数である。[30]」

スポーツを理解するためのさまざまな試み

スポーツとは何かを定義する試みは、これまで誰も成功していない。そのため、比較的新しい社会理論は、スポーツとは本来「社会的構築物」であるという妥当な結論に達している。スポーツとは何かを存在論的に問うべきではなく、「スポーツが何を意味するのか[31]」を「文脈論的に」に問うべきだとする結論は、完全には納得のいくものではない。なぜなら、そこでは再び、スポーツの定義が必要となるからである。スポーツは「社会的構築物」であるという結論を導き出した歴史家の見解からは、さまざまな形態の社会はさまざまな形態のスポーツを生み出すと総括しなければならない。アメリカのスポーツ社会学者アレン・グットマンは比較的初期の著書のひとつで、遊びとスポーツがどのような関係にあるのかを探り出すために、一種の二元的区別による図式を考案した。彼は、遊び（*play*）を上位概念とし、スポーツは、自然発生的な遊びではなく組織化された遊び、つまりゲーム

(*organized play* = *games*) であるとする。次にスポーツは、競争しないゲームではなく競争するゲーム、つまり競技《コンテスト》(*competitive games* = *contests*) であり、さらに精神的に競争する競技ではなく身体的に競争する競技 (*physical contests* = *sports*) であるという。(32) この区分 (*play, games, contests, sports*) は思考モデルとしては有益だが、他方で言語的には限界がある。なぜなら、他言語――たとえばドイツ語――には、これと同じ区分が存在しないからである。実際、この区分ではほとんど何も始められないだろう。なぜ今日ピストル射撃はスポーツとみなされ、袋跳び競争はそうではないのかについて、この区分で説明することができるだろうか。

さまざまな社会がさまざまなスポーツ種目を生み出すとき、スポーツは、今日のスポーツ概念をまだ知りえなかった時代の人々がつくったものであるだけではなく、われわれがそういうものとして確認できる活動でなければならないようである。これは、グスタフ・アドルフ・エーリヒ・ボーゲングの言う、あの有名な「すべての民族と時代のスポーツ」のことだろうか。(33) ライプツィヒの民俗学博物館長カール・ヴォイレは、論文「スポーツの民俗学」において、そうした民俗学だけが包括的な考察の基礎を提供することができるという認識に至っている。彼はそのために、彼の時代の民族誌の文献から、地球の全地域における――当時の言葉を用いれば――原始民族の驚異すべきスポーツ競技を収集した。ヴォイレはそれによって、本質的には他文明においても、古きヨーロッパと同じスポーツ種目が行われていたと示すことができた。つまり走ること、跳躍、投擲、登攀、棒で闘うこと、レスリング、射撃、水泳、漕ぐこと、狩猟、体操、さらにフットボール、ハンドボール、打球技のチーム競技など。唯一の相違点は、アフリカ、アメリカ、アジア、オーストラリアの多くの地域では、選手が裸体で（あるいは裸体に近い姿で）スポーツをすることであった。[34] いずれにしても、それは古代ギリシア人と共通していた。一九八〇年代以降、伝統的な社会におけるスポーツは、新しい人類学によって集中的に研究されている。その調査結果によれば、ほかの諸文明の身体を強調した競技がスポーツと関連していることはもはや疑う余地はない。[35]

あらゆる競技には遊びの要素が含まれている。オランダの文化史家ヨハン・ホイジンガは遊びを人間文明の根源のひとつと呼んだ。ホモ・ルーデンス――遊ぶ人間――は、動物から際立ち、より高次の文化のためにエネルギーを放出する。テーゼはこうである。遊びは、「文化の競技《アゴン》的な基礎」である。[36] ホイジンガによれば、遊びの主要な特徴は、利害から自由であること、「日常生活の外にあること」、空間的・時間的な制約、反復の可能性、拘束力、そして「規則に統べられてあること」である。[37] 人類学者エドワード・ノルベックは、ホイジンガの定義に、文化を比較する分析にとって有益な修正をつけ加えた。彼の主張によれば、人間の遊びの行為には、遊びとスポーツのほかに、演劇、音楽、芸術が数えられるが、そうした遊びの行為は遺伝的性向によって制約され、それぞれの文化に特有の形を取るという。[38]

社会学において、スポーツは文化の根本思想を分析するための鍵であり、さらには、社会の機能方法を知るための鍵であるとする考え方が存在する。その典型は、アメリカの人類学者クリフォード・ギアーツによるバリ島の闘鶏に関するエッセイである。エッセイは、この――当時すでに不法だったが頻繁に行われていた――闘鶏がバリの社会の中心的価値を具現しているという証明を試みている。闘鶏を調査すれば、――たとえば血縁関係のような――ほかの対象に向かうよりも、バリの社会について多くを知ることができる。もっとも重要なのは、闘鶏用のニワトリがその所有者、親族、村落の代理者とみなされ、闘鶏のパフォーマンスが観客の賭け行為とともに、すべての可能な社会的つながりをたどって別の深い次元を獲得し、それによって多くの次元で意義深いディープ・プレイになるという認識である。(39) アレン・グットマンは似たような方法で、野球をアメリカ合衆国に典型的なスポーツと解釈した。野球は、ヨーロッパでも世界のほかの地域でも大きな共感を得られなかったが、アメリカの開拓者精神を代表している球技であるという。(40) 野球が人気を失ったのち、政治学教授マイケル・マンデルバウムは、アメリカ合衆国におけるもっとも人気のあるスポーツ種目の年代順構成を試みた。彼によれば、野球は「時間に制約されない田舎の世界」の理想的なスポーツ種目である。スピードの速い乱暴な格闘的球技アメリカンフットボールは工業国アメリカのチームスポーツだったが、その工業国アメリカの意義も減少した。そしていまや人気上昇中のバスケットボールは、非暴力的な名人芸とともに、女性も行うことができて、アメリカの国境を越えてファンを集め、ポスト工業国アメリカのゲームであるという。(41)

グットマンは、主著『儀式から記録へ』の中で、「近代スポーツの本質」を浮き彫りにしようとした。(42) かつてのスポーツの宗教的性格と二〇世紀の記録偏重に関する彼の診断は、議論する価値がある。伝統的な社会におけるスポーツの宗教儀式的な意義は明白だからである。今日の人類学者たちの定義によれば、現代のスポーツ競技もまた高度に儀式化されているという。現代のスポーツ競技も観客の共通の価値についてなにがしかを語り、常に同じ形式で進行するからである。観客はスタジアムへ行き、入口に並んで待ち、自分の席を見出す。国歌が演奏され、国旗が掲揚され、観客は一緒に酒を飲

石器時代のフットボール。われわれのスポーツはいつから存在しているのか。

み、特定の装飾品（スカーフ、帽子、バッジ）を使用し、一緒に動き（跳び上がったり、腕を上げる）、シュプレヒコールを行い、歌い、歓声を上げる。場合によっては勝者が表彰され、スタジアムでアナウンスが行われる、など。われわれはそれを当然のことのように思うので、儀式だと認めないだけなのである。

そもそもスポーツはいつから存在したのだろうか。身体的競技を行う能力が人類の発達史上の遺産であることは確実である。われわれの太古の祖先は、狩猟と採集によって生計を立てた。持久力をもって走り、跳び、投げることは、彼らにとって、生き残るための前提条件のひとつであった。だから、競技はいつから存在したのかについては推測することしかできない。動物界における能力の比較は、われわれの太古の祖先もすでに能力を「測り比べていた」ことを物語っている(43)。最終氷期が終わったのちに人間が定住し、農業と牧畜によって食物生産が増大したことは、スポーツや遊びの発生と繰り返し関連づけられてきた(44)。しかしマーシャル・サーリンズの「始原のあふれる社会」に関する研究以来、狩猟・採集民は耕作民よりも栄養状態が良く、多くの自由な時間をもち、放浪していたために、身体状況も良かったことが知られている(45)。およそ一万年前に定住が開始されて以後、身体を訓練する方法が変化したのだと、しばしば考えられてきた。だが決してそうではない。というのも、半遊牧生活から周期的な定住への移行まで、定住化の過程はきわめて複雑だからある。そのうえで新石器時代以後の農耕文化において、貴族の上層階級は、相応な訓練を積んで競争し、狩猟と競技を愛好してきた。野生動物の家畜化は、狩猟、戦争、競技の新しい形態を可能にした。馬の使用は体系的な訓練を必要とし、馬は平衡を保つことができるようになった。紀元前二〇〇〇年頃以降、アッシリアで騎乗用に馬が利用されるようになった。紀元前一八世紀、戦車御者の養成期間は三年であった。紀元前一六世紀になって、狩猟や戦争、行列や競争のための戦車が古代オリエントで普及したが、ギリシアでもそのレベルに到達するまでにはさらに一〇〇〇年かかった(46)。

もちろん、たとえば国家形成、宗教改革、文明化の過程、産業化、専門職化などの通常の社会学的概念を用いてスポーツ史を論じることはできる。社会学者ノルベルト・エリアスは、亡命中にスポーツ学の先駆者となり、一九三〇年代に近世の宮廷社会の解釈において発展させていた形態（Figuration）分析の方法論(47)をスポーツ史に応用して、身体技法の変化が社会構造の変化をどのように反映しているのかを研究した(48)。そうした試みはヘニング・アイヒベルクによって取り上げられた。アイヒベルクは、一七世紀において、「バロックの行動規範としての幾何学」が、舞踊、剣術、乗馬、造園、築城のような諸領域に浸透していると示すことができた(49)。アイヒベルクはのちに間期《はざま》（Sattelzeit）の仮説を代表するひとりとなった。その仮説によれば、時代の深い溝が一八〇〇年頃の世界をそれ以前とそれ以後に分けることになった。彼の見解に従えば、社会が決定的に変化し、身体運動が「祭典から専門性」へ発展したのは、産業化が原因だったとされる。時代のこの溝以前には、祭典だけが存在し、それ以後にスポーツが存在するようになったのだという(50)。

こうした比較的古いスポーツ史は、進歩というカテゴリーによって導かれている。しかし二〇世紀の野蛮を目の当たりにして、今日、絶え間なく進歩する文明化の過程というコンセプトを信奉することはできない。テオドール・W・アドルノは『啓蒙の弁証法』の補遺で書いている。「スポーツはすでに遊びではなく儀式である。支配下に置かれたものたちはみずからが支配下に置かれていることを祝祭する。個人が自己の身体を再び進んで奉仕させることによって、彼らは自由をパロディー化する。[…]大衆文化を支配しているものたちは、彼らが大衆を独裁している本来の基盤をスポーツの熱狂の中に嗅ぎ取るが、スポーツの熱狂はここに由来している(51)。」さらにマクロ理論やグローバルコンセプトに対する懐疑も増大している。以前の状況を現在の状況の尺度で測ろうとするときに、そうなるのである。まさにわれわれの時代、スポーツは非常に速く変化しているので、さまざまな可能性を手探りする以外に、どこに尺度があるのかを正確に言うことはできない。スポーツ活動の分野は、余暇スポーツから障害者スポーツやニュースポーツへと拡大したため、オリンピックのモットー「より速く、より高く、より強く」(*citius, altius, fortius*)は通用しなくなっている(52)。ハーフパイプにおいて意味のあることは、新体操においてはただ条件付きで意味をもつだけであり、シンクロナイズド・スイミングにあってはもうまったく意味がない。競技スポーツは、スポーツ活動の多様性の中のひとつの構成要素であるにすぎない(そしてまたそれ以上でもなかったのである)。

本書がもたらすこと

『ルディカ』誌の創刊記念会議は、ベネトン財団の援助を受け、エリック・ダニングのようなトップクラスのスポーツ社会学者が参加して、ゲラルド・オルタリとベルント・レックによって開催された[53]。私は、その会議に偶然に出席することになって以来、歴史書には登場してこない日常史の一分野としてのスポーツ史に関心をもつようになった。「ジャーマン・ヒストリー・ソサイエティー」によってロンドンでスポーツについてのシンポジウムが開かれ、その講演に招待されたり[54]、また、『近世百科事典』（一六巻、シュトゥットガルト、二〇〇五―二〇一二年）に専門編集責任者として携わったりしたおかげで[55]、私はその関心をさらに深めることができた。スポーツの文化史に集中していくにつれ、文献の状況から判断して、決定的な諸史料がこれまで使用されてこなかったことがわかった。その史料とは、当時の人々の日常生活や考え方に関する情報を提供してくれる往復書簡、回想録、日記、会計帳簿、教区や市裁判所や政府の議事録、さらには新聞記事や当時印刷された広範囲な文献である。特にアルント・クリューガーやジョン・マクレランドの新しい出版物を読み、多くの新たな視点を得たが[56]、全体像を記述する試みは意義があるように思われた。

本書の関心は、いわゆる近世、つまり印刷発明と鉄道建設のあいだの時期[57]が、オリンピア競技会の古代と一九世紀以後の近代スポーツの興隆とをつなぐ機能を担い、その知識がなければ、比較的新しいスポーツの発展を理解することはまったくできないことを明らかにする点にある。このテーゼは突飛なものではない。なぜなら、ルネサンスの時代に古代のスポーツが再発見され、これと関連して

「近代のスポーツの端緒」が見出されたことを、歴史研究が明らかにしているからである[58]。近世が経過する中で、人間の身体は教育され訓練された[59]。このことは、新しく成立しつつあった教育学と行儀作法の教本で形成された規範システムの枠内で起こった。こうした訓練のプログラムをわれわれは今日なおスポーツと呼ぶことができるし、イングランドでは当時すでにそう呼ばれていた。

しかし本書では、ヨーロッパ史において近世にはそれ以前よりも多くスポーツが行われていたという事実だけではなく、スポーツという事象の基本的な性格を知ることにもなる。さらにその性格は、――そう主張するのであれば――今日まで影響を及ぼしている。ヨーロッパの中世末ないしは近代の始まりの時期、軍事訓練や人気のある競技のスポーツ化（*Sportifizierung*）が見られた。これは、さまざまな発展が身体とその運動の新たな理解へと収束し、労働と余暇の関係のような大枠の諸要因が変化したことと関連している。数年来、研究は、余暇とそれに付属する新しいレクリエーション活動が――一九世紀になって初めてではなく――近世においていわば発明されていたと論証している。*divertissement*（気晴らし）、*leisure*（レジャー）、*pastime*（娯楽）、*passare il tempo*（暇つぶし）、*Zeitvertreib*（気晴らし）、*Kurzweil*（娯楽）といった概念群――つまりひとつの意味領域全体――は、一五世紀以降、ヨーロッパで広まった。そしてこの観察結果は、イングランドにおける*sports*という語野の発展、また、そのほかの言語における同種の概念の発展と合致している[60]。

本書のテーゼは、スポーツ化という事象を近代の基本的なプロセスとみなすべきであるという点にある。規律化、法治化、世俗化、近代化、グローバル化などのように、近代の多くの重要概念は変化の基本的な過程を表すが、スポーツ化もそれらの過程のひとつとして理解しなければならない。そうした過程は近世に始まり、今日まで持続している。つまり、近代全体を構成している。それらの概念は、発見的な道具として新しいテーマを解明し解説することによって、歴史の理解に貢献している。(61)スポーツ化という事象がいかに中心的であるかは、スポーツ化が先に挙げたすべての過程とともに近代の基本的な過程の輪郭を浮かび上がらせるだけではなく、それを越えて、まったく新たな次元を開く点にある。すなわち、身体と個人の視点という次元である。身体に対する考え方は近代が開始すると変化した。(62)歴史のそれ以前の時代と比較して、日常や物質文化は決定的に変わった。(63)スポーツ化の基本的な過程が社会理論の巨匠たちによってそのように認識されなかったことは、彼らが歴史家たちと同様に、少なくとも一九二〇年代まで、スポーツに関心がなかったことによる。(64)この点で、人類学者のほうが進んでいた。経験的なフィールドワーカーたちは、伝統的に生きている諸民族が集中的にスポーツ活動を行っていることに驚嘆し、それについて発表し始めたのである。(65)

今日の社会においてスポーツがどのような意義をもっているかは、多くの指標において読み取ることができる。たとえば、スポーツをする人数が多いこと、トップクラスのスポーツ選手たちの人気のレベルと高収入、スポーツ会場の収容能力。何しろ、教会、劇場、その他の集会場よりもはるかに多くの観衆が入場するのである。さらに余暇のための予算、日刊新聞、テレビ番組の中でスポーツが占める割合。政治家たちがスポーツの大きなイベントに出席することからもスポーツの意義がわかる。どちらかといえばスポーツとは疎遠の連邦首相アンゲラ・メルケルでさえも、ドイツで開催されたサッカー・ワールドカップの際にはスタジアムに姿を見せるべきであると感じた。こうしたことの一部は最近数十年に発展したことであるが、むしろ私が本書で示したいのは、これらの現象のかなり多くが非常に長い前史をもっているということである。問題は、歴史的に正確にどこから始めるべきであるかということだけではなく、ヨーロッパのスポーツが他文明のスポーツとどのような関係にあるのか、近代の世界的なスポーツがヨーロッパ内外の伝統的なスポーツ文化とどのような関係にあるのか、である。そして最後に、考えれば考えるほど答えが難しくなる問題、つまり、スポーツとは何か、である。

一冊の書物にとって、これは荷が重すぎる。それゆえ、記述の方法として、歴史的発展の基本的特徴を明解にするために、繁茂する情報の中へ何本かの大きな道を切り開くことしかできない。スポーツ法(66)、スポーツジャーナリズム(67)、近代のスポーツ医学(68)、ドーピング(69)のような多くの重要な個別の問題も、残念ながらわずかしか触れることができない。また、全スポーツ種目を同じように扱うことはできない。最近、ある著者が球技だけで三二〇種を叙述し、実際に幾つの球技が存在するのかを数え上げることはできないと注釈した(70)。スポーツ種目の選択は各自の好みによるところもある。しかし常に重要なのは、それ自体のためにではなく、包括的な視点を記述するための方法として、あるテーマを扱うことである。歴史家の私にとっては、歴史における変化を考察すること、そしてその原因を追究することが関心事であるが、その答えは、社会におけるスポーツの諸機能を問うことと関連している。歴史的な展望を明確にするために、各章は年代順に配置されている。さらにより良い理解のために、各章を細分化し、テーマ別の短くわかりやすい見出しをつけた。時間はスポーツにおいてだけではなく実人生においても貴重なため、本書は情報を提供し、読者を驚かせ、楽しませることをめざしている。本書は、スポーツの比較的古い定義にあるように、記録を破るものではなく、気晴らしに貢献するものである。

テクニカルな指示

註は数が多いためにその内容を必要最低限にとどめた。註に記載されている引用文献は紙面の都合で副題を省略し、通常では付される版や翻訳を記していない。百科事典からの引用は見出し語を挙げた。本文中の段落の最後に註番号をつけているとき、その註は段落全体に関係している。補遺の小ブックガイドは、完全な書名で掲載した。議論の余地のないデータは、——特別に指示されていない限り——スポーツ連盟のホームページおよび世界選手権やオリンピックに関するウィキペディアから借用した。同様に、資金データ、競技場、スポーツの諸結果、クラブ（Verein）やスポーツ選手に関するデータは、*sports-reference.com* などの公式ウェブサイトから取られている。インターネットの情報は、二〇一一年一二月と二〇一二年一月に閲覧した。専門誌の検索には、デジタル化された全テキスト・アーカイブである *JSTOR* を利用した。多くのデジタル化プロジェクトのおかげで、古版本もオンラインで利用できるようになってきた。

謝　辞

研究休暇という制度と有能な協力者たちの存在がなかったら、本書の執筆は不可能だったろう。協力者たちは、図書の貸し出し、取り寄せ、コピー、校正を行い、議論に参加してくれた。ここ数年、ヨーロッパレベルでさまざまなコンタクトを取れたのは、まず、ベルリン、パリ、ザールブリュッケンにおける生産的なワークショップのおかげである。[71] これらのワークショップは、レベッカ・フォン・マリンクロットによって、ドイツ学術振興会（DFG）の国際的なネットワーク「近世の身体技術」の枠内で催された。さらにまた、二〇一一年、ロンドンのジャーマン・ヒストリカル・インスティトゥート（GHI）でアンゲラ・シャットナーが運営に協力してくれた会議のおかげでもある。[72] これらの会議の参加者、ヴォルフェンビュッテルのヘルツォーク・アウグスト図書館における国際サマースクールの参加者、[73] そしてスポーツ史に関する私の演習に出席してくれた学生に、数多くの刺激をいただいた。ここに謝意を表したい。同じく、オーストリアとドイツの州立および市立公文書館が文書による照会に独自の調査で寛大に対応してくださったことにも言及しておきたい。最後に、C・H・ベック出版社のクリスティーネ・ツァイレは、文化史に関する諸企画に関心を寄せ、的確に担当業務を行ってくれた。私の長年の相談相手であり原稿審査担当者である彼女に感謝する。彼女の同僚ジモーネ・グンディとベッティーナ・ブラウンも原稿の分量を短縮するよう提案してくれたり、満足のいく編集作業をしてくれた。もちろん、それぞれが別々のスポーツをしている私の家族にも特別の感謝を捧げなくてはならない。

第一章　古代の競技

オリンピアの精神

オリンピアの勝利は人間にとって何の役に立つのか

ギリシアは多くの悪を知っている。しかしもっとも悪いのは競技選手たちである。

エウリピデス、紀元前五世紀

かつてひとりのスポーツ選手が古代オリンピア競技会で無敗を誇ったことは、人間にとって何の役に立ったのだろうか。ローマの建築理論家ウィトルウィウスがスポーツとスポーツ選手の無益さを揶揄したとき、スポーツを批判することには長い伝統があった。哲学者プラトンは、筋肉の機能に集中することが知力の形成を妨げるのではないかと考えた。古代ギリシアの劇作家エウリピデスは、『アウトリュコス』の中で、スポーツ選手のカロリー需要が高いことを、「咀嚼器官の従者」、「胃の奴隷」

と嘲笑した。古代ギリシアの都市国家市民は、一団となってオリンピアへ巡礼し、そこで人生の目標が食べることである人間たちに歓声を送ったが、そうしたことよりも、統治が上手くいっているかどうかに注目すべきだったろう。そして政治家は、人間の真の徳を促進することに配慮しないで、単なる大衆迎合主義からオリンピア詣《もうで》という愚行を許した(1)。

古代ギリシアにおいては、スポーツ競技で成功すれば、経済的・政治的な出世への道を開くことができた。歴史家トゥキュディデスが報告しているように、裕福な若き政治家アルキビアデスは、シチリア遠征〔ペロポネソス戦争中の紀元前四一五—紀元前四一三年にかけて、アテネが行ったシチリア方面に対する軍事作戦。アテネ軍は、スパルタとシチリアのシラクサ連合軍の前に敗北した。〕のために軍事的な指揮権を得ようと努め、オリンピアで七台の馬車を戦車競走に参加させて勝利し、その指揮権を得た。そしてヘロドトスのようなかつての偉大な人物たちは、自分の名声を広めるためにオリンピア競技会を利用したと言われている。紀元後一六五年にみずからオリンピア競技会を訪れた古代ローマの作家サモサタのルキアノスは次のように書いている。「いままさに、オリンピアでの祭典が行われようとしていた。ヘロドトスは自分が探していた機会がここにあると思った。だから彼はオリンピアへ旅し、ゼウス神殿の後方の空間から自分の歴史書を朗読した。そののち、ヘロドトスの名を知らない者はギリシアにはもう誰もいなかった。オリンピアで彼を見なかった者は、祭典に参加して故郷へ帰ってきた人たちがオリンピアで体験したことを話したときに、ヘロドトスについて知ることになった(2)。」

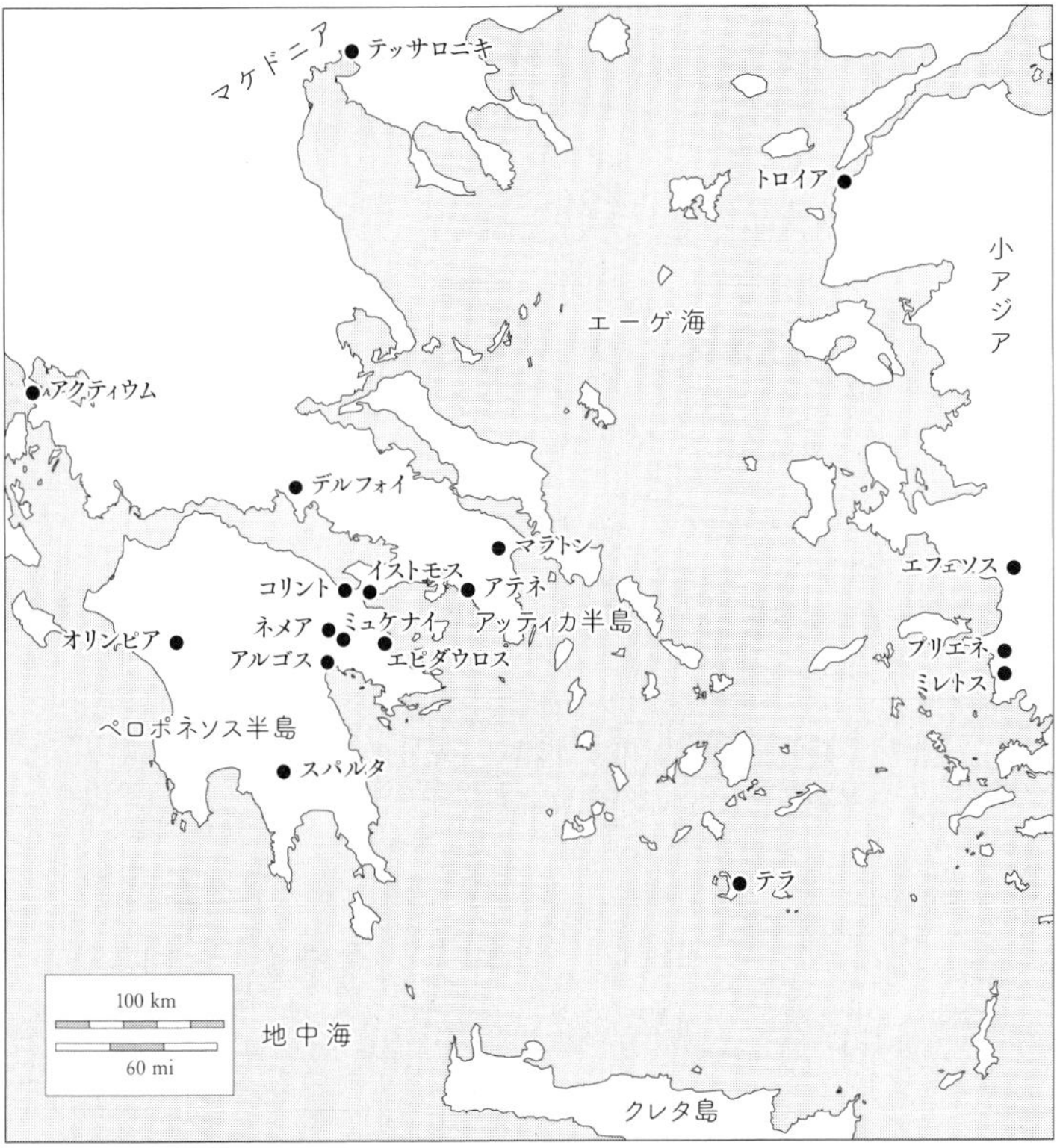

〔参考図版〕本書に登場する古代ギリシアの主な地名

オリンピアの意義

スポーツ文化に対する批判は、――古代末期以降とは異なり――宗教的な理由からではなかった。なぜなら、競技は神々に敬意を表して、祭典（*Panegyris*）の枠内で宗教的な祭式の場所で行われたからである。オリンピアはおそらく、最初は地域的な祭式の場所だった。紀元前一一世紀以後、牛か馬、また雄羊か犬といった動物が奉納されるのがふつうだった。古代のテクストでは、常にこの地方が特別に肥沃だったことも記されている。肥沃であることは、――ほかの多くの文化と同様に――古代ギリシアでは神々の賜物だった。それゆえ、肥沃の女神がここで崇められたことは明らかである。アルテミス〔ギリシアの狩猟・貞潔の女神〕やアプロディーテー〔ギリシアの愛・美・豊穣の女神〕、デーメーテール〔ギリシアの穀物・大地の生産物の女神〕や地母神ガイア〔「大地」の意で、それを擬人化した女神〕である。遅くとも紀元前七世紀以降、オリンピアはゼウス〔ギリシア神界の最高神〕の神域であった。オリンポスのゼウスと並んで、その他の神々も崇拝され、のちになって神殿が建てられた。たとえばヘーラー〔オリンポスの女神中、ゼウスの正妻として最大の女神〕や、神々の息子で筋骨たくましいヘーラクレース〔ギリシア神話中最大の英雄〕である。

オリンピアは、多くの祭式の場所をもつことで傑出している。その理由は、オリンピアの神託の成果が大きく、上手く宣伝されて、ますます多くの巡礼者を引きつけたことにある。オリンピアは、成功の絶頂期には、地中海圏全域の他国家のギリシア人たちが定期的に集合する場所であり、彼らは四年ごとにそこに集まった。紀元前七〇〇年頃、オリンピアの谷では、祭式の敷地を拡げるために、多数の訪問者用に広大な面積が地ならしされ、クラデオス川は移動され、洪水に対する防壁がつくられた。同時に、井戸が深く掘られ、巡礼者のために飲料水の供給が確保される。贅沢な神殿施設、巡礼者用の宿泊所、さらには奉納物のための宝物庫が建造された。頌歌詩人ピンダロスや地理学者ストラボンの著作は伝承において中心的役割を果たしたが、彼らは盛大な祭典の壮麗さについて語っている。その壮麗さは、古代ギリシアにおいて慣例であったように、祭祀行為によって際立っていただけではなく、舞踊や饗宴や会話によっても群を抜いていた(3)。

オリンピアでいつからスポーツ選手たちの競技が行われていたのかは、考古学的な証明が困難であるため、はっきりと断言することはできない。しかし、少なくとも競走は非常に古く、おそらく紀元前一一世紀まで遡ることができると多くの証拠が明らかにしている。紀元前七〇〇年頃の建造工事で、競技会のための本格的な施設が初めてつくられた。スタート地点、ゴール地点、スタンドを備え、複数のコースをもったトラック。まだ質素な、最初のスタディオン（競技場）である。それから時をあまり経ずして、はるかに大きなヒッポドローム（競馬場）が建設された。これらの建造物からわかるのは、この頃、祭典と競技はすでに分かちがたく結びついていたことである。競技会は、地域の枠を超えた集会という包括的なプログラムの一部だったのだろう。しかし競技の制度化は、競技の参加者がこれまでのようにふつうの巡礼者の枠内から出てきたのではなく、専門化された競技者であったことも意味していた。彼らの故国はギリシア世界全土に及んだが、彼らはそれぞれの故国で、この集会のためにトレーニングを積んできた者たちであった。

ミュンヘンの古代史家クリスティアン・マイアーは、ギリシア文化の特殊性を考慮して、オリンピア競技会の意義を解釈している。ギリシア文化の基本的な性格は、みずからの政治的独立に細心の注意を払う都市国家によって形成された。紀元前八世紀以後、地中海と黒海の周囲に新しい都市が建設されたが、このギリシアの植民活動の時代にも、ギリシア人たちは大帝国をつくらず、むしろ内外の敵に対して政治的・軍事的同盟を結び、自分の都市国家世界を防衛した。独立した都市国家は、彼らの文化の共通点を保持するために、協調の場を必要とした。それに貢献したのが、彼らに共通した神々の世界だった。遠く離れたオリンピアは、たとえ有名になっても、ギリシアの都市のどれにも地理的に有利にならず、ギリシア世界全体における神域として認められるという長所をもっていた。[4] 競技会の魅力は神域の名声を高めた。逆に、神域の名声が競技会の魅力を高めもした。アルカイック期〔紀元前八世紀―紀元前六世紀〕の貴族文化でも、民主政〔紀元前五世紀にポリス民主政は完成した。〕の時代でも、マグナ・グラエキア〔「大ギリシア」の意味。紀元前五世紀―紀元前四世紀に古代ギリシア人が植民した南イタリア〕において、公共性と競技は大きな役割を果たした。都市国家間の競争は、戦争よりもスポーツ競技によって決着がついた。文化史家ヤーコプ・ブルクハルトは、ギリシア文化の本質的な特徴を競争に見て取り、「アゴン」の概念をギリシア文化の原動力とみなした。競争心、公共の競争、業績、名誉欲。これはすでにホメロスの引用に要約されているという。「常に第一人者であり、ほかの人たちの範となること。」[5]

ギリシアの競争はすべて個人競技であり、チーム競技はなかった。この個人化によって、各スポーツ選手は自分の都市の代表者の役割を果たし、その成功はアイデンティティーと都市内の連帯を強化した。彼らは故国の都市でそれなりの大きな支援を受け、成績が良い場合には賞賛された。スポーツはギリシアの全都市で重要な制度となった。オリンピア競技会での成功は、何年にもわたる体系的なトレーニングによってのみ達成可能だったからである。そしてオリンピア競技会は、ギリシアの文化圏全体を包括する慣例行事へと発展していった。オリンピア競技会は、四年ごとに、使節によってギリシアの全都市で告知され、各都市で周知された。オリンピア競技会は、その創設以来、四年ごとに二九三回開催された。それゆえ、イベントとしては一〇〇〇年以上も存在し、貴族文化から民主政への過渡期、さらにはヘレニズム時代〔紀元前四世紀—紀元前一世紀〕への移行、ローマ帝国〔紀元前一世紀末に建設された。〕への統合をも生き延びたのである。そのため、オリンピア競技会は古代ギリシア文化の中心的な構成要素であった。ギリシア人の考えによれば、神々は競争に大きな喜びを感じ、スポーツの発展に貢献した。そしてスポーツは神々のイメージを形成した。神々はスポーツ選手のように描かれ、完璧な裸体をしていた[6]。

オリンピアとペルシア戦争

オリンピア競技会の誕生年——そこから年代を数えるのだが——は、すでに古代以来、紀元前七七六年とされており、先行研究において、この誕生年は古代ギリシア史におけるその後の中心的な事件、つまりペルシア戦争〔紀元前四九九—紀元前四四九年。アケメネス朝ペルシア帝国とギリシア諸ポリス連合との戦争。連合軍がペルシア帝国を撃退した。〕と関連づけられている。紀元前五世紀初め、ペルシア世界帝国は二度にわたってギリシア本国を征服しようとした。それぞれの都市国家に分裂していたため、ギリシア人にとって防衛は困難だった。それにもかかわらず、紀元前四九〇年、彼らはマラトンの戦い〔ペルシア戦争中に、ギリシアのアッティカ半島東部のマラトンに上陸したペルシア帝国遠征軍と、アテネを中心とした諸ポリス連合軍とのあいだで行われた戦い〕で、かろうじてペルシアに抵抗することができた。一〇年後、ペルシアが再び進撃してきたとき、多くの都市は勝ち目がないと思い、優勢なペルシアにみずから屈服した。しかし、まさに最後の瞬間、アテネ、スパルタ、コリントの同盟に転機が訪れた。まずサラミスの海戦〔ペルシア戦争中の紀元前四八〇年九月末、アテネ沖合のサラミス島近海で、アテネ海軍がペルシア海軍を破った海戦〕、そして紀元前四七九年にプラタイアの戦い〔ペルシア戦争中の紀元前四七九年八月、ペルシア軍に対して、アテネ、スパルタ、コリントなどのギリシア連合軍が出撃した陸上での戦い〕においてである。勝利した司令官テミストクレスは紀元前四七六年にオリンピアを訪れ、そこで多くの人々から英雄として賞賛されたが、中心にならなかったスポーツ選手たちの不興を大いに買った。敵ペルシアの攻撃はただ各都市の協力によってしか防御することができなかったので、オリンピアのゼウス神殿で、ギリシア内の争いを平和裏に調停する仲裁が必要であると考えられた。そうした裁定のうち、紀元前四七六年と四七二年の二つが考古学的にも証明できる。

こうして、オリンピアはすべてのギリシア人の和合の象徴となった。これと関連して、オリンピア競技会に「休戦協定《エケケイリア》」という概念が初めて登場する。紀元前四七六年は、オリンピアの神域史において頂点の年となった。この年の意義は、新しい巨大なゼウス神殿の建設開始によって強調される。その神殿は、続く数世紀、オリンピアの神域を特徴づけることになった。さらに神殿や広間、本部の建物が建築され、観客席や劇場が拡張され、施設全体は以前よりも立派なものとなった。オリンピアの建築ブームは、紀元前五世紀と四世紀に続いた。堂々たる迎賓館、公衆浴場、体育場などがつくられ、その一部は裕福な支援者たち（レオニダイオン［宿泊所］）、また一部はマケドニア王家〔マケドニア王国は、ギリシア北方にあった国。紀元前三五九年に即位したフィリッポス二世の時にギリシアに進出し、スパルタを除くギリシアを制覇した。その子アレクサンドロス大王は、紀元前三三四年に東方遠征に発ち、ペルシア帝国を滅ぼして大帝国を建設した。マケドニアは、紀元前一六八年、ピュドナの戦いでローマに敗れ、その属州となった。〕（フィリッペイオン、反響列柱館）、プトレマイオス朝エジプト人〔ヘレニズム時代のエジプトを統治したギリシア系の王朝。紀元前三〇六年、アレクサンドロス大王の後継者のひとりであるプトレマイオス一世が創始した。紀元前三〇年、女王クレオパトラがローマに敗れて滅亡した。〕（パライストラ［闘技場］）によって寄贈された。

オリンピア競技会の年代計算法

そもそも「オリンピアード」が競技会開催の周期の四年間を意味していたのに対し、競技会は「オリンピア」と呼ばれた。しかし、たとえばピンダロスやヘロドトスのような著述家は、競技会そのものに対しても「オリンピアード」の概念を用いている(7)。オリンピアードの年代計算法は、すでにそれ自体この競技会の意義を物語っているが、競技会の人気が高まるにつれ、一般に認められるようになった。オリエントの世界帝国とは異なり、ギリシアの都市国家世界には、その統治年によって年代を数えることができるような圧倒的な支配者がいなかったし、比較的長い時代を決定づけるような一連の支配者もいなかった。またローマとは違って、都市の成立から年代を数えることもできなかった。ギリシアには数多くの競合する都市が存在していたからである。これらの国家が独立し続けている限り、人々の生活は安定していた。

しかしギリシアが地中海圏に入植し、外敵に対して政治的に協力しなければならなくなると、共通のアイデンティティーを表すシステムが必要になった。歴史家トゥキュディデスは、ギリシアのさまざまな年代計算法を一致させるために、ペロポネソス戦争〔紀元前四三一―紀元前四〇四年。アテネを中心とするデロス同盟とスパルタを中心とするペロポネソス同盟との間に起った、古代ギリシア全域を巻き込んだ戦争。アテネが降伏し、スパルタが勝利した。〕の開始を使った。シチリアとアテネに住んだギリシアの歴史家タウロメニオンのティマイオスは、紀元前四〇〇年頃のこの絶対ゼロ時をオリンピア競技優勝者名簿と結びつけ、オリンピアードによる年代の計算を案出した。その少しのち、数学者で歴史家であるキュレネのエラトステネスが、推定されたオリンピア競技会の開始をもとに年代を決定する。紀元前七七六年以来、オリンピア競技会が定期的に開催されたため、合意可能な基準枠が発見されていた。そのうえさらに、歴史家ケンソリヌスとマルクス・テレンティウス・ウァロは、絶対紀年法を第一回オリンピアードで開始させた。こうして、オリンピアードが全ギリシアの資料編纂の基礎となり、紀元前七七六年のいわゆる『オリンピア競技会年代記』からわかるように、オリンピアードの意義は、本来の祭典と全ギリシアのスポーツイベントを超えることになった。(8) オリンピアードの開始は、ギリシアの年代計算法における時代の区切りとして、キリスト教の紀年法におけるキリストの誕生と同じ役割を果たすことになったのである。ローマ人さえも、その古典期、ギリシアの年代計算法とローマの年代計算法を一致させるためにオリンピアードを使用した。オリンピアードによる年代計算法は、数世紀にわたって通用し、古代末期まで時代感覚を特徴づけた。(9)

オリンピア競技会の競技種目

エリスのヒッピアスの優勝者名簿は、紀元前七七六年の創設年とともに始まったが、最初のうち、種目はスタディオン走しかなかったと言われている。同じ世紀、その他の競走、五種競技（ペンタトロン）やレスリングが加わり、次の世紀には、ボクシング、さまざまな形式の戦車競走や競馬、パンクラチオン、少年競技（競走、レスリング、ボクシング、五種競技）が追加された。さらにペルシア戦争の頃には武装競走（ホプリテス）が行われた。こうした種目の登場順序は伝説の域を出ない。紀元前五二〇年以前、確実なデータが存在しないからである。しかし優勝者名簿はある発展を正確に反映し

「パンアテナイ祭」の走者たち。紀元前530年頃、賞品の壷絵。ミュンヘン、州立古代美術博物館蔵。

ている。すなわち、優勝者は、はじめの頃はオリンピアの周辺地域の出身であったが、最後にはギリシア全域からやってきた。このようにオリンピア競技会は地域的な祭典から地中海全域の競技会となったが、ギリシア人しか参加することは許されなかった。

　ペルシア戦争ののち、オリンピア競技会はちょうど一週間行われた。具体的には、夏至後の二度目の満月のあいだ、つまり七月末か八月初めである。初日、競技者やコーチたちは、「選手宣誓《ホルキオス》のゼウス像」の前を行進して宣誓した。それから競技者や馬も年齢別にクラス分けされた。二日目、少年競技が行われた。三日目の午前中には競馬や戦車競走、午後には五種競技という順である。四日目、ゼウスに敬意を表して奉納品をともなった大行列が催され、晩には満月のもとで饗宴が開かれた。五日目の午前に競走、午後に格闘技

（レスリング、ボクシング、パンクラチオン、武装競走）がプログラムに載っている。六日目の朝、勝利者はゼウス神殿において表彰され、晩にはもてなしを受けた(10)〔競技会の進行については諸説ある。〕。

競技プログラムで特に注目されたのは、ペンタトロンだった。スポーツ史の中のすべての多種目競技の原型である。しかしここでもまた、われわれのアプローチは神話の時代に遡る。五種競技は、イアーソーンとアルゴナウテースたちの物語〔ギリシア神話において、アルゴナウテース（アルゴーの乗組員）たちは、イアーソーンとともに、人類が最初に造ったと言われる大船アルゴーに乗り、金の羊毛を求めて数々の航海をする。〕に由来する。(11) おそらく五種競技は紀元前七〇八年のオリンピア競技会で実施されたが、それを検証することはできない。明らかにペンタトロンは、その開始以来、競技プログラムになくてはならない種目になった。――たとえば壺絵の――図像に多く描かれていることは、人気の高さをうかがわせる。今日と同様、五種競技は、いわゆる陸上競技種目、具体的には、円盤投げ、槍投げ、幅跳び、スタディオン走から成り、さらにレスリングの格闘競技種目が加わった。スタディオン走とレスリングは個別のオリンピア競技会種目でもあったが、投擲と跳躍は五種競技の枠内で行われた。幅跳びでは、選手は、助走なしに踏み切り地点から跳び、両手に鉛の錘り《ハルテル》をもってはずみをつけ、五回の跳躍で最大の距離をめざした。(12)

ギリシアの競技会において一般的だったように、勝利者の確定は審判によって行われ、その確定も一風変わっていた。最初に実施される三種の陸上競技の成績で下位の選手は外され、四強だけがスタディオン走に残ることができた。スタディオン走の上位二名がレスリングで闘い、優勝を決めた。レスリングは、今日まだ行われている日本の相撲ともっとも良く似ているかもしれない。相撲ではすべての決まり手が許されており、拳で殴ること、喉を絞めること、関節をねじることだけが禁じられて

いる。(13)

地中海圏におけるオリンピア競技会以前のスポーツ

エジプト

地中海圏におけるスポーツの伝統は非常に古い。その歴史は図像や碑文に描かれている。まず古代エジプトにおけるスポーツの歴史は古く、のちにはギリシア以前のクレタ、そしてギリシアのテクストから知られるように、古代世界のほかの民族の場合も、スポーツには長い伝統があった。特にエジプトの意義は大きい。そこでのスポーツ文化は文字による伝統の開始まで遡り、三〇〇〇年を超える。すでに王朝以前〔紀元前四二〇〇年頃―紀元前三一五〇年〕のエジプトには、走者あるいは競走の描写が存在し、競走は、ギリシアにおけるのと同じように、最古のスポーツ種目であった。さらに競走は、のちに制度化されたといえる唯一の古代エジプトのスポーツ種目であった。ファラオたちは王位更新祭のためにトラックを走行したのである。ジェセル王の葬祭施設では、最初の巨大ピラミッドであるサッカラの階段ピラミッド〔エジプト最古のピラミッド。紀元前二一七世紀の第三王朝第二代王ジェセルが造らせた。〕のかたわらに、五五メートル（＝一〇〇エジプト・エレ）の距離の二つの折り返し標識をもったトラックが石で建造され、そのため後世に伝わった。しかし、葬祭施設の中のトラックでは、逝去したファラオが永遠にトラックを周ることができるような、現実のトラックのレリーフのほうが重要であった。それゆえ「世界史の最古のスポーツ施設」という名称は慎重に扱わなくてはならない(14)。

おそらくもっとも重要なのは、エジプトの最初から最後の王朝まで〔第一王朝（紀元前三一五〇年）—第三一王朝（紀元前三三二年）およびプトレマイオス朝（紀元前三三二—紀元前三〇年）〕の王たちが、スポーツ好きでなくてはならなかったことであろう。その際、——世界秩序の保証人である——ファラオを勝者として描くことのできるスポーツ種目だけが描写された。ファラオは、その語が意味するように、常に勝者であったので、競技者であってはならなかった。王位更新祭に際して、走行の儀式が祭典の中心だった。走行の儀式は領土の取得を象徴し、ファラオの権力のデモンストレーションであった。ヒクソス〔エジプト第一五王朝（紀元前一六六三年頃—紀元前一五五五年頃）を建てた異民族〕は紀元前一七世紀に東からナイルの谷へ侵入して下エジプトを征服したが、その異民族支配のときから、ファラオの描写が変化した。異民族は、馬、戦車、複合弓を使って戦争を行い、はじめのうちエジプト人はそれに対抗することができなかった。異民族の支配者を追放したのち（第一八王朝）〔紀元前一五七〇年頃—紀元前一二九三年頃〕、すべてのファラオは、敵との戦争において馬に引かれた戦車に乗る自分の姿を描かせた。それには相応の身体能力（馬の訓練、車の操縦、弓射など）が必要だった。古代エジプト史上、この第一八王朝においてもっとも多くのスポーツ描写が残されていることは偶然ではないだろう。抵抗は彼らの闘争心を呼び覚ましたからである。トトメス三世以後、エジプトは攻勢に転じ、何年間も遠征して周辺諸国を襲撃した。武器を扱うことは、スポーツと同じように絶えず訓練を必要とした。たとえば弓射では、スポーツと軍事訓練を分離することはできない。

王以外の社会の領域では競技は可能であり、頻繁に描写された。すでに第五王朝〔紀元前二四九八年頃—紀元前二三四五年頃〕

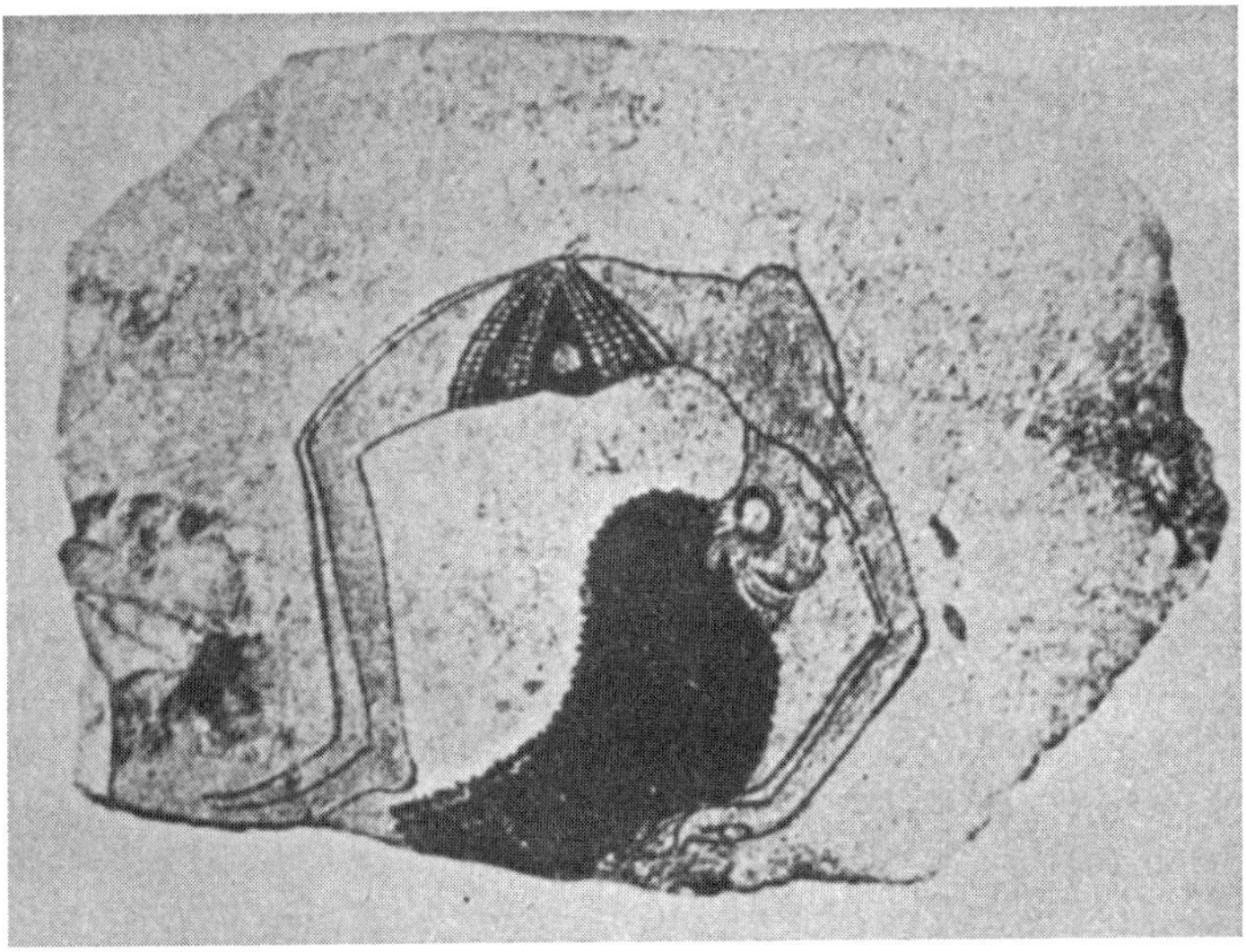

倒立回転する女性曲芸師。紀元前1250年頃（第19王朝）、エジプト、彩色石灰岩。トリノ、エジプト博物館蔵。

の墓（サッカラ、プターホテップ陵）には、身体をつかんでバック投げをする少年レスラーたちが見られる。レスリングは、ギリシア時代に至るまでパピルス紙やレリーフに描かれた。非常に有名なのは、ベニ・ハッサンにあるバケト三世の墓に描かれたレスラーの光景である。それはレスリングの一種の教本のように、二一九にも及ぶポジションを示している。裸のレスラーたちは、——日本の相撲と同様に——レスリング用のベルトを着けている。

このように墓に競技が描かれているということは、各王朝のファラオが存命中に競技を高く評価していたことを意味しているのだろう。また、スポーツ競技は——のちのギリシアやローマにおけるように——葬儀の際に、ファラオに敬意を表して行われたのかもしれない。亡くなったトトメス三世の墓のかたわらでは、棒を用いた競技が行われたようである。その図像は第一九王朝〔紀元前一二九三年頃―紀元前一一八五年頃〕の初期になって描かれたが、それはいまなお、とりわけ最古の葬礼競技の描写であろう。アメンホテプ二世は、カルナックのアメン神殿にあるバラ色の花崗岩のレリーフに、戦車から矢を放って的中させている射手としてみずからを描かせた。一九三六年にこの石碑が発見され、一部が公表されたことによって、エジプト学はスポーツというテーマを初めて議論することになった。[15] 古代エジプトにおいては、競走[16]、跳躍、戦車競走、弓射、ボクシング、レスリング[17]、棒術、棒登り、舞踊、アクロバットの詳細な描写が知られている。球技の描写は稀だが、ボールも幾つかは残されている。水中スポーツからは、水泳、潜水、銛投げ、ボート漕ぎ、さらにドイツで「漁夫の舟合戦」として知られている一種の水上試合が描かれた。二艘の舟が互いに向かって漕ぎ合い、二人の選手が長い竿を使ってお互いを突き落とそうとする競技である。[18] すべての貴族社会と同様に、狩猟も大きな役割を果たしていたため、槍投げ、弓射、（鳥に対する）棒投げや（雄牛を捕獲するための）縄投げも行われていた。

これらのスポーツ種目の大部分は、その後、地中海全域へ拡大し、のちの諸文化――ミノア文明〔紀元前二〇〇〇年頃にクレタ島で栄えた青銅器文明。古代ギリシアにおける最古の文明であるエーゲ文明の前半にあたる。〕やギリシア文化など――がエジプト文化からどのような影響を受けたのかという疑問を浮上させた。[19] エジプトから伝えられている多くの証拠は、――たいていの碑文や芸術作品は神々やファラオの賞賛や死者崇拝と関連しているため――儀式的な領域のものであるにもかかわらず[20]、ギリシア人たちはその証拠をスポーツ競技と捉えた。たとえばホメロスのように、きわめて古いギリシアのテクストにも、ファラオたちの弓射に関する情報がある。「歴史の父」

であるハリカルナッソスのヘロドトスは、紀元前五世紀半ば、みずからエジプトを旅し、さまざまな競技やスポーツ儀式について報告している。その一世紀前には、オリンピア競技会の主催者代表団が、「競技のルールに関する判定を知るために」、賢明なエジプト人たちのもとへ派遣されたとも言われている。[21]

クレタ

地中海のクレタ島におけるミノア文明は、一連のスポーツ実践によって際立っている。それは祭式競技の枠内で行われ、芸術として描かれた。中心的なのはアクロバット的な牛跳びである。競技者は、襲いかかる雄牛を一種の倒立回転を行って飛び越える。雄牛崇拝は、近東全域で遅くとも新石器時代から豊穣と関連づけられ重要だったので、ミノア文明の牛跳びも豊穣儀式の一部だったのかもしれない。この牛跳びやボクシング、アクロバットやその他のスポーツ活動――舞踊、水泳、「高飛び込み」（高い岩礁から海へエビ型飛び込みをする）など――が祭式とは関係なく、どの程度自律した運動として実践されたのかは、壁画や壺絵から推測することはできない。[22]

ミュケナイ文明〔エーゲ文明の後半にあたり、紀元前一六〇〇年頃、ギリシア本土ペロポネソス半島のミュケナイを中心に栄えた青銅器文明〕の時代、ギリシアでは、オリンピア競技会にも影響を与えたスポーツ種目が発展した。クレタ島と同様に、紀元前一四世紀以降、ボクシング、競走者や戦車競走の壺絵がある。紀元前一三世紀の彩色された粘土棺には葬礼競争が描かれた。これと関連して、葬礼は興味深く、ホメロスも四〇〇年後に詳しく記述している。『イリアス』の第二三巻は、トロイア人ヘクトールとの決闘で命を落としたアキレウスの友人パトロクロスの葬礼にあてられている。この章のおよそ三分の二が競技を謳い、その中でももっとも長い部分が戦車競走、それよりも短い部分がボクシング、レスリング、競走、ホプロマキア（武装した決闘）、円盤投げ、弓射、槍投げに費やされている。戦車競走の詳細な再現はスポーツ記事の性格を有し、各馬や馭者を紹介し、その特徴を的確に描き出している。勝者は、みごとな優勝杯（三本脚の鼎）のほかにひとりの女性奴隷を得たが、彼以外の三人の成績優秀者も立派な賞品を手にした。勝者の一部はトロイア戦争〔古代ギリシア人が小アジアのトロイアに遠征し、これを攻略した戦争〕の英雄だった。たとえばオデュッセウスは予想外で競走に勝ち、アガメムノンは槍投げを征した。[23]「パトロクロス競技」は社会的な身分を反映し、選手たちの公の名声を確固たるものとした。

アルカイック期のギリシアにおけるスポーツ競技がさまざまな機会に行われたことは、ホメロスのもうひとつの叙事詩『オデュッセイア』に示されている。オデュッセウスはスケリエーの島でパイエークス人からスポーツの祭典で表敬されるが、この祭典は主催者たちの能力を証明することにもなった。広場では、アルキノオス王の息子たちも参加して、競走、レスリング、跳躍、円盤投げ、ボクシングの競技が行われる。その際、王の息子のひとりが、男にとって手足で成し遂げることより大きな栄誉はないという言葉でオデュッセウスを挑発する。つまり、それは、スポーツ競技における勝利のことであった。オデュッセウスは、競技に勝てないと疑われて腹を立て、マントを身に着けたまま、それまでの選手たちより遠くに円盤を投げる。さらに競走、レスリング、ボクシング、弓射、槍投げで競おうとする。しかし王は客人をなだめ、彼は舞踊や球技によって興奮を落ち着かせるのであった。

全ギリシアのスポーツ実践

全ギリシアのスポーツ祭典

古代ギリシア文化におけるスポーツの価値は、「アゴン」という言葉の意味の変遷から確認できる。もともと「アゴン」は、自分たちのことについて助言し合う自由人の男性の集会を意味していた。共通の神の庇護のもとで頻繁に開かれたこの集会をきっかけに、市《いち》やスポーツ競技会も行われた。スポーツ競技会は重要性を増していったようであり、「アゴン」の概念は、ホメロス後のギリシアにおいては、競技会ないしはスポーツ祭典だけを意味するようになった。一地方に限られた地域的なスポーツ祭典は、たいてい、少なくとも一年に一度開催された。しかしそのほかに超地域的な祭典も発展し、その意義は、地中海圏でギリシアが拡大していくにつれ、ギリシアとその島々をはるかに越えて知れ渡るようになった。ギリシア人たちは、これらの全ギリシアのスポーツ祭典に、黒海地域、アナトリア、イタリア、さらに地中海域西部からもやってきた。そこにはマッサリア（マルセーユ）のような重要なギリシアの植民都市が築かれていた。

もっともこうした全ギリシアの競技会は、旅に時間が長くかかるため、毎年ではなく、二年か四年

紀元前5世紀末の全ギリシアの競技会の時期

年	春	夏
前480年	イストミア	オリンピア
前479年		ネメア
前478年	イストミア	ピュティア
前477年		ネメア
前476年	イストミア	オリンピア
前475年		ネメア
前474年	イストミア	ピュティア

に一度開かれた。各競技会は祭神の庇護のもとにあり、祭式で利益を得ていた。オリンピアではゼウス、デルフォイではアポローン〔ゼウスとレートーの息子。音楽・医術・弓術・予言・家畜の神。また光明の神。〕、イストモスではポセイドーン〔ゼウスに次ぐ、海と地震を司るオリンポスの神。〕、ネメアでは再びゼウスであった。すべての開催地に共通しているのは、最寄りの大きな都市から比較的遠く離れているため、明らかに競技会開催地として適していた点である。全ギリシアの競技会は、お互いに競合しないように組織を配慮し合っていた。

　各競技会は補完し合っており、プロのスポーツ精神の発展を促進した。競技種目はこれら四大競技会では基本的に同じであり、今日と同様、国際的な競技会では、同じトップ選手たちが繰り返し対戦した。ひとつの競技会での優勝はすでに栄誉とみなされたが、選手は、全ギリシアの多くの競技会で対戦して優勝することによって、さらに名声を高めることができた。その際、国際テニスにおける今日のグランド・スラムのようなもの、つまり、四大競技会すべてでひとつの種目に優勝するということもあった。四大競技会の循環は「周期（Periode）」と呼ばれ、四大競技会すべての優勝者は「サイクル優勝者（Periodonike）」

の名誉称号を得た[24]。

選手たちは、全ギリシアの競技会で、まずは栄誉のために闘った。賞品としては、――地域的な競技会と違って――勝利の栄冠だけが与えられた。栄冠は、オリンピアではヘラクレスの神聖なオリーブの木の枝でつくられ、デルフォイではアポローンの神殿の月桂樹の枝で編まれていた。しかし選手は故国の代表者として理解されたので、選手にとって、勝利は経済的にも意義があった。故国は勝者の帰還を祝うことに配慮し、金銭や役職や価値ある品物を報酬として与えた。多くの都市国家は報酬の支払いを法的にも制定していた。だから、アテネ出身のオリンピア競技会優勝者は、立法家ソロンの時代、五〇〇頭のヒツジに相当する特別報酬五〇〇ドラクマを獲得した。さらに優勝者を褒め称えて銅像が建てられ、名前が碑に残された。オリンピア競技会での優勝は、選手が古代において手に入れることができる最大の功績だった[25]。全ギリシアの競技会は選手のキャリアにとってもっとも重要なイベントであった。別格の選手の威信ある地位は、古代のあいだずっと、全ギリシア競技会における優勝なくしては考えられなかったからである[26]。

ギリシアのスポーツ用建造物――スタディオン、ヒッポドローム、ギュムナシオン

古代ギリシアにおけるスポーツの制度化を特徴づけるのは、建造物の建設であった。その最初は、競走のために人工的に地ならしされた平原、スタディオン（*Stadion*）である。スタディオンでは、走路が測定され、選手用の位置が確認され、そして観客用のスタンドが少なくともひとつ備えられてい

た。最初、スタディオンは尺度そのものを意味していた。六プレトロン、ないしは六〇〇フィートである。これらの尺度はすべて、一八世紀末のメートルの制定まで地域ごとに異なっていた。オリンピアのスタディオンは今日の測定では約一九二メートル、アテネは一八四メートル、デルフォイは約一七七メートルだった。スタディオンはギリシアにおいては比較的大きな距離のための尺度であり、たとえば兵士の進軍距離は一日に一五〇スタディオンと申告された。アリストテレスは地球の周りを四〇万スタディオンと算出している。ローマ時代のマイル（約一・五キロメートル）は八スタディオンに換算された。スタディオン走――オリンピア競技会の最初の種目であり、おそらく紀元前七七六年から続けられ、のちには最短の競走となった――は、はじめのうち、一スタディオンの距離を走る競争であった。

紀元前六〇〇年頃以後、スタディオンは、この距離を走る競争が行われる施設も意味した。当初、競技場の同義語として、ドロモスやアゴンの概念も用いられた。制度化の始まりを告げるのは、走路の地ならしと地面にスタート地点《バルビデス》を設置して、走者に足がかりを与えることだった。オリンピアでは、この建設の段階は紀元前五四〇年頃であり、その数は二〇を下らなかった。スタートと同様、ゴールも設置された。この初期の走路を特徴づけるのは、走路が自然の地形にはめ込まれていたので、考古学的に証明しづらいことである。建造物としてのスタディオンは、ギリシア文学において、紀元前五世紀初めに初出する。施設が競走者と観客のエリアに分割されていることが注目に値する。第三のエリアとして審判員用の観覧席が設置され、最終的には、自然の地形に代わって、走路の全体を俯瞰できるスタンドが建設された。紀元前五世紀には、オリンピアを始め、デルフォイ、ネメア、イストミ

古代の競技場を修復して第1回近代オリンピック競技会のために建造されたギリシア、アテネのパナシナイコスタジアム。

ア、エピダウロスでも、すべての大神殿にそうした施設が建てられた。紀元前四世紀、スタディオンは耐久性のある石造建築物となり、ギュムナシオンやテアトロンとセットで、またときにはアゴラの近くに、同じような競技場がギリシアの諸都市で建設された。このような発展の最終段階では、観客席はスタートとゴールの地点で——長距離の場合には折り返し地点で——半円形でつながれており、走路は両側の観客席によって囲まれていた。今日、アテネの「パナシナイコスタジアム」がその典型とみなされている。一八九六年に近代的に再建され、第一回近代オリンピック競技会が開催され、いまなお感嘆の的となっている(27)。

少なくともオリンピアにおいて、ヒッポドローム（*Hippodrom / hippos* = 馬、*dromos* = 競走路）は、スポーツ目的の第二の建造物であった。競走のためのスタディオンと同様、それは地ならしされ測量された敷地だったが、スタディオンよりはるかに長くて広く、少なくともひとつの観客用スタンドを備えていた。競馬はギリシア人の主要な娯楽であり、すでにホメロスの『イリアス』で言及され、ギリシアにおけるすべての大競技会の一種目だった。オリンピアでは、紀元前六八〇年以後、カドリガ〔四頭立て二輪馬車〕による競走が存在し、紀元前六四八年以後には純粋な競馬が行われ、のちにはその他の「馬の競走」も催された。そして紀元前五世紀、オリンピアにおいてのみ、スタディオンと並行して、観客席のあるヒッポドロームが建設されている。さらにオリンピアでのみ、スタート地点と折り返し地点が耐久的に設置されたが、審判員用の固定席や観客用の保護設備はなかった。

スポーツのためのギリシアの第三の建築物はギュムナシオン（*Gymnasion*）、つまり、大競技会における選手たちの体育場であった。その概念は*gymnos*（裸の）に由来している。裸体は、高度の能力を要求されるギリシアの競技選手たちの通常のスタイルである。ギュムナシオンは、身体運動のための学校である「体育学校」とほぼ同じであった。ギリシアのギュムナシオンは、特に選手のトレーニングのために建てられ、共同の入浴や学習用の施設でもあった。学習はスポーツに限らず、芸術や哲学の訓練をも含んでいた。しかし常に優勢だったのはスポーツである。ギリシアの概念*gymnast*は、トレーナーとほとんど同義だった。紀元前六世紀、ギュムナシオンはレスリング場と競走路（*dromos*）から成り立ち、施設全体はまだ確固たる建造物の構造を有してはいなかった。

紀元前五世紀になると、パライストラ（*Palästra*）という複合建造物が建設されるようになった。そこでは競技場が柱廊広間で囲まれ、たいていは大きな正方形の中庭になった。この構造は、その後ギュムナシオンのもっとも目立った建造部分となり、レスリング、ボクシング、おそらくは球技のためのトレーニング場として利用された。そのような施設は、紀元前四世紀には、数多くのギリシアの都市国家や、デルフォイ、ネメア、テラの神殿で建設された。オリンピアのギュムナシオンは紀元前二世紀に完全に再建された。そこでは、――大部分のほかのギュムナシオンと同様に――馬と関係のないすべてのオリンピア競技会種目が訓練された。

パライストラは、多くの機能空間（化粧室、更衣室、浴室、シャワー、塗油室、サウナ、器具室、キッチン、共同便所、スポーツ競技の準備室）が設置されており、ふつう、一本あるいは数本の走路も付設されていた。のちに、そうした走路には屋根付きの走路（*xystos*）が追加され、雨でも冬でもトレーニングが可能になったし、練習室と講義室のある長い柱廊広間も併設された。この複合建築物の敷地は二ヘクタールかそれ以上であることも稀ではなかった。ギュムナシオンは――ほかの非ギリシアの都市とは異なり――ギリシアの都市のいわばトレードマークになり、そのため公共の金や寄付金で建てられる威信の対象となった。ギュムナシオンは、都市の代表的な建造物として、貴重な資材で建設され、豊富な建築彫刻で装飾された。ミレトス、エフェソス、プリエネのような小アジアのギリシア諸都市は、もともとの大きな施設に劇場や公共図書館のような機関を設置することによって、ギュムナシオンを豪華な文化中心地へと格上げした。アテネでは、紀元前六世紀に遡る三つのギュムナシオンが哲学者の学校へと発展し、プラトン（アカデメイア）、アンティステネス（キュノサルゲス）、アリストテレス（リュケイオン）の名と結びついている。スポーツと教養のこうした結びつきから、人文主義以降、ギュムナシオンは社会的なエリートのための教養施設であったとする見解が生まれた。

スポーツのトレーニング・センターとしてのギュムナシオンは、ギリシア文化に特別のものであり、大部分の非ギリシア民族には受け入れられなかった。裸体は、ギリシアで広まっていた少年愛を連想させるため、ローマ人は裸体のスポーツを批判した。古代ギリシアの地中海圏の他民族――シリア人やエジプト人など――は、ギリシアのスポーツ文化と関わることは少なかった。しかし、ギュムナシオンは、アレクサンドロス大王の遠征とともにヘレニズム文化の一部として普及していった。マケドニアの将軍たちは、ペルシア、バクトリア、メソポタミア、エジプトで、そうしたトレーニングと娯楽のセンターを建設させた。アレクサンドロス大王の帝国を後継する帝国、たとえばセレウコス朝シリア〔紀元前三一二―紀元前六三年。アレクサンドロス大王の後継者のひとりであったセレウコス一世がオリエント地方に築いた王国〕で、ギュムナシオンは、ヘレニズム文化のアイデンティティーを特徴づけるものとして大きな意義を獲得した。フェニキアの都市国家シドン、ティロス、ビブロスにおいてである。しかしながら、哲学者ポセイドニオスは、シリア人がギュムナシオンを――ローマ人と同じように――実際にはただ公衆浴場として利用していると嘲笑した。(28)

地域的なスポーツ祭典

地域的なスポーツ祭典は、その地域の自己理解を表現するための形式であった。それは、地域の上層階級の自己表現であり、地域的にも、全ギリシア文化との関連からも、共同体とアイデンティティーを形成した。競争《アゴン》は、小アジア南部のリュキアのような辺鄙な地域も含めて、ギリシア人の入植地全体に普及した。祭典は、しばしば、裕福な商人や貴族から寄付された独自の資金をもっていた。祭典にはそれぞれの特徴があり、多くの地域ではスポーツよりも芸術の分野に重点が置かれた。一方、ギリシアでは、芸術と身体の競争のあいだに違いはなかった。これらの祭典は、三日間しか開催されないものが多かったが、全ギリシアの祭典と同じように一週間のものもあれば、リュキアのオイノアンダのイベントのように三週間以上のものもあった。ここでは、祭典の二二日間のうち一二日間は身体競技が行われ、残りの期間には、集会、市《いち》、祭式行為が催された。

しかし、祭典の意義を示すのはその長さではなかった。アテネの主要な祭典である「パンアテナイ祭」の開催期間はわずか四日だった。「パンアテナイ祭」は、紀元前五六六年、のちの僭主ペイシストラトスによって創設されたか再建され、毎年、都市の女神アテナに捧げる供物である松明リレー競走と、アクロポリスでの祭式行進によって成り立っていた。これに毎年、「馬と、身体と、芸術のアゴン」、つまり競馬と戦車競走、陸上競技、格闘技、芸術的パフォーマンスが加わった。オリンピアと同様に、競技は年齢別にクラス分けされたが、アテネでは、少年、青年、成人男性に分類された。紀元前四世紀以来、アテネの身体競技は「パンアテナイ祭」のスタディオンで行われた。スタディオンと並んで、ヒッポドロームも特別に重要であった。馬を使った競走は、オリンピアよりもはるかに多くの種目数があったからである。「パンアテナイ祭」の勝者は、たとえばリグリア、エジプト、パレスティナ、バグダードのように、全ギリシア世界からやって来た。その中には、ペルガモン王エウメネス二世といった著名人や、エジプトの女王クレオパトラ二世のような女性の名もあった。各競技のベスト・ファイブが勝者となり、ランクに応じたオリーブ油、金、銀あるいはドラクマを受け取った[29]。

ギリシアの余暇スポーツとスポーツ用品産業の開始

全ギリシアの競技会や地域的な競技会の数の多さ、またスポーツ施設の数と質は、古代ギリシアにおけるスポーツが少数者の事柄ではなく、充分にトレーニングを積んだ相当数の若い男性が存在していたことを示している。これらの男性は、貴族階級の青年や都市の下層階級といったように、特定の社会層に限定されていなかった。むしろ哲学者プラトンは、すべての青少年に――彼は男性だけを考慮していた――、五種競技に参加するよう推奨した。それは、走ること、跳躍、投擲、レスリングの定期的なトレーニングを前提としていた。競技者のトレーナーの技術には、心理学や雄弁術も含まれていた。もちろん、体系的なトレーニング (*gymnastikos*) はプロのトレーナー (*paidotribai*) を必要とした。ピンダロスのリストは、格闘技種目のための五人の専門家の名を挙げている。古代末には、「四日制 (Tetradensystem)」と呼ばれる四日にわたるトレーニングが普及していた。そのメニューにはさまざまな適正量の集中トレーニングがあり、さらに選手のための一種のスポーツダイエット (*anankophagia*) もあった。ギリシアでは、競技場は一般に公開されていたようであるが、古代ローマでは、余暇スポーツは帝政期の巨大な公衆浴場や私的な浴場で行われた。そこでは特に球技が行われ、特別の球技場は存在していなかった。(30)

スポーツイベントは、観客の広範な関心を引いた。すでに紀元前五世紀、すべての観客が選手たちを観ることができるように、観客席の上方には段差をつけなければならなかった。紀元前四世紀、少なくともスタディオンには石造の観客席が設けられた。スポーツに対する観客の熱狂を証明する例は多いが、その代表例として、ここではソフィスト〔「ソフィスト」は《知恵ある者》を意味し、紀元前五世紀頃、アテネなどのポリスの市民に弁論術や自然科学を教えて報酬を受けた教育家〕であるレムノスのピロストラトスの記述を引用しよう。「彼らは座席から飛び上がって叫び、両手を高く上げる者もいれば、床から跳ねる者もいれば、喜びのあまり隣りの者と抱き合う者もいた。本当に興奮させる競技は、観客が冷静でいることを許さなかったからである。[31]」この著者は観客の熱狂について知り抜いていた。彼自身、アテネ市によって、オリンピアに立像をつくられて表敬されていたのである。[32] ピロストラトスは、とりわけオリンピア競技会に注目して、ギリシアの運動競技（*Gymnastikos*）に関する論文を書いたが、それは観客の熱狂についての彼の記述とは違って、長いこと断片的にしか入手できず、一九世紀になって全体が再発見されて出版された。この論文の執筆年代は、優勝回数の多い選手T・アウレリオス・ヘリックスに言及しているので推定することができる。彼は紀元前二一三年と二一七年にオリンピア競技会の優勝者となり、二一九年にはローマのカピトリエンで二回優勝している。[33]

スポーツへの熱狂が続いたため、スポーツ場が建設されただけではなく、競技やトレーニングに必要な器具を生産する「スポーツ用品産業」も発生した。競走では——選手たちは裸体であったため——用具はまだなかったが、五種競技の跳躍では事情が異なった。握りのついた跳躍用の錘り《ハルテル》が特別に製作された。考古学上の発掘によれば、この錘りは鉛か粘土である可能性が高く、一・五から四・五キログラムの重さであった。円盤投げの円盤もスポーツ用具であった。それも——似たような形の——一・四から四・八キログラムの重さが使用され、各選手は競技において同一の重さの円盤を投げていたと推測される。槍投げで使用された槍は、戦争で用いられる武器よりもはるかに軽かった。それはだいたい指の太さほどで、人間の身長ぐらいの長さであり、事故を防ぐために先端は丸められていた。

ギリシア・ローマのスポーツ祭典

ギリシアの国家世界の没落とともに、全ギリシアの競技会はますますアナクロニズムの相を呈していった。すでに紀元前五世紀、マケドニア王アレクサンドロス一世は、ギリシア人によって非ギリシア人とみなされた北部の隣接諸国も競技に参加することができるように強要した。アレクサンドロス大王は、父を追憶して、オリンピアにとりわけ卓越した建物であるフィリッペイオンをつくらせもした。[34] ローマの世界帝国が膨張するにつれ、紀元前二世紀が経過すると、ギリシアの都市国家はローマ人の勢力圏に入った。紀元前一四六年、ルキウス・ムンミウス総督はコリントの破壊〔コリントの戦いにおいて、かねてより対立していた共和制ローマ軍がコリントを包囲陥落させ、完全に破壊した。〕後、多くの供物をオリンピアで寄進した。

新しい支配者たちは、ギリシアの競技を存続させただけではなく、帝政期、周期的に行われる祭典にその他の競技会も追加した。皇帝アウグストゥスは、アクティウムの海戦〔紀元前三一年九月、オクタウィアヌス（のちの皇帝アウグストゥス）支持派とプトレマイオス朝およびマルクス・アントニウス支持派連合軍との間で行われた海戦。オクタウィアヌス派が勝利した。アントニウスとクレオパトラは自害し、プトレマイオス朝は滅亡した。〕でアントニウスを破ったのち、紀元前二七年、ニコポリスの「アクティア祭」を創立した。こうして、ギリシアの競技はローマの皇帝崇拝に貢献することになったのである。この初代ローマ皇帝は、スポーツを好んでいたようであり、紀元後二年、別のスポーツ祭典を今度はイタリア自体で、つまりかつてのギリシアの植民市ナポリで創設した。この競技会は、アウグストゥス（*Sebastos*＝崇高な者）のギリシア語訳で「セバスタ」と呼ばれた。遂にドミティアヌス帝は、八六年、帝国の首都ローマで、最初のローマのスポーツ祭典「カピトリエン」を設立した。しかしこのように国際的なスポーツ祭典が増加すると、サイクル優勝者（Periodonike）の称号はもはや現実に即さなくなった。オリンピア、デルフォイ、ネメア、イストミアで優勝し、さらにアクティア、セバスタ、カピトリエンの三タイトルも獲得する者など現れなかったからである。それゆえ、セレウキア出身のレスラーであるT・アエリウス・アウレリウス・マロは、二世紀半ば、七競技会すべてで優勝し、最初の「完全なサイクル優勝者」となったことで賞賛された。

オリンピアを特別に愛したのは、なんと皇帝ネロであった。彼は哲学者セネカによってギリシア文化について並々ならぬ手ほどきを受け、ギリシア語を話し、ギリシア人の助言者たちに囲まれていた。またローマにギリシア様式の体育場を建て、帝国の首都をギリシアへ移そうとしていると、ローマ人たちに疑われたのである。そのため、ネロのオリンピア訪問は、ローマの年代記作者すべてから疑心の目で見られたので、その報告は批判的に読まなければならない。六六年秋、皇帝は大勢の伴と五〇〇〇人の兵士を従えて、プトレマイオス朝時代のエジプトの首都アレクサンドリアへ向かって乗船した。途中、彼は、イストモス、アルゴス、ネメア、デルフォイ、アクティウム、オリンピアの神殿を訪問しようとした。スエトニウスやカッシウス・ディオのようなローマの歴史家たちは、皇帝を狂人的な暴君として描いた。皇帝は、一〇頭立ての馬車で戦車競走に勝とうとし、その際、馬車から投げ飛ばされたにもかかわらず、みずからを競走の勝者と宣言させた。事実、皇帝ネロの出場のために競技の期日が変更されもした。しかし考古学上の調査が明らかにしたところによれば、ネロはギリシアの祭典地に大いに敬意を払い、オリンピアでは選手協会に集会所を寄贈し、その集会所はオリンピア競技会の終焉まで使用された。従来のオリンピア競技会優勝者名簿が二七七年に終わっているのに対して、集会所にあるブロンズの碑銘は、三八五年、アテネ出身の選手アウレリオス・ツォピュロスがオリンピア競技会における青少年クラスのボクシング優勝者であると証明している。こうしたことすべては、オリンピア競技会が、三九三年、キリスト教徒の皇帝テオドシウス一世によって禁止されるまで行われていたことを物語っている。(35)

古代ローマの競技会

ルーディ・ロマーニ

ローマ皇帝たちは、ギリシアの国土とともにギリシアの競技会もみずからの帝国に吸収しようとしたが、それは予想していたよりも難しいとわかった。その理由は、古代ローマ人が卓越したギリシア文化を全体としては賞賛していたにもかかわらず、——たとえば選手の裸体のように——ギリシア文化の幾つかの点を受け入れることができなかったからだけではない。古代ローマ人はすでに独自の競技会をもっており、驚くほどの執拗さでそれに固執していたからである。古代ローマで生まれた競技会(ルーディ・ロマーニ)は、外国からの輸入品に対してみずからのアイデンティティーを保とうとしたようである。なるほど、そうした競技会の多くはエトルリア人〔紀元前七世紀—紀元前六世紀、イタリア半島中部を支配した先住民族〕やサムニウム人〔紀元前六〇〇年頃—紀元前二九〇年頃、イタリア半島のアペニン山脈南部の地域で勢力を保持した部族〕のような隣人たちから引き継がれていたが、ほかならぬイタリアで生まれ、異国のものとは感じられなかった。

これらルーディ・ロマーニのうちには、——オリンピア競技会のように——宗教的なルーツをもち、宗教的な行列や特定の神々への公の奉納と結びついているものもあった。宗教的な競技会を創立する際には、特定の神域、その神官、崇拝者のあいだで競合があり、そして競技会の壮麗さは神域や神の意義を示す尺度となった。また、設立するときに誓願が果たされるなど、宗教的で個人的な基礎を有している競技会もあった。そのような献納競技会は、最初は一回だけのイベントとして計画されることが頻繁だったが、成功すると翌年も繰り返され、遂には継続的に開催されることが賞賛されるようになった。もっと世俗的な領域に根差しているのは、ローマ人たちの勝利や皇帝の死や皇帝の生涯のその他の出来事のようなイベントを記念する競技会であった。

常に競技会のきっかけとなったのは、スポーツの催しが——劇上演（*ludi scenici*）のような数少ない例外を除いて——ルーディ・ロマーニの中心にあったことである。特にスポーツは、たいていの訪問者にとって催しを魅力的なものにした。この点においてローマ人はギリシア人と変わらない。しかし、誰でも競技場を利用したり、競技に参加することができるという点で、ギリシアの競技会がむしろ参加型だったのに対して、関心をもつ観客のためにローマの競技会を演出したのはプロの選手たちだった。一見すると、この相違は驚くべきものに思われるかもしれない。だが実際のところ、違いはそれほど大きくはない。というのも、今日のスタジアムからわかるように、ギリシアのスタディオンも、

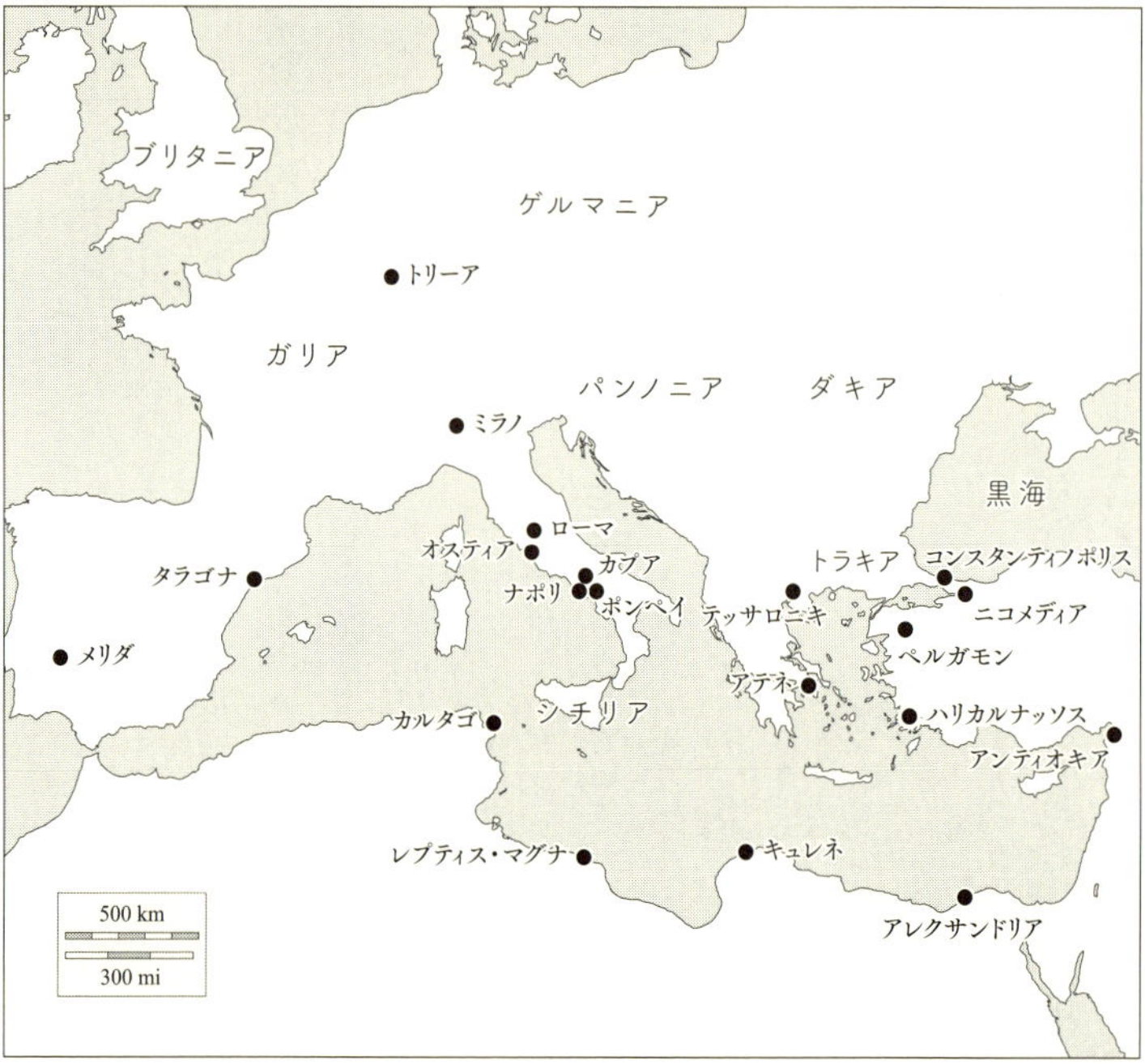

〔参考図版〕本書に登場する古代ローマの主な地名

ルーディ・ロマーニ——最重要な競技会一覧

名　称	開　始	期　日	競技種目
エクウス・オクトーベル (Equus October)	(非常に古い)	10月15日	戦車競走
エクゥイリア (Equirria)	(非常に古い)	2月27日 3月14日	戦車競走、競馬 戦車競走、競馬
コンスアーリア (Consualia)	(非常に古い)	12月15日	戦車競走
ルーディ・マグニー 〈大競技会〉(Ludi magni)	紀元前4世紀	9月4日-19日	戦車競走、競馬、レスリング、舞踊、キルクス競技
フローラ祭 (Ludi Florales)	紀元前238年	4月28日-5月3日	野獣狩り、キルクス競技
ルーディ・プレーベーイー 〈平民競技会〉(Ludi Plebeii)	紀元前215年	11月4日-17日	キルクス競技
アポローン祭 (Ludi Apollinares)	紀元前212年	7月6日-13日	戦車競走、競馬
メガレシア祭 (Ludi Megalenses)	紀元前204年	4月4日-10日	キルクス競技、競馬
ケレース祭 (Ludi Cereales)	紀元前202年	4月13日-19日	キルクス競技
ルーディ・タウリー (Ludi Taurii)	紀元前186年	6月25日-26日	競馬、闘牛
ルーディ・ロマーニ (Ludi Romani)	紀元前161年	9月4日-19日	キルクス競技
ルーディ・セウィラーニー (Ludi Sevirani)	紀元前2年		馬術競技
ルーディ・パラティーニー (Ludi Palatini)	紀元後14年	1月17日-22日	?
ネロニア (Neronia)	紀元後40年		競走、跳躍、投擲、レスリング、競馬

競技場と観覧席とのあいだがはっきりと分割されていたし、近代の大衆スポーツの時代ですら、たとえばスタジアムのスタンドや自宅のソファーでサッカーの試合を観る人々の数は、競技を行う選手の数よりもはるかに多いであろう。

すべてのタイプのローマの競技会に共通していた継続化の傾向は、数世紀が経つうちに、独特の祭暦を発展させた。四世紀には、年にほぼ一日おきに、ローマのどこかでなんらかの競技会が開催されるほどになった。ほとんどの競技会は一年に一度、一日か数日にわたって開かれた。この祭暦によって、スポーツの催しを伴った最重要な祭暦表を開始年代順に挙げることができる。

パンとキルクス競技

古代ローマの詩人ユウェナリスの警句にあるように、ローマの民衆は「パンと見世物」のために、皇帝と官吏にその主権を委ねてしまった。[36] ギリシアにおいて身体競技が果たしたのとまったく同じように、古代ローマ文化を理解するために特別な役割を担っているのが競技、特に制度としてのキルクスである。大部分の民衆にとって、キルクス競技は、世界都市ローマでもっとも魅力あるアトラクションであった。だからそれは皇帝たちによって支援され、帝国中で模倣された。他方、教養ある人々からは軽蔑され、キリスト教徒からは悪者呼ばわりされた。公的競技はローマの国教の一部だったので、とりわけキリスト教徒はこれを厄介視したのである。これらの競技が公的だったのは、誰でもそれに手が届くからというだけではなく、共和政、のちには帝国の公職にある者たちによって開催

されたからである。競技は公的な任務として国費で実施され、観客にとっては無料だった。(37)

　キルクス競技は、ローマ共和政の時代、年祭の規準枠内で発展したため、祭暦の構成要素だった。ユーピテル・カピトーリーヌス〔ローマ神界の主神〕に敬意を表した競技会は、紀元前三六六年以降、史料で裏付けられ、紀元前三二二年以後、毎年九月の第二週に催された。ローマのユーピテル——ギリシアのゼウスに相当する——を崇める競技会を伴ったもうひとつの祭祀週間は、紀元前二二〇年以降、一一月初旬に開催されるのが慣わしとなった。同様に、紀元前三世紀末以降、四月中旬には女神ケレース〔ローマの豊穣の女神〕を、七月中旬にはアポローン〔ユーピテルとともに、ローマ神界の中心〕を記念する競技会が開かれた。二世紀、女神キュベレー〔ギリシア・ローマ神界の大地の女神〕とフローラ〔ローマ神話の花と豊穣と春の女神〕に捧げられた競技会が四月と五月に加わり、のちには、軍事上の勝利、神殿の献納（いわば古代の献堂式）、皇帝たちの誕生日、統治開始の記念日などに際して競技会が追加された。紀元後三五四年以降のフィロカルスの暦によれば、一七五日の日曜日と祭日のうち六四日のあいだ、競技会が開催されていた。(38) これは、現代とまったく似たような競技会の多さである。

　キルクス競技といえば、まずは『ベン・ハー』風の戦車競走が思い浮かぶ。たとえば皇帝カリグラの短い在位期間においてのように、数人の皇帝のもとでは戦車競走が大きな関心事だったとしても、プログラムははるかに内容豊かなものであった。ギリシアの競技会のように、競走、ボクシング、レスリングのような運動競技、そして青少年たちの準軍事的な馬術競技、アフリカからの異国の猛獣を用いた人気のある闘獣競技や野獣狩り（*venationes*）、さらに剣闘士闘技（*munera*）があった。剣闘士闘技は、その後、キルクスから円形闘技場へ場所を変えた。公的な運動競技は、ローマの種々の屋外広場でも行われた。皇帝ネロは、自分の名をもった競技会——ネロニア——のために独自の闘技場をつくったほどである。皇帝ドミティアヌスは、「カピトリエン」競技会を設立し、そのためにドミティアヌス・スタディオンを建設させた。バロック様式のナヴォーナ広場が今日なお、その輪郭を追憶させてくれる。広場がかつて競技場であったことは繰り返し想起された。イギリスの旅行者ジョン・イーヴリンは、一六四五年にローマを訪れた際にこの広場について記している。「これは、かつてキルクスという陸上競技場であり、スポーツと気晴らしに献じられていたが、いまは街で最大の市場である。[39]」

もちろんキルクス競技はスターを輩出し、彼らはおびただしい賞賛、顕彰の彫像、金銭、賞品を与えられた。たとえばフラウィウス朝〔紀元後六九―九六年〕のもっとも成功した戦車の御者スコルプスは、二七歳の若さで亡くなったとき、二〇四八回も優勝していた。実際、各世代にはそうしたスーパースターがいて、彼らの勝利は人々の空想をかき立てた。碑銘や立像は騎手や戦車の御者だけではなく、時には彼らの馬さえも称えた。馬の中で先導役（*equus funalis*）を果たすのは常に戦車の左側の馬であり、カーブの内側にいるその能力が勝敗を決めた。戦車競走では、運動競技選手と同様にプロの選手がいて、彼らは競走以外の日には目標を定めたトレーニングを行っていた。トレーナーはたいてい元選手だった。スポーツのためのこうした生活は、裕福なスポンサーによって、特にローマでは四つの党派によっても財政的に援助されていた。これは独自の旗をもったチームであり、古代のスポーツクラブのようなものだった。彼らは現役の主役選手のためにトップクラスの馬の買い付けも行った。トップクラスの選手にはかなりの程度の自主性が許されており、より良い条件が提供されれば所属チームを変えることができた。トップ選手は賞品や賞金で贅沢な生活を送ることができた。戦車の御者ディオクレスは何度も勝利し、三六〇〇万セステルティウスの財産を得た。これは今日の通貨でいえば数億の金額に相当したと言われる。(40)

古代ローマのスポーツ用建造物――キルクスとアリーナ

ローマ人は、ギリシアのスポーツ用建造物を知ってはいたが、それらを自分たちよりもむしろギリシア人に向いている制度と見ていた。ローマ人たちは、ギリシアの文化を賛嘆して、ローマ帝国内のギリシア語圏ではスタディオンを維持保存したが、スタディオンを受け継ぐことはしなかった。西方ラテン語圏にただひとつ例外的に建設されたスタディオンは、ローマのドミティアヌス・スタディオンである。さらに、――プロの選手を賞賛した――ローマ文化において、大衆スポーツはギリシアよりも普及しなかったため、公的なトレーニング場も必要なかった。それゆえ、ギリシアのギュムナシオンは、ローマ帝国ではテルマエ――公衆浴場――に変化することが多かった。一方、アリーナを使用するスポーツには新しい建築様式が発展した。

ローマのキルクス（*Circus*）は第一に競馬と戦車競走のレース場であったが、屋外の広大なその敷地はほかの全種類の競技にも利用することができた。ギリシアのヒッポドロームとは異なり、キルクスは、より贅沢で耐久性のある構造物であり、比較的狭く、最長で五〇〇メートルの長さの地ならしされたトラックが特徴的であった。トラックの両端には、折り返し点として台座上にある三本の標柱が使われた。トラックは、いわばキルクスの脊柱《スピナ》である確固とした分離帯によって二つに分割されており、スピナは、記念碑、神域、祭壇、神々の彫像やオベリスクで装飾されていた。観客は、ある種の表示装置によって、戦車が走行した周回数を知ることができた。キルクスのアリーナ（Arena）には、二つの長辺側と短辺側のひとつ（折り返し点）に観客席が備えられ、観客席には頻繁に多くの階上席があり、場合によっては最上階席が設けられていることもあった。もう一方の短辺側にあるスタート地点には、位置をずらしたスタートを可能にする（しばしば一二の）固定ゲートが設置されていた。高級官吏や来賓のためには、ゴールの近くやコースに沿った桟敷席があり、折り返し点にはルールの順守を監視する審判席があった。

先行研究は、エトルリアの競走コースを、より高度に制度化されたこうしたローマのキルクスの模範としている。エトルリアの競走コースはすでに紀元前六世紀に言及され、エトルリア人の墓にある幾つかの絵に描かれている。これらの図像史料では、観覧席とならんで、高級官吏のための桟敷席や審判員のための監視台が認められる。ギリシアと同じようにエトルリアでも、施設は耐久性がなかったために残されていない。しかし「キルクス・マキシムス」の原型は、エトルリア人の王タルクィニウス・プリスクスが紀元前六〇〇年頃に同じ場所に建設させた施設にある。ローマ共和政期の紀元前三二九年、スタート装置《カルケレス》が木材でつくられた。

「キルクス・マキシムス」が歴史的な建造物となったのは、まず帝政への移行期、カエサルとアウグストゥスのもとであった。ネロ治世下のローマの大火〔紀元後六四年七月一九日〕後、施設はトラヤヌス帝のもとで完全に新築され、以前よりも設備が豪華になった。その一部は今日なお現存している。観覧席の階

「キルクス・マキシムス」遺跡、ローマ。

上席はすべて石造りになり、最上階席も設けられ、「コロッセウム」に似て、アッティカ様式によって装飾された。観覧席の外周部には、壮麗さを増すためにアーケードが設けられた。長さ六二〇メートル、幅一四〇メートルの建築物には天井がなく、出入りしやすいように一本の大きな道路によって囲まれていた。アーケード型の数ヶ所の入口は一階の商店街に直接つながっており、観客たちはここから階段を使って観覧席に上がった。スピナ――競走コースを二つに分割する分離帯――は、多くの水盤や噴水、たとえば一頭のライオンを伴った女神キュベレーのような贅を尽くした彫像でつくられるようになった。古代末期、ますます大きくなる彫像や塔やオベリスクによって、装飾はより豪華になっていった。

「キルクス・マキシムス」は一五万人の

収容能力をもち、世界でもっとも大きな建造物のひとつであり、おそらく当時でさえ最大の建造物だっただろう。それは、イタリアとローマ帝国のその他の地域におけるすべての競走コースの模範となった。とりわけ馬の飼育の伝統をもつスペインや北アフリカでは条件が揃っていたので、都市の近郊にキルクスが建設された。たとえば一世紀にはメリダやタラゴナにおいて、また二世紀以降はアフリカ（カルタゴやレプティス・マグナなど）においてである。これに対してガリア、ゲルマニア、ブリタニアでは競馬や戦車競走はそれほど人気がなく、したがって建設されたキルクスの数も少ない。ただ四分統治時代〔帝政ローマ後期に即位したディオクレティアヌス帝は、二九二年、正帝としてアナトリアのニコメディアを都に東部を担当し、マクシミアヌスは同格の正帝としてミラノを都に西部を治め、それぞれに副帝を置いた。東部の副帝は現セルビアのスレムスカ・ミトロヴィツァに、西部の副帝は現ドイツのトリーアに本営を置いた。〕の皇帝の居所（トリーア、ミラノ）にだけは、四世紀、新しい宮殿施設に競走コースが併設された。東方ギリシア語圏（たとえばアンティオキア、テッサロニキ、ニコメディア）のキルクスは、ギリシア風（幅の広い競走コース）に改築され、ギリシア人の需要に応じて陸上競技にも利用された。[41]

ローマの建築家ウィトルウィウスは、『建築十書』の中で、都市計画の際には最初から競技場施設を考慮に入れている。競技場施設は、皇帝アウグストゥスの時代にギリシア人から受け継ぎ、最初のトレーニング場《パライストラ》やギュムナシオン、比較的大きな浴場や劇場が付設されていた。しかしウィトルウィウスは、ローマの諸都市を建設する場合にはすでに、見世物《スペクタークラ》（*spectacula*）を開催するために公共広場《フォルム》（*Forum*）を充分に大きくすることが配慮されたと主張している。市場が正方形であるギリシアの諸都市とは異なり、ローマのフォルムは縦長の長方形だった。「市場で剣闘士闘技が催されるという習慣が先人から伝えられていたからである。」[42] 上階には観客用のバルコニー席がなくてはならない。広場の大きさは人口数に応じ、長方形の縦横の比率は三対二である必要がある。「つまりその形式は長方形で、施設は競技会の条件にかなっているだろう(43)。」

さらに公共施設の建設に関する巻（第五巻）で、ウィトルウィウスは、一章を「格闘技学校《パライストラ》」にあてている。彼はその章で、大きな中庭を囲む四つの柱廊広間からできているギュムナシオンを記述している。柱廊広間のひとつは、「嵐を伴った驟雨が来たときに」中庭で練習している選手たちを守ることができるように、ほかの三つよりも二倍の奥行がなくてはならない。ギュムナシオンには、青少年用の授業室（*ephebeum*）、器具類の保管室（*coryceum*）、レスラーたちが油を塗ったあとで転がることができる細かい砂が敷かれた空間（*conisterium*）、冷浴室（*frigida lavatio* ギリシア語では *loutron*）、油もストックされている更衣室（*elaeothesium*）、プールのある浴室（*frigidarium*）、身体をあらかじめ温めるための温浴室（*propignaerum*）、サウナ（*sudatio*）があった。柱廊広間からは付設された階段を使って平坦な中庭に出る。中庭はさまざまな競技場に分割されている。柱廊広間（*xystum*）の後ろには観覧席のついたスタディオンがあり、大勢の観客が観覧席にすわって快適に競技を観ることができた(44)。

剣闘士闘技

ひとつの競技あるいは特定のスポーツ種目から社会の中心的な価値観を説明しようとする社会学的な試みにおいて——たとえばギリシアにとってのオリンピア競技会、バリにとっての闘鶏、アメリカ合衆国にとっての野球（序章を参照）——、ローマ帝国にとっては剣闘士闘技（*gladius* は剣、*gladiator* は剣闘士）を挙げなければならないだろう。

剣闘士たちのために、まずは「コロッセウム」が、そしてイタリアと帝国の属州にはその他のアリーナや円形闘技場が建設された。ローマの多くの詩人がギリシアの競技会やローマの演劇も疑問視したのに対し、共和政の時代、まして帝政期にも、――哲学者セネカを除いて(45)――剣闘士闘技を拒絶した著名な詩人はいなかった。古代末期のキリスト教の著述家たちでさえも拒否してはいない。なるほど彼らは剣闘士の魂の救済を気づかったが、剣闘士闘技の素晴らしさを称えるローマ人の合意をあえてくつがえそうとはしなかった。だが、この闘技の何が人々をそれほどまでに引きつけたのだろうか。そして、この闘技の本質はどこにあったのか。

おそらく剣闘士闘技（*munera*、ラテン語の *munus*（贈り物）の複数形）の起源は、ローマ以前のエトルリアにあった。エトルリア人は故人を追悼して「葬礼競技」を伴った葬式を行った。闘いの敗者が死ななければならなかった剣闘士闘技は、ある意味で神々への生贄であった。しかしのちに、それはむしろ葬式の参加者への贈り物、さらにその後は公衆への贈り物となり、敗者の死は絶対に必要ではなくなった。剣闘士闘技は私的に自発的に行われ、決して公的な祭式の一部ではなかった。紀元前二六四年、ローマの葬式で初めて三組の剣闘士が相互に闘った。その風習は気に入られ、まずは貴族によって受け継がれた。その際、いかに豪華な設備にするかをめぐって家族間で競い合いが生じた。すでに紀元前二一六年には、M・アエミリウス・レピドゥスの追悼闘技会で、二二組の剣闘士がフォルムで闘っている。ウィトルウィウスの証言によれば、紀元前二〇〇年頃のフォロ・ロマーノの改造の折には闘技会の開催が考慮されていた(46)。ガイウス・ユリウス・カエサルは、紀元前四六年、みずからの戦勝を祝うために、それまでになかったほどの質の高さと豪華さを誇る闘技会を主催した。彼の娘の葬式は単なる口実にすぎなかった。そもそもローマの主催者たち（*editores*）は祭式上の理由にほとんど関心がなかった。むしろ彼らは闘技会を葬式（*ludi funebres*）から切り離し、重要職（造営官《アエディリス》、財務官《クアエストル》、法務官《プラエトル》）の選挙に出馬するときの人気集めのために開いたのである。

共和政の時代にすでに闘技会の意義が増していたことは、紀元前一〇五年以降、剣闘士が軍隊の士気や能率を高めるためにローマ軍団の教官として採用されたことからわかる。紀元前四二年以後、政務官《マギストラトゥス》の中には、闘技会を公的競技会の枠内でも開催し始める者たちがいた。初代皇帝アウグストゥスは、紀元後二二年、帝国中のすべてのスペクタークラ（見世物）の実施を新たに規制した。アウグストゥスは、法務官《プラエトル》が毎年闘技会を開催することを定め、開催者たちの無秩序な競争を終わらせるために、参加する剣闘士の組数を一二〇に限定した。闘技会と葬式との関連は公式にも放棄された。これによって闘技会はローマの国民的スポーツとして定着し、国家による闘技会はローマの祭暦の骨子となった。皇帝クラウディウスは、最終的に、毎年の闘技会の開催を財務官《クアエストル》団に委任することにした。おそらくもっとも贅を尽くした闘技会は、紀元後一〇八年、ダキア征服〔ダキアは現ルーマニアに当たる地域。二次にわたるダキア戦争の末、一〇六年、ローマ帝国の攻撃を受けてダキア王国は滅亡し、ローマの属州となった。〕をきっかけに皇帝トラヤヌスによって演出された。当時、一二三日間で約一万人の剣闘士が投入された(47)。

帝政期の「パンと見世物」といえば、それはまず闘技会のことである。しかしローマ人にとって、闘技会の何がそれほどまでに魅力的だったのか。本来、剣闘士は社会的地位の低い人々の集団から構成された。つまり、奴隷、捕虜、重罪人である。さらに、契約の持続を誓って奴隷に似た状態にみずから進んで入る者たちがいた。彼らは時に個人的な困窮から志願したが、その理由は冒険心や功名心であることもあった。志願者は、その後、ほかの剣闘士とともに、養成所（*ludus gladiatorius*）で訓練を受けた。これら剣闘士宿舎の最大のものであるローマの「ルードゥス・マグヌス（*ludus magnus*）」は、約二〇〇〇人の剣闘士を同時に収容することができた。ペルガモン、アレクサンドリア、カプアにも大きな剣闘士養成所があったが、ローマだけでもほかにも多くの養成所が存在していた。剣闘士はアマチュアではなく、訓練されたプロの闘い手であった。充分に訓練を積んだ剣闘士は非常に魅力的だったので、彼らのために結婚生活を放棄した女性たちが話題になるほどだった。しかしまた闘技自体も人々の心を引きつけたので、ローマの上流階級には剣闘士として出場したいと願う者もいた。比較的高齢の皇帝ティベリウスは、自発的に剣闘士として出場した騎士階級や元老院階級の者たちをローマから追放した。だが青年皇帝コンモドゥスは、「アリーナにおける勝利者としての名声を皇帝の威厳に取り入れたかったので」[48]、みずから闘技場に出場することさえした。闘技会では、網と三叉の矛で装備した網闘士たち（*retiarii*）にとっても、短剣と円楯で装備した魚兜闘士たち（*mymillones*）にとっても、闘技は生命の危険を伴うものであった。彼らは致命傷を負い、自発的な負けの場合には──剣闘士は皆、手を上げて闘いを中断することができた──、アリーナの観客がその生死を決定した。観客が必ずしも死を望まなかったことは、剣闘士フランマの墓石が示している。彼は四度助命されたが、剣闘士にとどまることを選んだ。シチリアにある彼の墓碑には次のように書かれている。「軽装剣闘士フランマは三〇年生きて、三四回闘い、二一回勝利し、九回引き分け、四回敗北した。彼はシリア出身であった。デリカトゥスが功労ある同僚のためにこの墓石を建立させた。[49]」

一般に、奴隷、犯罪者、捕虜にとって励みとなったのは、自由民へ解放されるという漠然とした願いだった。三年のあいだ耐えて生き延びれば、彼らには解放が保証された。ひとりの剣闘士は一年に二回か三回の闘いを耐え抜かなければならなかったから、これは総じて六回から九回、アリーナで勝利することを意味した。その後、彼らはさらに二年間、剣闘士養成所で勤務しなければならなかったが、アリーナに出場する必要はもはやなかった。解放奴隷として、彼らは権利を制限されたローマ市民であった。公職や軍務に就くことはできないままだった。この排除の理由は、特に、成功した剣闘士は——今日のスター選手のように——大いなる人気と富を獲得し、政治的なファクターになりうるというものだった。彼らは英雄としてローマ人の諸徳を体現した。闘技で実績を上げた剣闘士たちは、勇気、大胆さ、規律、技術、考量、死をも恐れない姿勢、そしてそれによって、ローマの秩序が敵よりも優っていることを示したのである。闘技会の主催者や観客は勝者と一体化し、勝者の英雄的な行為の中にみずからの考えが正しいことを見て取った。もちろん闘技会は娯楽に貢献したが、しかし観客は同時に、共に体験した緊張と、それに続いて行われる自分たちの徳が正しいと評価される儀式において、ローマとの、皇帝との、あるいは属州の各総督との連帯感を味わうことができたのである。だから、剣闘士闘技は——円形闘技場という付属する建築物とともに——ローマ帝国全体に普及した。その衰退は帝国の衰退と時を同じくした。

野獣狩り

剣闘士闘技と関連して、ローマでは陸上競技も行われてレスラーやボクサーが出場したが、剣闘士闘技ほど人気は高くなかった。もちろん、野獣狩り、そしてライオンや豹のようなアフリカから連れて来た異国の大型哺乳動物との闘技も愛好された。カバやサイやキリンまでもが登場した。こうしたショーは相当なロジスティクスを必要とした。まずアフリカ内部で動物を捕獲し、または北アフリカの動物市場で購買し、それからイタリアへ向けて船積みしたからである。高価な動物たちが実演前に死んでしまってはならなかったので、航海中や目的地での餌やりや世話には専門家が必要だった。こうした見世物の意義は、帝政時代、大型の檻を移送するために、特別の通路や昇降システムが円形闘技場に取りつけられたことからわかる。それは費用がかかり、新しい技術的な解決策も要求された。異国の動物にどのような意味があったのかは明白である。動物はその目新しさゆえに観客にとってセンセーションであり、その強さと大きさゆえにスリルがあり、そのエキゾチシズムゆえに、帝国の拡大と、そのような娯楽を可能にした皇帝の偉大さの目に見える証明であった。

ローマにおける最初の有名な野獣狩り（*Venatio* ――本来は狩り、のちに作為的な条件のもとで獣を仕留めることの意）は、紀元前一八六年、まだ共和政の時代に行われた。その際、国儀と関係した競技会を拡大して、観客の娯楽のために、アフリカから連れて来た六三頭のネコ科の野獣、四〇頭の熊と数頭の象を相互に闘わせた。(50) まもなくこの種のショーでは人間が野獣と闘うことになった。独裁官スッラのもとで、一〇〇頭以上のライオンが当時はまだ臨時のアリーナに送られ、そこでアフリカ出身の数人の射手によって仕留められた。スッラの配下であり、カエサルの敵であったポンペイウスは、その一世代のち、五日間で七〇〇頭の野獣を闘わせた。ここでは、スペクタークラ（見世物）はすでに国儀から切り離されていた。勝利したガイウス・ユリウス・カエサルは、五日にわたる大がかりな野獣狩りを主催した。これは、各五〇〇人から成る二つの部隊が二〇頭の象と三〇〇人の騎兵と対戦するという激闘で終わった。ネロは、猛獣に食い殺させる死刑の判決（*condemnatio ad bestias*）によって、野獣対人間の闘いの変形を発案した。そこでは、アリーナの観客を喜ばせるために、死刑判決を受けた者が猛獣によって殺された。これは、本来、動物を利用した公開処刑であった。

続く数世紀、ローマの帝政の発展と衰退は、野獣狩りの規模に反映した。皇帝アウグストゥスが四一年にわたるその統治期間に約三五〇〇頭の野獣を闘わせたのに対し、ティトゥス帝は「コロッセウム」の落成式だけで五〇〇〇頭にも及ぶ猛獣を使用した。トラヤヌス帝は、一〇六年のダキア征服を祝して、一万一〇〇〇頭の猛獣を円形闘技場に送ったと言われる。この巨大な催しが野獣狩りの最盛期であった。そののち二八一年にはまだ、皇帝プロブスがある勝利を六〇〇頭の猛獣で祝っている。皇帝コンスタンティヌス一世は、三二五年、野獣狩りに反対する最初の勅令を出したが、この禁止が民衆とローマ貴族の抵抗に対して貫徹されるまでには数十年かかった。最後のローマ皇帝が退位したのちにもなお闘獣競技は開催され、五二三年、東ゴート王テオドリックによって主催されたものが最後として知られている。

闘獣競技は、巨大なアリーナの建設とともに、円形闘技場の中で確固とした地位を占めるようになった。通常、大規模な剣闘士闘技の枠内で、競技初日の午前中が、野獣と関係したプログラムである野獣狩りにあてられた。まず、できるだけ異国の雰囲気を醸し出す危険な猛獣同士が闘った。次の出し物として、特別な珍獣の芸が実演されることもあった。野獣狩りには芝居風の出し物もあり、役者が動物——たとえば熊——の毛皮を着た。午前中のクライマックスは野獣狩りであり、特殊な剣闘士である闘獣士（*bestiarii*）が登場した。この出し物は、今日までスペインとラテンアメリカ地域で行われている闘牛と比べるのがもっともわかりやすい。午前中の締めくくりとして、野獣による死刑判決を受けた犯罪人がアリーナに引きずり出された。午後になってやっと、本来の剣闘士闘技が行われた。

　剣闘士闘技のプログラムの中で、野獣狩りが剣闘士闘技自体より人気がなかったことは明らかであり、闘獣士は剣闘士ほど高い評価を受けていなかった。おそらく、闘獣士のショーは剣闘士闘技よりも危険性が少なく、そのため、闘獣士はすでに言及したローマの諸徳を剣闘士ほど体現していないと思われたからであろう。しかし帝政期が経過していくにつれ、床に描かれたモザイク画にますます多く野獣狩りが登場するようになったことは、野獣狩りの人気が高まったことを示唆している。剣闘士の行為は、帝国全体で、つまり黒海沿岸やアルプスの北方、また北アフリカでも、モザイク画上で賛美された。特に保存状態の良い多くの代表的な邸宅では、さまざまなテーマの中でも野獣狩りが圧倒的に多い。たとえばローマのボルゲーゼの別荘〔枢機卿シピオーネ・ボルゲーゼが夏の別荘として建てたものであり、一六一三年頃に着工された。現在のボルゲーゼ美術館。〕やザールラント州にあるモーゼル河畔のネニヒの邸宅（アルプス北方では現存する最大のモザイク画を有している）である。もちろん動物画は芸術家たちにとって描きやすかったのだろうが、テーマの選択は依頼人の同意なしには行えないということを想定してよいだろう。

奴隷と女性について

スパルタクス

古代で、おそらくは世界史上でもっとも名高い剣闘士スパルタクスを語らずして、剣闘士養成所について話すことはできないだろう。しかし彼はスポーツマンとしてではなく、古代世界における最大の奴隷反乱の首謀者として知られることになった。この反乱は、「第三次奴隷戦争」（紀元前七三―紀元前七一年）あるいは「剣闘士戦争」として古代ローマの歴史書の中に名を留めている。後世、それはスパルタクスの乱として有名になった。このローマの内政問題がスポーツとは関係ないと考える人は、二〇世紀における社会主義諸国の最大のスポーツ祭典が――いわば資本主義世界のオリンピックに対立するモデルであるが――「スパルタクス」と「オリンピアード」を組み合わせた「スパルタキアード」だったことを思い出してほしい。東ドイツではさらに、子供と青少年の「スパルタキアード」もあった。それは一九六四年以降、大衆スポーツと競技スポーツを結びつけることを目的とし、西ドイツの連邦青少年競技会にあたるものだった。ロシア、ブルガリア、スロヴァキアの多くのスポーツクラブはスパルタクスの名を採用し、たとえばサッカー・クラブチームのスパルタク・モスクワのように、今日なおその名を使用している。スパルタクスは、市民権を剥奪された者たちの反乱だけではなく、スポーツ史をも象徴する人物なのである。

古代ローマの歴史家たちを信用するならば、スパルタクスは、バルカン半島東部のトラキア（今日のブルガリアと西トルコ）出身だった。トラキアは紀元前三四一年、マケドニア王国によって征服されたが、アレクサンドロス大王の帝国が崩壊したのち、紀元前三〇五年頃、ヘレニズム時代のディアゴドイ治下でもう一度独立し、紀元後四四年、属州トラキアとしてローマ帝国に併合された。ギリシア人の著作家プルタルコスによれば、スパルタクスは遊牧民出自のトラキア人で、妻はトラキアのマエディ族に属していたという。妻はスパルタクスとともに奴隷になり、反乱期には予言者を務めた。プルタルコスは、頑強な身体だけではなく、強靱な精神の持ち主としてスパルタクスを記述している。スパルタクスは非常に知性と教養があり、高い身分の出自であったかもしれない[51]。古代において、スパルタクスという名前は黒海地方ではよく聞かれた。しかしまたトラキア人とは、湾曲剣、小楯、兜、アームガード、すね当てで装備して戦った剣闘士の特殊なタイプをも意味した。スパルタクスがどのようにして剣闘士になったのか、捕虜としてなのか犯罪者としてなのかは、はっきりしていない。彼は、カプアにあるガイウス・コルネリウス・レントゥルス・バティアトゥスの剣闘士養成所に所属していた。確かなのは、剣闘士たちがそこの処遇に満足していなかったことである。紀元前七三年、スパルタクスはほかの七〇人の奴隷とともに養成所から逃亡した。訓練を積んだ剣闘士から構成されたこの小部隊が、反乱の最盛期には約二〇万人を有した奴隷軍の中心となった。

　スパルタクスの乱はローマの奴隷所有者社会を震え上がらせ、数週間のうちにはローマ帝国を内部から崩壊させる勢いを見せた。スパルタクスと二名のガリア人奴隷を指導者に選んだ剣闘士集団は、はじめのうちは小規模だったが、数週間でラティフンディウム〔古代ローマにおける大土地所有で、奴隷労働に頼っていた。〕の数千人の奴隷が加わった。土地を所有していない零落した自由民たちもこの反乱奴隷の集団に群れをなして合流した。かつての奴隷の反乱すべてと異なり、カプアから来た剣闘士たちの反乱は、抜群の組織力によって傑出していた。スパルタクスは、ますます多くなっていく支持者を管理し、訓練し、武装させることができた。その際、民衆とフェアにつき合うことにも配慮したと言われる。剣闘士養成所から脱出したのち、反乱者たちはまずヴェスヴィオ火山の荒れ地に立て籠もった。そこから周辺地域を占領し、その年の終わりにはローマの二軍団に勝利した。紀元前七二年春、スパルタクスはみずからの奴隷軍とともに北上し、北イタリア（ガリア・キサルピナ）への途上、ローマ軍を壊滅させた。これによってガリアへの道が開かれたにもかかわらず、スパルタクスは紀元前七一年、方向を転換して南下した。しかしこのとき、帝国には反撃に出る準備が整っていた。法務官《プラエトル》マルクス・リキニウス・クラッススが元老院から最高司令権を委ねられ、八軍団を従えてスパルタクスに対峙した。何度か困難な戦いを経たのち、クラッススは反乱者たちをメッシーナ海峡まで追いやることに成功し、遂には勝利した。スパルタクスは最後の闘いで戦死した。捕えられた数千人の奴隷は、反乱を罰せられ、アッピア街道沿いで磔刑に処された。翌年、クラッススは、スペインから帰還してスパルタクスとの最終戦に合流していたポンペイウスとともに執政官《コンスル》に選ばれ、一〇年後にはポンペイウス、カエサルとともに第一回三頭政治に参加した。

スパルタクスは、奴隷の反乱の最盛期にも戦利品で私腹を肥やすことなく、軍の各兵に戦利品を公平に分け与えた。アッピアノスのような古代の著述家たちは、スパルタクスのこうした高潔を賛美していた。スパルタクスはこう語ったと言われる。「生命は見世物のためにではなく、自由のためにだけ賭けてもよいのである。(52)」クラッススの伝記にしてもポンペイウスの伝記にしても、古代ローマの著述家はたびたびスパルタクスに言及しているため、スパルタクスはさまざまな空想が思い描く中心的人物であり続けた。秘密結社イルミナティの設立者アダム・ヴァイスハウプトは、一八世紀、「スパルタクス」の筆名を名乗り、ハイチの奴隷革命の指導者アンリ・クリストフは、フランスの敵対者たちから「黒いスパルタクス」と呼ばれた。スパルタクスの色褪せることない死後の名声は、カール・マルクスに依るところが大きい。マルクスは、「古代ローマにおけるプロレタリアートの真の体現者」としてスパルタクスを高く評価した。しかし古代のスパルタクスは、共産主義社会を創設することではなく、ローマ人の勢力範囲から逃亡することを目的としていたのである。

女性の観客と剣闘士

「(おそらくすべての重要なアゴンと同様に)オリンピア競技会はもっぱら男性の事柄であり、女性は容赦なくそこから遠ざけられていたと、ここでついでに述べてもよいだろう。」ヤーコプ・ブルクハルトはこのように記述し、その理由を挙げた。「疑いもなく、女性たちが、体技上の動機からではなく、別の動機から、つまり体技上の出来から判断しないで、無節操な喝采を送るかもしれないという懸念からであった。スタディオン走だけは、娘たちも見物から除外されることがなかった。そしてデーメーテール・カミュネの巫女は、そこに公的な座席をもっていた。(53)」しかし周知のように、ギリシアにおいてさえ、策略を用いて、競技から除外されるのを回避できた女性選手が何人もいた。たとえば、騎手ではなく馬の所有者が表彰される競馬では、こうしたことが可能だった。スパルタのキュ

ビキニを着た女性球技プレイヤーたち。紀元後350年頃、モザイク画。シチリア、ヴィッラ・ロマーナ・デル・カサーレ。

ニスカは紀元前三九六年と三九二年、ヒッポドロームで、若駒の四頭立て戦車競走で優勝した。彼女は神々を崇めて、オリンピアのゼウス神殿にブロンズ像群を寄贈し、その碑文は、彼女みずからが御者であったかもしれないことを示唆している。そこには次のように記されている。「私の父祖たち、私の兄弟たちはスパルタの王であった。しかし私、キュニスカは、駿馬の引く戦車で優勝し、ここに像を建てる。ギリシア全域において私がこの栄冠を受けた唯一の女性であることを、私は誇りに思う。」それゆえキュニスカは、女性で最初のオリンピア競技会優勝者だったかもしれない。(54) この異例の出来事では、彼女がペロポネソス戦争時のスパルタの最高司令官アルキダモス二世の娘であり、また軍事上の成功によってギリシアの都市国家システムで覇権を握ったアギス二世とアゲシラオス二世の妹であったことが役に立ったのかもしれない。おそらくこうした政治情勢では、ギリシアを制圧していた英雄の妹にオリンピア競技会への参加を拒否できなかったのだろう。[55]

女性の観客が芸術的な娯楽だけではなく、アリーナやキルクスでの競技をも愛好していたことを示す多数の証拠が存在している。[56] しかし女性たちは、観客として姿を見せるだけではなく、アリーナで自分の力を試そうとした。ティベリウス帝のある勅令は、元老院議員の娘、孫、ひ孫、また「父方であれ母方であれ、夫や父や祖父が、あるいは兄弟が、騎士階級用の予約席にすわる権利をかつて有していた女性は誰も」剣闘士として訓練したり出場したりすることはできないと定めている。この勅令からわかるのは、実際にそれを行った女性がいたことである。ネロ帝が母アグリッピナに敬意を表して開催した剣闘士闘技では、女性の芸人が登場しただけではなく、馬に乗った女性たちが野獣や女性剣闘士と闘った。しかも自発的に闘った者もいれば、闘いを強制された者もいた。[57] 紀元後六六年、アルメニア王ティリダテス一世がローマを訪問した折に、皇帝は大規模なスペクタクルを主催した。諷刺作家ペトロニウスは『サテュリコン』の中でそのテーマに触れている。古着商エキオンは、「トリマルキオンの饗宴」において、この見世物を話題にし、戦車に乗る女性剣闘士について語っている。[58] それ以来、夜には松明の明かりのもとで登場する女性剣闘士との闘技は、特別なアトラクションとして実演された。女性剣闘士（*Gladiatrices*）も男性闘士と同じように上半身は裸体だったが、男性と違って兜をつけてはいなかった。女性剣闘士についてはむしろさりげなく言及されていることから、彼女たちの登場はこれまで想定されていたよりも広まっていた可能性のあることが推論された。さらにエイミー・ゾルは、女性剣闘士が夜に登場することから、闘技はエロティックな出し物ではなく、見世物の中心となるアトラクションであったと結論づけている[59]。多くの研究者は、女性たちがアリーナのために規則的な専門教育を受けていたと考えている。しかも剣闘士養成所ではなく、コレギウム・ユウェヌム（*Collegium iuvenum*）においてであった[60]。

それにもかかわらず、こうした女性闘技の性格に関しては議論することができるだろう。というのも、ドミティアヌス帝は女性剣闘士を相互にだけではなく、矮人剣闘士とも闘わせ、彼女たちを男性闘士のレベルに立たせるのではなく、むしろ常に新しいセンセーションを追求することに尽力したからである。ここではフリークショーが問題になっていたのだろうか。皇帝伝を書いた歴史家スエトニウスは、ドミティアヌス帝の時代、「コロッセウム」と「キルクス・マキシムス」で行われた女性剣闘士の闘技に関して報告している。そこでは、女性剣闘士はまたもや松明の明かりのもとで登場する[61]。ハリカルナッソス出土のレリーフでは、女性剣闘士たちは「アマゾーン」として重装備で描かれている。ユウェナリスの風刺詩によれば、剣闘士闘技に出場し、退屈しのぎに注目を得たのは、とりわけ古代ローマの上層階級の女性であったという。紀元後二〇〇年頃、セプティミウス・セウェルス帝によって女性剣闘士は追放されたが、少しのちには、古代ローマの海港都市オスティアの碑文が闘う女性たちのことを再び示している。

コロッセウム

円形闘技場（*Amphibeater*）がローマ帝国で人気のある競技場になろうとは、ウィトルウィウスは予測することができなかったらしい。ウィトルウィウスは、機械装置に関する第十書の中の副次的な個所で、ローマの暑い夏にアリーナを訪れることを可能にする大きな日よけ天幕について言及している。ラテン語の概念*arena*（砂）は闘技場に撒かれた砂に由来する。また、ラテン語の概念*Amphitheatron*は、皇帝アウグストゥスの時代に初めて登場し、もともとは「二倍の劇場」あるいは「二つの半円をもった劇場」を意味した。つまり、この建造物のために、古典的な劇場（*theatron*）の二つの半円がひとつの楕円形につながれたのである。建築史家たちは、円形闘技場が紀元前一世紀にはすでに最終的な形式に到達していたという事実に驚き、紀元前三世紀以降、その前身として、競技会が開かれる時期には市《いち》の立つ広場に一時的な木造建築物が設置され、その後は再び撤去されたのではないかと考えている。その原型としては、大地や岩石に組み入れて建造された堅牢な円形闘技場がある。それはたいていのギリシアの劇場やスタディオンと同じように、自然の地形を取り入れている。最初期の円形闘技場の二つはこの形式に属し、地面に掘られたか（紀元前七〇年、ポンペイ）、凝灰岩に刻まれた（紀元前五〇年、ストリ）。もうひとつのモデルは、屋根のない、通路があちこちを走る壮大な建造物である。これは「フラウィウス円形闘技場」の名で知られ、ずっとのちになって――紀元後八世紀――、その大きさゆえに「コロッセウム」と呼ばれるようになった。

ローマでは、最初の円形闘技場は紀元前五二年――だからまだ共和政期である――、元老院によって建設されていた。その闘技場がのちにどうなったのかは、はっきりしていない。というのも、紀元前二九年、古代ローマのカンプス・マルティウスに次の円形闘技場が建設されるまで、フォロ・ロマーノでの闘技会には一時的な木造建築物しか知られていないからである。皇帝伝を書いた歴史家

ローマの「コロッセウム」。紀元後72-80年、ウェスパシアヌス帝治下で建設された。5万人の収容能力をもち、東ゴート王テオドリックの時代まで使用された（史料で最後に確認されるのは紀元後523年）。

スエトニウスが報告しているように、もしもすでに皇帝アウグストゥスが大規模な円形闘技場の建設を計画していたのならば、建築家ウィトルウィウスがこの計画に注目していなかったのはおかしい。ネロは、紀元後五七年、木造の円形闘技場を再建させたが、数年後、それはローマの大火の際に再び消滅してしまった。やっとフラウィウス朝になって、ウェスパシアヌス帝とティトゥス帝が「コロッセウム」の建設を実現させた。それは紀元後八〇年に落成し、古代ローマ帝政期を通じて闘技場として使用された。今日なお、その遺跡は賛嘆すべきものであり、文化的なイベントスペースに利用されている。この大規模な建造物は五万人の観客収容能力があり、古代世界で最大規模の円形闘技場である。また、平坦な土地の上に完全な組積工事によってつくられ、技術的な点においても傑作である。空間、通路、巻き上げ機、昇降機、水槽から成る複雑なシステムによって、観客には見えないように重量のあるセットや動物の檻を移動するだけではなく、模擬海戦《ナウマキア》を行うために闘技場に水を張ることもできた(62)。

「コロッセウム」は、イタリアで発明された建築様式の頂点であり、のちのすべての円形闘技場の模範だった。このタイプの建造物は、紀元後一世紀、帝国の西方ラテン語圏を越えて、とりわけ北アフリカから、北はブリタニアや東はパンノニアまで拡がった。帝国の東方ギリシア語圏では、スタディオンとヒッポドロームといった既存の競技場が利用され、それに関連した競技種目が実施された。東方ギリシア語圏でローマの剣闘士闘技会を開催しようとするならば、(たとえばドドナやコリントにおいて)既存の劇場が改築されることは時々あったが、円形闘技場が新築されるのは稀だった。これに対し、帝国の西方ラテン語圏では、円形闘技場が競技場建設を新たにリードすることとなった。共和政期における約一五の円形闘技場に加えて、帝政期には数百、ひょっとすると数千が新築された。ポンペイ、ポッツオーリ、ヴェローナのようなイタリアの比較的小さい都市でも、闘技場は二万から三万人の観客を収容できたし、カプアの円形闘技場は四万人を収容した。

しかし巨大な施設はイタリアだけではなく、今日のフランス(たとえばアルル、ボルドー、ブールジュ、リモージュ、ニーム、ニース、パリ、サンス、トゥール)、スペイン(カルタゴ・ノヴァ[=カルタヘナ]、コルドバ、メリダ、タラゴナ)、ブリタニア(チェスター、コルチェスター、ドーチェスター、ロンドン、シルチェスター、セント・オーバンズ)、ドイツ(たとえばトリーア、クサンテン)、スイス(アウェンティクム[=アヴァンシエ]、アウグスト)、オーストリア(ペトロネル・カルヌントゥム)、ハンガリー(ブダペスト)、クロアチア(プーラ、ソリン）、アルバニア（ドゥレス）、ブルガリア（ヒサリャ、プロヴディフ、ソフィア、スタラ・ザゴラ）、北アフリカにあった。現在のチュニジアにあるエル・ジェム円形闘技場は非常に保存状態が良く、ここも三万人の収容能力があったと言われる。大規模な闘技場は、今日のリビア（キュレネ、レプティス・マグナ、プトレマイス、サブラタ）、アルジェリア（シェルシェル、ランベシス、テベッサ、ティパサ）、モロッコ（リクスス）、シリア（ボスラ）、レバノン（バトルーン）、トルコ（たとえばペルガモン）にもあった。現在に至るまで、保存状態の優劣はあるものの、約二三〇の古代ローマの円形闘技場の遺跡が残されている。(63)

キリスト教の反スポーツ性

テルトゥリアヌスとキリスト教の反スポーツ性

一七世紀初頭、一週間の唯一の休日にスポーツをすることは聖なる日曜日を軽蔑するという理由で、清教徒たちがイングランド国王ジェームズ一世の『スポーツの書』〔一六一七年〕を焼いたとき、(64)それはキリスト教による肉体蔑視の長い伝統上にあった。北アフリカの著述家クイントゥス・セプティミウス・フロレンス・テルトゥリアヌスは、教会史ではラテン教父として知られているが、紀元後二〇〇年頃に記した著作『見世物について』の中で、古典古代の競技場——スタディオン、キルクス、円形闘技場——と劇場におけるあらゆる訓練と競技を、悪魔的行為と呼んだ。テルトゥリアヌスの著作は、続く一五〇〇年のあいだ、すべての余暇娯楽の判断の基礎となっていくが、彼は古代ギリシア・ローマの文献を精確に熟知していた。テルトゥリアヌスは個々の競技種目もその開催地も知っていたのである。何しろ、キリスト教に改宗する以前には、みずから剣闘士闘技会を訪れていた。彼はキルクスの競馬や戦車競走、円形闘技場の剣闘士闘技や野獣狩り、スタディオンの陸上競技選手たちの競走、跳躍競技、投擲競技について具体的に言及している。これらすべての活動は――演劇と同じように――偶像崇拝（*idolatria*）と同一視された。それらが偶像崇拝と関連して生まれ、古代ギリシア・ローマの競技場は依然としてダイモーンの住処だったからである。異教の神々は、キリスト教神学にとってはダイモーンとみなされた。こうした思考方法によれば、オリンピア競技会は――ほかのスポーツの催しすべてと同様に――悪魔崇拝以外の何物でもなかった(65)。

テルトゥリアヌスの著作は今日多くの箇所で難解に思われるかもしれないが、文章が傑出しているだけではなく、実際に中心的な諸問題も取り上げている。たとえば、見世物が神の言葉において明確に禁止されていないのだから、円形闘技場やキルクスやスタディオンを訪れることも許可されているのではないか、という多くのキリスト教徒の論拠である。古代ギリシア哲学も、その後継者である古代ローマ神学も巧みに論証できなかったことを、テルトゥリアヌスはここで事細かに論証している。第一に、テルトゥリアヌスは歴史的に論証する。古代ギリシア・ローマの競技は異教の神々を崇拝する祝祭あるいは異教の死者崇拝から発生したものである。たとえ、のちに、生者のための祝祭が葬式に加わったとしても、葬式は偶像崇拝にとらわれたままであった。第二に、テルトゥリアヌスは神学的に論証する。彼はその際、すべての競技の開催地は異教の神々に奉献されているため、神々の崇拝に貢献していると指摘する。第三に、テルトゥリアヌスは古代ギリシアの情動論、つまり当時の心理学を基礎に、道徳的に論証する。スポーツや演劇の催しは、キリスト教の規律と相入れない狂乱や憤り、怒りや苦痛を呼び起こすのに適している。「したがって狂乱が禁止されるとき、われわれはあらゆる種類の演劇、とりわけ狂乱が中心となるキルクスに近づかないようにしなければならない。民衆が狂乱し、騒々しく暴れ、分別を失い、競技によってすっかり興奮し、演劇へと赴くのを見なさい。(66)」

テルトゥリアヌスの論難書は非常に辛辣ではあるが、われわれが今日でもなお躊躇なく頷ける点も含まれている。男性たちがその魂を、女性たちがその身体を捧げてしまうような、大いに尊敬を集めるスター選手がいるが、彼らは同時に、法的には排除されているという矛盾を指摘する箇所がある。「何というあべこべな世界か！　彼らは貶めた人々を愛し、喝采を送る人々を軽蔑する。彼らは芸術を賛美し、芸術家に烙印を押す。(67)」しかしテルトゥリアヌスは何よりも、アリーナで野獣の犠牲になる（*ad bestias*）人間を見世物にすることを批判している。「野獣との致命的な闘いやその他の死刑判決を受ける者が常に罪人であり、裁判官の復讐心であれ、弁護人側の弱さであれ、拷問を使って実施された審理の厳しさゆえであれ、そうした刑罰が無罪の者にも処されてしまうことがないと、誰が私に保証できるだろうか。(68)」さらにまたスポーツファンの心理洞察という点でも、テルトゥリアヌスの観察は重要である。例を挙げれば、スポーツファン（ないしはわれわれ）がスタディオンで見せる矛盾した変化である。「手荒な喧嘩が路上で起こったならば、それを調停したり、少なくとも嫌悪する人が、スタディオンでは激しい拳の打ち合いに喝采を送る。(69)」ほかの教父たちが同じように明確な言葉で非難するのは、偶像崇拝と熱狂と残酷が混じり合った状態である。それらを代表して、テルトゥリアヌスと同様に北アフリカ出身の聖アウグスティヌスを引用しておこう。「彼らは、見世物への欲求によって悪魔に似る。彼らは、叫びながら、互いに殺し合うことへと人々をたきつける。[70]」

しかし注目すべきなのは、古代末期のほかの主要な神学者たちも、自身の関心事を明らかにするためにスポーツの領域から隠喩を用いていることである。たとえば、トリーアで生まれ、のちにミラノの司教になった教父アンブロジウスは、司祭叙階についてこう記した。「汝は、いわば神のアスリートのように、いわばこの世のレスリングに参加する者のように、聖別を受けた。」教父アウグスティヌスも同じ隠喩を使用している。「聖油は、われわれが悪魔に対するレスラーであることの象徴である。[71]」

テオドシウス一世と古代の競技の終焉

キリスト教徒は、当初、古代ローマ帝国において少数派であるにすぎず、彼らの代表者の見解は影響力がないままだった。紀元後三世紀末の大地震のような自然災害も、オリンピア競技会に危害を加えることはできなかった。祝祭の中心地の贅を尽くしたインフラは、修復され、手入れされ、拡張された。紀元後三〇〇年頃、選手や観客の衛生状態を改善するために新しい浴場が建設された。しかしキリスト教が受け入れられるようになると、キリスト教神学者たちによる競技会の拒否が、そののち長きにわたって影響力をもつようになった。古代ローマ帝国最初のキリスト教徒皇帝コンスタンティヌス一世は、剣闘士闘技よりも戦車競走を優遇した。戦車競走が剣闘士闘技よりも異教の祭祀を想起させないという理由からだった。皇帝はコンスタンティノポリス（今日のイスタンブール）を新設して帝国の首都としたが、その前身ビザンティオンの社会的中心だったヒッポドロームを四五〇メートルの長さの巨大な競技場に拡張した。観覧席は一〇万人を下らない観客を収容することができた（今日のスルタンアフメット広場）。皇帝の家族は、近くにある大宮殿（今日、その場所にはスルタンアフメット・モスク、いわゆるブルーモスクが立っている）と皇帝専用の特別席（*Kathisma*）を、通路を使って直接に往来することができた。ヒッポドロームの装飾には、四頭の等身大の馬の金メッキされた青銅製彫像があったが、これは一二〇四年、十字軍のコンスタンティノポリス略奪の際にヴェネチアへ運ばれてしまった。今日、それはサンマルコ寺院のファサード上にある。ヒッポドロームは、構造的に見れば、古代ギリシアの観客席のない競馬用トラックよりも古代ローマの「キルクス・マキシムス」と似ているが、中世全体を通して、コンスタンティノポリス、つまりは東ローマ帝国の社会的中心地であり続けた。[72]

オリンピア競技会が最後に繁栄したのは、ユリアヌス帝治下であった。この皇帝は古代の神々にもう一度回帰し、異教崇拝が盛んになった。もちろんキリスト教徒も競技会に参加した。われわれが知る最後のオリンピア競技会優勝者の名は、三八五年、つまり第二九一回古代オリンピア競技会においてボクシングで優勝したキリスト教徒のアルメニア王子バラツダテスだった。[73] その後さらに一回か二回、競技会が行われたかもしれないが（すなわち三八九年と三九三年）、それについては明確な証拠が存在していない。

いずれにしても、キリスト教徒皇帝テオドシウス一世は三九一年と三九二年に一連の勅令を発し、すべての異教の祭式と、そして三九四年にはオリンピア競技会をも禁止してしまう。[74] この競技会の禁止は思いもよらないものだった。というのも、同じテオドシウス一世は、三九〇年、巨費を投じて、エジプトのファラオ・トトメス三世の大オベリスクをコンスタンティノポリスへと運ばせ、ヒッポドロームに建立させていたからである。今日まだ、そのオベリスクは現存している。コンスタンティヌス帝は戦車競走をキリスト教徒皇帝のイベントとし、教会の攻撃から戦車競走を保護していたが、テオドシウス一世もそのコンスタンティヌス帝の伝統を受け継いだことになる。

テオドシウス一世とともに古代末期の新たな一章が始まった。皇帝は事実上、キリスト教を新しい国教として導入したからである。そのため、キリスト教徒による歴史叙述においては、皇帝は「大帝」という異名を得ている。皇帝は、亡くなる前、ローマ帝国を西方ラテン語圏と東方ギリシア語圏に分割した。以後、ローマ帝国は永久に分割されたままとなり、スポーツに対する姿勢も異なった展開を見せた。(75) 東ローマ帝国においては三九三年の勅令は決定的な効果がなく、そのため東ローマ皇帝テオドシウス二世は、四二六年、オリンピア競技会の禁止をさらに更新し、オリンピアのゼウス神殿を閉鎖して神殿を破壊することを余儀なくされた。テオドシウス二世は、異教徒やユダヤ人と対立し、新しいシナゴーグの建設を禁止し、四三八年にはすべてのシナゴーグをキリスト教会に改装させることを命じた。他方で、ユダヤ人も異教徒も迫害されることはなく、スポーツ訓練も異教の神々の祭祀に貢献しない限りはそのままとされた。皇帝自身、落馬事故で背骨を折って亡くなっている。(76)

四〇〇年頃以降、オリンピアという古代のスポーツを象徴する土地が別様に利用され始めたことが考古学的に証明された。西ゴート族の王アラリック一世は略奪を繰り返しながらギリシア中を遠征したが、オリンピアの神殿はすでにその遠征時に損害を被ったと思われる。ゼウス神殿は破壊されなかったが、その後、かつての祭式用地には職人たちの住居や作業場が建設された。オリンピアにはキリスト教徒が居住するようになり、以前の評議会場を改修した広間ではミサが行われた。既存のインフラ――水道、浴場、共同便所――は魅力的だった。異教徒の浴場のひとつは、キリスト教徒のワイン用のブドウ搾り器に改築された。中世初期、オリンピアは東ローマ帝国の西側国境の軍屯して新しい機能を得た。民族大移動時の混乱の中で、オリンピア地方は、ゴート族、ヴァンダル族、スラブ人に次々と占領され、六世紀の度重なる地震や洪水ののち、最終的に居住地は放棄された。続く数十年のあいだ、見棄てられた祭式地は砂が堆積して姿を消した。一方、ローマでは、キリスト教徒皇帝コンスタンティヌス三世が競技会の禁止を更新したが、剣闘士闘技や野獣狩りは五世紀まで続いた。「キルクス・マキシムス」における最後の戦車競走は五四九年に行われた(77)。

ビザンツ帝国における戦車競走とキルクス・チーム

異教の祭式地と結びついていたオリンピア競技会とその他の競技会が禁止されたにもかかわらず、東ローマ帝国であるビザンツでは、「パンと見世物」のモットーがあいかわらず通用していた。ヒッポドロームは、一四五三年にオスマン帝国によってコンスタンティノポリスが征服されるまで――それゆえ中世を通してずっと――都市の社会的中心地であり続けた。最大のアトラクションは戦車競走であり、そこではいつも、異なった競技場の党派（*demoi*）に財政支援され色分けされた四チームが出場した。青（*venetoi*）、緑（*prasinoi*）、赤（*rousioi*）、白（*leukoi*）チームである。チームカラーは、――今日のイスタンブールの三大サッカー・クラブチームであるガラタサライ、フェネルバフチェ、ベシクタシュと同じように――衣類の趣味に至るまで、ファンの創造力と人生に影響を与えていた。そこには政治的な用件、ときには宗教的な事柄も関係していることが多かったが、スポーツの催しが依然として中心だった。各チームは二台の競走用馬車を操縦し、常に最大で八人の御者が競走に参加することができた。競走は民衆をヒッポドロームへ引きつけ、熱狂的な情熱をかき立てた。勝利には大きな金額が賭けられた。

ローマにおけるのと同様、キルクス競技は単にスポーツイベントであるだけではなく、皇帝、皇帝一家、そして帝国の指導的政治家を民衆と一体化させた。民衆は、ヒッポドロームという巨大な舞台の中で、統治への満足や不満を表現することができた。スポーツの催しの枠内で、政治的議論のための最良の機会が与えられた。首都における最強の二党派である緑と青のチームは、古代末期には白と赤のチームをそれぞれのジュニアチームとして保有していたが、その二チームの対立は、繰り返し宗教的・政治的対立と混ざり合い、騒動や暴動の引き金となった。

最悪の暴動は、五三二年のニカの乱であった。「青党」のファンであり支援者であったユスティニアヌス一世は、皇位に就くと、徴税の引き上げに抵抗していた暴動の扇動者たちを驚くほどの厳しさで取り締まった。五三一年には、戦車競走のあとで、緑と青の党員の数人が殺人のために逮捕され、二人の首領が処刑されていた。五三二年一月一三日、激怒した民衆がヒッポドロームに現れ、皇帝に罵詈雑言を浴びせた。二二回目の戦車競走が終わると、緑党と青党は逮捕された支持者たちの釈放要求で一致した。彼らは「ニカ、ニカ(勝利、勝利)」という雄叫びを上げながらヒッポドロームを後にし、コンスタンティノポリスの長官の宮殿を襲撃した。翌日、キルクス競技会が中止されると、暴動が始まり、ヒッポドロームの木製ベンチやアーケードの商店街は炎の中で消滅した。続く数日のあいだ、皇帝の宮殿が攻囲され、元老院議場、皇帝広場、宮殿地区が放火され、火災はコンスタンティノポリスの一部を破壊し、路上では民衆が戦って暴れた。反乱者たちはかつての皇帝アナスタシウス一世の甥ヒュパティウスを新皇帝に擁立した。ユスティニアヌスはすでに逃亡の企てを立てていたが、帝国の政治に大きな影響力をもっていた皇妃テオドラは――彼女の父はかつてヒッポドロームにおける青党の熊遣いであった――、帝衣は最高の死装束であるいう言葉で皇帝を説得したと言われる[78]。そのあと、皇帝は軍団司令官ベリサリウスに、ヒッポドロームの暴徒たちを攻撃するよう命じた。人気のあった宦官ナルセスが一袋の黄金だけをもってヒッポドロームに入り、青党の支持者たちに皇帝が常に彼らの党を支持していたことを思い出させた。それに対して、皇帝の敵対者ヒュパティウスは緑党であると説いた。この論拠は黄金とともに非常に説得力があり、青党はヒッポドロームを去った。皇帝軍は競技場に入場し、武力で暴動を鎮圧した。カイサレイアの出身でビザンツの歴史家プロコピオスはニカの乱を目撃したが、そのプロコピオスによれば、この戦いで三万人が犠牲になったという。用心のため、またコンスタンティノポリスの市民たちを罰するためにも、その後かなり長いあいだ、ヒッポドロームでは戦車競走が開催されることはなかった[79]。

しかしキルクス党派とキルクス競技会は維持され、まもなくその影響力を取り戻した。東ローマ皇帝マウリキオスは、六〇二年、不満のたまっていた軍隊による反乱の犠牲となった。軍隊は緑党を味方につけ、青党に無抵抗を誓わせることに成功していた。皇帝は家族とともに殺害された。反乱者の首領がフォカス帝として、東ローマ帝国史上初めて帝位簒奪に成功した。その後、フォカスは青党を支持することによって緑党の影響力を抑え込もうとしたが、このサイドチェンジは帝国を内乱に陥れた。皇帝ユスティニアヌス二世の最初の在位期間は、青党に指揮された反乱で終わった。キルクス党派の力は、マケドニア朝〔東ローマ帝国中期の王朝。八六七―一〇五七年〕が開始すると終わりを告げる。マケドニア朝は、九世紀、行政を改変した。マケドニア朝を開いた皇帝バシレイオス一世は、狩猟事故で負った重症後の発熱で亡くなった。(80) 戦車競走の意義は一三世紀に――十字軍によるコンスタンティノポリス略奪ののちに――衰退し、ヒッポドロームは荒廃して、ただ時おり見世物のために使用されるだけとなった。

アジアとアメリカ

古代・中世のアジアにおけるスポーツ

本書がこれまで古代ギリシア・ローマのスポーツに関してのみ述べてきた理由は、ひとつには、本書がオリンピック競技会に焦点を絞っているためであり、もうひとつには、ほかの諸文明についてのわれわれの知識が限定されており、アジアの諸言語や著作で文献を読むのが困難なためである。しかしこれによって、スポーツがヨーロッパの事象であったと言うべきではない。運動技術における競争はあらゆる人間の文化に存在していただろうし、同じことは格闘的な団体球技にもあてはまる。多くのスポーツ種目は、数十年ではなく、数百年、場合によっては数千年の歴史をもっているかもしれない。

こうしたスポーツ種目の中には、格闘技のように、ほとんどすべての文明に見出されるものがある。シュメールの『ギルガメシュ叙事詩』で、主人公は指導者としての信頼性を確立するために、エンキドゥを相手にレスリングをする。古代インドの『マハーバーラタ叙事詩』は、強靱な将軍ビーマとマガダ国王ジャラーサンダのあいだで行われる格闘を描いている。古代エジプトの墓室では、四〇〇〇年以上前のレスリングの手引書が発見され、そこには、今日でもレスリングで使われる相手を投げる技や持ち上げる技を具体的に解説する多数の図像がある。中国では、シュアイジャオ（摔跤）の技は四〇〇〇年の伝統を有している。モンゴルにおいて、レスリングは現在まで人気のあるスポーツであり、馬術と弓射とともに「男性の三競技種目」とされている。モンゴル南西地方の洞穴壁画は、こうした人気が非常に古いことを証明している。チンギス・ハンと、その後のモンゴル皇帝たちは、兵士の身体状況を良好に保つために、レスリングを重要な身体訓練とみなした。レスリングの勝者は、特別の栄誉を与えられた。中国の清朝時代（一六四四―一九一二年）、皇室は、満州人とモンゴル人のあいだの相撲試合を楽しんだ。中央アジアから今日のトルコに至るまで、トルコ系諸民族においても格闘技の人気は同じように高かった。トルコでは、選手たちは全身にオイルを塗る（ヤールギュレシ）(81)。

とりわけ中国に関しては、地中海圏やヨーロッパにおける発展とはまったく別に、非常に長い伝統をもつフットボールを強調できるだろう。唐朝（六一八―九〇七年）から、蹴鞠の芸術的な描写が残されている。そこでは、人々のグループ――たいていは男性であるが、女性や子供も――がひとつの大きなボールでプレーしている(82)。この競技はすでに漢時代（紀元前二〇六―紀元後二二〇年）における中国の作品の中で言及されており、おそらくその起源は中国にあるのだろう(83)。その後、蹴鞠は、中国から韓国、日本、ベトナムへと伝えられた。蹴鞠は、戦国時代（紀元前四〇三―紀元前二二一年）、軍隊用の一種のフィットネス・プログラムとして生まれたと考えられることが多い。漢の武帝は蹴鞠を非常に愛好したと言われ、皇帝の治世下で、蹴鞠の競技施設として特別な形式の中庭がつくられた。唐の時代、それまで羽根を詰めていたボールは、動物の外皮を二枚つなぎ合わせて膨らますことのできるボールに替わった。首都の長安では、比較的大きな農場の裏庭にも宮廷にも、数多くの蹴鞠競技場が存在していた。兵士たちがチームをつくり、皇帝や廷臣の娯楽のためにプレーした。女性チームもあったようで、かつて、一七歳の少女が兵士チームとの試合でみずからのチームを勝利へと導くのに貢献したと言われる(84)。

宋朝（九六〇―一二七九年）以降、中国のフットボールは、あらゆる社会層で大きな人気を博した。同時に、蹴鞠のプロ化と商業化も始まる。プロの選手は皇室のためにプレーするか、あるいは蹴鞠競技で生計を立てる無職の人たちだった。大都市には蹴鞠リーグ（斎雲社）があり、そこではアマチュア選手がプロ選手に料金を支払って授業を受けることができた。蹴鞠リーグは、一〇世紀には、毎年、中国選手権試合（山岳正赛）を開催した。市民の蹴鞠（白打）では、各チームで二人から一〇人がプレーした。ボールは、手以外なら身体のどの部分に触れてもよかった。宮廷の蹴鞠（築球）は、宮中祭や外交的なイベントの際に行われ、それぞれ一二人から一六人の選手で構成される二チームが相互に闘った。趙匡胤《ちょうきょういん》は蹴鞠を愛好し、みずから大臣たちとプレーするか、少なくとも宮廷画家にプレイヤー姿の自分を描かせた。そもそも趙匡胤は非常にスポーツ好きであった。皇帝は、中国語で「太祖長拳」という少林拳から発展した拳法の流派を創始した。明朝（一三六八―一六四四年）が開始すると、蹴鞠は衰退していった。蹴鞠のほかに、中国のスポーツは、狩猟や弓射、さまざまな種類のフットボール、馬術、ポロ、ゴルフ、舞踊、水泳、スケートと幅広い。こうした身体文化の起源は、ヨーロッパで多くのスポーツ種目の記録がつくられた中世初期にあたる時代であった。

ペルシアのシャーの宮廷におけるポロ競技。1546年、タブリーズ。詩「ボールとマレット（*Guy u Chawgan*）」に付されたペルシアの書籍の挿絵。ポロはペルシアにおいて、紀元前600年頃以降、史料で裏付けられる。イスラーム世界の拡大により、アラビア、アフガニスタン、インド、中国へと普及した。イギリスの騎兵隊将校たちが母国へポロ競技をもち帰り、1859年、最初のポロクラブを創設した。

空手の格闘技も唐時代に起源がある。空手は一九三〇年まで日本語で「中国の手（唐手）」と書かれていたが、ナショナリズムの高まりとともに、「空手」と改称された(85)。武器を使用しないこの格闘技は、六世紀、達磨《だるま》大師によってインドから中国へと伝えられ、禅宗と中国格闘技の発祥地とみなされている嵩山《すうざん》少林寺で教えられていたと言われる(86)。近代、大英帝国が規則を統一したスポーツ種目を世界中に普及することができたように、近世の中国が大帝国を建設することによって、東アジアにも同じような状況が見られた(87)。

日本では、柔道という格闘技は八世紀にまで遡る。七一七年以降、日本の宮廷においては、毎年、相撲節会が開催された。そこから武器を使用しない多種の格闘技が発展したが、これらの格闘技は、しなやかさの（柔）原則、つまり柔術（「柔能く剛を制す」）に即して行われた。これは秋山四郎兵衛という名のひとりの医師に由来するのかもしれない。秋山四郎兵衛は、医学を学ぶために中国に留学し、多くの枝が雪の重みで折れるのに、柳の木の枝だけはしなって雪を滑り落としたことに注目した。室町時代（一三三六―一五七三年）の柔術には、たとえば体術や捕縄術がある。現代の柔道は明治時代に発展した。嘉納治五郎は、一九〇九年、日本人として初めてＩＯＣ（国際オリンピック委員会）委員となった人物だが、東京で流派を創設し、さまざまな柔術の技法を組み合わせた。武術大会において柔道がほかの近接格闘術よりも優れていると証明されたのち、一九一一年、柔道は学校の必修科目として導入された(88)。

中心にあったのは球技——古代アメリカの諸文化

アメリカ大陸ほど球技が普及した大陸はほかにはないように思われる。最古の中央アメリカの文化を証明するメキシコのオルメカ人〔オルメカは、紀元前一二〇〇年頃から紀元前後に、先古典期のメソアメリカで栄えた文化〕のもとでは、儀式としての球技を示唆する三〇〇〇年以上も前の遺物がある。(89) マヤ文明の分布地区全域やアステカ大帝国にも、テクスト、絵画、象形文字、そしてとりわけ古典期に建設された大球技場が現存しており、それらと古代ギリシア・ローマのスポーツ施設を比較してもかまわないだろう。大きな祭式場にはどこにも、ひとつか、あるいは幾つもの球技場があった。チチェン・イッツァ〔メキシコのマヤ文明の遺跡〕のような大規模な施設には、長さ一六六メートル、幅六八メートルの球技場が存在した。(90) 多くの研究者の見解によれば、球技を愛好することは、古典期の文明が有する豊穣神話や死の神話と関連があるという。そこでは、人間の代表者が冥府の神々と生命を賭けた球技を行い、死後、首を切られたのちに冥府から蘇る。(91) 善悪の闘い——今日では、たとえば犯罪映画やコンピューターゲームで追体験される——は、古代アメリカ社会では儀式としての球技で具体化された。(92)

かつて、球技（マヤでは *ullamaliztli*）は、しばしば人身供儀と結びつけて考えられた。しかし、これはあまりにもステレオタイプな考え方だった。中央アメリカの文明において、特に危機の時代には、人間が神々の犠牲に捧げられたということにほとんど反論の余地はない。だがそれ以上に、人類学者たちは、今日われわれが南北アメリカのエスノグラフィー研究から知る事実との関連の中で、球技場の目的を考察している。マヤの都市遺跡では現在までに一五〇〇以上の球技場が発見されているが、その数の多さからは、常にそこで人間が犠牲にされていたとは考えられない。事実、この球技は、同数の選手から構成される二チームのあいだの試合として描かれている。選手たちは球技場でひとつのボールをあちこち動かし、相手のフィールドの的に当てるか、環の穴にボールを通すことによって点数を獲得する。勝者は決められた点数を獲得したチームだった。こうした球技一般の描写は、中央アメリカの球技がエキゾチズムから離れ、多くの点でわれわれが今日精通し尊重しているチーム競技に似ていることを示している。アメリカ全域で球技が普及したことを理解するためには、神話は必ずしも必要ではないのである(93)。

古典期において、チームはそれぞれの共同体を代表していた。選手は球技場で、大きなゴムボールを腰に当てて動かしていた。相手のゴールにシュートを決めるか、あるいは球技場の石の側壁からものすごいスピードではね返ってくる重くて速いボールを、競技場中央のおよそ八メートルの高さに取りつけられた小さな石環の穴に通さなければならなかった。選手の不注意でボールが頭に当たったときには、重いボールによって負傷したり、極端な場合には死亡することもあった。この競技は、マヤ文明ではポクタポク、アステカ文明ではトラチトリと呼ばれた。大規模な競技会では多額の金が賭けられ、勝敗は、社会的、経済的、さらに政治的にも重大な結果を伴った。たとえば、アステカ皇帝アシャヤカトルは、首都テノチティトランの中央広場をひとつの庭と引き換えに賭けた。皇帝が賭けで負けた翌日、兵士たちが幸運な勝者のもとにやって来て、首に花飾りをかけた。花飾りの中には一本の革紐が隠されており、兵士たちはそれで勝者の首を絞めたという(94)。考古学者は、メソアメリカ文明の球技が、メキシコから、南アメリカだけではなく北アメリカの隅々まで広まったという前提に立っ

ている。アメリカ合衆国の南西部では、五〇〇年前にもまだ、ホホカム族がこの古典的な競技を行っていたと言われる。(95)

第二章　中世の馬上槍試合《トーナメント》

基礎文献のレベルでスポーツというテーマにかかわろうとすると、『近代百科事典』、『古代事典』、『新パウリ』のようなほかの時代に関する同種の事典とは異なり、一〇巻本の『中世事典』には「スポーツ」という単独の見出し語がないことがすぐにわかる。むしろ『中世事典』は、スポーツという概念のもとに「遊戯（Spiele）」――それも特別に「球技」――の事項を参照するよう指示している。(1) 競技（Spiele）は、中世末においては――一九世紀に至るまで近世においても――「気晴らし（Vergnügen）」あるいは「娯楽（Kurzweil）」（*sublevamen temporis*）という当時の概念のもとに理解されていた。かつて、身体訓練は――「暗黒の時代」に関係する史料の状況はしばしば困難を呈するが、それにもかかわらず判断するならば――軍事的な戦闘訓練か、あるいは季節の祝祭の枠内で行われた。祝祭時の競技では魅力ある賞品を受け取ることができるため、個々のプレイヤーは試合に向けて準備した。しかし、そのために必要な無為（オティウム［*otium*］）は教会からは非常に否定視され、自由民や、あるいは領主に用命された隷属民だけが試合に参加できた。古代の奴隷所有者社会では手仕事が蔑視されていたので、オティウムが価値あるものとみなされたが、これとは違って中世ヨーロッパは、ベネディクト会の戒律（「祈り、働け」）によって特徴づけられていた。修道院でも都市の市民世界でも、無為は好まれなかった(2)。

キリスト教中世において、一年の経過は、一方では農業社会に必要な労働作業の進行によって、他方では教会暦年によって形成された。教会暦年は、労働のリズムと教会の祝祭を一致させようと試みた。教会の大小の祝祭は、きわめて重要な労働時期や、既存の、一部はキリスト生誕以前からある風習と結びついた。少なくとも北ヨーロッパにおいては、キリスト教ではクリスマスから主の公現の祝日〔一月六日〕までにあたる冬至の時期、さらに二月の聖母マリアの祝祭〔二月二日の聖燭祭〕は、天候のためにスポーツ競技には適さなかった。重要なキリスト教の祝祭である復活祭と聖霊降臨祭も、むしろキリスト教の式典自体のために除外された。これに対して、年《とし》の市《いち》と結びついた聖人の祝祭や、冬の終わりを告げる謝肉祭——春の農作業が始まる前——は、スポーツ競技に格好の時期だった。謝肉祭の祝祭はキリスト教ヨーロッパ全体に共通であり、一年のスポーツの中心であった。しかし、もっとも重要な地域的な競技会は都市の聖人の祝祭後に行われることがよくあった。フィレンツェでは洗礼者聖ヨハネ祭（サンジョヴァンニ祭）（六月二四日）であり(3)、ナポリでは聖ヤヌアリウスの祝日（九月一九日）であり、ヴェネチアではキリスト昇天日（海との婚礼の祭典）〔復活祭後六週目の木曜日〕であり、バルセロナでは聖ゲオルギオスの祝日（四月二三日）であった。祝日が重なることも時々あった。もともとスポーツの催しに人気のある謝肉祭最後の木曜日ジョヴェディ・グラッソに、アクイレイアの総大司教ウルリヒに対する勝利の祝日が重なったことがあった。この勝利は中世初期、ヴェネチア共和国を独立に導いていた。総大司教はヴェネチアの自由を承認するために一二頭の豚と一頭の雄牛の賠償を支払わなければならなかったので、この日の祝いにはサン・マルコ広場で闘牛が催された。スペインの多くの都市では、一年の祝祭の頂点はイスラム教徒から都市を解放した聖人の祝日であった。バレンシアでは聖ディオニシウスの祝日（一〇月九日）であり、セビリアでは聖クレメンスの祝日（一一月二三日）だった。諸都市の大規模な祝祭日が異なっていることは、競技参加者にとっては、競技から競技へ移動することができるという大きな利点をもっていた(4)。

現代社会におけるような余暇の観念が存在していなかったとしても、キリスト教中世では教会の祝祭日数が非常に多かったので、それは（現代の）年次休暇に相当した。平均して——日曜に加えて——五〇から六五の仕事のない祝日があったので、日曜を含めて一年のほぼ三分の一は仕事がなかったということになる。教父テルトゥリアヌスに続き、多数の神学者が遊戯とスポーツを完全に嫌っていたが——托鉢修道会士シエナのベルナルディーノやジロラモ・サヴォナローラのような宗教的な熱狂者は、自分の説教が終わると、遊戯盤やスポーツ用具を薪の山で焼いた——、競技や身体訓練からもう少しポジティブな点を引き出すことができた神学者がいたことが考察できる。ラウインゲン生まれのドミニコ会士アルベルトゥス・マグヌスは、三種類の遊戯を区別した。第一に「目的に縛られない遊戯」(*ludus liberalis*) である。これは精神を自由に有能にし、——音楽のように——心の好意に通じる。第二に「有用な遊戯」(*ludus utilis*) である。これは、馬術競技のように、祖国の防衛に役立つものである。第三に「嫌悪すべき不道徳な遊戯」(*ludus obscoenus et turpis*) である。これは罪へと誘惑するので、賭け事と演劇がこの遊戯とみなされた(5)。

彼の弟子トマス・アクィナスは、中世において古代哲学とキリスト教神学のもっとも重要な仲介者であり、主著『神学大全』の中で、休養と身体の良好なコンディションが重要であるとした。「幸福を手に入れるためには、魂と身体の両方の完全性が必要である。もちろん魂は身体と一体化しているのだから、一方のものの完全性が他方のものの完全性を排除するということがなぜ信じられるだろうか。(6)」アメリカのスポーツ史家ロバート・メチコフの論拠によれば、このドミニコ会士は、アリストテレスとその見解につながり、プラトンの身体蔑視、また特に同時代のカタリ派〔中世の南フランスを中心に発生したキリスト教の異端派〕やヴァルド派〔カタリ派と並んで、中世ヨーロッパを代表する異端のひとつ〕の異端運動に反対した。カタリ派やヴァルド派は身体を原則的に悪なるものと見ていた。(7) 中世末の神学者たちは、賭け事への非難——それにもかかわらず賭け事は広く普及したままだった——と身体訓練の有用性について合意していた。だから、ニコラウス・クザーヌスは、『君主の鑑』の中で、ハンガリーの若き王ラディスラウスに輪回しと球技を推薦している。(8)

試合

中世の「中心的スポーツ」としての騎士の馬上槍試合《トーナメント》

中世でスポーツが特に愛好されていたと多くのスポーツ史家が認める理由は、その中心的なスポーツ種目だった騎士の馬上槍試合《トーナメント》にある。古代オリンピア競技会と同じように、中世の馬上槍試合《トーナメント》(Turnier)は、用語に至るまで、スポーツ競技会についてのわれわれのイメージに影響を与えてきた。

テニスやサッカーのようなスポーツ競技におけるトーナメント（Turnier）の概念はここに起源があるし、「トゥルネン（Turnen）」は一九世紀にこれに倣ってつくられた造語である。中世の小説や映画は、この大規模な催しの光景なしには考えられない。しかし、こうした描写の根底にはしばしば誤解が見受けられる。というのも、騎士の馬上槍試合《トーナメント》は――ほかのスポーツ競技のように――まったく特殊な諸条件のもとで、特定の時期に特定の場所で成立したからである。アーサー王伝説の映画化の中で騎士の馬上槍試合《トーナメント》が登場するのは時代錯誤である。中世初期には、騎士も、騎士の大規模な催しも存在しなかった。民族大移動の時代、キルクスや円形闘技場における古代の見世物は消滅し、当初、それに代わる新しい形式の見世物はなかった。古代の大帝国の崩壊とともに、見世物への需要も、それにふさわしい開催場もなくなった。ただし、軍事訓練や人気のある競技会が存在しなかったというのではない。この時代に関する史料が不足しているため、われわれが知りえることが少ないだけである。

しかし例外的に、騎士の馬上槍試合《トーナメント》が繁栄する以前――たとえばカール大帝の宮廷において――、騎馬競技がどのように行われていたのかは多少わかっている。鋭利な武器をもった騎手あるいは騎手集団の正面衝突は馬上槍試合《トーナメント》の中核を成すものであるが、ここではそれがまだ行われていなかったことが目を引く。馬上槍《ランス》の技術と騎士装備の向上が、馬上槍試合《トーナメント》を行う前提条件だった。コルヴァイのヴィドゥキントは、『ザクセン人年代記』の中で、ハインリヒ一世が試合において個人的に傑出していたと報告している。一三世紀になって成立した『ニーベルンゲンの歌』によれば、中世初期、ブルグント王国のヴォルムスの宮廷では、グンテル王が *kurzwile* ――つまり娯楽（Kurzweil）――をしようとするときには、石投げや槍投げのような競技が行われていた。(9)

騎士の馬上槍試合《トーナメント》の繁栄は、甲冑を身につけた騎乗戦士——つまり騎士——の社会形態と結びつけられている。中世盛期に新しく誕生した諸王国と、そして十字軍時代に見られたヨーロッパの拡大が繁栄の大枠を形成した。資源は、中世盛期の人口増加とそれによって可能になった地域開発によって発生した。農民の増加と集中化される農業が数を増していく戦士と聖職者を扶養し、この時代の都市の成立と、ますます華麗になっていく宮廷生活の前提となった。「馬上槍試合《トーナメント》の発明」は、あるフランスの年代記においては、貴族ジョフロワ・ド・プルーイーのものとされる。文献で証明できる最初の馬上槍試合《トーナメント》は一〇九五年であるが、それは騎乗戦士の死の直後に終了した。つまりこの試合で、ルーヴェン伯アンリ三世は相手の馬上槍《ランス》によって心臓を直撃されて即死したのである。[10] 馬上槍試合《トーナメント》に関するその他の史料としてガルベール・ド・ブリュージュの報告がある。そこでは、フランドル伯シャルル善良公とその騎士たちが、ノルマンディーとフランスにおける馬上槍試合《トーナメント》を訪問している。同時代の人々は馬上槍試合《トーナメント》をフランスの風習とみなしていた。多くの史料は、古典的な騎士の馬上槍試合《トーナメント》が北フランスで生まれ、そこが中心となって、さらにフランドル、ブルゴーニュ、イングランドへ広まったことを示唆している。イングランドでは、最初の騎士の馬上槍試合《トーナメント》は一一四一年のリンカーンの戦いのときに行われた。このとき、ブロワ朝のイングランド王スティーヴンがグロスター伯ロバートと闘ったのである。馬上槍試合《トーナメント》の盛期は一一七〇年代と一一八〇年代だったにちがいない。ウィリアム・マーシャルの伝記においてだけでも、この時期、一二の大規模な馬上槍試合《トーナメント》が記されており、[11] そのうち各四試合がイル・ド・フランスとブロワ伯領で、三試合がシャンパーニュで開催された。歴史家は、この二〇年間で、ほぼ二週間に一度の頻度で馬上槍試合《トーナメント》が催されていたと考えている。[12] イングランドのリチャード獅子心王は、それまでイングランドに存在していた馬上槍試合《トーナメント》の禁止を解き、一一九四年、馬上槍試合《トーナメント》の規則を公布した。そこでは、フランスの騎士と比較しながら、イングランドの騎士の専門教育における馬上槍試合《トーナメント》の価値を強調している。王エドワード一世自身、偉大な馬上槍試合《トーナメント》戦士とされ、孫の王エドワード三世はガーター騎士団を創設することによって、社会のエリートとしての騎士階級をアーサー王伝説（「円卓の騎士」）に近づけようとした。

ディートマル・デア・ゼッツァー殿。1340年頃の装飾画。アルザスの騎士ゼッツァーは、一騎打ち（ジャウスト）において、数人の女性観客を前に、剣で相手の鉢形兜を打ち割り、口の大きく開いた、おそらくは致命的となった傷を負わせた。

われわれは一一三〇年にキリスト教会最初の馬上槍試合《トーナメント》禁止令について聞くことになるが、これはこの時代の流れと合致している。禁止令はクレルモン公会議〔一〇九五年一一月二八日、フランス東部のクレルモンで、教皇ウルバヌス二世が招集したカトリック教会聖職者の宗教会議〕で公布された。「騎士は、嫌悪すべき市《いち》や年《とし》の市《いち》で習慣に倣って集まり、力や大胆さを競い合う。それはしばしば男たちの死や魂の大きな危険に通じるが、こうした市《いち》や年《とし》の市《いち》の開催」をその布告は禁止したのである。[13] 教会は、脅しとして、馬上槍試合《トーナメント》で死んだ騎士を聖別された土地に埋葬することを拒み、彼らを自殺者と同等視した。騎士の馬上槍試合《トーナメント》に対する教会の有罪判決は、馬上槍試合《トーナメント》自体と同じようにフランスに端を発し、一一三九年に第二ラテラノ公会議〔ローマのラテラノ宮殿で、教皇インノケンティウス二世が招集したカトリック教会聖職者の宗教会議〕で、ラテン語圏の全キリスト教徒に対して有効となった。一一七九年の第三ラテラノ公会議〔ローマのラテラノ宮殿で、教皇アレクサンデル三世が招集したカトリック教会聖職者の宗教会議〕において、この禁止令はさらに繰り返された。聖王ルイから善良王ジャンに至るまで、歴代のフランス王は教会の馬上槍試合《トーナメント》禁止令に従った。とりわけ馬上槍試合《トーナメント》を本来の軍務にとって有害とみなしたためである。ようやく中世盛期も終わる頃、確固としたルールが導入され、馬上槍試合《トーナメント》から残忍さと危険性が失われると、馬上槍試合《トーナメント》禁止令は一三一六年に廃止された。このときになって、教皇権は騎士の馬上槍試合《トーナメント》が十字軍遠征の準備に有用であったことを認めた。ヴァロワ朝のフランス王フィリップ六世のもと、ジョフロワ・ド・シャルネーは、『騎士道の書』〔一三五〇年代初め頃〕において、騎士の馬上槍試合《トーナメント》と軍務が理想的に補完し合うと記している。

ドイツ語の概念「Turnier（馬上槍試合）」（または *turnei*）はフランス語の *tournoi* あるいは *tournoiement* から派生し、一一六〇年にフライジングのオットーの著作で初出する。ドイツ語の形では、その一世代か二世代ののち、ハインリヒ・フォン・フェルデケの『エネイーデ』〔一一八九年頃〕に登場した。きわめて詳細な馬上槍試合《トーナメント》の描写が見られるのは、ミンネ詩人〔ドイツ宮廷で騎士の恋愛歌ミンネザングを歌った吟遊詩人〕リヒテンシュタインのウルリヒが最初である。リヒテンシュタインのウルリヒは、一二二四年、みずから騎士としてケルンテンのフリーザッハにおける馬上槍試合《トーナメント》に参加し、『マネッセ写本』〔中世盛期におけるドイツの代表的な一四〇人の宮廷詩人の詩歌を収録したコデックス彩飾写本〕の装飾挿絵では、完全武装の姿を見せている。(14) Turnier の語源は、ラテン語の *torneamentum*（ドイツ語では *tornament*）に遡る。この語は、ノルマン人の征服によって即座にイングランドへ伝わった（*tournament*）。いずれにしても、意味されていたのは、屋外競技場において、個人戦にせよ集団戦にせよ、騎乗戦士の二つの組が闘う試合のことであった。その概念は、戦士が馬上で剣あるいは馬上槍《ランス》をもって敵に向かうときの特徴的な旋回運動に由来する。軍事訓練は騎士階級の存在理由だったので、儀式的な模範試合は中世盛期の貴族文化の中心となった。集団戦は「トーナメント」〔ドイツ語ではブーフルト（Buhurt）〕と呼ばれ、その際、剣の代わりに危険の少ない打撃武器や楯だけが使われた。馬上の二人の騎士のあいだで行われる個人戦「ジャウスト」（*Tjost*）〔ドイツ語ではティヨスト〕（フランス語の *joute*、ラテン語の *juxta* から派生、英語の *joust*）では、鋭く尖った馬上槍《ランス》や剣を使用する試合（駆け試合《レネン》）と、切っ先の鈍い武器を使用する試合（突き《シュテッヒェン》）が区別された。一般的に、馬上槍《ランス》、剣、打撃武器を用いて馬上か歩行で行われる対決が「試合（Gefecht）」と呼ばれた。これを闘い抜くためには、剣術を学ぶ必要があった。

騎士の馬上槍試合《トーナメント》は、北フランスからフランス南部、イングランド、ネーデルランド、ドイツ、そして十字軍参加諸国へと普及していった。ドイツの馬上槍試合《トーナメント》に関する最古の言及でも、試合での死亡が記されている。修道士ベルトルトは、『ツヴィーファルテン年代記』〔南ドイツのツヴィーファルテン修道院の一〇八九年の創立に関する年代記。一一三五年に修道士オルトリープが執筆し始め、ベルトルトが一一三七―三八年に補足した。〕の中で、羽目を外したハインリヒ・フォン・ハプスブルクについて報告している。「彼はあまりにもしばしば危険な娯楽に没頭したが、不運な激戦のひとつで、不幸にも一撃に見舞われて命を落とした。(15)」それ以来、馬上槍試合《トーナメント》での死は中世のさまざまな年代記に登場してくる。馬上槍試合《トーナメント》の文化は、一三世紀が経過するうちに、神聖ローマ帝国を経由してさらに中央ヨーロッパ東部へ、つまりボヘミア王国、ポーランド王国、ハンガリー王国、そしてバルト海沿岸のドイツ騎士団領へと広まった。これに対して、イタリアの都市文化では騎士階級はあまり育たなかった。一一一五年の史料で語られているのが競馬（*cursus equorum*）なのか、馬上槍《ランス》を用いた試合（*hastarum ludi*）なのかははっきりしないままである。皇帝フリードリヒ・バルバロッサのイタリア遠征と関連して、一一五八年、クレモナとピアチェンツァの都市市民のあいだで馬上槍試合《トーナメント》ふうの対決が行われたようであるが、そこでは負傷者、死者、捕虜が出たため、これをスポーツの催しと言うことはできない。フランスのアンジュー朝によってナポリ王国が征服されると〔一三世紀―一五世紀、フランス王家カペー家の分家である。アンジュー・シチリア家によってナポリ王国は支配された。〕、一二六六年以後、少なくとも南イタリアでは馬上槍試合《トーナメント》がこれまでよりも頻繁に催されるようになった。ランディーノは次のように記している。「トーナメントとジャウストは軍事訓練であり、祭りや競技会の際に人々の娯楽のために催された。トーナメントでは集団が一種の対決を披露する。ジャウストでは、ひとりの男性がもうひとりの男性と一種の個人戦を実演する。(16)」競馬とジャウストを組み合わせたものがクィンティン走のような競技で、*bigordi* または *armeggiere* であり、危険のない「イタリア式馬上槍試合《トーナメント》」としてスペインでも流行した。いずれにしても、ここでもまた、本物の武器とあまり違わない用具が使用された。

ヨーロッパの騎士の馬上槍試合《トーナメント》は、ギリシアではさらに人気がなかった。東ローマ帝国においても馬上槍試合《トーナメント》は開催されたが、それは外国の――つまりラテン語の――文化圏からやって来た皇帝の廷臣の面前で行われる催しだった。東ローマ帝国のアンティオキア（今日の南東トルコのアンタキヤ）で催された騎士の馬上槍試合《トーナメント》に関する最初の確実な報告は、歴史家ニケタス・コニアテスがギリシア語で記した一一五九年のものである。これが注目に値するのは、特に皇帝マヌエル一世コムネノスがみずから出場したためであろう。東ローマ帝国では騎兵隊を有した正規軍があったが、ヨーロッパの騎士階級に相当する騎士階級はなかった。ラテン語圏の十字軍従軍騎士によってコンスタンティノポリスが征服されると〔教皇インノケンティウス三世によって呼びかけられた第四回十字軍（一二〇二―一二〇四年）は、聖地イェルサレムではなく、東ローマ帝国に向かった。首都コンスタンティノポリスを陥落させ、略奪・殺戮を行った。〕、占領された地域では、数年のあいだ、東ローマ帝国の人々も参加する馬上槍試合《トーナメント》が始まった。しかしこの身体訓練は、その後、ヴェネチアあるいはフランスによって制圧された地域だけでは盛んだったが、ギリシアあるいはトルコの支配地域では活発ではなかった[17]。

スポーツ大会としての中世盛期の宮廷会議

イングランドのリチャード一世獅子心王や皇帝フリードリヒ一世バルバロッサのような冒険好きな十字軍参加者には、騎士や馬上槍試合《トーナメント》の数々の架空の物語が残っているが、それには理由がある。実際、彼らの周囲では大規模な馬上槍試合《トーナメント》が開催され、一般的な競技規則が公布された。シュタウフェン朝〔一二世紀―一三世紀の神聖ローマ帝国の王朝〕時代、一一八四年と一一八八年にマインツで行われた宮廷会議は、騎士文化の頂点として際立っている。この大きな帝国会議に際して催された騎士の馬上槍試合《トーナメント》は高度に儀式化されていた。規則には、競技規則の制定、形式に則った招待、規定どおりの競技場の建設、審判員による試合の監督、審判団による勝者の告示、勝者の表彰ないしは貴婦人の手による賞品の授与があった。馬上槍試合《トーナメント》は、貴族社会にとって祝祭行事のひとつであるスポーツイベントの中心だった。祝祭行事には、ミサ、音楽、バレエやダンスもあった。こうした社交形式が大きな効果をもっていたことは、ほかの社会層が騎士の馬上槍試合《トーナメント》を模倣しようとしたことから読み取れる。たとえば田舎の下級貴族は武芸大会団体をつくり、都市では名門市民の槍試合が行われた。[18]

一一八四年の皇帝フリードリヒ・バルバロッサの有名なマインツ宮廷会議では、七万人の騎士が参加したと言われるが、実際には最低でも二万人が出席したと思われる。内容豊かな騎手競技が計画されていたが、教会の馬上槍試合《トーナメント》禁止令に直面し、馬上槍試合《トーナメント》は遠く離れたインゲルハイムに追いやられ、最後には完全に取り止められた。[19] 多くの宮廷祝祭のプログラムには、最終的にあらゆる種類のスポーツイベントや競技が採用された。一二四一年、イングランドのコーンウォール伯リチャードがシチリアにある皇帝フリードリヒ二世の宮廷を訪問したとき、皇帝はアクロバットを行うアラビア人の少女たちを登場させた。現代の読者には新体操のように聞こえるかもしれない。[20] いずれにせよ、そうしたことの詳細を知るには当時の宮廷文学のほうが年代記よりも有益である。宮廷文学は、当時の人々が考えていた宮廷の理想的な祝祭のあるべき姿について、少なくとも、その印象を与えてくれる。もちろんそこでは、豪華な衣装や舞台装置、ダンスや音楽があり、そのほかにも馬上槍突き《ランスシュテッヒエン》、弩射、弓射、槍投げ（*schefte schiezen*）、石投げ、助走あり・なしの幅跳び、競走、障害物競走、レスリング、球打ちが行われた。球技には若い未婚の女性たちも参加することができた。あるテクストにはこう記されている。「馬上集団戦や個人戦を行うこと、楯で防御すること、槍を投げること、石を投げること、跳躍、フィドルを弾くこと、ハープを弾くこと、歌うこと。また若い女性や貴婦人の舞踊を観ることもできた。[21]」

宮廷会議で行われるスポーツの催しの中心は、依然として集団戦の馬上槍試合《トーナメント》であり、それは騎士の馬上槍試合《トーナメント》の花形だった。馬上槍試合《トーナメント》には正式な招待があり、しばしば貴婦人によって寄贈されたり授与される賞品も話題になった。このことは騎士のミンネ奉仕と関連していた。馬上槍試合《トーナメント》の戦士たちが到着したあとに――その数は数百、宮廷会議の場合には数千になった――グループ分け、宿舎の割り振り、資金問題の調整が行われた。特に重要なのは安全地帯の指定だった。しばしばそうした二つの地帯が、ひとつは都市の内部に、もうひとつは外部に設けられ、それがおのずとチームの形成とも結びついていた。一三世紀以降、試合場が整備されていく。もちろん、それによって、単なる野試合がより儀式的な見世物へと変わっていった。本来の馬上槍試合《トーナメント》の前日には、たいていはジャウストの形で前試合《フエスペリーエ》が先行した。一二世紀には、本試合は統制のとれた部隊で行われ、戦術は一種のチームリーダーによって決められた。集団戦があちこちで行われ、比較的大きな闘いがもはや見られなくなると、その後に一騎打ちが始まった。一騎打ちのねらいは、できるだけ多くの相手を落馬させ、戦闘能力を奪い、捕虜として捕えることだった。チームリーダーはそれなりにチームメイトたちから守られていたが、攻撃はとりわけそのチームリーダーに向けられた。組打ちになると、騎士は、棒や棍棒で武装した小姓や下僕、いわゆるキッパーによって手助けされた。しかし、キッパーのいない馬上槍試合《トーナメント》も可能だった。一方のチームリーダーが捕虜になるか、あるいは遅くとも夕暮れまでにリーダーがみずからのチームの安全地帯に撃退され包囲されるやいなや、試合は終了した。試合が何日も続くこともあった。晩には騎士たちのために入浴の支度がされ、それから一同が会して英雄的な行為を語り合った。その後、正式に勝敗を決定する裁定が行われた(22)。

騎士の馬上槍試合《トーナメント》が文明化される傾向にあったのは明らかであり、そのことは本格的な競技場の建設や審判団の設置に読み取ることができる。武器も鋭利なものから刃や先端を鈍らせたものに変わっていった。実戦とは異なり、馬上槍試合《トーナメント》では常に刃を鈍らせた武器を用いて闘っていたのではないかという推測に対しては、当初はその徴候はなかったことをヨアヒム・ブムケが確認している。むしろ馬上槍試合《トーナメント》で大勢の死者が出たことは、一一世紀および一二世紀、馬上槍試合《トーナメント》も実戦用の武器で行われていたことを物語っている。一三世紀半ばになると、マシュー・パリスが次のように報告している。一二五二年のイングランドの円卓馬上槍試合《トーナメント》で、ひとりの騎士が馬上槍《ランス》で突き殺されたと。「その先端は丸められていなければならなかったのに、そうなってはいなかった(23)。」したがって、この時期には、武器の先端を鈍くするのが普通だった。一二七〇年頃、ドイツでも、鋭い傷ではなく、打撲によるこぶだけですむ馬上槍《ランス》が話題になっている。馬上槍《ランス》の先端にはコロネルがつけられた。同じ時期、見通しがきかないために戦士たちにとって著しい危険を伴っていた大規模な集団戦も終わりを告げる(24)。大規模な集団戦やトーナメントにおける乱闘騒ぎを招く戦闘の代わりに、中世末、規則に則ったジャウストが登場した。ジャウストにおいて、騎士は生死を賭けてではなく、先端を鈍くした馬上槍《ランス》を用いて闘った。いわゆるコロネル槍突き《シュテッヒエン》、死の危険のない模擬試合である。これによって、中世盛期には、大規模な馬上槍試合《トーナメント》のいわば追加プログラムであったジャウストが注目の的《まと》となったのである。

本来は、トーナメントを行うこととジャウストを行うことは、二つの異なった催しの形態であった。

一三世紀、アーサー王への信奉が広まると、最終的にイングランドとフランドルでは円卓騎士の競技が生まれた。ここでは大規模な集団戦ではなく、一連のジャウストが行われた。今日われわれが騎士映画で観るような馬上槍試合《トーナメント》の形態である。舞台は――アウトバーンのガードレールに似たような――堅固な仕切り壁（Schranke）を備えた規制された試合場だった。騎士は突進して仕切り壁で方向転換し、それから、王や若い未婚の女性や審判団の観覧席のもと、試合場の中央で相手と対戦した。これはしばしば宮廷の大祝祭会の枠内で行われた。観覧席の前には色とりどりの楯が並べられ、騎士たちはそれに触れて、どの騎士を相手にするかを決め、戦いを挑んだ。ボヘミア王ヨハン・フォン・ルクセンブルクは、一三一九年、そうした馬上槍試合《トーナメント》をプラハで開催した。貴婦人や若い未婚の女性たちが出席することによって、馬上槍試合《トーナメント》が文明化される意義が増したと思われる。特に、騎士が貴婦人に気に入られようとし、晩にはダンスや歌を伴った儀式が続いたからである。儀式では、突如として戦場におけるのとは別の資質が求められた。力とコンディションの良さのほかに、優美さと声の良さに価値が置かれたのである。

軍事訓練

弓射

騎士の馬上槍試合《トーナメント》でさえ実戦のための訓練として役に立つかどうか議論されていたとき、武器をもたない競技、とりわけ球技の有用性に関して異論があったのは当然である。中世末のイングランドでは、フットボールに抱く喜びを減少させようとする禁止令が次々と出された。これに対して、同じイングランドにおいて、弓射《アーチェリー》の訓練は徹底された。ここで問題になるのは子供の遊戯ではなく、火薬の発明以前にイングランド人によって用いられ、もっとも恐れられていた武器、イングリッシュ・ロングボウである。ノルマン征服後〔一〇六六年、北フランスのノルマンディー公ウィリアムはイングランドを征服し、ノルマン朝が成立した。〕、一一八四年の法令が密猟を防止する目的で王領林から弓矢を駆逐したが、一二五二年には、「ウェストミンスター法令」において、一五歳から六〇歳の男子は定期的に弓射の練習をするよう法的に定められた。各人は自分の身体と同じ長さの弓を所有しなければならなかった。これが、有名なイングリッシュ・ロングボウである。弓はスペインのイチイで、矢はイングランドのトネリコでつくり、矢羽としてガチョウの羽をつける必要があった。首都ロンドンの周辺には、こうした練習を可能にする多数の弓射練習場が新設された。いかに射手が重要であったかは、今日なおイギリスの電話帳に明らかである。そこには、Archer、Arrowsmith、Bowman、Bowyer、Fletcherといった苗字が何ページにもわたって続いている。

イングランド国民をロングボウで装備させることによって、軍事上の勝利が繰り返し勝ち取られた。

ロングボウの射手たちによって責め苦しめられる射手の守護聖人。聖セバスティアヌスの殉教。1493年の祭壇画。ケルンのアウグスティノ会聖アントン修道院。現在はケルン、ヴァルラフ・リヒャルツ美術館蔵。

とりわけ、クレシー（一三四六年）、ポワティエ（一三五六年）、アジャンクール（一四一五年）におけるフランス騎士軍に対する天下分け目の戦い〔三つの戦いとも、一三三七―一四五三年の百年戦争の一環である。百年戦争は、フランス王国の王位継承をめぐって、ヴァロワ朝フランス王国とプランタジネット朝およびランカスター朝イングランド王国のあいだで行われた。〕においてである。弓射が誇る人気の高さは、特に義賊ロビン・フッドの物語にも表れている。伝説によれば、ロビン・フッドは、シャーウッドの森でノッティンガムの州長官の圧制に対して民衆を守ったとされる[25]。イングリッシュ・ロングボウの軍事上の重要性は、中世末まで変わらなかった。一五二三年にも、在庫目録によると、ロンドン塔には一万一〇〇〇のロングボウ、六〇〇〇の弓幹、八万六四〇〇の弓弦、三八万四〇〇〇の矢が、都市の防御用に備えられていた[26]。

しかしながら火器の導入ののち、弓射は単なる余暇活動になった。イングランドの教師ロジャー・アスカムは、一五四五年、基本書『弓術論（*Toxophilus. The School of Shooting*）』において、この余暇娯楽は身体訓練に理想的に役立つので、ジェントルマンすべてに推奨できると解説している。[27] みずから熱狂的な射手であったヘンリー八世は、アスカムを自分の教師に就けたいという娘エリザベスの希望を叶えた。もちろん、アスカムがアーチェリーを特に愛好したからであろう。一六・一七世紀におけるイングランド王たちは皆、熱狂的な射手であった。[28] 宮廷ではすでにこの熱狂は冷めていたが、このスポーツはドイツ系のハノーヴァー朝〔一七一四―一九〇一年まで続いたイギリスの王朝。一七一四年、イギリスのステュアート朝の断絶により、ドイツのハノーファー選帝侯ジョージがイギリス王ジョージ一世として即位した。ジョージ一世はイギリス王位とハノーファー選帝侯の地位を兼ねた。〕治世下でも人気があった。一七八一年、アスカムの著作のタイトルを受け継いだスポーツクラブ「弓術家協会（*Toxophilite Society*）」が設立されたとき、かつての国民スポーツは新しいクラブスポーツへと変化し始めた。一九〇八年オリンピック・ロンドン大会では、のちの「王立弓術家協会（*Royal Toxophilite Society*）」によってアーチェリー競技が催され、イギリスは男子も女子も他を圧倒していた。オリンピック優勝者になったのはウィリアム・ドッドだった。彼の家系は、アジャンクールの戦いにおけるロングボウ指揮官に遡ることができる。[29]

市民の祭り文化の中心としての射撃祭

そもそも「防衛すること（Schützen）」という概念は、当初、「射撃すること（Schießen）」とは関係なく「防衛（Schutz）」から派生した。都市の原形といわれた中世盛期の城塞（*burgus*）の住民、つまり「市民（Bürger）」は、この防衛をみずから手配しなければならなかった。市民たちは、九二四年、皇帝ハインリヒ一世から市民防衛団を設置する特権を得て射撃協会をつくった。射撃協会は、多くのヨーロッパの都市において市民の祭りを形成する中心となった。しばしば現代に至るまで存在している射撃協会は、中世末期、都市防衛のためにだけではなく、都市の祭りである射撃祭を、行列、競技、音楽、ダンスとともに組織した。

射撃協会は都市防衛の必要性から発展したので、当初から軍事訓練が大きな意味をもっていた。しかしこの訓練は、貴族におけるのとはまったく別の性格を有していた。市民の防衛活動は身体的にコンディションが良くなくてはならないが、その訓練は野戦での攻撃ではなく、都市の鋸壁から都市を防衛することをめざした。これに応じて、個人の近接戦闘の練習を優先するのではなく、遠距離武器の使用を習得する必要があった。まずは弓、のちに弩、火薬の発明後しばらく経ってからは小銃と大砲の使用であった。それゆえ、ようやく中世末になって、「防衛すること（Schützen）」と「射撃すること（Schießen）」が同一視される。近代の銃器は都市の発明であり、都市の手工業者によって製造された。それは騎士の武器より優れていたため、都市文化が騎士文化を凌駕するのに貢献した。都市の防衛組織が都市の自由とともに——とりわけ自由都市と帝国都市において——一五世紀に盛期を迎えたのは偶然ではない。しかし近代において領邦君主の権力が強化されると、多くの都市は再びその自由を奪われてしまった。

射撃祭は、軍事的な意味をかなり失ったのちにも、都市の自由、能力、権力の象徴であり続けた。それは高価な賞品——金の指輪、銀の優勝杯あるいは報奨金——のためだけではなかった。賞品は射撃競技のために授与され、その正確な価値はたいてい公示で周知された。むしろここで重要なのは、賞品の出る競技会が、高価な銃器への投資を必要とせず、そのためどんな参加者にも開かれているようなほかのスポーツ種目にもますます広まっていったことである。貴族の馬上槍試合《トーナメント》とは異なり、市民の競技会の参加には家門証明のような封建制身分階級上の制限がなかった。そうした制限は、最初から多数の人々が競技に参加するのを排除してしまっていた。むしろ通常、市民の射撃競技では成績だけが重要だった。だから、賞品が自都市の市民にではなく、その土地に住んでいない者に授与されることも珍しくなかった。都市民ではなく、下層民や農民に与えられることさえ頻繁にあった。古代オリンピア競技会におけるように、射撃祭はヨーロッパの都市国家に共通した文化の統合役として機能していたと主張することができるかもしれない。都市国家の共通の敵は、貴族と、貴族のフェーデ文化と、そして費用がかさむ不必要な戦争文化だった。さらに、大規模なスポーツの祝祭は、都市間の連係を保ち、都市間の緊張をスポーツ競技で取り除くことに貢献した。そこでは都市の集団意識が育成され、アイデンティティーが形成された(30)。

大規模な射撃祭は超域的であり、ときには国際的でもあり、どのような志願者でも参加することができた。南ドイツの帝国都市の射撃祭には、スイス、フランス、フランケン、ボヘミア、シュレージエン、オーストリア、バイエルンから参加者がやって来た。審判員はふつうその地域の射撃の名手であったが、国際的な競技会になると、共和政の伝統に則り、射手のすべての参加代表団から審判団が選ばれた。射撃の名手たちのかたわらには世話役がいた。世話役は打ちべらをもって、地位や身分に関係なく規則に違反した選手全員に象徴的な処罰を与えた。世話役は一種の道化衣装を身に着けており、道化の特徴を有していた。その場にはしばしば詩人も居合わせ、処罰された選手の非行をすぐに詩歌にして公表した。時にそうした詩歌は祝祭報告とともに伝承され、印刷の発明後には印刷されもした。一四四七年の聖霊降臨祭に帝国都市メミンゲンで催された弩射祭の折、各地で経験を積んだ三人の選手がフリブールからやって来た。ロットヴァイル出身の射手が優勝者賞の血統馬を、帝国都市アウクスブルク出身の射手が準優勝者賞を獲得した。キルヒベルク出身の農夫が高価な賞杯を獲得し、ほかの三つの賞杯は帝国都市イスニ、リンダウ、ケンプテンの住人へ授与された。このメミンゲンの射撃祭は八日にわたって続いた(31)。

射撃祭には文書による招待状が先行した。招待状には、賞品の説明のほかに正確な競技規則と競技条件が記されており、友好都市の政府宛てに書かれた。それに応じて多くの都市は公式代表団を射撃祭に派遣する。帝国都市ウルムは一四六八年の洗礼者ヨハネの祝日に射撃祭を開始することになっていたが、帝国都市メミンゲンはその射撃祭に派遣する一〇人の代表者に「全員、同一色の」衣類を着用させた。つまり、同じチームであると誰にでもわかるように一種のユニフォームを仕立てさせたのである。メミンゲンの都市年代記作者が精確に記録したところによると、メミンゲン代表団は、二五グルデンないしは一四グルデン相当の二つの賞杯を獲得した(32)。古代オリンピア競技会と同じように、中世末の射撃組織においてもプロ化が見られた。プロに転向する射手も少なくなかったのである。たとえばメミンゲン市民トーマン・シュッツは、一四七二年、まずはアウクスブルク近郊のゲッギンゲンの小銃競技会で、その後すぐにチロルの首都インスブルックでの射撃祭で、優勝者賞を手にした(33)。

スポーツ化への道

射撃祭の枠内での一般的な競技会

射撃祭には一般的な競技会も含まれていた。一部には大衆娯楽の性格もあった。たとえば――常に軽装の――都市の売春婦が男性たちと競走したり、曲芸師が登場して、綱やその他の道具を用いたり、用いなかったりして、風変りな身体技を披露した。未婚女性の競走も行われた。彼女たちは、賞品と並んで、特に未婚男性の注目も集めたことであろう。もちろん、男性同士の競走もあった。男性たちは、重量挙げや、二〇キロから五〇キロの重さの石を投げて力を競った。この形式の重競技を行ったのは、特に都市の下層民や田舎の民衆だったと想定しがちであろう。しかし実際には、一五世紀、上級貴族さえもこの競技に参加したのである。一四八〇年代には、バイエルン大公アルブレヒトの弟クリストフ強公が、アウクスブルクの石投げ競技会で何度も優勝している。クリストフ強公は、一四七五年、有名なランツフートの結婚式の際に行われた騎士の馬上槍試合《トーナメント》で、ルブリンの領主を馬上から持ち上げた人物であり、今日まで、ミュンヘンの地域の伝説の中で一種の民衆的英雄として生き続けている。(34) 祝祭時の射撃が一般的なスポーツの催しへと変遷していく典型的な例は、アウクスブルクの射撃祭である。これは、一四七〇年、――アウクスブルクの守護聖人である――聖ウルリヒの日に開始され、一週間にわたって続いた。参加者を遠近から引きつけたであろう賞品をすべて列挙するために、招待状の全二頁が使われた。レーゲンスブルクの年代記の報告によると、射撃競技と並んで、競馬、三五〇歩競走、助走ありの幅跳び、三段跳び、四五ポンドの石投げ、その他の陸上競技が告知されている。[35] 別の史料からは、同じアウクスブルクの射撃祭の折に九柱戯競技や騎士の馬上槍試合《トーナメント》も人々の賞賛を集めたという。[36]

招待状とそれに続く祭りの報告から判断できるように、一五世紀の大規模な射撃祭では、陸上競技会の一種の規準が形成された。一四五六年のシュトラースブルクの射撃祭では、石投げ、跳躍、競走の競技会が公示された。一四七二年のチューリヒでは、助走あり・なしの幅跳びや三段跳びから成る跳躍競技会、そして競走、さらに一五、三〇、五〇ポンドの重さの石投げが行われた。[37] 一五〇七年のアウクスブルクの射撃祭の招待状は、陸上競技会が単なる付属部門であるだけではなく、射撃祭というスポーツの大興業を構成する不可欠の要素であることを明らかにしている。市参事会は、四グルデン金貨相当の四つの優勝賞品を公示し、それらは、三五〇歩競走、三段跳び、石投げ――石は四五ポンドの重さがあり、各選手は三回挑戦した――、そして助走ありの幅跳びの優勝者へ授与された。[38] 一五〇九年のアウクスブルクの射撃祭では、通常の競技会のほかにレスラーたちの実演や剣術の学校もあり、その学校には、指導と並んで模範試合や勝ち抜き試合も含まれていた。[39]

都市民は、これら難度の高い種目によって貴族と対等であることを示そうとした。競馬もこの部類に入った。競馬は、足の速い血統馬を――したがって労働馬として使用することができなかった――所有して訓練する資力を前提とした。時には射撃祭でも行われた輪突き走や、さらに先端の鋭い馬上槍《ランス》を使用した馬上槍試合《トーナメント》である「シャルフレネン」(Scharfrennen) もこうした種目だった。剣術の学校はしばしば射撃祭とは別に行われたが、射撃祭で催されることもあり、これも中世の身分制度に対抗した。熟練した剣術教師が刀剣や突き用の武器を用いて講習会を提供し、試合や勝ち抜き試合も開催した。ドイツでは、一七世紀にエペ（Degen）のような軽い剣が導入されるまで、長いあいだ一般に用いられた武器は剣（Schwert）や短剣（Dolch）であった。

さらに、ナイフ投げのような器用さを競う試合もあった。九柱戯競技が行われるのもふつうであり、これらはわれわれが村祭りで知っているような競技である。射撃祭の招待状ではまったく言及されない一連の競技では、スポーツと一般的な民衆娯楽とのあいだの境界が踏み越えられた。この種の競技の例は、棒登り競争である。この競争では、油を塗った樹幹の先端に賞品が固定されていた。あるいは「雄鶏の打ち殺し」である。ここでは参加者は目隠しをし、生きている雄鶏を一本の棒で打ち殺すが、幅の狭い板に乗って溝を越えなければ、この雄鶏に到達することはできなかった。これは、輪突き走の一種の変形である「ガチョウ引き」のような「ブラッド・スポーツ」の領域と同じである。的《まと》は、輪の代わりに、二本のポールのあいだの高いところに両脚を縛ってつるされている生きたガチョウであり、騎馬の競技者は馬上からそのガチョウをつかみ取らなければならない。その際、あぶみなしで、端綱だけで騎乗することしか許されなかった。騎馬の競技者があまり巧みでない場合、空《くう》をつかむか、ガチョウの首を捕えるやいなや落馬した。こうした器用さを競う試合には、地域のギルドの見世物もあった。仮面ダンスや剣の舞、そして漁夫の舟合戦——水上の一種の武芸大会であり、長い竿を用いて相手を舟から落とさなければならない——が催された[40]。

一般的な射撃祭のほかに、社会の特定集団に参加を呼びかける競技もあった。貴族の馬上槍試合《トーナメント》とは異なり、市民の領域で重要なのは社会的な排斥ではなく、都市の中で地位が低く、暴動の潜在力であった社会集団、たとえば職人を優遇することだった。彼らの雇用者である親方とは違って、職人は所有権と結びついた完全な市民権から排除されていた。他方で、手工業は彼らの労働力に基づいていた。職人の大半は、暴動や反乱の際にいつも最前線に立つ年齢集団の一員だった。この集団を鎮静化するためにも特別の競技会が開催されたのは確実である。騎士の馬上槍試合《トーナメント》を模倣した「職人突き試合」や、参加と社会的栄誉と価値ある賞品が職人たちのために準備された「職人の射撃競技」である。医師クリストフ・ショーラーが著した『メミンゲン年代記』からは、一四八四年の大規模な射撃祭に際し、メミンゲン市が、賞品のほかに、祭りの期間を通して食事とワインを寄付したことがわかる(41)。

マルクス兄弟団と羽根剣士

マルクス兄弟団は、一五世紀に設立され、剣術を文明化し規則化することを目的とする団体だった。マルクス兄弟団の名は聖マルコにちなみ、もともとは聖マルコの兄弟団であった。マルクス兄弟団の設立メンバーには、一四五九年以降、盾形紋章に聖マルコのライオンをつけていた剣術師範ハンス・タールホッファーのほか、最古の図解入り剣術書のうち六冊を著した執筆者がいたと言われている。のちにそのうちの何冊かは出版された(42)。この兄弟団は、一四七四年、帝国都市フランクフルト・アム・マインにおける年次集会の際に史料に初出する。マルクス兄弟団はそこで団長を選出し、当然のことながら、模範試合と剣術興業を催した。一四八七年、皇帝フリードリヒ三世は、マルクス兄弟団に「長剣の達人」の称号を用いる特権を与え、兄弟団を皇帝の剣士組合に昇格させた。そのメンバー

若い白王は、剣やそのほかの武器を用いて剣術を習得している。ハンス・ブルクマイアーによる皇帝マクシミリアン1世の木版画。1512年頃、『白王伝』。

には、神聖ローマ帝国内を巡回し剣術興業を行う独占権が付与された[43]。アルブレヒト・デューラーの図解からは、彼らが重い剣や両手剣で闘っただけではなく、徒歩での一騎打ちのために豊富な武器訓練を教授していたことがわかる。

中世の騎士が特に戦争と馬上槍試合《トーナメント》のために攻撃戦略を訓練したのに対し、マルクス兄弟団の剣術師範は自己防衛の技術を教えた。このことは、自由諸都市において、マルクス兄弟団に大きな信望を与えることになる。ドイツの剣術流派は一三世紀から一七世紀に盛期を迎え、マルクス兄弟団はそのドイツ流派と大きく関連していた。その後、よりエレガントなイタリアやフランスの流派がドイツの流派に取って代わり、近代のスポーツ・フェンシングはこのイタリアやフランスの流派から発展した。スポーツ史においては、さまざまなスタイルが社会的背景を考慮することなしに相互に比較されることがよくある。ロマンス語系民族の流派は、騎士階級の没落後、貴族のスポーツの一形式だった。貴族のスポーツは、手引書に従って優美でエレガントでなければならず、バロックやロココの宮廷時代、貴族子弟のための学校や大学での学生たちの模範にもなった。この時点になって、市民の粗野な剣術技は機能を失い、時代遅れで古臭いものとみなされるようになった。しかし、市民の剣術技は、発生時には――諸都市が市民の自由を求めて戦っていたあいだは――前衛的なテクニックだったのである。

ドイツ流派の初期の剣術書は、一三世紀末、あるドイツ人僧侶によってラテン語で書かれた。[44] 一四世紀末以降、多数の剣術書が著され、中部フランケン出身の剣術師範ヨハン・リーヒテナウアーがドイツ流派の本来の創始者とみなされている。次世代の多くの剣術師範が彼を引き合いに出しているからである。[45] 剣術書は、著作物の独自のジャンルに発展し、印刷術の発明前には――一部はその後も――写本形式で作成された。特徴的なのは、多種の構えを描く価値ある図解である。そのため、――アルブレヒト・デューラーやルーカス・クラナッハのような――近代への開始点に立つ主導的な芸術家が、みずから剣術やレスリングの技の手引書に挿絵をつけることになった。[46] ロマンス語系民族の剣術の流派が優勢になるにつれ、より古いドイツの流派は消滅していった。

メディチ家がフィレンツェのサンジョヴァンニ祭を変えた

香辛料商人ルカ・ランドゥッチの日記から、メディチ家が君主へ台頭していくことによって、フィレンツェ共和国最大の祝祭がどのようにその意味を変えていったのかがわかる。ルカ・ランドゥッチは、自分の考察を毎日書き留めたのではなく、特別な出来事しか記録しなかった。それゆえ、日常のスポーツの催しはただ例外的な場合にしか注目されていない。たとえば、アルノ川が氷結して、フィレンツェのフットボールが通例とは異なり「氷上のフットボール」になったときである。洗礼者ヨハネに敬意を表して毎年六月二四日に行われる聖ヨハネ祭である「サンジョヴァンニ祭」に関しても同様だった。一四七八年にジュリアーノ・デ・メディチ――大銀行家ロレンツォ・デ・メディチの弟――が殺害されたとき、その聖人祭は延期され、例年とは違って七月五日に開催された。その代わりに、祭りはとりわけ豪華に祝われ、通りには見世物行列や曲芸師たちが行き交い、晩には大規模な花火が打ち上げられた。クライマックスは競馬だった。競馬では、パリオ――約五〇〇グルデン相当の高価な金襴生地――が優勝賞品だった(47)。

三年後、日記の著者は、弟ゴスタンツォ・ランドゥッチがたくさんの賞品を獲得したため、自分も競馬に熱狂していると記した。一〇月八日の聖レパラータの記念日のパリオ祭でも、さらに一四八一年一二月二六日、フィレンツェの隣に位置するプラートのパリオ祭でも、ゴスタンツォは自分のバルブ馬ドラゲットーに乗って優勝賞品を手にした。続く数年は多数の競馬の記述で占められている。というのも、ゴスタンツォが一四八五年六月二五日まで――つまり四年のあいだ――二〇にも及ぶパリオを獲得したためである。そのうち聖アンナや聖ヴィットーリオの祭りでは何度も優勝した。しかし、ルカ・ランドゥッチが書いているように、信じられないような一連の勝利は弟には幸福をもたらさなかった。弟は一四八五年九月一二日に亡くなってしまった(48)。

一五一〇年のパリオ祭が話題になっているのは、流感が流行っているあいだに開催されたためであり、さらにはサンジョヴァンニ広場でフットボール・トーナメントと闘牛が行われたからである。設置された観覧席には、「全フィレンツェ市民と多くの外国人がいた」。遂に一五一三年、枢機卿ジョヴァンニ・デ・メディチが教皇――レオ一〇世――に選出され、そのレオ一〇世が自分の従弟ジュリオ・デ・メディチをフィレンツェの司教に、そののちすぐに枢機卿に昇格させた。それ以後、サンジョヴァンニ祭はまったく異なった性格を帯びることになる。これにより、この年のサンジョヴァンニ祭は、都市フィレンツェの名誉を告知する宣伝色濃厚な大イベントとなった。六月二四日、シニョリーア広場では、一〇〇人の守備者によって防衛された城を三〇〇人の攻撃者が征服するという大規模な競技が開催された。六月二六日の闘牛の際には、二頭の雄牛が逃亡し、市の中心部をあちこち走り回った。

一五一四年、祭りはさらに豪華になった。すでに祭りの数日前には、馬上槍試合《トーナメント》が予告され、絹商人、金箔師、武具師の見本市、見世物の大行列が催された。それから「上述の年の二四日には通例の祭り、そしてパリオ競走、晩には仕掛け花火」が行われた。しかしそれだけではなかった。翌日、シニョリーア広場では、ライオン、熊、豹、雄牛、水牛、鹿、「そしてほかにも多種の野獣」を使用した野獣狩りが開催された。古代ローマにおけるように、犬がライオンと闘った。最後には、人間が移動できる機械装置（「カメ」、「ヤマアラシ」）に乗って、あとに残った野獣を槍で攻撃した。観客のためには木製の大観覧席が設けられ、「世界のどこかひとつの都市がそれほどの量の木材を所有することができるとはまったく信じられなかった」。観覧席や窓側の席を取るために、不当に高い料金が支払われ、「観覧席、窓、屋根はすべて埋め尽くされたので、かつてこれほど多くの民衆を見たことはなかった。というのも、たくさんの国々から大勢の外国人がやって来ていたからである。ローマからはお忍びで四人の枢機卿が出席し、数多くの騎兵隊を従えたローマ市民があふれていた」。フィレンツェでそうした野獣狩りが最後に行われたのは六〇年以上も前のことだったという。[49] 六月二六日と二七日は、サンタ・クローチェ広場で、馬上槍突き《ランスシュテッヒエン》や馬上槍試合《トーナメント》のそのほかの競技が開催され、最後に賞品が授与された。共和政支持者ランドゥッチがやむなく記しているように、この馬上槍試合《トーナメント》にはジュリアーノとロレンツォ・デ・メディチも諸侯と同じように出場した。ただし、馬上槍試合《トーナメント》は――ランドゥッチも認めなくてはならなかったが――「少なからぬ娯楽と気晴らし」を提供した。[50] ライオンの登場は、その祝祭週間の背景を見紛うことなく示した。つまり、フィレンツェとその祝祭をこのように国際的に注目させたのは、レオ一〇世だったということをである。彼が教皇職にあった時期、メディチ家の名声は頂点に達した。そしてそのローマ教皇は、剣闘士闘技と野獣狩りを導入することによって、自分が故郷の都市フィレンツェの共和政の伝統にではなく、古代ローマ帝国の伝統につながろうとしていることを明らかにした。

年《とし》の市《いち》と村祭りでの陸上競技会

馬上槍試合《トーナメント》が貴族社会の焦点であり、射撃祭が中世末の市民文化の中心だったとき、たとえば古代ギリシアの「競技」において花形だった単純な身体文化が実践されていたのはどこだったのだろうか。もちろん、競走、跳躍、投擲は、騎士の訓練の枠内でも重要だったが、あまりにも基本的な身体運動であり、子供も行うことができたため、あらゆる身分層に受け入れられたにちがいない。そしてそれらは、貴族文化におけるのと同じように、都市の市民文化においても力の誇示に貢献した。すでに中世末期、都市では、地域を超えた関心を引く催しや英雄が存在した。一六世紀半ば、ツーク州出身の傭兵ハンス・ゲルハルトは、石投げの成功によってスイス最強の男とみなされていた。ほぼ一世代ごとに、想像力をかき立てるような国民的英雄が生まれた(51)。

さらにまたスポーツは——射撃競技会なしでも——ふつう聖人の祝日とともに催される年《とし》の市《いち》と直接に結びつくことができた。実際、今日に至るまで、年《とし》の市《いち》では、商業的な部分と並んで、あらゆる形式の大衆娯楽が提供される。若者たちの力比べ(「ハイ・ストライカー」)や曲芸師の登場もそうした娯楽の一部である。これに対してわれわれは、純粋なスポーツの催しが発明されて以来、陸上競技会をもはや娯楽と関連づけることはしないだろう。どのような競技であれ、市民の競技でも農民の競技でも、トレーニングが必要とされる。農民の世界についてはほとんど情報がないが、中世末の諸都市からは、しばしば競技のために特定の広場や草地が用意されていたことが知られている。ロンドンに関するウィリアム・フィッツスティーヴンの記述の中では、すでに一二世紀末、若者たちが都市の外でどのように時間をつぶしていたのかがわかる。「夏のあいだずっと、祭日には、若者は、陸上競技、アーチェリー、レスリング、砲丸投げ、（紐を使用する）標識を越える槍投げ、小円盾を用いる決闘のようなスポーツをして運動する。」つまり具体的には、競走、跳躍、弓射、レスリング、砲丸投げ、遠投、円楯とおそらくは剣を用いての一騎打ちである。(52) チューリヒのリマト河畔の「菩提樹の下では」、球技、弩射、競走、投擲、跳躍を練習し、盤上ゲームやチェスを行うことができた。そこではまたスポーツ競技会も開催された。(53)

一六世紀初頭の村祭りの挿絵には、競馬と競走が定期的に描かれている。女性の競走も頻繁に見られ、それを描写するのは芸術家にとって魅力的だったのだろう。競走、ときに競馬は祭りのクライマックスだった。さらに、棒上の木製の鳥を標的にするだけの射撃会（Vogelschießen）を行うのが慣習だった。もちろん優勝者は、周知の表現の「鳥を撃ち落とす＝一番である（den Vogel abschießen）」者だった。村祭りには九柱戯が不可欠であり、多数のヴァリエーションがあった。一五二〇年頃の挿絵には、今日でも用いられているような、中央に「キング」を立てる九本のピンの菱形状の配置が見受けられる。三本ずつ縦に並べる配置も人気があった。ナイフ投げのような器用さを競う試合は挿絵にはふさわしくないと芸術家が考えていたと推測できる。これに対して、剣の舞の実演は定期的に描かれた。

競走

エネア・シルヴィオ・ピッコロミニは、自伝の中のある一章全体を「競走とそれに授与される優勝賞品」に捧げた。教皇ピウス二世となったこの人物は、そこで、故郷の都市ピエンツァを話題にしている。守護聖人は使徒マタイであり、毎年その祝日に競技会が催された。一四六二年九月二一日には教皇が列席していたため、特別に豪華な催しが開かれた。ピウス二世は、この機会に、すべての市参事会員に新しい職務服と祭りのための金銭を寄贈し、優勝賞品の公示を市当局に任せた。「競馬の優勝者には八エレの貝紫色の生地、ロバ競走には四エレの別の色の生地、男子の競走には同じ賞品、少年の競走には一羽のガチョウ」が授与された。早朝、大聖堂でミサが行われ、人々はそれから都市の外にある祝祭場へ行った。そこには祭り用のテントが設置され、飲食店の主人たちが三〇頭の大きな雄牛と多くの小動物を観客に供するために焼いていた。さらに年《とし》の市《いち》も開催された。ピエンツァの中心的なアトラクションが男子と少年の競走だったことは、小都市の田舎ふうの性格を表している。

多くの強靱で敏捷な若者は、すでにしばしば競技場で対戦していたが、互いに競走した。雨がかなり強く降っていたので、コースはたいそうぬかるんでいた。彼らは裸で走り、ひとりの者が先頭に立つかと思えばまた別の者が先頭に躍り出た。ひとりの者が足を滑らせ地面に転倒するかと思えばまた別の者が倒れ、ぬかるみの中で転ぶので、しんがりを走っていた者がまた先頭を走ることになった。彼らは市門まで四スタディオン（約八〇〇メートル）を走り、勝者と敗者の差はほんの僅かで、みな全身泥だけだったので、もはや誰が誰だか見分けがつかなかった。

思いもかけず不正行為が突発した。トリッパという名の教皇の料理人のひとりが途中から競走に入ってきて、トップでゴールしたからである。

彼の次にゴールした者はすっかり意気消沈していた。もうほとんど優勝したと確信していたその者は、いまや自分が負けたと思ったからである。彼は勝利が自分から奪われてしまったことに重い心で耐えた。しかし彼はすぐに不正に気がついた。というのも、勝者が泥で汚れてはおらず、前掛けを身に着けており、そうした前掛けをかけていたらこのような長距離を走ることはおそらくできなかったからである。審判たちはどっと大声で笑いだし、料理人の優勝資格の無効を宣言して、一着だったサルテアノ出身の若者に賞品を授与した。

競走の日のクライマックスは最後にやって来た。「少年の競走がもっとも良かった。まだ成人していない大勢の少年が競技場に集まり、スタートの合図とともに裸で飛び上がり、――ほかの者を追い越そうと努力しながら――驚くべき情熱をもって競った。彼らは、頑強な粘土質の土で足をほとんど持ち上げることができなかった。あるときは疲労のあまり転倒し、あるときは息を吹き返して立ち上がった。ある者は両親に助けられ、別の者は兄弟の力を借り、言葉で元気づけられ激励された。彼らは市門までおよそ一スタディオン（約二〇〇メートル）を走り、優勝者はすぐには決定しなかった。」

別の不正行為が明るみに出たのち、勝利はピエンツァ出身の少年が手にした。「その少年は生きたガチョウを獲得し、誇らしげな父親の肩に担がれて家路についた。たくさんの人々が少年のあとに続き、隣人はみな少年を誇りに思った。教皇は、枢機卿たちとともに、こうしたことすべてを宮殿の上の窓から眺めてたいそう喜んだ。もっともその際、政治上の重要な問題も協議されたのである。(54)」

聖人の祝日に故郷の都市で行われたスポーツの催しに関する教皇の記述においては、都市領主側の寛容と正義を示すことこそが肝要だった。また、身体競技に対する熱狂、自己の能力への誇り、観察者の玄人らしい娯楽もテーマになっている。語られている多くの詳細から、特に競走がイタリアの田舎におけるこの聖人の祝日の中心であったと解釈しても、それは充分に納得できる。つまり競走は、平凡な人々が偉大な人物と競うことができる競技であっただけではなく、その身体の優越に基づいて仲間相互に競い合う競技でもあった。

中世における女性のスポーツ

女性のスポーツを考える上でいわば基準となるのは、『ニーベルンゲンの歌』である。ブルグント族のグンテル王はイースラントの女王ブリュンヒルトとの結婚を望み、彼女から三つの条件を出された。王は三つの試合、石投げ、幅跳び、槍投げで彼女に勝たなければならないというのである。これは、中世盛期の馬上槍試合《トーナメント》で行われたサブ・プログラムの三競技である。グンテルはそのためには弱すぎたので、妹クリームヒルトとの結婚を願う英雄ジーグフリートに助けを求めた。ジークフリートは隠れ蓑を使って、グンテルの代わりに石と槍を投げ、ブリュンヒルトよりも遠くへ跳んだ。(55)ブリュンヒルトはグンテルと結婚しなければならなくなったが、ジーグフリートは、夫婦の寝室における格闘でブリュンヒルトを打ち負かすために、再度、グンテルの身代わりを務めた。明らかにここでは、神話的、伝説的、歴史的、文学的な要素が入り混じっている。フン族の襲撃ののち、四三七年にヴォルムスでブルグント族が没落したことや、ブルグント族の王グンダハールといった史実は、五世紀という時代を示している。ブリュンヒルトの背後には、おそらく、フランク王国のランス分国王ジギベルト一世と結婚した西ゴート族の王女ブルニヒルドが隠れている。ブルニヒルドは、ソワソン分国王妃フレデグンドによって夫を殺害されたのち、この仇敵との致命的な諍いに巻き込まれ、オルレアン分国王グントラムと同盟を結んだ。(56)『ニーベルンゲンの歌』は登場人物が中世初期の人物であることを繰り返し示唆しているにもかかわらず、――ブリュンヒルトがオーディンに仕える死者たちの半神ワルキューレのひとりであるスカンディナヴィア神話と同様に――一三世紀になって成立した。つまり、中世の馬上槍試合《トーナメント》制度がすでに最盛期にあった時代である。(57)

実際のところ、中世において、女性がスポーツを行う余裕はほとんどなかった。騎士の馬上槍試合《トーナメント》や石投げ試合のような粗野な競技は女性に適していないと思われ、経済上の分業は彼女たちに家内の場所を割り当てるのがふつうだった。しかしながら、女性は――古代におけるのとは異なり――決して競技から締め出されていたわけではないし、貴族の女性は、レガッタや球技と同じように騎士の馬上槍試合《トーナメント》では観客を構成する要素であったことを確認しておかなければならない。一三世紀の『マネッセ写本』において、女性は観客の象徴であり、もっとも野蛮な競技が繰り広げられる場合においてすらそうだった。よりにもよってひとりの女性が、つまりクリスティーヌ・ド・ピザンが、フランス国王シャルル六世に、貴族全員のための馬上槍試合《トーナメント》を定期的に開催するよう要求したほどである。

スポーツにまつわる中世末のもっとも驚くべき話のひとつは、マルゴという名の女性について伝えている。彼女はヘンネガウからパリへやって来て、テニスで男性全員を打ち負かした。フランソワ・アレクサンドル・デ・ガルソーは、パリの科学アカデミーの百科事典の中でテニスボールとテニスラケットの製造に関する項目を担当したが、一七六七年、彼女の事例を報告している。[58] 翌年、ダニエル・ゴットフリート・シュレーバーは著者の許諾を得てその項目を翻訳し、そこで次のように記している。「一四二七年、マルゴという名の二八歳の若い女性がヘンネガウからパリへやって来た。彼女はボールを非常に巧みに扱うので、抜群に上手い男性たちをも凌いだ。彼女は、小聖堂と呼ばれているグルニエ・サン・ラザール通りにある小さい屋内球技場を自分の舞台にしていた。そしてここで、偉大な球技の名手たちを相手にしたのである。誰もが、きわめて非凡な彼女を見たいという新たな思いを抱いてやって来た。当時、ボールは素手で打った。[59]」この箇所が無名のパリ市民による当時の年代記に忠実に依拠していることが知られるようになった。[60] このことは、マルゴの逸話が単なる虚構ではないことを示しているだろう。いずれにしても、場所と時代は合致しており、聖堂のそばにかつてテニスコートが存在していたことも史料で証明されている。それゆえ、次のような事実を察知することができる。すなわち、ひとりの若い未婚女性が、何の問題もなく、有名なテニスコートに出入りしていた。女性が男性たちに勝利することを誰も不当とは思わなかった。だから、能力は人物の外的特徴（人種、性別、年齢）とは関係がなかった。まるでテニスのジャンヌ・ダルクを目の当たりにしているようである。ただしマルゴは、ロレーヌではなくヘンネガウの出身であった。彼女の技術が妖精の力によるものでないなら、彼女は明らかに故郷でテニスを練習していたにちがいない。当時、ヘンネガウ州（フランス語では、エノー）はヘンネガウ伯領に属していた。伯領はバイエルン＝シュトラウビング＝ホラント女公ジャクリーヌによって統治されていたが、女公は子供にも幸福にも恵まれないまま、一四三三年、所領をブルゴーニュ公フィリップに引き渡さなくてはならなかった。この時代のネーデルラントでは、のちのテニスはケーツエン（*Kaetsen*）あるいはケーツシュピール（*Kaetsspiel*）として知られていた。すでに一三三八年、アウデナールデでは、教会の墓地でケーツエンを行うことが禁止されていた。[61] 女性が球技や類似の娯楽に参加することは、中世末の比較的高い身分の女性の場合、史料に何度も登場している。たとえば、ボーツエンのルンケルシュタイン城にある一四世紀のフレスコ画では、最後の女伯マルガレーテ・フォン・ティロル＝ゲルツが宮廷の貴族たちと球技をしている様子が描かれている。一三八八年から一四一〇年のあいだに描かれた一連のフレスコ画には、騎士の馬上槍試合《トーナメント》（トーナメント、ジャウスト）の光景のほかに、狩猟やダンスのシーンも含まれている。[62]

ヨーロッパにおいて少女や女性が競走に参加することには長い伝統がある。しかし、この参加の解釈は容易ではない。というのも、古代ローマにおいて、女性は小人と闘ったり、上半身裸で出場することを強制されたが、女性の競技会はさまざまなアンビヴァレンスに特徴づけられるからである。中世のミュンヘンでは、「売春婦」の競走が知られていた。ミュンヘンの売春婦は、この機会に世間に姿を見せ、聖ヤコブの日に行われる年《とし》の市《いち》の開催者によって、大声で叫ぶ観客たちにお披露目された。優勝者は高価な布地を獲得したので、なるほどこれはひとつのスポーツ競技会ではあったが、特別なカテゴリーの競技会だった。中世末のイタリアの諸都市の都市戦争に際しては、包囲された都市の面前で、防衛者たちを嘲弄し混乱させるために、胸を露わにした女性の競走を催す慣例があった。これもまた陸上競技会ではあったが、スポーツ以外に明白な効果を意図していた。他方で中世末以降、女性の競走にスポーツとしての側面が大きくなっていくことが確認されている。フィレンツェでは一三二五年以降、ウィーンでは一三八二年以降、ネルトリンゲンでは一四四二年以降、ブレシアでは一四四四年以降、バーゼルでは一四七二年以降、繰り返し史料で証明することができる。[63] スイスでは若い未婚の女性たちの競走が広く普及しており、通常、少年の競走より距離が短かった。[64] 史料に数例が初出するのは、この時代に文字による記録が開始されたためである。多くの競走はもっと古くから存在していたと推測される。ほかの例では、女性の競走という伝統が明らかに更新されていった。おそらくは隣の都市の例に倣ったからであり、また女性の住民をもっと参加させたかったからであり、さらには地域の年《とし》の市《いち》に新しいアトラクションを追加したかったからだろう。事実、年《とし》の市《いち》は、競合するほかの諸都市の年《とし》の市《いち》とまさに競争の真っただ中にあった。

団体競技

石投げ合戦、棒試合、拳骨戦争

都市の上層階級が馬上槍試合《トーナメント》で貴族を模倣しようとしたのに対し、下層階級は、費用がかからず危険の少ない格闘競技を楽しんでいた。特にイタリアの諸都市においては、「バッターリャ・デ・サッシ（石投げ合戦）」がその一例である。ここでは――史料で裏付けできるのは一三世紀以降であるが、おそらくその起源はもっと古く農村にある――二つのチームが石を投げ合った。そうした戦闘的な競技には、最大で二〇〇〇人が参加した。ペルージャでは、都市の山の手と下町が対戦する試合を行うためにわざわざコンパーニャ・デ・サッシが設立された。実戦におけるのと同様にこの合戦でも、都市の幾つもの広場、あるいはひとつの特定の広場を征服し、占領した。一部の戦士たちは兜をつけ、装甲や衣服に入れたパッドで、雨あられと降ってくる石や打ちつけられる棒から自分の身体や手足をできるだけ守ろうとした。競技は、朝、定刻に開始され、――この時代の実戦のように――暗くなるまで一日じゅう続いた。照明設備が不足していたことから、夜の帳が実戦にもスポーツ戦にも、すべての闘いに終わりを告げた。身体を防御したにもかかわらず、この競技は極端に危険だったので、市参事会は催しを禁止しようとした。たとえばシエナではすでに一二五三年に禁止されていた。この石投げ合戦の時期は、オリヴィエートにおけるように、多くの都市では万聖節〔一一月一日〕から四旬節の開始〔復活祭の四六日前の水曜日（灰の水曜日）〕までの冬季であった。一三七二年、ペルージャでは、教皇代理が人気の高いこのスポーツを弾圧しようと試みたが失敗に終わった。しかし市当局は、毎年、聖エルコラーノの日に行われた熱戦を支持した。この競技によって、イタリアで慣例だった教皇派と皇帝派の政治的闘争が行われていたのは明白であり、それはしばしばさまざまな市区のあいだの抗争をも反映していた。(65)

説教者たちが激しく抵抗したことから、この催しが彼らにとって特別の不快事であったことがわかる。シエナのベルナルディーノは、一四二五年、集団説教の中で「バッターリャ・デ・サッシ」を是が非でも禁止するよう要求した。事実、これを受けて、石投げ合戦はペルージャの市参事会によって再び禁止されたが、あまり効果がなかった。(66)

そのほかにも、棒試合や拳骨戦争のように、同程度に危険な試合があった。これら集団的な催しの実施は、石投げ合戦と共通するところが多かった。シエナで「ジョーキ・デッラ・プーニャ（拳骨試合）」と呼ばれた拳骨戦争は、特にオリヴィエート、ペルージャ、フィレンツェで行われ、少なくともイタリア中部で広まっていた。ピサでは、一一六八年、氷結したアルノ川上で試合が開催された。シエナは、一二九一年、きわめて危険であるという理由で雪合戦も含めたこうした試合すべてを禁止したが、石投げ合戦と同様、その効果は上がらなかった。一三二四年、シエナの拳骨試合は度を越して悪質化し、都市の中で内戦に似た状態になった。司教が介入して、戦場における死者はかろうじて四人にとどまった。一四二五年頃、ある機知に富んだ人文主義者は、自分の都市の住人が戦いに熱狂する光景に皮肉で応戦しようとした。「さあ！　おまえは明日、心の傷は言うに及ばず、優雅に充血した目、上品に青ざめた顔、多くの負傷した腕や脚、たくさんの欠けた歯を目にすることだろう。［…］享楽の三分の二は観客に、残りは出場者の手元にある。彼らは賞品として、肋骨骨折、かき傷

ヨーゼフ・ハインツ　拳骨戦争。1625年頃、ヴェネチア。

だらけの額、脱臼した関節、折れた腕や脚やあばら骨や顎骨を得ることになる」(67)。

中世末、こうした試合は、特定の場所に限定して行うことによって文明化されていった。イタリアにおいてはそれは主に橋だった。ヴェネチアでは、一二九二年、二つの市区の試合がひとつの橋の上で行われたと言及されている。パルマについては、一三三〇年頃の都市賛歌（『パヴィアの賛歌』）が、毎年、新年と謝肉祭の開始とのあいだの時期に開催された橋の試合の模様を詳細に物語っている。一五世紀以来、ピサの「ジョーコ・デル・ポンテ（橋の試合）」の際には、アルノ川にかかる欄干のないアーチ型の橋の頂点で、二つのチームが出会い、何千人という観客の前で、長い木の棒で殴り合った。戦士たちは次々と水中に落ち、試合は一方のチームが橋から追い払われるまで続いた。この橋の競技は、マッツァスクード（*Mazzascudo*）として、つまり、殴打を防衛するために棍棒（*mazza*）と楯（*scudo*）の助けを借りて行われた。同じく非常に人気があったのは、ヴェネチアで特別な儀式にまでなった「グエッラ・デイ・プーニ（拳骨戦争）」である。市区同士が一年に一度、運河にかかる特定の橋の上で対戦した(68)。この橋「ポンテ・デイ・プーニ」の上には、今日でも、試合を開始するときに市区の二人のリーダーが立った足の位置を見ることができる。現存する油絵からわかるように、観客は、通りや、舟や、近くの橋の上や、窓や、バルコニーや、屋根の上に陣取っていた(69)。イタリアのその他の都市についてもそうした橋戦争の挿絵がある。ヴェネチアの橋戦争は外国人にも非常に人気があり、外国の賓客の公式訪問に際しては臨時でも行われた。非常に勇敢に闘う住民を有する共和国が攻略不可能であることを皇帝や国王たちに見せつけるのが目的であったのだろう(70)。

中世のフットボール

中世のフットボールは、石投げ合戦や拳骨戦争と同じ程度に粗野なスポーツだった。『ブリトン人の歴史』〔イングランド・アングロサクソン朝の七王国時代に編纂された、ケルト系ブリトン人が国を支配していた時代についての歴史書。原書は八二八年頃成立。〕のような中世初期の年代記はフットボールに言及してはいるが、それは詳細ではない。フットボールは、ノルマン征服〔一〇六六年。一一六頁の訳註参照。〕ののちにイングランドへ伝わったと思われる。アングロサクソン朝〔八二九―一〇六六年のうちのデーン朝時代を除く。〕やデーン朝〔一〇一六―一〇四六年〕の時代には、確実な証拠が存在していないからである。おそらくフットボールの最古の証明は、一一三七年にフットボールの試合で打撃を受けて死亡した少年の報告である。たとえば一一八〇年のロンドンに関する記述の中で、ウィリアム・フィッツスティーブンは初期の「シュローヴタイド・フットボール」について書いている。

昼食のあと、都市のすべての若者が球技に参加するために競技場へ出て行った。各学校の生徒たちは自分のボールをもっている。都市の各組合の労働者（訓練生）も自分のボールをもっている。年配の市民、父親、富裕な市民は、若者が競技するのを目にし、自分のことのように元気を取り戻すために、馬に乗ってやって来る。彼らが運動を見て、屈託のない若者が喚起する喜びの虜になるとき、彼らの内的な感情が呼び覚まされるのを目の当たりにすることができる。(71)

一二〇〇年頃に成立したある年代記は、一一世紀初頭、フランドルにおいて、二つの村が広い平坦な草地でフットボールの試合を行ったと報告している。かつてそこは、農民が酒を飲んだりフットボールをするために集まっていた場所であった。石投げ合戦と同様、中世のフットボールも朝から暗くなるまで続いた。参加者の数も限定されていなかったし、身体の使用についても大きな制限はなく――殺人だけは禁止されていた――、明確に定義された球技場もなかった。市門が――存在する場合には――ゴールに使われ、競技が市内で行われるのか、二つの市町村のあいだで行われるのかによって、「競技場」は異なった。競技場は数キロメートルに及ぶこともあり、ボールが川に落ちても競技は中断されなかった。ノッティンガムシャーの修道司祭は記している。「若者たちはこの競技のあいだ大きなボールを移動させるが、手で投げるのではなく足で蹴る。まさに嫌悪すべき競技であって、下品で人間にふさわしくないし、ほかのどの競技より無益である。さらに事故なしで終わることはめったにない。[72]」

競技の危険性に応じて、競技の禁止が相次いだ。イングランドでは、一三一五年、国王エドワード二世治下の時代、ロンドン市長ニコラス・デ・ファルンドンがフットボールを禁止したのが始まりだった。「市内では、大きなボールを移動させて大騒音が引き起こされること甚だしく、たくさんの悪魔がやって来るかもしれない。これは神が禁止していることなので、われわれは国王に代わって命令し、将来、違反の場合は禁固刑を処するという条件のもとに、市内でそうした試合を行うのを禁止することができるものとする。[73]」これに続く禁止は、エドワード二世の後継者である国王エドワード三世のもとで一三四九年に発せられた。エドワード三世は、さらに一三六三年、ハンドボール、ホッケー、闘鶏のようなほかの無用な娯楽とともに、フットボールを改めて禁じた。[74] スコットランド議会は、一四二四年、「フットボール法令」において、禁止を破った者全員に罰金を科すことさえした。一三一四年と一六六七年のあいだ、国王や地方自治体が総計三〇の競技禁止令を出した。

フットボールが行われる典型的な試合日は、すでにもっとも初期の史料の中でも、謝肉祭の火曜日であった。一三八七年、ノルマン人の年代記では次のように報告されている。「ヴェクサン・ノルマンとフォレ・ド・リヨンの村の住民たちは、フットボールをするために、毎年、灰の水曜日前の火曜日に、モルトヴェールの聖母教会の正面入り口に集まることを取り決めた。[75]」イングランドと同じようにイタリアやフランスでも、この試合日が知られている。しかしイングランドではすでに中世末、フットボールはほかの地域よりも大きな意義をもっていたと思われる。チェスターでは、有名な謝肉

イタリア人がカルチョと呼ぶ競技。ジェノヴァのカルチョ。銅版画。ピエトロ・ベルテッリ『諸国民の服装』所収。1594年、パドヴァ。

祭の試合日（「シュローヴタイド・フットボール」）もあったが、復活祭、クリスマス、そして都市の守護聖人の記念日にもフットボールが行われた。

イタリアのフットボールもイングランドと同じように古い。史料が存在し始めたとき、フットボールはすでに存在していたので、その開始は推測するしかない。その推測のひとつによれば、大きなボール――パッローネ、パラ・グロッサ、あるいはパラ・ゴンフィアータ――を用いた競技は、ある時期以降になってやっと、足を使う競技であるフットボール（カルチョ）と手を使う競技であるファウストボール（パッローネ）に分離したという[76]。一五世紀になると事情は明らかになってくるが、――やはりイタリアでは――そこには常に聖人がいた。フィレンツェの聖アントニヌスが大きなボールを用いた競技で腕

を折ったのである。おそらくはそれは、パッローネ競技であったと思われる。(77)

その他の球技

球技が古くから存在していたことは、先行研究において繰り返し強調されてきた。一一四七年の南フランスの史料によれば、ある修道院は、スール（*Soule*）――フランスでフットボールはそう呼ばれていた――のための七つの大きなボール（「VII maximos ballones」）を寄付された。(78)球技が社会的に重要性を増していったことを確実に示すのは、パリで一三世紀にまで遡るボール製造法の規定である。一二九二年、パリには、ボール製造を専門とする一三人もの手工業の親方がいた。この分野での競争は激しかったようである。というのも、親方たちはぞんざいな仕事をする者に対して抵抗し、フランス国王に製造法を規定させたからである。一四八〇年、テニスボールを詰めるために、かんな屑、コケ、白墨、石灰、土、小石、砂を使用してはならず、裁断された布地の屑しか利用してはいけないことが決められた。表面は亜麻布の層上に上質な革を載せ、ボールは――一五〇四年の規定による補足ののちには――重さ三三グラムを超えてはならなかった。これに対し、膨らますことができるファウストボールやフットボールのボールは、弁で空気袋を一杯にし、表面は革製で、重さは最高で三〇〇グラムであることが義務付けられた。(79)

中世の史料で球技が出てくるのは、特に禁止やスポーツ事故と関連したときである。そこから、各競技が宮廷でいつ普及していったのかがわかる。たとえば小さなボールを手のひら（ラテン語で*palma*）

で打つジュ・ド・ポームの場合である。フランスのルイ一〇世と関係してこの競技が史料に登場する。王は熱狂的なプレイヤーであり、悪天候が続いたのに腹を立て、一三世紀末、宮殿の内部に屋根付きのテニス競技場をつくらせた最初の人物であると言われている。一三一六年六月、王はヴァンサンヌで過酷なプレーをしたのち、大量の冷やしたワインを飲んだために亡くなった。これにより、ルイ一〇世は、名前のわかっている最初の「テニスプレイヤー」とも言えるだろう。ただし、彼がプレーしたのはテニスの前身競技であり、そこではまだラケットを使用していなかった。(80)

レガッタ

中世末と近世において、もっとも有名なスポーツ競技のひとつはレガッタ（*Regatta*）だった。このヴェネチア起源の語は、（原動力のない）ボート競技種目を表す概念として、ヨーロッパの最重要な諸言語に取り入れられた。語源ははっきりしていない。語源を*riga*（列）とする者、*aurigare*（競争に参加する）に求める者、さらに*ramigium*（櫂）と考える者もある。海洋国家ヴェネチアに典型的なこの競技は、昔から土地の人にも観光客にも魅力的な呼び物であった。

レガッタについての最初の報告は一三世紀後半であるが、この競技の歴史がもっと古いことを多くの点が示唆している。ヴェネチアは海に面した国家であり、みずからの都市の自由が、封建貴族に支配された陸地とは関係しないという状況にも由来するとみなされていた。ボートやガレー船の有能な漕ぎ手の養成は都市の自由を維持するための至上命令であり、早期から競争によって促進されて

ジョヴァンニ・アントーニオ・カナール（カナレット）。サンタ・マリア・デッラ・サルーテ聖堂を見渡し、サン・マルコ広場の前をカナル・グランデへ入っていく女性レガッタ。1765年頃。

きたのかもしれない。レガッタが開催されたのは、都市の守護聖人聖マルコの遺骸がヴェネチアへ運ばれてきた一月三一日か、あるいは「聖母マリアの浄めの日」である二月二日であった。九四二年二月二日、ヴェネチアを襲撃して処女たちを奪ったイストリア半島出身の海賊が取り押さえられた。これが全レガッタの神話的な開始点である。

ルネサンス期、レガッタは主に若い都市貴族の団体（*Compagnie della Calza*）によって組織された。一六世紀半ば以降、その指揮権はヴェネチア貴族の手中にあった。貴族は、ヴェネチアでは住民の約五パーセントという比較的高い割合を占めていたため、レガッタのリーダー（*direttori di regatta*）を務めることを政府によって委託された。レガッタ全体は通常、ボートの種類によって小レースに分かれていた。大きくて広くて重いさまざまなタイプのボートには、ひとりから一〇人の漕ぎ手が乗るのがふつうで、それに応じた競漕で対戦した。レガッタが開催されるとき、ドゥカーレ宮殿前とカナル・グランデでは、あらゆる種類の豪華に飾り立てられたボートがひしめき合い、その船上で、住民は競漕を見物したり、自分自身を誇示したりした。一七〇〇年の年代記においては、カナル・グランデを通る競漕の際、宮殿のファサードが立派な舞台となり、観客たちは色とりどりの絨毯で装飾された一万八六一九のバルコニーから見物したと書かれている。

女性レガッタ。ジャコモ・フランコ『ヴェネチアの男女の服装』所収。1610年、ヴェネチア。

レガッタの性格は私的なこともあれば公的なこともあった。個々の舵手かゴンドラの船頭のあいだの挑戦（*sfide*）と、国家的行事、宗教的祝祭、外国からの公式訪問に際して行われる大規模なレガッタ（*regate grandi*）に分かれた。総督や行政官《プロクラトル》がサン・マルコ広場からドゥカーレ宮殿へ入る祝典は、数百年にわたり、大規模なレガッタで挙行された。きわめて良く記録されているのは、例年行われる通常のレガッタではなく、年代記、旅行記、あるいは近代では印刷された新聞に記された国家の大イベントである。そうした出来事の最初のものは、一三六九年マントヴァ辺境伯ニッコロ・デステの訪問だった。もっとも豪華なレガッタのひとつは、一五七四年、ポーランド王であり、のちのフランス王アンリ三世のために催された。王はポーランドからの逃亡中、潟に囲まれた都市ヴェネチアを通過したのである。

もちろん、競漕はヴェネチアだけではなく、必要のある場合には多くの場所で催された。その例は、コルネート司教が創立し、それ以降、毎年、洗礼者ヨハネの祝日（六月二四日）にボルセーナ湖で行われた競漕である。(81) 教皇ピウス二世は疫病のためにヴィテルボの教皇居所を離れ、ファルネーゼ家のカポディモンテ宮殿に滞在した。われわれがこの競漕について知ることができるのは、そのためである。宮殿の主は賓客に敬意を表して高価な賞品を寄付した。「祝祭をさらに華やかにし」、もちろん有能な選手を引き寄せるためである。優勝賞品はフィレンツェ製の八エレの最上の緋色生地だった。かなり多い競争者の中から選ばれたのは、ボルセーナ、クラレント、マルタ、サン・ロレンツォ、コルネート（一九二二年にタルキニアと改称された）の出身で、訓練を積んだ漕ぎ手たちだった。舵手付フォアのレースが、カポディモンテからイソラ・ビセンティナまでの二マイルの距離で行われた。レースの描写は非常に詳細なので、ここではその抜粋でしか再現することはできない。しかし、ピッコロミニのスポーツレポーターとしての才能を知るには、それで充分である。

興奮が彼らの心を高鳴らせ、途方もない名誉欲が彼らをとらえた。トランペット（スタートの合図）が響き渡るやいなや、彼らは皆、柵（スタートゲート）から飛び出し、荒々しい叫び声で空気を揺さぶった。水は高くしぶきを上げ、彼らの腕によって波立った。彼らは一列に澪をひいて進み、湖の底はオールとキールにかき乱されながら口を開ける。

船団がその後に続く。そこでは観客や各チームの応援者たちの大きな叫び声と拍手が聞こえ、すべてが絶え間ない轟音で満たされた。近くの山々にある森がこだまを返す。騒音は結集してエネルギーとなり、岸に沿ってとどろきながら転がってゆく。丘に騒音が当たると、丘は騒音を反響させる。

ボルセーナのボートが先頭に躍り出て轟音と集団を抜け、一艇身、他を圧した。次にコルネートのボートが続き、同順位にマルタのボートがつけている。そのほかは短い間隔で後を追う。［…］するとマルタ・チームの舵手がクルーに言う。「チームメートよ、われわれは何をすべきか。［…］われわれは、いつもは負け知らずなのに、教皇の御前で負けるという恥辱に耐えられるだろうか。それなら、すぐに死んだほうがましだろう。諸君、立ち向かおう！　力を振り絞って漕ぎ、そのような恥辱をわれわれの都市から振り払おう！」

勇敢な若者たちはこれを聞くと、全力で漕ぎ、音を立てる水に激しい動きで当たり、船尾を振動させながら、ボートを深みから引き上げる。ボートはクラレント・チームを追い抜き、しばらくのあいだ、ボルセーナのボートと船首を並べた。しかしそれから、勝利に慣れているマルタのボートがはるかに他を凌いだ。クラレントのボートも、さらにコルネートのボートもボルセーナのボートを追い越してゆく［…］マルタ・チームは他を大きく引き離して港に入り、優勝賞品を受け取った。準優勝はクラレント・チームだった。(82)

冬季スポーツ

ロンドンに関するフィッツスティーブンの記述は、中世盛期における冬季スポーツの詳細も伝えてくれる。ただし彼は、われわれが今日もはや分かち合えないであろう娯楽でその記述を始めている。動物の闘いである。人気のあった闘鶏のほか、熊、イノシシ、犬の闘いもあり、それらは当時すでにイングランドで飼育されていたようである。「冬のあいだのほとんどの祭日には、昼食の前に、口元にあわを吹いているイノシシや牙で武装した豚が、自分たちの生命のために、電光石火のスピードで闘う。彼らはやがてベーコンになるだろう。そして角のある太った雄牛や、とてつもなく大きい熊が下半身を縛られ、猟犬に闘いを挑もうとしている。」スケート靴を用いるスケートのような本来の冬季スポーツは、当時のロンドンの北にある沼地が凍結するかどうかに依った——今日なおロンドンにある広場の名前「ムーアフィールズ」や「ムーアゲート」がそれを想起させる。というのも、中世盛期、テムズ川はめったに凍結しなかったからである。こうした状況は小氷期の寒冷期〔一四世紀半ば―一九世紀半ば〕になってから変化した。

> 都市の北側の壁をひたひたと打つ大きな沼地が凍ると、大勢の若者が氷上で遊ぶために繰り出してくる。助走でスピードを上げたあと横へ向きを変え、足を交互に出して長距離を滑る者もいる。ひき臼石とほぼ同じ大きさの厚い氷板で自分用の座席をつくる者もいる。彼らの手を取り、彼らの前を走るほかの数人が、彼らを引っ張っていく。あまりにも速く動くので、何人かは足を滑らせ、必ずや倒れ伏してしまう。ほかの者たちは氷上で戯れることがもっと上手い。彼らは両脚の履物の下に動物の脛骨をつけている。先端が金属で補強された握りのあるポールを定期的に強く氷に押しつけながら、飛ぶ鳥や弩から発射される矢のように速く前進する。しかし、ときどき、二人が合意して離れたところからスタートし、お互い反対の方向から突進してきて、ポールを上げながら打ち合うこともある。一方の者か二人ともが打ち倒され、怪我なしではすまない。なぜなら倒れたあと、彼らは衝撃によってしばらく滑り続け、彼らの頭の一部が氷に触れてひどく傷ついたり、すりむくからである。倒れると、誰かが足や腕を折ることもよくある。[83]

冬は気象条件のために農閑期なので、一方ではスポーツに適している。他方で、天候がスポーツの催しにはふさわしくないことも頻繁にあり、まして北方では日中が極端に短かった。催しに適した屋内空間はいまだ不足していた。昼が再び長くなり、農作業が繁忙になる前が、スポーツにとって最良の開始期であった。この時期は、キリスト教暦においては謝肉祭と一致した。特にこの理由から、イングランドの「シュローヴタイド・フットボール」のような大規模なスポーツの催しの多くはこの時期に行われる。たとえば、小氷期の寒冷期のある年には潟が凍結し、ヴェネチアのカナル・グランデで騎士の馬上槍試合《トーナメント》が行われたが、そうした一風変わったイベントもわれわれに伝えられている。いずれにしても、歴史上こうしたことは、一四世紀以降にはそれまでよりも頻繁に起こった。小氷期の開始とともに、潟、アルプスの大きな湖、大河や大運河、バルト海や地中海の一部までもが繰り返し凍結したからである(84)。

極端な冬がスポーツの催しを氷上に移動させるきっかけとなったことが、中世の年代記に何度も記されている。フィレンツェの年代記作者ルカ・ランドゥッチの報告によれば、一四九一年一月一〇日、アルノ川が非常に厚く凍ったので、氷上でカルチョをすることができたという。二〇年後の一五一一年の冬、再度、同じことが起こった(85)。二度とも話題になっているのは冬季スポーツではなく、例外的に冬に行われた一般に人気のある競技である。雪合戦、スケート、橇すべりのように、冬と直接に関連している競技の場合は事情が異なる。これらの競技はさらに長い前史を有していると想定することができるが、それについては特別な場合にしか史料で証明することはできない。例として挙げられるのは、トレントに現存する司教の居城内の鷲の塔内に描かれた一三九七年のフレスコ画である。その暦月の一月の画には雪合戦が確認される(86)。広範囲にわたる公的禁止は、冬の娯楽に対しても容赦がなかった。堅い雪玉は石と同じ衝撃をもつ可能性があるので、たとえば一三七一年にはペルージャで、一三七八年にはバーゼルで雪合戦は禁止されている。ペルージャでは、その数年前に石投げ合戦も禁止されていた(87)。

われわれが今日の意味での冬季スポーツを考えるとき、北ヨーロッパに目を向けないわけにはいかない。なぜなら、「中世盛期の間氷期〔およそ一〇世紀から一四世紀のヨーロッパが温暖だった時期〕」、はるか南欧の気温では——人口密度の低い高地アルプスを除いて——毎年は冬季スポーツを行うことができなかったからである。スキー競技の開始では、言語上、ノルウェー南部のテレマルク地方を参照する必要がある。その首都がシーエン（*Skien*）という名であることには理由がある。シーエンは一〇〇〇年に創設され、そののち数十年のあいだにノルウェーの最重要な木材製造地になった。スキーをするという概念は、スキーヤーであるソンドレ・ノルハイムによって確立されたと言われる。ソンドレ・ノルハイムは、当時最良の滑降競技者でスキージャンプ競技者のひとりであり、スキー用具、縄によるスキー靴とスキー板のビンディングを発展させた。さらに彼は、「テレマークスキー」の技術を発明し、「スラローム」の概念をつくったとされる(88)。スキー滑降とスキージャンプはようやく一九世紀末になって、ノルウェーから、特にオーストリア、スイス、アメリカ合衆国へと普及した。一九五〇年代以降、スキーは大衆スポーツとなる。スキー（*Ski*）（古ノルド語の*skid*＝薪、スキー）はドイツ語の薪（Scheit）と同義であり、スキー板の滑走面として使われる長く細く平らな木材を意味した。スポーツ用具として使用するためには、上にそり返った先端や、靴とのビンディングが必要である。こうした技術的な問題がすでに先史時代に解決されていたことは、ノルウェーやスウェーデンで発見された四〇〇〇年以上も前の考古学上の発掘や石に彫り込まれた文字、さらにその二倍も古いロシア北西部の発見が証言している。

北ゲルマンの神ウル〔北欧神話の狩猟・弓術・スキー・決闘の神〕や女神スカジ〔北欧神話の女巨人〕は、ルーン文字石碑や北欧のサガ

スケート、スキー、そして狩猟。極北での冬季スポーツ。オラウス・マグヌス『北方民族文化誌』。1555年、ローマ。

〔おもに中世アイスランドで成立した古ノルド語による散文作品群の総称〕において、スキーと関連して表象される。スカジは、オンドゥル・ディース（スキーの女神）とも呼ばれる(89)。デンマークのヴァイキング王ラグナル・ロズブロークが北ノルウェーを襲撃したとき、重装のデンマーク人は、スキーを履いて動きがはるかに敏捷だった少数の農民に屈した。一二〇〇年頃、ノルウェー国王スヴェレ・シグルツソンの時代からは、スキーで装備した兵士の情報が伝えられている(90)。中世においてスキーは——比較的安価で自作できたので——広く普及していた。人口密度の低い地方では、谷間の各住民はさまざまな形のスキー板をもっていた。雪の中で足踏みスクーターのように使用された三メートルもの長さの板もあれば、若い未婚の女性たちに好まれた短いスキー板には重いものもあれば軽いものもあった。司教オラウス・マグヌスが刊行した『北方民族文化誌』〔一五五五年ローマで出版〕の中で、最初の木版画は、スキーを履き、矢と弓をもって鳥捕獲に出かける人々を描いている。[91] 一八世紀以降、テレマルク地方では、スキーが娯楽に用いられていたことが伝えられている。しかしそれ以前にも、スキーはすでに娯楽だったようである。一九三二年に創設された「ビルケバイネル」——五四キロメートルを走破する一種のスキー・マラソン——は、一二〇六年、大吹雪の中を大胆にスキーで滑走し、内紛にあったノルウェー王子ホーコン・ホーコンソンの命を救った勇敢な戦士たちを想起させる。[92] 同じようなきっかけから、スウェーデンでは一九二二年以降、全長九〇キロメートルの「ヴァーサロペット」が開催されている。ヴァーサロペットは、一五二〇年、独立の戦士でのちのスウェーデン国王グスタフ・エリクソン・ヴァーサがデンマークの追手たちから逃れた事件を彷彿させると言われている。[93]

オラウス・マグヌスが示すように、ヨーロッパの他地域と同じく北欧でも、冬の娯楽に数えられたのは、チェス（*ludus Latrunculorum, seu Schacorum*）や賭け事と並んで、固定的《まと》撃ち、円盤撃ち、乗馬、ボート漕ぎ、狩猟、釣りであり、若者の鍛錬（*pro exercenda iuventute*）には剣の舞やそのほかの身体訓練（*quodam gymnastico ritu & disciplina*）があった。それらは謝肉祭の時期には、音楽と歌と観客のもと、八日間も続いた。オラウス・マグヌスは、氷上の競馬を独特の木版画に描いている。寒さがきわめて厳しい時期には、若者たちによる雪山を征服する雪合戦や、大きな火を囲むダンスが催された。[94]

中世の秋

中世のスポーツ場と競技緑地

一見すると、ヨーロッパ中世は、古代の——あるいはヨーロッパ以外の社会の——スポーツ場に匹敵するような物を何も有していなかったように思われる。しかし、それほど容易には看過できない施設も幾つかは存在していた。まず、馬上槍試合《トーナメント》場が必要とされた。これは、中世盛期、マインツ宮廷会議のような大規模な催しの際には、緑地に臨時につくられたのだろう。大勢の参加者はテントの中でしか宿泊することができなかったからである。だが、皇帝や国王たちのきわめて重要な居城や宮殿には、そうした馬上槍試合《トーナメント》のために確保された敷地があったと推測することができる。だから敷地をわざわざ設置したり、農地に変えなくてもよかったのかもしれない。トーナメントもそうだが、ジャウストこそ、大きな障害物のない見晴らしの良い平坦な敷地を必要とした。敷地は充分に掘根され、固い基礎をもっていなければならず、じめじめしすぎていたり、過度に砂状であってはならなかった。できれば草を刈り、馬上槍試合《トーナメント》、また騎士の練習や訓練のために良好な状態に維持されていることが求められた。このほか、城壁内部の中庭や平らな草地で馬上槍試合《トーナメント》を開催できるような非常に大規模な城塞もあった。中世盛期の文字の乏しかった時代の建設計画は残されていないが、そうした大城塞では、馬上槍試合《トーナメント》を開催するための場所が計画に組み入れられていたと考えられる。

最終的に、国王や騎士たちは、一二世紀から新たに成立してきた都市の代表的な広場を使用するよ

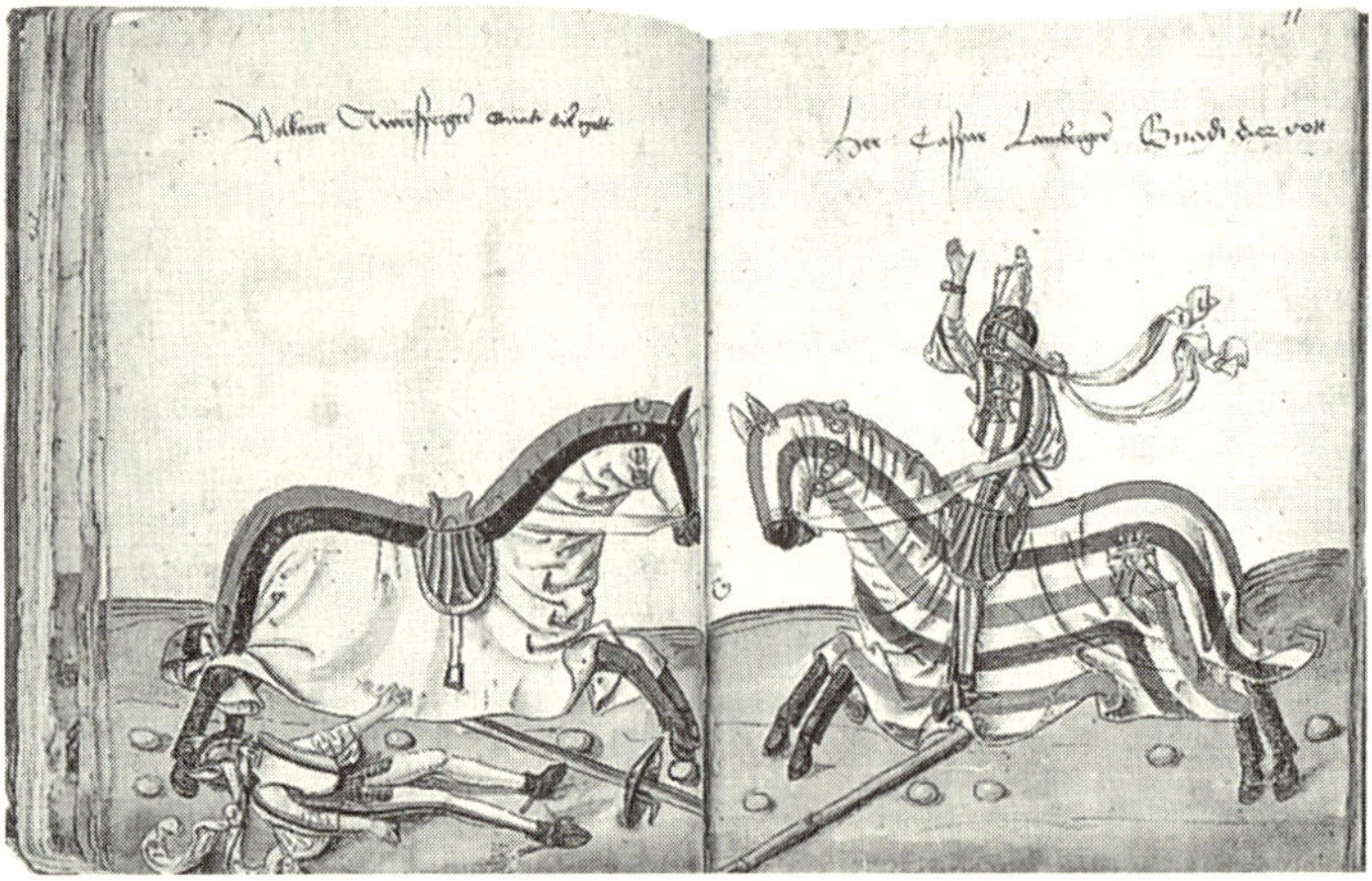

騎士カスパー・フォン・ラムベルクが馬上槍試合《トーナメント》でフォルカルト・フォン・アウエルスペルグに勝利する。カスパー・フォン・ラムベルクの馬上槍試合《トーナメント》書。ウィーン、美術史美術館蔵。

うになった。周囲の家屋は祝祭の雰囲気を提供し、同時に観客のための観覧席として役立った。広場には臨時の構造物が建てられた。つまり競技場が観覧席から分離され、可能ならば、審判団席や、特に名士たちのために桟敷席が設けられた。

さらに都市は、独自の性格をもった二つの異なったタイプのスポーツ場を発展させた。射撃場と、そして良く知られている「競技緑地(Spielwiese)」である。射撃場は本来、多機能施設であり、都市の外部、しばしば川岸にある固有の区切られた土地と、スポーツ用具やそのほかの器材を保管するために建築された設備を有していた。馬上槍試合《トーナメント》場と同じように射撃場にとっても、障害物のない堀根された平坦な土地が必要だった。だからふつう、それは建造された施設だったのである。射撃場は特別なやり方で都市のアイデンティティーと結びついていたが、しかし射撃は、都市が騎士を凌駕していることを誇示する軍事上の戦闘形態だった。都市の射撃場では、通常、弓ではなく、クロスボウ（Stachelschießen）か小銃（Büchsenschießen）で撃った。これは、馬上のどんな騎士をも捕えることができる銃器であった。代官に勇敢に立ち向かったクロスボウの名手ヴィルヘルム・テルの伝承は、都市というコンテクストに組み込まれている。自分の息子の頭上に置かれたリンゴをクロスボウで撃ったスイスの自由の英雄は、この意味で、封建制度の強制に対する都市共同体の反抗を体現している。射撃場が祝祭を行ったり、そのほかの競技を催すことができるスポーツ施設であるだけではなく、都市の自由を象徴したということが、中世末期、射撃競技が最高に制度化されたことに少なからず寄与したのは確実である。体面を重んじるヨーロッパの都市はすべて、中世末、市民のために公共の射撃施設をもっていた。

都市の競技緑地

競技緑地の場合は事情が異なる。競技緑地の建設は二つのことを意味していた。ひとつには、競技緑地は、宗教が都市化していく程度と、そして都市の規模を表す徴《しるし》であった。なぜなら、農業を営む市民が住む小都市では、充分な緑地を見つけるためには城壁の外へ走り出さえすればよかったが、都市の人口密度が高く、人口が一万を超えると、競技緑地を建設する必要性が生じたからである。これには、社会的および生態学的な事情があったと言えるだろう。比較的大きな緑地をその直接的な――都市計画上、工業上、農業上の――利用目的から切り離し、意識的に計画して公用物に指定し直さなければならなかった。私有財産を基礎に築かれていた社会では、このことはたいてい、気前の良い寄進者が私有財産を提供したり、もち合わせの一族所有地を用立てたり、適当な土地を購入したりして、大規模な緑地を公共のために使う用意のあることを意味した。多くの場合、共同体みずからがそれを行うことは不可能だった。都市の中心部の近くに土地が不足していたため、公的な土地利用のためにほかの施設を優先しなければならなかったのである。寄進者にとって、競技緑地の寄進は、自身の並々ならぬ気前の良さをその地方の歴史に刻み、自分のことを人々に生き生きと記憶させ続けるという利点をもっていた。

競技緑地を建設する二つ目の事情は、競技とスポーツのための公的空間が閉鎖されたことだった。この競技緑地の制度化に先行して、まず、古い非公式の競技場が姿を消し、競技緑地がそうした古い非公式の競技場のいわば代替物として利用されたことを知っておかなければならない。最近になってアンゲラ・シャットナーが、イングランドの「教区委員の報告書（*Churchwardens' Accounts*）」や「巡回裁判法廷（*Assize Courts*）」の議事録をもとに、どこで何が競技されていたのかを証明することができた。非常に人気のあった競技場は、教会の墓地、つまり柵で囲まれた広い緑地だったが、しかしこれによって、球技や投擲競技の際には窓ガラスが割られることも頻繁にあった。遅くとも宗教改革の開始と同時に、こうした伝統的な競技場は閉鎖された。そのほかの競技場は村の芝の生えた共有地（*common green*）か囲い地（*close*）であり、こららは一年の農作業が終わると、公的あるいは私的所有者によってスポーツのために解放された。日常のスポーツが行われた人気のある場所は、道路や、特に交差点であった。[95] 交差点は平坦であるという利点をもっていた。しかし道路はまだ舗装されていなかったので、雨が降ると競技を行うことがほとんどできなかった。もちろん交通量が増大してくると、選手たちは道路から締め出された。このことから、水上に張った氷が充分に固まるやいなや、なぜ河川や湖、時にはまた海の潟がフットボールやそのほかの陸上スポーツ競技のための自然の競技場になったのか、その理由もわかってくる。

ウィリアム・フィッツスティーヴンのロンドンに関する記述から、一二世紀末には、若い男性たちが都市の外の湿地、つまり何世紀にもわたって利用されないままだったじめじめとした土地で、軍事訓練、球技、槍投げ、陸上競技を行って時間を費やしていたことを知ることができる。(96)

あまりにも多くの非公式の競技場が閉鎖されたのち、柵で囲われた競技緑地の指定がすぐに必要となった。そうした競技緑地は、直接に寄進者にちなんで名付けられることがよくあった。ニュルンベルクの「ハラー緑地」は、旧市街の西の聖ヨハニス市区にある一・七ヘクタールの土地であり、一四三四年、「すべての住民の喜びと楽しみのために」市参事会が購入した。それにもかかわらず、売り主マルガレータ・ハイデン、旧姓ハラーの名が緑地につけられた。おそらくは近くにあるハラー門がすでにその一族の名をもっていたからでもある。ニュルンベルク市民は、ハラー緑地を、中世ドイツの大都市における最初期の保養のための自由利用地と考えている。伝承によれば、ハラー緑地で行われた最初の催しは一四三九年の大規模なクロスボウ射撃祭である。(97)イタリアの旅行者アントニオ・デ・ベアティスは、一五一七年五月末、ハラー緑地を一種の地上の楽園と記述している。「市門の外をおよそ一〇〇歩かそれ以上行くと、川が流れている。ドイツ語で菩提樹と呼ばれる木が五列に並んで立っている植林地があり、そのうちの一列は水とほとんど同じ高さの川の土手に沿っている。

木々はとても大きく、葉はクワの木を思い出させる。それらは心地よい陰を投げかけ、香りは強いが果実をつけない白い花が咲く。木の下には快適な緑色の芝が刈られた囲い地がある［…］そこに横になれば、これ以上に愛らしくて愉快な場所を想像することができるなどとは言えなくなるだろう。[98]」

都市の城壁の外に競技緑地を建設する別のモデルでは、その中心に余暇施設をつくった。この方法はスイスの多くの都市で採用された。中世末、そこでは「菩提樹広場」が計画的に敷設された。つまり、夏には菩提樹が陰を落としてくれる公営の緑地である。バーゼルのペーター広場は、すでに一二七七年、当時の市壁の外に、聖ペーター司教座聖堂参事会員たちによってつくられていた。その九年後、広場は市の管轄地域の一部となり、公営の競技緑地の機能を担うことになった。さらに一四世紀、クロスボウ射手のための射撃場が建設される。フィレンツェの人文主義者ポッジョ・ブラッチョリーニは、競技緑地がどのように利用されていたかを強調している。「晩になると、老いも若きも、競技やダンスを楽しむために集まってくる。たいていの者たちは球技をしている。[99]」彼はここで、自分の故郷を思い出したように感じたのかもしれない。都市国家フィレンツェには、市壁の間近に、ボルゴ・オニサンティとポルタ・アル・プラートのあいだに広い緑地プラート（*Prato*）があったからである。ベネデット・デイの『年代記』によれば、そこではフットボール（*palla al piè*）が行われたという。[100]

多くの競技緑地に関してもう少し詳細に記しているのは、エネア・シルヴィオ・ピッコロミニである。彼はのちの教皇ピウス二世であり、一四三四年、公会議でバーゼルに滞在した。「青少年全員がここになじみ、楽しんで、踊ったり遊んだりしようとする。彼らはここでは、競走、レスリング、羽

ハンス・ゼーバルト・ベーハム。球技、九柱戯、剣の舞、射撃、つかみ合い、女性の競走が行われた村祭り。1520年頃。

根のついた矢投げで競い合う。また自分の乗った馬を調教して、駆けたり飛び越えさせている。さらに槍投げをする者もいれば、力を誇示するために石を投げる者もいる。大勢の者は球技を楽しんでいるが、それはイタリア風ではない(101)。」

射撃競技はあらゆる社会層に人気があった。たとえばハンス・ゼーバルト・ベーハムの木版画でも知ることができるように、民間の祭りでは、常に標的として鳥が用いられていた。ダンスと九柱戯は市民や下層民を同じように引きつけた。木版画の後方では、若い未婚の女性たちが競走している。賞品は高価な布地であることが通例だった。そのため、ミュンヘンでは、同様の競走は緋色の服地競走と呼ばれた。左の方では剣の舞の競争が行われ、中央の激しい戦いは農民戦争の光景を想起させる。しかしこれは、九柱戯のプレイヤーが喧嘩しているだけなのかもしれない。ニコラウス・メルデマンの木版画では、九柱戯の愛好家が殴り合っているシーンがある。ここでも、標的の鳥、九柱戯、ダンス、祭り、闘いというステレオタイプな結びつきが目につく。ニュルンベルクのアウグスト・グロッケンドン作の場面では、競走と並んで競馬も行われている。スイス人エドリバッハの『年代記』〔一四八五―一八六年〕の挿絵からわかるように、もちろん、幅跳び、砲丸投げ、レスリングのようなほかの種目も存在していた。つまり多種多様な身体運動ないしは精神修業である。今日なら陸上競技と言うところであろう。これについては多くの自叙伝から知ることができる。

競技緑地は、たいてい祭りの緑地と同一のものだった。民衆の競技は祭りの時期と結びついているのがふつうだったからである。特にヴェネチア(102)やフィレンツェ(103)のようなイタリアの大都市では、球技やほかの競技のために既存の広場が利用された。多くの地域において、祭りの緑地は、射撃祭の一部、たとえば人気のある鳥撃ちの会から名をもらった。ザクセンの居城都市ドレスデンの郊外では、祭りの開催地は、一四六五年に行われた射手たちの聖霊降臨祭射撃にちなんでフォーゲルヴィーゼ（Vogelwiese 鳥緑地）という名をもっていた。その緑地には、射撃小路（Schießgasse）と名付けられた道が通じていた(104)。同様のフォーゲルヴィーゼは、ナウムブルク、シュトラールズント、デュースブルク＝ミュンデルハイムにも存在した。こうした緑地では人気のある九柱戯も行われた。イングランドでは、窪地のように掘り下げた長い平らな緑地ボウリング・グリーン（*bowling green*）があり、人々はそこでフランス語の*Boule*（＝球、ボール）と関係のある英語の*Bowls*あるいは*Bowling*を楽しんだ(105)。サウサンプトンにある現存する最古のボウリング・グリーンの起源は一二九九年だと言われている。フランスでもこの競技は少なくとも一三世紀にまで遡り、一四世紀と一五世紀からは幾つかの競技禁止令が知られている。芝刈り機が発明されるまで、芝を手入れするのは羊だった。フランスでは同じような施設を*Tapis vert*（＝緑の絨毯）あるいは*Boulingrin*と呼んだ。バロック時代、それは庭園設備に好んで取り入れられ、たとえばヴェルサイユ宮殿ではネプチューン泉の南側にある。しかしフランスでは、球技広場（*Boulodrome*）で行われるほうが多かった。同じ九柱戯は、イタリアでは*Boccia*、クロアチアでは*Boćanje*か*Balote*、プロヴァンスでは*Pétanque*と呼ばれた。

「アイアンマン競技」への教育と馬上槍試合《トーナメント》における王の死

騎士文化は近代への転換期に最後の盛期を迎えたが、そこにはすでに過去へのノスタルジックなまなざしが込められていた。皇帝マクシミリアン一世の文学的自伝では、軍事的・騎士的なスポーツ教育の記述が見られる。この若い白王は、熟練した教育係の指導のもと、「あらゆる種類の武器で闘うことなどを学ぶ。王は、剣、棒、短剣や長剣、ランツクネヒトの槍、殻竿、ナイフや長ナイフ（?・）《ママ》、そして素手で闘うこと」、「徒歩でボヘミアの長楯をもって、また馬で軽騎兵の小楕円楯をもって、長槍、サーベル、戦斧、投げ斧で闘うこと」、さらに騎兵用の剣、騎兵用の短剣、棍棒、「戦闘用槍」をもって「乗馬し突くこと」などを学んだ。(106) 目的は、実戦と馬上槍試合《トーナメント》の準備だった。多くの馬上槍試合《トーナメント》では多種目の組み合わせが必要であり、それは五種競技や十種競技、——この場合には特にそう言うのがふさわしいが——「アイアンマン競技」に似ている。(107)

騎士の馬上槍試合《トーナメント》は、一六世紀に至るまで、貴族の気晴らしの頂点を形成した。フランスとスペインはヨーロッパの覇権をめぐって何十年も戦争をしたが、その両国間で締結された（今日のノール県にある）カトー・カンブレジ条約〔一五五九年に結ばれたイタリア戦争の最終的な講和条約〕は、戦争を遂行する両国の財政的疲弊を隠蔽するという理由からだけでも、大規模に祝わなければならない出来事だった。父とは異なり、フランス国王アンリ二世は最高指揮官として出征することはなかったが、身体訓練には非常に関心をもっていた。馬上槍試合《トーナメント》のクライマックスでは、四〇歳の国王はみずから馬にひらりと飛び乗り、多くの敵を打ち負かした。しかし試合の三日目、一五五九年六月三〇日、ひとりの若いスコットランド出身の貴族モンゴムリ伯ガブリエル・ド・ロルジュ一世が国王に立ちはだかった。大勢の観客の前で試合を引き分けに終わらせることに腹を立て、国王は伯にもう一試合を強いた。両者は二度にわたって相互に突進し、当てそこなった。三度目、両者は正面衝突し、馬上槍《ランス》が砕け折れて国王に命中した。国王はわきに傾くと、馬から滑り落ちた。鉄の鎧をつけていたことを考えると、それ自体すでに危険であった。アンリは起きて立ち上がろうとしたができなかった。国王はその場から運び出された。兜庇からは血がしたたり落ち、馬上槍《ランス》の破片が片目から頭へ、さらに脳へと達していた。二週間後、国王は亡くなった(108)。

おそらくこの事件は、歴史上もっとも影響の大きいスポーツ事故であった。フランス社会の危機を招いたからである。アンリの長男はフランソワ二世として王位に就いたが、まだ一五歳で健康状態が不安定だった。フランソワ二世は即位してわずか数か月後、一五六〇年一二月に死去する。それに続いたのが未成年のシャルル九世である。シャルル九世の治世下、王国の貴族諸派のあいだで宗教問題

1559年6月30日。大観衆を前にしたジャウストにおけるフランス王アンリ2世の致命傷。当時の銅版画。

をめぐる対立が強まり、緊張は一連のあからさまな内戦へと暴発する。[109] シャルル九世の早世ののち、カトリーヌ・ド・メディシスの別の息子アンリ三世が後継者となった。彼は王になったとき成年だったが、母が摂政を継続する。[110] アンリ三世は、彼の兄すべてと同様に子がなく、次に王位継承権をもつのはユグノーの盟主、ブルボン家のナバラ国王アンリだった。ヴァロワ朝〔一三二八―一五八九年〕は断絶し、宗教的内乱の新たな一章が間近に迫っていた。[111]
フランス国王アンリ二世の馬上槍試合《トーナメント》における死は、それから破滅的な結果が続いたため、ヨーロッパの貴族たちにとっては目前で不意に現れた狼煙《のろし》のようであり、この戦闘的な競技に対する貴族の姿勢を根本的に変化させることになった。ヘンリー・ピーチャムは、貴族教育に関する基本的著作の中で次のように書いている。「馬上槍試合《トーナメント》は高貴で戦闘的な行為であるが、大胆で危険に満ちている。なぜなら、多数の者が（たとえ競技と考えられていたとしても）その際に生命を落としたからである。フランス国王アンリや、歴史が語るそのほかの王子や貴族の多くに言及するまでもない。[112]」

第三章　競技のルネサンス

朝早く起きて、まだ行ったことのないジャマイカ館へ。娘たちが九柱戯の緑地で競走しており、大いに楽しんだ。

サミュエル・ピープス、日記、一六六七年四月

格闘から競技へ

身体に対する姿勢の変化

スポーツ史にとって、近世は、近代スポーツの形成期とみなされる。(1) 諸侯の宮廷では、血腥い力を誇示するよりも、技量と洗練を実演してみせることが重んじられるようになった。このことは、肉体的な訓練と、そしてその道具である人間の身体に対する姿勢が変化したことと関連していた。身体を罪悪と恐怖の器とみなすキリスト教の見解は、古典古代を志向する人文主義者たちには支持されなくなった。ジャノッツォ・マネッティは、論文「人間の尊厳と崇高について」の中で、人間の身体の

あらゆる部分を記述し、その機能と完璧を賞賛した。「われわれは、人間の身体の構造を筆舌に尽くしがたいほど賛嘆し、しばしば感服しきって、さまざまな部分からなる身体の崇高で神的な構成を眺める。」[2] 中世の神学は人間は神の似姿であると論証することができたが、いまやその論証は、肉体をきわめて強く志向する形式で行われ、まったく異なる哲学的結論に導かれた。[3] ジョヴァンニ・ピコ・デッラ・ミランドラの『人間の尊厳について』は、自由な意志が、神の自然の中で、その規則に従って自由に運動することを、創造力に富む人間に許すというテーゼを代表する書物である。[4]

古代の教養の復活とスポーツへの熱狂は時を同じくして起こった。教育者たちはスポーツ教育をカリキュラムにしていたが、一五世紀半ば、その教育者たちによって教育された最初の世代の諸侯が権力を握った。たとえばウルビーノ公フェデリーコ・ダ・モンテフェルトロは、青少年にスポーツを行うよう個人的に奨励した。「公は聖フランチェスコ修道院へ行った。そこには素晴らしい大草原が広がっていて、眺めが美しかった。公はそこに腰を下ろした。三〇人か四〇人の若者が裸になって胴着だけをつけ、槍投げやテニスやレスリングで身体を鍛えていた。それは堂々たる光景だった。若者たちが上手く走らなかったり、組み手がぎこちなかったりすると、公は彼らを叱責した。そして彼らが練習し、無為に過ごさないように、公はあらゆる指示を出した。練習のあいだには誰でも公と気楽に話すことができた。公はほかのどんな目的よりも、若者たちと話すためにこの場所へやってきた。晩餐の時間になると、公は皆に再び服を着るように命じた。若者たちは一斉に着衣した。[5]」戦争をしていないとき、公はチーフ・トレーナーだったのである。これは、ギリシア・ローマの古代の偉大さをめざしたイデオロギーの一部であった。一九世紀の文化史家たち――ヤーコプ・ブルクハルトやジュール・ミシュレ――は、この時代の概念「Rinascita（再生）」から、時代を表す名称「ルネサンス（*Renaissance*）」を発展させた。(6)

競技の家

一四世紀末、古代に着想を得た人文主義の教育カリキュラムは、社会的には上部イタリアの宮廷で行われていた諸侯の教育に見られた。カポディストリア（今日のスロヴェニアのコペル）出身のピエトロ・パオロ・ヴェルゲリオが、身体の体系的な訓練を含む教育カリキュラムを初めて作成した。(7) ヴェルゲリオは、パドヴァで自由学芸を、一三八七年から一三八九年までは共和制のフィレンツェで、一三八九年から一三九〇年までは教皇支配下のボローニャで、教会法を学んだ。彼は教育論文を執筆しているとき、パドヴァの都市領主カッラーラ家の公子の教育係として出仕していた。一四〇五年、ヴェネチア共和国がパドヴァを征服し、領主のフランチェスコ・ノヴェッロ・ダ・カッラーラとその息子たち――ヴェルゲリオの教え子たち――を殺害させたとき、ヴェルゲリオのキャリアは突然終わりを告げた。(8)

ヴェルゲリオの遺産を相続したのは二人の教育者であり、彼らはルネサンスの理想の学校で人文主義教育のカリキュラムを作り変えた。最初の人文主義者学校は一四二五年にマントヴァで、ヴィットリーノ・ランボルディーニ・ダ・フェルトレによって創立された。(9)「*Casa Giocosa*（競技の家）」と呼ばれたそのギムナジウムでは、精神的な科目と並んで、乗馬、剣術、水泳、弓射、球技の授業が行われた[10]。フィレンツェの年代記作者ヴェスパシアーノ・ダ・ビスティッチの言及によれば、ヴィットリーノは「自分に委ねられた領主の子息たちの身体を鋭敏に保つために、乗馬、石や棒を投げること、球技、跳躍を行わせた[11]」。もうひとりのグアリーノ・ダ・ヴェローナは、一五世紀初頭、ビザンツで五年間ギリシア語を学んでいた。彼は、一四二九年、辺境伯ニッコロ・デステによって、その息子レオネッロの教育係としてフェッラーラに招かれた。グアリーノは大学で教えるかたわら、人文主義の理念を実現するために私塾を経営した[12]。

これらの私塾を出た諸侯世代には、ルドヴィーコ三世・ゴンザーガやエルコレ一世・デステ、またすでに言及したウルビーノ公がいた。彼らや、その子供たちがスポーツの革新——たとえば最初の球技場の建設——との関連で繰り返し名を挙げられるのは偶然ではなく、人文主義の教育カリキュラムが成功した証《あかし》なのである。ルネサンスの諸侯領やイタリアの都市共和国で開始されたそうした流行は、あるときは商人によって、またあるときは外交官、芸術家、学者によって、さらにあるときは印刷された手引書によって、ヨーロッパ中に広まっていった[13]。

枢機卿たちのための球技

シエナの聖ベルナルディーノのような改悛説教師たちは、イタリア諸都市の通りで過度に行われている球技をあいかわらず嘲笑していた[14]。しかしこの非軍事的な球技こそ、フィレンツェ人レオン・バッティスタ・アルベルティといった人文主義の学者が、古代の慣習を明らかに指示しながら熱心に推奨したものであった。「われわれの青年たちはボールを用いる。貴族は機敏さを賞賛され、ボールはその機敏さにふさわしい大昔からの玩具である。きわめて高位の諸侯もボールの使用を習慣にしていた。とりわけユリウス・カエサルは球技を大いに好んだ。[15]」ルネサンス期のこの重要な著者は、まず第一に青少年の良好な精神形成に尽力した。精神形成が良好でないならば、貴族は愚鈍以外の何物でもないからである。もちろん、「いつも書物とともに閉じ込もる」ことを青年に要求するのは無理である。むしろ彼らは、休養のために気晴らし——これは英語の「スポーツ」と同等である——を要する。チェスをのぞいて、「すわっていなければならない競技のうちの」どれも、男性にふさわしくないとアルベルティは考えた。というよりも、「青年は、身体と四肢を動かさなければならない運動、つまり弓射、乗馬、そして技能を必要とする男性的なほかの気晴らしを選ぶべきである」。彼らは、水泳と剣術、さらに「緊急の場合には、敵に対する戦いで祖国に有用であるために」、武器をもって乗馬することを学ぶ必要がある。青年は自分の生命のために学ばなければならない。それには精神の形成と同様に身体の形成も含まれていた。[16]

司教や枢機卿や教皇はイタリア諸侯の家系から出ていた。スポーツ好きのエステ家は多くの大司教を輩出しており、枢機卿ルイージ・デステに仕えていた者の中には、球技に関する最初の著作の執筆者であるアントニオ・スカイノがいた。[17] もちろん、そうした司教は、世俗的な性向のために、マルティン・ルターのような宗教改革者たちからは嫌われていたが、スポーツ史にとっては活性剤であった。彼らは芸術の保護者であり、豪壮な宮殿を注文しただけではなく、それぞれの宮殿に球技場を建設したのである。その理由は、教皇の秘書官であり、司書でウルビーノ司教であったパオロ・

コルテセが枢機卿職について記した著作から読み取れる。彼は、一四八九年、『学識ある男性について(*De hominibus doctis*)』をフィレンツェの支配者ロレンツォ・デ・メディチに献呈し、それによって人文主義世界に加わっていた。彼の主著『枢機卿職』は三部構成だった。第一部「道徳と思索(*Ethicus et contemplatiwus*)」は、道徳、哲学、学問、雄弁術、法を、第二部「家政(*Oeconomicus*)」は、家政、家族、友情を、第三部「政治(*Politicus*)」は、権力、儀式、教皇選挙、枢機卿会議の諸事を扱っている。スポーツは、第二巻第六章「健康の維持に関して(*De sanitate conservanda*)」で論じられている。司教のこの書は、のちの行儀作法書や端緒にあったスポーツ医学の基調を決定した。つまり身体運動(*exercitia corporis*)は、ルネサンス教育学の意味で、健康の促進と維持に不可欠であるというのである。そこでは、散歩、弓射、とりわけ球技のようなさまざまな運動が取り上げられていた。

コルテセは、一章を割いて、「球技について(*De ludo pilae*)」詳細に意見を述べている。[18] 古代の医学者ガレノスと、そして同時代のローマの医師で、サン・ジミニャーノ出身のマルクアントニオ・モンティジャーノ[19]に倣って、コルテセは健康を促進する球技の効果を強調する。「たとえばレスリングや競走や乗馬のような競技の練習では筋肉の負荷が偏るが、それとは異なって、四肢を一様に動かしてボールを交互に投げたり投げ返したりすると、身体全体を運動させることができるからである。」しかしながら、コルテセによれば、彼の祖父エルコレ一世・デステの時代に導入された大きなボールであるパッローネを使った競技と、小さなボールを使った競技は区別しなければならない。大きなボールは「今日」、何もつけない拳(*pugno*)か、籠手(*lamina pugilari*)か、腕筒《アームガード》で打つか、あるいは足(*pedum ictu et repulsu*)で蹴る。その際に必要とされる打撃の勢いは、貴族の尊厳を無くし、怪我をする危険を伴ってしか得られないので、どちらかというと貴族には推薦できない。つまり民衆的で格闘的な団体球技であるパッローネとカルチョのことである。それに対して、「たいていフィレンツェ風と呼ばれる」羊毛を詰めた小さなボールは、諸侯や君主が用いるのに非常に適しているというのである。

小さなボールを使った球技には四種類あった。打ちつけ球技（*incussorium*）、三角形球技（*trigonium*）、壁球技（*parietarium*）、張り綱球技（*funarium*）である。打ちつけ球技は身体に無理な姿勢が必要とされるので、貴族には向いていない。三角形球技は、三角形の球場が狭いため、めまいや消耗を引き起こしてしまう。壁球技――スカッシュの一種――は、迅速に前方へ向かって走りボールを打ち返すの

球技に関する最初の書籍の表紙。アントニオ・スカイノ『球技論』。1555年、ヴェネチア。

で、そうした激しい娯楽に耐えられる田舎の人たちにふさわしい。これに対して、張り綱球技（イタリア語で *pallacorda* と呼ばれるテニス）は貴族にもってこいである。張り綱球技は会堂か食堂（*refectorium*）で行われ、コートは横に張った綱で仕切られた。その際、頭と腕と脚を同じ程度に動かすので、このような球技方法は、「身体の均衡を養い、健康の維持にもっとも適している」という。教皇ユリウス二世も同意見だった。コルテセによれば、小さなボールを使ったテニスは、精神を解放し、洗練された運動を行わせるとされた。(20)

身体のプログラム転換

校則における競技とスポーツ

古代の世界に熱狂する人文主義者たちは、近世、教育改革を要求した。当時はまだ義務教育が存在していなかったが、原則として二段階の学校制度があった。ひとつは聖職者レベルの基礎課程であり、もうひとつは大学での勉強を準備する高等学校である。大学は「ラテン語圏の」ヨーロッパに特徴的な施設であり、同様のものは「ギリシア語圏の」東方にはあったが、オリエントや世界のそのほかの地域にはなかった。すべての大学——オックスフォードであれ、プラハであれ、サラマンカであれ——の言語は、西欧教会の言語、つまりラテン語だった。そのため、大学での勉学に備える高等学校は、もちろんほかの教科も教えていたが、ラテン語学校と呼ばれた。ラテン語学校ははじめのうちは修道院に付属していたが、のちに比較的大きな都市は独自のラテン語学校を創立した。人文主義者の教育改革はこのレベルで始まったのである。というのも、それまで高等学校で提供されていたのは学ぶことに照準を合わせた一面的なものであり、身体教育、つまり「健康な」発展形成のための重要な前提条件をおろそかにしていたからである。

人文主義者たちは、そうした発展形成が――おそらくは生産的な誤解のうちに――古代ギリシアにあると見た。彼らが努力して得た学校の形態は、幾つかのヨーロッパ言語ではギムナジウム、ヨーロッパの他言語ではリュツェーウムと名付けられた。この概念はギリシア語のリュケイオンに由来している。リュケイオンはアポロン・リュケイオス神に奉納された神域であり、そこには都市アテネのギュムナシオンがあった。古典古代世界の有名な哲学者アリストテレスはリュケイオンで教えていた。しかし裸体というギリシアのコンセプトや、同性愛を促進するものは何であれ、その新しいギムナジウムと結びつけてはならなかった。キリスト教の掟に従えば、同性愛には死刑が科せられていたのである。創立された新しいタイプの学校は、ドイツ語圏では、(まだ宗教改革以前の)ニュルンベルクの高等学校であり、さらにはマクデブルクやシュトラースブルクのプロテスタントの模範学校だった。このモデルに倣って、ギムナジウムの卒業資格は、ドイツ、オーストリア、スカンディナヴィア、バルト諸国、ロシアでは、大学入学のための前提条件となった。一方、同じ概念は、ポーランドとギリシアでは中等学校を表す。これに対してイギリスでは、「ジム」は古代ギリシアと同様に体育館を意味している。(21)

義務教育学校や改善された上級課程の導入を伴う学校改革は、たいてい宗教改革後に行われたので、宗教改革者たちの姿勢は重要だった。マルティン・ルターやウルリヒ・ツヴィングリといった新教諸派の教会人は、都市の市民階級の出身であり、宮廷の競技を高く評価していなかった。しかし、二人ともまだ同時代の民衆文化やルネサンス・人文主義にしっかりと根を下ろしていたので、——数人の新教の後継者とは異なり——伝統的な身体訓練に異議を唱える必要はなかった。たとえばルターの『卓上語録』では次のように言われている。「古来、人々は、贅沢、猥褻、大食、酩酊、賭け事にふけらないために、運動し、何かきちんとした役に立つものを修養することを考え、行っていたと思われる。だから私にとっては、次の二つの運動と気晴らしがもっとも好ましい。つまり音楽と、そして剣術やレスリングなどを含めて、馬上槍試合《トーナメント》である［…］。音楽は心の不安と憂鬱な考えを取り除いてくれるし、馬上槍試合《トーナメント》は鋭敏で器用な四肢をつくり、跳躍とともに肉体を健康に保ってくれる、など。[22]」競技に関するツヴィングリの批評を読むと、彼は普及している競技を列挙する際に、あたかも同時代の射撃協会の文書を目の前にしているような印象を与える。「肉体を訓練する気晴らしと競技は、競走、跳躍、石投げ、剣術、レスリングであり、それらはすべて、のちに各民族が行うようになった。もちろんそれらは、われわれスイス国民の祖先にあっては広く普及して行われ、多くの出来事に際して有益であった。しかしレスリングはもっと適度に行うべきである。なぜならひどく本気になってしまうからだ。[23]」二人の宗教改革者は、中世の神学者たちと同様、許可された気晴らしと許可されていない気晴らしを区別していた。許可されていない気晴らしとは危険な競技や賭け事だった。校則においてはこの影響が残っている。ニュルンベルクのギムナジウム校長であり（一五二六年）、テュービンゲン大学（一五三五年）とライプツィヒ大学（一五四一年）の改革者であったヨーアヒム・カメラリウスは、みずからの教育学の中で、「健全なる精神は健全なる身体に宿る（Mens sana in corpore sano）」のモットーを掲げ、スポーツの必要性を正当化している。[24] 彼は、『体育場に関する対話』において、ギリシアの模範に倣ったスポーツ活動について報告しているが、それをどの程度まで実践したのかははっきりしていない。[25] シュトラースブルクの学校改革者ヨハネス・シュトゥルムは、自分のギムナジウムに三人の「競技専門家」を雇い入れたこともあり、「毎日の身体運動」を支持した。「スコラ・アルゲントラテンシス」（「シュトラースブルク学校」、今日の「ジャン・シュトゥルム・ギムナジウム」）は、一五三八年にシュトゥルムによって創立され、一五六六年に皇帝マクシミリアン二世から大学の博士号学位授与権を与えられた。そのうえ一六二一年には、皇帝フェルディナント二世によって形式的には大学と同列に置かれ、ドイツ語圏全体でギムナジウム創立のための模範として役立った。一五八七年の校則では次のように記されている。「生徒たちは、昼食前の一時間か二時間、身体を訓練しなければならない。そうした身体訓練とは、音読、歌うこと、散歩、レスリング、漕ぐこと、走ること、跳躍、砲丸投げか鉄棒投げ、とりわけ小さいボールで行う運動である。[26]」マクデブルクの校則は、一五五三年、「運動に関して」という大きな一章で、スポーツ競技を、その性格、行う時間と場所、実践方法、参加人数別に分類している（種類、時、場所、方法、人）。この分類によって、許可された身体訓練と禁止された身体訓練の区別が容易になった。一六世紀の多くの校則は、マクデブルクの校則ほど体系的ではないが、原則的にはこれと似ていた。[27]
カトリックの教育学者シモン・ウェレパエウスも、プロテスタントの規則と同じように競技を分類している。つまり禁止された競技には、すべての種類の賭け事（カードゲーム、サイコロゲーム、盤上ゲーム）と、[28] そして健康にとって危険な身体訓練が含まれていた。彼が禁止した競技には、剣術、吹き筒や弩や銃を用いた狙い撃ち、石投げ、雪玉投げ、橇すべり、スケート、水泳があった。そのほか、子供に対しては、狩猟、釣り、補鳥が禁止されている。[29] 至るところで、人文主義の教育改革の影響を見出すことができる。一五六二年、ニーダーバイエルンの主要都市ランツフートの校則は、身体訓練を青少年教育の四つの主要目標に入れた。四つの主要目標とは、敬虔、精神形成、規律、熟練である。オーバーエースターライヒのリンツの校則（一五七七年）は、「絶え間なく熱心に続けられる勉強によって疲労した精神力を回復させ、新たに獲得するために」、生徒と教師の毎日の休養を確保しようとしている。教師たちは、球技、走ること、投擲、レスリング、器用さの競い合い、散歩、徒歩旅行を（ネルトリンゲンとザールブリュッケンでは水泳も）、学校の長い休み時間（「リフレッシュ時間」）や授業のない日（「毎週の休暇」）に監督していたと言われる。[30]

ヒッポリュトゥス・グアリノニウスはプラハのイエズス会ギムナジウムにおける休養時間（*recreationes*）に関して報告している。その報告は興味深く、イエズス会学校の内部事情を垣間見せてくれる。信仰心の篤い医師グアリノニウスは、最良の思い出をみずからの学校時代、特にスポーツと結びつけているようである。「この素晴らしくて気晴らしになる競技からは、ガレノスによって言われたよりも有益なことをたっぷり得ることができた。その競技を私は青春時代にもっとも好んで行い、一週間行わないことはめったになかった。われわれは当時プラハの修道会仲間で、春や夏や秋に、週に二回か三回、日に二回行うこともあった。そこには競技用の広くて美しい中庭か広場があり、ほとんどすべての者が競技を行うことを習慣にしていた。最良の愛すべき仲間たちは決してお互いに反発することなく、サークル内で行う者もいれば、サークル外で行う者もいた。」[31] 一日に二回もスポーツをするとは！　もしもこれがプラハのイエズス会ギムナジウムで通常のことだったならば、ヨーロッパ中のすべてのイエズス会学校でも状況は同じであっただろう。イエズス会は全体に通用する規則を好んだからである。一五九八年の『学事規定』では、球技を行うことは指示されてはいないが、禁止されてもいない。

近世のギムナジウムがすでにどの程度まで独自の屋外運動場や屋内競技場を所有していたのかは、これまでまだ一度も調査されていないようである。イングランドのイートン校は一四四〇年に創立され、一六世紀には一種のエリート・ギムナジウムに昇格しており、一七世紀には独自の競技場施設を有していたことは確かである。というのも、サミュエル・ピープスが、一六六六年二月二六日に学校施設を視察した際に、「遊技場で競技している寮生」を見学したことに言及しているからである。[32]

少なくともプロテスタントにとって、喜びに興じることと並んで、無為を防止することは重要だった。そして驚くべきことに、一六世紀末の指導的なスポーツ教師のひとりが、教育学者たちの論証に決定的な影響を与えた。剣術と乗馬の教師ゲオルク・エンゲルハルト・フォン・レーナイゼンである。彼は、ザクセン選帝侯の宮廷に出仕し、政治の舞台で目ざましい昇進を成し、遂には廷臣たちの身体訓練の行儀作法書を執筆するまでになった。[33] 彼はさらに乗馬[34]と行政術[35]に関する基本的学術書を著した。レーナイゼンが次のように記したのを、グンペルツハイマーのような教育者は賛同して引用している。「若い少年たちが勉学やその他の学芸からの回復休養のための時間をそうした訓練に費やすならば、彼らが同じ時間を無為に怠惰に過ごすよりはましなことがよくあるだろう。鉄は使用され、常に鍛錬されれば光っているが、使わないとさびついて醜くなる。人間も同じである。人間も常に訓練し続けていなければ、怠惰に、不活発になってしまう。[36]」

行儀作法書におけるスポーツ

ルネサンスの行儀作法書は、数世代にわたって上流社会の振舞いの様式を形成していった。この分野でもっとも重要な『宮廷人』（一五二八年）において、[37]ノヴィララ伯バルダッサーレ・カスティリオーネは、「力、軽快さ、器用さ」や身体の形、つまり上流社会での振舞いを完璧なものにするためにスポーツは不可欠であるとしている。そのテーマは宮廷の会話形式で説明されており、会話をリードしているのは、教養の高いひとりの女性、ウルビーノ公夫人エリザベッタ・ゴンザーガである。その会話によれば、理想的な宮廷人は、優美（*grazia*）、調和（*misura*）、精神（*ingenio*）、学芸（*arte*）、そして特に困難な事柄も克服できる軽快さ（*sprezzatura*）によって際立っているという。またカスティリオーネは、伯ルドヴィーコ・ダ・カノッサに語らせて、宮廷人は、決闘を挑まれた場合だけのために完璧な騎手でなければならず、あらゆる兵科をマスターしていなければならないと記している。宮廷人には臆病さが許されないため、武器なしでの戦い――格闘技――も訓練すべきである。そうした訓練のためには、棒術、闘牛、長槍や投げ槍の投擲を含めて、あらゆる形式の武芸競技が役に立つ。そのほか、格闘とは関係のない訓練もある。たくさんの平民の観衆を前にして注目を集めることができるように、水泳、跳躍、走ること、石投げも有用である。「宮廷人のためにもっとも高尚で礼儀にかなった高貴な訓練には球技もある。球技では、身体の素質と、四肢の敏捷さや器用さが良くわかる。」これに対して、宮廷人は、とんぼ返りや綱渡りのような滑稽な訓練は避け、愚行に陥らないようにすべきであるとされた(38)。

カスティリオーネは、ミラノ、マントヴァ、ウルビーノといった上部イタリアのルネサンス宮廷で教育を受け、神聖ローマ帝国皇帝カール五世の宮廷でも生活し、後世のあるゆる著述家の教育の書や君主の書の規範をつくった。スポーツを高く評価することは、全ヨーロッパの人文主義教養層によって、宗派に関係なく引き継がれていった。パリ大学で学び、数年間イングランドのヘンリー八世の宮廷で教育係として出仕したスペイン人ホアン・ルイス・ビベスは、勉強する力を高めるために、走ること、ハイキング、跳躍、レスリング、球技によるレクリエーション（*recreatio*）を推奨した(39)。それから少しのち、スペインで、貴族と農民の生活についてスポーツを包括的に扱った最初の書がフランシスコ会修道士アントニオ・デ・ゲバラの風刺文である(40)。彼は、皇帝カール五世がヨーロッパを旅するあいだ、しばらく皇帝の宮廷説教師を務めたこともあった。イングランドでは、トーマス・エリオットが、『為政者論』〔一五三二年〕において、一四歳以上の青少年のために休暇用の身体運動の全カリキュラムを支持し、その著書はヘンリー八世に献呈されて、一六世紀にたびたび再版された(41)。

フランソワ・ラブレーの『ガルガンチュワとパンタグリュエル』〔一五三二―一五六四年〕の中では、ガルガンチュワの時間割は、精神的・言語的・芸術的鍛錬のほか、スポーツで埋められている。つまり、乗馬、剣術、馬上槍試合《トーナメント》、考えられるあらゆる武器（戦斧、長槍、剣、サーベル、フルーレ、短剣、短刀。方盾、楕円盾、円盾を用いる場合と用いない場合）を使った戦い（騎馬または徒歩で）、狩り（熊、鹿、ダマジカ、イノシシ、ウサギ、ヨーロッパヤマウズラ、キジ、ノガン）、手や足を使った球技、レスリング、走ること、跳躍、三段跳び、水泳、潜水、高飛び込み（ないしは橋から川へ飛び込む）、よじ登ること（木、家、梯子、棒、綱）、山登り、投擲（槍、棒、石、長槍、短槍、ほこやり）、射撃（弓、銃、弩、大砲）と重量挙げである。(42)

しかし規範的な文学とは異なり、公文書はスポーツの目的をもっと大まかに理由づけている。ヘッセン＝カッセル方伯モーリッツは、一六〇五年、宮廷規則に記録している。「そのうえ、われわれの宮廷の騎馬武者たち、特に若い貴族が、さまざまな無為、金を賭けた遊び、大酒飲み、残念ながらあまりにも好まれているその他のもっと下劣な無秩序を行なわないように、われわれの侍従長は、彼らが乗馬、剣術、舞踊、射撃、ボール遊びをすること（＝パッロ－ネ）とボールを打つこと（＝テニス）［…］を訓練するよう命じ、そうした無秩序を予防すべきである。(43)」よりにもよってカルヴァン派〔キリスト教の新教の中で、宗教改革の初期指導者ジャン・カルヴァンの教えを支持する派〕の方伯が、悪習に対する戦いに勝つために、国のあらゆる諸侯の居城で屋内球技場を建設させることになった。賭け事やほかの放埒の危険から見れば、スポーツの促進はより小さな悪と方伯には思えたのである。

闘う馬上槍試合《トーナメント》から観せる馬上槍試合《トーナメント》へ

騎士の馬上槍試合《トーナメント》が軍事的な戦争のための訓練として考えられていたならば、騎士がその訓練で命を落としてしまっては意味がなかった。そのため、馬上槍試合《トーナメント》を行う者が生き残ることを保証する装置が工夫された。戦闘的な一騎打ち（à outrance）と、致命的な負傷を防ぐために武器を安全なものにする娯楽的な競技（à plaisance）が区別された。娯楽的な競技のために、馬上槍《ランス》にコロネルが取りつけられ、重量の軽い馬上槍《ランス》が開発された。一四二〇年頃には、馬上槍試合場《トーナメント》に仕切り壁（Schranke）（「壁の囲いの中へ乗り入れる＝戦いに挑む（in die Schranken reiten）」）が導入された。これは正面衝突を防ぐため、互いに突撃し合う槍騎兵の肉体の接触を防ぐ防護板である。娯楽的な競技の目的は、できるだけ多くの馬上槍《ランス》を折ることだった。命中した数によって得点が与えられ、勝者を決定するのに役立った。騎士たちは模擬試合を特定の貴婦人に献呈することがよくあったので、この訓練は慣用句にもなった（「誰かのために槍を折る＝断固として誰かに味方する（für jemanden die Lanze zu brechen）」）。馬上槍試合《トーナメント》は、アーサー王とその円卓の騎士伝説や、ドラゴンを退治した聖ゲオルギウスのキリスト教伝説を範に具象化されたが、一五世紀、アンジューやブルゴーニュの華麗な宮廷で頂点に達した。「ブルゴーニュ公国」は、シャルル豪胆公のもと、アルプス山脈からネーデルラントにまで広がっていた。もっとも読まれた馬上槍試合《トーナメント》の指南書『馬上槍試合《トーナメント》の形式と仕様』は、ミンネ詩人であり、武芸者であり、学者でもあったルネ・ダンジューによって執筆された。ルネ・ダンジューは、たとえば一四四八年に、四〇日間も続いた「陽気な守備隊の武芸試合」のような素晴らしい馬上槍試合《トーナメント》をみずから開催している(44)。

ジャウストに代わって登場してきた競技は、馬上の騎士によって行われるとはいえ、危険な格闘競技とはもはやほとんど似つかぬものであった。騎士の訓練においては、力ではなく器用さが中心になってくる。クィンティン走やクィンティン突きでは、生身の人間ではなく絵や像を突くようになった。そうした的《まと》は一種のてこ装置に固定されており、騎士がそれを上手くかわすことができない

フランクフルト・アム・マインのロスマルクトにおける輪突き。1658年の銅版画。

と馬上から突き落とされた。輪突きでは、騎士は疾走して、二つの支柱のあいだの綱に固定された小さな輪に馬上槍《ランス》を命中させなければならなかった。その際、力もまた一役買った。というのも、馬上槍《ランス》は、突いた瞬間にしか下ろしてはいけなかったからである。しかし注目されたのは、実演の優美さであり、優美さには――命中率と並んで――特別賞が与えられたほどであった。出版された競技規則は、得点を取ることの重要性を強調している[45]。ヴュルテンベルク公ヨハン・フリードリヒは、その日記の中で、二年足らずのうちに(一六一五―一六一七年)、三九の輪突きとその他の六つの騎馬競技について報告しており、さらに公は一六五の狩りの催しに参加している。輪突きが勝者を表彰する競技であったのに対し、狩りの催しは娯楽のためのものだった。勝者は、ふつう、「乙女からの賞品」の形で、価値ある優勝杯と賞金を授与された。この光景は、今日の自転車競技

〔参考図版〕クィンティン突き（H. T. Stephenson, *The Elizabethan People*, 1910, 236）

〔参考図版〕輪突き（同上）

や自動車レースの観客には馴染であろう。喜びにあふれる勝者は、優勝杯を高くかざし、二人の若い女性によってキスされるのである。(46)

スポーツ医学の始まり

古代から受け継がれ、近代に繰り返し引用されてきた文章のひとつに、「健全なる精神は健全なる身体に宿る（*Mens sana in copore sano.*）」という自明な格言がある。古代の権威あるこの格言はさまざまに濫用された。たとえば、病気の肉体には健全なる精神は宿ることができないという逆の結論が導かれ、二〇世紀の優生学に至るまで影響した。しかしこれは誤解に基づいている。というのも、この格言を詠んだ古代ローマの詩人ユウェナリスは、その格言を接続法で表現していたからである。彼は、神々に、健全なる精神が健全なる身体に宿ってほしいと願った。その格言は、スポーツだけではなく、神々への崇拝をも揶揄した痛烈な風刺詩の中にある。「それでもあなたが、神々に何かをお願いしたいのならば、そして小さなお社に、純白に輝く豚の内臓と小さな腸詰をお供えしたいのなら、どうか、健全な身体に健全な精神を与え給えと祈るがいい（«orandum est, ut sit mens sana in corpore sano»）」。古典古代の教養を信奉する者たちでさえ、この人気のある格言を用いることによって、神々に祈ることを戒める風刺詩を引用しているのだとはっきり認識することはめったにない。ユウェナリスは、競技者の健全なる身体にはそれにふさわしい充分に教養を積んだ精神がしばしば宿っていないことを指摘しようとしたのである。(47)

古代末期、そして近世においては一八世紀に至るまで、ペルガモン出身のガレノスが圧倒的な医学の権威であった[48]。とりわけスポーツ医学の発展にとって、球技が及ぼす健康への影響に関する彼の考察は重要である。それは、一五六二年にミラノで、その論文だけで一冊の本として別に出版されたほどである[49]。ヒエロニムス・メルクリアリスが、ルネサンスのもっとも重要なスポーツ医学者となった。彼の包括的な論著『体操の技術（*De arte gymnastica*）』〔一五六九年〕は、一五七三年の挿絵入り版が繰り返し復刻され、ほかの著述家たちによって模倣され補足された。メルクリアリスは、そこで、古代の身体運動に大部分をあてており、その中にはオリンピア競技会もあった。近代のスポーツについては、ただ時々、集中的に取り上げられているにすぎない。医師として、彼は体操を三種類に区別した。彼にとってもっとも重要なのは医学の体操（*Gymnastica medica*）であり、これは健康に良い身体運動である。二番目は軍事の体操（*Gymnastica bellica*）であり、これは軍務のためのあらゆる訓練を含んでいる。三番目は競技の体操（*Gymnastica athletica*）であり、これはゲームやスポーツ競技で勝つための助けになるものである。驚くべきことに、彼は競技の体操を不必要で許容できないものとみなしている。それが不品行で非難すべきものだからというのである。しかしメルクリアリスの体操法（*Ars gymnastica*）は、近世のすべてのスポーツ熱狂者にとって影響力が大きかった。医学の体操がスポーツ医学への道を開いたからである。彼はみずから、テニスとアクロバットまでも「健康を促進する」と分類している。たとえばジュ・ド・ポーム（*Pallacorda*＝テニス）は、動きの優雅さと腕と脚の強さを高めるという。だがこれは、ほんどすべてのスポーツ競技において主張することができた[50]。この書物は、スポーツ医学に関する最初の基本書として非常に重要なので、二〇〇八年、ガレノス研究者のヴィヴィアン・ヌットンは、批判校訂版を英語に全訳した(51)。

メルクリアリスは、あらゆる可能な対象について出版し、同時代のもっとも稼ぎの良かった医学者のひとりだった。彼はヒポクラテスを翻訳し、皮膚病、婦人病、小児病について草分け的な著作を執筆した。メルクリアリスは、体操に関する書籍の業績により、一五六九年、ヴェネチア共和国によってパドヴァ大学の医学教授職に招聘され、四年後には神聖ローマ帝国皇帝マクシミリアン二世の侍医に任命される。貴族階級、さらには「皇帝のホーフプファルツグラーフ」〔神聖ローマ帝国皇帝カール四世が一三五五年にイタリアから輸入した官職。その任務は、特に非訟事件において皇帝の権利を行使することだった。〕にも昇進した。彼は、ローマ、パドヴァ、ピサで医学講座を担当し、一五九三年以後、トスカーナ大公、メディチ家のフェルディナンド一世の侍医として出仕した。その際、彼の体操本は身体運動のポジティヴな意義に関する近代で最初の出版物であったわけでもなく(52)、また彼の論拠はガレノスの著作に精通する者たちにとっては驚くべきものでもなかった。すでに一五五五年、アントニオ・スカイノが球技の指南書でメルクリアリスと似たような区別を行い、貴族には、粗野なパッローネやカルチョの代わりに、ジュ・ド・ポームを推奨していた。もっともアントニオは、一五八四年、競技場におけるあらゆる球技は貴族には激しすぎるので、ビリヤードゲームのほうを好むべきだとしている。一六二六年、ヴィンチェンツォ・ジュスティニアーニは、高貴な人々にはペルメル球技（*Pallamaglio*）を奨励している。ペルメル球技では、手が汚れないし、ゆっくり動けばいいし、競技中にさまざまな用件について語り合うこともできるからというのである(53)。

レスリング、ボクシング、走ることは呼吸と消化を改善し、身体の鍛錬に役立つというのがほとんどの医学者の意見であった。運動は、朝食前、昼食後、あるいは晩にするのがもっとも良い。粗野なスポーツ競技は重労働を行う人々がするべきである。走ること、跳躍、球技のような身体運動は五〇歳まで行い、それ以上の年齢では散歩しか推薦できないとされた。教皇の侍医ペトロニオは、二一歳までの子供や青少年は、それでなくとも充分に動いているので、身体運動をする必要はまったくないと述べている。彼によれば、二〇歳から五〇歳の男性には、乗馬、剣術、舞踊、小さなボールを用いた球技（だからパッローネやカルチョではない）が推奨された。五〇歳を超えたら、すでに精通したス

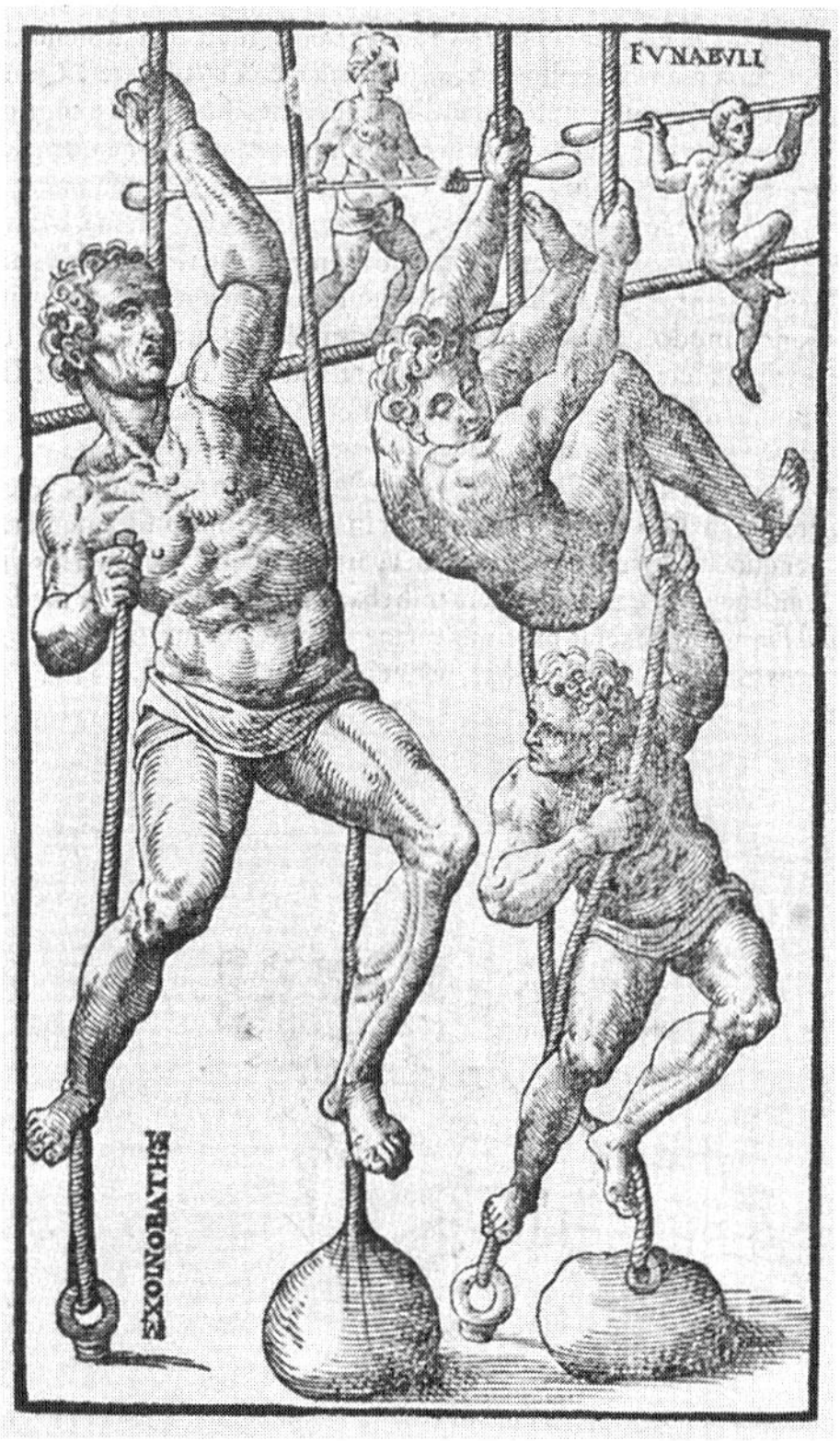

縄を用いての体操。銅版画。ヒエロニムス・メルクリアリス『体操の技術』。1573年、ヴェネチア。

ポーツ競技だけを行うべきである。彼は、年老いて太った男性には――おそらく教皇たちのことを念頭に置いていたようである――上り坂での散歩を勧めた[54]。ポルトガル出身であり、ピサ大学で教鞭をとっていたロドリゴ・ダ・フォンセカは、社会的な身分、生活様式、個人的な性向に合った身体運動を毎日するよう奨励した。とりわけ貴族には、弓射、球技、散歩が適切だが、これに対し、乗馬はもはや適当とされなかった。一六〇〇年頃のイタリアの貴族は馬車を利用したからである[55]。

一七世紀、イギリスの人文主義者ロバート・バートンがスポーツの精神的影響に関心を抱き、特別な役割を担った。彼は『憂鬱の解剖』〔一六二一年〕において次のように書いている。「何ものも誤用されないのが一番である。そして身体を健康に保つためには、規則的な運動ほど適している方法はないが、運動のやり過ぎや誤った時間に運動を行うことよりも有害なものはない。フェルネルがガレノスを解釈したところによれば、運動のやり過ぎや消耗は体力を弱め、身体から熱を奪う。通常、身体の組織は体液を使用してその残滓を排出するが、そうした体液が鬱滞すると肉体と精神を正常でなくしてしまう。また、不適切な時間や満腹のときにやり過ぎる身体運動も有害である。それゆえフックスはそれに反対している。彼の見解によると、ドイツの学校生徒たちの皮膚に頻繁にかさぶたができるのは、彼らが食事のあとすぐにスポーツを行うからである。バイヤーも似たような条件をつけている。運動は胃の中の食物を損ない、消化されていない体液が静脈に達し、レムニウスによれば、その体液が腐って生命力を破壊する。クラートも、食物摂取ののちに過度に行う身体運動を、健全な消化と体液のバランスをもっとも害する敵とみなしている。したがって、サリュスト、サルヴィアヌス〔…〕、メルクリアリス、アルクラヌスやその他の者たちにも、過度の鍛錬をメランコリーを引き起こす強い要因として扱う充分な根拠がある。[56]」

一八世紀に至るまで、ヨーロッパの医学は精密な体液学に基づいていたが、ここではそれについて言及することはできない。把握しておかなくてはならないのは、一六世紀の主導的な医学者たち――たとえばネーデルラントのヴェサリウスの弟子であるレヴィヌス・レムニウス、[57] フランス王の侍医ジャン・フランソワ・フェルネル、神聖ローマ帝国皇帝の侍医ヨハン・クラート・フォン・クラフトハイム――が病気の原因とみなしているのは、決してスポーツそのものではなく、スポーツのやり過ぎであるということである。バートンは、どのような場合にも人文主義者らしく、古代の著述家を引いて自分の論拠を補強しようとしている。[58]「プルタルコスは無為を精神病の唯一の原因と解釈し、ホメロスは、アキレスは出陣する必要がなかったので無為の中で心労のあまり憔悴したと報告しているし、メルクリアリスはある若い患者の病気の原因を同じく無為であると指摘している〔…〕。戸外を走ることなく馬小屋に閉じ込められている馬も、めったに飛翔することなく換羽期の鳥かごに押し込められている鷹も病気になりやすいが、動物は運動させている限りほとんど病気にならない。活動しない犬は疥癬にかかるが、怠惰な人間がこれと異なることがあるだろうか。[59]」

チロルの市医師ヒッポリュトゥス・グアリノニウスの道徳的な健康学や医学的な倫理学は、球技のポジティヴな評価を受け継いだ。[60] グアリノニウスは、プラハにおいてイエズス会の学校で学び、一五九〇年代半ば、パドヴァ大学で医学を勉強した。一六〇一年、チロルのハル市の医師、さらにハルの女子修道院で数人の大公妃の侍医になった。[61] 七巻本で一四〇〇頁ほどを数える大型本のうちの一巻すべて――第六巻――を彼はスポーツにあてている。その中では、走ること、跳躍、投擲、レスリング、剣術、舞踊、登山、水泳、乗馬、そして馬上槍試合《トーナメント》のような通常のスポーツ競技、さらに球技やボールを転がすゲームが取り上げられている。第六巻の第一五章で、彼は七つの球技種目を記述し、それらが身体状態へ及ぼす影響を詳細に分析した。おそらくは繰り返し挙げている自分の体験に基づき、またガレノスやメルクリアリスの評価を基礎にして、グアリノニウスはすべての球技に関心を抱いている。その際、テニスが「あらゆるゲームの中の主要ゲーム」であるという。各都市や諸侯の宮廷に屋内球技場があり、貴族の子弟全員が練習し、諸侯がプレーしていることから、そのことを認識できるというのである。この「小さなボールとラケットを用いるゲーム」は、胴体、首、腕、足を動かすことによって身体全部を鍛えるとグアリノニウスは賞賛している。ボールはどこへでも飛んでいって、人間はそれを素早く打ち返さなくてはならないからである。テニスは一四歳から三一歳の人にもっとも適している。人間はこの年齢においていちばん敏捷だからである。これに対して、イタリアとドイツ全土で行われ、小さなボールを手袋で打ち返すハンドテニスは、どちらかというとたくましい手工業者に向いているとされた。

ガレノスのポジティヴな見解に助けられ、近世のほとんどの医学者はスポーツ活動を健康を促進するものとした。彼らの評価には、――われわれが見てきたように――しばしば独自の体験が影響している。そのため、しだいに古典古代の医学に疎遠になっていっても、彼らは自分たちの評価を変えなかった。その一例が「イギリスのヒポクラテス」と呼ばれたトーマス・シデナムである。彼は伝染病の模範的な記述に加えて、ヒポコンデリーやその他の病気を治療するために新鮮な空気の中で運動治療を行うことで有名になり、――身体的に制約されている人においては――運動の代わりにマッサージを推奨した。シデナムよりもスポーツ医学と直接的に関わったのはハレの医学者フリードリヒ・ホフマンであり、彼をすでに初期啓蒙主義者とみなすことができる。彼は博士論文のタイトルで運動を最良の医学と称していた。理論的な部分に続いて、テニス（*pilae parvae lusus*）、円盤投げ、曲乗り、ボクシング、乗馬、ビリヤードなどの一連のスポーツ競技を手がかりに身体運動の有用性を論じている。(62) ホフマンは約三〇〇人の医学者に博士号を授与し、そのうちの各二五名が大学教授か、諸侯の宮廷侍医としてさらに影響を及ぼした。国際的にもっとも有力だったのは、ケンブリッジ大学のフランシス・フラーである。フラーは『運動療法』〔一七〇四年〕において、病気を治療するために一種の運動療法を発展させた。彼の提案した治療の基礎を成しているのは、かつての医学者たちの権威と並んで、たとえば曲芸師、綱渡り師、競馬の騎手のような同時代の運動家に関する考察結果である。(63)

運動の学問化

カスティリオーネ以来、一六世紀の行儀作法において、滑稽な行動は名声の高い人物にはふさわしくないという合意が広く行きわたっていた。滑稽な行動には、乱暴な球技――もっとも、貴族を含めてあらゆる身分層が非常に熱狂してそれを行ったと思われるのだが――とアクロバットも含まれていた。一六世紀末、この差別と戦ったのがプロの曲芸師アルカンジェロ・トゥッカーロである。彼は傑出した専門教育を受けただけではなく、ウィーンの皇帝の宮廷やフランスで長年にわたって活動し、抜群の個人的なコネクションをもっていた。アブルッツォのラクイア地方で生まれたトゥッカーロは、最初、神聖ローマ帝国皇帝マクシミリアン二世の廷臣のひとりであった。一五七〇年、彼はマクシミリアン二世の娘エリーザベト・フォン・エースターライヒに——おそらくは彼女の願いを受けて——同行し、フランスのシャルル九世の宮廷へ赴いた。トゥッカーロはそこで、まだ若き王のトレーナーおよび「*Saltarin du Roi*（王の跳躍芸人）」として仕えた。一五九九年、アクロバットに関する基本書『跳躍と空中曲芸の訓練についての三つの対話』を出版したときには、[64]フランスのアンリ四世に雇われていた。一六一六年、彼の著書の新版が出た際、トゥッカーロはすでに亡くなっていたので、新王ルイ一三世への献辞は出版社が記した。[65]

近年、トゥッカーロは「近代の床運動の創始者」として賛美された。[66]彼は「体操の父」ヤーンによって器械体操の重要な先駆者と認められていた。[67]ヤーンの弟子のハンス・フェルディナント・マスマンはトゥッカーロの著作を高く評価し、ドイツ語へ翻訳したほどである。しかし、今日ケルンの体育大学資料室にあるその原稿が公刊されることはなかった。トゥッカーロの三つの対話は、一五七〇年にトゥーレーヌの領主ド・ラ・フォンテーヌ家の城で行われた結婚式のあいだに交わされる。そこでは三人のイタリア貴族が曲芸師たちと議論しており、曲芸師たちの背後には、トゥッカーロ自身とその弟子ピノが隠れている。最初の対話では、古代の体操とトゥッカーロの跳躍芸の関係が語られる。その際、跳躍の実践を的確に定義するために個々の概念が論じられる。王シャルル九世が狩りから戻ると対話は終わる。二番目の対話は、跳躍芸、予行練習、トレーニング、そして全部で五四の多様な運動を要求する跳躍のテクニックを扱っている。跳躍は、複雑さの増加、踏切の種類、用いられる器具によって分類された。

著書のこの部分には八八の木版画が挿入されている。木版画の比類のなさと印象深い美しさが大きく貢献して、この著書は長らく賞賛されてきた。木版画は跳躍のさまざまな段階にある曲芸師を示し、運動の進行を個々の画で分析し、その際に起こる身体の回転運動を特徴づけている。トゥッカーロはこうした分析によってアクロバットを学問化し、立体術（*Kubistik*）という新しい概念を用いてアクロバットの格上げのために論陣を張った。

三番目の対話はスター跳躍師ピノへの賛辞で始まる。対話はその後、跳躍芸に必要な事柄、とりわけ医学と健康の問題をめぐって行われる。それはヒポクラテスとガレノスの古代の医学から始まって、ヒエロニムス・メルクリアリスの『体操の技術』で締めくくられる。メルクリアリスは、古代の医学に立ち戻ることにより、アクロバットについて論じた数少ない近代の著述家のひとりとしてポジティヴな評価を得ていた。ピノが眠り込むと対話は終わる。(68)

古代オリンピア競技会の再発見

ルネサンス以来、古代の模範は人文主義者すべての眼前にありありと浮かんでいた。(69) フィレンツェの政治家マッテオ・パルミエリは、一四三〇年にペストが流行したとき、フィレンツェ近郊の別荘で対話篇『市民生活論』を執筆したと言われるが、その『市民生活論』の中で「身体と魂の釣り合いのとれた育成」を宣伝した。その際、彼は、乗馬、剣術、登山、そして古代オリンピア競技会の方法に倣った諸競技を考えていた。(70) 人文主義者ポリュドルス・ウィルギリウスは、発明者に関するその基本事典の中で、オリンピア競技会の開始ならびにイストミア、ネメア、ピュティア競技会の意義を記述し、古代や近世の史料を検討しながら、もっとも重要なスポーツ競技を扱い、オリンピアードを用いた年代計算法に言及した[71]。ドイツ語訳（一五三七年、アウクスブルク）において、第一三章には次のような表題がついている。「誰がギリシア人において最初にオリンピア競技会、ピュティア競技会、イストミア競技会、ネメア競技会を、体育を、死者追悼劇を創始し、また誰が競走や馬上槍試合《トーナメント》や剣術学校を案出し、さらに誰が球技、盤上ゲーム、サイコロゲームを発明したのか[72]。」この事典のラテン語版もドイツ語版も一六・一七世紀に頻繁に再版され、古代オリンピア競技会の存在とギリシア人にとっての競技会の意義が広く知れ渡るようになった。同様に、パウサニアスの『ギリシア案内記[73]』〔紀元後一六〇―一七六年頃〕とピンダロスの『オリンピック祝勝歌集』も新たに出版され、しばしば再版され、多くの言語に翻訳された[74]。古代世界の競技は絶えることのない歴史的論究の対象であり、それに対応した著作が、たとえばフランスやネーデルラントで出版された[75]。

ロッテルダムのエラスムスは、古代オリンピア競技会の競走を例に、ドーピングのテーマに付随的に触れている。『格言集』（一五三一年）において皮肉を込めてこう言われる。「走者は公正さよりも速さのことをどれくらい考えるだろうか[76]。」ドイツの詩人ハンス・ザックスは、剣術の起源に関するテクストの中で、ポリュドロスとヘロドトスに続きオリンピア競技会を扱っている。「騎士の技術が生まれ、トロイアが破壊されるより以前に起源をもっている。紀元前一一〇〇年頃よりも以前、ヘーラクレースによって発明された。オリンピア競技会は、アルカディアで、オリンポスという高い山のふもとで行われた。この騎士的な行為で、馬に乗った裸の英雄たちが戦った。ヘロドトスがわれわれ

ミハエル・スウェールツ　格闘技。1649年、ローマ。カールスルーエ、州立美術館蔵。

に語るように、英雄は騎士のように戦い、ほかの者たちは剣で対応する。英雄にはオリーブの冠が与えられた。[77]」ヒエロニムス・メルクリアリスは、その六巻本の第二巻をオリンピア競技会にあてており、第二巻は徹底的な議論により、後世の著述家すべての基本となった。[78] メルクリアリスの論文に付された図版や、ミハエル・スウェールツがバロック期のローマのレスリングを描いた絵画において選手が裸なのは、彼らが当時、実際に衣服をまとっていなかったからではない。近世において、人々は性的に潔癖なため裸体で人前に出ることはない。むしろここでは、古代オリンピア競技会における選手の裸体が意識的に追憶されているのである。

ヴェネチアの支配下にあったヴィチェンツァ共和国では、一五五五年、「アカデミア・オリンピカ」が創立された。アカデミアはあらゆる技術に専念しようとし、ヘーラクレースを守護聖人とし、一五五八年五月にはヘーラクレースに敬意を表してオリンピア競技会を行った。アカデミアの創立者たちはヴィチェンツァの貴族だったが、学者や芸術家も参加した。その中には、アカデミアが――今日まで保存されている――テアトロ・オリンピコの設計と建設を依頼したアンドレーア・パッラーディオがいる。この有名な人文主義の建築家および建築理論家は、彼の時代のウィトルウィウスとみなされた。事実、パッラーディオは、ウィトルウィウスの著作の翻訳出版に協力し、そのためヴェローナ、プーラ、ニーム、ローマの巨大な円形闘技場や（当時すでにかなり老朽化していた）ヴィチェンツァの円形闘技場をみずから測量してスケッチした。彼は、自身の『建築四書』〔一五七〇年〕において古代のスポーツ建築物を扱った。たとえば彼は、若い選手のためのトレーニング場（パライストラ）の機能を詳細に記述している。[79] ヴィチェンツァのテアトロ・オリンピコのロゴとして、パッラーディオは、ファサードの意匠に古代のキルクスにおける戦車競走を選んだ。しかしその劇場はスポーツ競技にはまったく向いておらず、もっぱら演劇のためのものであった。それは古代以来、ヨーロッパで最初の常設劇場である。[80] とにかくその理念と名称は魅力的なものだったと思われる。というのも同じ一五五〇年代、ロンバルディアのサッビオネータ――侯ヴェスパシアーノ・ゴンザーガの居所であった人文主義の理想都市――にもうひとつテアトロ・オリンピコが建設されたからである。建築家は、パッラーディオの弟子である若い建築理論家で、ヴィチェンツァ出身のヴィンチェンツォ・スカモッツィだった。彼はパッラーディオの死後、故郷のヴィチェンツァのテアトロ・オリンピコも完成させている。[81]

もちろん、古代オリンピア競技会は、ギリシアの地理学者ストラボンやクラウディオス・プトレマイオスの新版、ならびにアブラハム・オルテリウスの『世界の舞台』[82]〔一五七〇年〕のような一六世紀の地理学書に登場する。オリンピア競技会についての古代の報告は、人文主義者ヴィルヘルム・クシランダーによってギリシア語からラテン語へ翻訳され、バーゼル、シュトラースブルク、ライデンの人文主義印刷業者の手で復刻された[83]。フランスの人文主義者でトゥールーズの市参事会員ピエール・ド・フォール・デ・サン・ジョリ〔ペトルス・ファーベル〕は、運動競技と古代の競技に関する論文の中で、オリンピアード、オリンピア競技会、そしてオリンピア競技会優勝者に繰り返し触れている[84]。

フランスの劇作家ロベール・ガルニエは、悲劇『コルネリー』〔一五七四年〕の中で古代オリンピア競技会について言及し、トーマス・キッドによるその英訳では、オリンピア競技会が次のように取り上げられる。「オリンピア競技会で試合の表彰によって栄誉を与えられようとする彼らのように、レスリングのコンディションを整えるために身体に油を塗り、登場する前にはいくばくかの練習をする[85]。」フィレンツェの人文主義者アレッサンドロ・アディマーリは、ピンダロスの祝勝歌を翻訳する際に、当時一般的だった「新旧論争」——つまり、古代人のほうが発展していたのか、それとも近代人のほうか、という問題——の枠内で、近代のフィレンツェのカルチョは荒々しく優雅であり、古代ギリシアの競技のどれにも劣っていないという結論に達している[86]。ギリシア出身のピサの教師ジョルジオ・コレシオは、その二〇年前、フィレンツェのフットボールは古代のすべての競技をはるかに凌駕すると率直に主張している（「しかし、われわれの競技は古代のすべての競技に勝っている」）[87]。特に興味深いのは、ジョン・コットン、ジョン・ウィリアムズ、トーマス・ディクソンという名の三人の企業家の努力である。彼らは、一六二〇年初め、『スポーツの書』の原作者であるイングランド王ジェームズ一世に、ロンドンでオリンピア競技会を開催するために王立円形闘技場を設立するように提案した。アリーナでは、演劇と武器競技のほか、たとえばオイル・レスリング、競走、跳躍、曲乗り、アクロバット、綱渡り、そして全種類の（古代ローマの）剣闘士闘技のように、「オリンピア競技会の考えられる試合すべて」が行われるべきである。その大いなる勇気と強さで、イングランド国民はどの国民よりもオリンピア競技会を実行するのにふさわしいとされた。王は、少なくとも一万二〇〇〇の観客を収容すべき「円形闘技場をロンドンに建設する提案」に同意し、一六二〇年二月一〇日、申請者に対して一連の特権を認めた。その特権には、三〇年の期間、この円形闘技場で、動物狩り、動物の闘い、武器訓練とあらゆる武器を用いた闘い、各種レスリング、アクロバット、綱渡り、全種類の音楽の演奏、どんな言語を使用してもよい演劇の上演を行う権利が含まれていた。しかしまもなく、国王と大法官フランシス・ベーコンの政権は、おそらくは議会と国内のピューリタン派〔イングランドにおけるカルヴァン派の新教徒〕の野党に配慮して考え直すようになったにちがいない。一六二〇年九月一八日には、それらの特権は取り消されてしまったからである。[88]

　オリンピア競技会は、古代の芸術や文学と不断に関連づけられるので、継続的に論じられるテーマであった。本書でわれわれがこれから見るように、古代の遺跡の再発見や発掘の開始がオリンピア競技会についての議論をさらに勢いづかせた。[89] 一七世紀以降、オリンピア競技会を復活させようとする幾つかの試みも存在した。いずれにせよ、古代の文献学的考察は一九世紀における余暇スポーツの開始へと直結していった。[90]

スポーツの授業

貴族のスポーツセンターとしての貴族子弟のための学校

貴族子弟のための学校（Ritterakademie）〔直訳は「騎士アカデミー」である〕は──たとえその名から推測できないとしても──完全に近代の発明であった。そうした貴族の施設が必要であることに最初に言及したのは、カルヴァン派の軍人フランソワ・ド・ラ・ヌーの『政治・軍事論』である。『政治・軍事論』は、一五八七年にバーゼルで印刷され、ヨーロッパの主要諸言語に翻訳されていた。訳者の中には、一五九二年、ヴュルテンベルク公フリードリヒ一世の委託を受けた秘書官ヤーコプ・ラートゲープもいた。[91] そこでは、アリストテレスに依拠し、精神と身体の教育が主張されている。身体の教育としては、乗馬、輪突き、剣術、走ること、跳躍、レスリング、水泳、つまりは陸上競技の全種目を揃えた騎士の訓練が推奨された。[92] 若い貴族の訓練に関する一章において、学校の設立計画も扱っているのが特徴的である。それには次のような事情があった。中世末以来、大学は都市民が出世するための踏み台であり、市民は、試験のあと、教師、法律家、神学者あるいは医師として職に就いた。貴族はそうした専門教育を必ずしも必要としなかった。彼らはその身分ゆえに多様な特権を享受していたからである。軍隊で出世するためには、大学での勉学はほとんど役に立たなかった。加えて、多くの貴族は、家庭教師のもとで良い教育を受けていない場合、大学教育は自分には荷が重すぎると感じていた。彼らはしばしば大学をその意味通りに「訪問する」だけで、卒業することなく去っていった。一六世紀以降、行政において、博士号を有する大学教育修了者にはますます良い就職口が与えられた。しかし上級貴族がこうした発展の恩恵を受けることはめったになかった。皇太子たちはたいてい数学期間だけ自国の大学へ通い、そののちは、将来、政治的に関係することになる統治君主や同年齢の上級貴族仲間と知り合うために、グランドツアーへ出かけたからである。

グランドツアーは莫大な財政的支出を必要とした。イタリア旅行と大学での勉学に代わるものとして、領邦君主は、金銭を国内に確保しておこうとして、貴族子弟のための学校を設立した。そこでは、あまり裕福でない貴族も、多額の旅費を払うことなしに一種の高等教育を受け、同年齢の仲間と知り合うことができた。そうした貴族子弟のための学校は、たとえば、一五九〇年にはセダン、一五九三年にはソミュール、一五九四年にはテューービンゲン、一五九六年にはカッセル、一五九八年にはパルマ、一六一一年にはエクス・アン・プロヴァンス、一六一七年にはジーゲン、一六二三年にはソーレ、一六三〇年にはオランジュ、一六三六年にはパリ、一六五三年にはコウォブジェクとブザンソン、一六五六年にはリューネブルク、一六六〇年にはアンジェ、一六七一年にはフランクフルト・アン・デア・オーダー、一六七一年にはブリュッセル、一六七八年にはトリノ、一六八七年にはヴォルフェンビュッテル[93]、一六九〇年にはコペンハーゲン、一六九二年にはウィーン[94]に創立された。一八世紀末まで、この種の学校が設立されていく。

そこで受けられる教育は貴族の需要に応じるものだった。ギリシア語、神学、医学は放棄され、法学でさえ簡略化された形式で提供されるだけだった。さらにいくらかの歴史、近代諸語（イタリア語とフランス語）、そして軍事と築城の授業があった。一日の大部分を占めたのは大学では受けることができない課目、つまり音楽、舞踊、スポーツである。一五九六年、ヴュルテンベルク領邦会議の市民階級の代表が批判しているように、もっとも多くの時間がスポーツに割り当てられた。貴族たちは、「勉強する代わりに、コレギウムで、球技、弩、射撃、乗馬、球戯、剣術、そのほかの気晴らしをするため」、コレギウム・イルストレ（*Collegium illustre*）を訪れる。[95] このことは学校の建築にも直接に影響した。小さな図書館や講義室、寝室や食堂が存在するのはもちろんだが、大学を構成するこうした伝統的な空間はスポーツ施設と比較するとわずかだった。貴族子弟のための学校は、屋内球技場、剣術競技場、舞踏室、また当然のことながら、屋内乗馬場、馬用厩舎、さらにテニスコート、ペルメルコース、輪突きコースなどを必要とした。[96]

両親や学生はどのようなスポーツが提供されるのかによっても大学を選択したので、貴族子弟のための学校は、裕福な学生を引きつけるために、威信を保つスポーツ施設を計画した。このことは、とりわけグランドツアーの主要ルートからはずれた学校で見られた。テュービンゲンのコレギウム・イルストレの校長は、球技場やその他のスポーツ施設の銅版画を入れて、支払い能力のある学生を募集する宣伝用パンフレットを出版した。[97] 一五九六年創立のカッセルのコレギウム・マウリティアヌム（*Collegium Mauritianum*）は、乗馬、障害飛越馬術、舞踊、剣術、球技のための五人のスポーツ教師に、四人の教授と四人の語学教師よりも高い報酬を支払った。[98] 一六二三年に創立されたデンマークのソーレにあった学校は、馬の調教師・馬術教師（*hipparchus*）、剣術教師（*lanista seu gladiator*）、舞踊教師（*saltator*）、体操教師（*gymnasticus magister*）、テニスとパッローネの球技教師（*sphaeristeriarcha*）をひとりずつ雇用していた。[99] リヒテンシュタイン家の公子たちの家庭教師は、高額の支出を両親に対して正当化するために日記をつけなければならなかったが、その日記の時間割からは、貴族子弟のための学校では、スポーツの練習に、学校のほかの活動よりも多くの時間が配分されていることがわかる。一六六一年、パリでは、毎日、それぞれ一時間の法学と築城の授業があったが、乗馬には二時間、輪突き、舞踊、剣術、テニス、リュートの演奏に各一時間が割かれていた。一六六二年、ローマでも時間割は同様であり、一三年後にはビリヤードとジュ・ド・ポームが教材として挙げられている。(100) 哲学者であり、ハノーファー選帝侯家の教育係であったゴットフリート・ヴィルヘルム・ライプニッツは、古代におけるギリシアの哲学者たちと同じように、貴族子弟のための学校では身体の訓練が精神の訓練よりもはるかに優位を占めていると嘆いていた。(101)

競技の規則と教本

ここでわれわれは、なぜスポーツ化が近代の基本的なプロセスのひとつであるのか、その別の理由にたどり着く。つまり、一六世紀に見られるように、印刷技術によって競技規則がヨーロッパ全体に周知されていくからである。多くのスポーツに関する最初の教本が出版され、そのうちの幾つかはさまざまな言語に翻訳されるか、知識階級の「共通語」であるラテン語で印刷された。これによって新種目のスポーツが迅速に普及しただけではなく、競技規則が統一化された。続く一七・一八世紀、新しく登場してくる種目に関する新しい競技規則書が出版されていくというプロセスは加速した。すでに一五世紀には一連の種目について競技規則リストが著されていた。印刷技術によるヨーロッパ中への普及は、近代に典型的な現象のひとつである。(102)一六世紀以降、印刷されたスポーツ手引書は、スポーツ競技の統一化とヨーロッパのスポーツ文化の成立に決定的に貢献することになる。たとえばテニスにおける得点のカウント方法の普及であり、これは今日でも五〇〇年以上前とまったく同じである。独特の一五単位加算法は、おそらく中世末におけるフランスの硬貨の額面に対応していた。それゆえ、一五単位加算法はテニスラケットの発明よりも古いと推測される。一五〇〇年以前、――すでにその名が示しているように――人々はジュ・ド・ポームを手のひらでプレーしていたからである。(103)

まず最初に、レスリングや剣術のような格闘技の手引書が印刷された。それらは舞踊と同様に、教本の執筆が中世末に遡ることを明らかに示している。(104)剣術の手引書は、そののち数十年のあいだ、スポーツ部門のベストセラーに数えられた。そこでは、スポーツの練習、騎士道についてのファンタジー、軍事的訓練がひとつになっていたからである。(105)剣術教師ファビアン・フォン・アウエルスヴァルトの『格闘術』〔一五三九年〕には、ヴィッテンベルクの宮廷画家ルーカス・クラナッハの版画が添えられていた。(106)一般的な武器使用に関する著作は剣術教師アントニオ・マチョリーノの出版物に端を発するが、もちろんそうした著作も剣術の手引書と同じカテゴリーに分類される。教皇ハドリアヌス六世の宮廷において神聖ローマ帝国皇帝の大使を務めていたルイス・デ・コルドバ公への献呈の辞は、マチョリーノが教皇の宮廷の剣術教師であったことを推測させる。(107)

それから少しのち、軍事的格闘とは関係のないスポーツ競技のための最初の手引書が公刊された。たとえばインゴルシュタットの教授ニコラウス・ヴィンマンの『水泳術に関する対話』であり、そこでは、秩序だった水泳訓練を行うことや、水泳救助を用いて溺死の危険を軽減することが問題となっていた。[108] 一六世紀半ば頃、英語の教本が世に出始めた。その例であるエヴェラード・ディクビーの『水泳術』〔一五八七年〕はただちに諸言語に翻訳されたし、[109] またロジャー・アスカムの『弓術論』[110]〔一五四五年〕[111] が挙げられる。スペイン語では、闘牛や棒術（フエゴ・デ・カーニャス）に関する出版物が存在した。

馬についての著作は早くから多数あったが、乗馬教師フェデリコ・グリゾネが、スペイン支配下のナポリ王国〔一五〇四年、ナポリ王国は、カスティーリャ・アラゴン連合王国（スペイン）に征服され、スペインのナポリ総督によって支配されることになった。〕の首都において、初めて格闘技と舞踊の中間に位置する調教馬術独自の伝統の基礎をつくった。彼の著書『馬術規範』〔一五五〇年〕は、細い尖った馬勒と厳しい調教を推奨しており、[112] 何度も重版され、英語、スペイン語、ドイツ語、[113] フランス語に翻訳された。フランス語版だけでも一〇版を数える。これに対し、ルイ一三世の馬術教師アントワーヌ・ド・プリュヴィネルはまったく別の方針をとり、馬を柔軟に扱って、いかなる強制も避けることを勧めた。プリュヴィネルも、馬の取り扱い、調教、馬の歩調や跳躍について教え、さらには輪突きやクィンティン走のような乗馬競技も指導した。[114]

完全な新分野を開拓したのは、アントニオ・スカイノの『球技論』だった。これは熱狂的な球技プレイヤーであったアルフォンソ二世・デステに献呈された。[115] スカイノは、競技規則とともに、当時行われていた一連の球技に必要な用具や競技場を記述している。その中には、カルチョ、パラコルダ、パラマリオ、パッローネがあった。パッローネは、膨らますことのできる大きなボール（パッローネ）をアームガード（*bracciale*）を用いて相手のコートへ打ち込む競技である。フランスでは、一五七九年以降、ジュ・ド・ポームに関する多数のルール本が出版された。[116] 当初、小さなボールを手のひら（イタリア語で *palma*）で打っていたが、一六世紀初頭にネットを張ったラケット（イタリア語で *racchetto*）が考案された。それがミラノだったのかフランスだったのか、あるいはブルゴーニュ公領ネーデルラントであったのかは、はっきりしていない。ネーデルラントとラインラントにおいて、ジュ・ド・ポームはすでに一五世紀半ばに普及していたにちがいない[117]。しかしもっとも熱狂したのはフランスの宮廷であり、アンリ三世の時代、ジュ・ド・ポームはフランス人たちからフランス王の球技とみなされていた[118]。一六世紀末、テニス競技を初めて記述したのはひとりのテニスの巨匠であり、彼は国王アンリ四世のためにテニスの競技規則を体系化した[119]。

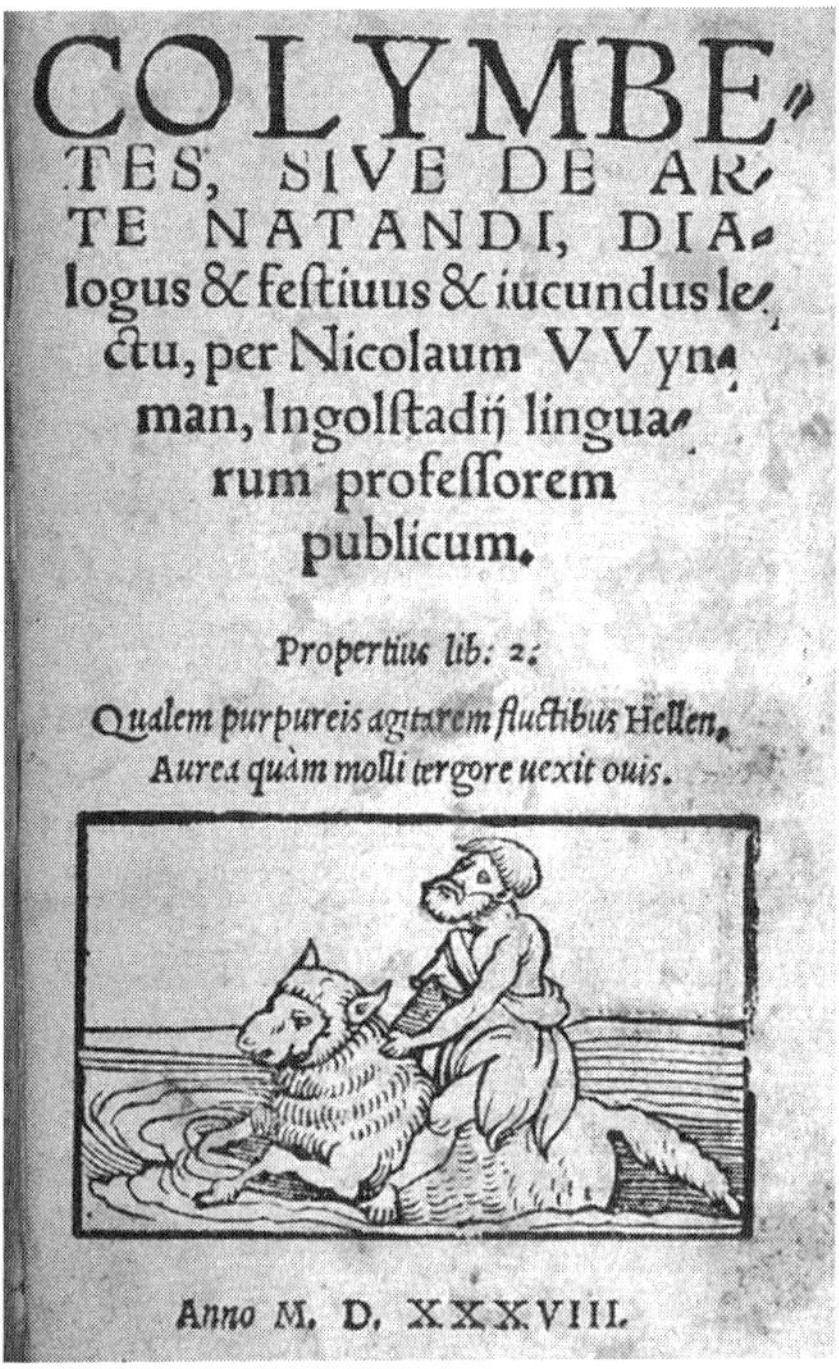
COLYMBE-TES, SIVE DE AR-TE NATANDI, DIA-logus & feſtiuus & iucundus le-ctu, per Nicolaum VVynman, Ingolſtadij lingua-rum profeſſorem publicum.

Propertius lib: 2:

Qualem purpureis agitarem fluctibus Hellen,
Aurea quàm molli tergore uexit ouis.

Anno M. D. XXXVIII.

インゴルシュタットの教授ニコラウス・ヴィンマンによる「水泳術」についての最初の手引書の表紙。1538年。

注目すべきはアクロバット訓練に関する印刷文献である。アクロバット訓練は、ルネサンスの行儀作法書によっては否定されていた。アクロバットと床運動についてのトゥッカーロの基本書は、宙返り（*Salti*）や曲乗りのような基本的な訓練を述べ、そのための実用的な説明を行っているので特に重要である。[120] トゥッカーロやジョコンド・バルダのようなイタリア人は、カスティリオーネの『宮廷人』に依拠しながら、木馬上での体操は、優雅、美、軽やかさ、確実性、正確、完璧さのような特徴を習得させるという見解を確立しようとした。[121] もっとも、曲乗りは軍事的にも利用できると理由づけたにちがいない。[122]

これとは別に、スポーツとしての舞踊に関する文献も出版された。スポーツとしての舞踊は一五世紀以降、球技と密接な関係にあった。というのも、比較的大きな催しはもはや都市の古い舞踊場ではなく、――演劇の上演と同じように――屋内球技場で行われたからである。[123] イタリアでは、舞踊の催しはバロ（*ballo, ballare*＝踊るから派生）、プロのダンサーによる優美な実演はバレット（*balletto*）と呼ばれた。こうした舞踊芸術は、一六世紀にイタリアの諸宮廷で誕生し、最初の手引書が印刷された。リナルド・コルソの『舞踊についての対話』[124]〔一五五五年〕に続いて世に出された舞踊名人ファブリツィオ・カローゾの『舞踊家』〔一五八一年〕においては、振り付けを描写する版画が初めて添えられた。[125] そののち数十年のあいだ、イタリアは舞踊の発展にとって決定的な役割を果たし続けた。[126] カトリーヌ・ド・メディシスとともに舞踊はフランスへと伝わり、一五八〇年代、フランスの宮廷で最初のバレエが上演された。[127] 一五八〇年代末には、ジャン・タブロによって、トワノ・アルボーの筆名で最初のフランス語のバレエ教本が出版された。[128]

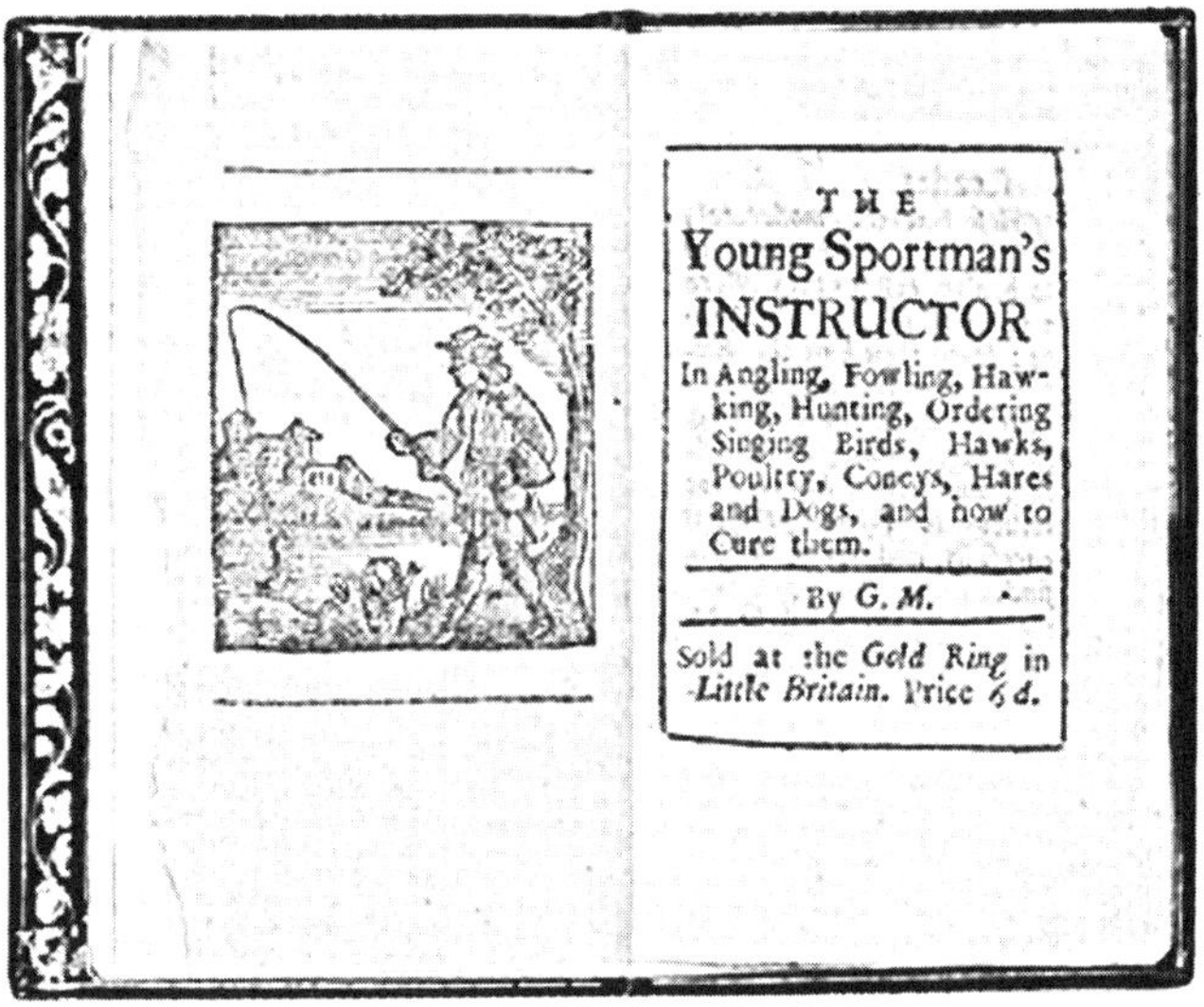

ジャーヴァス・マーカム『若いスポーツマンのための指導書』。1615年頃、ロンドン。

こうした記述や手引書のおかげで、近代スポーツの基礎が確立された。また、その他の要因によっても、ヨーロッパ中にスポーツが普及することになった。若者たちが地域の枠を超えて大学や貴族子弟のための学校を訪問したり、——とりわけ近世におけるスポーツの中心地であったイタリアと、のちにはフランスやイングランドで——グランドツアーとともにツーリズムが開始されたり、ヨーロッパ共通の宮廷文化が繁栄したことによってである。一七・一八世紀にはスポーツ手引書が版を重ねる。地方でも、さまざまな競技が大がかりな記述の対象となり始めた。たとえばスポーツ専門家ジャーヴァス・マーカムは、馬術、馬の飼育、——あらゆる考えられるスポーツ競技をマスターすべきであるという——ジェントルマンのための教育に関する数々の著作、また『若いスポーツマンのための指導書』や弓射についての著書を記した(129)。

一八世紀末には、スケートのような庶民的なスポーツ競技についても個別研究論文が登場した(130)。同じ頃には貴族のスポーツに関する知識がまとめられ、とりわけ貴族子弟のための学校の読者に向けた論文集が出版された(131)。また、身体訓練の文化と歴史を扱った百科事典的な著作は、むしろ市民階級の読者を対象にしていた(132)。さらに啓蒙主義の学校教育改革論が、学校で体操を導入することを基本方針とした(133)。近世末にはスポーツに関する純粋な歴史研究の論文の執筆が始まった。それらは――一七九二年から出版されている『スポーティング・マガジン』誌とともに――後世のために、近世のスポーツについての多くの知識を収集していた。時代が転換期にあることを人々に意識させる確かな証《あかし》であった(134)。

近世における女性のスポーツ

一六世紀、医者たちは、スポーツが女性にとって危険であるかどうかという問題にも従事していた。メルクリアリスは、体液のバランスを保つために、女性には運動が必要であるとした。当時普及していた体液病理学は女性を「湿性」に分類していたため、運動によって身体を温めることは過剰な湿性に対する特効薬として有効であると主張したほどである。メルクリアリスの著作の図解版では、ピッロ・リゴーリオによって製作された木版画のひとつがアクロバット訓練を行う三人の女性を表現している。舞踊術に関する専門書では、ファブリツィオ・カローゾにおけるように、女性のための特別の規則が提案された[135]。もっとも警告のほうが多かったことは確かである。ピサ大学の教授でポルトガル人ロドリゴ・ダ・フォンセカは、女性が乗馬をしないように注意した。実際、女性の乗馬は、当時のイタリアでは——フランス、ドイツ、イングランドとは異なり——普及していなかった[136]。女性にとって——また修道女にとっても——散歩が適切な身体運動であるという点で、医者の意見は一致していた。身分の高い女性の往復書簡からは、彼女たちもそうした忠告に従っていたことがわかる。裕福な家庭の女性には、邸宅の庭園で誰にも邪魔されずに運動ができるという特権があった。そうでないと、女性は家の中でしか身体運動を行うことができなかった[137]。

実際には、女性たちは、医者が忠告していたよりも注意を払っていなかったことが確認できる。古代や中世におけるように、ステレオタイプ的な性差別に抵抗し、本来は男性のためのものとされたスポーツ競技を行う少数の女性は常に存在していた。ネーデルラントでは早くからテニスをプレーしていた女性選手たちが知られているし、イングランドの旅行作家ロバート・ダリントンは、ブロワの女性テニス選手について語っている[138]。またアントニオ・スカイノは、ウディーネの女性はふだんからボールで競技を行い、フェッラーラでは格別に優れた女性テニス選手たちがすでに以前からいたと記している[139]。幾つかのスポーツ競技、たとえば中年の比較的虚弱な男性も行うことのできる競技が女性に適していると考えられた。グアリノニウスは一六一〇年、「たくさんの高貴な女性が女性同士で」ペルメル競技を行うと書いている。同じことが、女性のあいだで特に人気があったと思われる「バドミントン」にもあてはまる[140]。

ヴェネチアの婦人の衣装に関する基本書の著者ジャコモ・フランコの銅版画[141]は、カナル・グランデで女性だけによって行われた大規模なレガッタを描写している。彼女たちは、男性と同じ区間の短縮コースを漕ぎ切った。「女性のレガッタ」は、一四九三年、二人の有名な婦人の訪問をきっかけに始まった。フェッラーラ公妃エレオノーラ・ダラゴーナと、その娘でミラノ公ルドヴィーコ・スフォルツァ妃だったベアトリーチェ・デステである。当時、ムラーノ、ブラーノ、マラモッコの四八人の女性が一二のボートに乗って競い合った。数年後、女性に力を誇示する機会を与えたのは、またしてもある女性の公式訪問であった。今度はハンガリー・ボヘミア王妃アンヌ・ド・フォワである。水上における女性の競争は賛同を得たようである。というのも、一五二九年、ミラノ公フランチェスコ二世スフォルツァのためにも、再度レガッタが開催されたからである。女性のレガッタは、大規模なレガッタのサブ・プログラムとしてますます頻繁に登場するようになった。一六七〇年には勝者リストが初めて残されている。種々のボートクラス（ゴンドラ［*Gondola*］、フィソレラ［*Fisolera*］、バッテッロ［*Battello*］）におけるシングル、ペア、フォアと並んで、女性の競漕も行われた。優勝者はブラーノ出身のルチア・ヴィダーリ、二位はカヴァルツエレ出身のカティーナ・ソンチーナ、三位はメストレ出身のサンタ・バルカーラであった。女性のレガッタは一八世紀末までプログラムにあったが、啓蒙主義の時代が終わると姿を消した。歴史的なレガッタが時代の転換期を越えて存続したのに対して、女性のレガッタはようやく一九七七年になってプログラムに再登場した。近世と同じく、女性たちはマスカレータ（*Maskareta*）というボートのクラスで競い合う。マスカレータは操縦しやすい漁舟で、漕手の数によって変化をつけることができ、潟への遠出にも利用された。もっともその名は、その舟を使った仮面をつけた女性にちなんだものと言われる。たいてい、それは売春婦であった。[142]

最後に、女性が定期的にスポーツを行っていた領域があった。上級貴族では、乗馬と狩猟、弓と銃の射撃だった。イングランド女王エリザベス一世は、情熱的な馬の愛好家であり騎手だったことから、父と母アン・ブーリンの正真正銘の娘であったし、さらに熱狂的な射手で狩猟家でもあった。父ヘンリー八世と同様、女王は毎年、夏になると王家の別荘や狩猟用別邸を周遊し、国内の各地方を訪問するついでに各地の広大な猟場で狩猟した。女王は馬上槍試合《トーナメント》や輪突きを観覧して楽しんだ。女王の長

ベルナール・ピカール　オランダの若い女性スケーター。1695-1730年頃。

年の寵臣レスター伯ロバート・ダドリーは、女王が即位するとすぐに「マスター・オブ・ザ・ホース（*Master of the Horse*）」に任命され、宮廷のあらゆる祭典やスポーツ行事を主催した。自身も卓越した騎手、射手、馬上槍試合《トーナメント》の騎手、テニスプレイヤー、狩猟家、釣り師であった。だから、一五八五年、ピューリタンの力が強まると、日曜日にすべてのスポーツが禁止されるのを女王が阻止したのももっともだった。(143) 共和国時代〔一六四九―一六六〇年〕、ピューリタンとプロテスタント諸派は多くのスポーツ競技を完全に禁止することができたが、その時代にさえもスポーツ好きであることを賞賛された女性たちがいた。兵士として貢献し、男性と同じように射撃し、太鼓を奏し、跳躍し、走り、格闘し、さらにはボクシングを行い、フットボールをすることができて、兵士仲間に定評のある女性についての報告が多数ある。(144)

少なくともヨーロッパの数カ国では、日常生活のレベルで、妻が夫とともにスポーツを行うことがあったらしい。サミュエル・ピープスは、一六六一年五月一日の日記において次のように記している。「早起きして、ピーターズフィールドに立ち寄った。国王がイングランドに到着されるとお住まいになる部屋を視察。われわれは上機嫌で、九柱戯を行う妻たちと愉快な時を過ごした。(145)」こうした行為は市民階級でも貴族でも普及していたと思われる。というのも、しばらくのち、ホワイトホール宮に務めるこの海軍省書記官ピープスが「紳士も婦人もいまやプレーすることの多い九柱戯の緑地(146)」について報告しているからである。九柱戯の緑地は、あらゆるスポーツを行うことのできる人気のある行楽地だった。それゆえピープスは、一六六七年四月、妻とその二人の女友達、さらに二人の使用人とともに、家族で遠足をしている。「まだ行ったことのないジャマイカ館へ。娘たちが九柱戯の緑地で競走しており、大いに楽しんだ。[147]」

人気のある競技種目のひとつは、近世を通じて女性が参加した競走である。イタリアやドイツの多くの都市では、特定の祭りの際に競走が催され、未婚女性がその力と粘り強さを披露した。そこでは、各賞が提供されたほかに集団見合いの機会もあったが、純粋にスポーツの競争であったのは確かである。だから、一八世紀、女性の競走が始まりつつあった新記録樹立の欲求にすっかり心奪われてしまったのも不思議ではない。いまや男子の競走と同様、信じがたい成績が記録された。たとえば次のような場合である。「一七六五年七月、ひとりの若い女性がスコットランドのブレンコゴを出て、ニューカッスルから二マイル以内の地まで一日で走行した。これは約七二マイルである。[148]」啓蒙主義の世紀、女性がスポーツを行う機会は一般的には改善された。もっとも、年《とし》の市《いち》の見世物とスポーツとの境界を正確に引けるとは限らなかった。それゆえ、一八世紀初頭、エリザベス・ストークスのような人がロンドンのシティ・チャンピオンとして現れてくる。数年後にも、ロンドンの格闘技場に女性レスラーや女性ボクサーが登場したことが定期的に報告されている。一七二五年一一月の新聞には、「ストークス夫人、勇気ある力強いシティ・チャンピオン」が、「アイルランドのヒロイン」と呼ばれ、「彼女を打ち負かすに充分な力を備えていると思われる」ひとりのアイルランド人女性と格闘技の選手権試合を行ったという記事が掲載された。そうした見世物を訪れたフランス人セザール・ド・ソシュールやアベ・プレヴォも、二人の女性アスリートはあらゆる型で闘い、新聞諸紙には催しの広告が見られたと伝えている。一七二九年、フランスのロンドン・ガイドブックは、「大胆不敵のアマゾーン」たちの試合についてはっきりと言及している。[149]

第四章　スポーツの発明

われわれは神の領域を侵すことを恐れない。われわれがいまや公衆に提供しようとしている本誌の道徳的傾向に関して、当然、多くのことが言われるだろう。しかし、われわれは自分が道徳主義者ではなくスポーツマンだと公言するので、自分自身の領域を越えることはないだろう。

一七九二年、『スポーティング・マガジン』誌編集部

威信を保つためのスポーツ

儀式不在のスポーツ

古代末期の教父テルトゥリアヌスのような熱狂的なキリスト教徒は、古代の競技が異教の神々を実

際に――あるいはただ外見上だけかもしれないが――崇拝するのとともに行われることを非難していた。事実、ギリシアのスタディオンや古代ローマの円形闘技場のあちらこちらにはおびただしい数の神々の像が立っていたし、大規模な競技会は特定の神域の祝祭日に行われた。アレン・グットマンのような社会学者は、前近代のスポーツの特徴は宗教上の儀式と結びつけられたままであったことだとみなした。プロテスタントが聖人たちをそう呼んだように、キリスト教の「偶像」が、ある意味で異教の神々に代わって登場してきたのである。スポーツの催しは、たいてい聖人の祝日、しばしば都市の守護聖人の日か、あるいは価値転倒の儀式を伴った謝肉祭のように、キリスト教の特定の祝祭と関係していた。

しかしながら、キリスト教の儀式といかなる関連ももたないスポーツ競技会、いわばスポーツのためのスポーツの増加が認められる。いわゆるフィールドスポーツ、つまり屋外競技場で、純粋に娯楽を目的として、大勢の参加者や観衆のために行われるスポーツの催しである。一五六九年、北部の貴族は、国王エリザベス一世に対する反乱を企てたとき、反乱準備をスポーツの催しに偽装した。北部の貴族は、その地方の勢力関係に王権が介入することを阻止し、北部ではまだ信者が多かった古い（カトリックの）信仰を復興させることを望んだ。だから、もしもそのスポーツの催しを聖人の祝日と結びつけて行ったならば、計画にとっては不都合だっただろう。結集の政治的性格を露呈させてしまったかもしれないからである。大規模な催しは、その地方のジェントリーに反乱支持を誓約させるのに役立った。反乱の目的は、北部の王の役人を殺害し、カトリックのスコットランド女王メアリー・スチュアートを監禁から救出してイングランド女王に就けることだった。フィレンツェのある銀行家が反乱を財政的に援助し、フランス国王が政治的に支援した。宗教的な理由をもたない大規模なスポーツイベントを開催することがもっともらしく思われたというこうした事実は、すでにこの時点で、カトリック側においてもプロテスタント側においても、スポーツが原則的に宗教から切り離されていたことを示している。(1)

スポーツが熱狂とは関係なく冷静に行われたひとつの好例を、――当時の人々が信じていた伝説によると――女王の海賊私掠船船長サー・フランシス・ドレークが提供してくれる。ドレークは、一五八八年、イングランド艦隊副司令官として、スペインのイングランドに対する攻撃の防衛に貢献した。当時、スペインの無敵艦隊は最大級として知られていた。しかしこの艦隊の存在が七月一九日にイングランド沿岸沖に確認されたとき、ドレークはプリマス・ホーで、まずスポールブールの一勝負を最後まで終らせてから反撃に出ることを主張した。(2)

そうした証拠は多数の日記から読み取ることができる。日記は実際に当時――それゆえ毎日――書かれ、後世になって手が加えられたり、短縮されたものではない。たとえばプロテスタントだったサミュエル・ピープスの一六六〇年八月一〇日の日記には、競走に関して次のように記されている。「ムーア、クリード両氏とともに馬車に乗って、競走が開催されるハイド・パークへ。ひとりのアイルランド人と、そして、かつてクレイポール卿の下僕だったクロウが三周走った。みごとな競走だった。[…]クロウが二マイル以上の差をつけてアイルランド人を負かした。(3)」三年後、再びロンドンから報告される。「今日の市内の話題は、バンステッドで――リッチモンド公の下僕リーと、広く知られた走者であるタイラーのあいだで――行われた大規模な競走である。リーが勝利した。国王、ヨーク公、それにほかのたいていの者は、タイラーに三か四対一で賭けていた。(4)」われわれにとって重要なのは次のことである。すなわち日常のスポーツ——貴族の宮殿の屋内球技場でも、貴族子弟のための学校でも、都市でも、毎日、一日中行われていた——は、もはや宗教とはいかなる関係もなかったことである。それゆえ、ロンドンのテニス競技についてはこう書かれている。「私が宮殿内を歩いていたとき、国王がテニスをプレーされているのが聞こえた。だから新しい屋内テニス場へ行き、国王とサー・アーサー・スリングズビーがサフォーク卿とチェスターフィールド卿と対戦しているのを観た。国王は三セットを取り、二セットを失った。彼らを皆、非常に上手いと思ったが、国王が特に上手かった。(5)」

テニスの台頭

スポーツが成立していく指標として、球技の台頭を考察することができる。ジュ・ド・ポームは、ネットを張ったラケット（イタリア語では *racchetto*、フランス語では *raquet*、英語では *racket*、ドイツ語では *Rakete*）を用いてプレーされるようになってからも、フランスではそう呼ばれていた。イングランドでは、フランス語の「トゥネ（*tenez*）！」（「お受けなさい！」）にちなんでテニスとなった。ジュ・ド・ポームは一五世紀には屋内でプレーされていた。もっともネットはまだ使用されていなかった。屋外競技場は、一四五〇年頃以降、ブルッへやヘント、そして諸侯の居城でつくられるようになった。のちの皇帝マクシミリアン一世は、一四九〇年代、ブルゴーニュ公としてテニスをプレーし、すでにその際、一本の紐がコートを分割していた。カスティーリャ王フェリペ一世は、一五〇五年、ドーセット侯相手の試合で、テニスラケットの前身であるボールを投げ飛ばす器具を用いた。王の統治時代、ハーグにおいて、アルプス山脈の北では最初期の屋内球技場が建設されている。王の息子カルロス、のちの皇帝カール五世も、若いときには熱狂的なテニスプレイヤーだった。フェデリコ二世・ゴンザーガのマントヴァ公への任命は、一五三〇年、新築されたパラッツォ・デル・テにおけるテニスの試合で祝福された。(6)

テニスラケットと小さいテニスボールをもった若い貴族。クレモナ出身ソフォニスバ・アングイッソラ作とされる画。

パリがテニスの中心地へ台頭し始めたのは一四世紀のことであるが、今日あとづけることができる競技場の多くは一五・一六世紀に建設された。たいていの競技場は個人によってつくられたことが史料で裏付けられる。パリの最大部分――セーヌ川右岸――では、誰でも借りることができるテニス競技場が約七〇あったことが証明できる。テニス競技場は、国王の二つの居城〔フォンテーヌブロー宮殿とヴェルサイユ宮殿〕、職人街レ・アール、そしてタンプル塔界隈に集中している。そこでは、マルゴという名の若い女性が、パリのすべての男性プレイヤーよりも上手くプレーしたと言われている。セーヌ川の左岸では、およそ五〇の競技場が復元可能であり、そのうちの大部分（三六）はサンジェルマン大通りの近くにあった。代表的なものとして、パリの歴史地図の中の一五五三年の「バーゼル大学図書館蔵版古地図」には、プレオクレールに球技者たちが描かれているほどである。パリのテニス競技場は、中世末以降、都市の余暇文化を構成する不可欠な要素であった。ドイツの諸都市と同様にパリでも、射撃場は都市防衛の訓練場として公共の施設であったのに対して、球技場は純粋に私的な余暇娯楽であった(7)。

パッローネ、カルチョ、ペルメルの競合

小さなボールを用いる競技とともに、大きなボールを使う競技も登場した。パッローネは、ドイツとイタリアの諸地域で、長い一六世紀〔フェルナン・ブローデルのいう一四五〇―一六五〇年の時期〕においてもっとも人気のある球技だった。マテウス・メーリアンのパリ時代の版画から、ボールを空気ポンプで膨らませ、拳と前腕にブラッチャーレという名の防具をつけてボールを打ったことがわかる。輪突きと同じように、パッロー

ネにおいては力よりも器用さが重要だった。器用さという概念は、パッローネがルネサンス・イタリアから生まれたことを示している。一六世紀以降、パッローネはヨーロッパのほかの地域へ普及した。三〇〇年以上にもわたって、パッローネに関する言及や記述が存在している。事実、パッローネを探すやいなや至る所で発見できるのである。たとえばヨハン・ヴォルフガング・フォン・ゲーテの『イタリア紀行』〔一八一六―一八一七年〕における一七八六年九月一六日付の箇所である。ゲーテは、ヴェローナで、騒々しく球技に熱狂している五〇〇〇人の観衆を集めた見世物を考察している。(8)

アントニオ・スカイノは、この球技に熱狂する大勢の男女の観衆について報告している。(9) パッローネの試合では、各チームは、ボールが自分のコートに落下するのを阻止しなければならなかった。イタリアでは、それは今日のバレーボールに似ていた。パッローネでも点を数え、二ポイントの差をつけて四〇ポイント先取した方が一ゲームを取った。(10) しかしルールは非常に異なっていた。近代のスカッシュと同様、壁とラインを使ってもプレーすることができた。チロルの侍医ヒッポリュトゥス・グアリノニウスが七種の球技を記録しているように、イタリアと違ってドイツでは足を使ってもよかった。(11) だからドイツでは、ほかのフットボール種目が人々を引きつけなかったのかもしれない。他国では、パッローネ以外にもフットボール競技が存在していた。イタリアではカルチョ、(12) フランスではスール、イングランドではフットボールである。プファルツ＝ノイブルク公ヴォルフガング・ヴィルヘルムは、初期のサッカープレイヤーのひとりであり、ドイツで証明できる最初のプレイヤーかもしれない。しかしカトリックに改宗したノイブルク公だけではなく、ハイデルベルクに居住するカルヴァン派のプファルツ選帝侯の一族も、さらにツヴァイブリュッケンに居城を置くルター派のプファルツ＝ツヴァイブリュッケン公の一族も、おそらくは熱狂的なパッローネプレイヤーだったろう。ということは、プファルツ選帝侯領が、その傍系の領邦とともにドイツ・サッカーの発祥地だったのだろうか。(13) スウェーデン国王グスタフ・アドルフもパッローネの熱狂的なファンであった。国王について、ドイツのプロテスタント支持者のあいだでは次のように言われた。「大きなボールか空気で膨らました革製のボールでブラッチャーレを用いてパッローネをプレーすること／この偉大な北方の英雄スウェーデン王グスタフ・アドルフは、大いに楽しみ、自分でも上手くプレーした。(14)」

一五・一六世紀、ジェノヴァやイタリアのほかの諸都市におけるように、カルチョはフィレンツェでもむしろ粗暴な競技であり、村や都市の地区全体が参加した。イタリアの作家トラヤーノ・ボッカリーニは、一六一二年、『パルナッソス通信』において、カルチョの荒々しさから、その発祥が共和国〔一一五一―一五三二年〕時代のフィレンツェだったことがわかると記している。フィクションとして描かれたパルナッソスの審判者の多くには、カルチョは競技としては過酷すぎ、闘争としては愉快すぎるように思われた。「それにもかかわらず巨匠たちは異口同音にそれを好んだ。だから大勢の人々は、若いフィレンツェ人の素早い走り、巧みな跳躍、そして力を特別に賞賛した。青少年の走ること、跳躍、すばらしい力を訓練するのにきわめて適しているため、この競技をたいそう気に入っている者もいた。多数の人々は、かつて高名だった共和国が、そうした目的のためにカルチョを普及させたのだと強く確信していた。(15)」

イングランドのフットボールにおいても、当初、ゴールは小都市の市門だった。市門は特定の日にゴールとして利用された。試合時間や選手数について定まったルールは存在せず、しばしば日が明るいうちはプレーした。試合は村全体のあいだで民衆の殴り合いになることも珍しくなく、死者が出ることも時々あった。

第三の重要な球技は、――テニスやサッカーの多様な種類と並んで――スティック（イタリア語で*maglio*）を用いる打球技であるペルメル（*Pallamaglio*）だった。スペイン領時代のナポリで発展したと推測されるゴルフとクロッケーの前身であるこの球技は、非常に長いまっすぐで平坦な競技場を必要とし、その競技場の端に小さな鉄製のゴールが置かれた。ボールをできるだけ少ない打数でゴールに入れることが目標とされた⒃。

メディチ家のトレードマークとしてのカルチョ

おそらく、近世でもっともスポーツ好きの諸侯のひとりはコジモ一世であろう。その統治時代、メディチ家はヨーロッパの上級貴族に上昇した。コジモは、一五三九年、スペイン領時代のナポリ副王の娘エレオノーラ・アルバレス・デ・トレドと結婚し、一五六九年には教皇ピウス五世によって「トスカーナ大公」に昇格された。貴族としての偉大さは、何よりもパトロンとしての支援によって誇示しなければならなかった。その際、常に、芸術史家や文学史家は芸術や文学だけを、また建築史家は都市計画や建築政策だけを考えがちである。しかしながら、少なくとも幾つかの王朝では、スポーツ政策も重要だった。その傑出した一例がメディチ家と、とりわけコジモ一世である。コジモ一世は熱狂的な球技プレイヤーであり、ローマで彼の代理人を務めていたジョヴァンニ・フランチェスコ・

右図：〔参考図版〕コジモ1世（アーニョロ・ブロンズィーノ画、1545年）

左図：ヤン・ファン・デル・ストラート（ジョヴァンニ・ストラダーノ）　サンタ・マリア・ノッヴェラ教会前のカルチョ。1558年、フィレンツェ、ヴェッキオ宮殿、グアルドラダの間のフレスコ画。

ロッティーニの一五四五年の情報によれば、コジモは毎朝起きるとまず一度テニスをしたという。彼はポッジョ・ア・カイアーノの別荘にテニス施設をつくらせ、その別荘に滞在するときには晩にもう一度コートへ行った[17]。コジモは、人文主義教育とともに、統治を安定させるための「パンと見世物」の意義について熟知していた。しかし、剣闘士闘技、戦車競走、そして野獣狩りの時代は過ぎ去っていた。たとえイタリアのかつての名声を想起させるために、そうした競技を時おり開催することができたとしてもである。フィレンツェの人々の熱狂は、都市の通りで行われるカルチョに捧げられていた。コジモはカルチョをフィレンツェの国民スポーツに昇格させ、メディチ家の紋章である「球（Palle）」に結びつけたのである。家長たちはフィレンツェの僭主とトスカーナ大公へ昇りつめる以前には銀行家だったが、本来その紋章は苗字（*Medici*＝医者）を暗示し、丸薬を意

味していた。フィレンツェの人々とメディチ家がスポーツに熱狂したため、「球」は丸薬ではなくボールだとする新しい解釈が施された。市民の暴動に際してメディチ家の支持者たちが上げる雄叫びは、すでに「パレ、パレ（*Palle, Palle*）」であった。カルチョはメディチ家のトレードマークとなったのである。

コジモの先代アレッサンドロ・デ・メディチは、自分自身、カルチョプレイヤーとしてたびたび登場した。しかしカルチョが大きく台頭したのはなんといってもコジモ一世の治世下である。大競技会が定期的にサンタ・クローチェ教会前広場や、今日の中央駅に近いサンタ・マリア・ノッヴェラ教会前広場で催された。少しのちには、オランダの画家ヤン・ファン・デル・ストラートが、大公の委託を受けて、一五五八年七月二日の大規模なカルチョを、宮殿の広間（ヴェッキオ宮殿・グアルドラダの間）にフレスコ画で描いている。その後は、外国からの公式訪問、結婚式、謝肉祭、サンジョヴァンニ祭のときにはいつも、もちろんコジモが大公へ列せられたような特別な場合にも、大規模なカルチョで祝われた。一五七〇年二月には、こうした機会に、フィレンツェのカルチョがローマのディオクレティアヌス浴場でも行われた。これもメディチ家の偉大さを表す証《あかし》であった。すでに古代ローマ皇帝たちは公衆浴場で球技を行わせていたのである。

宮廷における祝宴の責任者ジョヴァンニ・デ・バルディは、コジモの息子フランチェスコ一世・デ・メディチにフィレンツェのカルチョに関する論文を献呈し、大公の機能を頌歌ふうに記している。「あなた様はすでに（以前に）カルチョを愛するがゆえに王のマントを脱ぎ、広場の中央へ、チームと競走の只中へと赴かれ、汗をかき、叫び、突進し、勝利されたので、フィレンツェの若者も全員一致して、次のことを請うております。万が一、トスカーナ支配による祝宴の存続が妨害された場合、あなた様が少なくとも、あなた様の明るい目をこのような大きな労苦からそむけ、精神をほかのもの（＝カルチョ）に向ける好意を示されることを。そしてあなた様が愛着をもって、あなた様のフィレンツェだけではなく、あなた様を手本とするほかの各都市をも動かされて、あなた様がこの華麗な競技で肉体と精神を鍛錬し、肉体と精神を栄光に満ちて屈服させられないものとする有益さを世界に示されることを。(18)」

コジモ一世の後継者は皆、みずからカルチョプレイヤーとして登場するか、あるいはカルチョの寛大な後援者であった。コジモ一世の息子で、早くして亡くなったピエトロ・デ・メディチは、一五七六年の謝肉祭の日曜日、「白チーム」のキャプテンとして名を成したし、フェルディナンドの妻クリスティーヌ・ド・ロレーヌは、コジモ二世・デ・メディチの妻マリーア・マグダレーナ・ダウストリアと同じように、試合のパトロンであった。一六〇八年、彼女の結婚に際して催されたカルチョでは、花婿もその弟フランチェスコ・デ・メディチも参加した。カルチョに夢中になっていた二人の兄弟のもとで、一六一三年の謝肉祭には毎日カルチョの試合が行われ、ある詩人は「赤」チームに賛歌をつくっている。カルチョ詩は一六世紀末と一七世紀を特徴づけるものとなった。

メディチ家は粗暴なカルチョの試合を文明化し、家門の君臨に役立てた。試合の参加人数と試合時間が制限され、ルールが確立された。このようにしてカルチョの試合は街路から取り上げられ、貴族の競技に限定されたにもかかわらず人気を保ち続け、フィレンツェのサンタ・マリア・ノッヴェラ教会前で行われる定期的な試合の際には大勢の観衆を引きつけた。そのため、数多くの試合報告や図版が残されている。[19] ピサ大学でガリレオの同僚であり、キオス島出身のギリシア人ジョルジョ・コレジオのような当時の人々は、共和国のカルチョ試合がフィレンツェ公国〔一五三二—一五六九年〕の祝祭文化へ組み入れられていく様子を次のように描いている。初代の公アレッサンドロ・デ・メディチはカルチョを「受け入れた」。コジモ一世は軍人としてカルチョの身体訓練を高く評価した。コジモの後継者フランチェスコ一世は学者として古代ギリシア・ローマを彷彿させるという理由でカルチョを愛し、フェルディナンド一世はこれら二つの動機を融合させた。現大公、若きコジモ二世・デ・メディチが初めて、カルチョの真の愛好者であり、カルチョから彼自身の力を引き出している、と。[20]

ポーランド王子の旅の一行からも、一六二五年二月六日に行われたカルチョの記述が見出される。ボヘミア人ヤン・ハーゲノーは次のように書いている。「フィレンツェの若者が試合を行った。若者たちは異なった衣装でチーム分けを強調しており、一方のチームは赤色を、他方のチームは青色を好んでいた。彼らは二つの三角旗をもってペアで登場し、笛の音と太鼓のとどろきの中、一団となって広場の周囲を歩き、高位の方々にお辞儀をし、審判に三角旗を渡して試合の準備をした。主審が彼らにボール――白い革製で、空気が詰められていた――を投げると、彼らはボールを手や足で突き、相手チームからボールを奪い、自サイドからはるか遠くへと、一団の中から拳や脚でボールを空中に上げた。勝利の徴《しるし》として四つの大砲がそれぞれ一発を発射した〔…〕。この競技の由来、プレー方法、ルール（ふつうはボールを足で蹴り続けるので、それにちなんで「カルチョ」と名付けられた）については、王太子殿下に敬意を表して出版され献呈されていた小本から知ることができた。(21)」

メディチ家が断絶し、トスカーナ大公国がハプスブルク＝ロートリンゲン家によって継承された〔一七三七年〕のちにも、公的なカルチョはしばらくのあいだ開催され続けた。大公フランツ・シュテファン・フォン・ロートリンゲンと、妃でのちのオーストリア大公マリア・テレジアはカルチョのパトロンの後継者となった。しかし、彼らの息子であり、のちの皇帝レオポルト二世は、トスカーナ大公国の継承者として、リヴォルノでの歓迎試合のあと、国民的スポーツとしてのカルチョの伝統を消滅させてしまった。(22)

スポーツ諸侯

スポーツに熱狂する諸侯

多くの諸侯については、彼らが熱狂的なスポーツマンであったことが伝えられている。フランス王シャルル八世は、イタリア遠征〔一四九四年〕の失敗後、数カ月のあいだ馬上槍試合《トーナメント》とジャウストをして過ごした。王の外交官であり年代記作者であったフィリップ・ド・コミーヌは次のように記している。「一四九六年初め、王はすでに三、四カ月、アルプス山脈のこちら側においでになるが、それ以降、イタリアではほかの何も企てられなかった。私はこのあいだずっと王のお側にいて、たいていの事に居合わせた。王はリヨンからムーラン、ムーランからトゥールへ行かれ、各地で馬上槍試合《トーナメント》とジャウストを催され、それ以外のことは何も考えておられなかった。(23)」神聖ローマ帝国皇帝マクシミリアン一世の息子であるカスティーリャ王フェリペ一世は、スポーツに熱狂したことが間接的な原因で亡くなったと言われる。フェリペ一世はハードな球技のあとに熱射病で死亡したとされている。(24)その息子スペイン王カルロス一世、のちの神聖ローマ帝国皇帝カール五世も、若い時期には情熱的なテニスプレイヤーであった。カルロス一世が一五二二年にイングランド王ヘンリー八世、オランジュ公、ブランデンブルク辺境伯とともにブライドウェル宮殿で行ったダブルスの試合は、テニス史における世紀の一瞬に数えられるだろう。(25)

プラハ城のボール・ゲーム・ホール（Micovna）は、一五六八年に神聖ローマ帝国皇帝マクシミリアン二世がつくらせていた。そのマクシミリアン二世を父とし、一見するとテニスをやる気などまったくなさそうな神聖ローマ帝国皇帝ルドルフ二世も、ボール・ゲーム・ホールで熱狂的にプレーしただけでなく、ほかのプレイヤーの試合を観戦するのも好きだった。たとえば、ブラウンシュヴァイク公とジュリオ・チェーザレ・ゴンザーガ対ボヘミア貴族ヨハネス・フォン・ペルンシュタインとアントニオ・ダルコのダブルスである。(26) バイエルン大公アルブレヒト五世はランツフートの屋内球技場を建設した直後、王位継承者であるヴィルヘルムのことを本気で心配していた。「ヴィルヘルムは、毎日、不適切な時間にボールを打つことを過剰に行っている」と報告されていたからである。一五七九年、バイエルン大公ヴィルヘルム五世「敬虔公」は、ミュンヘンで統治権を継承したとき、すでにひとつの計画を胸に秘めていた。新しい屋内球技場を建設することをである。(27)

一六〇〇年頃、プファルツ系ヴィッテルスバッハ家においてはイタリアのパッローネが人気を集めていたのに対し、(28) バイエルン系の縁者たちはフランスのジュ・ド・ポーム（テニス）を好んでいた。一方、ヴュルテンベルク公ヨハン・フリードリヒは、もちろんパッローネやテニスもプレーしたが、弟たちと同じように熱狂的な射手であった。(29) 公は、常時、射撃競技のための優勝杯争奪戦を開催し、弩、ピストル、ライフルで抜きん出ていた。さらに輪突きやその他の馬術競技を愛好するヴュルテンベルク家の姿勢は、ドイツのほかの諸侯の宮廷で見られた熱中ぶりをはるかに上回っていた。もちろんアクティブなスポーツへの熱狂は、年齢にも関係していた。若き諸侯は狩りやスポーツ競技場で暴れたが、年老いた諸侯はたいていもっと宗教的であり、図書館やその他の集まりで時間を過ごした。当然のことながら、スポーツへの熱狂は観衆の側にも存在していた。ミュンヘン市の記録は、大公の居城の南側にあり、八四の窓で採光された大きな屋内馬上槍試合場《トーナメント》を指摘し、そこでは「何千人もが馬上槍試合《トーナメント》を観る」ことができたとしている。(30)

スポーツマン王としてのイングランドのヘンリー八世

ハンス・ホルバインは老年でひどく太ったイングランド王ヘンリー八世の肖像画を残しているが、

〔参考図版〕イングランド王ヘンリー8世（ハンス・ホルバイン画、1537年頃）

その肖像画を知っている者は王とスポーツを結びつけることがほとんどできないだろう。しかしその王こそが、側近たちとスポーツをして夏中を過ごした人なのである（「気晴らしをして夏を過ごした」）[31]。身長六フィート以上（一八〇センチ以上）で肩幅の広い堂々とした外見をしたヘンリー八世は、当時、もっともスポーツ好きの諸侯のひとりだった。そして王は、意識的に自分の力とエネルギーを誇示した。王は、その卓越した身体によって、ほかの王侯の承認と国民の賛嘆を手に入れた。老ヘンリーは暴君として有名であるが、若き王は、学識の黄金時代が到来するのだという人文主義者たちの希望を呼び覚ましただけではなく、とりわけ男女誰にでもわかりやすい身体の技を見せ続けることによって、国民の好感を得ていた。若き王は宮廷において、自分とひとつのことを共有する若き貴族を優遇した。つまりそれはスポーツへの愛着であった。

貴族にとって、半軍事的な訓練は興味深かった。射撃、刀剣試合、槍投げ、レスリング、乗馬、ジャウストにおける騎士の一騎打ち、輪突き、クィンティン走である。これらのスポーツ競技にはそれぞれ特別な馬の品種が向いていたため、王はスペインや南イタリアからの――しばしばアラビア生まれの――選りすぐった多数の馬を飼育していた。マントヴァ辺境伯ジャンフランチェスコ二世・ゴンザーガの宮廷は馬の飼育で有名だったが、その宮廷は、一五一四年、ヘンリー八世に一頭の雄馬と三頭の雌馬を、ひとりのイタリア人の調教師兼馬術教師とともに送った。馬上槍試合《トーナメント》では、王は大勢の観衆の前でみずから好んで馬術を実演した。王の馬好きについては、通信員やヴェネチア共和国の大使がヨーロッパ中に広めたので、馬はイングランドへの進物として人気があった。フェッラーラ公アルフォンソ一世・デステや神聖ローマ帝国皇帝カール五世も、馬、さらに一群の種馬を贈呈している。馬の飼育のための特別の宮内官職「マスター・オブ・ザ・ホース」が設けられ、その官職の所有者は、常に王の隣を騎行し、王の食卓で食事をすることが許された。王妃キャサリン・オブ・アラゴンは王と同様に馬好きだったので、廷臣に自分の「マスター・オブ・ザ・ホース」を雇用していた。狩りや馬上槍試合《トーナメント》のためだけではなく、競馬のためにも、特別に馬が飼育された。サリーのコブハムにおけるように、独自の競馬コースも付設された。王は自分の騎手を雇っていたが、一五一三年にはフランスでみずから競馬に出場している。

さらに狩猟にも過度の愛情が注がれた。そのため宮廷の巡幸は、五月か六月から九月か一〇月までをその時期と定めていた。ハイド・パークのように、首都の近くにも王の猟場はもちろん存在したが、しかし一〇〇〇人以上から成る宮廷は首都を離れ、イングランド中を巡りながら各地の王宮近くの王の狩り場を次々と利用した。王は、これらの王宮のほとんどすべて、さらには一連の離宮へごく親しい仲間とだけで引きこもり、自分の猟場、飼育された馬、狩り立て猟のための猟犬の群れ、馬上槍試合場《トーナメント》、射撃施設を意のままにした。当然のことながら、それらは、王と廷臣が夏に数週間かあるいは数日のあいだ利用するためにだけ、一年中、良好な状態に保たれていなければならなかった。猟犬の責任は「マスター・オブ・ザ・プリヴィー・ハウンズ（*Master of the Privy Hounds*）」が負った。王宮の中には鷹狩り場を備えているところもあり、「マスター・オブ・ザ・キングス・ホークス（*Master of the King's Hawks*）」が管轄していた。

ヘンリー八世は、（祝祭日を除いて）何日間も、そして朝の四時から晩の一〇時まで狩りをすることができた。狩猟には王妃キャサリン・オブ・アラゴンも参加した。王は、狩りのシーズンが終わると、狩り場に再び多くの野獣が生息するように配慮した。大物の野獣は捕獲されるだけのこともあり、廷臣は猟犬が野獣を狩り立てるだけで満足した。狩りは、牛攻め（*bull baiting*）、熊いじめ（*bear baiting*）、闘鶏のような評判の良くない「ブラッド・スポーツ」になりやすかった。ヘンリー八世は、公立の熊いじめ場のほかに自分の私的な熊いじめ場も所有しており、催しは「マスター・オブ・ザ・キングス・ベアーズ（*Master of the King's Bears*）」によって監督されていた。謝肉祭の火曜日には、王は廷臣とともに闘鶏を訪問する慣わしになっており、そのために、グリニッジ宮殿とホワイトホール宮殿に、一五三三年と一五三四年、わざわざ闘鶏場が新設された。

しかし、王は戦闘的な娯楽だけを行っていたわけでは決してない。むしろ王は九柱戯、輪投げ、もちろんテニスにも興味があった。これらの競技は冬季に限られないが、とりわけ冬季に行われたので、独自の屋内・外のスポーツ場を必要とした。それゆえヘンリー八世は、屋内球技場を建設させた最初のイングランド国王となった。たとえばウェストミンスター、ホワイトホール、ブライドウェル、ハンプトンコートである。(32) テニスコートの整備、用具――ラケット、ボール、ネット、ウエアー――、そして競技場管理人、コーチ、審判員、ボールボーイたちの監督に当たったのが、王の「キーパー・オブ・ザ・テニス・プレーズ（*Keeper of the Tennis Plays*）」だった。王は自分専用のテニスコーチを雇い、遠征するプロ選手たちと対戦した。ヴェネチア共和国の大使セバスティアン・ジュスティニアンは、感動しながら王のテニスの技について報告している。「王は、ご自分のテニスウェアーを着用し、きわめて繊細な布地からつくられた軽いシャツと、柔らかいシューズを召されていた。シャツからは王の明るい肌がきらきら光るのが見えた。プレーのあと、王は、身体が冷えるのを避けるために、

〔参考図版〕左：フランス王フランソワ1世（ジャン・クルーエ画、1530年頃）
右：神聖ローマ帝国皇帝カール5世（ヤーコプ・ザイゼネッガー画、1532年、部分）

黒か青のビロード製のテニス用マントをさっと羽織られた。観戦者は王が世界級であると思った。王がプレーされないときは、貴族たちがコートを賃借することができた。(33)」

テニスは、ヘンリー八世が君主たちと行った世界史上で重要な二つの会見の際に、狩猟と騎士の訓練と並んで傑出した役割を果たした。ひとつは、一五二〇年初夏、北フランスの「金襴の陣（Field of the Cloth of Gold）」におけるフランス王フランソワ一世との会合であり、もうひとつは、一五二二年、神聖ローマ帝国皇帝カール五世のイングランド訪問である。三人の君主は皆、若く力強く、随行した者たちもそれにふさわしく見えた。ヘンリー八世は、フランソワ一世との会談のために、五〇〇〇人以上の随行員と約三〇〇〇頭の馬にドーヴァー海峡を渡らせた。ビジネスのプログラムは短いのに、饗宴のプログラムは長かった。もちろん、饗宴のプロ

〔参考図版〕金襴の陣（ジェームス・バサイア画、1774年、部分）

グラムにはあらゆる種類のスポーツが含まれていた。試合のルールはあらかじめ討議されて決められており、同数のイングランドとフランスの貴族で構成された委員会がルールの遵守を監視した。ヘンリー八世が六月初旬に到着したのち、二週間にわたりミッドサマー・ゲームズが続き、両国が優劣をめぐって競い合った。フランソワ一世は、両国のテント群のあいだに巨大な馬上槍試合場《トーナメント》（九〇〇フィート×三二〇フィート、つまり約三〇〇メートル×一〇〇メートル）をわざわざつくらせ、六月一一日と二二日にはおよそ三〇〇人の競技者が試合を行った。二人の国王も、一方は二五歳、もう一方は二九歳であったが、何度も個人戦を行った。もっとも、外交官たちは二人が直接に対戦するのを避けることができた。(34) だから二人の競争は間接的だった。それぞれの試合では甲冑の火花が散り、助言者たちは本気で二人の健康を気遣った。ヘンリー八世は自分の馬の一頭を死なせ、手に負傷した。フランソワ一世は目に青あざをつくった。フランス側の騎士のひとりは自分の弟を突いて死なせてしまった。

六月一三日、ヘンリー八世は、レスリングの一試合を訪問したのち、フランソワ一世に直接試合を挑んだ。まさにそれは外交官たちが避けようとした事態であった。フランソワ一世は身長二メートル以上もあって容易には倒されず、奇襲を巧みにかわしながらヘンリー八世の前に足を突き出して躓かせ、地面に投げた。ヘンリーは怒りで顔を真っ赤にして立ち上がり、雪辱戦を要求して、射撃でそのチャンスを得た。ヘンリー八世は身体的な敗北に怒ったが、その怒りは恭しい饗宴によって鎮められ、外交上の危機は回避された。馬上槍試合《トーナメント》は、悪天候にもかかわらず、何日ものあいだ一万人以上の観衆を集めた。ミッドサマー・ゲームズは六月二三日の土曜日に終わった。試合場では厳粛なミサが行われ、花火、野外での饗宴、最後の模擬試合が催された。王妃キャサリン・オブ・アラゴンが試合で秀でた者たち全員に賞を授けた(35)。

神聖ローマ帝国皇帝カール五世がイングランドを訪問したきっかけは、叔母キャサリン・オブ・アラゴンとヘンリー八世のあいだの娘であり、やっと六歳になったばかりの従妹メアリー・テューダーとの婚約であった。一五二二年三月、すでに皇帝の大使たちとの交渉に際して大規模な馬上槍試合《トーナメント》が催されており、ヘンリー八世はみずから試合に出場している。もちろん、祝祭ムードは皇帝の国家訪問で頂点に達した。皇帝は、五月の終わりに、二〇〇〇人の随行員と一〇〇〇頭の馬から成る廷臣団とともに来訪した。ヘンリー八世は、来賓カール五世とともにドーヴァー港を航行し、海上から自分の新しい艦隊を皇帝に誇示した。続く数週間、祝宴、ダンス、威厳ある行進、進物の交換、狩猟のためのさまざまな狩り場訪問が目白押しだった。一五二二年六月初旬にロンドンへ入ったのち、本書ですでに言及したブライドウェル宮殿における記憶すべきテニス試合の日が到来する。その日、イングランド王ヘンリー八世と皇帝カール五世は対戦し、オランジュ公とブランデンブルク辺境伯とともにダブルスの試合を行ったのである。一一ゲームをプレーしたが、二人の君主の勝負はつかなかったようである。外国訪問は六月八日に盛大な祝宴で終わった。六月一〇日、フランスに対する神聖ローマ帝国とイングランドの同盟条約が署名され、六月一九日、カールとメアリーは正式に婚約した。そのあいだ、さらにそののちにも、ヘンリー八世の主要宮殿各地への狩りが催され、カール五世は、七月六日、——イングランド艦隊に随伴されて——サウサンプトンから大陸へと帰って行った(36)。

国王の顧問官たちは馬上槍試合《トーナメント》をいつも憂慮しながら観ていたが、ヘンリー八世の馬上槍試合《トーナメント》の事故は、まだ歴史の浅かったテューダー朝がこのスポーツ競技によって危険にさらされたことを想起させる。キャサリン・オブ・アラゴンはすでに何度か出産していたが、まだ息子には恵まれていなかった。ヘンリー八世は特別に新しい試合用の甲冑を注文し、それを試すために、一五二四年三月、グリニッジで馬上槍試合《トーナメント》を開催した。王は、義弟サフォーク公チャールズ・ブランドンとの試合に臨んだとき、進撃に際して兜庇を閉じるのを忘れてしまった。驚いた観衆は叫び声を上げ、相手方を止めようとしたが、サフォーク公は重い兜をつけていたために聞こえなかった。二人の競技者は音を立てて衝突し、サフォーク公の槍はヘンリー八世の右眉と兜の頭部部分のあいだの頭蓋骨を直撃した。槍は折れ、王の兜庇ははるか後方へ押しやられ、兜の頭部部分はこなごなに砕けた。ヘンリー八世は外見上は無傷だった。サフォーク公は驚いたが、王はこの事故の責任は自分にあると公言した。無傷だった証拠に、王はさらに六回試合を行っている。生死を分けたのが一インチ（約三センチメートル）にも満たない距離であったことは、誰の目にも明らかだった。大勢の者たちは、生涯にわたってヘンリー八世を悩ませた頭痛は、このとき額《ひたい》に受けたひどい打撲のせいであるとしている(37)。

ヘンリー八世が比較的大がかりな馬上槍試合《トーナメント》に参加したのは、一五二四年のクリスマス、三三歳のときが最後だった。またしてもグリニッジの馬上槍試合場《トーナメント》である。その後、王はこの危険なスポーツ競技に参加しないことが多くなった。キャサリン・オブ・アラゴンとの離婚と関係していた諸王宮の改築に際しても、スポーツ場の改修はあいかわらず大きな役割を占めていた。王は依然として、巧みな騎手、狩猟家、テニスプレイヤー、射手であり、さらにボウリングと闘鶏を好んだからである。大規模なスポーツ競技場群は、特にグリニッジ、ホワイトホール、ハンプトンコートに建設された。ホワイトホールには五つのテニスコート、二つのボウリング場、ひとつの大きな馬上槍試合場《トーナメント》、ひとつの闘鶏場があり、グリニッジにはひとつの闘鶏場、ひとつのボウリング場、ひとつの鷹狩り場、ひとつの木組みの屋内球技場があった。ハンプトンコートの屋内球技場は一五三四年に完成され、屋根付きの回廊によって屋外テニスコートと結ばれていた。ヘンリー八世の屋内球技場はどれも、イングランドの宮殿や教会建築に見られる贅沢な垂直様式で建設され、尖頭アーチ、支壁、屋根には鋸壁を有していた。床はタイル張りで、二つの階に並ぶガラス窓は金網によって飛んでくるテニスボールから防御されていた。比較的大きなコートは長さが約二七メートル、幅が九メートルであった(38)。

一五三二年一〇月、ヘンリーがフランスを訪問した際、老いつつあった二人の王フランソワとヘンリーはもはや馬上槍試合《トーナメント》には出場せず、フランソワの息子がテニスの試合を行うのを観戦し、多額の金を勝者に賭け、さらに闘牛と熊いじめを楽しんだ(39)。ヘンリーが馬上槍試合《トーナメント》で最後に重大事故に見舞われたのは四四歳のときであった。一五三六年一月二四日、王が完全武装して試合に出場したとき、相手が馬から王を突いただけではなく、馬が——同じように試合用の装備ごと——王の上に崩れかかった。ヘンリーはこの深刻な落馬ののち、まるまる二時間のあいだ意識を失っていた。皇帝の大使ウスタシュ・シャピュイは、王が死ななかったのは奇跡だとされたと報告している。この重大なスポーツ事故のために、王妃アン・ブーリンは数日後、流産してしまったのかもしれない(40)。

プファルツのスポーツ諸侯

一六世紀、プファルツの諸侯は自伝を記すのが好きだった。そのため、彼らのスポーツへの愛着についてわれわれは特別に詳しく知ることができる。のちの選帝侯であり、プロテスタンティズムの英雄であるプファルツ家のオットー・ハインリヒは、日記の中で、一五二三年一〇月半ばに四日間にわたってブルフザル司教宮殿で行われた射撃試合について報告している。その試合には――宗派の境界を越えて――フライジングとシュパイアーの司教のほか、選帝侯ルートヴィヒ五世、そのルター派の弟であり継承者であるプファルツ家のフリードリヒ二世、プファルツ伯ヴォルフガング、カトリックのプファルツ伯フィリップとゲオルクが参加しており、ゲオルクがホストであった。(41) まるで家族集会のように聞こえるこの試合ののち、一五二四年五月三〇日から六月五日にかけてハイデルベルクで行われた次の射撃大会は大規模な催しとなった。再び一族の兄弟や従兄弟がやって来たが、今回は六五二人の射手が、一週間におよび、九〇のテーブルでもてなしを受けた。参加者と勝者全員が記録簿付きの一冊の大きな本に記載され、その中には、侯、伯、上級貴族、フライジング、シュパイアー、トリーア、レーゲンスブルク、ヴュルツブルクの各司教がいた。もっとも著名な参加者はヘッセン方伯フィリップであった。諸侯が参加したにもかかわらず、一等賞を授与されたのはひとりの市民、法学者カスパー・ボーグナーだった。

プファルツ伯たちは、自国で開催されたこの射撃大会の直後、シュトゥットガルトで行われた舞踊の催しに出席した。そこにはオーストリア大公フェルディナント二世が招待されていた。それから、彼らはミュンヘンで開かれる聖ヤコブの日の年《とし》の市《いち》へと旅行し、競馬(Scharlachrennen)に列席し、ダンス、狩猟、射撃に参加した。賞品はバイエルン大公ヴィルヘルム四世が寄贈している。続いてプファルツ伯たちは、フライジング司教領へ、さらにオーバープファルツへと狩猟に出かけ、そこから、

アドリアーン・ファン・デ・ヴェンネ　パッローネ。『102の線画集』所収。

「若きプファルツ」、つまり新設されたプファルツ＝ノイブルク公領で射撃を行った。ノイブルクからは船でドナウ河を下って帝国都市レーゲンスブルクへ行き、その地で行われる次の懸賞射撃競技会に参加している。プファルツ伯たちのこのスポーツ休暇は五月から一二月初旬まで中断されることなく続き、彼らはようやく一二月初旬にハイデルベルクに戻ってきた。すでに日記では、シュパイアー、アウクスブルク、レーゲンスブルクの帝国会議における政治的交渉について、懸賞射撃競技会、馬上槍試合《トーナメント》、狩猟、舞踊に関してほど報告されなくなっていた[42]。

　プファルツ・ノイブルク公ヴォルフガング・ヴィルヘルムは、早い時期から日記の中で、スポーツへの熱狂を記している。日記には、毎月何度も「午後はパッローネ」と書かれている[43]。しかしカトリックに改宗したノイブルク公だけではなく、ハイデルベルクに居住するカルヴァン派のプファルツ選帝侯の一族も、ツヴァイブリュッケンに居城を置くルター派のプファルツ＝ツヴァイブリュッケン公の一族も、熱狂的なパッローネプレイヤーだった。(44) プファルツ選帝侯フリードリヒ四世の日記において、——旅行、キリスト教の重要な祝祭日、病気の場合を除き——球技（パッローネ）、輪突き、狩猟、弩や銃や大砲の射撃、少なくともサイコロゲーム、トランプゲームをしない日はほとんどなかった。選帝侯は、ハイデルベルクを離れる旅行中も、スポーツのためにあらゆる機会を利用した。

　しかしなんといっても、フリードリヒ四世に最良のスポーツの可能性を提供してくれたのは、自分の居城があるハイデルベルクだった。みずからの屋内球技場と射撃場を利用できたからである。そこでは、弩と銃の射撃、輪突き、パッローネ、球技（*ballenspil*）、ジュ・ド・ポーム、歩行武芸競技（Fußturnier）、橇すべり、熊いじめをする機会があった。一五九九年六月から一六〇〇年六月に記載された支出簿から、選帝侯が賭けで失った金額を知ることができる。(45) 一五九九年七月一三日には「屋内球技場でフランス人の球技プレイヤー」に少なくとも一八グルデン、七月二九日と三〇日にはイタリア人の球技プレイヤーに五三グルデン、八月六日にはザルム＝キールブルク伯ヨハン・カジミールに二六グルデンを支払っている。九月五日、屋内球技場で、料理人頭《かしら》のフランツ・フォン・ハンマーシュタインを相手に二二グルデンを失った。一〇月二三日には「老年のフランス人球技プレイヤーから数本のラケット」を買い取り、一〇月二七日には別のイタリア人のテニスの巨匠に一〇六グルデン、一一月一日には伯カジミールに一〇一グルデン、伯フィリップに四〇〇グルデン、一一月二日にはイタリア人プレイヤーに一八〇グルデンを投じ、さらに六本の新しいテニスラケットのために彼に五三グルデンを支払った。加えてスポーツ好きの侯は、放浪する数人のイタリア人「球技者」、「ひとりのイタリア人の若い球技プレイヤー」、「射撃場で指導する外国人の剣術家」を庇護していた。マンハイムの二人の従僕フリッツとハンスは選帝侯と競走したが、彼らは三グルデンの報酬を得た。しかし、二万グルデン以上の全支出額の中で賭け金はまだ把握可能な金額だった。織物、絨毯、絵画、馬、装飾品や宝石を購入する費用はもっとはるかに高額だったのである[46]。

健康の証《あかし》としてのスポーツ

これらの諸侯が皆、継続的にスポーツ訓練を行った理由は何だったのだろうか。当然のことながら、第一にスポーツをする楽しみ、自分の力を充分に発揮する若い喜びであり、さらにはまた、競争する喜び、賭ける喜びであった。もちろん、社会学的あるいは人類学的理論を援用して解釈し、スポーツ訓練をノルベルト・エリアスの意味における規律化のプログラムの一部として理解することができるだろう。それはいわば「自己強制への社会的な強制」であり、廷臣や臣下だけではなく君主自身がまずその影響下にあった。君主たちの立ち居振る舞いは綿密に観察され、社会の模範とならねばならなかった。これに加えて、ジェンダー理論の視点からも、スポーツで勝っているのを誇示することは男性の優越を示すことだと主張できるだろう。

しかし女性君主の立ち居振る舞いだけに目を向ければ、スポーツ活動は象徴的な意味をもつだけではないことがわかる。スポーツに熱狂したヘンリー八世とアン・ブーリンとの結婚から生まれたイン

〔参考図版〕イングランド国王エリザベス1世、虹の肖像（アイザック・オリヴァー画、1600-1603年頃）

グランド国王エリザベス一世は、卓越した騎手――英語で的確に表現されるように「a horsewoman」――であり、我を忘れるほどの狩猟家であり、非常に上手い弓と弩の射手であり、また王位に就いたのちには、すばらしい舞踊家だった。ダンスの楽しみは若い彼女には禁じられていた。女王は毎日、長時間にわたって散歩した。(47) スポーツへのこうした愛着は、射撃術に関する最初の教本の著者であるロジャー・アスカム(48)が女王の教育係であったという理由からも不思議ではないだろう。(49)

エリザベスは、みずから行うスポーツ競技のほかに多くのスポーツ競技のファンであり、財政的にも、また試合を頻繁に観戦することによっても、それらを庇護した。闘牛、熊いじめ、闘鶏、もちろん競馬、アクロバットの実演も含まれていた。(50) 新たに導入された王位継承記念日（*accession day*）をはじめ、重要な祝祭日にはすべて馬上槍試合《トーナメント》が催された。その際には、歩行武芸競技（*foot tourney*）と並んで、ジャウスト、クィンティン走や輪突きも行われた。もちろん、女王は陸海の軍事模擬試合にも列席している。女王はかなり高齢になるまで、大勢の廷臣を前にしてみずからダンスの模擬演技を披露したが、テニスは観戦しただけのようである。われわれはこのことを一五六五年三月の興味深い事件から知ることができる。女王が列席する中、宮廷の二つの派閥を代表するレスター伯ロバート・ダドリーとノーフォーク公トマス・ハワードは、ホワイトホール宮殿の屋内球技場での試合の最中に喧嘩になり、テニスラケットで殴り合ったのである。(51) 一五八五年、女王エリザベスは、すべての「スポーツ」を日曜日に禁止しようとするピューリタンの法案を阻止した。女王は、人々が自分の余暇をどのように過ごすかはみずから決めるべきであるという考えだったからである。(52)

エリザベスは男らしさを誇示しようとしたのだろうか。女王は、スポーツ好きであることによって、自分が父の本当の娘であることを証明したが、「処女の女王」が示そうとしたのは男らしさではなく、むしろ君主に適格であることの証《あかし》である健康だったにちがいない。しかし、このようにスポーツ好きであることをあからさまに表明することは、——父の場合と同じように——年を重ねていくにつれて難しくなった。確かに女王は、父のように痛風や太り過ぎに悩むことはなかったが、脚に何度も潰瘍ができて苦しんだ。それにもかかわらず、エリザベスは六〇歳を過ぎてもスポーツをみずから行い、健康状態が良好であることを示そうとした。それが内政上でも外交上でも必要なことに思われ

〔参考図版〕左：ジェームズ1世（ジョン・ド・クリッツ画、1606年頃）
右：チャールズ2世（フィリップ・ド・シャンパーニュ画、1660年頃、部分）

た。一六〇〇年初め、あるスペインの諜報員は、スペイン王フェリペ三世に、女王がクリスマスに「高齢にもかかわらず、三、四曲のガイヤルドを踊った」と報告している。その年の夏、女王は定期的にグリニッジ宮殿で散歩をし、公衆の面前で愛馬に乗り、ダンスを披露し、「多くの人が思いたいほどまだ年を取っていない」ことを自分なりに証明しようとしたのである。(53)

イングランドでは、スポーツはレゾン・デタであった。スポーツで鍛えた君主だけが――男性であろうと女性であろうと――支配することができた。そして君主たちは宗教的な狂信に対してスポーツを保護し、特定のスポーツ競技を支援することによって、国民を尊重していることを示し、人気を得ることができた。ステュアート朝の最初の二人の国王ジェームズ一世と斬首刑に処された不幸なチャールズ一世は、それぞれの『スポーツの書』によって人気のある余暇活動を庇護した。一六六〇年の王政復古の際、亡命生活で成長したイングランド王チャールズ二世は、うわさ通りに病弱か不具なのではないかと疑いの目を向けられた。そのため、同時代の作家サミュエル・テュークは、亡命から帰国する以前に王を描写した中で、特に王の身体的長所を記述している。「王の動きはとても軽やかで優雅なので、歩いたり、踊ったり、ペルメルやテニスをしたり、大きな馬に乗っているときの王をぜひお勧めする。これらは王が通常なさる訓練である[54]。」

来たるべき国王はヨーロッパ諸国で好まれていたスポーツ競技をいわば一挙に行っていたのである。

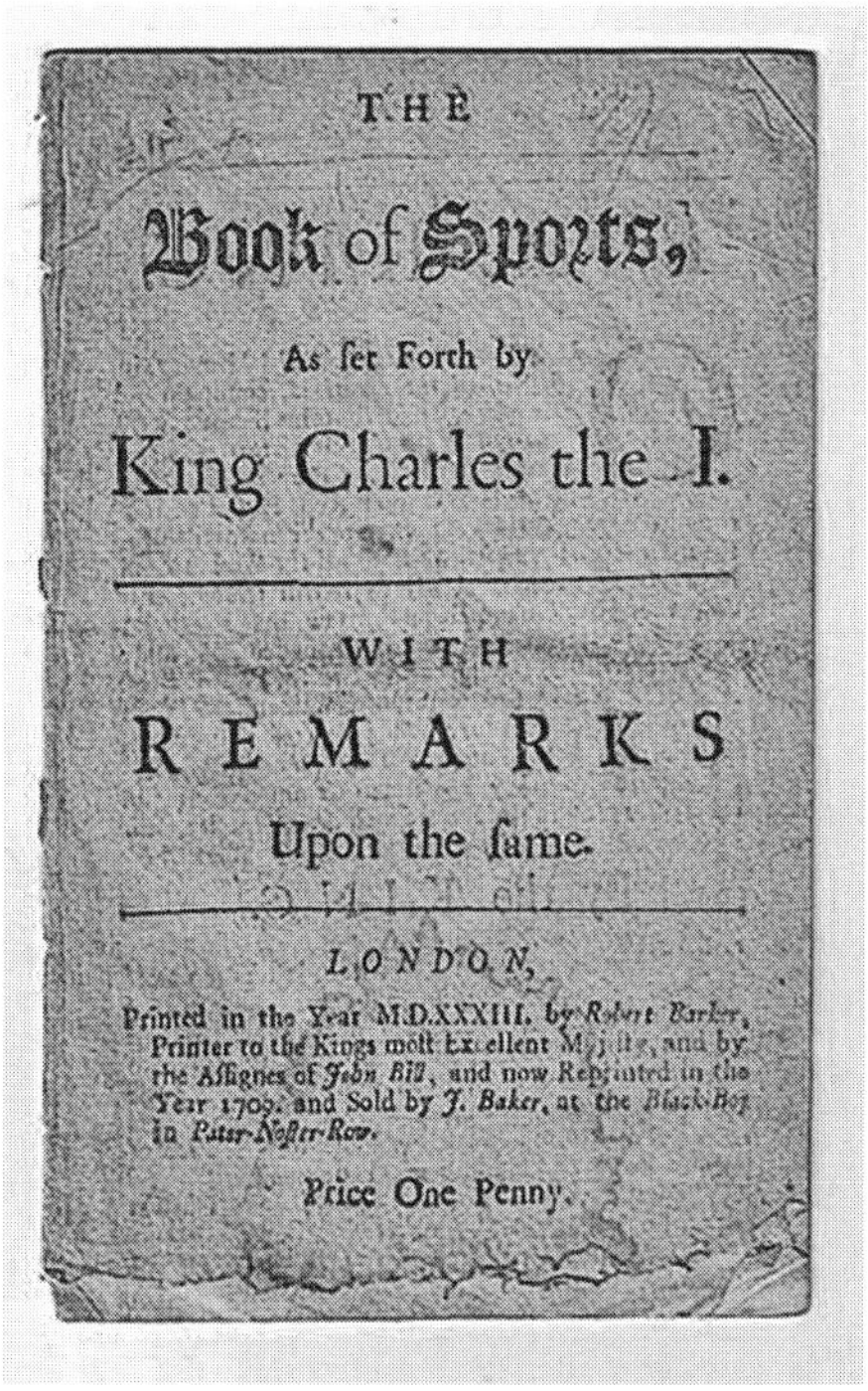
THE
Book of Sports,
As ſet Forth by
King Charles the I.

WITH
REMARKS
Upon the ſame.

LONDON,
Printed in the Year MDCXXXIII. by Robert Barker, Printer to the Kings moſt Excellent Majeſty, and by the Aſſignes of John Bill, and now Reprinted in the Year 1709. and Sold by J. Baker, at the Black-Boy in Pater-Noſter-Row.

Price One Penny.

チャールズ1世によって更新された『スポーツの書』。1633年、ロンドン。1617年にまずはジェームズ1世によって出版され、さらに1618年に更新された『スポーツの書』は、繰り返し再版され、注釈された。のちに処刑されたチャールズ1世（在位1625-1649年）は、不幸なスポーツ賛同者のひとりだった。

イタリアのペルメル、王が長く亡命生活を過ごしたフランス王室のテニス、乗馬、そしてイギリスの特別な娯楽とみなされる狩猟である。王は即位したのちも、馬で遠出をしたり、テムズ川で泳いだり、九柱戯をすることによって、スポーツマンとしてのエネルギーを証明した。王は、共和主義者たちによって破壊された狩猟用別邸だけではなく、ピューリタン革命で荒廃した屋内球技場やテニスコートを復旧させ、そこで大いなる情熱を傾けてプレーした。イタリアの旅行者ロレンツォ・マガロッティは、チャールズが一週間に少なくとも三回はテニスのダブルスを行い、紳士なら誰でも観客として歓迎され、守衛によって中へ入れてもらえたと書いている。王がさらに熱中したのは、オランダで学んだ小さなヨットを用いてのセーリングだった。(55) 一六六一年一〇月一日、王は、のちのイングランド王ジェームズ二世となる弟ヨーク公とともに、グリニッジからグレーヴセンドまでの水上の往復競争──賭け金は一〇〇ポンドだった──を催した。(56)

チャールズ二世は、国民が即位時に必要としたように、若い力強い王のイメージを臣民に提供した。国王は、最初は犬を連れた散歩にだけ利用していたセント・ジェームズ公園を、治世が始まって数カ月で大きな公園施設へと変えた。そこには、外来動物──たとえば八二羽のモロッコ産のダチョウがいた──のための動物園のほかに、ユトレヒトにならって、大規模な(今日、ペル・メルのある場所に)ペルメル競技場も建設した。熱狂的な作家であり議員であったエドマンド・ウォーラーは次のように詩作している。

[…]良く磨かれたペルメル用のスティックはわれわれに喜びを与えてくれる、

われわれの王がその比類なき力を使うのを見るのだ、
その男らしい姿勢と優雅な物腰、
その動きの中の活力と若さを見るのだ、
その姿はとても愛らしく、その手足はとても強く、
われわれが王に長く従うであろう希望を強めろ。
王が飛んでいるボールに触るやいなや、
煙を吐くカルバリン銃からのように、
猛威を振るう王の腕がスティックをぐいとつかみ、
シュートが決まる。(57)

一六六二年から六三年にかけての冬はテムズ川が凍結するほど寒く、国王はセント・ジェームズ公園の新しい運河上でスケートを披露した。亡命者たちはスケートをオランダで覚えていたのである。チャールズ二世はスピード狂であり、またプレイヤーとしても見物人としても、ほとんどすべての種類のスポーツを愛好した。宮廷の宴会でダンスがあると、王は儀式ばった舞踊をすぐに終わらせ、イングランドの活気あるカントリーダンスの先導をみずから務めた。一年に二回、王は、ニューマーケットの競馬へ赴き、その競馬のために馬の飼育を始め、六人の騎手を雇い、新しい競走路を敷設し、賞金や賞杯を寄贈した。王自身が競馬に出場することも時々あり、一六七一年には一レースで優勝さえしている。イングランドにおける競馬の最初の描写は、銅版画家フランシス・バーローによって製

作された。そこでは、一六八四年、ウィンザー城下方の競馬場の観覧席にいる国王が描かれている。(58)

制度化

屋外スポーツ施設

多くのスポーツ種目において、特別の施設は必要ではなかった。ハイキング、散歩、走ること、水泳、山登り、あるいは湖(59)、川、海(60)でのボート漕ぎやセーリングがそうである。われわれは、レスリング、重量挙げ、重い石投げのような人気のある競技を、スイス人の競技やドイツの射撃祭から知っているが、そうした種目はかつては特別のスポーツ場を必要しなかったため、史料にはその証明がほとんど残されていない。(61)九柱戯のような競技ですら、現在のわれわれは建造されたレーンなしにはほとんど想像できないが、以前は路上で行われていたにすぎない。(62)

少なくとも北ヨーロッパにおいて、スケートやアイスホッケーは川や運河や湖が凍結するやいなや行われ、雪が積もるやいなや橇が取り出された。多くの競争は村や都市の適当な場所で実施された。しばしばそれは、通行量の少ない路上、墓地、村の草地（イングランドでは *village green*）であった。ヴェネチアのカルチョあるいはノルマン人のスールにおいては、宮殿の入り口の門や市門がゴールとして利用された。サッカーのゴールはここに由来している。ヴェネチアのボクシングである「グエラ・

デイ・プーニ（拳骨戦争）[63]」のためには、棒試合にとってと同様、適切な橋が選ばれた。そうした橋は、通り、家々、屋根、運河、橋、舟から大観衆が観戦するのを可能にしたのである。[64]

スポーツの制度化は本格的なスポーツ場の建設とともに開始された。中世末の競技緑地については本書ですでに言及したが、それと並んで都市の射撃協会のために、市門の前にはますます多くの射撃場が姿を現した。一七世紀になっても、注目に値する立派な余暇施設が新設されていく。たとえばマリー・ド・メディシスが敷設させたパリのリュクサンブール公園である。市民や貴族や外国人が、散歩、競走、跳躍、九柱戯、球技のようなスポーツを行うために公園を利用したことを、一六四四年、ジョン・イーヴリンがパリに滞在した際に報告している。[65] 諸侯は遊歩庭園に自分の射撃施設を建造させた。さらに居城都市では、城の近くにテニスコートがつくられた。最後に球技場が、印刷された規則書に従って設備された。スカイノは、一五五五年、パリにあるアンリ二世のテニスコートを基準とした。バルディは、一五八〇年、フットボールのための競技場の規模をフィレンツェの範に倣って決定した。[66] 競技場の発注者は、諸侯、都市、兄弟団、[67] 私人だった。小さなボールを用いる競技ジュ・ド・ポームないしはネーデルラントのケーツェン[68]と、膨らますことのできる大きなボールを用いるパッローネでは、競技場は異なった。[69] ロバート・ダリントンは次のように記録している。「国中には数えきれないほど多くのテニスコートがある。フランスではテニスコートをひとつ以上持たない小さな村や都市を見つけることができないほどである。ご覧のように、オルレアンには六〇もあり、パリには何百あるかわからない。[70]」

パリのテュイルリー宮の庭園にフランス王ルイ一四世によって敷設されたペルメル競技場（*Paille-*

アドリアーン・ファン・デ・ヴェンネ　ペルメル。『102の線画集』所収。

Maille）のように、ペルメル施設は、宮殿の庭園の一部としてつくることができた。しかし、都市や貴族子弟のための学校のはずれに位置する並木通りとして建設することも好まれた。宗教的に厳格なジュネーヴでは、一六〇〇年頃、ペルメル（*palmary*）がプレーされた大きな広場があった。リヨンでも同様である。ロンドンのセント・ジェームズ公園に新設された大規模なペルメル施設は、新しいことすべてに関心を抱いたサミュエル・ピープスのような観衆を引きつけた。ピープスは、競技場管理人に施設の仕組みについて尋ねることまでしている。「早起きして、徒歩でセント・ジェームズ公園へ。コヴェントリー氏はまだ寝ていたので、私は公園を散策し、ペルメル競技場を掃除していた守衛と話をした。彼は私に競技場の地面が何でつくられているのかを説明してくれた。しかも、ボールがうまく転がるように、とり貝の殻を粉末状にして地面に撒いて固めている。

乾燥すると地面は粉状になって、ボールのバウンドを止めてしまうのである。[71]」

一八世紀、こうした並木通りの多くは遊歩道に改造され、さらに高級住宅街を伴った華麗な大通りへと発展した。これらの通りは今日でもなお、スポーツから由来した名前をもっていることが多い。たとえば、一六三八年にシャウエンブルク伯オットー五世によって建造された約六五〇メートルの長さのパルマイレ（*Palmaille*）（ハンブルク・アルトナ）には、四〇〇本を下らない菩提樹が植えられていた。[72]もちろん、ロンドンのペル・メル（*Pall Mall*）や、これと並行して、チャリング・クロスからイギリス国王の公式の居城であるバッキンガム宮殿へと通じるザ・マル（*The Mall*）もある。オランダの中心都市ハーグでは、長さ五五〇メートルのマリーフェルド（*Malieveld*）が一六〇六年に敷設されたスポーツ施設を想起させる、パリ、ラ・ロシュル、アンジェ、ブリュッセルにはそれぞれリュ・ドゥ・マイユ（*Rue du Mail*）があるし、モデナにはヴィーア・パラマリオ（*Via Pallamaglio*）がある。トリノの同名の通りは二〇世紀に改名されたが、ナタリア・ギンズブルグの長編小説の中で生き続けている。[73]

球技ホールと屋内球技場

スポーツ用に特別につくられた建造物の制度化として次に挙げられるのは、屋内競技場である。たとえば中世末の城や宮殿に付設された騎士の間のように、その前身を見ることはできるが、屋内競技場は近代に考案された。騎士の間は、家具を片付けると武器の訓練や歩行武芸競技のために利用することができた。そのうえ、多くの広間は——プラハやブリュッセルにおけるように——非常に大きかったので、戸外の天気が悪すぎる場合はそこで馬上槍試合《トーナメント》も行うことができた。(74) 周知のように階段を上がることができない馬のためには、傾斜路のついた広いのぼり道が特設された。城内施設の中にそうしたのぼり道を見つけたら、そこでは馬上槍試合《トーナメント》が催されたと推測することができる。一五世紀に建設された都市のダンスホールも同様であり、堂々たる催しやモリスカのようなアクロバットの実演、あるいは剣術の訓練に利用された。(75)

しかしなんといっても革新的だったのは、球技のために建設された純粋なスポーツ・ホールだった。最初の *Sale della Balla* ——球技の間——は、マントヴァのゴンザーガ家、(76) フェッラーラのエステ家、(77) フィレンツェのメディチ家、ウルビーノのフェデリーコ・ダ・モンテフェルトロの城に付設された。一五世紀後半以降、城を新築する場合、球技ホールはすでに計画時に考慮されて設計図で明示された。(78)

城に付属していた球技ホールは、一五〇〇年頃、独立した屋内球技場になり、城の敷地や、のちには都市にも建設された。それゆえ、イタリア文化と屋内球技場建築を導入したフランソワ一世は、フランスでは先駆者だった。ほぼ時を同じくして、屋内テニスコートの建設がイングランド王ヘンリー八世の治下で始まった。国王は、対戦相手だったフランソワ一世と同じように、毎年、王国内を巡幸するときに、すべての宮殿にテニス施設が存在するのを見たがった。イングランドの気候では、テニスは屋内でしか考えられなかったのである。ドイツ王でのちの神聖ローマ帝国皇帝フェルディナント一世は、一五二〇年代初め、ウィーンのミヒャエル広場にあるホーフブルク宮殿内に屋内球技場をつくらせた。その後、ウィーンの屋内球技場はホーフブルク宮殿以外の地にも敷設されるようになっていく。[79] こうした屋内球技場の新設は非常に重要だとみなされたので、その多くは建設の経緯を知ることができる。アウクスブルクでは、一五四八年の帝国会議の際に、スペイン領ナポリ副王のアルバ公の要請で屋内球技場がつくられた。[80] 一五六八年、のちのバイエルン大公ヴィルヘルム五世は、ランツフートの城の中庭にあり、もはや必要のなくなったビール醸造所を屋内球技場へと改築させた。[81] インスブルック近郊のアンブラス城の敷地にあった屋内球技場は、一五七二年、オーストリア大公フェルディナント二世によって、アウクスブルク出身の美しい公妃フィリピーネ・ヴェルザーのために建設された。それゆえ、威信を保持しようとする思惑、スポーツへ寄せる熱狂、時代精神や愛情を認容する姿勢は、ある程度まで、屋内スポーツ場を建設しようとする動機として考えられるだろう。[82] しかし、やがて、商業的な動機がこれに加わる。大学都市や貴族子弟のための学校は、支払い能力のある学生を引きつけるために屋内スポーツ場を必要とした。それからまもなく、大都市では、屋内球技場やスポーツの授業で生計を立てようとする個人企業家たちが飛び回るようになる。南ドイツにおいては、一六世紀の最後の二五年間、アウクスブルク、レーゲンスブルク、ニュルンベルク、シュトラースブルクのような帝国都市、シュトゥットガルト、ミュンヘン、ランツフート、ハイデルベルク、ツヴァイブリュッケン、ザールブリュッケンのような王宮所在地、インゴルシュタット、ハイデルベルク、テュービンゲンのような大学都市に屋内球技場が存在していたことが知られている。一六〇〇年頃、チロルの首都であり王宮所在地であったインスブルックには、すでに三つの屋内球技場があった。[83]

一七世紀の最初の二五年間で、中部・北部ドイツやスカンディナヴィアでも、広範囲にわたって屋内球技場の建設が進められた。[84] 三十年戦争〔一六一八―一六四八年〕初期、屋内球技場は、名声に気を配るすべての王宮所在地や大学都市に必要なインフラのひとつだった。[85] 一八世紀半ば、屋内球技場の建設は建築学の論文や市民の建築術の手引書にも見出される。[86]

もちろん、ドイツの屋内球技場の数はロマンス語系諸国のそれには及ばなかった。ヴェネチア公使リッポマーノは、一六〇〇年頃、パリには一八〇〇の屋内球技場があったと推測している。もっとも、パリが五〇万人以上の人口をもち、多くの貴族世帯、学生、観光客がいた都市であるとしても、その数字は真実とは思えない。それでも、教皇使節の随伴者のひとりは、一五九八年、パリで二五〇の「設備の良い」屋内球技場があると算定した。この数は依然としてほかのどのヨーロッパの都市をも上回っている。屋内競技場の数は、教皇庁のあるローマでさえたった一八、フィレンツェでは一二、小都市フェッラーラでは一〇、[87] ロンドンやアントウェルペンのような北ヨーロッパの中心地で約一五だった。[88] イングランドの旅行作家ロバート・ダリントンは皮肉を込めて誇張し、フランスでは女性や子供でさえもジュ・ド・ポームをプレーし、手にラケットをもって生まれてくるのだから、教会よりも多数の屋内球技場が存在しているのだと書いている。[89]

さまざまな挿絵からわかるように、屋内テニス場には観客のための小エリアがあり、少なくとも比較的上層の人々はそこへ自由に立ち入っていた。有名なプレイヤーか特別に上手い選手が登場するときには、各試合が催しになった。それゆえ一六六七年九月二日、サミュエル・ピープスは次のように報告している。「ひき続き私は屋内テニス場へ行き、テニスの試合を観た。試合は、ルーパート王子とクック大尉という男対バプティスト・メイと兄チチェリーとのあいだで行われ、大いに宣伝されていた。国王と廷臣たちも列席していた。国で最良のテニスプレイヤーだという。このとき、朝すで

ジャック＝ルイ・ダヴィッド　「球戯場の誓い」（1789年6月20日）。パリ、カルナヴァレ博物館蔵。

に目にしたことが私の脳裏に浮かんだ。国王はテニスの試合の直後、さお秤で体重を計るのだそうだ。王は試合の前後に体重を計るのだとアシュバーナム氏は昼に私に言った。試合でどのくらい体重が減るのかに興味があるそうだ。今日、王は四・五ポンド体重が減ったという(90)。」

世界史上もっとも有名な屋内スポーツ場はヴェルサイユにある。この屋内球技場は需要の多い集会場だったが、貴族がテニスの予約をしたときには利用できなかった。最終的にその球技場は特別な役割を果たした。一七八九年六月二〇日、ここで「球戯場の誓い（Serment du Jeu de paume）」が行われたのである。これによって、第三身分の議員たちは、王権による解散に抵抗することを誓った。この事件はフランス革命勃発の引き金になったが、フランス革命とこの屋内スポーツ場を結びつけることがめったにないのは不思議である。その理由のひとつとして、大きな屋内スポーツ場の多くが、一八世紀半ば以降、劇場や屋内ダンスホールに改築されたことにある。数々の屋内球技場は、取り壊されたのちも、その重要な位置を文化的な記憶の中に定着させた。多数の都市には「屋内球技場通り（Ballhausstraßen）」がある。オーストリアの連邦大統領府の住所は、今日でもなお、「屋内球技場広場1（Ballhausplatz 1）」である。

屋内調教馬術練習場

一七世紀、屋内調教馬術練習場の建設によって屋内スポーツ場の新形式が誕生した。おそらくこの革新の発端は、フランス人の宮廷馬術教師アントワーヌ・ド・プリュヴィネルの「屋内調教馬術練習場（Maneige）」であった。それは、プリュヴィネルが技術を習得した地ナポリに存在する似たような施設に遡る。[91] ナポリは、近世、ヨーロッパにおける最大都市のひとつであり、スペインに属していた「両シチリア王国」〔一四四二―一四五八年。アラゴン王アルフォンソ五世がシチリア王国とナポリ王国の王を兼ねた。〕の首都だった。イタリアを旅行する者は誰でもナポリを訪れなければならず、貴族はナポリの乗馬学校とカロツェレと呼ばれた馬術ショーを楽しんだ。そのため、宮殿内の正方形の中庭は、四方すべてを傾斜のついた観覧席が囲む大劇場へと改装された。

ポーランド王太子ヴワディスワフ・ヴァーサのような貴族は、アルバ公でナポリ副王であるフェルナンド・アルバレス・デ・トレドの宮殿の窓から、誰にも邪魔されずに馬術ショーを観ることができた。「王太子が到着されたという合図がされると、北門で待っていた騎手たちは、先頭を進む太鼓

屋内調教馬術練習場における馬術の実演。アントワーヌ・ド・プリュヴィネル『調馬術』所収。1627年、パリ。クリスピン・デ・パッセによる銅版画。

や笛やその他の楽器が演奏する中、二人づつ動き始め、円を描いた。騎手も馬も華麗な衣装をまとい、皆を大いに驚かせた〔…〕。列席者の注目と賛嘆がこうした華やかさに向けられたとき、騎手たちは、闘いの準備をするかのように向きを変え、たくさんの集団に分かれて馬上槍《ランス》で対戦し始めた。何度か攻撃を繰り返しては、また少し休んだ。次に集団から二人が前方へ進み出て、相手方の二人に試合を挑んだ。挑まれた二人は鉄球を敵に投げたが、敵はそれを楯でよけたり、巧みに動きながら、背中や身体のほかの部分でかわしたりした。このように闘いは荒々しく、次々と新しい敵が挑戦を受けたので、遂にはひとりだけが残った。それから馬上槍《ランス》をもった二人の農夫と、楯と鎧をつけた一〇人の農夫との闘いが行われた。その日が終わる頃、試合は猛々しい性格を変えて穏やかになった。王太子が副王の宮殿の宴で晩餐のもてなしを受けると、娯楽の催しが始まり、夜遅くまで続いた。[92]」

華麗な馬術競技はフィレンツェ大公の宮殿でも行われた。リトアニア大公アルブレヒト・スタニスワフ・ラジヴィウは、大公の宮殿における馬術競技について報告している。「一二人の騎手が音楽に合わせて優雅に踊った。」大公の書記は、同じ催しを、つまりバレエを伴った喜劇のあとの馬術ショーをもう少し詳細に伝えている。「それから観客たちは劇場から隣接するアリーナへ移動した。そこへ一二人の騎手が入って来て、音楽に合わせて、驚くべき巧みなステップと、一方また他方へと跳ねるような動きを披露した。騎手の記憶術や卓越さか、あるいは馬の巧みさか、どちらに注目すべきなのかを決めることは難しかった。[93]」

パリでは、厩舎付きの屋内調教馬術練習場はルーブルとその厩舎にすぐ隣接していた。スイス人旅行者トーマス・プラッター・ジュニアは次のように記している。「すぐ近くには広い場所があった。そこでは国王の調教師プリュヴィネルが馬を調教し、同時に若い男性や貴族たちが乗馬し、馬上槍試合《トーナメント》を行い、輪をめがけて疾駆するのを学ぶ。輪に向かって疾駆し、あらゆる方法で馬を調教する様子を、私は自分でも目にした。パリにはまた、フランスで超一流と呼ばれるアカデミーがあり、そこでは若い男性や貴族が乗馬し、剣術を行い、馬を跳躍させ、踊らせ、その他の馬上槍試合《トーナメント》を行うのを学ぶ。前述したように、ここには、ブルアージュに次いで何と四〇七の応募がある。パリには、上記の乗馬学校のほかに、イタリア人やフランス人が多数の馬を飼育している二、三の乗馬学校がある［…］。天気が良いときには晴れた空の下、広々とした場所で馬を乗り回すが、雨が降ると覆いをした中庭で馬を調教する。[94]」

一七世紀、ヴォルフェンビュッテルのアカデミーには屋内調教馬術練習場が付属していた[95]。一八世紀、屋内調教馬術練習場は、厩舎と並んで、貴族子弟のための学校に備えられた標準的な施設のひとつだった[96]。

多目的スポーツ施設

フランス王領の城塞都市ブルアージュ[97]は、一五五五年、大西洋に面したユグノー派の要塞都市ラ・ロシェルの真向かいに建設された。そのブルアージュの近くに、もっとも初期の貴族子弟のための学校のひとつが創立されていた。トーマス・プラッターはこの新しい企画を詳しく記述した。というのも、ここの「学校人」が、自分たちは貴族であって坊主になりたいのではないという理由で、ラテン語の勉学を軽蔑し、その代わりにスポーツを行ったことをプラッターは非常に奇妙だと思ったからである。「その都市にも（いまやフランス人がそう言うように）特別のアカデミーがある。そこでは、若い貴族と家柄の良い男性が多種多様な武芸競技を練習し、教授されている。乗馬、馬の跳躍、舞踊、剣術、マンドリンを演奏することなど［…］。きわめて美しい厩舎があり、約二〇頭の堂々とした良馬が飼育されている。涼しい朝晩、馬は都市の中のしかるべき整備された場所で調教され、生徒は乗馬し、輪をめがけて疾駆することなどを学ぶ。それから彼らは剣術の学校へ移動し、木馬で曲乗りをし、さらに舞踊へと進んでいく［…］。都市の中には感じの良い直線のペルメル・コースもある。そこで生徒たちは気晴らしをする。また、素晴らしい屋内球技場もあり、彼らはプレーするのを学び、あらゆる事に対して球技の名手にいくばくかの金額を支払う。(98)」
建築家レオンハルト・クリストフ・シュトゥルムは、ヴォルフェンビュッテルの貴族子弟のための学校で数学の教師をしていたが、彼が理想とする計画は、その学校の大きな幾何学的な施設の中に各種のスポーツ競技場を設備することだった。中心となる施設の建造物の中には、ペルメル・コース、「パッローネ競技場」、射撃場、屋外の競走コース、屋内調教馬術練習場、舞踊室、剣術競技場があった。(99)これと比較すると、図書館、博物陳列室、講義室が占める空間は小さかった。(100)スポーツ施設全体の中で屋内調教馬術練習場はめざましい発展を遂げていた。オーストリアの政治家ハウクヴィッツ伯フリードリヒ・ヴィルヘルムは、乗馬学校を貴族子弟のための学校の最重要な構成要素とみなしたほどである。(101)

一七世紀、屋内球技場の多くは、余暇を過ごすための複合的なスポーツ公園の中の単なる一施設にすぎなくなった。今日の概念を用いれば、多目的スポーツ施設と言えるだろう。その発端は、すでに一六世紀、国王の居城で見られた。だから、イングランド国王ヘンリー八世の時代以降、ロンドンのホワイトホール宮殿の中では、屋内球技場（*Tennis Court*）と闘鶏場（*Cockpit*）が、大きな馬上槍試合場《トーナメント》（*The Great Tiltyard*）の隣にあった。その馬上槍試合場《トーナメント》は、散歩に適した屋根付きの回廊によって本館に直接つながっていた。種々の催しには宮殿大広間（*The Great Hall*）を使用することもできたし、比較的小規模な屋外の娯楽や散歩にはイタリア式に柱廊を付された庭園（*The Orchard*）を利用した。イングランドのチャールズ二世治下では、隣接するセント・ジェームズ公園の施設の中に幾つかの施設が追加された。(102)

女王エリザベス一世は、水上娯楽のために、寝室からリバー・ゲートハウスへ直結する通路を利用した。ゲートハウスには女王のボートをテムズ川へ出す用意が整っていた。女王はそこからお気に入りのウィンザー城へも行くことができたのである。ウィンザー城には大きな厩舎と固有の猟場があり、女王は大好きな五つのスポーツに専念することができた。散歩、乗馬、狩猟、弩射と弓射である。[103] トーマス・プラッターが言及したように、ウィンザー城では、「宮殿の庭園で［…］、長い並木通りの散歩道［…］の向こうに、柵で囲まれた王立の猟場の大部分を見渡すことができた。さらにそこには信じられないほど快適で狩猟に格好の平地があり、何物にも妨害されずに四方一二マイルを見晴らすことができる。狩猟家や貴族が鷹を連れて狩りを大いに楽しんでいる。報告されるところでは、ウィンザー城の周囲には、多くのダマジカやあらゆる種類のほかの野生動物が生息する六〇を超える猟場があり、人々は（すべて柵で囲まれた）ひとつの猟場から別の猟場へ移りながら狩りを行う。つまり、好きなように、王にふさわしい素晴らしい快楽を味わうことができる。」言うまでもなく、ウィンザー城にはテニスコートもあった。「美しいコートがあり、彼らはふつうラケットでボールを打って楽しんだ[104]」。

マテウス・メーリアンの銅版画「シュトゥットガルトの貴族の遊歩庭園」では、中央に二つの馬場が見える。古い馬場は一六世紀半ばのものであり、新しい大きな馬場は一六〇九年のものである。古い馬場の隣には射撃場がある。パッローネとペルメル競技場や屋内球技場は版画では見えない。古い屋内球技場に代わって、園亭が、舞踊の催し、バレエ、演劇、アクロバットの披露を開催する場所となった。遊歩庭園は、その機能からすると大規模なスポーツ施設であり、天蓋付・なしの散歩公園、

マテウス・メーリアン　シュトゥットガルトの貴族の遊歩庭園。

迷路、オランジェリーによって補完された[105]。スポーツ場が一六〇〇年頃以降、総合的に考察されるか設計されたのは明白である。三十年戦争が終結したのち、シュライスハイムとニンフェンブルクのような離宮では、バイエルン選帝侯フェルディナント・マリアによって、馬場と射撃場に隣接して、パッローネとジュ・ド・ポーム用の屋内球技場も建設された。選帝侯の滞在地の宮殿はどれも、球技を放棄したくなかったからである[106]。

アリーナ

屋内舞踏場、屋内球技場、屋内調教馬術練習場、剣術競技場のほかに、すでに古代にあらゆる種類のスポーツの催しに利用されていた建造物がある。アリーナである。アリーナは、たとえば地中海圏やイングランドで古代の残滓として存在していたが、そうした地でルネサンス以降に復活した。一六世紀、アントニオ・スカイノは、球技に関する論文の中でパドヴァのアリーナをフットボールに最適な場所とした。[107] トーマス・プラッターは、ニームにある古代ローマ時代のアリーナに対して、円形闘技場を表すドイツ語の同義語として「Schauplatz あるいは Spilhauß」という概念を用いている。[108] イギリスの旅行家トマス・コリアットは、古代ローマ時代のヴェローナのアリーナに圧倒され、その建築費をイギリスのもっとも美しい大聖堂の費用の一〇倍と見積もった。彼はヴェローナ市政府が流行のスポーツイベントへ投資したことを——当時、ヴェローナはもはや独立してはおらず、ヴェネチア共和国の支配下にあった——賞賛した。「ここでは、しばしば祝祭日に、とりわけ謝肉祭に、馬上槍試合《トーナメント》や演劇のような大規模な見世物が催されるため、それは修復される。四二の観覧席には二万三〇〇〇人の観客を収容することができたが、観客は一・五フィート以上の場所を自分のために確保することができなかった。[109]」皇帝ヨーゼフ二世は、イタリア旅行中の一七七一年、アリーナでの闘牛に驚嘆した。市参事会は皇帝に古代ローマ時代の円形闘技場を見せようとしただけだったが、皇帝が桟敷席への階段を上ると、「皇帝がこの狭い空間から目にしたのは、その都市や隣接する村々の全住民が円形闘技場の上から下にあふれ、即座に立ち上がり、拍手で皇帝を迎える光景だった。皇帝がすっかり我を忘れた瞬間だった。[110]」

たとえばイタリア、南フランス、スペインで広まっていた闘牛だけではなく、騎士の馬上槍試合《トーナメント》や馬術競技のような多くのスポーツ競技のために、木製の観覧席がついた臨時のアリーナが建設され、後でまた撤去された。スペインでは、一六世紀に闘牛が国民的スポーツとなり、闘牛場（*corrida*）はたいてい、各都市の中央広場（*plaza mayor*）に設けられた。広場の周囲の家々は旗で飾られ、都市宮殿のバルコニーは貴族の観覧席として使われた。(111) スペインでも常設の闘牛場がつくられたのは一八世紀になってからである。(112) イングランドでは国中に、*Bullring*、つまり牛攻めのための円形建造物の伝統が存在した。ロンドンの発展に伴い、幾つかのスポーツ・アリーナを新築する可能性が出てきた。遅くとも一五三〇年代に、シティの向かい側に位置するテムズ川沿いのサザーク地区に常設アリーナが建設され、一五四〇年代には、そうしたアリーナのうちの四つが言及されている。一五六〇年代以降、同時に二つのアリーナが市街地図に常に掲載されている。ひとつは、*bulle bayting*、つまり牛攻め場であり、もうひとつは *beare bayting*、つまりエリザベス朝時代に特に人気を博した熊いじめ場である。『世界都市図集成』〔一五七二―一六七一年〕の中のフランス・ホーヘンベルフのロンドン図、またイングランドへ移住したチェコ人ヴェンツェル・ホラーの銅版画、さらにその他のロンドンの風景画にも、二つの常設アリーナが見て取れる。一五八三年にそのひとつが倒壊したときは、贅を尽くしたハーフティンバー構造ですぐに再建された。一六〇〇年頃、サザーク地区には三つのこの種のアリーナが同時に存在していたにちがいない。そのひとつは一〇〇〇人もの観客を収容することができた。そして熊いじめ場は喜劇の上演にも利用され、ホープ座と名付けられた。(113) トーマス・プラッターは、熊いじめ場や牛攻め場のほかに、ロンドンの馬市から遠くないところにあった闘鶏場にも言及している。(114) しかし、幾つかのアリーナは闘牛のためにだけ利用されたのではなかった。サミュエル・ピープスは、一六六四年四月二五日、「クラークンウェル――今日そこはロンドンの真ん中であるが、当時は郊外だった――のシンジョン通りにある赤雄牛座」の拳闘について報告している。それは彼を大いに楽ませたようで

〔参考図版〕熊いじめ場（ロンドン、作者不詳）

ある。[115]

アリーナでかき立てられる情熱についてはよく知られていた。一六六七年、催しの成り行きを観て、次のように記されている。「今日、観客は節度をもって振る舞っているが、かつては熊いじめ場にいるようだったそうだ。[116]」ここで語られているのは、熊いじめそのものよりもむしろ観客のことである。同じ年の五月、ピープスは、家からボートで「熊いじめ場へ行き、試合を見物した。満席で、もう入れなかった。それで私は居酒屋を通り抜けて、熊いじめのときのリングへ入り、腰掛けの上に立って試合を観た。肉屋が船頭と闘っていた。試合は猛烈だった。肉屋がずっと優勢だった。やがて船頭の手から剣が滑り落ちた。肉屋がそれに気づいたかどうかはわからない。とにかく肉屋は無防備な船頭に一撃をくらわせ、船頭の手首をひどく傷つけたので、船頭はもう闘えなくなった。ああ、船頭たちの興奮といったら。次の瞬間、彼らはリングへなだれ込み、反則の一撃の釈明を肉屋に求めた。肉屋たちは味方を擁護したが、非難もした。大勢の殴り合いが始まり、双方で、多数の男たちが倒れて負傷した。それは楽しい瞬間だったが、私もリングにいたので、同じように殴られるのではないかと心配しなければならなかった。[117]」

ヴュルテンベルク家の公子ルートヴィヒ・フリードリヒは広く旅行していたが、一六一〇年、パリ、ローマ、ナポリの同様の制度と比較すると、ロンドンのサザーク地区の試合は田舎くさいと感じていた。ほかの文献ではそれら三都市の試合については知られていないが、存在していたことは事実らしい。[118]

専門職化

コーチ、プロ選手、競技場管理人、レフェリー

貴族の教育には、乗馬と闘技のコーチ、動物の飼育係、獣医が必要とされた。[119] しかし市民の競技にも練習とケアが要求された。中央ヨーロッパの諸都市では、一五世紀後半、剣術教師が登場した。彼らのもとでは誰もが授業料を支払って剣術を学ぶことができた。ニュルンベルクやフライブルク・イム・ブライスガウでは、剣術教師と生徒が兄弟団を形成していた。[120] 組織化されていない競技でもコーチやレフェリーが求められた。たとえばロンドンの校長リチャード・マルキャスターは、至るところで普及している路上フットボールについて、「トレーニングする名人」が必要であるとした。[121] スカイ

ノは、テニスのレフェリーとしてみずからの雇用者フェッラーラ公を判定しなければならないという理由から、球技に関する書を著していた。彼は自分の判定を正当化しなければならなかったとき、拘束力のある競技規則がどこにもないことがわかったのである。[122]

一六世紀には、スポーツ企業家が各地を旅しながら、コーチや試合相手としてサービスを提供した。彼らはトレーニングの時間を取り決め、試合を行った。市政府や貴族は金銭を支出して、彼らのサービスを評価していることを示した。[123] 馴染みの場所で、熟練したスポーツ教師を探し当てることもあった。バイエルン大公ヴィルヘルム五世は、公妃レナータ・フォン・ロートリンゲンの故郷からテニスのコーチを呼び寄せている。[124] パッローネ競技のコーチはイタリアから迎えられた。たとえば一五九一年、ミュンヘンではパッローネの名人（*pallon maister*）が募集された。球技の名人はイタリアからやって来るのがふつうだった。ザクセン選帝侯ヨハン・ゲオルク一世は、一六三一年、三人の息子のスポーツ教育のために、年に二〇〇ターラーでポンペイオ・モリナリという人を雇ったが、モリナリはボールを自分でつくらなければならなかった。[125]

貴族子弟のための学校はスポーツ教師の質を高め、支払い能力のある顧客を得ようと努めた。テュービンゲンの「コレギウム・イルストレ」は、宣伝用パンフレットを刊行し、屋内球技場の室内風景や隣接する球技場の挿絵を付すだけではなく、騎士や宮廷の練習を宣伝した。乗馬と剣術の授業のためには四人のスポーツ教師、さらにひとりの球技教師とひとりの舞踊教師をわざわざ雇い入れた。[126] トーマス・プラッターによれば、パリには、管理人と教師付きの各スポーツ競技場、乗馬学校、剣術学校、そしてもちろん貴族専用の施設を備えた貴族子弟のための学校があった。[127] 一五九八年、教皇使節の随伴者は、二五〇の屋内球技場が七〇〇〇人の被用者に労働を提供していたとした。[128]

ウルムの都市門閥の息子ザムエル・キーヒエルは、ロンドンで舞踊と剣術教師を雇用していた。[129]クリストフ・ヴァイゲルも『諸身分の書』の中に、剣術教師と舞踊教師、さらに球技教師を記載している。[130]一七世紀末、ドイツでは、パッローネ競技は市民の娯楽になり下がっていた——と思われる。これに対し、貴族や、貴族であろうとした人々は球技教師を雇って、上位一万人レベルのプレーを習得しようとしていた。ヴァイゲルよりほんの数年前、ニュルンベルクの球技教師ヨハン・ゲオルク・ベンダーは球技のための手引書を出版していた。[131]その他のスポーツ競技でも、愛好家ではなくプロが教本を著すようになった。[132]

明らかに、ここでは専門職化と言わなければならない。屋内外の競技場は専門的に管理された。王侯の宮内官や、学校の剣術や舞踊や球技の教師や、都市の射撃の名人や、さらにトレーナーやコーチの役割も果たした競技場の管理人たちによってである。彼らは競技場やその施設の維持に配慮し、用具やボール、時にはスポーツウェアーや清涼飲料を用意したり、テニスのボールボーイのような補助要員を調達した。こうした管理人からは、何世代にもわたって屋内スポーツ場を管理する「名門」が生まれた。このことは、たとえばマールブルクやザルツブルクの屋内球技場で証明される。[133]各種スポーツと同じように、動物いじめも、従業員、つまり飼育係、獣医、コーチ、闘牛士、ピカドール、最後に牛にとどめを刺すマタドールを必要とした。[134]イングランドでは、これらの競技は国王の監督下にあり、一六・一七世紀には、娯楽の営業を認可し、動物の飼育を監督する「マスター・オブ・ザ・ゲームズ」という宮内官職が存在したほどである。国王エドワード六世は、一五五三年、カスパート・ヴォーンに、「国王の試合、気晴らしおよびスポーツの長、すなわちその目的のために対戦するわれわれのすべての熊、雄牛、マスチフ犬の長」の肩書を授与した。女王メアリー一世とエリザベス一世も彼の職務を保持した。最後の「マスター・オブ・ザ・ベアーズ」(*Master of the bears*)は一六八〇年直後に亡くなった。そののち、この官職に就く者はもはやいなかった。[135]

競技や馬上槍試合《トーナメント》がスポーツ化すると、レフェリーが催しの中心になった。市民の射撃祭では、催しを平和裏に進行させるために大勢の参加者や観客を取り仕切る「打ちべらをもつ道化師(*Pritschmeister*)」が不可欠であり、その名は招待状で挙げられていた。[136] スカイノは球技を叙述する際にレフェリーについて言及しているが、あいかわらず野放しの民衆娯楽では選手自身が判定を下した。これはしばしば騒動を引き起こしたので、リチャード・マルキャスターは、イングランドのフットボールにレフェリーを導入するよう要求した。[137] 審判員の制度化はその競技独自の構造を示した。だから、シュトゥットガルトにおけるように、近世の馬場では輪突きの輪の高さに独自の審判員席が設けられ、競技の決定的な瞬間をより良く見ることができるようにした。

近世のスポーツは、制度的に、王侯の宮廷、都市政府、アカデミーや大学と結びついていた。そのほか、都市の兄弟団、剣術団体(マルクス兄弟団、羽根剣士団)のような同業者組合、さらに都市の射撃協会やゼバスティアヌス兄弟団のような地域団体に組織化の開始が見られた。それらは都市防衛にとって有益だったために当局から承認されたのである。さらに、数多くの私的サービスを提供する人々、また剣術学校や屋内球技場やアリーナの営業権を管理する人々がいた。彼らは個人的な希望者に空間の賃貸を行い、教授コースやトレーニング時間を提供し、試合を開催した。これまで彼らの活動は、屋内スポーツ場に関する研究との関連でしか明らかにされていない。

競技会、賞品、報告

「試合を伴わない結婚式や大きな祝祭はなかった。」[138] ここで「試合」とは、考えられる全スポーツ競技のことである。また「祝祭」とは、きわめて広範囲な意味で宗教的な祝祭（守護聖人の祝日、献堂式、謝肉祭、復活祭、クリスマスなど）、政治的な式典（君侯の入市式、戴冠、誠実宣誓、君侯の会合、帝国会議、叙任、条約締結、講和条約式など）、さらに統治領主や重要人物の個人的な記念日（誕生、結婚、死去）である。[139]これと比較すると、自由に設定された時期に、地域を超えて、あるいは「国際的に」、選手や一般の観衆が招待されるような競技会は稀だった。そうした大規模な催しは、都市の威信を保ち、商業的な関心を集めることもできた。[140] 一五世紀から一八世紀までの帝国都市の無料射撃競技会の際には陸上競技も行われたが、一〇〇〇人を超える選手が参加することもしばしばであり、彼らには公の名声と広告された価値ある賞品が与えられた。[141]

かなり多くの競技会は、賞品にちなんで名付けられたほどである。ミュンヘンの緋色競走は、賞品の布地の色がその名となった。シエナの有名な「パリオ祭」では、一等賞は一種の外衣（ラテン語の*pallium*）だった。[142] 私的なスポーツ競技会――たとえばテニス競技会《トーナメント》――においては、金銭を賭けてプレーすることが珍しくなかった。公式の馬上槍試合は、賞品を広告して参加者の関心を引いた。シュトウットガルトの馬場では輪突きや同種の馬術競技が絶え間なく催され、屋内球技場ではテニスの試合、射撃場では弩射や銃の射撃が行われた。そうした折には、ヴュルテンベルク公ヨハン・フリードリヒや公の弟のひとり、また時には宮廷貴族のメンバーや外国からの客人が、金メッキされた優勝杯、杯、水差し、鉢、装飾品、装飾用武具、賞金を次々と寄贈した。賞品は公に価値のある永久的な記念品だった。[143]

賞品とその公表は関連し合っていた。大競技会では、競技規則や賞品を公示した招待状を印刷し、周辺地域の期待をかき立てた。個々の催しについて膨大な書類が作成された。[144] 一五世紀半ば以降、市

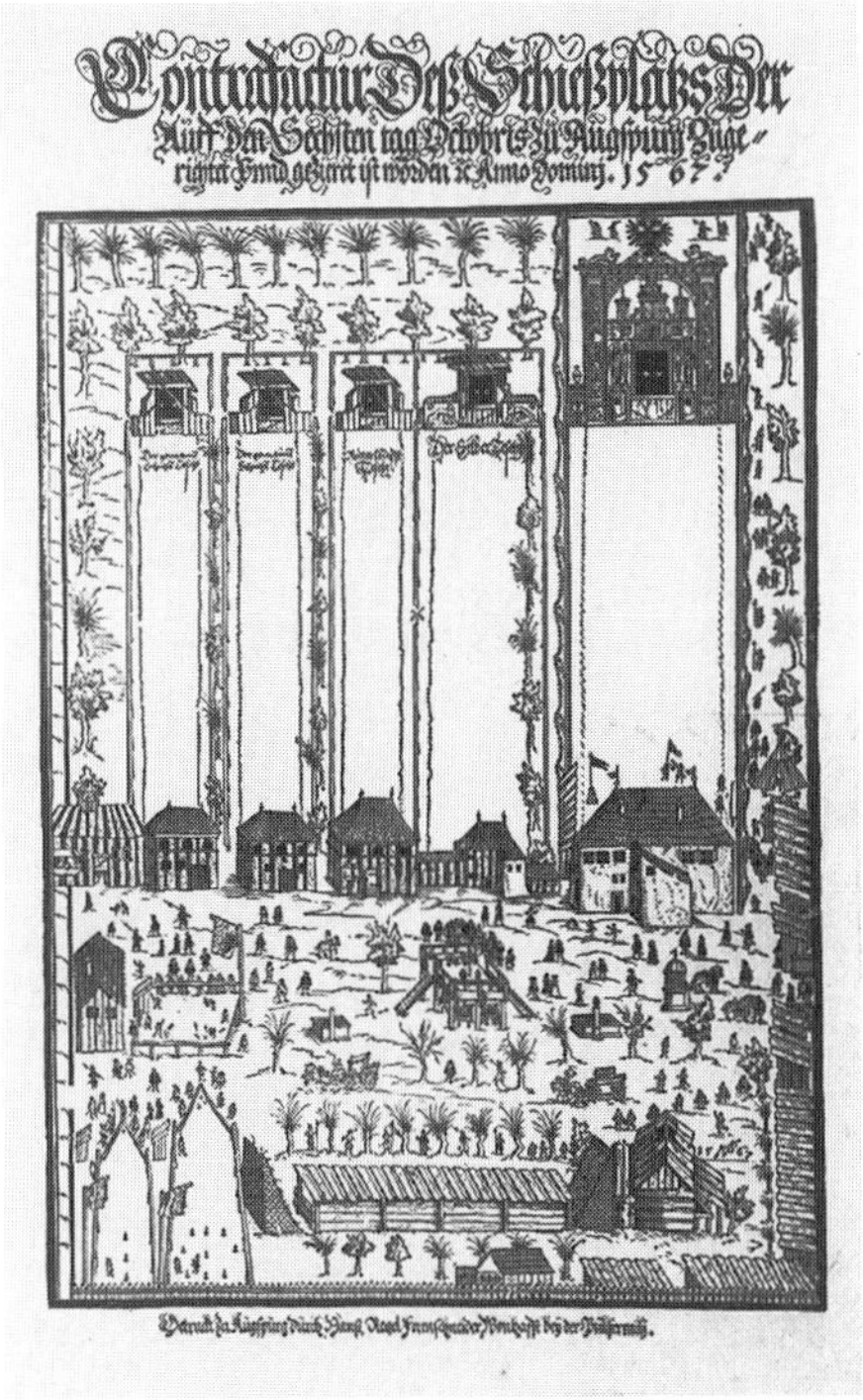

1567年10月6日の射撃祭についての報告記事におけるアウクスブルクの射撃広場

民の競技会では、現物賞品（雄羊、馬など）に代わって賞金が授与され、その額は一世紀のあいだに何倍にも増えた。アウクスブルクでは一四四〇年に四〇グルデンだったのが、一四七〇年には一〇一グルデンとなり、ライプツィヒでは一五五〇年には三〇〇グルデンだった。バーゼルでは、一六〇三年、一等賞として三〇〇ドゥカート金貨相当の優勝杯が与えられた(145)。射手の名前と試合の結果はのちに発表された(146)。一六一五年、ブラウンシュヴァイク＝リューネブルク公アウグスト二世は、ダネンベルクの射手組合の射撃競技会で優勝した。公は、アウクスブルクの美術商フィリップ・ハインホーファーとの往復書簡の中で、自分が射手の王となり、勝者の首飾りを身につけることができるので、すっかり感激していた。もっとも公はその首飾りを特に気に入らなかったため、新しい金の首飾りを注文した。新しい首飾りでは、一羽のオウムが公の盾形紋章をつけていた(147)。

これまで、大規模なスポーツの催しや英雄的な行為に関する報告はほとんど研究されてこなかった。しかし研究された数例については、印刷されたおびただしい報告を読むことができる。ただし、そこでは、時代に制約されて、馬上槍試合《トーナメント》、馬術競技、射撃競技、闘牛が好んで扱われている(148)。多くの報告は、誕生、洗礼、謝肉祭、戴冠、君侯の入市式、謁見、誠実宣誓、君侯の会合、帝国会議、講和条約締結、死去、結婚式の際の大きな式典に関する出版物の中にある。たとえば一五六八年にミュンヘンで行われたバイエルン公の結婚式や、一七世紀初頭にシュトゥットガルトで催された宮廷祝宴に関しては、多数の報告が出版された(149)。もちろん、一五五九年のフランス国王アンリ二世の悲劇的なスポーツ事故に関する報告も数多く存在している(150)。

大規模なスポーツの催しは、公式の報告や一枚刷りの印刷物以外でも、遠方から知ることができた。

一六一一年、プラハではマティアスのボヘミア王の戴冠に際して馬上槍試合《トーナメント》が行われたが、ヴュルテンベルク公ヨハン・フリードリヒは、自分の通信員にそれについて報告させている。[151]近世のスポーツに関する偏見のひとつに、選手の成績に金銭を支払ったり、成績を競うことがなかったという見方がある。[152]しかし報告では、誰がどの競技に優勝し、どのような点数を取り、どのような賞品を獲得したのかが正確に記録されている。たとえばアダム・フォン・ヴァレンシュタイン二世が一六〇四―一六〇五年のテニス競技会において行ったように、几帳面な選手たちはみずからの試合結果を書き留めていたのである。[153]

スポーツに寄せる一般の熱狂

史料の状況からわれわれがもっとも良く知ることができるのは、スポーツに寄せる君侯たちの熱狂である。君侯の屋内球技場や、都市や貴族子弟のための学校の屋内球技場には、専用の観客席が設置されたことが知られている。君侯の屋内馬術場や屋内調教馬術練習場、あるいは貴族子弟のための学校内の剣術学校も同様だった。もちろん、公式のスポーツの催しにおける観客数と比較すれば、その数はわずかである。ロンドンのサザーク地区の二つの闘技場には、週に二回、数千人の熱狂した観客が集まった。屋外のイベントはおびただしい数の観衆を引きつけた。[154]一五八四年にフィレンツェで催されたカルチョには、四万人の観客が押し寄せた。[155]ヴェネチアの拳骨試合や競馬も同様だった。特に――シエナのパリオ祭のように――都市の地区を代表する着飾った選手たちが太鼓のとどろきと旗飾りの中で集合するときである。(156) ドイツの比較的大きな諸都市が二万から四万の人口を有していた時期、数千人の観客を収容することは、帝国会議の開催と同じように力量を必要としたにちがいない。(157) ドイツの各都市では射撃祭が最大のイベントのひとつだった。ヘルマン・フォン・ヴァインスベルクは、一族の年代記において、一五八一年八月初めに帝国都市ケルンで行われた大規模な射撃競技会について報告している。その競技会には数百人の射手と数万人の観客が参加した。(158)

とりわけイングランドにおいてスポーツや競争に寄せられた熱狂は、すでに一八世紀にはよく知られていた。旅行者たちは、イングランドに着くやいなや、スポーツの催しについて報告することが頻繁にあった。たとえば侯爵夫人ルイーゼ・フォン・アンハルト＝デッサウは、一七七五年七月二一日、ドーヴァーからカンタベリーを経由してシッティングボーンへ至る道程で、旅行の最初の印象として次のように記している。「この最初の地を通ったとき、私はすぐにイングランドの情熱のひとつ、つまり競馬を目にした。それは街道のすぐ脇で行われていた。私たちは里程標に従ってそこに止まった。彼らは半円の輪乗りを行い、向きを変える。だから彼らが一方の側からやって来て、もう一方の側で再び立ち去るのを見た。(159)」

近世の余暇スポーツ

近世では、スポーツは貴族だけのものではなかった。村や都市における教会堂隣接の墓地、広場、通りでは、許される限りスポーツが行われた。こうした公的な場所でプレーする可能性が制限されるにつれ、球技緑地や球技場が建設された。また市門の前には自然の空き地が残っていた。特に建物のない川岸で、氷上で、いつでもスポーツが行われた。バーゼル出身の印刷業者の息子フェーリクス・プラッターは一五五〇年代にモンペリエで医学を学んだが、海や川へ泳ぎに行き、散歩し、踊り、乗馬し、登山し、――フランス人が非常に驚いたことには――凍った川の上でスケートをした(160)。彼の弟も、川で水浴びし、泳いだことを繰り返し報告している。フランスの都市オルレアンでは次のように記されている。「私が橋を越えて近郊へ行ったとき、大勢の男や少年がロワール川で水浴していた。数人はとても高い橋を飛び越えて水の中へ入った。たくさんの人や女がそばにいた。身にまとう何ももってはおらず、真っ裸の習慣を守っている者もいた。橋の下の真ん中あたりには小さな島があり、あまり遠くないところにもうひとつの島があった。島の上では、岸部と同じように、ロワール川へ散歩することができた(161)。」

ミシェル・ド・モンテーニュは、『エセー』〔一五八〇年〕の中で、競走、舞踊、ジュ・ド・ポーム、レスリング、乗馬、水泳、跳躍、剣術といった多種のスポーツについて述べ、競走以外の種目では自分が月並みでしかないことを認めている(162)。これにはしかるべき理由があった。時代を注意深く観察したモンテーニュは、一五八〇―八一年のイタリア旅行で、その地方のスポーツ場をわざわざ訪問していたからである。ヴェローナでは円形闘技場、ボローニャではヴェネチア人師範の剣術学校である。師範の弟子は、故郷のボルドーで同じような学校を経営していた。モンテーニュは、ローマには謝肉祭のあいだに滞在した。彼は観覧席の入場券を買った。観覧席からは、子供、少年、老いた裸の男たちの競走、さらにはロバやバッファローの競走や競馬も見ることができた。もっとも、これらと比較すると、引き続き行われたローマ人貴族のクィンティン走や、晩に仮設の円形闘技場で催されたその他の馬上槍試合《トーナメント》の練習のほうが彼には面白かった。(163)

二世代のち、ジョン・イーヴリンは同じ催しについて記している。「翌朝、われわれは謝肉祭の無礼講を観るのに夢中だった。謝肉祭のときには、世界中がローマのようにどんちゃん騒ぎになる。しかしもっとも注目すべきなのはバルブ馬の三レースだった。馬は、コルソ通りを、騎手を乗せずに走った。馬を刺激するように、馬の背に拍車だけが載せられ、両脇に垂れ下がっている。それから雌馬、ロバ、バッファロー、老若の裸体の男、少年の競走、そしてたくさんの滑稽な気晴らしが続いた。(164)」いずれにせよ特徴的なのは、公式のスピード競技を非難するカルヴァン派のイーヴリンが、一六四五年の謝肉祭時にローマへ旅し、さらに翌年にはヴェネチアで謝肉祭を過ごし、こうした季節的なスポーツの催しを否定的に書き留めていることである。(165) 貴族の彼はカトリックの大衆スポーツを混乱とみなした一方、文明化された貴族のスポーツには大いに敬意を払った。五月初旬、イーヴリンは、ローマの都市貴族の馬上槍試合《トーナメント》に招待された。そこではすべてが秩序立って進行した。これは彼が楽しむことのできる騎士のスポーツ競技だったのである。「朝には数人の身分の高い若者による一騎打ちと馬上槍試合《トーナメント》の形式に則った対戦があり、われわれは招待されていた。賞品は、騎士道の作法に従い、貴婦人によって授与された。試合では、槍と剣をもった者たちががちゃがちゃとぶつかり合って仕切り壁に向かって走るが、頭から血を流すことはなく、見物人にたくさんの楽しみを与えてくれる。それはわれわれ旅行者には目新しかった。(166)」

モンテーニュは、わざわざサンジョヴァンニ祭の週にフィレンツェを訪れたようである。近世においても、その週には多数のスポーツ競技が催された。そこでのクライマックスは、コジモ一世が毎年サンタ・マリア・ノッヴェラ広場で開催させる戦車競走だった。モンテーニュによれば、不当にもストロッツィ家の馬車がメディチ家の馬車に僅差で勝った。それにもかかわらず、彼はこの戦車競走をイタリアで観ることができた最良のものとしている。おそらくはそれが古代に対する彼の熱狂に訴え

射肉祭にドゥカーレ宮殿前のサン・マルコ広場で行われた闘牛。ジャコモ・フランコ『ヴェネチアの男女の服装』所収。1610年、ヴェネチア。

たからであろう。一方、通りが狭くて見えないためか、彼にはフィレンツェのパリオ祭がまったく気に入らなかった。ルッカではパッローネ競技が頻繁に見られたが、彼は卓越したそのパッローネ競技について書いている。モンテーニュは、一五八一年一〇月、二度目にローマに滞在した際、ディオクレティアヌス浴場で催された馬術曲芸の上演を訪れた。曲芸師――ひとりの年老いたイタリア人――は、長いことオスマン帝国で奴隷として生き、そこで妙技を学んでいた。しかしカスティリオーネが『宮廷人』で強調しているように、アクロバットは貴族のためのものではなかった。シエナの貴族シルヴィオ・ピッコロミニがフィレンツェの宮殿で開いた晩餐会の会話から、貴族がどのスポーツを愛好していたのかがわかる。剣術であった(167)。

パヴィア出身のジェロラモ・カルダーノの場合は事情が違っていた。彼は弁護士の息子で、学問で成功を収めていた。カルダーノは、その回想録の中で、一章全部をスポーツだけにあてており、大学教授の見解を深く認識させてくれる。ここではどのようなスポーツを期待できるのだろうか。「青少年時代の早い時期から、私はあらゆる種類の闘技訓練に熱心に打ち込んできた。だから、この荒々しく不遜な人間たちの中でいくらか有名になることもできたのだろう。私は剣を用いて剣術の練習をした。しかも剣だけのときもあれば、楯を使うときもあった。楯は縦長の楯や大小の円楯である。またフルーレと剣を同時に使ったり、長い馬上槍《ランス》や投げ槍を用いた。さらに剣と重いマントを身につけて、特に苦労することなく木馬に跳び乗ったり、自分は武装せずに相手が取り出した短剣をもぎ取ることもできた。私は走ることや跳躍も訓練し、充分に熟達したが、腕の筋力が弱かったため、腕を使う運動はそれほど上手くなかった。乗馬、水泳、銃器の射撃は、私にはまだそれほど楽しくはなかった。

銃口からの閃光を神々の怒りのように恐れたからである。つまり私の性格は臆病で、技巧的な運動だけが私を勇敢にしてくれた。だから私は義勇軍にも志願した。私はしばしば夜も、当局の命令に反して、自分が住んでいる都市の通りを武装して巡回した[168]。」

　大学教育を受けた人と貴族に共通していたのは、スポーツの練習、訓練、そして試合のために必要な時間だった。それゆえ、近世のある種の有閑階級（*leisure class*）はスポーツを差別化の手段として利用していたと言えるだろうか。特定のスポーツ競技に対しては確実にそう言えるだろう。馬上槍試合《トーナメント》、カルチョ、輪突き、テニスのために出版された競技規則は、下層階級を明確に除外していた。しかし、このことをあまり問題視する必要はない。遅くとも一五世紀には、ネーデルラントやラインラントで「ケーツェン」と呼ばれ、一般に人気のあった一種の屋外テニスが存在していたからである。ケルンの修道士は、一四五〇年頃、低地ドイツ語の論考「ケーツェンの意味に関する重要な本」においてケーツェンを扱っている。一五六二年にはまだ、ケルンにはひとつの「カッツバーン（Katzbahn）」〔屋内球技場〕が存在していた[169]。ロンドン、パリ、ローマのようなヨーロッパの大都市には、おびただしい数のテニス競技場や屋内球技場、また剣術学校や乗馬学校があった。使用料を支払い、さらに教師やスパーリング・パートナーを雇える人なら誰でもプレーすることができたのである。このようにスポーツを提供できることは地の利のひとつであり、ヨーロッパの大都市に人々を引きつけることになった。

近世においては、冬季スポーツの領域でも狭義のスポーツ化を示す例が見られる。たとえば一五一〇年、スコットランドの貴族はすでにカーリング・クラブをつくり、氷上で円盤状の石を用いたカーリングを行っていた。一六世紀においては、さまざまな用具を使ったカーリングの諸形式が北フランスやネーデルラントでも知られているので、カーリングはスカンディナヴィア半島全域に普及していたと推測してもよいだろう。フランスでは、曲がった柄のついた円盤状の石は、*bouillotte*（ティーポット）と名付けられた。この厚い盤状の用具は、磨いた石のほか、鉄の補強金具のついた硬質の木材からもつくられ、重さは一五―二〇キログラムあった。年代推定可能な最古のカーリング・ストーンは一五五一年のスコットランド製である。カーリングは、バイエルンやシュタイアーマルク――場合によってはそのほかのアルプス地方――でも洗練化され、そこでは、的《まと》はHaserlとかDaubeと呼ばれた。おそらくは、この冬季スポーツから室内競技のシャフルボードが誕生したのかもしれない。シャフルボードでは、約三―一〇メートルの長さの大きなコートで、シャベル状の用具で円盤を押し出した。もっとも初期の記載は、イングランドのヘンリー八世の宮廷においてである。一五三二年の支出簿には、国王がシャフルボードで相当額を失ったと記されている。[170]

エーバーハルト・ヴェルナー・ハッペルは、『不思議な物語』〔一六八一―一六九一年〕の中の長い一章で、エルベ川や内・外アルスター湖が凍結したときにハンブルクの人々が行う「冬の面白い楽しみ」について語っている。人々はさまざまな馬橇に乗ったり、スケート靴を履いて楽しんだ。そのスケート靴の構造に関しては正確に記述されている。オランダのスペシャリストたちはとんぼ返りをしてフィギュアスケートを披露した。一六八二年、特に魅力的な呼び物だったのはオランダの氷上ヨットのプレーだった。滑り木をつけたヨットは「矢のように速く」氷上を走ることができたのである。[171] スケート競走が報告されていないのではないかと抗議することもできるだろうが、今日でもオリンピック競技種目にフィギュアスケートがあることを思い出していただきたい。そこで重要なのは速度ではなく、クオリティの高い跳躍と優雅な芸術性である。スイスからスカンディナヴィア半島まで、スケートは国民すべてに人気があった。このことは、ピーテル・ブリューゲル以来、ネーデルラントの冬の光景から見て取ることができる。もちろん、スケートにはアイスホッケーとカーリングも含まれる。

小氷期の寒冷期間が原因して、中央ヨーロッパでは、冬季スポーツ種目がそれまでよりも普及した。それゆえ橇を所有しない宮廷はほとんどなかった。収集された豪華な橇は、馬車と同じように君侯の厩舎で維持されていた。夏用の馬車と同様に馬が引いたからである。このように乗り物が増えたため、それ——近世の全車両である——を保管するために、専用の大きな建築物、大規模なガレージが必要になった。橇の多くは博物館のコレクションに保管されている。ヴュルテンベルク家の分家であるウーラッハ家のコレクション、インスブルックのフェルディナンデウム博物館にあるチロルのコレクション、あるいはニンフェンブルク宮殿の馬車博物館にあるバイエルン家のコレクションを挙げれば充分だろう。宮廷貴族は、この寒冷期間の長い冬のあいだ、一一月から三月まで橇に乗って国中や諸都市をめぐった。彼らを特に引きつけたのは、夜に松明の明かりのもとで走ることだった。この余暇の娯楽では、男女が暖かい毛布にくるまって身を寄せ合うこともできたのである。さらには犬や馬が引くことができて、特別に頑丈につくられた競走用橇もあった。バイエルン選帝侯マクシミリアンのとりわけ敬虔な宮廷でさえも、一九の黒い競走用橇をもっていた。その橇には操縦者以外にもうひとりが同乗することができた。(172)橇は狩猟やその他の宮廷スポーツで使用された。ドレスデンでは、プレイヤーが馬ではなく橇に乗り、的《まと》へ向かって駆ける輪突きが催された。貴婦人の輪突きでは、一六五四年以降、騎士が橇を操縦し、貴婦人が馬上槍《ランス》で的《まと》を突くことを試みた。(173)

政府は繰り返し冬季の娯楽を制限しようとした。帝国都市アウクスブルクは、一五三〇年、夜間の走行禁止を公布し、一五六八年、橇の賞品を制限した。トネリコ材からつくられるダヴォス風橇は、鉄を取りつけた滑り木、固定した木材構造部分と引き棒から成るが、一八八三年ダヴォスで催された橇競走をきっかけに、軽いノルウェー式の橇から発展したものである。ボブスレーやスケルトンに至る最近の全種類の橇はこのモデルに遡る。クリスマスソングと思われている「ジングル・ベル」は、一八五〇年頃、ジェームズ・ロード・ピアポントによって作曲され、「一頭立て橇」（ボストン、一八五七年）のタイトルで出版され、若者たちの馬橇競走について歌ったものである。(174)

神聖ローマ帝国皇帝の宮廷におけるスポーツ

神聖ローマ帝国皇帝の宮廷を例に取ると、近世が経過していく中で愛好されるスポーツがどのように変遷していったのかを非常に良く描くことができる。皇帝マクシミリアン一世はまだ、格闘と馬上槍試合《トーナメント》で形成された中世のスポーツ世界で動いていた。皇帝は二つの自伝、『白王伝』と『トイエルダンク』でそのことを表現している。しかしこれらの作品の挿絵は、騎士教育でも、少なくとも子供の遊びには球技が取り入れられていたことを示している。すべての宮廷におけるのと同様、マクシミリアンの宮廷でも、常に狩猟が特別の役割を果たしていた。マクシミリアンは何よりもチロルの高山でのアルプス・カモシカ狩りを好んだ。皇帝カール五世は、ブルゴーニュ家で教育を受けたため、まったく異なったスポーツへの愛着をもっていた。関心の中心は、馬上槍試合《トーナメント》のほかは主にテニスだった。カールはネーデルラントで幼い頃からテニスを学んでいたのである。皇帝は、フランス、イングランド、イタリアでプレーした。さらに詳しく調べれば、皇帝がスペインやドイツでもテニスをした例を見出すことができるだろう。フェルディナント一世はカールの弟であり、スペインで成長したのちに皇帝となったが、一五二一年以降ウィーンに居を構え、一五二〇年代初め、ウィーンやオーストリアのほかの諸都市に最初の屋内球技場を建設させた。フェルディナント一世の息子の皇帝マクシミリアン二世は、この新しい愛好をプラハへも伝え、新宮殿の施設に非常に大きな屋内テニス場をつくらせたので、そこでは屋内でパッローネもプレーされたと推測することができる。ボヘミアが皇帝ルドルフ二世のもとで皇帝権力の中核に昇格し、プラハが政治的な闘いの中心地になると、ボヘミア貴族のあいだでは屋内球技場が普及した。その例として、ヴァレンシュタイン公はプラハの宮殿に、またエッゲンベルク家はクルマウ（今日のチェスキー・クルムロフ）に屋内球技場をつくらせている。ルドルフ二世に関してはひどい鬱病であったとうわさされるが、スポーツは得意であった。

ようやく皇帝マティアスとフェルディナント二世の治下になって、ウィーンは帝国の恒常的な首都として定着するが、このことはスポーツのインフラ構造をも拡充させた。ポーランド王太子でのちの

1993年の火災後に復元されたノイブルク宮殿の巨大な屋内球技場。今日のウィーン11区、ジンメリング。建築主は、1569-1576年、スポーツに熱狂していた皇帝マクシミリアン2世だった。18世紀には軍事目的のために利用された。

国王ヴワディスワフ四世が初めてウィーンを訪れたとき、のちの皇帝フェルディナント三世は、最初の謁見が終わり、美術コレクションを披露したあと、一六二四年六月二五日と二六日、客人たちとまず狩りに出かけた。それからバレエを伴った舞踊が演じられ、ドイツのダンスを一緒に踊った。六月二七日には射撃競技が催され、王太子は名誉賞を受け取った。翌日には再び、フュギュアダンス、バレエ、宮廷人たちの「そのほかの舞踊」を楽しんだ。[175] 皇帝レオポルト一世の治下では、敵対するルイ一四世のフランスと同様、数種の古いスポーツが衰退し、新しいスポーツが台頭してくる。宮廷の人々はウィーンのホーフブルク宮殿で冬を過ごした。ホーフブルク宮殿には冬の楽しみとして屋内球技場と屋内馬術場があった。春にはウィーンの南にあるラクセンブルク城に住んだ。そこには専用の馬上槍試合場《トーナメント》があり、散歩ができた。夏のあいだずっと滞在したのはファヴォリータ宮殿（今日のウィーン四区、ファヴォリーテン通り）である。ファヴォリータ宮殿は、一七四六年、スポーツを促進する貴族子弟のための学校（テレジアヌム）へと改装された。秋の居住地は、カイザーエーバースドルフ宮殿（今日のウィーン二区）だった。それは、帝国の動物園だけが残っていた老朽化した新宮殿のすぐ横にあった。

皇帝ヨーゼフ一世は卓越した馬術家であり、無鉄砲なアクロバットを好み、馬をみずから調教した。若い冒険心から、皇帝は腹心の部下マティアス・ランベルクと狩りへ出かけた。兄カール六世は冬季乗馬学校を建設させた。その娘マリア・テレジアはしばしば「女帝」と呼ばれるが、自分ではこの称号を一度も使わなかった。彼女は、オーストリア女大公および選出されたハンガリー女王・ボヘミア女王として、夫の皇帝フランツ一世よりも自分の権力がはるかに大きいと思っていたからである。マリア・テレジアは、ウィーンのホーフブルク宮殿に大規模な舞踊の催しのために大舞踏会場をつくらせている。

マリア・テレジアのユーモアに欠けた息子たちのもとで、旧帝国が終焉に近づいただけではなく、古きヨーロッパのスポーツの伝統も終わりを告げつつあった。(176) 皇帝ヨーゼフ二世が考える合理的な社会には、貴族の余暇娯楽も臣民の余暇娯楽もそぐわなかった。皇帝があらゆる形の資金の浪費――つまりすべての文化的なこと――と闘ったのは、もはや宗教的な理由からではなく、啓蒙化されたレゾン・デタが考える有用性からだった。啓蒙主義者たちはマニファクチャーや監獄や病院には関心を抱いたが、屋内テニス場や屋内馬術場には興味を示さなかった。ただし皇帝は、ウィーンのアウガルテン公園やプラーター公園を一般に開放し、首都の市民たちが公共のレジャー施設へ出入りできるようにした。弟の皇帝レオポルト二世は、すでにトスカーナ大公のときに、フィレンツェのカルチョを歓迎試合ふうに催す公式の伝統を止めてしまっていた。文化を解さない俗物皇帝は、オペラハウスや劇場、さらに「自分が野蛮な娯楽と考える」狩猟までも制限した。フランツ二世は、一八〇六年、最後の神聖ローマ帝国皇帝としてナポレオンの圧力下に退位しなければならなかったが、スポーツよりも植物に関心をもち、たくさんのドライフラワーのコレクションを残した。

商業化

クリケット

クリケットは、――ヨーロッパ大陸の多くの人々にとっては馬鹿げた理解できないスポーツに思われるが――一七世紀以降、田舎からイギリスの国民的スポーツにまで台頭した。クリケットは一九世紀に大英帝国の広範囲に普及し、今日、イギリス連邦の国々でプレーされている。クリケットの試合では、投手〔ボウラー〕と打者〔バッツマン〕が約二〇メートル〔二二ヤード〕の距離の細長いフィールド〔ピッチ〕で対峙し、両者の対決が中心となる。ボウラーはバッツマンの後ろのウィケットにボールを命中させようとする。ウィケットは三本の杭〔スタンプ〕が横木〔ベイル〕によってつながれたもので、命中すると倒れる。バッツマンの後ろのウィケット・キーパーは、そうした命中を妨害する。これに

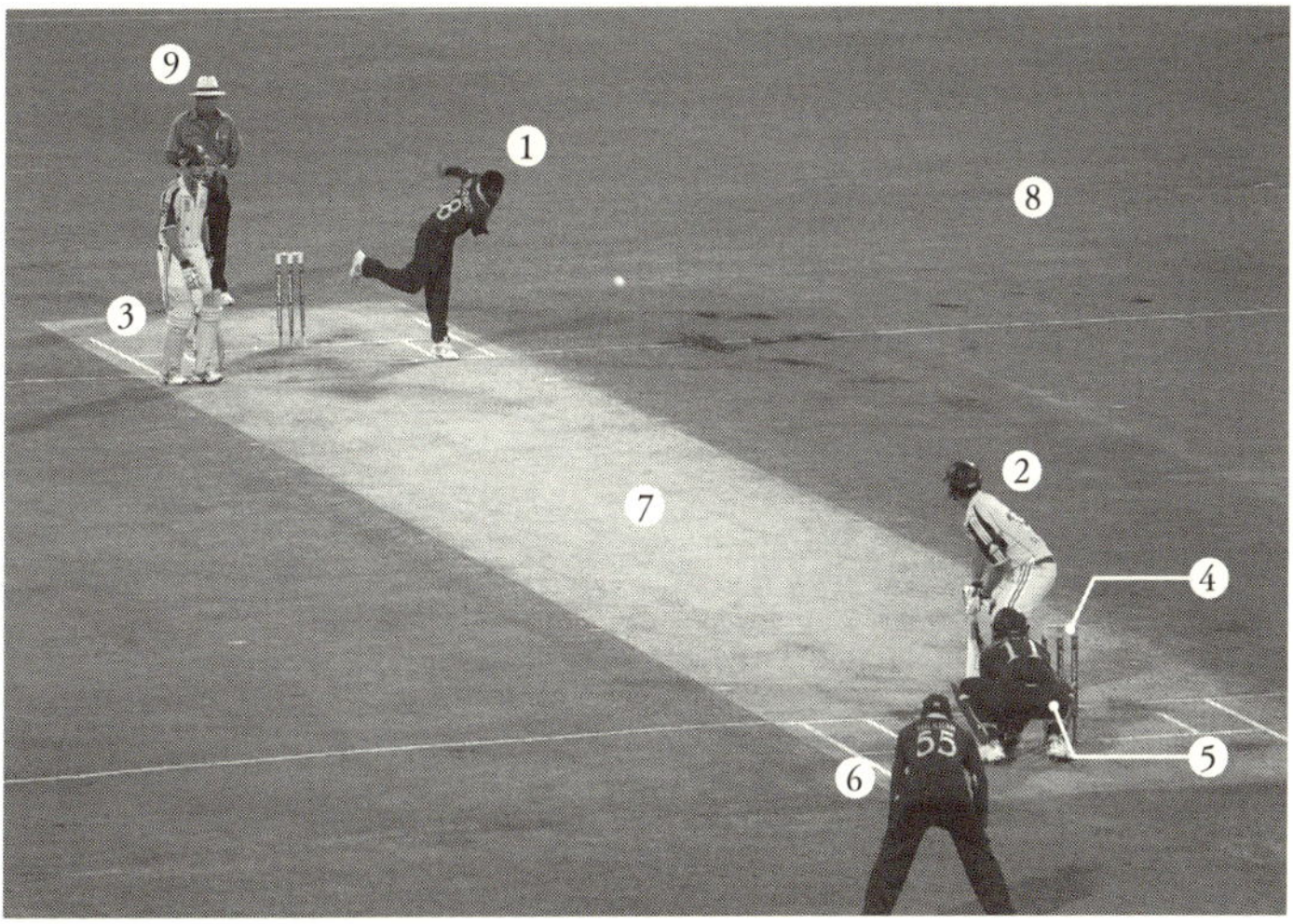

〔参考図版〕クリケットのピッチと選手。①ボウラー　②バッツマン（打撃中）③バッツマン（パートナー）　④ウィケット　⑤ウィケット・キーパー　⑥フィールダー　⑦ピッチ　⑧グランド　⑨審判　（Photo: Rae Allen, 2006）

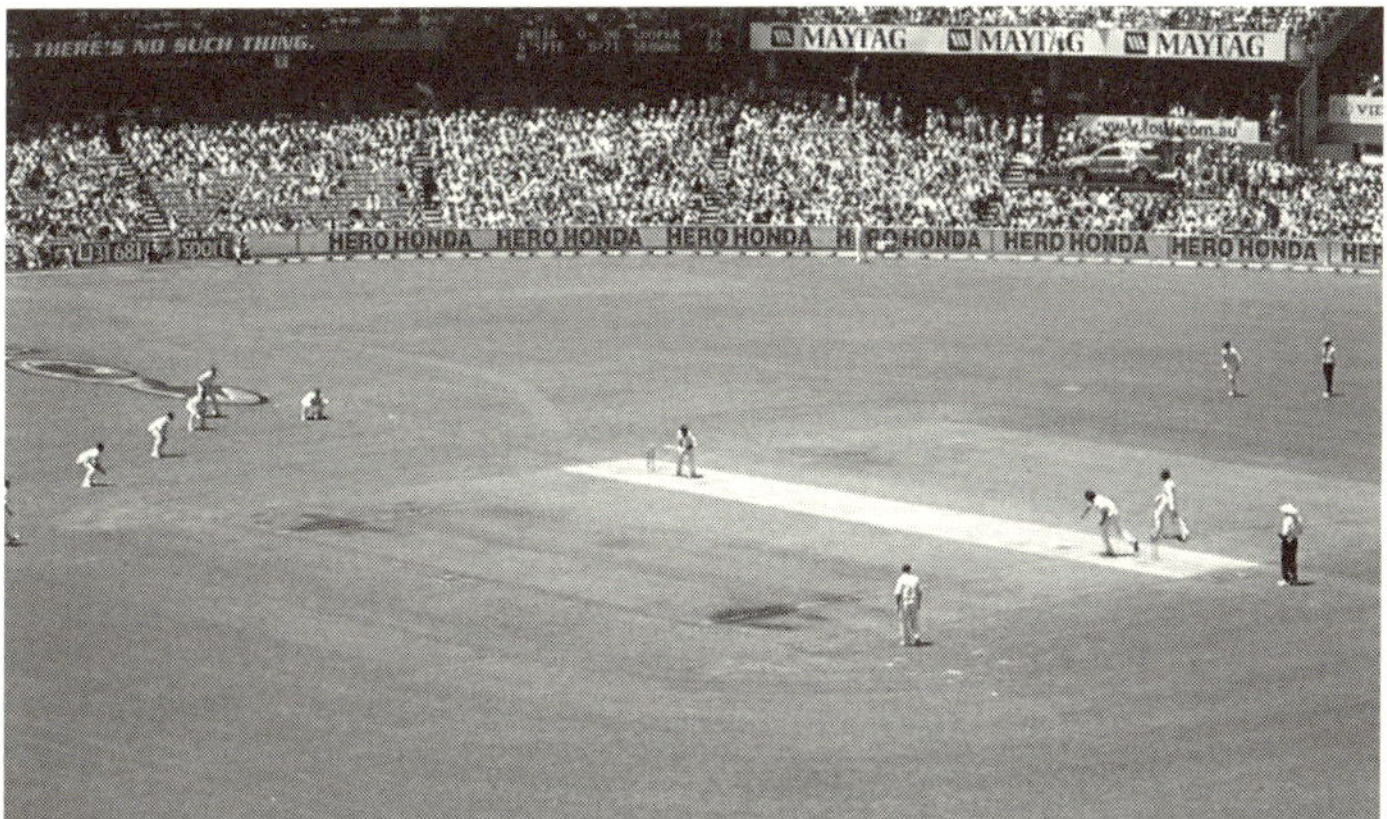

〔参考図版〕クリケットのグランド。ピッチの周囲に9人のフィールダーが配置される。（Photo: David Morgan-Mar）

対して、バッツマンはボールを遠くまで打ち、点（ラン）を取ろうとする。得点は命中によってではなく、ランによって数えられる。フィールダーは、ピッチの周囲の長円形をした芝のグランドにいてボウラーを守り、出来るだけ速く返球しなければならない。クリケットの試合では、常に一方のチームだけしか得点できず、もう一方のチームはそれを阻止する。ひとりのバッツマンがミスすると外れ（アウト）、次の打順のバッツマンと交代する。すべてのプレイヤーがアウトになると一回（イニング）が終わる。それからチームが交代し、もう一方のチームが点を取ることができる。クリケットの試合では、各チームが一イニングないしは二イニングをプレーする。つまり決められた試合時間はなく、理論上では数日かかることもある。

クリケットが初めて記録に登場するのは、ひとつの訴訟においてである。その訴訟とは、一五九八年初め、南イングランドのサリー伯領にあったギルフォードのロイヤル・グラマー・スクールの所有権を審理するものだった。ある男性が、慣習法上で合法であることを証明するために、自分は五〇年前からすでに問題の土地でクリケット（*krecket*）をしていたと主張したのである。次に言及されるのは、一六一一年、ピューリタンの安息日遵守主義との関連においてである。そこでは、二人のクリケットプレイヤーが日曜日の安息を破ったとされた。フットボールと同じようにクリケットも村のチーム間の試合であり、共和政時代、ピューリタンには好まれていなかった。王政復古〔一六六〇年、イギリス革命の中で共和政が倒れ、ステュアート朝のチャールズ二世の王政が復活した。〕後、クリケット（*Crekett*）はイングランド南東部でますます人気を得た。勝敗を賭けることができたからである。出版検閲の廃止後、一六九七年、サセックスでは、各一一人のプレイヤーから構成された二チームのあいだで、五〇ギニーを賭けたクリケット大試合（*great Cricket match*）が開催されたという報告がある。一八世紀初頭、貴族や裕福な商人はパトロンとして自分のチームを編成し始め、大きな競技グラウンドが準備された。たとえば一七〇七年、ロンドン・フィンズベリーに「アーティラリー・グラウンド」がつくられている。一七〇九年には、伯領《カウンティ》の名をつけた最初の数チームが試合に登場した。一七二五年から一七五〇年以降、上級貴族も参加するようになり、新聞はクリケット競技について頻繁に報道した。(177)

クリケットを支援したひとりにハノーヴァー朝のイギリス王太子フレデリック・ルイスがいた。王太子はジョージ二世とカロリーネ・フォン・ブランデンブルク＝アンスバッハの長男である。ジョージ二世は王太子をグレートブリテンから遠ざけたままだった。王太子は、祖父の死後、一七二八年にウェールズ公《プリンス・オブ・ウエールズ》に叙された際、初めて渡英することが許された。王太子はすぐに父である国王と政治的に対立し、貴族の党派を結成した。その集合場所は、テニスコートとクリケット・グラウンドをもった大きなレジャー地であるリンカーンズ・イン・フィールズ――今日でもロンドンのもっとも大きな広場である――だった。ウェールズ公《プリンス・オブ・ウエールズ》は熱狂的なスポーツ愛好家であり、領地クリヴデンで、釣り、漕艇、射撃を楽しんだ。王太子はイングランドに馴染むために自分のクリケット・チームをつくり、選手の報酬や賞金と並んで優勝杯を出す慣例を導入した。ダニエル・デフォーが創刊した『ホワイトホール・イヴニング・ポスト』紙のような新聞は、王太子が庇護したクリケットの試合について伝えている。その試合のためにクリケット界で初めて適切な競技グラウンドが定められた。だが、王太子がクリケットのボールで致命傷を負ったのは不運だった。死にまつわる状況ははっきりしていないが、ボールが当たった箇所の膿瘍で死んだという諸説がある。(178)

もっとも重要なスポンサーの死が最初のクリケット・クラブの創立と時を同じくしたのは、おそらく偶然ではないだろう。一七八七年にロンドンで設立された「メリルボーン・クリケット・クラブ（ＭＣＣ）」は重要な役割を果たすことになった。そのクラブは基本方針を示し、クリケットの発展をその使命とした。のちに「クリケットの規則」を制定して、イングランドとウェールズだけではなく、世界中のクリケット競技を組織化した。一九〇〇年、クリケットがパリで一度オリンピック競技種目になったとき、イギリスチームが優勝した。設立後二〇〇年以上が経った一九九三年、「メリルボーン・クリケット・クラブ」は、「国際クリケット評議会（ＩＣＣ）」と、イギリス国内のしかるべき組織に、その役目を譲った。一九七五年以降、「クリケット・ワールドカップ」が四年に一度開催されており、前回のワールドカップには一四カ国が参加した。第一回目のワールドカップは、西インド諸島がオーストラリアを下して優勝した。クリケットの母国イギリスはまだ一度も優勝していない。これに対し、オーストラリアは四回、インドと西インド諸島がそれぞれ二回、さらにパキスタンとスリランカが各一回優勝している。「国際クリケット評議会」は、二〇〇五年、本部をアラブ首長国連邦のドバイに移した。アラブ首長国連邦は一九九六年からワールドカップに参加している。アラブ首長国連邦とオランダが大英帝国に所属していなかった最初の参加国である。

イギリスにおけるスポーツの商業化

ドイツにおいてスポーツが個人化していったのとはきわめて対照的に、イギリスではスポーツが商業化されていった。このことは、一六九五年に出版検閲が廃止されたのち、イギリスで普及した広告から非常に良くわかる。『スポーティング・マガジン』誌におけるボクシングの歴史をたどると、すでに一六八八年――「名誉革命」〔一六八八年、イギリス議会がステュアート朝のイングランド王ジェームズ二世を追放した。ジェームズ二世の娘メアリ二世とその夫ウィリアム三世がオランダから迎えられてイングランド王位に就くと、王位に対する議会の優位を認めた「権利の宣言」を受け入れた。同年、「権利の章典」が発布された。〕の時代である――、ロンドンには多数のリングがあり、公開のボクシング試合が行われていた。(179) ボクシング試合の最初の広告として、一六九九年、ロンドン郊外クラークンウェルのホックリー・イン・ザ・ホールにあった新設の民営動物いじめ場「ベアー・ガーデン」の宣伝がある。当時、ロンドンは五七万五〇〇〇の人口を有する大都市であり、市民たちは味気ない日常生活の中にしばしば娯楽を求め、新しい営利的な催事場で気晴らしをしていた。クラークンウェルは、動物いじめだけではなく、営利目的のボクシングを開催する場所でもあった。『ロンドン・ポスト』紙は、一七〇〇年、ゴーマンという人物とチャンピオンのデーヴィスの試合について伝えている。有名な雑誌や『スペクテーター』紙のような「道徳的な」新聞も、繰り返しボクシング試合に関心を寄せた。『スペクテーター』紙の発刊人リチャード・スティールは、一七一二年、広く有名になっていたボクサーのジェームズ・ミラーが、重傷を負ったのち、相手のブックによって打ち負かされたと報じている。

商業化は、闘技だけではなく、ほかの身体競技でも見られた。一八世紀初頭にはまだ、上級貴族がセミプロの走者たちと伝統的な競走を開催していた。その中でも走者レヴィ・ホワイトヘッドが抜群に強かった。「今世紀初め、ヨークシャーのブラマム出身のレヴィ・ホワイトヘッドという人物がいた。彼は快速走行で注目されており、何年間もカースル・ハワードで優勝し、現在のカーライル伯爵の祖父から賞品を授与された。彼はまた、最初のアン女王のギニー金貨を獲得した。それはリポン近郊スタッドリーの郷士ウィリアム・エスラビーによって与えられた。その際、彼に対抗して選出された有名なインド人やそのほかの九人の選手を負かした。彼は二二歳のとき、一九分間で、ブラマム・ムーアを越えて四マイルを走った〔…〕。一七八七年三月一四日、彼は一〇〇歳で死んだ。[180]」その後、彼がつくった記録は標準となった。ロンドンのジェームズ・スミスという名の有名な陸上競技選手で、娯楽業界の経営者でもあった男は、ロンドンの「アーティレリー・グラウンド」で競走を開催した。「ランナー・ジャクソン」と自称した別の男は、クラパム・コモンで、――おそらくは競走の形式で――自分の技を披露すると宣伝した。一七二五年には、プレジャー・ガーデンのプールで競泳が催された。一七三〇年、ジェームズ・アップルビーが四マイルを一八分間で走ったとき、新記録が樹立された。ホワイトヘッドより一分速かったのである。こののち、こうした競走は、イギリスでは「ペデストリアニズム（徒歩主義）」というキーワードでまとめられるが、数年ごとに記録は塗り替えられた。一七四〇年代以降、ロンドンではますます精確なストップウォッチが製造されたことも考慮すると、この記録更新は興味深い。ストップウォッチは、自然科学の分野だけではなく、まさにスポーツにも投入されたのである。一七七〇年、ジェームズ・パロットが一マイルを四分で走った。一七年後、この記録を破るために、一〇〇〇ギニーの賞金が与えられた。これは、デーヴィド・デイの計算によれば、今日の七八万ポンド、つまり、およそ一〇〇万ユーロに相当する！　一七九六年一〇月三一日、ウェラーという名のランナーが一マイルを三分五八秒で走った。[181]

格闘技が正真正銘のスターを輩出したことは、ボクサーであるジェームズ・フィッグの例が示して

アンドレアス・メラー　ボクシング試合。1737年、ロンドン。

いる。フィッグが一七一四年に新聞報道で初めて言及されたとき、彼はすでに「王者」のタイトルをもっており、五年後には「英国王者」を自称していたほどである。多くのボクシング史は彼をボクシング・ヘビー級の初代王者とみなしている。フィッグは没年まで無敗のままだったので、一五歳頃に獲得した王者のタイトルを比較的長く保持した。一九九二年、彼は「国際ボクシング殿堂」（ニューヨーク）入りしている。これは、一九三〇年の世界チャンピオンであるマックス・シュメリングと同じ年である。(182)フィッグは最初、ピーターバラ伯爵のためにボクシングをしていたが、一七二三年に自分の競技場を開き、そこでボクシングを教えたり実演し、商才を発揮した。この「円形闘技場」では、もはや動物いじめは行われなかった。フィッグの経営は成功し、自分の宣伝画をウィリアム・ホガースのような芸術家につくらせることができた。このボクシング試合の開催者がホガースの年《とし》の市《いち》の画に典型的な人物として登場できたのも、ビジネス上のコネクションに依る。年《とし》の市《いち》の画では、曲芸師や音楽家たちも大勢の人々の前で演技を披露している。この絵画はフィッグの没年に描かれたので、トッププレイヤー兼経営者への一種の賛辞だったのかもしれない。フィッグのボクシング場は、一七三四年、みずから新王者と名乗る弟子のジョージ・テイラーによって受け継がれた(183)。

しかしテイラーにとって不運だったのは、長年のライバルであるジャック・ブロートンが一七三八年にテイラーを破って新チャンピオンになり、テイラーのボクシング場のすぐ近くに第二のボクシング場を開いたことだった。ブロートンのボクシング場は宣伝が上手く、最良のボクサーたちをスカウトしたので、やがてテイラーのボクシング場よりも多くの観客を集めるようになった。一七四一年、ブロートンはジョージ・スティーブンソンと闘い、スティーブンソンはその試合で死んだと言われている。画家ジェームズ・ハミルトン・モーティマーがその試合の一枚の油彩を描いた。賞賛されたボクサーであるジョージ・テイラーとジャック・ブロートンの油彩もそれぞれ一枚づつ残されている。

ブロートンは、この死亡事故をきっかけに、一七四三年、ボクシングの競技規則を著した。規則は特にローブローの禁止、ノックダウン時における試合の中断、ノックダウン後の中止を定めている。この「ブロートン・ルール」はボクシングの文明化につながった。しかし一七五三年には懸賞ボクシング試合は禁止され、そののち数年のあいだ公式には行われなかった。一七八九年、ボクシングの技術に関する著書が、当時では最良のボクサーだったダニエル・メンドーサによって世に出された。メンドーサはその前年、リチャード・ハンフリーズに勝利して、チャンピオンのタイトルを獲得してい

た。この試合は同時代人をたいそう興奮させたので、彩色版画に残されている。(184)

国民の学校としてのボクシング

しかし、出版されたのはボクシングの技術に関する著書だけではなかった。すでに一八世紀初頭にはレスリングについての諸論考が発表されていたし、(185) 一七二〇年代以降ではボクシングに関する手引書が幾つも世に出されていた。それらはもはやファンの観客向けの説明書ではなく、商業ベースに乗った大衆スポーツの宣伝用パンフレットだった。著者は、娯楽業界の経営者か格闘技学校の所有者だった。彼らは、懸賞ボクシング試合やレスリング試合のための育成に従事し、利益の多い格闘技場にふさわしい後継者を探していた。さらに比較的大勢のジェントルマン階級も格闘技に関心を寄せた。ひとつには、彼らはそこに真の男性スポーツを見たからであり、もうひとつには、イギリスではしばしば命にかかわる剣やピストルを用いた決闘の代わりに、ボクシングで名誉の争いを行っていたからである。だから彼らはボクシングの講習を受けた。このことは、ロンドンの『デイリー・ポスト』紙や『ジェネラル・アドヴァタイザー』紙に掲載されたトッテナム・コート屋内競技場の広告からわかる。そこには、一七四〇年一月二五日、来たる火曜日に、「男らしさの講習、あるいは運動生理学。ボクシング技術の全理論と実践が解説されるであろう。［…］チャンピオン主義の原則」とあった。広告主は学芸修士のトーマス・スモールウッド、「セント・ジャイルズ体育館の監督官」、つまりスポーツ教師だった。そのほかにはサザークの運動家である学芸修士のトーマス・ディモック、さらにブロートン教授の名が挙がっている。ブロートン教授とは、上述した有名なボクシング王者のことであろう。ボクシング選手の中にはブロートンのように非常に優秀な教育者がいて、貴族の受講者も引きつけていた。しかし一般的には、受講者は懸賞ボクシング試合に出場する選手たちだった。(186)

当時の詩からは、こうしたトレーニングが要求されていたことがわかる。「ピストルや短剣や剣や、命を奪いかねないあらゆる道具を捨てろ。ボクシングをイングランド人の誇りにしろ、彼らの学校の技！」(187) ロンドンのボクシング学校は相互に競合し、勝負に強い懸賞ボクサーの育成をめざして、トレーニングを新種の学問へと発展させた。のちに、その方法はほかのスポーツ競技にも転用された。用具を備えた専用の部屋があり、トレーニングのためのバーベルもあった。怪我を避けるために、今日のものと酷似しているグローブを使用した。選手たちは当時最良の格闘家たちから教えを受け、これらのチャンピオンやスパーリング・パートナーとともに、習得したことを練習することができた。彼らはトレーニング前後に高価な機械で体重を量り、体重の減少を確認して、適切なダイエットを行った。こうした目標を設置した格闘技訓練の結果、選手の成績は目立って改善された。一八世紀半ば頃、ベアナックル・ボクシングは危険になりすぎたために禁止された。ボクシングだけではなくボクサー自身も人気があったので、多くのダンディーは報酬を支払って、ボディーガードとして、また威信を保つために、ボクサーを雇った。

『スポーティング・マガジン』誌は、すでに第一号で「ボクシングの新しい正確な歴史」を掲載し、技術の進歩を宣伝した。「現在の啓蒙された時代、彼らの歴史がなければ、熟練した男性のいかなる技術も身体もないだろう〔…〕。過去数年間のボクシングは、その起源、進歩、熟達を扱うことを専門とする歴史家たちを有してきた。(188)」その後『スポーティング・マガジン』誌は、定期的に、現代のスポーツ報道を彷彿させる方法で、最新のボクシング試合を伝えた。次年度刊では次のように報告されている。「スポーツする知性――ボクシング。ウォード対スタンヤード・ザ・バーミンガム・マン戦は、ここ二週間、アマチュア選手たちのあいだではたいそう話題になってきたが、二七日の日曜日にコルンブルックで行われた。観戦料はリングサイドで一〇〇ギニー。行政は彼らがレングリー・ブラウンで闘うのを許可しなかった。二時半に、スタンヤードがジョンソンとセコンドのブッチャーに付き添われて登場した。それから数分もしないうちに、ウォードがワトソンとジョー・ウォードを従えて現れた〔…〕。試合は二時四六分に始まった。」

一三ラウンドののち、スタンヤードがギブアップして観客を驚かせた。ボクサーは皆、自分の付添人を従えてやって来たが、その中ではセコンドがもっとも重要だった。今日とは違って、ドーピングはまだ問題ではなく、むしろ恐怖だった。当時も、今日と同じように、リングの自分のコーナーにはインターバル用に水が準備されていたが、相手がその水の中に薬物を混ぜることもできたからである。(189)『スポーティング・マガジン』誌は、第二号で、ボクサーのダニエル・メンドーサの特徴を報告している。メンドーサは、一七八七年にサム・〝ブッチャー〟・マーティンを破ったのち、ヘビー級チャンピオンとして時代のスーパースターだった。そこでは次のように記されている。「メンドーサ。このユダヤ人は、技《わざ》の教師とボクサーとして広く知られている。しかし、彼はとりわけ教えることで有名である。彼は、ほかの教師よりもスパーリングを教え、いまや大勢の弟子をもっている〔…〕。彼の方法は弟子たちに素早く打つことを教える。彼らのねらいはほとんど顔に向けられている。当然のことながら、彼はボクサーとしてランクが高く、イングランドの誰よりも頻繁に攻撃して上手くノックアウトする。彼の欠点は打撃が強くないことだが、これは防御を優先する彼の姿勢から生じている。(190)」

メンドーサは多くの点で興味深い。まず彼はボクサーをめざすユダヤ人少年たちの模範となったからであり、さらにボクシングの知性化を促進したからである。ウェッジウッドの製品は高価格なために裕福な消費者しか購入できないが、メンドーサはボクシングの人気を非常に高めたので、彼の肖像とボクシングシーンはウェッジウッドの磁器の図柄になったほどである。第二のユダヤ人ボクサーとして、〝ダッチ〟・サム・エリアスが、一八〇一年に三七ラウンドで相手のカレブ・ボールドウィンをノックアウトしてチャンピオン・タイトルを獲得した。五年後、その「恐怖のユダヤ人」はタイトル防衛に五七ラウンドを要した。当時、ラウンド数の制限はまだ存在していなかった。原則的に、試合は対戦相手のひとりが「完全にたたきのめされた」ときに終了した。(191)

人気を誇る娯楽としての格闘技と剣術

剣術の商業化は、イタリア人ドメニコ・アンジェロの例が示している。アンジェロは、パリの多くのヨーロッパ人と同じように、一流の教師のもとで、乗馬、舞踊、剣術を習い、アイルランド人女優ペグ・ウォフィントンによってロンドンへ誘われた。幸運にも、そこでペンブローク伯爵が彼を「マスター・オブ・ザ・ホース」に任命し、遂に一七五八年、彼はウェールズ公《プリンス・オブ・ウエールズ》の乗馬と剣術師範に昇進した。のちの国王ジョージ三世である。ある日、剣術師範アンジェロは、セント・ジェームズ街のサーチエド・ハウス・タヴァーンスでひとりのアイルランド人の名人と対戦し、そのすべての攻撃を非常に優雅にかわし、最後には有無を言わさず勝利したので、隷属的な被用者の地位を終わらせて自分のビジネスを始めようと考えた。一七六三年、彼はその宣伝のために挿絵入りの剣術の教則本を公刊した。そののち数年間、教則本の需要はたいへん多かったため、すぐに刷り数を重ねた。(192)

国王の剣術師範、一地方のチャンピオン、印刷された剣術の指導書のコンビネーションは完璧だった。彼の剣術の教則本は大成功を収め、一年に約四〇〇〇ポンドの利益をもたらした。アンジェロは、そのキャリアの絶頂時、ジョージ王朝時代〔ハノーヴァー朝のジョージ一世からジョージ四世まで、連続して四人のジョージという名の王が在位していた一七一四—一八三〇年。〕のロンドンにおいてもっとも有名な名人たちのサークルに出入りしていた。キャリアの最後には、彼はイートンへ引きこもって、カレッジで幾つかの剣術の授業を行った。ロンドンの厳しいビジネスは、息子ヘンリー・チャールズ・ウィリアム・アンジェロが受け継いだ。息子のアンジェロはまず、ビジネスをさらに有名なヘイマーケットへ移転させ、遂にはボクシング・チャンピオンのジョン・ジャクソンとともにボンド・ストリートの建物へ移った。彼は父の剣術の教則本を復刊し、摂政王太子やバイロン卿のようなイギリス社会の最上層に教授した。(193) 一八九七年、アンジェロの剣術学校は、ドイツから移民してきたパワースポーツ競技者ユージン・サンドウが設立していた「サンドウ・スクール・オブ・フィジカル・トレーニング」によって買い取られた。サンドウは、一九〇一年、ロンドンで最初の国際ボディビル競技会を催した。ボディビルディングの本来の創始者であり、アーノルド・シュワルツェネッガーに先駆けた存在であった。かつての力もちたちは「新しいサムソン」といったような空想上の名をつけて年《とし》の市《いち》に出場していたが、彼らとは異なり、サンドウはパワースポーツをビジネスモデルにして成功したのである。彼以前にはアンジェロが剣術ビジネスで成功したのと同じように。(194)

『スポーティング・マガジン』誌の創刊

一七九二年一〇月、ロンドンでは、最初のスポーツ専門誌が創刊され、二〇世紀まで発刊された。その月刊誌の正確なタイトル——『スポーティング・マガジン、あるいは娯楽と冒険心と情熱をもつ男性に興味を起こさせる競馬、狩猟、その他すべての気晴らしを実行するためのマンスリー・カレンダー（*The Sporting Magazine, or Monthly Calender of the Transactions of the Turf, the Chase and every other Diversion interesting to the Man of Pleasure, Enterprize, and Spirit*）』——によって、雑誌の開始時に、とりわけ馬術スポーツに関心を抱く集団がいたことがわかる。より正確に言えば競馬（*Turf*）と狩猟（*Chase*）、そしてそれに必要なあらゆる補助手段、たとえば馬や犬や狩猟用の猛禽類の飼育、これらの動物の世話と調教師、武器の開発である。しかし、タイトルの後半部分「娯楽と冒険心と情熱をもつ男性に興味を起こさせるその他すべての気晴らし」は、当初から、あらゆる形式のスポーツを顧慮しなければならなかったことを示している。前書き——おそらくは出版者で発行者のジョン・ウィーブルが書いた(195)——によれば、このタイトルは貴族のスポーツだけではなく、「地方生活の運動競技スポーツ」も意味していた。雑誌の記事は、あらゆる種類のスポーツ、その歴史、競技規則、試合の機会、重要なスポーツ選手（*conspicuous Sportsmen*）に関して報告することになっていた。さらに各号にはスポーツ競技や馬の銅版画が何枚か掲載されていた。その中にはフランシス・サートリアスのような一流の芸術家のものもあった。匿名の記事を書いた著者の中には有名人もいた。たとえばチャールズ・ジェームズ・アパーリーは、「ニムロド」の筆名で、主にイギリスで非常に人気のあった狐狩りについて記しているし、一八二九―一八三〇年には連載でドイツ旅行に関して伝えている。[196]

競技のほか、時事的な出来事についても報告された。「各試合、催し、賭け金の特別な事情、あるいは列挙された事柄に関する興味深い報告が、われわれの雑誌で必ずや適切に扱われるだろう。」実際、第一号（一七九二年一〇月）には、四八ページにわたり、短い記事や時事的な予告以外に、競馬、競走、ボクシング試合、カードゲーム、（ヴィルヘルム・テルに関する新しいオペラに言及した付説つきの）射撃競技、闘鶏を扱った比較的長い記事が掲載された。第二号（一七九二年一一月）では――第一号と同じように、多数の比較的短い記事のほか――アーチェリー、クリケット、再び闘鶏、レスリング試合、古代オリンピア競技会がテーマになり、第三号（一七九二年一二月）では、特に鷹狩り、マドリードの闘牛、エリザベス一世時代の馬上槍試合《トーナメント》、輪突きおよび「スポーツ」が取り上げられた。

しかし何よりも重要だったのは、人々がこれから観戦できるスポーツイベントの案内、つまり「マンスリー・カレンダー（*Monthley Calendar*）」である。「われわれの立場を明確にし、われわれがこれから秩序と正確さをもって前進するために、この第一号で、今月の各試合をお知らせしなければならない。そして、今後も定期的に各試合をお知らせするだろう。クリケット大試合、アーチェリーの試合の開催時に、それらを扱うことが本誌の意図である。そうすることで、読者にすべてのスポーツや娯楽についての完全で確実な報告を行い、公衆の賞賛と激励が『スポーティング・マガジン』誌の編集者たちに与えられると信じている。」

この月刊誌は新しいだけではなく、綱領的な性格ももっていた。編集部は第一号の前書き「公衆への声明」において、人間が退屈な定住生活の中で気晴らしをしなければならないのは当然のことなのに、なぜこれまで誰もこうした雑誌を発刊しようと考えなかったのだろうかと疑念を表明している。「今まで世に送り出された雑誌の中で、明確にスポーツマン向けのものが一冊もなかったことは驚きであった。(197)」

歴史を振り返ってみると、『スポーティング・マガジン』誌がこの時期に創刊されたのは不思議ではない。というのは、一八世紀後半になって初めて、たとえば医学雑誌のような専門誌が一般に発刊されるようになったからである。さらに、ようやくこの時期になってスポーツに対する宗教的な異議が後退したので、スポーツ専門誌を刊行するという企画を妨害するものは何もなくなった。多くの同時代人はいまだに宗教とスポーツの対立——テルトゥリアヌスの遺産——を見ており、編集部はこの対立を積極的に取り上げている。「われわれは神の領域を侵すことを恐れない。われわれがいまや公衆に提供しようとしている本誌の道徳的傾向に関して、当然、多くのことが言われるだろう。しかし、われわれは自分が道徳主義者ではなくスポーツマンだと公言するので、自分自身の領域を越えることはないだろう。われわれは、この広範囲にわたる企画の要点と、定期的に関係してくるすべての事柄について、信頼できる、完全で、詳細な情報を提供するつもりである。」

スポーツ嗜好の変化

「ブラッド・スポーツ」の終焉

　古代のスポーツの催しはルネサンス以降に復活していたが、そのひとつに闘獣があった。それは程度の差があるにせよ、たいてい動物の残酷な死で終わったので、英語では「ブラッド・スポーツ」と呼ばれる。闘牛の地はスペインではなくイギリスだった。イギリスでは多くの小都市に牛攻め場（*Bullring*）があり、首都ロンドンには一つの大きな「牛攻め場（*Bull-Baiting-Arena*）」、すぐその近くに「熊いじめ場（*Bear-Baiting-Arena*）」、さらに多数の小規模な闘鶏場があった。南ヨーロッパとは異なりイギリスの島々では、すでに中世盛期以来、大型動物はもはや存在していなかった。その代わりに特別な闘犬種が飼育された。マスティフやブルドッグのように牛攻め場で使用できる犬である。[198] クリフォード・ギアーツがバリの闘鶏で分析したように、ブラッド・スポーツでは見世物だけが重要なのではなかった。観客たちは高額を賭けて動物と一体化し、その見世物に引き込まれていった。それがディープ・プレイだったことは、一七一二年にスコットランドの諷刺作家ジョン・アーバスノットが創作したジョン・ブルが受容され続けていることからわかる。[199] ジョン・ブルは、時として政治的な風刺画の中で、強い男、雄牛、またはブルドッグとして描かれる。

　近世の権力者がライオンのような異国の動物を犬や熊と闘わせる古代の伝統を受け継いだことを本書は見てきた。メディチ家出身の教皇レオ一〇世やヴェネチア共和国がその例である。一六・一七世紀、闘牛は、イタリアのすべての大都市、そしてヴェネチアなどの都市共和国で行われた。闘いに好まれた動物は、熊、ライオン、雄牛のような大型哺乳動物だった。闘犬も必要だった。さらにはアナグマ（*Badger Baiting*）、イノシシ（*Boar Baiting*）、狐、兎、馬、猿、ロバ、あらゆる種類の野獣が使用された。動物いじめ（Tierhetzen）は、啓蒙主義の時代にもまだ、ヨーロッパ中の大勢の観衆のあいだで非常に人気があった。今日でもウィーンの方言には、特に魅力的な出来事に対して「それは面白い（des is a Hetz' それは駆り立てだ）」という言い方がある。帝国の首都ウィーンでは、バロック時代以降、専用の狩り立て見世物場（Hetztheater）があったし、一七九六年にも「狩り立て愛好者のための手引書（*Handbuch für Hetzliebhaber*）」[200]が出版されていた。レーゲンスブルクでは、皇帝特別主席代理トゥルン・ウント・タクシス侯が、帝国会議の公使や帝国都市の住人や来客のために独自の動物いじめを催していた[201]。

しかし、動物を死ぬまでいじめたのは古代の競技を受け継いだからだけではなかったようである。教皇ピウス五世は、一五六七年、勅書「主の軍勢の救い（*De salute gregis*）」において、闘士の魂の救済を危険にさらすという理由で闘牛を禁止した。しかしそのわずか八年後、次の教皇グレゴリウス一三世は、スペイン王フェリペ二世の要求でこの禁令を再び解いている。実は当時の人々はこの種の娯楽に長所を見出さなかったと知ることが驚くほど頻繁にある。一五八三年、四階建ての「ベアー・ガーデン」が倒壊し、八人の観客が埋められたとき、ピューリタンたちはそれを神の正当なる罰と語った。動物いじめを非としたのは宗教的な狂信者ばかりではなかった。ジョン・イーヴリンも、一六七〇年六月一六日に次のように記している。「私は友人たちと〈ベアー・ガーデン〉へ行った。そこでは、闘鶏、闘犬、熊や牛いじめが行われていた。今日はこれらの残酷なスポーツ、いやむしろ野蛮な残虐行為の悪なる日だった。雄牛たちは非常に良くやったが、アイルランドの狼狩りの犬が勝《まさ》っていた。それは背の高いグレーハウンドで、実際、堂々たる生き物であり、残酷なマスティフを打ち負かした。雄牛の一頭は、ガーデンのかなり高いボックス席に座っていたひとりの婦人のひざの上へ一匹の犬をほうり投げた。二匹の哀れな犬が殺された。こうして馬の背に乗った一匹の猿とともにすべては終わった。このような荒々しく不快な娯楽はもう二〇年も見ていないと思うが、私はすっかり疲れ果てた。(202)」

一八世紀以降、ブラッド・スポーツに対する抗議の声が高まっていった。一部はあいかわらず敬虔なプロテスタント（たいていはピューリタン、バプティストなど）によるものであり、一部は宗教とは関係のない動物愛護者に依った。一八二四年、動物愛好家たちは、アイルランドの庶民院議員リチャード・マーティン――ニックネームは「人情深いディック」――の指導のもと、「動物虐待防止協会（*Society for the Prevention of Cruelties to Animals*）」を設立し、議会で動物保護の諸法を通過させることを目標とした。最初の動物保護法――「マーティン法」と呼ばれる――は、一八二二年に公布されていた。もうひとりの先導者は、政治家ウィイリアム・ウィルバーフォースだった。彼は奴隷制廃止のために尽力してすでに有名になっていた。一八四〇年、ヴィクトリア女王が最初の動物保護協会を認可したので、それ以後「英国王立動物虐待防止協会（*Royal Society for the Prevention of Cruelties to Animals* [RSPCA]）」という名で一般には知られている。協会の最大の功績のひとつは、一八三五年の「動物虐待防止法（*Cruelty to Animals Act*）」だった。この法律は、動物いじめや競牛や闘犬を禁止し、家畜を全面的に保護した。ほかの諸国はたいていイギリスに少し遅れて動物保護法を制定している。たとえばフランスは一八五〇年に「グラモン法（*Loi Grammont*）」を定めた(203)。

イギリスでは一八三五年の防止法以降、その代わりに犬によるネズミいじめ（*Ratting* あるいは *Rat-Baiting*）が人気を得たが、スコットランドでは一八九五年まで闘鶏が合法的に行われていた。スコットランドではようやく二〇〇二年になって、「野生哺乳類保護法（*Protection of Wild Mammals Act*）」により野生動物が保護された。イングランドとウェールズでは猟犬による狐狩りだけは例外だった。一風変わっているのは、動物保護法の結果、クレー射撃（*Clay Pigeon Shooting*）が発明されたことである。もともとは放鳥器から放たれた生きた鳩を撃っていたが、これは一九二一年に法律で禁止された。すでに一八九二年には「クレー射撃協会（*Inanimate Bird Shooting Association*）」が設立され、その翌年、ロンドンで選手権競技会が開催された。一九〇〇年、クレー射撃はオリンピック競技種目になっている。しかし、そもそもこのスポーツが注目されるようになったのは、動物保護の拡大後、「クレー射撃協会（*Clay Pigeon Shooting Association*）」が組織を引き継いだときである。技術的な可能性が改善され、スキート、トラップ、スポーティング・クレーといった種々の射撃競技が独自のルールと技術で発展してきた(204)。

極端な動物保護活動家は、あらゆる形式の狩猟をブラッド・スポーツに分類しようとしている。しかし結局のところ、競牛は動物虐待で、競馬やドッグレースはスポーツであるというのは矛盾している。それゆえブラッド・スポーツは非合法形式で生き続けている。スペインやその旧植民地の多くでは一九世紀以降になって闘牛が本格的に発展したが、これに抵抗した新興国家もある。アルゼンチンは一八九九年、キューバは一九〇一年、ウルグアイは一九一二年、闘牛を禁止している。二〇一一年五月の国民投票で、エクアドルの国民の多数が闘牛における雄牛の殺害禁止に賛成を表明した。地方自治の導入後、スペイン自体でも闘牛終焉の徴候が現れた。カナリア諸島では一九九一年、カタルーニャ州では二〇一二年、この見世物が禁止されている。

外国人の目に映ったイギリス人のスポーツ熱

一七四一年、プロイセンの公使館参事官ヤーコプ・フィリップ・ビールフェルトは、イギリスにおける外交使節に関して記述した。「イギリス国民は古代ローマ人との類似性を多数もっている。古代ローマ人はパンと見世物のほかに何も要求しなかったが、イギリス人もそれ以外に何も望んでいないように思われる。(205)」おそらく教養あるイギリス人の多くはこの比較を気に入っただろう。彼らは、一八世紀になってもまだ、古代ギリシア・ローマを志向していたからである。しかしビールフェルトの評価はそれほど肯定的なものではない。ビールフェルトは競馬を好み、ニューマーケットやヨークでは馬のスピードや大勢の観客に驚嘆した。しかし彼は、「ここで観ることができる野生動物、雄牛、犬、そのほかのあらゆる動物の試合」や、剣を用いた格闘技には魅了されなかった。闘士たちは傷を負い、ひどく出血した。剣試合よりは無害な棒試合においても、観客が満足するように棒の先端に金属が取りつけられていた。ボクシングやレスリングもビールフェルトは好きになれなかった。「私は、あなたにその試合についていくらかお話しせずにはいられない。ここでは人間同士が人類の恥となっている。ベルトまで上半身裸の闘士たちは、やがて拳で攻め合い、強打し合い、身体や顔を打ちのめし合い、倒し合うので、セコンドは彼らを助け起こし、汗をふき、犬のように激励して再び試合を続けさせる。闘士たちは時折、首を絞め合って殺し合ったりする。〔…〕私にとってもっとも不快なのは、政府が関与し、警察官が監視する公設舞台で、このような殴り合いが行われることである。そして、入場料が支払われ〔…〕、桟敷席は良家の人々で一杯になる。いつもはオペラ劇場の桟敷席だけが満席であるのに。(206)」

ヨーロッパ大陸部の人々は、イギリスで人気のある闘技にはほとんど関心がもてないのがふつうだった。それゆえ、フランクフルトの都市門閥の息子ツァハリアス・コンラート・フォン・ウッフェンバッハは、一七一〇年、イギリス旅行のあとで次のように書き留めている。闘鶏は「イギリス人がもつ特別な快感であり、外国人には非常に愚かしく思えるが、イギリス人はそれをたいそう喜ぶのである。(207)」彼は、牛攻め、熊いじめ場での剣術試合、そして驚くべきことに競馬にも同じように注釈している。フリードリヒ・ユスティニアン・フォン・ギュンデローデは、ナッサウ＝ヴァイルブルク伯の上級厩舎長官で、のちにバーデン辺境伯の侍従となったが、イギリス人の競馬での賭け好きをひどく懸念している。「ニューマーケットの競馬週間で行われた大きな賭けで、たくさんの人が相当な金額を失ったにちがいないと容易に察しがつく。実際、事は重大で、多数の金持ちがすっかり落ちぶれ、彼らの幸福は賭けレースで一挙に吹き飛んだ。この集まりでは、こうしたレース以外にも高額が賭けられ、大勢の人は残りの生涯にわたってこの八日間の催しを後悔しなければならない。(208)」

一八世紀、ドイツでもっとも成功した作家のひとりであるダンツィヒ出身のヨハン・ヴィルヘルム・フォン・アルヒェンホルツは、イギリスで六年間を過ごし、ニューマーケットにおける競馬週間を辛辣に評価している。「しかし外国人にとって、このイギリスの娯楽はほとんど魅力がない。この国民的娯楽を一度見れば、それでもう充分である。」(209)

スポーツから演劇へ

スポーツ競技場が劇場へと変わっていったことは、近世が経過していく中で起こった根本的な変化のひとつとみなさなければならない。屋内催し場は、通常スポーツのために建設されることがほとんどで、そのほかの文化的な機会のために利用されるのは副次的だった。当初はスポーツと演劇が同時にそうした屋内催し場を利用していたが、最終的にはスポーツから演劇への転換が見られた。転換の初期の例として、イギリスの「宮廷闘鶏場(*Cockpit-in-Court*)」(またの名を「王立闘鶏場[*Royal Cockpit*]」)を挙げることができる。それは、一五二九年、ヘンリー八世がホワイトホール宮殿の中につくらせていた。その闘鶏場は、一六世紀を通じて、闘鶏のための試合場だった。コックピットという概念は飛行機の操縦席にも転用された。おそらくは操縦席もまた非常に活気あるスペースだからであろう。ジェームズ一世の治下で趣味が変化した。その小さな試合場は小規模な王立私設劇場として利用された。一六二九年、それは、国王チャールズ一世のために、著名な建築家イニゴ・ジョーンズによって劇場に改築された。その直前、ジョーンズは、ドルリー・レーンの「コックピット座(*Cockpit Theatre*)」を改築していた。コックピット座は同様な歴史をもち、国王の趣味が市民の趣味に応じて変化したことを示唆している。改築後、「コックピット座」は、「フェニックス座(*The Phoenix*)」というふさわしい名をつけられた。[210] ピューリタン革命〔一六四二年から議会軍と国王軍の内戦が始まり、四九年に王政が倒れて共和制が成立した革命。清教徒革命。〕のあいだスポーツと劇場は禁止されたが、そののち一六六〇年代に二つの闘鶏場は復活した。しかし、もはや闘鶏場ではなく劇場としてだった。[211]

エリザベス朝〔一五五八―一六〇三年〕時代は、大劇場がサザークに相次いで建てられたことで知られている。シアター座（一五七六年）、カーテン座（一五七七年）、ローズ座（一五八七年）、スワン座（一五九五年）、グローヴ座（一五九八年）、そしてホープ座（一六一三年）である。ウィリアム・シェクスピアの演劇の特徴については多くのことが言及されてきた。とりわけ舞台を三方面から観ることができる点である。[212]その理由は簡単である。舞台の前身が牛攻め場（*Bullring*）、つまりイギリスの闘牛場だったからである。円形劇場が建設された地域には、一世代前、牛攻め場（*Bull-Baiting-Arena*）と熊いじめ場（*Bear-Baiting-Arena*）、すなわち「ベアー・ガーデン」があった。正確に言えば、新しい劇場はかつてはブラッド・スポーツの試合場だったのである。

この事情を、演劇興業主フィリップ・ヘンスローを例に示すことができる。ヘンスローは、一五八七年、サザークに一軒の娼家を買い取り、その隣にローズ座を建てた。彼の娘は、一五九二年、クリストファー・マーロウの『フォースタス博士』を演じたロンドンの名優エドワード・アレンと結婚した。ヘンスローとアレンは熊いじめ場の経営者であり、王室の「マスター・オブ・ザ・ベアーズ」も務めていた。一六一三年、ヘンスローは老朽化した「ベアー・ガーデン」を取り壊させ、そこにホープ座を建てた。いまやそれが劇場を名乗ったことは、戯曲も演じられることを意味した。しかしその劇場は円形闘技場の形をしており、あいかわらず動物いじめにも利用された。世間一般では

「ベアー・ガーデン」と呼ばれ続ける。サミュエル・ピープスは、五〇年後にもそこで動物いじめを観戦している。

なぜヨーロッパ大陸では、劇場が円形あるいは楕円形ではなく長方形なのかと自問する人は、ここでもスポーツ競技場を参照していただきたい。屋内球技場の構造――柱のない柱廊建造物であり、当時の人々はその大きさゆえにしばしば教会と比較した――は、ヨーロッパ史におけるスポーツの制度化の重要な一段階だった。一六世紀初頭以降、屋内球技場は飛躍的に発展し、一世代か二世代のあいだ、中央・西ヨーロッパ中で屋内テニス場が建設された。しかしその後、テニス競技は意義を失い始め、ますます多くの屋内テニス場が同時にほかの用途にも――しばしば劇場として――利用され、最終的にはその本来の機能を完全に奪われてしまった。確かに一九世紀あるいは二〇世紀まで中断されることなく試合が行われた屋内球技場もあったし、新しい屋内球技場も建設され続けた。しかし三十年戦争後、多くの屋内テニス場は改築されたり撤去されたと言える。

テニスだけではなく、パッローネ、サッカー（つまりカルチョ、スール、フットボール）、ペルメルへの関心も、同様に後退した。ペルメルの場合はその度合いが非常に劇的だったので、多くのペルメル球技場ではかつてそこが球技場であった記憶さえ失われてしまったほどである。これらの球技の代わりに何が行われたのか。おそらくはビリヤードであろう。ビリヤード台は宮殿内にますます増えていった。ヴェルサイユ宮殿には今日でもなお、国王ルイ一四世のビリヤード台がある。しかしビリヤード台は、そのほかの裕福な家庭や、都市のコーヒーハウスでも見られるようになった。ビリヤード・サロンで市民のこのスポーツを行うことができた。そこでは、不潔にならず、特に汗をかくこともな

屋内球技場（抜粋）の開始と終焉[213]

都　市	建設年	改　築	新用途
ウィーン	1521年	1525年	火災
ハレ（ザーレ）	1528年	1738年	撤去
ツヴァイブリュッケン	1530年	1760年	劇場
ウィーン	1540年	1748年	ブルク劇場
プラハ	1568年	1723年	厩舎
インスブルック／アンブラス城	1572年	1880年	撤去
ミュンヘン	1579年	1820年	撤去
インスブルック	1582年	1631年	劇場
ハイデルベルク	1592年	1764年	火災
テュービンゲン	1593年	1790年	カトリック教会
カッセル	1594年	1730年	劇場
インゴルシュタット	1594年	1783年	商店
カザーレ・モンフェッラート	1597年	1740年頃	シナゴーグ
オルデンブルク	1605年	1759年	貨幣鋳造所
マールブルク	1606年	1757年	野戦病院、解剖学教室
ビュッケブルク	1610年	1750年	乗馬学校
リンツ	1615年	1751年	劇場
クラーゲンフルト	1620年	1738年	劇場
イェーヴァー	1620年	1850年	撤去
ロストック	1623年	1785年	劇場
ザルツブルク	1625年	1775年	劇場
コーブルク	1628年	1750年	劇場
パッサウ	1645年	1771年	オペラ劇場
ハノーファー	1649年	1672年	劇場
ゴータ	1650年	1681年	劇場
レーゲンスブルク	1652年	1912年	撤去
イェーナ	1671年	1796年	劇場
ブレスラウ	1677年	1722年	オペラ劇場
ブレーメン	1685年	1688年	病院
ヴェルサイユ	1686年	1792年	集会場
シュヴェリーン	1698年	1788年	劇場
エアフルト	1716年	1750年	劇場
ヒルトブルクハウゼン	1721年	1755年	劇場

1792年12月、(王立乗馬学校の)演技場におけるルイ16世に対する裁判。

いが、落ち着きを失って熱中することができた。ビリヤード・サロンは、当初は限られた社会層をターゲットにしていたが、普及していくにつれ、経済的にさらに効率良く経営できることが明らかになった。

中世および近世においては、長いこと――教会を除いて――大勢の人間が集まるのにふさわしいホール、つまり室内空間が不足していた。屋内スポーツ場はこのためにも利用できた。本書は、ヴェルサイユの王立屋内球技場がフランス革命時に第三身分の集会場として使われ、そこで「球戯場(テニスコート)の誓い(Ballhausschwur)」がなされたことをすでに見てきた。Ballhausと聞いて、ドイツ人の読者はきっといつも舞踏会場のことを思うだろうが〔ドイツ語のBallhausには「屋内球技場」と「舞踏会場」という意味がある〕、フランス語の単語「ジュ・ド・ポームの誓い(*Serment du Jeu de paume*)」は、そこがテニスコートであったことを明白に示している。そして多くの屋内球技場とは異なり、そのテニスコートはまだ完全に営業していた。テニスコートが一七八九年六月二〇日に偶然に空いていたことは、議員たちにとっては幸運だったのである。というのも、ほかの日だったら、宮廷貴族のメンバーが予約を入れていて、議員たちは閉ざされた扉の前に立たされていただろうからである。革命家たちが国王ルイ一六世に対する裁判を行うために大集会場をまたも必要としたとき、再度スポーツ場が選ばれた。今度は、かつての王宮ルーヴルの隣にあった王立乗馬学校の演技場だった。プリュヴィネルの屋内乗馬場は国民公会の会議場となったのである。

近世のオリンピア競技会

カトリック教徒のジェントルマンだったロバート・ドーヴァーは、自分の住む地方でピューリタンによる遊戯禁止が増えるにつれ、ピューリタン派と直接に対決せず、イギリス古来の民衆スポーツを的確に復活させようという考えを抱いた。そのためドーヴァーは、その地方のジェントリの支援を確保し、議員の仲介を得て国王ジェームズ一世の認可を受けることもできた。ジェームズ一世とは、『スポーツの書』によって、最終的には全国でピューリタンの宗教的熱狂に制約を与えた国王である。[214] それによれば、スポーツの催しは礼拝のときには行ってはならないが、礼拝が終了したのちには実施してもよかった。ドーヴァーはさらに慎重に、開催時として日曜日を避け、「オリンピック（*Olympick Games*）」と名付けられた催しを、毎年、聖霊降臨祭前の木曜日と金曜日に行うことを決めた。開催地は、グロスターシャーのコッツウォルド丘陵にある大きな緑地だった。競技会は、ピューリタン革命のあいだと、そしてピューリタンと独立派〔ピューリタン革命で、王党派と対立し、革命を積極的に推進した議会内勢力。オリバー・クロムウェルに代表される。〕が政治の主導権を握ることができた共和政の時代に中断されはしたが、一六一二年から一八五二年まで開催された。[215]
ドーヴァーがこの競技会でいかに多くの支持者を得ていたかは、一六三六年に出版された詩集が示している。その詩集では同時代の作家たちが文学的な形式で競技会を賞賛し、その中にはベン・ジョンソンのような著名人もいた。この詩集はまた、国王チャールズ一世の『スポーツの書』の新版に関する論争におけるイングランドの知識人たちの声明書でもあった。作家マイケル・ドレイトンは古代オリンピア競技会を視野に入れて新しい競技会の創始者について謳っている。

あの勇敢なギリシア人たちが幸福な日々に、
オリンポス山でヘーラクレースに、
オリンピア競技会を定め、そう呼んだとき、
あの偉大な山の、その娯楽のために知られるようになった。
そこでは、優れた若者たちが跳び、格闘し、走り、
武具の矢を投げた。その男は栄誉を与えられた、
それは勝者だった。その地方で、
敏捷な騎手、熟達した御者が
栄誉を得ようと奮闘した。あの高貴な時代、
竪琴に合わせて詩人たちは詩を謳った。
ギリシアが栄えた時代、そしてそのときだけ、

すべての技術、すべての有名な男が育まれた、
彼らの年齢、彼らが成した記録をも数えながら、
このオリンピア競技会のか、あのオリンピア競技会のか、
そのようにドーヴァー、汝のもとで始まったこの競技会から、
われわれもみずからのものを数えよう、時が走り去るときに(216)。

この詩集の表紙を飾る木版画は、競技会の主な種目を表している。石投げ、棒試合、ハンマー投げ、槍投げ、跳躍競争、競走、レスリング、ボクシングといった人気のある競技と、競馬や種々の狩猟のように貴族のための特別な競技に分類された。さらにパッローネ、九柱戯、チェス、すね蹴り(*shinkicking*)のような競技もあった。すね蹴りは、一見すると奇妙なスポーツであるが、一九世紀末に一般に行われていたベアナックル・ボクシング(素手のボクシング)よりは血なまぐさくなかったのかもしれない(217)。

一七世紀のイングランドには似たようなフェスティバルがあり、その多くは自身とオリンピア競技会を関連させたが、「コッツウォルド・オリンピック(*Cotswold Olimpick Games*)」ほど長く続いた催しはなかった。「コッツウォルド・オリンピック」の功績は、古代オリンピア競技会への興味を保ち続けただけではない。なぜなら、原則的には人文主義者たちも、古代オリンピア競技会への学問的な関心を抱き続けたからである。「コッツウォルド・オリンピック」の功績は、実際の催しだった点である。それは部分的には古代のスポーツ競技会に準拠したが、近代の身体運動も行った。「コッツウォ

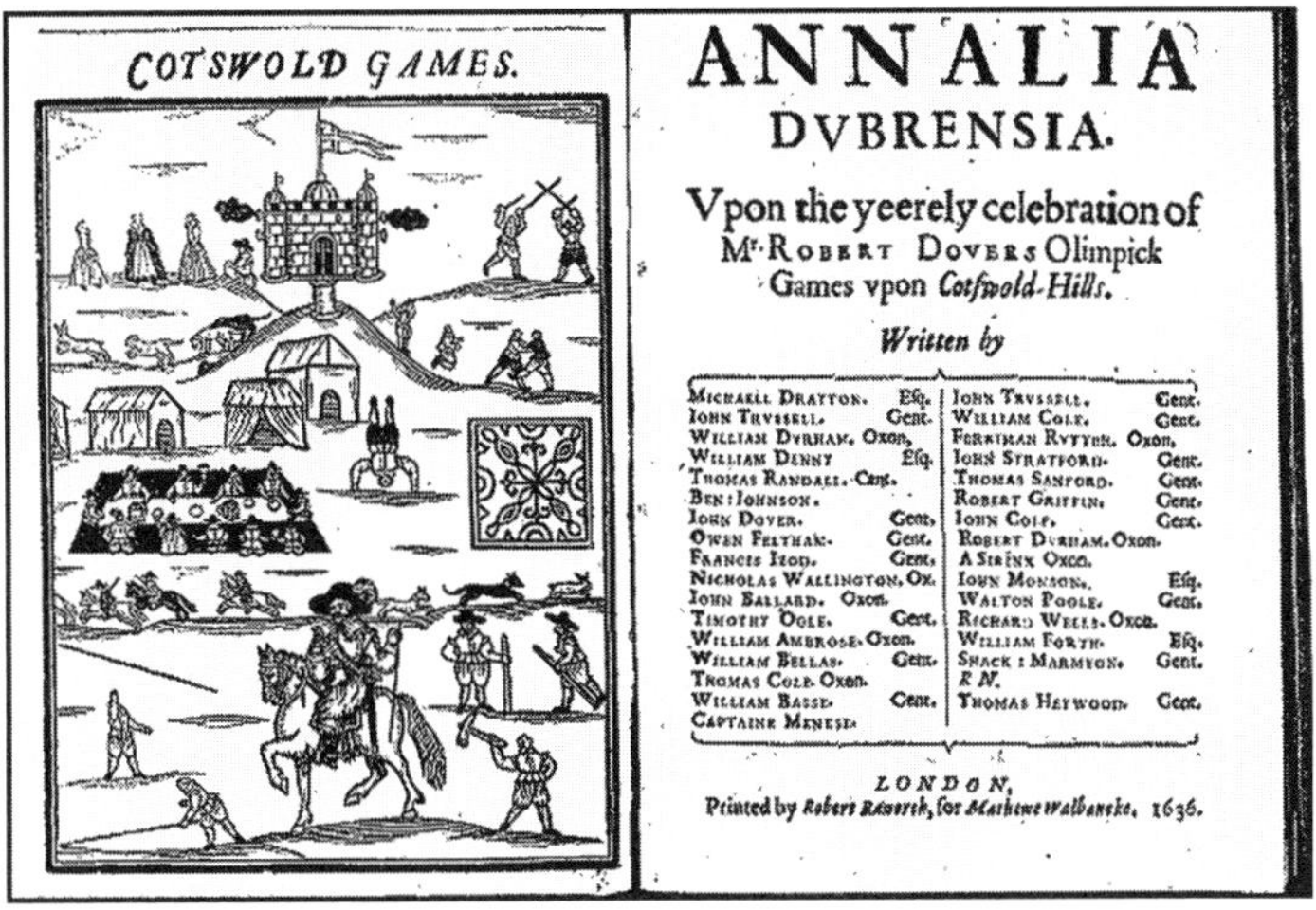

ロバート・ドーヴァーが、1612年以降、国王の認可を受け、毎年開催したオリンピックに関する出版物の表題。オリンピックは1852年まで続いた。

ルド・オリンピック」は、少なくとも一七世紀末にはまだ、同類の催しに刺激を与えていたと推測することができる。たとえばチャールズ二世が開催し、国王みずからが何千人もの観客とともに参加した「ハンプトン・コート・オリンピック（*Hampton Court Olympic Games*）」である。しかしこれは一度だけしか行われなかったらしい。[218]

一八世紀にも、多くの地でオリンピア競技会が開催された。その例はヴェルリッツ（アンハルト＝デッサウ侯国）近郊デッサウの「汎愛学校（*Philanthropinum*）」である。この学校は、一七七四年から一七九三年まで存在していた。アンハルト＝デッサウ侯レオポルト三世フリードリヒ・フランツは、啓蒙君主のひとりで、すでに旧帝国の終焉以前に教育制度などの多分野で根本的な改革を実行していた。[219]そのため侯は、一七七一年、教育改革家ヨハン・ベルンハルト・バゼドウを招聘した。バゼドウは、デンマークのソーレにある貴族子弟のための学校（*Academia Sorana*）で一〇年以上にわたり教授として教えていた。デッサウはスポーツに関心のある教育者たちが集まる場となる。シモンとトワという名の二人のフランス人スポーツ教師が、古めかしく感じられた騎士の訓練である剣術と乗馬を、バランスを取ったり、「持ちこたえる」といった比較的新しい訓練と入れ替えた。さらにクリスティアン・ゴットヒルフ・ザルツマンが、そこから、競走、跳躍、投擲、平衡、忍耐から構成された五種競技を発展させた。この「デッサウのペンタスロン」には、汎愛学校の生徒のほか、その地方の村の若い男女が参加した。一七七六年から一七九九年まで、毎年、侯妃ルイーゼ・フォン・ブランデンブルク＝シュヴェートの誕生日には、ドレーベルク（Drehberg）という名の地――オリンポスではなく、単なる小さく乾燥した丘である（*dree*＝乾燥した）――で、陸上競技、競馬、ダンス競技が開催された。学校の責任者ヨハン・クリストフ・フリードリヒ・グーツムーツはこの村祭りについて記している。「九月二四日、村の大部分の子どもがここへやって来て、オリンピア競技会がいわば復活するのを見るのは素晴らしい光景である。」[220] この改革は継続して行われる訓練の時間にひとつの目的を与えることになったが、この発案者が教育改革者グーツムーツなのか、侯なのかは不明のようである。ひょっとしたら、その前年にイングランドへ旅行していた侯妃の考えであったのかもしれない。[221] 少なからぬ著述家が、一八世紀の教育改革者たちを「学校スポーツの父」とみなしただけではなく、彼らが古代ギリシアの競技を志向したために、「オリンピア競技による教育」を開始させたとした。[222]

　オリンピア競技会に関する興味深い議論は、独立戦争時〔一七七五―一七八三年〕のアメリカにあった。独立宣言の直後、まだアメリカ合衆国が建国される以前のことである。ウィリアム・ヘンリー・ドレイトンは北アメリカの一三植民地による大陸会議のメンバーであり、オリンピア競技会を開催することを提案していた。ドレイトンによれば、競技会の身体訓練は男性たちを筋骨たくましく、強靭にする。イングランドに対する独立戦争においてこのことは有用であろう。古代ギリシア人は彼らの国を誕生させるために古代オリンピア競技会を利用したのだとみなされた。しかしドレイトンはこの直後、突然に亡くなってしまう。もうひとりの議員で、同じくサウスカロライナ出身の商人ヘンリー・ローレンスは、この「おかしな演説」に反論し、「オリンピア競技会やそのほかの愚かな行為はギリシア人をみじめな状況へ至らせた」と説いた[223]。革命時のフランスでは、一七九〇年、コンドルセ侯爵マリー・ジャン・アントワーヌ・ニコラ・ド・カリタのような数人の共和政の教育者が、軍事訓練とスポーツ競技を組み合わせたオリンピア競技会を復活させる考えを語った。コンドルセは、一七九四年、ジャコバン派の恐怖政治の犠牲になった[224]。しかし、ジャコバン派の恐怖政治が終わり、革命の肯定的な成果が証明されようとした総裁政府の時代には、パリのシャン・ド・マルス公園において、競馬やその他の陸上競技、さらに戦車競走さえも行われた[225]。

新しい形式の模索

教育改革におけるスポーツ

ルネサンス以降、身体訓練の宣伝は、常に教育改革の活動と結びついていたと見ることができる。そのもっとも重要な徴候は、中世末のラテン語学校に代わり、「ギムナジウム」や「リュツェーウム」が新しく創立されたことである。しかし、再びあちこちで、言語を教え込むことが身体も取り入れた包括的な教育よりも優位に立ってしまった。学校スポーツへの次のステップは、一七世紀におけるイエズス会のギムナジウムやプロテスタントの自由教会と関係していた。この運動の優れた代表者は、モラヴィア兄弟団の監督だったチェコ人ヤン・アモス・コメンスキーである。彼は、ラテン語名「コメニウス」のもとに、ジーベンビュルゲン（トランシルヴァニア）からイングランドまで、教育制度に影響を与えた。コメニウスの楽観的な人間学によれば、子どもに勉強を強要してはならず、快適な環境や正当な待遇によって子どもが勉強するよう元気づける必要があった。教育は年齢に相応しなくてはならなかった。彼自身は絵本の教科書『世界図絵（*Orbis sensualium pictus*）』を著した。少年少女たちはその絵を見て、記述を読んで、世界を知ることができた。そこには数多くのスポーツの挿絵もあった。[226] 一六三五年頃に書かれた『大教授学（*Didactica Magna*）』において、コメニウスは実用的な学校施設についても記述している。現代の学校設計者の誰もがすぐにも受容できそうな内容である。この模範学校には、散歩のためでもあり、生徒が一緒に競技するためでもある大きな屋外広場があった。それ

は、われわれの多くが今でもまだ目にするような、休み時間用の中庭と競技場の混合物だった。(227)

哲学上の基礎はジョン・ロックの認識論で開始された。ロックは、『人間知性論』〔一六八九年〕において、新生児は白紙《タブラ・ラサ》のようであり、あらゆる新しい印象の影響を受けやすいという画期的な考えを表明していた。(228)実はこの考えはアリストテレスに遡る。しかし、ロックが初めてその意味を教育のために用いた。ロックは、『教育に関する考察』〔一六九三年〕を第一章「第一節　健全な身体に宿る健全な精神」で始め、かつてのユウェナリスを引用して教育原理とした。(229)医学者として、ロックはまず、精神の「宿る場所」――つまり身体――と取り組み、身体の健康を精神の成長の前提とした。それゆえ、栄養と睡眠のほかにも、身体教育やスポーツがテーマとなっている。ロックは、イングランドの「名誉革命」と、それに続く議会政治やホイッグ党の理論的支柱として、(230)彼の時代のもっとも影響力ある人物のひとりだった。『教育に関する考察』だけでも次の数世紀で五三版を数え、ヨーロッパとアメリカ合衆国の啓蒙主義の世紀における教育理論の基礎を築いた。(231)

すでに言及したヨハン・ベルンハルト・バゼドウは汎愛主義運動の創始者であり、その身体教育の構想を初めて実現した。(232)バゼドウは、貴族のスポーツ教育を市民の学校で行った。学ぶことは子どもに楽しみを与え、そして――以前のルネサンスの教育者たちと同じように――学校は精神と身体訓練とのあいだのバランスに配慮するべきであるというのが、彼の基本理念だった。(233)彼は『入門書』〔一七七四年〕で、多くの遊戯やスポーツ訓練を宣伝した。有名なポーランドの銅版画家ダニエル・ホドヴィエツキの挿絵は、今日しばしばスポーツ史に役立つ諸著を説明するのに貢献してくれる。(234)デッサウにあるバゼドウの「汎愛学校」は、本来は教員養成所として計画されていた。しかし学校はそのようにはならず、ドイツのほかの地域で同様な学校を創立するための模範となった。特にデッサウの教師たちが自分の学校を創設していったためである。(235) シュネップフェンタール(今日では、テューリンゲン州にあるヴァルタースハウゼンの一市区)の教育施設は一七八四年にデッサウの元教師ザルツマンが創立していたが、その教育施設で近代のスポーツ教育を代表するひとりの卓越した教師が教えていた。すでに言及したグーツムーツである。グーツムーツは、教本『青少年のための体操』〔一七九三年〕において、スポーツの体系的な授業を宣伝しただけではなく、どのように体操を行うべきかについて実際の指示を与え、古代オリンピア競技会の復活に貢献した。(236) コメニウスやバゼドウのようにグーツムーツも、子どもは遊びながら学ぶべきであり、定期的な身体運動が子どもや青少年の健康にとって不可欠であると確信していた。この体操の書において、彼はイギリスの三つの球技をドイツに紹介している。打球技「ファイブズ」とイギリスの野球とクリケットである。(237) すべての啓蒙主義者と同じようにグーツムーツもコスモポリタンだったが、ナポレオン占領時代の風潮の中で民族主義的な調子が紛れ込み、解放戦争後、彼は国を守る目的で青年男子を鍛えるため、全学校で必修科目としてスポーツを導入しようとした。こうして彼はドイツのトゥルネン運動者のひとりとなった。(238)

汎愛主義は国際的な影響力をもっていた。ヨハン・ハインリヒ・ペスタロッチは、コメニウス、ロック、バゼドウを引き合いに出した。(239) イギリスの著名な教育改革者トーマス・アーノルドは、一八二八年から一八四二年まで「ラグビー校」の校長を務め、ドイツの汎愛主義の改革学校から示唆を得ていた。アーノルドは、歴史、数学、近代諸語を基本課目として導入し、身体教育を主張した。ピエール・ド・クーベルタンはアーノルドの主張を好んで引用している。(240)(241) フリードリヒ・ルートヴィヒ・ヤーンは、最終的に体操をドイツのスポーツとして宣伝したが、一八〇七年、若い頃にシュネップフェンタールにグーツムーツを訪ね、グーツムーツから多くの刺激を得た。ヤーンの初めての体操場――ベルリンのハーゼンハイデ――には、一八一一年、グーツムーツが提案していた器械器具が設置された。(242)

トゥルネン運動

いわゆる体操の父フリードリヒ・ルートヴィヒ・ヤーンは、一九世紀初頭、政治的な民族運動の一部として体操を新たに考案した。「ドイツ語の」概念「トゥルネン（*Turnen*）」は、トーナメント（Turnier）の概念に依拠して新しくつくられ、「非ドイツ語の」概念「ギムナスティーク（Gymnastik）」に取って代わった。(243) トゥルネン運動は、軍事的な防衛を目的にドイツの青少年を鍛錬するためのものだった。その背景にあったのは、執政官であり、独裁者であり、のちに皇帝となるナポレオン・ボナパルト指揮下のフランス軍によるドイツ諸国の占領である。大部分のドイツ人はフランスの占領に甘んじるつもりはなかった。一八一三年から一八一五年の解放戦争の勝利も体操の人気を高めたが、その後、民主主義の理念もこの体操と関連していることが明らかになった。ウィーン会議〔一八一四―一八一五年〕後の自由主義的な時期には、ドイツの諸邦の幾つかが多少なりともリベラルな憲法を手にしたが、その時期が終わると、官憲国家の政治的反動が始まった。過激な体操家カール・ルートヴィヒ・ザントが反動的な政治家を殺害したのち、(244) ドイツのたいていの諸邦では、扇動家追放の形をとって、体操も禁止された。一八二〇年から一八四二年まで、いわゆる「トゥルネン禁止令（Turnsperre）」によって体操家の集会が禁じられた。(245)

ヤーンは、ブランデンブルク＝プロイセンの出身で、プロテスタント牧師の息子として成長した。一七九一年以後、アルトマルクのザルツヴェーデルにあるギムナジウム（今日のヤーン・ギムナジウム）、その後はベルリンのツム・グラウエン・クロースター・ギムナジウムに通った。彼はギムナジウムの卒業資格なしにハレ大学とグライフスヴァルト大学に学び、再度、試験を受けずに退学した。家庭教師として雇われていた各地でも喧嘩をして辞めている。一八〇二年、ヤーンはグライフスヴァルトでエルンスト・モーリッツ・アルントと統一ドイツの民族的理念に接触し、一八〇七年、グーツムーツとシュネップフェンタールの改革学校の体操を知った。すべての学校で挫折したヤーンは、ドイツ国家がいまだ存在しない時点で、ドイツが大国になるという想像を抱くようになる。彼の体操の宣伝は民族国家の創建に貢献するはずだった。一八一〇年、ヤーンはベルリン近郊のハーゼンハイデで最初の体操場をつくった。そこでは解放戦争を準備するために、秘密のドイツ連邦が定期的に体操を行うために集まった。続く数カ月、プロイセンだけでも一〇〇以上の体操場が開設された。ここにドイツ語圏諸国における大衆スポーツのもっとも重要な根源のひとつがある。フランスの占領から解放されたのち、ヤーンは一連の講演でドイツの諸侯からの解放をアピールした。この初期のトゥルネン運動のクライマックスは、一八一七年のヴァルトブルク祭、それと関係した反動的書物およびフランスの書物の焚書であり、当局の不信を買った。(246) トゥルネン運動が一八二〇年にプロイセン王フリードリヒ・ヴィルヘルム三世の促しで禁止されたとき、ヤーンとほかの体操家たちは逮捕された。

〔参考図版〕体操の父、フリードリヒ・ルートヴィヒ・ヤーン（1852年頃）

フランス革命と、その革命がドイツへ及ぼした直接の影響を体験した政治家世代にとって、体操家は危険な暴徒であり続けた。世代が交代して初めて緊張が緩和した。ヤーンは一八二五年に釈放されたが、生涯にわたって警察の監視下にあった。ルートヴィヒ一世がバイエルン王に即位したのち、トゥルネン運動の推進者ハンス・フェルディナント・マスマンは、一八二六年、バイエルン軍の将校養成学校である幼年学校の体操教師として雇われた。さらに一八三五年、大学教授の資格取得後はドイツの大学でドイツ語・文学の最初の教授職のひとつに就いた。マスマンはミュンヘンのはずれにある屋外の敷地で体操を再び導入する。一九七二年のミュンヘン・オリンピック時には、この「マスマンベルクル」に彼の記念碑が建てられた。一八三〇年代半ば以降、教育学者たちの勧めに従って、学校で体育が再認可された。フリードリヒ・ヴィルヘルム四世がプロイセン王になると、ヤーンとマスマンはプロイセンでも復権し、一八四二年には「トゥルネン禁止令」が公的に解かれ、体操は男子生徒にとって正規の授業科目となった。ヤーンは解放戦争での従軍を評価され、一八四八年、国民の象徴的人物としてフランクフルト国民議会の議員に選ばれた。[247] マスマンは体操の授業の組織化を委任された。[248]

トゥルネン運動は、「トゥルネン禁止令」が解かれてからは地下運動であることをやめ、協会(*Verein*)に組織化され始めた。一八四八年、第一回ドイツ・トゥルネン会議がハーナウで開催され、「ドイツ・トゥルナー連合(Deutscher Turner-Bund)」が創設された。これは何回かの改称と分裂――とりわけ社会主義労働者の体操家たちは、一八九三年、労働者トゥルナー連合を設立した――ののち、一九五〇年以降、改めて本来の名称に戻り、ドイツにおけるすべてのトゥルネン協会の統括組織として機能している。[249]

トゥルネン運動はドイツ語圏全域に拡大したため、その発展はさまざまだった。プロイセンにおいて、体操は官憲国家の軍事訓練に貢献し、上からの改革として学校に導入された。これに対して、共和国のスイスでは、連邦の自由を守るという事情から、学校での導入はトゥルネン協会によって要求され、形成された。個々の州(クール、ルツェルン、ゾロトゥルン、ザンクト・ガレン、ジュネーブ)での体操の確立は、しばしば、「トゥルネン禁止令」によってドイツ連邦領域からスイスへ移住してきた体操家がみずから行った。たとえばヘッセン出身のアドルフ・シュピースである。[250] スイスのトゥルネン協会は、すでに一八三二年、第一回連邦トゥルネン祭をきっかけに、連邦トゥルネン協会(ETV)を設立した。スイスの体操の父ヨハン・ニッゲラーは、このロビー活動により、連邦政府の顧問に昇進している。[251] 自由主義運動の挫折後、国外へ移住したドイツの革命家たちによって、アメリカ合衆国にもトゥルネン運動がもたらされた(252)。カール・シュルツのような政治的に影響力のある亡命者の配慮で、体操家たちは、一八六〇年の大統領選でエイブラハム・リンカーンに投票し、宣誓の際にリンカーンの護衛を務めた(253)。特に一九世紀、トゥルネン協会は、ドイツ系移民が集まる重要な場であり、アメリカ大衆スポーツの根源のひとつだった(254)。

床運動や器械体操（鞍馬、つり輪、平均台、平行棒、鉄棒）が定着したドイツ語圏諸国は、一九世紀、ヨーロッパで特殊な地位を占めた。しかし、一般の体操や陸上競技の基本方針が拡大していくにつれ、国際的なスポーツ・プログラムへと同化していった。Turnen の英語訳は単に *gymnastics* であり、ドイツ・トゥルナー連合はすでに長いこと、「国際体操連盟（der Internationale Tunrverband）」のメンバーである。国際体操連盟の名称は、国際的には「Fédération Internationale de Gymnastique」であり、Turnen は国際的には *artistic gymnastics* である。過度にドイツ的なものを誇張した体操の父ヤーンでさえ、体操家の国際組織で歓迎され、「体操の父」と呼ばれている。最終的には、彼のモットー「潑剌と、敬虔に、陽気に、自由に（hardy, pious, cheerful, free ／ドイツ語では frisch, fromm, fröhlich, frei）」だけではなく、ヤーンがグーツムーツから受け継ぎ、今日も国際的に普及している器械器具が彼の名と結びついているからである。平均台、鉄棒、平行棒である。いずれにせよ、アメリカ合衆国のドイツ・アメリカ体操クラブのメンバーたちは、今日でもなおトゥルナーと自称している(255)。

スウェーデンでの体操運動は、当初はドイツと同一方向へ発展していたが、その後まったく異なった展開を見せた。「スウェーデンのヤーン」である教育家ペール・ヘンリック・リングはルンド大学とウプサラ大学で学び、一七九七年、神学で卒業資格を得た。しかし、それから、デンマーク、ドイツ、フランス、イギリスを七年間にわたって旅行する。リングは近代諸語の教師として生計を立てた。病気が原因でスウェーデンに戻ると、ルンド大学で剣術教師の職に就いた。彼は毎日の運動が自分の健康を回復させたことに気づくと、その体験をほかの人々にも専門的に伝えることができるように医学を学び始めた。これを基礎に、リングは四つの柱に基づく運動の体系を発展させた。教育学、医学、軍事、美学である。スウェーデン政府は彼の思想に非常に関心を示したので、一八一三年、ストックホルムで体操教師養成のための王立体操中央研究所が開設された。この研究所長はリングだった。彼は、医師たちと対立したにもかかわらず、最終的には高く評価されて、スウェーデン王立科学アカデミーに受け入れられ、名誉教授に任命された。遅くとも一八六一年、その研究所は女性の体操にも取り組むようになった。この体操教師研究所では女性も養成されたので、スウェーデンの体操運動は——特にイギリスにおける——女性のスポーツの発展に後世まで影響を与えた。(256)

ハイランドゲームズ

ヨーロッパ発祥の国際的なスポーツ競技会が成功したにもかかわらず、各国には独自のスポーツの伝統が存在したし、今なお一部では存在している。国際スポーツとローカルスポーツとの緊張に関しては、ヨーロッパ内において、その展開に類似性もあった。ヨーロッパでは、騎士の貴族文化は市民の競技や運動にほとんど関心がなく、さらに市民は農民や牧人のそれに関係しなかった。だが各地域、各都市で分離していた文化のあいだの境界は踏み越えられるのが常であり、たとえばスイスの民衆競技の要素は繰り返し取り入れられた。しかし、人気のある娯楽の中には国際的なスポーツにならないものもあった。イングランドのすね蹴り、バイエルンのフィンガー・ハーケルン（指相撲の一種）、スコットランドの丸太投げ、スイス式レスリングなどである。

スコットランドの「ハイランドゲームズ」を例にして、そうした地域的なスポーツ祭の位置づけがどのように変化していったのかを追うことができる。スコットランドの高地《ハイランド》は伝統的に大氏族《クラン》が支配し、イングランドの行政から広範囲に逃れており、スコットランドの伝統主義の砦であって、外部からの影響に抵抗していた。一七四五年にもまだ、ここから民族的な反乱が起こり、ステュアート朝の子孫を再び王位に就けようと画策された。ハイランドゲームズは、ジャコバイト〔一六八八年の名誉革命の反革命勢力。追放されたステュアート朝のジェームズ二世と子孫を正統な国王であるとして、その復位を支持した。〕のこの最後の反乱が失敗したのち、史料で初めて裏付けることができる。

スコットランド人は、一八世紀末、バグパイプ・コンテストやキルト・ダンスで、いくらか風変りではあるが基本的には平和な民族として自身を再構築しようとした。おそらく地域的なスポーツの伝統は一一世紀にまで遡り、かつては結婚式、埋葬、収穫祭（*kirns*）と関係していたが、地域のイベントへと統一されていった。そこでは、スコットランド高地人がみずからの能力、強さ、スピードを証明したのである。もちろん各競技種目はイギリス人にとってはきわめて珍奇だった。有名な丸太投げ（*tossing the caber*）のほか、ハンマー投げ、石投げ、川床から大きな石を持ち上げる競技、その他の各種重量挙げなどである。そこで使用されるスポーツ用具はすべて標準化されなかった（今日でも標準化されていない）。インヴァネスでは、投擲用の石やハンマーはルスやアボインのものとはまったく異なっているし、重さもさまざまである。重量競技以外にも、短距離走、長距離走、幅跳び、棒高跳びのような陸上競技もあった。これに剣術、射撃競技、片手の木刀試合（*singlestick*）が加わることもある。優勝者、さらにまた二位と三位の入賞者にも、賞金が授与された。

このハイランドゲームズの近代の形式は、「創られた伝統（*invention of tradition*）」のひとつであり、一八一九年、パースシャーのセントフィランズで、ピーター・バレル（グウィディル卿）によって開始された。彼はウェールズ貴族の称号をもったイギリス人であり、妻はスコットランドの由緒ある上級貴族の出身だった。この新しいスコットランドの文化の催しと、そしてスコットランド高地人たちの文化全般は、同時代のもっとも影響力ある作家のひとりによって熱狂的に支持された。『アイヴァンホー』〔一八一九年〕と『ウェイヴァリー』〔一八一四年〕の作者であるウォルター・スコットである。逆に、スコットのほうも競技会に影響を与えている。一八二六年、詩人ジェームズ・ホッグはその競技会をスコットの小説に倣って「聖ロナンのゲームズ」と名付けた。一八二〇年代以降、ハイランドゲームズの数は急上昇した。特にそのひとつは、グレンフィナンで、ジャコバイトの反乱の百年祭に催された。競技会の設立は、個々の後援者によって行われることが多いが、氏族あるいは地域の団体による場合もある。たとえば一八二五年の「ロナック・ソサイエティー」が挙げられる。これは民族衣装協会と言語協会が混合した団体であり、スコットランドの文化財を平和裏に維持し促進することに尽力していた。一八二〇年代初め、ハイランドゲームズは低地にも広がり、一八二二年には国王ジョージ四世がバノックバーンの競技会を訪れている。一八四八年、新しい動きは中世を憧憬するロマン主義の精神にも定着し、ヴィクトリア女王はブレマー・ギャザリングを訪問してハイランドゲームズのパトロンとなった。競技会の書き割りとして、長い伝統を装うために中世の大修道院や城が使われた。(257)

一八四〇年代以降、鉄道網が拡充していくにつれ、スポーツ選手は異なった競技会の賞金で生計を立てることができるようになった。一年で約二四の競技会がすでに存在していたからである。一八四九年、アリスター・マクハーディがスコットランドの初代ナショナル・チャンピオンに選ばれた。このことから、スポーツ用具が標準化されなくても伝統的な競技会をスポーツ化できることがわかる。ドナルド・ディニーは、北アメリカで設立された「カレドニアン・クラブズ」の招待を受けて一年間をその地で過ごしたが、その年を除いて一八五六年と一八七六年のあいだの全年でスコットランドのチャンピオンになった。このクラブにはスコットランドからの移民が集まり、アメリカ合衆国とカナダにおいて、スコットランド国家の発展に関与し、母国と同様に伝統的な競技会、「カレドニアン・ゲームズ」を開催しようとした。スコットランド人の「カレドニアン・ソサイエティー」は、しかるべき競技会とともに、のちに、オーストラリア、ニュージーランド、さらにそのほかの諸国でも組織された。ディニーは卓越した重競技選手であるだけではなく、レスリング、高跳び、ダンス競技でも勝利した。一九世紀末、スコットランドにはおよそ一〇〇のそうした競技会があり、比較的大規模な競技会は五万人にも上る観客を引きつけた。もしもフットボールとシンティー――ホッケーの一種――もプレーされ、鉄道の連絡があったならば、観客はもっと多かっただろう。スコットランド・チャンピオンに八回輝いたビル・アンダーソンは、一九五八年、「コモンウェルズ・ゲームズ」の砲丸投げでも優勝した。二〇世紀に専門的なトレーニングを積んだ競技者がハイランドゲームズに参加していたことは、この事実からも見て取れる。最近数十年間、ハイランドゲームズは、「スコティッシュ・ハイランドゲームズ・アソシエーション」がコーディネーターを務める観光客向けのアトラクションにもなっている。[258]

新しいオリンピア競技会への道

オリンピアの発掘とギリシアの独立

オリンピア競技会熱から本物の古代オリンピア競技会やその遺跡への関心が生まれた。遺跡は、一七二三年、フランス人旅行者ベルナール・ド・モンフォーコンによって位置が確認され、発見はコルフ大司教でローマの枢機卿アンジェロ・マリア・クィリーニに報告され、[259] 最終的にイギリス人考古学者リチャード・チャンドラーによって周知されるようになった。[260] ヨーロッパのギリシア熱は、ドイツ人古代研究家ヨハン・ヨアヒム・ヴィンケルマンによって活性化した。ヴィンケルマンは代表作『古代美術史』〔一七六四年〕において、ギリシア文化の単純と高貴を強調し、考古学上の調査を促した。[261]

オスマン帝国政府は、ヨーロッパの研究者が自国で古代に関心を寄せることを好意的に受け入れ、西欧列強との良好な外交関係に努めた。イスラム教の支配者たちにとって、世界史は六二二年のイスラム教成立をもって始まったので、博物館関係者や収集家がエジプトやシュメールやギリシアの古代文化遺産を発掘し運び去ることにほとんど抵抗がなかった。オスマン帝国からのプレゼントの中にあったギリシアの壺には多数のスポーツが描かれており、今日、ロンドン、パリ、ミュンヘンの古代芸術品コレクションでそれらに感嘆の眼差しを向けることができる。

ヨーロッパの「親ギリシア主義（*Philhellenismus*）」――ギリシア精神への熱狂――は、一方ではルネサンス以降に人文主義者が抱いたギリシア熱の所産であり、他方ではオスマン帝国に対するギリシアの独立戦争を支援する運動だった。オスマン帝国は、一四五三年のコンスタンティノポリス（今日ではトルコのイスタンブール）陥落以来、ギリシアの広範囲を支配していた。ギリシアのアナトリア地域は一九世紀に至るまで広くトルコ化されていたが、ヨーロッパ側の地域と大部分の島々は宗教的にも言語的にもギリシアのままだった。このギリシア地域が一八二一年にオスマン帝国の抑圧に抵抗したとき、ヨーロッパ全域と北アメリカでも支援者団体が形成された。団体は金銭とそのほかの補助手段を集め、ギリシア独立のために運動し、時には兵士を派遣することさえした。この運動の中心は、まずはジュネーブだった。最初の正式な「親ギリシア主義協会」は、一八二一年、ベルン、ミュンヘン、シュトゥットガルトで設立された。ミュンヘンでは協会は王室によって支援され、中心メンバーは、鉱山技師フランツ・クサーヴァー・フォン・バーダーと、古典文献学者であり、王太子教育係であり、また文教政策家でもあったフリードリヒ・ヴィルヘルム・フォン・ティールシュだった。ティールシュは、一八二五年以降、高等教育――ギムナジウムと大学――の改革と王太子オットーの教育を委託されていた。ティールシュの見解によれば、古代のギリシア人は近代のギリシア人の中に生き続けていた。彼はこのテーゼを証明するために一八三一年にギリシアへ移住し、そこで解放されたギリシアを支援するために運動した。ティールシュはその後ミュンヘンへ戻り、大学長の職に就いている(262)。

ギリシアの独立後、古代の遺跡発掘はまったく別の意味をもつようになった。それはギリシア人の新しい国家と国民のアイデンティティー構築を促進しなくてはならず、それゆえ国家の関心事となった。すでに一八二九年、フランスによるモレア探検隊がオリンピアのゼウス神殿を発掘していた。しかし本格的な発掘はドイツ人考古学者エルンスト・クルティウスによって達成された。クルティウスは長いこと、オリンピアにおける体系的な発掘を宣伝していた[263]。発掘は一八七五年から一八八一年まで彼の指揮下で行われ、成功裏に終わった。クルティウスは数年のあいだに全遺跡を発掘し、プラクシテレス作のヘルメス像やパイオニオス作の勝利の女神ニケ像のような古代の芸術作品を発見した[264]。発掘成果の公表は一八九〇年代まで続き、オリンピアへの関心を維持した。古代オリンピア競技会の復興へ向けてピエール・ド・クーベルタンを刺激したのも、そうした発掘成果だった。クーベルタンは記している。「ドイツは古代オリンピアの遺跡を発掘した。そうであるならば、なぜ次にフランスがその古代の栄光を復活させてはいけないのか。ここからオリンピア競技会を蘇らせるという考えを抱くまでには、もうそれほど遠くはなかった。その着想は発掘ほど輝かしくはないが、実り多いものである。とりわけ国際的な競技会が世界において新たな役割を果たすべきだと思えたからである[265]。」

ミュンヘンのオクトーバーフェストからギリシアのオリンピア競技会へ

ギリシア独立戦争〔一八二一年、ギリシアはオスマン帝国からの独立をめざして戦闘を開始した。一八二七年のナヴァリノの海戦を経て、一八三〇年にギリシア王国として独立した。〕は、ヨーロッパやアメリカの隅々で、古代オリンピア競技会を復興させようという考えを鼓舞した。スウェーデンでは、シュヴェリーン伯ボギスラウスが、競技会への関心をスウェーデンとノルウェーで呼び覚ますことを目標に、「オリンピック協会（*Olympiska föreningen*）」を設立した。一八三四年にはラムローサで、ヨハン・シャルタウによって「オリンピック」が開催された。競技会は、体操、競走（*kapplöpning*）、レスリング（*brottning*）、登攀（*klättring*）から構成されていた。相当数の観客が動員されたので、一八三六年、競技会は再び開催されている。かつてのオリンピック競技場にある通りの幾つかは、今日、その記念として*Kapplöpningsgatan*、*Fäktmästargatan*、*Rännarbanan*といった名がついている。「オリンピア」市区は一八九〇年代、都市の中心部から通じる「オリンピア通り（*Olympiavägen*）」に沿って建設されたが、これもまた「ヘルシンボリ・オリンピック（die Helsingborger Olympiade）」を想起させる。この市区に一八九八年に開設されたオリンピック・スタジアムは、少しのちには、サッカー・クラブチームであるヘルシンボリＩＦの本拠地になった。ヘルシンボリＩＦはこれまで七回、スウェーデン・チャンピオンになり、最近では二〇一一年にリーグ戦とカップ戦の二冠に輝いた。[266]

ポズナン大公国――ウィーン会議後はプロイセン王国が支配し、ベルリン側からすれば「ポズナン州」だった――でも一八三〇年代に「ギリシア競技会（Griechische Wettbewerbe）」が開催され、地域の伝統として記憶されている。今日、サッカー・クラブチームのＴＳオリンピア・ポズナンと本拠地「オリンピー・ポズナン・スタジアム」はその記念である。スコットランドのハイランドゲームズはさまざまに変化して、移民によって、カナダ、アメリカ合衆国[267]、さらには南アフリカ、オーストラリア、ニュージーランドにも運ばれ、当時の人々はそれらを古代オリンピア競技会と比較した。モントリオールが「英領北アメリカ」（今日のカナダ）の英領カナダ州の首都になったとき、一八四四年八月、その出来事を祝って二日間の「モントリオール・オリンピック（Montreal Olympic Games）」が開催され、二九の競技が行われた。開催者は二年前に設立されたスポーツ協会「モントリオール・オリンピック・クラブ」だった。この競技会の特色は、移民がアメリカ先住民から受け継いでいたラクロスの試合が、ファースト・ネーションズとヨーロッパからの移民のあいだで行われたことである。[268]

しかし、近代のオリンピア競技会をギリシアで開催しようという考えは、英語圏世界にはそれまで知られていなかった地から影響を受けた。ミュンヘンのオクトーバーフェストである。その考えはまず、教育者リガス・フェライオスの影響でオスマン帝国に対する独立戦争の形で復活し、政治家エヴァンゲリス・ザッパスの提案で、バイエルン出身のギリシア国王オソン一世のもとで実現化された。そしてその範は、バイエルン国王マクシミリアン一世ヨーゼフ治下のミュンヘンのオクトーバーフェストで開催された競技会だったのである。第一回目のオクトーバーフェストのきっかけは、一八一〇年に行われたバイエルン王太子ルートヴィヒ一世とザクセン＝ヒルトブルクハウゼン公女テレーゼとの婚礼だった。この式典のために、首都ミュンヘン市外の緑地で大規模な競馬が催された。[269] このスポーツの催しは民間の祭りが加わって非常に歓迎されたので、のちにテレージエン緑地と名付けられる土地で続く数年にわたって行われた。結婚式が年祭、つまり、ふだんは多くの変化を伴う時間の中のひとつの定点となった。ルートヴィヒ一世は、祭りの魅力を増すために、ミュンヘン市の祭り委員会とともに、九柱戯場、木登り、ぶらんこ、回転木馬、さらにはスイスの民衆競技会ふうのスポーツ競技を追加した。

一八三二年、ルートヴィヒの次男が列強イギリス、フランス、ロシアの妥協による候補者として、ギリシア国王オソン一世に即位することがギリシアの国民議会によって告示されると、バイエルンの相当数の行政官がギリシアへ輸出されただけではなく、親ギリシア主義は多種多様な花を咲かせることになった。バイエルンのビール純粋令、バイエルンのぶどう園経営者クラウスのワイン製造（「アハイア」）、白とブルーの国旗がギリシアに輸入され、首都はアテネへ移され、大学が創立されて、古代ギリシア文化を専門とするドイツ人たちが招聘された。こうした環境の中、ひとりの若い学者もギリシアへ赴くことになる。彼は、一八三八年、初めてオリンピアを目にし、のちにその発掘者となった。エルンスト・クルティウスは、トゥルネン運動にも参加していたが、日記の中でこの最初の印象について詳細に書き留めている(270)。

ギリシア国王の即位は、逆にミュンヘンにも影響を与えた。オクトーバーフェストでは、「スイス競技会」の名称が「オリンピック競技会」へと変更された。国王ルートヴィヒは、みずから親ギリシア主義者として、古代オリンピア競技会の様式で祭りを開催するよう提案していた。これがまたギリシアで関心を呼び起こしたのである。一八三二年、ギリシアの代表がオソンの即位式と競技会視察のためにミュンヘンへ派遣された。ミュンヘンでは、オクトーバーフェストの開始をわざわざ派遣団の到着まで延期した。派遣団はそれについて報告している。「午後、われわれは特別の祭りへの招待に応じた。祭りは毎年この月の八日に開催され、『オクトーバーフェスト』と呼ばれている。祭りは市外の広い敷地で行われる。その祭りは古代オリンピア競技会を模倣し、催しは古代ギリシアに由来する。」「スイスふうの民衆競技会」（競馬、競走、祝祭射撃、木登り、袋跳び競走、手押し車競走、戦車競走、レスリング、槍投げ、石投げ、体操の模範演技、砲丸なげなど）がミュンヘンで「オリンピック競技会」の名のもとに最後に行われたのは一八五〇年だった。これはオクトーバーフェストの制度化とほぼ同時であった。制度化に際して、「バヴァリア女神像」が設置され、バイエルンの「栄誉の殿堂《ルーメスハレ》」が建設された。「栄誉の殿堂《ルーメスハレ》」には、親ギリシア主義者たちの胸像も据えられた(271)。

ミュンヘンのオリンピック競技会に刺激されて、ギリシアの出版者パナギオティス・ソウツォスは、一八三三年以降、ギリシアのバイエルン新政府に宛てしかるべき詩や覚書を書いたが、はじめのうちは成果がなかった。しかしそのうち古代オリンピア競技会の研究も進歩してきた。ザクセンの古典文献学者ヨハン・ハインリヒ・クラウゼは、ヴァイマルのギムナジウムで教育を受け、イェーナとハレの大学で学び博士号を取得したのち、ギリシアの体育と競技学を専門とした。彼は、一八三〇年・四〇年代、関心を抱いていた公衆に自分の専門に関するデータや事実を発表した。最初は書籍においてだったが、のちにはハレ大学の私講師と教授になっている(272)。一八五二年一月一〇日、ベルリン大学の教授に招聘されたエルンスト・クルティウスは、オリンピアについて画期的な講義を行い、その講義は最終的に体系的な発掘を開始させることになった(273)。ミュンヘンのオリエント学者ヤーコプ・フィリップ・ファルメライアーは、この演説を非常に好意的に評価し、オリンピアを遺跡ではなく教育の理想として解すべきだと主張した。

「古代ギリシア人は、人間の肉体構造とその器官の高い教育能力の両方に同じく公平であれ、という神の重要で不可避な要求を認識していた［…］。身体と精神生活の平衡、あらゆる自然な力と衝動の調和的な発展は、ヘラスにおいて教育の課題だった。それゆえ、代々、身体と精神が健康な若者を形成するために、音楽と体操は同等だった。諸国家の繁栄はそこに基づいており、諸国家の至る所では、身体と精神を教育することへの配慮が公事のもっとも重要な部分とみなされた。公共のギュムナシオンは大きな日当たりの良いトレーニング場を備え、ホールや並木があり、たいていは田舎の環境の中で門の前に建てられていて、全ギリシアの公共団体の必需品だった〔…〕。体操は、古代ギリシアでは神への奉仕だった(274)。」

ドイツのオリンピア熱をもとに、ギリシアの商人エヴァンゲリス・ザッパスは、ギリシアでオリンピア競技会を開催するという着想を再び取り上げた。彼は、一八五六年、ギリシアでオリンピア競技会を復興させる提案を国王に提出した。実際、ギリシア国王オソン一世は、一八五八年九月、「オリンピア競技会」の設立を王令で命じている。王令によれば、一八五九年以降、ミュンヘンにおけるように農産物の展示と組み合わせて、四年に一度、アテネの特設スタジアムでしかるべき競技会を開催することになった。

近代の第一回ギリシア・オリンピア競技会

「第一回オリンピア競技会（die 1. Olympie）」は、ミュンヘンの模範と同様、一般の農産物や産業製品の展示、そしてスポーツ競技会から構成されていた。勝者には、賞金、さらに金、銀、銅のメダルが授与されることになっていた。オリンピア競技会は、四年に一度、一〇月の四回の日曜日にアテネで開催された。開会式にはキリスト教の祭式が行われ、新設されたアテネ科学アカデミーが前オリンピアード――つまり最近の四年間――の最新情報を紹介することになった。第二日曜日は畜産と競馬の賞の授与にあてられた。第三日曜日が農業と陸上競技、第四日曜日は工業と芸術のための日であり、演劇の上演で締めくくられた。賞は劇作や作曲にも与えられた。これらの競技は国王の保護を受け、ザッパスが全額を出資した。それについては、『ドイツ・トゥルネン新聞（*Deutsche Turn-Zeitung*）』の予告欄が報告している。[275] 陸上競技の日に関して同新聞は詳細に記している。

「古代オリンピア競技会ふうに行われる体育競技会は、本紙が昨年の第五号で言及したが、今年、導入され、（一八五九年）一一月二七日にアテネで開催された。おそらく二万人を超える観客が競技会に参加し、ペイライオス通りの近くにあるロードヴィコス広場で行われた。一スタディオン走、ディアウロス走、七スタディオン走、高さと距離を競う円盤投げ、跳躍、溝越え跳躍、しなやかな身体でバランスを取る高跳び、的《まと》投げ、マスト登りの競技があった。各運動競技の優勝者は、オリーブの小枝を授けられ、競技の難度に応じて、それぞれ五〇─一〇〇ドラクマか二八〇ドラクマを与えられた。審判員の言葉の直後、勝者は、国王（オソン一世）の手からオリーブの葉冠と賞金を受け取った。最高賞金は、七スタディオン走で一位だった者に授与された。優勝者の名前と誕生地が声高に告示され、集まった大勢の人々に周知された。

競技者は、ギリシアの各地に所属しており、大学生、兵士、水兵だった。この国民的娯楽は正午一時から午後四時まで続き、そののち触れ役が古代からのギリシアの文言『民衆よ、故郷へ帰れ！』を叫んだ。すべての選手は区別しやすいように彩色された上衣を着て、無帽で、髪をヘアバンドで結んでいた。民衆はこのイベントに非常に活発に参加し、叫び声と喝采で、優勝に近づく者たちに、耐え忍び、いっそう力を尽くすよう励ました。国王夫妻は最後まで列席し、優勝者に喜びと共感を表した。[276]」

参加者はもっぱらギリシア人だった。ただしギリシア本国からだけではなく、オスマン帝国の旧ギリシア地域からも来ていた。競走、跳躍、槍投げ、円盤投げの競技は——円盤高投げは新機軸だったにもかかわらず——むしろ期待はずれだった。天気は寒すぎて、競技場は適切ではなかった。トレーニングを積んだ良い陸上選手がいなかったのである。何しろ本来は秩序維持の任務を負っていたひとりの警察官が参加していたほどである。しかしとにかくスタートは切られた。ただし次のオリンピア競技会は——本来計画されていたように——一八六三年ではなく、クーデターとバイエルン出身の初代国王オソンの追放のために延期された。適切な競技場を建設するという条件のもとで、ザッパスが資産の大部分を「オリンピア委員会」に遺贈したのち、「第二回オリンピア競技会」の開催が確実となった。

一九世紀のその他のオリンピック

似たような催しは、一九世紀後半、ヨーロッパのほかの諸国にも存在していた。「コッツウォルド・オリンピック」は一種の地域的な年《とし》の市《いち》の娯楽となってしまっていたが、一八五〇年、医師ウィリアム・ペニー・ブルックスはみずから創立した「農業図書協会」の中に「ウェンロック・オリンピアン・クラス」をつくり、ウェールズとの境にある故郷の都市マッチウェンロックで、いわゆる「ウェンロック・オリンピック（*Wenlock Olympian Games*）」を開催した。古代のオリンピア競技会種目である競走、跳躍（幅跳び、高跳び）、投擲（ハンマー投げ）のほか、クリケット、輪突き、フットボールの試合も行われた。さらに輪投げ競争、袋跳び競走、手押し車競走もあった。また、老女の競走も催されている。その競技会は、第一次世界大戦までは毎年、そして戦間期は時おり催され、さらに一九五〇年以降に復活して、二〇〇九年には一二三回目の開催となった。ブルックスはイギリスの学校カリキュラムにスポーツの授業を導入することにも尽力し、一八五九年のアテネにおける「第一回オリンピア競技会」時には長距離競走の優勝者に賞を寄贈し、一八六〇年、彼の協会を「ウェンロック・オリンピア協会」と改称した。オリンピックの交流を図る彼の努力は報われた。ギリシア国王オソン一世が、マッチウェンロック・ペンタスロンの勝者に授与する銀製の優勝杯設立に出資してくれたからである。(277)

一八六〇年以降、ブルックスの影響で、数年にわたり、シュロップシャーにおいて「シュロップシャー・オリンピック（*Shropshire Olympic Games*）」が開催された。他の地域もそうした競技会に関心を示すと、一八六五年、ロンドンで「イギリス・オリンピアン協会（*National Olympian Association*［NOA］）」が設立され、一年後には「イギリス・オリンピック（*National Olympian Games*）」がロンドンのクリスタル・パレスで催された。一万人の観客の前で二〇〇人のアスリートが参加した。企画したのは、すでに言及したブルックス、一八六一年以降「リバプール・オリンピック（*Liverpudlian Olympics*）」を組織したジョン・ハリー、ならびにイギリスへ移住していた地理学者アーネスト・ジョージ・レイヴンスティンだった。レイヴンスティンはロンドンの「ドイツ・体操クラブ」長だった。(278)競技に勝利した上位三者に金メダル、銀メダル、銅メダルを授与するという考えは、ここに由来する。「アマチュア運動競技協会（*Amateur Athletic Association*［AAA］）」はあわただしく設立され、競技参加者を「アマチュアとジェントルマン」に制限しようとしたが、これに対してイギリス・オリンピアン協会は、競技会は国民の全階級の人々に開かれたままであることを押し通した。ほかの諸国と同じようにイギリスにおいても、民主的なスポーツ運動と、そして裕福な者だけがスポーツをすべきであるという古い身分や階級社会と結びついた考えのあいだには、対立が存在していた。一八八三年まで、イギリスでは「イギリス・オリンピック」が七回開催されたが、ウェンロックにおけるように毎年行われる地域的な競技祭の開催はさらに続いた。(279)

一八八一年、ブルックスは、「国際オリンピック競技会（Internationales Olympisches Festival）」をアテネで開催しようとした。そこでは——ギリシア・オリンピア競技会とは異なり——国際的な選手が参加することになっていた。この企画はギリシアの報道機関では積極的な反響を呼んだが、ギリシア政府の支持を得なかった。そのためブルックスは一八八九年、クーベルタンとの接触を探り、スポーツ教育のための国際会議を計画していたクーベルタンに何十年にもわたる自分の努力を述べた。翌年、クーベルタンは「ウェンロック・オリンピック」を訪れ、深い印象を受けた。『ラ・ルヴュ・アトレティク』誌の記事で、当時二九歳だったクーベルタンは記している。「現代のギリシアがまだ復興させることができないでいるオリンピア競技会が生き続けるとき、それはギリシア人ではなく、W・P・ブルックス博士のおかげである。(280)」しかし、すでに八五歳になっていたブルックスは、老衰のため、パリで開かれた国際オリンピック委員会（IOC）の設立会議に出席することができなかった。国際オリンピック委員会長ファン・アントニオ・サマランチは、ブルックスを「近代オリンピック競技会の真の設立者」と呼んだ。(281)

ギリシアにおける「第二回オリンピア競技会」は、ようやく一八七〇年、シュレスヴィヒ＝ホルシュタイン＝ゾンダーブルク＝グリュックスブルク家出身で、議会によって選出された新国王ゲオルギオス一世のもとで開催された。ドイツ出身でギリシア国籍を取得した建築家エルンスト・ツィラーは、一八六四年以降、国王の委託で古代のパンアテナイ祭の競技場の位置を調査した。その競技場は紀元前三三〇年頃に建設され、紀元後一四四年まで改修されていた。それは、一八六九年の発掘後、アクロポリスの東で実際に発見され、相当額の費用をかけて修復された。この「パナシナイコスタジアム」で、一八七〇年一一月一五日、「第二回オリンピア競技会」が開かれた。[282] 今回、すべては前回よりも準備が良好であり、古代ギリシアと同様、開会式、選手宣誓、表彰式があった。アテネは当時まだ交通の連絡が悪い小都市だったが、二万五〇〇〇人の観衆を集めた競技会は成功だった。新聞雑誌は、その競技会について肯定的に報告している。

その後も、オリンピアードの四年の周期を守ることはできなかった。次の競技会（「第三回オリンピア競技会」と「第四回オリンピア競技会」）も、一八七五年と一八八九年、アテネのパナシナイコスタジアムで実施された。一八七五年の「第三回オリンピア競技会」では、参加者として大学生しか認められなかった。実施を委託されたアテネの体育学校長が、一定の教養を備えた運動選手だけが成功できるという見解だったからである。事実、すべての選手の準備は万端だった。しかし十分な観客席がなく、労働者階級の参加が認められないままだったので、開催者たちを怒らせるに足る批判があった。[283]「第四回オリンピア競技会」では、ツィラーのスタジアムに加えて、彼によって一八八八年に完工された多目的建造物「ザッペイオン」を中心的な競技場として使用することができた。エヴァンゲリス・

ザッパスによって出資されたその建物は、のちに、一八九六年の「近代国際オリンピック競技会」と一九〇六年の「アテネ・オリンピック」だけではなく、ギリシアのヨーロッパ復帰のための舞台としても使用された。一九七九年、ここでギリシアのヨーロッパ共同体（EC）加盟が調印されたのである。(284)

一八九二年に予定されていた「第五回オリンピア競技会」は、財政上の問題のために開催することができなかった。一八九四年、パリで第一回国際オリンピック会議が開かれた。そこで、経営者ディミトリオス・ヴィケラスの提案で、「第一回近代国際オリンピック競技会」の開催地にアテネが決定された。これは、――ギリシアの政局危機後の――一八九六年、本来計画されていた「第六回オリンピア競技会」に代わるものだった。(285)

第五章　われわれの時代のスポーツ

スポーツは明らかに新しい宗教になった。
一九〇〇年一一月二七日、『ロト・ヴェロ』誌

近代スポーツの覇者となったイギリス

一九世紀後半以降、スポーツは急速な発展を遂げた。大部分の国々では、義務教育とともにスポーツが必修科目として導入された。たとえばプロイセンでは、男子に対しては一八四二年、女子の高等教育では一八九四年だった。都市化が進むにつれ、スポーツ協会（Sportverein）は、ほかならぬ都市の労働者地区において重要な統合機関となった。スポーツ組織は本来はイギリスのジェントルマンのためのものだったが、まずはヨーロッパや北アメリカ社会のあらゆる階層に普及した。その後、世界中にスポーツ・クラブ（Sportclub）が見られるようになった。通常、比較的大きなクラブは、独自の女性部門、青少年部門、シニア部門をもっており、障害者部門を有するクラブも相当数ある。それらの部門がまた、独立したクラブに組織化される。もちろんクラブは、スポーツの成績を宣伝用に利用

スポーツ記録の前提としてのドーピング。ゲッツ・ヴィーデンロート　二つの信用できる顕彰メダル。2004年。

する。トップクラスの選手はスポーツの最良の広告手段のひとつだからである。トップクラスのスポーツの試合は、メディアにおいてそのスポーツのイメージを支配する。しかし今日、試合数が増加したことを考えれば、スポーツを記録の追求によって定義しようとする社会科学者は多くはないだろう。二〇世紀においては、技術の革新とますます完璧になるトレーニング方法を基礎に、数えきれないほど多くの国際試合が行われ、記録が飛躍的に成長したため、記録の追求はすでに飽和状態に達した。現在、新記録と言えば、能力よりもドーピングを連想させるのであればなおさらである[1]。だが、こうした変化によって、スポーツへの喜びと競技への熱狂が失われることはなかった。むしろこのことによって、われわれの時代のスポーツが過去数世紀のスポーツと、人々が信じようとしたよりも多くの共通点をもっているのだとわかる。

最近のきわめて目ざましい発展のひとつに、新しい競技種目が常に増え続けていることが挙げられる。今日、従来なかったほど多種多様な競技種目が存在している。どのようにして、こうした事態に至ったのだろうか。まずその理由を――古きヨーロッパ社会の視点から見ると――世俗化に見出すことができる。世俗化はすべての宗教上の制限から余暇活動を解放し、余暇活動の正当性を認めるために、宗教も地域の伝統も民族の伝統も必要としなかった。この状況を出現させたものに、個人が自由に発展できることを保証した法治国家の成立を挙げることができるだろう。第二に、依然として重要なのは工業化の形をとって組織された労働世界の構造である。それは労働と余暇をはっきりと区別した。(2)スポーツ全体を「工業化の行動形式」とみなすことは明らかに行き過ぎであるとしてもである。(3)第三に都市化も関与している。都市化は、大都市の匿名の環境において自身の余暇活動を意識的に計画するよう要求する。第四の発展条件はグローバリゼーションの拡大である。それはスポーツの地域的な形式を伝統的な環境から引き離し、ほかの地域や国際スポーツへ受け入れられることを可能にする。

第五に、競技種目の増加は競技の形式主義化（*Bürokratisierung*）からも生じる。形式主義化は、ルールが文字によって固定化され、一般的に拘束力をもつことを求める。このことは、サッカーとラグビーの発展が分岐した状況を例に取ると良くわかる。今日われわれが理解しているところによれば、二つのスポーツは相互に何ら関連していないようであるが、しかし実際のところ、一八六三年まで、それらはフットボールとして同一のものだった。「フットボール・アソシエーション」は、手を使用することなど、大まかな反則を禁じた。アソシエーションがこのようにサッカーのルールを決定して初めて、サッカーは現在の形で出現することになった。[4] ルールは絶えず変化していくので、もちろん現在の形も決して「最終的な」ものではない。改革に反対する者たちは、反則の禁止を、アソシエーション・フットボール——短く言えば、サッカー。今日なおアメリカ合衆国ではこの競技をそう呼んでいる——として非難した。伝統主義者たちは、独自の協会「ラグビー・ユニオン」に集まり、伝統的で戦闘的なフットボールをラグビーに改称した。こうして、ひとつのスポーツから二つのスポーツが生まれたのである。[5] 第六に、一九世紀以降、商業的な動機が競技種目の新しい発展と商品化においてますます重要になった。しかし第七に、差異化の要求もこれに加わった。差異化の要求は、二〇世紀が経過していくにつれ、ますます広範囲な集団を巻き込んでいった。ポスト工業化時代の体験社会では、男女個人は体験市場において自分にふさわしい余暇の娯楽を求めるが、そうした体験社会の諸条件のもと、自己を実現したいという欲求に予想外の可能性が開かれたのである。[6]

植民地主義によって国際スポーツへ

近世と一九世紀はヨーロッパ植民地主義の時代だった。ヨーロッパ諸国は、ルネサンス——数々の発見の時代——以降、世界中に貿易の拠点と植民地を置き、競合する帝国の諸文化——たとえばイスラム圏、インド、中国の文化——に対して確固たる地歩を占めることができた。オーストラリアと南北アメリカ大陸は、その地域の文明の人口密度が低かったり、抵抗力がなかったりしたため、ヨーロッパの影響に広範囲に屈していた。スポーツの歴史においても、植民地保有国の中で二つの国が覇権を握っていた。スペインとイギリスである。両国はその政治システムだけではなく、競技種目も世界中に普及させることに成功した。もっとも、その結果は全く異なってはいた。(7)

スペイン王国は一五二〇年にメキシコのアステカ帝国を、少しのちにペルーのインカ帝国を征服することによって植民地政策を開始した。スペインは、これら古きアメリカの大帝国において、そのときどきの支配者をスペインの副王で取り換えるだけだった。輸出品には、スペインの中央集権的統治機構と異端審問のほか、スペインの国民的スポーツ、とりわけ闘牛と、そして棒を用いた剣術があった。スペインの副王領ペルーの首都リマには、一七六六年——マドリードよりわずか五年後——、最初期かつ最大の常設闘牛場のひとつ、「プラザ・デ・トロス・デ・アチョ」が建設された。それは一万七〇〇〇人の収容能力をもち、今日なお世界で最大の闘牛場に数えられる。(8) スペイン世界帝国が一九世紀初頭に崩壊し、南アメリカ諸国が独立を宣言したとき、近世スペインのスポーツはかつての植民地で生き延びた。現在、最大の闘牛場は、スペインにではなくメキシコシティにある。一九四六年に建てられた「プラザ・メキシコ」は四万八〇〇〇人の収容能力を有している。「オリンピック・スタジアム」と「アステカ・スタジアム」が建造されるまで、それはメキシコで最大の競技場であったし、今日でもなお第五位の規模である。世界で二番目に大きな闘牛場は、一九六八年にベネズエラにつくられた「プラザ・デ・トロス・モヌメンタル・デ・バレンシア」(収容能力二万五〇〇〇人)である。

イギリスの植民地化政策はスペインよりもゆっくり進行したが、影響は持続した。イギリスはようやく一七世紀半ばになって最初の植民地を獲得する。早期に工業化を果たし、一六八八年以降に議会政治が支配したことから、イギリス社会はスペインよりもはるかにダイナミックに発展した。ニューイングランド植民地は一七七四年には独立を宣言し、アメリカ合衆国を建国したが、文化的にはかつての本国に結びついたままだった。イングランドの政権の自由主義的な姿勢は、スポーツが比較的自由に発展することを許した。イギリス帝国の成長は、職務権限をもつエリートたちを次々とすげ替えることによってイギリスのスポーツの普及を促進した。二〇世紀半ばに至るまで、この世界帝国に属していたのは次のような地域だった。ヨーロッパでは、アイルランド、ジブラルタル、マルタ、キプロス。アメリカでは、カナダ、英領ギアナ、英領ホンジュラス、(カリブ海の)西インド諸島。オセアニアでは、オーストラリア、ニュージーランド、ニューギニア。アジアでは、今日のマレーシア、香港、シンガポール、ビルマ、パキスタンとバングラデシュを含めたインド(かつての英領インド帝国)。アラビアでは、イラク、(サウジアラビアを除く)アラビア半島。アフリカでは、北はエジプトから南は南アフリカに至る縦断ルート、さらにナイジェリア、黄金海岸、シエラレオネ、ガンビアである。加えて帝国には、全大洋の諸島も含まれていた。これら植民地における将校、教師、学校によって、イギリスのスポーツは国際スポーツとなった。上述した諸国の多くは、植民地からの独立後もイギリス連邦においてイギリスに結びついたままであり、共通のスポーツの伝統はもっとも重要な絆のひとつである。(9)

クロッケーとヴィクトリア朝時代のその他の新競技種目

新しい競技種目が商業上の関心から案出され、世界中に普及した初期の例はクロッケーである。クロッケーは基本的にはまったく新しいものではない。ビリヤードと同様に、ペルメルのミニヴァージョンだからである。つまり木槌で木製のボールを打ち、それをゴールへ入れる競技である。一八三〇年代、アイルランドにはクルッキー（*Crookey*）という名の競技が存在した。芝刈り機は発明（特許は一八三〇年）とほぼ同時に工業生産されたが、[10] その発明のおよそ二〇年後、クルッキーはイギリスでも普及し始めた。この競技は、本来、ジャック・アンド・サンズ会社の相続人であるスポーツ用品製造者ジョン・ジャックによって発明された。会社の主製品は、ボウリングのボウル、チェスの駒、義歯のような木製品や象牙製品だった。ジャックは、ティドゥリー・ウィンクス、ルド、スネークス、ハッピー・ファミリーズといったアイディアに富む名前で、一連の新開発を実験した。一八五一年のロンドン万国博覧会時に際してハイド・パークにはクリスタル・パレスが建設されたが、[11] ジャックは、万国博覧会で自分の最初のクロッケー・セットを展示した。木槌、木製のボール、どんな芝生の上にも立てることができる鉄製の小ゴールのセットである。

販売は目を見張るほど成功した。クロッケーはどこでも、どんな補助がなくても行うことができたというのも成功の理由だった。このゲームは女性だけではなく、――身体の接触が必要ではなかったため――男性と女性が一緒にプレーすることができるので、家族が楽しんだり、男女が遊んだりすることが可能だった。クロッケーはいつでも休憩や気分転換のために中断することができ、ゴルフ

〔参考図版〕クロッケーをプレーする人々（20世紀初頭、スウェーデン）

のように会話や商談成立の機会を与えた。さらに、好きなようにゴールを設置することができるので、創造力をかき立てた。クロッケーはオックスフォードとケンブリッジ大学ですぐにファンを獲得し、ルイス・キャロルのような偉大な精神の持ち主が公然と支持した。成功に勇気づけられ、ジャックは、一八六四年、競技教則本『クロッケー、ゲームのルール』を事後的に発表した。これは単に私的なルールだったが、非常に長く存続し、国際的に有効性を認められた。クロッケーの販売が特に良かったのは、インドとオーストラリアだった。そこでは非常に暑いか湿気があるため、激しいスポーツを行うのはしばしば苦痛だった。一八六八年に「オール・イングランド・クロッケー・クラブ」が設立されると、その二年後には国内選手権試合が開催された。芝生で行われる別の新種目ローンテニスはかつてのジュ・ド・ポームやリアルテニスに代わり、やがてクロッケーを凌駕するようになるが、クロッケーは、二〇世紀、安定したファンを保持した。ファンの中には、アガサ・クリスティやグレタ・ガルボといった著名人もいた(12)。

イギリスでは、ハノーヴァー朝のヴィクトリア女王による長い統治期間〔イギリス女王在位は一八三七年六月二〇日―一九〇一年一月二二日〕に幾つもの新競技種目が登場したが、クロッケーはその一例にすぎない。一八五六年にはテムズ川でオックスフォードとケンブリッジ対抗のボート競技が考案され、一八五七年にはアルプス山脈の登山を組織するアルプス・クラブが設立され、一八五八年には、最初のトレーニング・フィットネス・センターとして、オックスフォード体育館に多数の練習器具が設置された(13)。一八六四年には、ボート競技にならって、オックスフォードとケンブリッジのあいだで第一回陸上競技戦が行われた。多くの新種目が確立するまでには、どちらかといえば長い時間を必要とした。クリケットがイギリスの中心的スポーツとなるにはおよそ一世代かかったし、サッカーやラグビーが人気のあるカレッジ・スポーツに定着するのにも時間を要した。しかし移り変わりの速い流行もあった。たとえば一八六三年以降のローラースケートやスケート、一八七〇年代のゴルフや、その後のホッケーやポロである。一八七三年、ウォルター・ウィングフィールドはローンテニスのルールを考案し、これまでのテニスと違って、「スフェリスティキ（*Sphaeristike*）」と名付けようとした。これをもとに、一八七七年、ウィンブルドン――それまではクロッケー場だった――で第一回テニス選手権大会が行われ、それ以降、ウィンブルドンは固有の商標になった(14)。もちろんこの新種目もビジネス・アイデアだった。ウィングフィールドはテニスの試合用品を専門的に扱い、まもなく王室のメンバーやプロイセン王女のような外国の重要人物も彼の顧客になった(15)。

流行の発生は、新しいマスメディアや大展示会によって促進され、大規模なスポーツイベントは鉄道によって初めて可能になった。鉄道は重要なイベントには特別列車を投入したのである。一八八〇年代、アイススケート熱が西ヨーロッパとアメリカ合衆国に広がり、パリやロンドンには男女が同時に滑ることができる屋内スケート場が開設された。(16)

一九世紀における女性のスポーツと女性の解放

スポーツは、一九世紀にもまだ、主として男性が行っていた。サーカスの曲芸師なら、女性でもなることができた。また裕福な家庭では、家族や伴侶が反対しない限り、女性がスポーツをすることは普通だった。しかし早いうちから、医師ドナルド・ウォーカーのように、女性の身体運動に賛同する者もいた。ウォーカーは女性が弱いという観念すべてに異を唱え、健康と美を維持するためにスポーツを強く推奨した。しかし、もちろん制限も加えられていた。すべてのスポーツ種目が女性の繊細さに適しているわけではなかったからである。特に乗馬は女性の下半身を変形させると考えられた。(17)そうした奇異な考えにまず立ち向かったのは、初期の女性解放運動を進めた女性作家たちだった。たとえばベッシー・レイナー・パークスは一八五四年に断言している。「特定の競技や身体運動だけが女性に適切であるという伝統的でまったく恣意的な合意は、個人の権利をひどく制限する。(18)」女性が身体的に劣っているという偏見を論破するのに重要な役割を果たしたのは、スウェーデン人マルティナ・バーグマン・エスターバーグであった。バーグマンはロンドンで女性体操教師養成学校を創立し、みずから指導した。彼女は、一八七九―一八八一年、ストックホルムにある王立体操中央研究所で学び、ロンドンに移住すると同時に、ロンドンの学校当局から「女子校・小学校における体育の女性監督者（*Lady Superintendent of Physical Exercises in Girls' and Infants' Schools*）」に任命された。学校での体育はすでに一一年前から計画されていたが、知識が不十分だったためにほとんど教えられていなかった。一八七六年には小学校の女子に対しても体育が必修科目になっていたが、教師が不足していた。それゆえ、王立体操中央研究所の卒業者コンコルディア・レフヴィングが採用された。レフヴィングはイギリスで初めて女子体操を教えた。(19)

彼女の後継者になったのがバーグマンである。バーグマンは女性体操教師の養成をみずからの課題とした。彼女は、スウェーデン体操、解剖学、生理学において一三〇〇人以上の教師を養成し、三〇〇の学校でスウェーデン体操を導入した。さらに彼女は、自分の女子生徒たちとともにスウェーデン体操の公開実演を組織し、遅くとも一八八三年、イギリス皇太子の訪問後には公衆の大きな賛同を得た。バーグマンは、学校当局に不満を覚えると、一八八五年、独自の「ハンプステッド体操専門学校兼女子体操場（*Hampstead Physical Training College and Gymnasium for Women*）」を創設した。これは、イギリスにおけるこの種の女性用施設としては初めてのものである。この将来の女性体操教師養成学校に入学を許可された女子学生は、境遇に恵まれ、平均以上に知的であり、身体が健康で見栄えが良く、さらに自然科学に興味がある者だけだった。これらの特性をあわせもつことによって、女性スポーツが受け入れられ、偏見が反駁されるというのである。「私は、女子生徒たちが自分の性を高めるのを助け、そうして女性の進歩を促進するために、彼女たちを教育しようと思う。女性が強く、健康で、純枠で、本物でないなら、女性はどのように進歩することができるだろうか。[20]」彼女の体操学校の二年間課程はスウェーデンの王立体操中央研究所を模範とし、さらに物理と化学、イギリスのチーム・スポーツ種目のためのプログラムを追加した。その学校は、冷水浴、外出禁止、手紙の検閲によって、どちらかといえば懲役囚のための強制収容所の性格を有していたとしても、一世代にわたる女性体操教師を輩出したのである。実際、女性教師の不足から、卒業生には収入の良い就職先が保証され、彼女たちはロンドンだけではなく英語圏全域と日本でも教えた。バーグマンの生徒のひとりは一八九七年に体操服を考案し、それはすぐに体操専門学校で導入されて、一九二〇年代にはイギリスの学校制服の一部になった。

一九世紀、女性はスポーツにおいて、一般に考えられているよりも大きな役割を果たした。特にアメリカ合衆国では数々の発展があった。一八六七年、フィラデルフィア出身のアメリカ黒人女性のプロ野球チーム「ドリー・ヴァーデンズ」が登場した。ニューヨークでは、一八七一年には女性ボート競技会、一八七三年には女性水泳競技会が開催された。一八七六年、「ペデストリアニストたち」の競歩でメアリー・マーシャルが男性参加者全員に勝利した。ローンテニスは、一八七四年、メアリー・ユーイング・アウターブリッジによってアメリカ合衆国に導入された。アウターブリッジはスタテンアイランドのクリケット場に最初のテニスコートをつくった。これに応じてアメリカでは、当初からテニスをプレーする女性の割合が高かった。数年前に、「アメリカ・テニスの母」として「国際テニス殿堂」入りしている。[21] 一八七六年、「アパラチアン・マウンテン・クラブ」の全メンバーの一〇パーセントが女性だった。一八八二年、ボストンで初の女性陸上競技会が開催され、一八八三年以降は、毎年、女性アーチェリー競技会が行われた。バッファロー・ビルのワイルド・ウェスト・ショーのスターは、一八八五年以降、世界的に有名な曲馬師で狙撃手フィービー・アン・モージーだった。彼女はアニー・オークリーの名で登場し、夫のくわえたシガレットを撃ち落とすことで有名だった。ヴィクトリア女王は、ロシア皇帝、ドイツ皇帝ヴィルヘルム二世、ネイティヴ・アメリカンのシッティング・ブルと同様、彼女を賛嘆した。アニーは最初の女性スーパースター、またオール・アメリカン・ガールの典型とみなされている。ミュージカル『アニーよ銃をとれ』は彼女の生涯に基づいており、プレイモービルには彼女のフィギュアまでつくられている。[22]

一八八八年、シカゴで女性自転車クラブが設立され、一八九一年にはニューヨークのマディソン・スクエア・ガーデンで六日間レースが行われた。ウィーン出身のひとりの教授が新しく創設された「アマチュア・アスレティック・ユニオン（AAU）」で女性の剣術選手の実演を行い、女性剣術クラブが生まれることになった。アメリカ合衆国ではすでに一八九〇年代、数百の女性野球チームがあり、一〇〇万人以上の女性が自転車を所有していた。ゴルフとテニスの選手権大会があり、女性たちはアイスホッケーやラクロスのようなチーム競技もプレーしていた。[23] 女性のスポーツにおいて、アメリカ合衆国はヨーロッパにはるかに先んじていた。一九世紀末、レディ・ヴァイオレット・グレヴィルは、数冊の出版物において過去の成功多き闘いを満足げに回顧している。[24] その中には彼女によって編集されたハンドブック『ジェントルウーマンのスポーツの書』もあった。スポーツに熱狂し、充分にトレーニングを積んだこうした女性たちがいなかったならば、一九〇〇年の第二回オリンピック・パリ大会において女子競技が問題なく実施されたことの説明がつかない。

しかし、イギリスもまた女性のスポーツを育てた。「ロイヤル・トクソフィライト・ソサエティ」では女性が当初からアーチェリーを行うことができたし、需要に応じてまもなく専用の「レディース・デイ」がつくられた。クロッケー、ローンテニス、ローラースケート、ゴルフなどの新競技種目においても、比較的上層階級の女性が最初からプレーしていた。(25) もっとも、堅苦しいヴィクトリアン調のドレスは、それだけで活動的なスポーツにとって大きな障害となった。イギリスのクラブで長いスカートを着用してテニスをした女性たちは、身体が不自由なように見えた。女性用のスポーツウェアーを開発しなければならない時期が来ていた。(26) 一八八七年、テニスの第一回「全米女子シングルス選手権」が実施された――エレン・ハンセルが初代テニスチャンピオンだった――が、それとほぼ同じ頃、ウィンブルドンでも女子のテニス選手権が開始された。優勝者は、七年間に五度、シャーロット・〝ロッティ〟・ドッドだった。優勝しなかった年、ドッドは長期間のヨット旅行に出ていた。ロッティはほかのスポーツも熱心に行い、テニス以外に「全英女子アマチュア・ゴルフ選手権」で優勝し、一九〇八年オリンピック・ロンドン大会ではアーチェリーで銀メダルを獲得している（兄ウィリアムは男子金メダルを獲得した）。ロッティは「女子ゴルフ・クラブ」を設立し、一八九九年以降、チェシャー州のホッケーチームのキャプテンを務めた。ギネスブックは彼女を全時代のもっとも多才なアスリートと記載している。姉アニーは、テニス、ゴルフ、スケート、ビリヤードに熟達していた。彼女たちは裕福な木綿商の家庭に生まれ、人生において一度も働く必要がなかった。彼女たちこそ、近代オリンピック競技会の創設者たちがスポーツマンとして想像したアマチュア選手だったのである。(27)

ルネサンスのイタリアであれ、エリザベス朝のイングランドであれ、貴族の女性は昔からスポーツをする権利を有していた。しかし一九世紀、スポーツと女性解放運動が手を組み始める。女性スポーツ・クラブの創設は、女性の権利を拡張する闘いにおいて示威的な性格をもつようになった。最初の女子サッカー・クラブの創設者はネッティー・ハニーボールという美しい名をもっていたが、女性解放運動家だった。一八九五年、ハニーボールはロンドンで「全英女子サッカー・クラブ」をつくり、会長にはフロレンス・キャロライン・ダグラス（ディクシー男爵夫人）が選ばれた。男爵夫人は、スコットランドの貴族でエキセントリックなフェミニストであり、夫とパタゴニアへ旅行してもち帰った一匹のジャガーをペットとして飼っていた。レイディ・ディクシーは、法の前での、また婚姻における男女同権と、そして動物愛護を支持した。彼女が最初の女子サッカー・クラブの会長になると、一八九五年三月、南イギリスチームと北イギリスチーム対抗のサッカー試合が行われた。試合は一万の物見高い見物人を引きつけ、七対一の結果で終わった。新聞雑誌は、選手たちが頭に小さい帽子をかぶり、ニッカーボッカーの上に小さいスカートをはいていたことを面白がったが、しかしヴィクトリアン調の流行を考えれば、この妥協は理解されたにちがいない(28)。

近代のオリンピック競技会

より速く、より高く、より強く——「第一回近代オリンピック競技会」

ルネサンス以降、古代オリンピア競技会の復興に賛同する人々の数は多く、一九世紀にはその数がますます増えたとはいえ、その復興を推進するためにクーベルタン男爵ピエール・ド・フレディが果たした功績を認めない者はいない。クーベルタンは、イタリア・ルネサンス時代にルーツをもつ貴族家系の出身だった。彼はソルボンヌ大学で学び（芸術、文献学、法学）、アメリカ合衆国、カナダ、イギリスへ旅行したのち、——ルネサンスや汎愛主義の教育者と同様に——精神的な教育のためには身体的な教育も行わなければならないことを確信していた。かつてのヤーンと同じく、そこでは愛国主義的な動機も一役買っていた。というのもクーベルタンは、一八七〇—七一年の独仏戦争におけるフランス軍の敗戦に愕然としていたからである。彼はスポーツの授業によってフランス軍新兵の状態が改善されることを期待した。一八八〇年頃のオリンピア遺跡発掘の本格化は、古代オリンピア競技会を復興させるよう彼を刺激した。クーベルタンは、古代オリンピア競技会の平和の理念を復活させることによって、民族の利己主義の克服に貢献しようとした。社会の進歩は、「より速く、より高く、より強く」のモットーに倣ったスポーツ記録の追求によって強化されるはずであった(29)。二五歳のクーベルタンは、一八八八年、イギリスの学校教育に関して出版した著書において、イギリス帝国が世界的強国になったのはイギリスの学校で通常に行われているスポーツ教育と関係しているというテーゼを

〔参考図版〕ピエール・ド・クーベルタン（20世紀初頭）

主張した。そのテーゼによれば、学校スポーツは身体と精神の平衡を保ち、無意味な時間の浪費を避けるというのである(30)。

民族主義的な動機を克服するように見えたにもかかわらず、クーベルタンはオリンピック競技会の開催地としてパリを支持した。一八九四年六月、彼はフランス・スポーツ競技連盟の事務総長として、ソルボンヌに「オリンピック復興のためのパリ国際会議」を招集した。国際会議においては古代オリンピア競技会の復興が審議されたため、のちにこの会議は国際オリンピック委員会（ＩＯＣ）の創設会議と呼ばれた。ソルボンヌでは、会議のほかに、文化行事や晩餐会の基本プログラム、さらにスポーツ競技の試合として自転車競走やテニス選手権「リュクサンブール公園ロング・ポーム選手権」が行われた。クーベルタンの招待を基本に構成された会議の参加者は非常に偏っていた。七八の派遣代表のうち五八代表がフランス、八代表がイギリス、四代表がベルギー、各二代表がスウェーデンとスペイン、各一代表がアメリカ合衆国、イタリア、ロシア、ギリシアから来ていた。会議は幾つかの基本的な決定を行った。第一に競技会を国際的なものとして復興すること、第二に男子だけが、第三にアマチュアだけが競技への参加を認められることである――だからプロ選手の参加は認められなかった。クーベルタンは、当初、フランス開催案を掲げていたにもかかわらず、ギリシアで新スタートを切るほうがスポーツの古典古代の伝統との結びつきを象徴していると認めるようになった。それゆえ、近代の第一回オリンピック競技会は――一九世紀におけるギリシアでのオリンピア競技会を考慮することなくそう呼んだのであるが――アテネで開催することになった。規定によれば、会長は競技会開催国から出ることになっていたので、クーベルタンではなく、パリに住んでいたギリシア人経営者ディミトリオス・ヴィケラスがIOCの初代会長に選ばれた。ヴィケラスはロンドンで職業訓練を行い、シェクスピアの全戯曲をギリシア語に翻訳していた。アテネ開催計画は、ギリシア国王ゲオルギオス一世――ギリシア独自の直近三回のオリンピア競技会のスポンサー――によっても支持された(31)。

クーベルタンは、表面的には平等という普遍的理念を支持する立場を取るように見えたが、国際会議に招待された参加者だけではなく、一八九四年に任命されたIOCの初代委員一五名の人選もこの理念に対応していなかった。委員の内訳は、各二名がフランス、イギリス、イタリア、六名がヨーロッパのその他の国々、一名がニュージーランド、二名がアメリカ大陸（アメリカ合衆国とアルゼンチン）出身だった。彼らの大部分がクーベルタンの親しい知人だった。アジア、アフリカ、オーストラリアからはひとりの代表者も出ていない。この初代IOCの三分の一は、ヨーロッパの上級貴族であり、二名が将軍、二名が学者、一名が行政官だった。国際オリンピック委員会は選挙で選ばれるのではなく、誰にも釈明する義務をもたない。今日まで、欠員は新メンバー補充の選挙で埋められる。一九一五年までに選ばれた七〇名の新委員の中で、少なくとも三四名がヨーロッパの上級貴族であり、平和を愛好するとされる委員のうちには驚くほど多くの軍人がいた。一九二〇年代以降もなお、ほかの諸文化の首長、代官、ラージャ、スルターン、王侯によって委員が拡大される貯水池だった。社会学的な分類において、IOCは「永続的な寡頭制」と記された(32)。

ドイツでは、競技会開催の決定に対する反響は分裂していた。一方で、パリ国際会議によってだまされたと感じた人々がいた。クーベルタンは故意にドイツの代表者を招待しなかったからである。そのため、ドイツ・トゥルナー連盟（Deutsche Turnerschaft）は、計画された競技会を「宿敵」の陰険なプロジェクトとみなした。実際、クーベルタンは、パリ国際会議後も、あるインタビューの中で不用意にドイツについて意見を述べていた。

しかしクーベルタンがそのナショナリズムで怒らせたのはドイツ人だけではなかった。ギリシア人やイギリス人の感情も害したのである。競技会開催予定地では、ギリシアの国内オリンピック委員会が競技会の組織をますますその手中に収めていた。王太子コンスタンティノスがオリンピック競技会開催の組織委員会長に任命されると、ドイツ代表の派遣も容易になり、ドイツ代表はまるでクーベルタンがいなかったかのように振る舞った。一八九六年三月にクーベルタンがアテネに現れたとき、彼は単にジャーナリストとして格付けされたほどである(33)。オリンピック競技会は一八九六年四月六日から一五日まで開催され、一三カ国から二六五人の男子選手が参加した〔著者が序章で述べているように、著者はインターネット公式ウェブサイトの情報を二〇一一年一二月と二〇一二年一月に閲覧しており、このデータは二〇一三年一〇月更新のＩＯＣ発表の参加国数・参加人数に関するデータと異なっている。）。九競技四三種目が競われ、その中には、陸上競技、水泳、ウエイトリフティング、テニスがあった。すでに当時から、最多の金メダルを獲得したのはアメリカ合衆国で、次にギリシア、ドイツ、フランス、イギリスが続いた。メダル全体の獲得数では、一位がギリシア——一八六名の参加者で他を圧倒する最大チームだった——、二位がアメリカ、三位がドイツ、四位がフランスだった[34]。さらに、オーストラリア、ブルガリア、デンマーク、イタリア、オーストリア、ハンガリー、スウェーデン、スイスのチームがあり、最後に、残りの参加者から成る混合チームがあった。ギリシア人の中には、国法上はオスマン帝国に属し、トルコやエジプト出身の者もいたが、彼らは親ギリシア主義の精神においてギリシア人として参加した。ナショナルチームという構想は、まだ重要ではなかった。選手たちは皆、個人名義でやって来たり、——二人のイギリス人大使館員のように——偶然アテネにいたために参加した。テニス・シングルスで優勝したアイルランド人ジョン・ピウス・ボーランドは、ボン大学で学び、カトリックの学生団体「バヴァリア」のメンバーであり、アテネに滞在していたのはまったくの偶然だった。予期せぬ優勝ののち、すでに敗退していたドイツ人の八〇〇メートル走者フリッツ・トラウンをテニス・ダブルスの試合に出場するよう説得した。即興で慌ただしく組んだダブルスのチームが優勝することになった。

　近代オリンピック競技会の最初の予選競技の勝者としては、アメリカ合衆国のフランシス・レインが傑出していた。彼は一〇〇メートル走予選で一二・二秒を記録してトップとなった。しかし優勝は、同じくアメリカ合衆国のトーマス・バークが一二・〇秒のタイムで手にした。さらにバークは四〇〇メートル走でも優勝している。近代オリンピック競技会の優勝第一号は、ジェームズ・コノリーだった。コノリーはバークと同様にボストン出身で、アテネへ行くためにわざわざハーヴァード大学を中退しなければならなかった。ハーヴァード大学はコノリーの参加を却下していたからである。コノリーは三段跳びで優勝し、高跳びで二位に、幅跳びで三位になった。ハーヴァード大学はその埋め合わせとして、八三歳のコノリーに名誉博士号を贈っている。アテネ大会でもっとも成功した選手はドイツ人カール・シューマンだった。シューマンはもっとも小柄な参加者（一六三センチメートル）だったが、鉄棒、平行棒、跳馬、つり輪で四つの金メダルを、ウエイトリフティングで銅メダルを獲得した。最多メダル獲得者はフランクフルト・アン・デア・オーダー出身のヘルマン・ヴァインゲルトナーだった。ヴァインゲルトナーは――少なくとも今日の概念では――体操で金メダル三個、銀メダル二個、銅メダル一個を獲得している。一八九六年の第一回オリンピック競技会時、優勝者には銀メダルとオリーブの小枝、二位には銅メダルとオリーブの小枝が授与された。三位には財政上の理由からメダルは与えられなかった。金メダルと上位三名の表彰は一九〇四年セントルイス大会から導入されている。ヴァインゲルトナーの父親は体操と水泳教師をしており、みずからは水泳施設を経営していた。フランクフルトのトゥルネン協会で体操を行い、ブレスラウとローマの国際体操祭ですでに優勝していた。ヴァインゲルトナーはオリンピック競技会で成功したにもかかわらず、ドイツでは出場禁止の処分を受けた。ドイツ・トゥルナー連盟がオリンピック競技会を公式にボイコットしたからである。ヴァインゲルトナーは、一九一九年、自分の水泳施設を訪れていた男性の生命を救おうとして溺死した。アテネのオリンピック競技会は、悪天候以外にも、多くの競技における参加者不足に苦しんだ。一二時間自転車レースでゴールしたのは二名だけであり、オーストリア人アドルフ・シュマー

ルが優勝している。(35)

一九〇〇年パリ

第二回近代オリンピック競技会は、アテネにおける第一回競技会とはまったく異なっていた。パリでは競技場の交通連絡もインフラもはるかに有利であり、そのうえ競技会はパリ万国博覧会の一部となった。(36) もっとも、それによって、全体は少なくとも一六二日という期間に及ぶことになった(五月二〇日から一〇月二八日)。今回は二五カ国から一六三七名の選手が参加した。その中には——女性スポーツに断固として反対するクーベルタンの信念とは逆に——初めて二〇名の女子選手がいた(女性の参加はひとえに、クーベルタンが組織に再び関わらなかったために実現した)。オリンピック競技会は、第一次世界大戦まで、通常、IOCによってではなく開催国当事者によって実施された。パリでは、ストラスブール出身のアルフレド・ピカールが一八八九年と一九〇〇年のパリ万国博覧会の総裁を務め、オリンピック競技会の組織を指揮した。このとき、ピカールは、信頼のおけるスポーツ開催者たちを任命して支援委員会をつくっている。パリ大会では二八競技八七種目が行われ、二〇万人の観客が動員された〔これは最新のデータではない。三七五頁の訳註を参照。〕。しかし競技会はいわば万国博覧会の付属プログラムのような様相を明らかに呈し、クーベルタンを非常に怒らせた。そしてこのことは、近代オリンピック競技会の良き理念を終わらせるところだった。(37)

選手の中には、自分がオリンピック競技会に参加していることを知らない者までいた。大きな成果を上げたスイスの射撃選手たちは、数年後になって自分がオリンピック優勝者になったことを知った。また、アメリカ合衆国のゴルフ選手マーガレット・アイヴズ・アボットは、万国博覧会を訪れ、芸術を学ぶために母とパリへ旅行で来ていたが、亡くなるまで自分がオリンピックで優勝したことを知らなかった。なぜなら、正式な登録、ナショナルチーム、賞状とメダルを授与される勝者の表彰式がまだ存在していなかったからである。アボットと母親は、エドガー・ドガとオーギュスト・ロダンのもとで学ぶかたわら、さまざまなゴルフ・トーナメントに参加していた。その中にはテニスの全仏

それでもオリンピックはあった。1900年オリンピック・パリ大会ではイベントが何か月にもわたって続いたので、多くの選手は、自分が万国博覧会にではなく、オリンピックに出場していることすら知らなかった。

オープンもあった。フランス人女子選手は皆、踵の高いシューズを履き、ファッション性はあったがスポーツには不適切なウェアーを着ていたので、上位を占めたのはすべてアメリカ人女子選手だった。フランスのジャーナリズムにおいてすら、個々の競技では、オリンピックではなく「世界選手権」としか言われないことが多かった。モーターレース（自動車やモーターボート）、気球、ハンググライダー、スポールブール、ペロタの競技がパリのオリンピック競技会に含まれていたのかどうかは、今日まで明らかではない。ＩＯＣによって事後に作成された公式記録には記載されていないが、歴史家の中には充分な理由を挙げてそれらを引き合いに出す者もいる。それゆえ『ロト・ヴェロ』誌の熱血ジャーナリストは、オリンピック終了後に次のように書いている。「四年に一度のオリンピア競技会がギリシアと古代世界全体で感情をかき立てた時代以来、スポーツが今年ほど崇拝された年は実際になかったし、スポーツがそれほどたくさんの人間を集めたことはなかった〔…〕。スポーツは明らかに新しい宗教になった。」(38) 今回は、射撃、クリケット、クロッケー、ゴルフ、ポロ、乗馬、ラグビー、水球、四年前には外されていたサッカーのトーナメント、セーリング、ボートが新たにプログラムに追加された。障害物競泳、水中ポロ、水中競泳といった興味深い競技はパリ大会でしか実施されなかった。人命救助や消火活動のような有用なデモンストレーション種目も新機軸であり、プロの参加も許可された。プロではカンザスシティの消防隊、アマチュアではポルト市（ポルトガル）が優勝している。

一一八六六人《〔ママ〕》の全選手のうち七一五人を出したフランスは、開催国という利点を活かし、期待に応えて大勝した（金二六／銀四一／銅三四　計一〇一）。二位は七五人の選手が参加しただけのアメリカ合衆国

(金一九/銀一四/銅一四　計四七)、三位は九五人の男女選手が参加したイギリス(金一五/銀六/銅九　計三〇)だった。ドイツ帝国は七六人の選手から成る三番目に大きなチームだったが、スイス(一八選手金六/銀二/銅一　計九)、ベルギー(五七選手)、そして混合国籍チームより下の七位だった(金四/銀二/銅二　計八)。ギリシアは残念ながら上位入賞はひとつもなかった。イギリスチームは、サッカー、クリケット、ポロ、水球、テニスの四トーナメント全部(男子シングルス・ダブルスのほか、女子シングルス、混合ダブルス)で優勝したが、ラグビーでは意外にもフランスチームが優勝している。もっとも成果を上げた選手は(アメリカ合衆国)ウィスコンシン州ミルウォーキー出身の歯科医アルヴィン・クレンツレーンだった。彼は個人種目、つまり六〇メートル走、一一〇メートルハードル、二〇〇メートルハードル、幅跳びで四個の金メダルを獲得した。(39) クレンツレーンは前足をまっすぐ伸ばしてハードルを越えるという今日まで使用されている走法を考案し、一九一〇年には歯科医をやめてミシガン大学のスポーツ教授職に就いた。一九一三年、カール・ディームは一九一六年オリンピック・ベルリン大会のために、ドイツ人ランナーのコーチとしてクレンツレーンと五年契約を結んだ。しかし第一次世界大戦の勃発でベルリン大会が開催されなかったので、クレンツレーンはアメリカ合衆国に戻った。クレンツレーンは五一歳の若さで心筋梗塞で亡くなった。(40)

近代オリンピック競技会の象徴的意味の変遷

近代オリンピック競技会を「地球上でもっとも偉大なショー」と呼ぶ歴史家は少なくない。(42) 彼らはど楽観的でなくても、オリンピック競技会は今日「メガイベント」に発展したと言える。[43] しかし、このことは決して予見されたわけではなかった。一八九六年の第一回競技会時にはまだ、飛行機も、ラジオも、テレビもなかった。アテネとヨーロッパの残りの地域とのあいだには電話連絡もなく、諸大陸は海底電線を使った電信によって結ばれていただけだった。大部分のギリシア人でさえ、このアテネ大会に気づくことはなかった。競技の結果は数日後に新聞で読むことができたが、オーストラリア、中国、ラテンアメリカでは競技会への関心はあまり大きくなかっただろう。選手の出身国ですら、関心は取るに足らないものだった。

パリ大会が混乱した結果、一九〇四年セントルイス大会では勝者の表彰式が正式に行われ、上位三名に金、銀、銅が授与されるという現在なお有効なオリンピック・メダルのシステムが導入された。だがそれも、クーベルタンにとってはまだ充分ではなかった。古代オリンピア競技会の儀式的な特徴が不足しているように見えたのである。参加者は厳粛な行進をしてスタジアムに入場し、自国の国旗に宣誓することになった。これによって近代オリンピック競技会も宗教的な次元を有したことがわかる。国旗への宣誓は、明らかに、古代ギリシア競技会で行われた神々への崇拝に代わるものだった。[44] しかしながら、第一次世界大戦前に国民国家間の政治的緊張が高まるにつれ、近代オリンピック競技会は独自の象徴を必要とした。この目的のために、クーベルタンは、一九一三年、オリンピック五輪を起案する。相互に重なって連結する五色の輪は、オリンピックの理念のもとに五大陸が結合することを意味するはずだった。理念は良かった。しかし、第一次世界大戦の勃発は五輪がすぐに実現されるのを妨げた。次の競技会は中止になってしまったからである。

近代オリンピック夏季競技会の統計[41]

回	年	場　所	競技数	種目数	参加国数	参加者数
1	1896年	アテネ	9	43	14	245
2	1900年	パリ	17	86	19	1078
3	1904年	セントルイス	13	96	13	689
4	1908年	ロンドン	21	107	22	2035
5	1912年	ストックホルム	13	102	28	2437
6	1916年	ベルリン	（第一次世界大戦、中止）			
7	1920年	アントワープ	21	152	29	2607
8	1924年	パリ	17	126	44	2972
9	1928年	アムステルダム	14	109	46	2884
10	1932年	ロサンゼルス	14	117	37	1333
11	1936年	ベルリン	19	129	49	3936
12	1940年	東京	（第二次世界大戦、中止）			
13	1944年	ロンドン	（第二次世界大戦、中止）			
14	1948年	ロンドン	17	136	59	4092
15	1952年	ヘルシンキ	17	149	69	5429
16	1956年	メルボルン	17	151	67	3347
17	1960年	ローマ	17	150	83	5313
18	1964年	東京	19	163	93	5133
19	1968年	メキシコシティ	18	172	112	5498
20	1972年	ミュンヘン	21	172	121	7121
21	1976年	モントリオール	21	198	92	6043
22	1980年	モスクワ	21	203	80	5283
23	1984年	ロサンゼルス	21	221	140	6802
24	1988年	ソウル	23	237	159	8473
25	1992年	バルセロナ	25	257	169	9368
26	1996年	アトランタ	26	271	197	10332
27	2000年	シドニー	28	300	199	10651
28	2004年	アテネ	28	301	202	11099
29	2008年	北京	28	302	204	11100
30	2012年	ロンドン	26	302		

今日行われているセレモニー全体が導入されるまでには、いくらか時間を要した。オリンピック旗――各国の国旗と釣り合いを取るもの――は、一九二〇年アントワープ大会で初めて使用された。国際連合の前身である「国際連盟」が同じ年に創設されたことによって、その着想を得たのであろう。国際連盟の本部はＩＯＣと同様、ジュネーブに置かれていた。アントワープ大会では、選手代表が開会式でオリンピック宣誓を行った。宣誓ではルールを遵守することが推奨された。オリンピック旗は一九二四年パリ大会で初めて演出されて運ばれ、それ以来、開会式を構成する一要素となった。これに続いて、オリンピック旗は開催国旗と次の開催国旗とともに掲揚された。これもその後、慣例となっている。オリンピック聖火は、一九二八年アムステルダム大会で（近代オリンピック競技会としては）初めて灯された。一九三二年ロサンゼルス大会では主催者側の統一を保証するために競技会の期間が二週間に制限され、参加者のためにオリンピック村が設置された。さらに競技直後の勝者の表彰式が導入された。同じ年に行われたレークプラシッド冬季大会では三段の表彰台が考案されている。

古代オリンピア競技会に端を発する聖火リレーが初めて行われたのは一九三六年ベルリン大会においてであり、組織委員会事務総長のドイツ人カール・ディームが提案した。オリンピック賛歌はすでに第一回近代オリンピック競技会のためにつくられ（作曲はギリシア人作曲家スピロ・サマラス、作詞はギリシア人詩人コスティス・パラマス）、アテネ大会で導入されていたが、一九五八年になってＩＯＣが正式な賛歌として宣言した。一九六四年東京大会以降、大会時には常に演奏されている。一九六八年グルノーブル大会（冬季）において、オリンピックのマスコットが大会宣伝用に使用された。マスコットの使用は夏季大会では一九七二年ミュンヘン大会からであり、そのマスコットだったオリンピック・

ヴァルディはいまも忘れられていない。開会式に平和の鳩を飛ばす慣例は一九二〇年に開始されたが、一九八八年ソウル大会で数羽の鳩が聖火に焼かれたあと廃止された。

すでに第一次世界大戦前に競技会と勝利がますます儀式化されて式典の効果が高まると、オリンピック競技会は二〇世紀の戦争の原因であるナショナリズムのイデオロギーにとって格好の舞台となった。「想像の共同体（*Imagined Communities*）」としての国民国家は、そこでみずからの力を競うことができたのである。[45] アメリカ合衆国は、当初からオリンピックのスポーツで成果を上げ、「神の恵みの豊かな国（*God's Own Country*）」の優越を誇示しようとしていた。しかし、はじめは宗教的・国民国家的だった優越の考えは、ヨーロッパの全体主義的独裁国家との対立の中で、隷属状態の代表選手、あるいはナチ党の人種差別主義の代表選手に対する「自由の国」の勝利というイデオロギーへと変えられた。そして冷戦の時代には、資本主義の共産主義に対する勝利というイデオロギーへと変化した。[46]

逆に一九三六年ベルリン大会で勝利したのは、枢軸国の代表選手だった。ドイツは鍵十字の旗のもとに、アメリカ合衆国（金二四／銀二〇／銅一二　計五六）よりも多くのメダルを獲得した（金三三／銀二六／銅三九　計九八）。イタリア（金八／銀九／銅五　計二二）や日本でさえも（金六／銀四／銅八　計一八）、イギリス（金四／銀七／銅三　計一四）より多くのメダルを手にしている。[47] ソビエト連邦は、第二次世界大戦前にはこの「資本主義の」競技会に参加していなかったが、ヨシフ・スターリン治下、オリンピック競技会に参加することの宣伝的効果を認めた。一九五二年ヘルシンキ大会で初参加したときには、大勝利のアメリカ合衆国（金四〇／銀一九／銅一七　計七六）に次いで、メダル数争いでは二位になっている（金二二／銀三〇／銅一九　計七一）。一九五六年メルボルン大会ではアメリカ合衆国（金三二

／銀二五／銅一七　計七四）を下して一位を獲得した（金三七／銀二九／銅三二　計九八）。これは、スプートニク打ち上げ成功で（米ソの）宇宙開発競争が始まる一年前のことである。ニキータ・フルシチョフは、国連で予告したように、二つの体制間の競合におけるこれらの成功を経済分野にも拡大しようとしたが、オリンピックでの成功と経済の連係はそれほど単純ではなかった。軍事領域と同じようにスポーツにおいても、二つの超大国のあいだでの競争が開始された。冷戦時代の両体制の比較は次のようである。

アメリカ合衆国一位　一九五二年、一九六四年、一九六八年、一九八四年
ソビエト連邦一位　一九五六年、一九六〇年、一九七二年、一九七六年、一九八〇年、一九八八年

ソビエト連邦崩壊後でさえ、ソビエト体制で養成された選手たちは、一九九二年バルセロナ大会において、独立国家共同体の形でメダル数トップを再び獲得した。しかしその後、ソ連を継承した国ロシアはトップの座から転落した。一九九六年アトランタ大会と二〇〇〇年シドニー大会では、アメリカ合衆国に次いで二位であり、二〇〇四年アテネ大会と二〇〇八年北京大会では、アメリカ、中国に次いで三位だった。転落は冬季オリンピックのほうがひどかった。ソビエト連邦は一九五六年コルティナダンペッツォ大会で初出場して以来、金メダル数では首位であることが多く、時々ノルウェーか東ドイツに一位を譲り二位になることがあった。一九九四年リレハンメル大会でも、ロシアは金メダル数では開催国ノルウェーを上回った。しかし一九九八年長野大会ではドイツとノルウェーに次い

で三位であり、二〇〇二年ソルトレークシティ大会では、ドイツ、ノルウェー、アメリカ合衆国、カナダに次いで、五個の金メダルしか獲得できずに五位に終わった。遂に二〇一〇年バンクーバー大会では「さらに転落して」、金メダル三個で一一位だった。(48) それゆえ国別成績という視点でも、二〇一四年ソチ冬季大会は注目されるかもしれない。ソチ大会では、これまでよりも多く、七競技（スキー、バイアスロン、スケート、リュージュ、ボブスレー、カーリング、アイスホッケー）で少なくとも九八の決勝戦（そのうち、スキー種目で四九）が行われるからである〔ソチ冬季大会では、開催国ロシアは、金メダル一三個で、国別メダル獲得数で一位だった。二位は金一一個のノルウェー、三位は金一〇個のカナダだった。〕。

オリンピック競技会の増殖

一九一二年以降、競技種目の増殖、またオリンピック競技会自体の増殖が始まった。一九一二年から一九四八年まで、オリンピックのスポーツ祭典のほかに芸術競技も実施されたし、一九二四年、一九三二年、一九三六年には、登山における傑出した記録に対して「登山賞（*Prix Olympique d'Alpinisme*）」が授与された。オリンピック冬季大会は、本来は一九二八年、スイスのサンモリッツで二五カ国から四六四名の選手が出場したときが第一回となるはずだった。しかし、一九二四年フランスのシャモニーにおける冬季スポーツ週間が冬季大会の開始として追認された。実際には、個々の冬季競技種目は一九〇八年ロンドン夏季大会と一九二〇年アントワープ夏季大会ですでに実施されている。冬季スポーツ週間の成功が証明されたのち、冬季大会が開始された。冬季大会は、当初は夏季大会と

第1回冬季オリンピックのポスター。
1924年、シャモニー。

同年に開催されていたが、一九八六年、ＩＯＣは一九九四年以後には二年間ずらして実施することを決定した。

一九六〇年に障害者のための「パラリンピック」が追加され、一九七六年以降、パラリンピック冬季大会も実施されている。パラリンピックは、一九八八年、オリンピック本大会と同じ年に同じ場所で、時間をずらして開催されるようになった。一九六八年以降に行われている知的発達障害者のための競技会（「スペシャルオリンピックス」）と聴覚障害者のための競技会（「デフリンピック」）もＩＯＣによって認可されている。一九九八年以降には、オリンピック競技会と関係するユースオリンピック競技会への道も開かれ、二〇一〇年シンガポールで初開催された。そのきっかけはオーストリア人企業経営者ヨハン・ローゼンツォップフがつくり、二〇〇七年のグアテマラシティ総会でＩＯＣが決定を下した。次の大会開催は、二〇一四年、中国の南京に決

近代オリンピック冬季競技会の統計

回	年	場　所	競技数	種目数	参加国数	参加者数
1	1924年	シャモニー	6	16	16	258
2	1928年	サンモリッツ	4	14	25	464
3	1932年	レークプラシッド	4	14	17	252
4	1936年	ガルミッシュ・パルテンキルヒェン	4	17	28	646
5	1940年	札幌	(第二次世界大戦、中止)			
6	1944年	コルティナダンペッツォ	(第二次世界大戦、中止)			
7	1948年	サンモリッツ	4	22	28	669
8	1952年	オスロ	4	22	30	694
9	1956年	コルティナダンペッツォ	4	24	32	821
10	1960年	スコーバレー	4	27	30	665
11	1964年	インスブルック	6	34	36	1091
12	1968年	グルノーブル	6	35	37	1158
13	1972年	札幌	6	35	35	1006
14	1976年	インスブルック	6	37	37	1123
15	1980年	レークプラシッド	6	38	37	1072
16	1984年	サラエボ	6	39	49	1272
17	1988年	カルガリー	6	46	57	1423
18	1992年	アルベールビル	6	57	64	1801
19	1994年	リレハンメル	6	61	67	1739
20	1998年	長野	7	68	72	2302
21	2002年	ソルトレークシティ	7	78	77	2399
22	2006年	トリノ	7	84	80	2508
23	2010年	バンクーバー	7	86	82	2536
24	2014年	ソチ	7	98		
25	2018年	平昌				

定している。また、ユースでも夏季大会に続いて冬季大会が行われるようになった。二〇一二年、インスブルックで第一回ユースオリンピック冬季大会が開催された。

しかしこれだけではない。非オリンピック競技のために、一九八一年以降開催されている「ワールドゲームズ」もIOCによって承認された。ワールドゲームズでは、いわばオリンピック競技会に参加してほしくない競技が実施される。その中には、「正式種目にならなかった」オリンピック競技やデモンストレーション種目があり、こうした競技種目は、それにもかかわらずファンを引きつけている。最近二〇〇九年には、次のような競技が行われた。ビリヤード、ボディビル、ブールスポーツ、ボウリング、エアースポーツ、(昔のパッローネに似た)ファウストボール、フィールドアーチェリー、フィンスイミング、フライングディスク、柔術、カヌーポロ、空手、コーフボール、パワーリフティング、オリエンテーリング、ラケットボール、ライフセービング、新体操、ローラースポーツ、七人制ラグビー、スピードローラースケート、スポーツクライミング、スカッシュ、相撲、ダンススポーツ、綱引き、水上スキー。ワールドゲームズの主催者は「ワールドゲームズ協議会(*World Games Council*)」だったが、一九九六年、「国際ワールドゲームズ協会(IWGA)」に改名した。二〇〇〇年以降、ワールドゲームズはIOCの後援を受けて開催されている。二〇〇一年秋田(日本)大会以来、成績はすべて記録されているが、それ以前、競技会は——一九八九年のカールスルーエ大会も——ほとんど非公開で実施されていた。第八回台湾・高雄大会には、一〇〇を超える国々から約四五〇〇人の選手が参加した。ロシア(金一八/銀一四/銅一五　計四七)がイタリア(金一六/銀一二/銅一三　計四一)と中国(金一四/銀一〇/銅五　計二九)を下してメダル数でトップだった。第九回大会は、二〇一三年カリ（コロンビア）で、第一〇回大会は、二〇一七年ポーランドのヴロツワフで開催されることになっている。(49)

発展の諸問題

イギリスのスポーツ

イギリス帝国の経済力、そして世界の辺境にも存在するイギリスの経営者、外交官、学者たち、さらにイギリスが提供するスポーツの魅力は、イギリスのスポーツを帝国の境界を越えて普及させた。クリスティアーネ・アイゼンベルクは大学教授資格取得論文において、ドイツを例にこの点を鮮やかに明確化した。(50) しかし、イギリス帝国がその頂点にあった二〇世紀前半、イギリスのスポーツはどのように自己を認識していたのだろうか。まず他国との関係では、イギリス人は優越の感情に満たされていた。彼らにとって世界スポーツは基本的にはイングランド製、せいぜいのところグレートブリテン島製であるように思われたのである。世界中で行われているスポーツの大部分のルールはイギリスで決められていたし、重要な競技はイギリスで制度化されていた。

しかし例外も幾つかあった。たとえばフランス人クーベルタンが主導した近代オリンピック競技会である。もうひとつの例外は、イギリスにおいてはその発祥地が自国であるとみなされていたサッカーである。サッカーの世界連盟である「国際サッカー連盟（FIFA）」はパリで創立されており、創設者は、オランダ人銀行家カール・アントン・ウィレム・ヒルシュマンと、フランス総合スポーツ連盟のサッカー部事務局長ロベール・ゲランだった。ゲランはFIFAの初代会長である。FIFAはスイスに本部を置き、イギリス人は魅力あるものに思えなかったので加入しなかった。イギリス・サッカー界の貢献者ダニエル・バーリー・ウールフォールがFIFA第二代会長に選ばれたことが接近の糸口になった。サッカーのナショナルチーム間のトーナメントは一九〇八年オリンピック・ロンドン大会で初めて正式競技となり、ウールフォールはそのオリンピック大会の組織に関わっていた。イギリスチームは、監督さえいなかったが、期待どおりに、一回戦でスウェーデンに一二対一で勝った。準決勝でデンマークはフランスを一七対一で下し、デンマークの得点王であるソフス・ニールセンがひとりで一〇ゴールを決め――この記録は今日まで破られていない――、その偉業はいまも語り継がれている。次の一九一二年ストックホルム大会でイギリスは再び優勝した。この大会の試合でドイツはロシアに一六対〇で勝利し、ドイツ人選手ゴットフリート・フックスが一〇ゴールを上げてニールセンの成績と並んだ(51)。

とにかくイギリスが二回続けてオリンピック競技会で優勝したことは、イギリス人の期待に応えた。第一次世界大戦まで、イギリス人の自己イメージは無傷のままだった。しかしフランス人ジュール・リメがFIFA第三代会長に就任すると、イギリスは再び連盟に所属せず、一九三〇年サッカー・ワールドカップ第一回大会には出場しなかった。この不参加のため、イギリスのサッカーが本来どのような状態だったのかは知られずにいた。イギリスの四協会（イングランド、スコットランド、ウェールズ、北アイルランド）がＦＩＦＡに復帰したのち、次のワールドカップでは、イギリスは気づかれないうちに敗退している。つまり一九五〇年、イングランド代表はすでにグループリーグでアメリカに負けたのである。四年後は準々決勝でウルグアイに四対二で負けた。一九五八年のスウェーデン大会――イギリス人アーサー・ドルリーがＦＩＦＡ会長になっていた――では、イングランドもスコットランドもウェールズも一試合も勝てなかった。一九五三年にはウェンブリー・スタジアム〔イングランド代表のホームスタジアムである〕でハンガリーに三対六で負け、ブタペストにおけるアウェー戦でも一対七で負けている。イングランド代表が甘んじなければならなかった最悪の敗北である。イングランドはもちろん一九六二年ワールドカップでもハンガリーに負けたが、一試合を勝ち、準々決勝で敗退した。サッカーは、イギリスが不安定な基礎の上に立った巨像であったことを認識するための一例である。

それならば、イギリスのスポーツはどこにあったのか。一九二〇年オリンピック・アントワープ大会で、イギリスは一五個の金メダルを獲得し、メダル争いでは第三位（金一五／銀一五／銅一三　計四三）に位置し、まだ良好な成績を上げていた。しかしサッカーでは、ベスト一六で、ノルウェーに敗退している。優勝はベルギーだった。ベルギーはアーチェリーでも優勢を占めた。アメリカ合衆国は、ラグビー、陸上競技、水泳で成功を収めた。最多メダル獲得者は、男子では五個の金メダルを獲ったアメリカの射撃選手ウィリス・Ａ・リーと、イタリアのフェンシング選手ネド・ナディだった。女子では水泳の全三試合で世界記録を出して優勝したアメリカのエセルダ・ブレーブトリーだった。イギリスはどの競技でももはや優位に立てず、ボクシング、セーリング、ポロ、陸上競技、綱引き、タンデムレースで、各一種目に優勝しただけだった。陸上競技選手アルバート・ヒルだけが二個の金メダルを獲得して活躍ぶりを見せた。メダル獲得で他を圧して国別トップに輝いたのは、スウェーデンを下したアメリカ合衆国だった（金四一／銀二七／銅二七　計九五）。イギリスは、たとえばフィンランド、ベルギー、ノルウェー、イタリアと同レベルだった。この大会では、ドイツ、オーストリア、ハンガリー、トルコは出場禁止の処分を受け、ソ連は招待を断っていた。一九二八年アムステルダム大会では第一次世界大戦の敗戦国が再び出場することが許され、イギリスはすぐに一一位に転落している。

一九四八年ロンドン大会において、イギリスは金メダル三個で、メダル獲得数では一二位と惨敗だった。金メダルは、ボートのダブルスカル、舵なしペア、セーリングのスワロー級だけだった。当時、スポーツのこうした衰退は、第二次世界大戦でイギリスが疲弊したせいだと考えられた。しかしその後も良くはならなかった。一九五二年ヘルシンキ大会では金メダルは一個であり、イギリスは一八位だった（金一／銀二／銅八　計一一）。もちろん誰もが認める勝者はまたしても、かつての植民地アメリカ合衆国だった（金四〇／銀一九／銅一七　計七六）。イギリスは最低点に達した。もしも「二〇世紀前半、多くの国々が、世界においてもっと大きな威信を要求していることを告知するためにオリンピック競技会を利用した[52]」という解釈を受け入れるならば、イギリスこそはまさにその逆のケースだった。すでに帝国の崩壊以前に、スポーツにおける敗北がこの国が終わることを示していた。

衰退はスポーツのすべての催しで見られた。それも第二次世界大戦前にすでに始まっていた。一八七七年から一九〇四年まで、テニスのウィンブルドン選手権ではイギリス人が決勝戦を独占していた。フレッド・ペリーは今日でも服飾ブランドで有名だが、「ウィンブルドン選手権」で、一九三四年、一九三五年、一九三六年と三年連続で優勝した。しかしその後、イギリス人は優勝していない。イギリスのテニスチームは、一九三三年から一九三六年まで、アメリカの「デビスカップ」で毎年優勝していた。しかしその後、イギリスは優勝していない。国民的スポーツを見ても、状況は同じである。イギリスチームは完全に見込みがないわけではないが、クリケットではオーストラリアのほうが、ラグビーでは南アフリカやニュージーランドのほうが、ゴルフではアメリカ合衆国のほうが好成績であることは、イギリス人の気分を害した。もちろん純粋主義者たちは、そこで問題になっているのはプレーすることであって勝つことではないのだと論証したが、そうした考えはイギリスでは普及していなかった。敗北は、成功慣れした国民に屈辱感を与え、あらゆるレベルで不安を煽った(53)。

この衰退はどのように説明できるのだろうか。まず第一に、イギリスは階級社会であり続けた。そこではジェントルマンは生計を立てるのに労働する必要がなく、社会のほかの階級の人々と明確に分離されていた。スポーツ選手のアマチュア資格をめぐる粘り強い闘いはこれと関係している。イギリスでは、一九三〇年代、プロスポーツへの転向が際立ったが、アマチュアリズムのイデオロギーは一九六〇年代に至るまで保持された。このことは、特に「最高賃金制」に表れている。つまりプロ選手の賃金は低く、将来性は阻止されたままだった。一九四〇年、サッカー選手の最高賃金は週に約一〇ポンドだった。一九五一年、スタンリー・マシューズのようなトップ選手でさえ二〇ポンドにすぎなかった。イギリスでは、一九五〇年代半ば、熟練工の平均年収は六二二ポンドであり、ファーストディヴィジョンの選手は七七二ポンド、このリーグのトップチームの選手は八三二ポンドだった。大衆に娯楽を提供する機能を考えれば、これは無に等しかった。ウェンブリー・スタジアムでのカップ戦決勝は、一九二三年、少なくとも二五万人が観戦している（ほぼその半数の収容能力しかもたないスタジアムにおいてである)。選手の労働組合が最高賃金制を廃止して契約の自由化を達成できたのは、ようやく一九六〇年代初めになってからのことだった[54]。

イギリスのスポーツは長い伝統をもっているがゆえに、非常に保守的だった。しかし、このシステムは能力にとっては有害だった。ドイツやイタリア、その少しのちのソビエト連邦や東欧の社会主義諸国における独裁政権とは異なり、イギリス国家は決してスポーツの奨励に介入することはなかった。一九四八年オリンピック・ロンドン大会の準備期間においてすらである。さらに、各クラブは原則的には非民主的に組織されていた。たいていの場合、規約によってクラブのフロントは自分たちだけで欠員を補充し、たとえばクラブ員によって選挙されたり解任されたりすることはなかった。こうした非民主的な構造のために、クラブのフロントは常にジェントルマン階級から構成されていたが、アマチュア資格が保持されたことは特にこれと関係している。ジェントルマン階級は何の問題もなく時間を自由に使えたし、彼らにとって生計を立てることとスポーツとは何の関係もなかった。それに対して、労働者や下層階級の商人が、何日間も必要とするゴルフやクリケットやテニスのトーナメント、あるいはロイヤル・アスコット〔六月第三週に王室が主催する競馬大会〕へ行くことができただろうか。一連の競技種目は、アマチュアリズムのイデオロギーのために一般大衆には公開されずに開催されたか、——競馬のように——賭けのためだけに人気があった[55]。

アマチュアリズムのイデオロギー

オリンピック競技会において、アマチュアリズムのイデオロギーは、貴族であるその創立者クーベルタンによって導入された。クーベルタンは、イギリスのジェントルマンのスポーツマンと同じく、競技会にプロ選手が参加することを想像できなかったのである。彼にとってスポーツとは、生計への関心や金銭で汚されてはいけない純粋なものと思われた。二〇世紀前半、アマチュアリズムが諸問題を引き起こし、実際には個々のスポーツ選手が裕福なスポンサーや企業や国家によって経済的に支援されたり育成されたにもかかわらず、そのイデオロギーは一九七〇年代まで続いた。とりわけ長年にわたってＩＯＣ会長を務めたアベリー・ブランデージは、クーベルタンを登塔者〔正教会で塔に登る苦行を行う修道士〕のように崇め、このテーマで譲歩しようとしなかったからである。アメリカ人ブランデージは一九三六年にＩＯＣに入り、ナチ・ドイツにおけるユダヤ人選手の差別やアパルトヘイト・南アフリカにおける黒人選手の差別を非難することがなかった。一九七二年ミュンヘン大会でイスラエルチームがテロ攻撃を受けたあと、最後の職務行為のひとつとして、「オリンピックを続けなければならない」というスローガンを発した張本人だった。彼がアマチュアリズムに固執した結果、隠蔽や否認のシステムが横行した。実際には、高度な能力を必要とする競技選手の多くが、スポーツで生計を立てることなしに、毎日、長時間のトレーニングをすることなど不可能だったからである。ブランデージは一連の通達や監査を行って、自分の職務期間中にはアマチュアリズムのイデオロギーを保持することを試みた。彼はプロ選手を「調教された猿」と侮辱することさえ厭わなかったのである。[56]

ブランデージは、一九五七年、内部通達のひとつでオリンピック競技会からの出場除外の基準を設定した。それによると、除外されるのは、一試合の出場で四〇ドル以上の金額を得た者、コーチとして報酬を得た者、自分の成功によっていくばくかの金銭的利益を上げた者、旅費支給のほかに贈答品や報酬を得た者、自分のスポーツを仕事としたか、あるいは国家、企業、個人から金銭的に支援された者だった。IOC委員の候補者は、アマチュアリズムに関してどのように考えるかによって事前に選別された。このことは、ブランデージの後継者となったアイルランド人のIOC会長「キラニン卿」マイケル・モリスを狼狽させ、ブランデージを「ファシスト」と罵倒したほどであった[57]。しかしキラニンにはこのシステムを徹底的に変える力はなかった。彼の在任期間、IOCは、一九七六年モントリオール大会ボイコット（反アパルトヘイトでアフリカ諸国がボイコット）、一九八〇年モスクワ大会ボイコット（ソ連のアフガニスタン侵攻で西側諸国がボイコット）、一九八四年ロサンゼルス大会ボイコット（東欧ブロック諸国がボイコット）、ならびに費用の増大で、深刻な危機に陥った[58]。

フアン・アントニオ・サマランチ会長になって、オリンピック競技会は徹底的に改革された。サマランチはファシズム独裁者フランシスコ・フランコ政権下でスポーツ大臣を務め、独裁終焉後、この政権に関与していたために故郷で厳しい批判にあったが、当初、サマランチがそうした改革を行うとはほとんど誰も信じなかっただろう。しかし、サマランチは強力に改革を推進した。女子競技を拡充し、新種目に道を開き、障害者のために「パラリンピック」を導入し、アマチュア規則を廃止し、反ドーピング機関を設立し、スポンサー契約とテレビ放映権の競売によって徹底的に商業化を推し進め、オリンピック競技会とIOCを堅実な財政基盤に乗せた。もっとも、サマランチは前任者たちとは異なり、みずからの職務に年間一〇〇万マルクの報酬を支払わせた。こうした大胆な改革は長年にわたる多くの危機を終わらせたが、敵もつくった。批判者たちは、彼がフランコ政権を正当化し続けたこと、ＩＯＣ内に腐敗が蔓延していること、彼が独裁的な運営方法を取っていることを激しく非難した。後継者ジャック・ロゲは改革から成果を汲み取り、オリンピック競技会の巨大化のような増殖を慎重に食い止めることができた。だが、参加者数を一万人に制限するというベルギー人ロゲの目標は少なすぎるようである。今日の視点からすれば、アマチュアリズムの断念は不可避と思われるが、しかし、まずは最良の選手たちがメダル争いをする状況がつくりだされねばならない(59)。

グローバリゼーション

マラソン競技

第一回近代オリンピック競技会において特別な地位を占めたのは、約四〇キロメートルのマラソン競技で優勝したギリシア人スピリドン・ルイスである。マラソン競技はもっとも華々しい革新であり、当初からギリシア国家に関わる事柄とみなされていた。一七人のランナーのうち一三人がギリシア人であり、一八九六年、厳しい寒さの四月一〇日にゴールしたのは一〇人だけだった。農夫の息子で水運び人夫のルイスは、約三時間のタイムでギリシアに優勝をもたらすことができた。最後の数メートルではギリシア王子ゲオルギオスとコンスタンティノスがルイスに伴走し、ゴール時にはスタジアムで熱狂する一〇万人の観客が歓呼し、ハンカチを振った。その後ルイスは競技に二度と出場することはなく、故郷の村マルーシに戻った。マルーシでは、ロンドンのギリシア人協会が感謝の意を込めて、生業の基盤となる畑をルイスのために購入した。(60)

超長距離を走る競技は古代のひとりのランナーの伝説上の業績を想起させた。彼は、紀元前四九〇年九月一二日、マラトンの戦いののち、勝利の知らせをアテネにもたらし、アレオパゴスで力尽きて亡くなった。一八九〇年、マラトン遺跡の発掘はこの物語を蘇らせていた。当時バイエルン王国に属していたランダウ・イン・デア・プファルツ生まれのフランス人古代文献学者ミシェル・ブレアルは、一八九四年のオリンピック復興会議で、オリンピック競技会のプログラムにマラソン競技を採用するよう提案した。(61) 今日使用されているマラソン競技の距離は、一九〇八年ロンドン大会で確立された。四二・一九五キロメートルの曲線距離は、イギリス国王エドワード七世の居城であるウインザー城で始まり、ロンドンの新設された「オリンピック・スタジアム」のゴールまでということで決まった。最終的に、その距離は、一九二一年、国際陸上競技連盟によって統一された。前例がなかったにもかかわらず、マラソン競技はオリンピック競技種目として維持されただけではなく、国際的な都市型レースとして誕生して以降、競技を離れても人気を増しつつある。本来は男子のレースだけだったが、一九八四年以来、オリンピック女子競技にもなっている。

マラソンにおいては、ほかの競技種目よりも早くヨーロッパ以外の選手が成功を収めていた。マラソンの優勝者リストは、移住、植民地主義、弾圧についても物語っている。一九二〇年アントワープ大会ではフィンランドの走者ハンネス・コレマイネンが優勝した。コレマイネンはすでにそれ以前のオリンピックでも金メダルを獲得していたが、当時、その金メダルは一九一八年までフィンランドを占領していたロシア帝国のものとなった。一九一二年ストックホルム大会だけでも彼は三個の金メダルを手にしていた（五〇〇〇メートル、一万メートル、一二キロメートルのクロスカントリー）。アントワープにおいて彼の金メダルは遂にフィンランドのものとなった。一九五二年ヘルシンキ大会で、コレマイネンはパーヴォ・ヌルミとともに聖火の点火を許された。ヌルミは一九二〇年から一九二八年までにフィンランドのために九個の金メダルを獲得していた。一九二八年アムステルダム大会ではアルジェリア人ブエラ・エル・ワフィが優勝した。もっとも当時アルジェリアはフランスの植民地であり、彼は公式にはフランスのために走ったということになる。初のアラブ人オリンピック優勝者エル・ワフィは、フランスに対する蜂起に参加する意志がなかったため、一九五九年、アルジェリア民族解放戦線（FLN）のメンバーによって殺害された。一九三二年ロサンゼルス大会ではアルゼンチン代表フアン・カルロス・サバラが優勝している。一九三六年ベルリン大会では朝鮮のソン・ギジョンがライバル全員を下して、マラソンで初めてアジア人の金メダリストになった。彼は二時間二九分一九秒の世界記録を出している。この時代、朝鮮は大日本帝国の植民地だったので、ソンは日本の国旗のもとで走らねばならず、オリンピック公式記録には日本名である孫基禎で掲載されている。しかしソンは競技会では朝鮮名で署名してみせ、そのかたわらに朝鮮の地図をスケッチして抗議を表明した。大韓民国の建国後、ソンは大韓スポーツ連盟会長になり、一九八八年ソウル大会では開会式で聖火を手にスタジアムに入場した。

チェコスロヴァキアの走者エミール・ザトペックは走る驚異とみなされた。ザトペックは、チェコスロヴァキアがドイツに占領される以前にトップランナーと認められていたが、二度のオリンピック競技会が中止になったため、一九四八年ロンドン大会で初めて金メダル（一万メートル）を獲得することができた。一九五二年ヘルシンキ大会では、三〇歳で三種目（五〇〇〇メートル、一万メートル、マラソン）で優勝している。ザトペックは以前にマラソン競技に出場したことがなく、直前に参加を決意したにもかかわらず、オリンピック新記録の二時間二三分〇三秒で優勝した。舌を出して走る姿は彼のトレードマークになった。ザトペックは、こうした優勝が評価され、チェコスロヴァキアの軍隊と共産党で出世することができた。しかし一九六八年、プラハの春〔「人間の顔をした社会主義」を掲げるアレクサンデル・ドゥプチェクの指導下で展開された、チェコスロヴァキアの民主化運動。〕を支持してソ連軍の侵攻に抗議すると、すべての職を失い、懲罰でウラン鉱山で働くことを余儀なくされた。一九九七年、東欧ブロックとチェコスロヴァキアが崩壊したのち、ザトペックはチェコにおいて「世紀のアスリート」に選ばれている。「魚は泳ぎ、鳥は飛び、人間は走る」のような名言は彼によるものである。アフリカ黒人選手で初めて金メダルを獲ったアベベ・ビキラは、世界中にセンセーションを巻き起こした。彼は一九六〇年ローマ大会において裸足で出場し、二時間一五分一六秒の世界新記録でライバルたちを引き離した。テレビで放映された裸足のランニングは、ビキラが藪から直接出てきたような印象を人々に与えた。だが実際には彼は軍に所属し、すでに多くのレース記録を保持していた。おそらくローマではシューズが擦り切れて、新しいシューズでレースを走ることができなかったのだろう。マラソンのトップランナーとして、一九六四年東京大会で彼は再び優勝することができた。今度はシューズを履いて、またも二時間一二分一一秒の世界記録でゴールしたのである。盲腸の手術から数週間後の快挙だった。一九六八年メキシコ大会における三度目の金メダル獲得はかなわなかった。一五キロ地点を通過したあとで疲労のために棄権した。代わりに別のエチオピア人マモ・ウォルデが優勝を手にした。アベベ・ビキラはそれからも世間の注目を集め続けた。一九六九年の自動車事故で下半身不随になってからも、一九七〇年、ノルウェーの橇レースで二個の金メダルを手にし、パラリンピックのアーチェリーに出場している。彼の死後――自動車事故の後遺症――、皇帝ハイレ・セラシエは一日をかけて国葬を執り行った。六万五〇〇〇の人々がマラソン勝者の棺に同行した。

オリンピックのマラソン競技で二度の優勝を果たした二人目は、ワルデマール・チェルピンスキーである。一九七六年モントリオール大会と一九八〇年モスクワ大会でのことだった。しかし西側諸国がモスクワ大会をボイコットしたので、この東ドイツ・ランナーの優勝は西ドイツではあまり注目されなかった。イタリアも、ここ数十年、マラソンで二回の優勝を果たしている。一九八八年ソウル大会でのジェリンド・ボルディンと二〇〇四年アテネ大会でのステファノ・バルディーニである。それにもかかわらず、アフリカ勢長距離ランナーの成功には目を見張るものがある。一九六〇年以降、一三個の金メダルのうち六個がアフリカ、四個がヨーロッパ、二個がアメリカ、一個がアジアのものとなった。最近では二〇〇〇年シドニー大会におけるエチオピア代表ゲザハン・アベラと並んで、南アフリカのジョサイア・チュグワネ、二〇〇八年北京大会でのケニア代表サムエル・カマウ・ワニジルが優勝している。チュグワネは南アフリカで初の黒人優勝者だった。二〇一一年ベルリン・マラソン以来、世界記録保持者はケニア人パトリック・マカウ・ムショキであり、タイムは二時間三分三八秒である〔二〇一八年七月現在、世界記録はデニス・キプルト・キメット（ケニア）の二時間二分五七秒である（二〇一二年五月六日、ベルリン・マラソン）。〕。

その他の長距離種目における東アフリカのランナーたちの台頭がこの傾向を裏付けている。一万メートルではエチオピア人が優勝を重ねている。一九九六―二〇〇〇年には、好感度の高いハイレ・ゲブレセラシエが、世界選手権、室内選手権、ベルリン・マラソンで、各四回トップに立った。直近二回のオリンピック競技会においてはケネニサ・ベケレが優勝している。ベケレは、一万メートルの世界選手権も四回覇者となり、五〇〇〇メートルでも世界選手権と二〇〇八年オリンピック北京大会を征した。彼のあとをその他のエチオピアやケニアの選手たちが追っている。現在の世界記録は二〇〇五年にベケレがブリュッセルで樹立したものであり、タイムは二六分一七秒五三である。これに続くタイムは、今なお、ゲブレセラシエが一九九八年に出したものである。女子でも、近年、東アフリカのランナーがほとんどすべての長距離競技で圧倒している。二〇〇八年北京大会では、身長一メートル五五センチしかないエチオピア代表ティルネシュ・ディババが一万メートルと五〇〇〇メートルで優勝し、五〇〇〇メートルでは世界記録も保持している。しかし女子マラソンでは、これまでアフリカ勢は一九九六年アトランタ大会での優勝しか経験していない。エチオピア人ファツマ・ロバである。小柄のケニア人キャサリン・ヌデレバは都市マラソンではすでに数回、さらに二〇〇三年世界陸上選手権では優勝しているが、二〇〇四年と二〇〇八年のオリンピック競技会では銀メダルに終わった。二〇一二年ロンドン大会ではアフリカ勢の成功が期待されているようである。二〇一一年韓国世界陸上選手権では、ケニア人選手が一位から三位までを独占したからである。優勝はエドナ・ンゲリンウォニー・キプラガトだつた。〔二〇一二年ロンドン大会ではウガンダのスティーブン・キプロティチ、二〇一六年リオデジャネイロ大会ではケニアのエリウド・キプチョゲが優勝した。〕

数人のマラソン優勝者が国民的英雄になったことでマラソンは普及し、二〇世紀の最後の三分の一では一種の大衆スポーツになった。余暇にスポーツを行うますます多くの人々がマラソンに挑戦している。一九六〇年代以降、シュヴァルツヴァルト・マラソンやボーデン湖マラソンのような市民マラソンが増加した。ドイツやオーストリアの比較的大きい各連邦州ではそうした数々のイベントが開催され、世界中では数百にも及ぶマラソンレースが実施されている。もっとも人気のある開催方法として、幾つかの大都市が行うシティマラソンが発展してきた。その歴史は、一九七〇年、第一回「ニューヨーク・シティマラソン」で開始された。一二七人のランナーが出場し、五五人がゴールしている。参加者は三年後には一万四〇〇〇人、一九九四年には三万人を超えた。元ドイツ外相ヨシュカ・フィッシャーは、自己発見の手段としてのランニングをテーマとした『自分自身への長いランニング』〔一九九九年〕と題した著書を発表したが、彼のような著名人たちも自己アピールのためにシティマラソンを利用してきた。[62] 二〇一一年、「ニューヨーク・シティマラソン」では少なくとも四万六七九五人がゴールし、そのうち女性は一万六九二八人だった。

アムステルダム、ベルリン、ボストン、ブリュッセル、シカゴ、福岡、ロンドン、ニューヨーク、大阪、パリ、北京、東京といったメジャーなシティマラソンはすっかり定着し、二〇〇六年には「ワールドマラソンメジャーズ」へと連結された。当該年と前年の二年間の各マラソン大会での順位を総合して、その合計ポイントで優勝者を決める一種のマラソン競技シリーズが導入されたのである。しかしこれに対しては、すぐにほかの主催者から抗議が起こった。ナイロビ、香港、ムンバイ、シンガポールのマラソン大会がそれに加われないのを認めることができないというのである。「ワールドマラソンメジャーズ」の魅力は、第一に男女の優勝者に五〇〇〇万ドルの賞金が出されることである。オリンピック優勝者は、シティマラソンでの優勝、宣伝契約、国際的なランニング・チームの保証金によって裕福になれる。ケニアのオリンピック優勝者サムエル・カマウ・ワンジルは、二〇〇八年北京大会で金メダルを獲得したが、日本企業トヨタのランニング・チームから開始し、二〇〇八年／〇九年の「ワールドマラソンメジャーズ」で総合優勝した。こうして、マラソンはビッグ・ビジネスになった。それゆえ、シティマラソンの意義はオリンピック競技会をはるかに超えるようになった。

「スパルタスロン」は、マラトンの戦いで、アテネ軍司令官がスパルタの援軍を求めてアテネからスパルタへ走ったというヘロドトスの叙述に由来する。二四六キロメートルの距離を走る一種のウルトラ・マラソンである。イギリス空軍中佐ジョン・フォーデンがヘロドトスの歴史叙述を再現したあと、一九八三年以降、ギリシアで開催されている。一九八二年一〇月、フォーデンは二人の友人とともにその距離を走り、ジョン・スコルテンスが三四・五時間で最速だった。現在の記録保持者はギリシア人ヤニス・コウロスである。彼はスパルタスロンに四回優勝し、一九八四年に二〇時間二五分の記録を出している。女子スパルタスロンは男子と同年に開始された。女子では、ドイツ人ヘルガ・バックハウスが同様に四回優勝した（ベストタイムは二九時間三三分）。女子の最高記録は、二〇〇九年、稲垣寿美恵の二七時間四〇分である。四二・一九五キロを超える距離のレースはすべてウルトラ・マラソンとみなされ、一定の距離を走るタイプ、駅伝競争、一定の時間を走るタイプに区別される。現在まで、最長時間を走るレースは、ドイツの「ヴァンネ・アイケル」と、さらにカナダの「ユーコン・アークティック・ウルトラ」の七二時間である。

二〇世紀における女性のスポーツ

フェミニストのスポーツ史家によって「第三波フェミニズム」が言われている。この「ステルス・フェミニズム」[63]は、スラックススーツで変装したり、原則をめぐる不機嫌な討議で立場を表明するのではもはやなく、これまで男性が占有してきた領域において、強力にあるいは優勢に自分が女性であることを示す動きである。レスリー・ヘイウッドとシャリ・L・ドウォーキンは、その著書『勝つためにつくられて——文化アイコンとしての女性アスリート』〔二〇〇三年〕を、かつてアドルノが非常に侮蔑した文化産業と関連させたプロローグで始めている。[64] 一九九五年、『アウトサイダー』誌は、カバーストーリー「スーパーガールがやって来る」で秋号を飾った。そこでは成功した女性作家カレン・カルボが女性的なものの新しい原形を宣伝している。

ガブリエル・リースの時代がやって来た。彼女は大きく、彼女は強く、そして戸外にいる彼女と同じような何千人の女性とともに、たちまち増殖する。〔…〕リースは女性アスリートについての私たちのイメージを新しく定義し、一世代の若い少女たちをかり立て、自分の身体をコントロールし、強さを自負しようとしている女性の集団をリードする〔…〕。[65]

一八九六年アテネにおける第一回近代オリンピック競技会では、女性は出場を認められていなかった。二四五《ママ》名の男子選手に加えてIOCの一五名も男性だった。マラソン競技に女性の参加が認められないことに対して抗議はあった。スタマタ・レヴィティは、男子マラソンの翌日の一八九六年四月一一日、同じ距離を五時間半で走り、目撃者にそれを文章で証明させることによって女性の排除を拒否した。パナシナイコスタジアムへの入場は許されなかったが、彼女は合図を送り、何人かの記者の注目を引いた。記者たちは数カ国で彼女の事例を報告した。[66] 一九〇〇年パリ大会において女性は数種目に出場し始めることができたが、それは、第一次世界大戦前、オリンピック競技会がIOCではなく、フランスの主催者によって組織されたことによる。オリンピック競技会での初の女性優勝者は、イギリス人シャーロット・レネーグル・クーパーだった。クーパーは、一八九五年以降、ウィンブルドン選手権女子シングルスですでに三回優勝しており（その後も二回優勝した）、さらに六度、決勝戦に進出している。一九〇〇年パリ大会では混合ダブルスでも優勝した。これ以降、女子競技種目と参加者の数は絶えず増え続けた。二〇〇四年アテネ大会では状況はかなり変化していた。第一回大会から一〇八年が経っていた。六四五二名の男子選手と並んで四四一二名の女子選手が出場し、第一回大会内でも、一一二名の男性のあいだに一一名の女性がいた。二〇〇四年以降、IOCはオリンピック競技会を公式に女性解放のメディアとみなしている。この意味でIOCは、当を得ない奇妙な表現で、「身体的および精神的健康の発展に貢献することをオリンピック・スポーツの目標と宣言している。女性と少女は、スポーツによって社会におけるみずからの役割を自覚することができる。」[67]

まだ一九二〇年代には、女性の格闘技の公演は一種のフリークショーとみなされる危険があった。[68] その伝統は古代ローマの円形闘技場に遡る。第一次世界大戦後、女性の権利が改善される——たとえば一九一八年ドイツにおける女性参政権の導入——につれ、スポーツにおいても女性の解放がこれまで以上に求められた。一九二一年三月、モナコで第一回「国際女子体育・スポーツ大会（*Olympiades Féminines*）」が開催された。大規模な諸クラブでは、独自の女性スポーツ組織をつくる責任が生じた。さらに、オリンピック競技会において女子種目が少ないことに対する抗議から、一九二二年以後、「国際女子スポーツ連盟（*Fédération Sportive Féminine Internationale*）」によって「国際女子オリンピック大会（*World Women Games*）」が組織された。同じ年、シビル・バウアーが初めて男子記録を破った。背泳ぎにおいてである。一九二四年、バウアーはオリンピック・パリ大会で一〇〇メートルを一分二三秒〇二で泳ぎ、金メダルを獲得した。一九二四年以降、数年にわたって『ザ・スポーツウーマン』誌が発刊された。次の一九二六年と一九三〇年の「国際女子オリンピック大会」では、日本の人見絹枝がそれぞれ二個の金メダルを手にしたが、それから少しして結核で亡くなった。一九三二年オリンピック・ロサンゼルス夏季大会の前のレークプラシッド冬季大会では、みずからの能力に自信をもったエレノア・ルーズベルトがボブスレーで腕前を披露した。彼女はのちにアメリカ大統領夫人となった。

女子サッカーは、伝統的な男女の役割分担が崩壊した第一次世界大戦中にイギリスで台頭した。一九二〇年代、女子サッカー競技は大衆のアトラクションになる。弾薬工場ディック・カー・アンド・カンパニーのチーム「ディック・カーズ・レディーズ」がトップチームになり、試合の入場料が一万ポンドを稼ぎ出すことも頻繁にあった。一九二〇年、リヴァプールにおける彼女たちの試合には、入場料を支払った五万人以上の観客が押し寄せることもあった。一九二一年一二月、イギリスには約一五〇の女子サッカークラブが存在したが、それらがひとつの連盟に統合したとき、イギリスの「フットボール連盟（ＦＡ）」はスタジアムで女子サッカーを行うことを禁止した。表向きは女性を健康上の被害から保護するという理由だった。「ディック・カーズ・レディーズ」はアメリカへ逃げ、一九二二年末、アメリカ合衆国とカナダを回った。しかしそこには女子サッカークラブが存在していないことを知って愕然としたのである。その代わりに男性クラブと九試合を行い、三試合で敗れ、三試合で勝った。この女子サッカークラブは「プレストン・レディーズFC」と改称して、合計八二八試合をやり遂げ、一九六一年まで存続していた。FAによる女子サッカーの禁止が解かれたのは一九七〇年になってからである。(69) フランスでも第一次世界大戦中に女子サッカーの諸クラブが誕生した。男性クラブが拒絶する姿勢を取ったため、クラブは独自の連盟を結成し、一九三二年まで優勝杯争奪戦を開催した。一九二一年には初の国際試合が行われ、パリのクラブチーム「フェミナ・スポール」を中心としたフランス選抜チームは、「ディック・カーズ・レディーズ」に一対二で負けた。ドイツの新聞も、別のイギリス対フランスの女子サッカー試合を驚くほど好意的に報道しており、一九二五年、イギリスチームが四対二で勝利している。(70) 一九三〇年代、ヨーロッパ各国では始まりつつあった女子サッカーに対する抵抗が強まり、フランスでの女子サッカーの動きはしだいに弱まっていった。

第一次世界大戦後、女子サッカーは、オーストリア、ユーゴスラヴィア、ポーランド、その他の国々でも導入された。ドイツでは、女子サッカーは女子学生に端を発する。彼女たちは、一九二二年、ドイツ大学選手権の枠内で公式に初登場した。試合結果の最初の記録では、一九二七年、ミュンヘン選抜チームがベルリン選抜チームに二対一で勝利した。組織の開始はイギリスにおけるほどレベルが高くなかった。最初の女子サッカークラブは、一九三二年、フランクフルトの肉屋の娘ロッテ・

シュペヒトによってつくられた。シュペヒトは新聞広告を利用して志を同じくする女性を求めた。彼女はサッカー好きということ以外に、女性が男性と同じことをできるのだと示そうとした。ほかにクラブチームがなかったので、彼女たちは相互に、あるいは男性相手にプレーしなければならなかった。[71] ジャーナリズムからは婦人参政権論者と揶揄され、ドイツサッカー連盟（DFB）からは除外され、クラブは一年後には解散した。DFBは、一九三六年、サッカーは女性の本質と相入れないと公式に宣言した。一九五七年、西ドイツの二二の女子クラブが統合しようとしたとき、DFBによって容赦なく退けられた。一九七〇年になってようやく——イギリスにおけるのと同様に——DFBは頑強な姿勢を変化させ、女子サッカーを受け入れた。その理由は、特に——飲料メーカーのマルティーニ・エ・ロッシがスポンサーとなった——イタリアにおける女子選手権大会後、男性が女子サッカーをめぐる動きを制御できなくなるのを恐れたからだった。欧州サッカー連盟（UEFA）は、一九七一年一一月、同じ理由で女子サッカーの導入を会員に推奨した。[72]

その後、女子サッカーは急速に発展した。一九七四年、第一回ドイツ選手権が開催され、三年後には女子選手ハンネローレ・ラッツェブルクがDFBの女子サッカー担当官に任命された。ラッツェブルクは直ちに次の試合開催のために尽力した。[73] 一九八一年、当時の記録保持者でチャンピオンだったSSG09ベルギッシュ・グラートバッハが台湾における女子世界選手権で初優勝し、一九八二年には初めてナショナルチームがつくられた。ドイツ代表は、一九八九年以降、何度もヨーロッパ・チャンピオンになった。こうして、女子サッカーは広く一般に認知されるようになったのである。一九九〇年以降は一四の地方リーグが存在しているし、一九九七年以降は公式女子リーグがある。各国において、女子サッカー独自の「プレミア・ディビジョン」を獲得することが重要なステップとなった。(74) 一九九六年オリンピック・アトランタ大会から、女子サッカーはオリンピック競技種目にもなっている。DFBは、ティナ・トイネ＝マイアーをドイツ代表の初の女性監督に指名し、彼女の補佐役は、当時から、輝かしい経歴をもち後継者となるジルヴィア・ナイトが務めていた。この時点で、DFBは七〇万人以上の女性会員を有し、八五ヵ国の連盟がFIFAの女子サッカーに組織された。(75) 一九九〇年代以降、ドイツ女子代表はDFBが誇る選抜チームになった。二人の女性監督のもとで、立て続けにヨーロッパ・チャンピオンになっただけではなく（一九八九年、一九九一年、一九九五年、一九九七年、二〇〇一年、二〇〇五年、二〇〇九年）、二〇〇三年と二〇〇七年には世界チャンピオンにもなったからである。二〇〇七年ワールドカップでは、ビルギト・プリンツとジモーネ・ラウデールのゴールでブラジルに二対〇で勝利した。大会を通じて失点がなかったのは、ゴールキーパーのナディーネ・アンゲラーの功績である。ドイツ代表は、対アルゼンチンの開幕戦をセンセーショナルな一一対〇で勝利していた。ビルギト・プリンツは大会最優秀選手シルバーボールを受賞した。(76) しかし、二〇一一年ワールドカップ・ドイツ大会では、ドイツ代表は準々決勝で日本に敗退し、日本代表が優勝した。ドイツチームの試合ではなかったにもかかわらず、ドイツでは日本対アメリカの決勝戦を一五三〇万人が視聴した（マーケットシェア四七％）。(77) ドイツ代表がUEFA欧州女子選手権で一九八九年から達成している連勝は、一度だけイタリア大会で途切れた。ドイツが準決勝のPK戦でイタリアに負けた時である。この大会で優勝したのはノルウェーだった。二〇〇九年欧州女子選手権では、ドイツ代表は決勝戦でイングランドに六対二で勝利した。決勝戦はイングランドとドイツで生放送され、ドイツの第一チャンネル（ARD）で七五〇万人が視聴し、視聴率は三七パーセントに達した。得点ランキング一位はドイツのFCR2001デュースブルク所属のインカ・グリングスだった。

競技種目や女子選手が増加したにもかかわらず、まだ一九七〇年代には、女性が報道に占める地位はマージナルだった。どちらかといえば、男性スター選手のガールフレンドや配偶者のほうが女子選手よりも重要視された。女子選手自身にはスターになる資格がまだないのがふつうだった。もちろん彼女たちの成功は認知され、強調されたが、しかし——男子選手とは異なり——自宅、家庭、流行、容姿といったような女性のテーマと関連させて報道されることが好まれた。一九七二年オリンピック・ミュンヘン大会と一九八四年ロサンゼルス大会で二度優勝した高跳びの選手ウルリケ・マイファルトについては次のように書かれた。「ウルリケ・マイファルトは高跳びのマットに跪き、喜んでいる。バーは落ちなかった。彼女の皮膚が、白いユニフォームから美しく褐色に輝いている。[78]」三面記事においても、見出しはグロテスクで滑稽の感がある。たとえば『ビルト』紙の大見出しである。「もはや何も跳ばない、何も落ちない——空気だけが問題だ。新しいスポーツ・ブラジャー。もう胸はたるまない。[79]」社会学者ゲルトルート・プフィスターとマリー＝ルイーゼ・クラインは、女性の競技結果に関する報道には「スポーツ記事の緊張をほぐし」、——それにふさわしい写真も掲載して——男性読者を楽しませる機能があるという、いくらか幻滅させる結論を導き出している。[80]

女性スポーツの発展を評価する際には、参照する資料の視点とテーマも重要であるように思われる。堅実な諸新聞のスポーツ面を見ると、別の像が浮かび上がってくる。スイスのフェミニストでスポーツ科学者のエファ・ヘルツォークは、「潑剌と、率直に、陽気に、女性に（*Frisch, frank, fröhlich, frau*）」——体操の父ヤーンによるトゥルネン運動のスローガン「潑剌と、敬虔に、陽気に、自由に（*Frisch, fromm, fröhlich, frei*）」のパロディー——と題した研究で、女性スポーツの発展を肯定的に評価する充分な理由を挙げている。スイスの女子体操においては、一九六六年まで、公式順位を付した試合が存在せず、諸連盟は長いこと男性によってのみ運営されてきた。それにもかかわらず、女子連盟は一九二五年以降、独立した下位部門だった。女性の協会はすべて、職業をもった比較的若い女性によって創設された。だが彼女たちの試合結果は外部へは周知されなかった。女性がもっと早期にこうした状況を変えることはできただろう。しかしスイスは連邦制の小国家であるがゆえに、そこでの生活ではむしろ公表されないことが好まれた。さらに彼女たちにとっては、公表されることよりも、スポーツを楽しむこと、そして社会的に認知された枠組みの中の自由な環境において男性と出会うことのほうが重要だったという(81)。

風刺画家の想像力は、一九三〇年代初め、スポーツを行う女性の身体をデフォルメし(82)、さらに冷戦の時代、ソ連でホルモン投与された「男性化した女性たち」に抗議する論争とともに復活したが、そうした想像力はスポーツ社会学においても散見される。体操とスポーツに参加する代償は、女性の場合、女性性を放棄することと「性をもたず性的でない生き物」になることであると、一九九〇年になってもまだ、アルフレート・リヒャルツは記している(83)。しかしこのようなでっち上げに対しては、すでにヴァイマル共和国時代や一九三〇年代、また一九三六年オリンピック・ベルリン大会時にも、競技参加する女子選手は「新しい女性」の模範であったという、反論がなされた(84)。今日でもなお、女

ヘルベルト・マルクセン　スポーツは女性の価値を高める。女性の世界チャンピオンたち。1931年のカリカチュア。

子選手の「男っぽさ」や女子選手の性的傾向に関する水面下での議論が存在していることは明白である[85]。

しかし長期的に見れば、こうした論争は影響がないわけではなかった。女性たちは独自のスポーツ協会（Sportverein）を創設し、多数参加した。ドイツでは全スポーツ協会の会員に占める女性の割合は四〇パーセントを超えるほどであり、無給の協力者レベルでの女性の割合は同程度、さらに経営・管理レベルでも三一パーセントである[86]。オリンピック冬季大会を例に取ると、女性の割合が持続的に増えていることがはっきりと証明できる。一九二四年シャモニー大会では女性の割合は一三名／二四五名（五パーセント）、一九五六年コルティナダンペッツォ大会では一三二名／六八九名（一六・一パーセント）、さらに一世代のちの一九八四年サラエボ大会では二七四名／九九八名（二一・五パーセント）、最近の二〇一〇年バンクーバー大会では一〇三三名／一五〇三名（四〇・七パーセント）だった。女子スポーツの受容は、スポーツにおける顕著な成果によってもっとも促進された。一九九九年ワールドカップでアメリカ合衆国の女子サッカー選手が行った凱旋行進は、予想を上回る観客をスタジアムやテレビの前に引きつけ、少なからぬアメリカ人たちに、サッカーは本来、女性のスポーツであるという印象を与えた。(87)

スポーツのトップ委員会だけが依然として老年男性の集団である。一〇六名のIOC正規委員の中で、女性はいまだに少ない。ノーラ・フォン・リヒテンシュタインとイギリスのアン王女が最初の女性委員だった。一九八〇年代以降、ヨーロッパの上級貴族ではない女性が初めて委員になった。たとえばベネズエラのフロール・イサヴァ・フォンセカである（一九八一年）。彼女は、一九九〇年、IOC執行員会にも女性として初選出された。少し前からは、アジアやアフリカからかつての女子選手が委員として受け入れられている。たとえばインドネシアのリタ・スボウォ（二〇〇七年）、ブルンジのリディア・ヌセケラ（二〇〇九年）、あるいはショートトラック・スピードスケートの金メダリストだった中国の楊陽（二〇一〇年）である。こうしたことによって女性の割内は徐々に増えてきている。ドイツは目下のところ、ドイツ・オリンピック・スポーツ連盟会長トーマス・バッハ以外に、かつてフェンシング・エペ種目選手だったクラウディア・ボーケルが委員である。女性の割合は公表されていないが、おそらく一〇―一五パーセントだろう。(88) 少なからぬスポーツ連盟が執行委員数の男女配分を公表することをためらう状況については、FIFA執行委員会の例でわかる。FIFA執行員会における女性の割合はゼロである。二四人のメンバーの中に女性はひとりもいないのである。

サッカーから世界のサッカーへ

サッカー・ワールドカップは一九三〇年以降開催されているが、はじめのうち参加国が少なかったのは選手の移動が困難だったからである。FIFAは第一回ワールドカップ開催地をウルグアイに決定することによって、世界選手権への意志を表した。ラ・プラタ川沿いのその小国は、すでに一九二四年オリンピック・パリ大会と一九二八年アムステルダム大会で優勝した世界レベルのチームをもっていた。しかし、ヨーロッパの多くの連盟は世界大恐慌のために遠征の費用を出すことができないか、あるいは三週間の船旅で選手たちを消耗させたくなかった。申込み数が少なかったために一次予選は行われず、どの国でも参加できた。だが出場したのは一三カ国だけであり、ヨーロッパからは四カ国のみ（ベルギー、フランス、ユーゴスラヴィア、ルーマニア）、南アメリカから七カ国、さらにメキシコとアメリカ合衆国だった。優勝は開催国ウルグアイが手にした。逆に一九三四年イタリア大会、一九三八年フランス大会には、南アメリカからは二チームしか参加しなかった。次の一九五〇年ブラジル大会（一九四二年と一九四六年は、第二次世界大戦のために開催されなかった）でもウルグアイが優勝している。ヨーロッパの多数のチームが、再度、過酷な旅を理由に参加を拒否した。マスツーリズムが始まり旅客機交通がブームになると、航空運賃は安価になりワールドカップが可能になってきた。

アフリカ、アジア、オーストラリア／オセアニアからのチームの参加は、「ワールドカップ」が実際にいつ世界の大部分を動かし始めたのかを示唆してくれる。一九三四年にはエジプト、一九三八年にはオランダ領東インド（現在のインドネシアの前身）、一九五四年にはトルコといったように、まず地理的・精神的にヨーロッパに近い国々のチームがサッカー・ワールドカップに参加し始めた。もちろん貧困もテーマだった。選手が裸足でプレーすることが認められなかったため、インドは、一九五〇年、ブラジル大会への参加を断念した。一九五四年、韓国が出場することで、ヨーロッパの植民地に一度もならなかったヨーロッパ外の国のチームが初めて参加した。しかし韓国はハンガリーに〇対九で負け、ワールドカップにおいてもっとも屈辱的な敗北のひとつを喫した。一九五八年スウェーデン大会、一九六二年チリ大会でも、ヨーロッパやアメリカ以外のチームの参加はなかった。一九六六年イングランド大会には北朝鮮が参加し、当時のいわゆる第三世界から再び一国だけが出場し、イタリアに勝って決勝トーナメントにまで進んでいる。一九七〇年メキシコ大会ではモロッコとイスラエルが参加したが、両国とも一勝もできずにグループ最下位でグループリーグを敗退した。一九七四年西ドイツ大会にはザイール（今日のコンゴ民主共和国）とオーストラリアが参加し、両国は一点も取れずに帰国した。ザイールはユーゴスラヴィアに〇対九の記録的な敗北を浴びせられた。一九七八年アルゼンチン大会ではチュニジアが三対一でメキシコに注目すべき勝利を上げたが、イランと同様にグループリーグで姿を消した。

一九八二年以降、参加国数が一六から二四に引き上げられ、ヨーロッパとラテンアメリカ以外のサッカーが従来よりも考慮されるようになった。スペイン大会では、（二四ヵ国中）初めて四カ国がヨーロッパとアメリカ以外から出場した。カメルーン、クウェート、ニュージーランドは一勝もできなかったが、アルジェリアは二対一で西ドイツに勝って人々を驚かせ、さらに三対二でチリを破った。最終的に、アルジェリアは勝点で西ドイツとオーストリアと並んでグループ・トップだったが、得失点差で及ばなかったために、グループリーグで去ることになった。ワールドカップの開始以降と同様に、二次リーグにはヨーロッパとラテンアメリカのナショナルチームだけが残った。一九八六年メキシコ大会では、再び（二四カ国中）四カ国がヨーロッパとアメリカ以外から参加し、イラク、アルジェリア、韓国が予想通りにグループ最下位だった。しかしモロッコは新展開を見せた。つまり、イングランド、ポーランド、ポルトガルを制してグループ一位となり、さらに三対一の勝利でポルトガルをグループリーグで敗退させた。だがラウンド一六ではすぐに準優勝の西ドイツに敗北している。一九九〇年イタリア大会では、アラブ首長国連邦、エジプト、韓国は一勝も上げることなくワールドカップを去ったが、カメルーンは再度、アフリカ勢でグループ一位となった。今回は世界チャンピオンのアルゼンチンとルーマニアに勝利してである。しかし、グループ最下位のソ連に〇対四で負けたことは数々の問題を露呈させた。カメルーンはラウンド一六も切り抜けたが、準々決勝でイングランドに屈した。一九九四年アメリカ大会では、カメルーンのほかにアフリカ勢が二カ国、さらにアジア勢が二チーム参加した。この大会ではカメルーンはグループ最下位となり、韓国とモロッコも一勝もできずに敗退している。サウジアラビアとナイジェリアはラウンド一六に進んだ。特にアフリカ勢のサッカーが強化されたため、一九九八年フランス大会では参加国は三二に増え、アフリカからだけで五カ国、アジアから四カ国が参加した。ナイジェリアはスペインとブルガリアに勝ってグループ一位となったが、準々決勝に残ったのはまたしてもヨーロッパと南アメリカのチームだった。

二〇〇二年、ワールドカップは初めてアジアで開催された。この成功は、二カ国――日本と韓国――が立候補したためだったが、試合が二〇の会場に分かれて行われるという結果となった。一九八カ国が三二の本大会出場資格をめぐって闘い、再びアフリカ勢が五カ国、アジア勢が四カ国だった。トルコは一九五四年以降二度目の本大会出場を果たしたが、それは欧州予選枠においてだった。オセアニア予選では新記録が達成された。オーストラリアがアメリカ領サモアに三一対〇で勝利したのである。トルコと、そしてグループリーグでフランスを破ったセネガルは本大会の準々決勝に進んだ。韓国はグループリーグでポーランドとポルトガルを敗退させ、グループ一位となった。日本も一度だけではあるが、サッカーでロシアに勝利している。トルコと韓国は準決勝まで進み、ブラジルとドイツにそれぞれ〇対一の僅差で敗れた。三位決定戦ではトルコが開催国の韓国を三対二で下し、フォワードのスター選手ハカン・シュキュルが試合開始後一一秒でワールドカップ史上もっとも早いゴールを決めた。二〇〇六年ドイツ大会では、アフリカ、アジア、オセアニア勢が（三二のうち）一〇チームを占めた。予選でもっとも活躍した選手はイランのアリ・ダエイだった。彼はイランのために五一試合で三五ゴールを決めており、FCバイエルン・ミュンヘンに移籍後、ブンデスリーガとドイツ・ポカールでも優勝している。しかし二〇〇六年ドイツ大会のラウンド一六まで進んだのはガーナとオーストラリアだけであり、両国はラウンド一六で敗退した。二〇一〇年、ワールドカップは初めてアフリカ（南アフリカ）で開催された。豊かな先進工業国は安全性を懸念したが、その懸念はどれも現実にはならなかった。参加したのはヨーロッパから一三カ国、南アメリカから五カ国、北・中央アメリカから三カ国、アフリカから六カ国（そのうち南アフリカは開催国）、アジアから四カ国（オーストラリアを含む）、オセアニアから一カ国（ニュージーランド）だった。ラウンド一六で韓国と日本が敗退し、準々決勝ではガーナが姿を消した。アジアでの次のワールドカップは、二〇二二年にカタールで開催

される予定である。(89)

伝統的な競技種目

存続する伝統的な競技種目

第三回近代オリンピック・セントルイス大会(アメリカ合衆国)の枠内では「アンソロポロジー・デイ(人類学の日)」が初めて催され、当時のいわゆる「先住民」が自身の競技種目を披露することができた。イニシアチブを取ったのは人類学部門長ウィリアム・J・マクギーである。ここでは、スポーツは決してヨーロッパの事象ではなかったという、ヨーロッパよりもアメリカで理解を得られやすい認識に配慮がなされた。しかし、身体文化部門長は、「未開人」は実際には工業先進国の代表者と競うことはできないという見解だった。それゆえ、アメリカ合衆国のスー族、チェロキー族、チペワ族、ココパ族、クロウ族、ポーニー族、中央アフリカのピグミー、日本のアイヌ、フィリピンのモロ族、アルゼンチンのパタゴニア先住民の代表は、自己を保護するという理由から、陸上競技の諸種目とアーチェリーで部族間でのみ競技を行うことになった。

このように「アンソロポロジー・デイ」は、当時のヨーロッパのサーカスで催されていた、よく言われる民族ショーに危うく近づきそうになった。泥試合や棒登りのような競技種目は、むしろ観客の娯楽を意図していたことを物語っている。トルコ人をその枠内に分類することに対してクーベルタンは抗議した。トルコ人は文明化された民族であり、「正しい」競技に参加すべきであるという理由からだった。クーベルタンはこうも述べている。「黒人、インディアン、黄色人種の男性が、走ること、跳躍、投擲を学び、白人男性を追い抜いてしまったら、当然、こうした催しは魅力を失うだろう。」(90)

たとえばエチオピアやケニア出身の東アフリカ勢は長距離走で多くの成功を収めているが、オリンピック競技会やその他の国際選手権におけるアフリカ選手の活躍はその土地特有のスポーツの伝統に基づいている。例を挙げれば、ケニアのマサイ族では長距離走が伝承された文化財のひとつである。アフリカにおいては、棒を用いた伝統的な試合が、古代エジプトや近代以前のヨーロッパで行われた似たような競技種目を想起させる。ただしルールは部分的に異なっていた。ケニアのカンバ族は、ひとつの石を空中に投げ、もうひとつの石を命中させて落とすことによって、速度と命中の的確さを試した。ルワンダの背の高いツチ族において、高跳び競技は成人式の一部だった。アフリカでもっとも普及しているスポーツはレスリングである。すでに古代エジプトの墳墓の壁画に描かれており、今日なお、スーダンの村祭りで同様な方法で行われている。ヌバ族は、一一月と三月のあいだの収穫祭時に村の中央広場で格闘試合を開催し、隣接した村のレスラーたちを招待する。

南ナイジェリアのイボ族では、格闘試合が冬に毎週行われた。一九一四年、ひとりの首長がイギリス人の人類学者に語ったところによれば、それは豊作をもたらすことに貢献するという。マリのバンバラ族のような多くの文化では、レスラーたちはかみそりのように鋭い刃をした腕輪をつけて、きわめて危険な方法で対決した。レスリングは通常、若い男性が行ったにもかかわらず、ヌバ族とイボ族

「未開人」の弓射。1904年オリンピック・セントルイス大会の「アンソロポロジー・デイ」の写真。

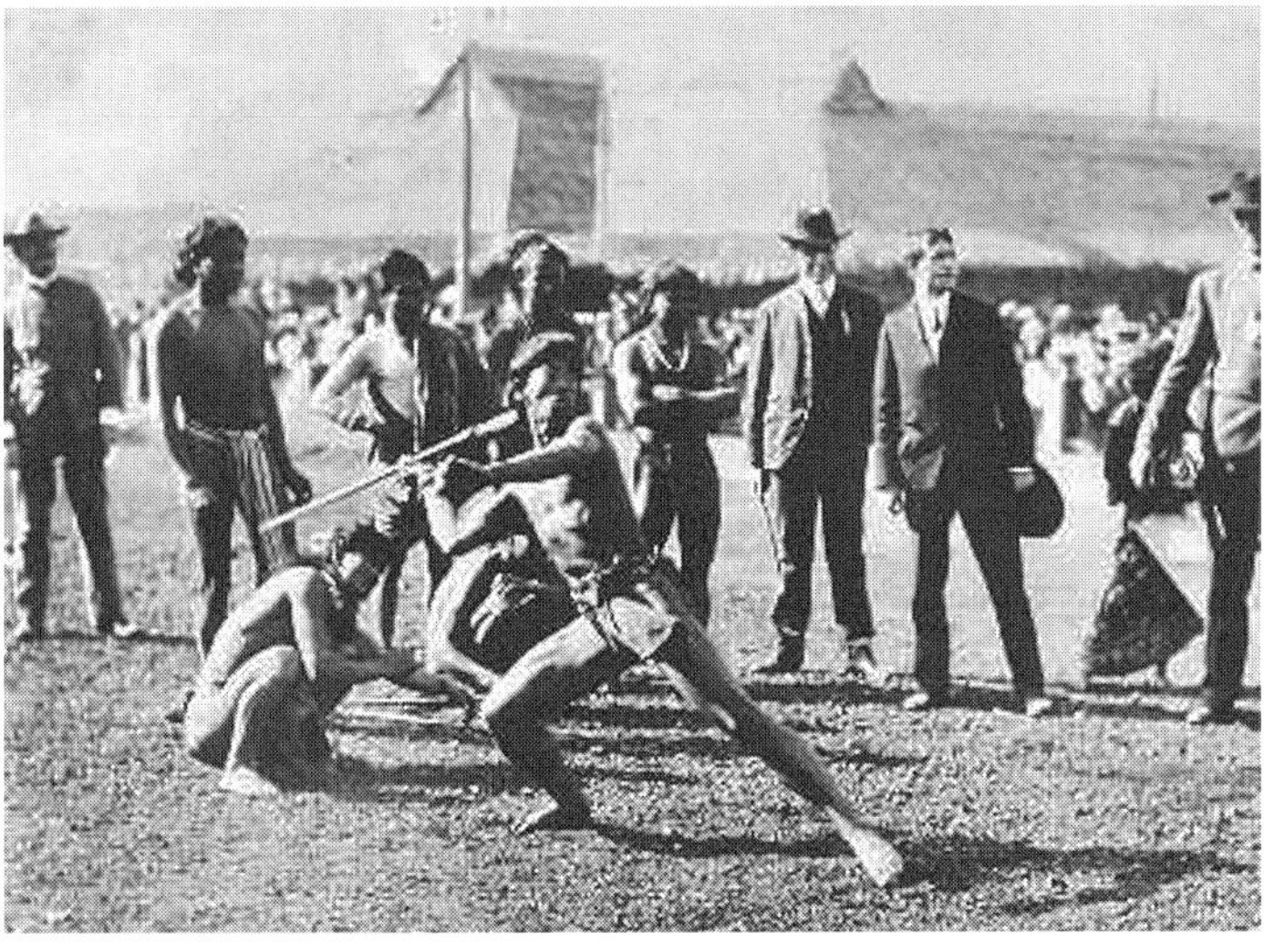

参加と排除と。「文明化されたアメリカ人たち」の前での「未開人たちの」槍投げ。1904年オリンピック・セントルイス大会の「アンソロポロジー・デイ」の写真。

では一年に一度、収穫後には女性の試合もあった。これらは若い男性からの尊敬と注目を集めた。

二〇世紀、アフリカの伝統的なスポーツは二つの異なった動向にさらされた。スポーツの催しは常に祭りとアルコール消費と舞踊に結びついていたが、ひとつには、北と東から広まるイスラム教がそうしたスポーツの催しを撲滅しようとした。北・東アフリカの広範な地域から、伝統的なレスリングの祭りとその他のスポーツの娯楽が姿を消した。プロテスタントの布教も同じように作用した。彼らは伝統的な身体の喜びをほとんど評価せずに、せいぜいのところ、伝統的なスポーツの代わりにサッカーやクリケットのようなイギリスの規定された競技種目を普及させた。さらにアフリカ諸国の独立後は、工業化、都市化、始まりつつあった大衆消費が伝統的なスポーツに損害を与えた。伝統的なスポーツは成功したアフリカ人たちにとってはセンスが悪く見えた。彼らには、成功のあらゆる特性がヨーロッパかアメリカのスポーツ種目と結びついているように思えたからである(91)。

アジアには古代から文化的レベルの高い中心地――ペルシア、インド、中国、日本――があり、スポーツには非常に強い宗教的な特徴があって、民族文化に影響を及ぼしてきた。「男性の三競技種目」であるレスリング、馬術、弓射の伝統は、モンゴルでは少なくともチンギス・ハンの時代以降に統一され、おそらくは中国、さらには日本に伝播した。しかし、相撲はモンゴルやトルコ民族の公式のレスリングとは幾つかの点で異なっている。モンゴルでは今日なお、三競技種目のどれも、夏の民族大集会の際には多くの観衆を前にして行われる。タイには国際的に有名なムエタイと並んで、戦士が剣と槍と斧を同時に組み合わせて扱う格闘競技がある。このクラビクラボンは危険なため、高度に儀式化され、ほかの諸文化にはあまり魅力的に映らなかった。さらに数世紀前から、中国を含めた東南アジア全域では競漕が行われている。アジアのスポーツ活動の特徴のひとつは空中遊戯であり、たとえば韓国の春祭りでは女性の綱渡り芸が披露される。インドでは苦痛を伴った空中技がある。男性が鉄鉤を肩や背中に刺し込み、吊るされる。タイや中国できわめて尊重されている凧揚げも空中遊戯の一種である。アジアのあちこちでは、馬、ラクダ、水牛、ヤク、犬の競走の人気が高い。騎乗した動物の上からの――ライフルや弓での――射的はいまなお非常に好まれており、ステップ大草原での戦士文化を良く表現している。ポロは、ペルシア、インド、アフガニスタン、北パキスタンで伝統的にプレーされ、アジアのスポーツがヨーロッパやアメリカで台頭することができた一例とみなされる。

動物の闘いは、ヨーロッパやアフリカの一部におけるのと同様、アジアの至る所で人気がある。動物は、闘牛のように人間と闘う場合もあれば、闘鶏のように動物同士が闘うものもある。闘鶏は特にバリ島を有名にしたが、アジアのほかの地域でも広く行われている。もっとも、多数の国々は動物に対する残虐性と賭けの危険性を理由に闘鶏の撲滅を試みている。タイにおける動物の闘いはとりわけ有名である。雄牛や雄鶏だけではなく、甲虫や魚も相互に闘う。特別に目立つ雄がガラスのボールに入れられ、消耗するか死ぬまで相互に追いかけたり、嚙み合ったりする。生き残ったほうは、献身的に世話をされ次の試合に向けて準備される。同じように珍しいのは、東南アジアの広範囲だけではなくインドでも行われている闘鳩である。インドにおける闘鳩の愛好は、少なくともムガル帝国時代に遡る。(92)

アメリカ先住民の競技種目

ヨーロッパ、アフリカ、アジアの伝統的な競技種目が少なからぬ共通点を有しているのは当然である。これら三大陸は数十万年前からつながっており、交易や文化交流が常に行われていた。南北アメリカ大陸の事情はこれとは異なっている。両大陸は五〇〇〇年前にヨーロッパ列強によって植民地化されるまで、約一万五〇〇〇年のあいだ文化的な孤立の中で独自の伝統を発展させてきたからである。エスノグラフィー研究者は競技種目を四グループに分類している。すなわち体力を強調する競技、用具を扱う器用さが問題となる競技、動物の闘い、そして特別な部類としての球技である。体力を強調する競技種目は、競走、水泳、レスリング、ボクシング、牽引、投擲である。古代アメリカのあらゆる文化に見られる競走では、耐久——つまり長距離——が速度よりも重視された。メキシコ北部のタラフマラ族は、二四〇キロメートル以上を走り続けたり、一二〇キロメートルにわたって丸太を運んだり、球を蹴ったりすることで有名である。[93] アメリカ合衆国南西部のプエブロや、プレーリーの諸部族においても、長距離走と球蹴り走が知られている。長さが約一メートルあり、重さが九〇キロある木材をもって行う一種のリレー競走は南米の諸民族で存在し、時おり異なった民族間での試合としても行われた。レスリングは北米よりも南米において普及し、ボクシングはあまり一般的ではなかったが南北アメリカで見られた。個人、集団または村全体同士で行われた綱引きや、重量挙げ、さらに重量挙げと器用さを組み合わせた種目では、力が誇示された。たとえば南アメリカのコザリニ族では、二本の垂直の柱のあいだに重い角材を通さねばならなかった。最後に、集団や部族間での模擬戦もあった。石や棍棒や燃える棒を投げ、重傷者や死者も続出した。

　用具を扱う器用さが問題となる種目は、弓射、槍投げ、輪投げなどであり、個人戦もチーム戦も行われた。ヨーロッパ人が植民地化するはるか以前に、弓と矢はアメリカ全域できわめて効率的な武器に発展し、さまざまなスポーツへ取り入れられた。射的、動く的《まと》への射撃、あるいは早射ちである。ジョージ・カトリンは、ミシシッピ川上流に沿って北アメリカの先住民領地の奥地を訪れ、先住民の生活を調査した最初の白人のひとりであり、できるだけ多くの矢を空中へ同時に放たなくてはならないというマンダン族の競技を記述している。南アメリカのグアヒロ族は空中に投げた果物や革製のボールを射る競技を行っていた。カナダのファースト・ネイションズは「雪蛇」と呼ばれるスポーツをプレーしていた。そこでは、二メートルの長さの槍、つまり蛇を投げて、氷上で滑走させた。最長距離を投げた者が勝利した。女性も短い槍を用いて競い合った。飛距離を競う同じような投擲競技は南アメリカのチャコ族でも見られた。

　プレーリーの諸部族が並外れて巧みに馬を操ることは文献から知られているが、南アメリカの数部族も馬の使用を習得していた。伝統的な競技のひとつに、カナダのファースト・ネイションズやイヌイットの犬橇レースがある。地域的なレースが数多く行われ、毎年、幾つかの大競技会も開催されている。野生の犬を訓練するため、闘犬も行われた。南アメリカのカシナワ族では、一種の男女間の競技があった。そこでは、カメの足を束ね、その足を解こうとする女性の集団を男性が防御しなければならなかった(94)。

　南北アメリカの広範囲で多様に普及した球技は独自のものである。球技は古代アメリカの神話の中心にあり、先史時代からヨーロッパによる植民地時代に至るまで、考古学的に証明されている。ドイツの画家クリストフ・ヴァイディッツは球技を描いた。その絵の中では、メキシコ征服(一五一九—一五二一年)後の一五二八年、マヤの球技者たちがスペインにおいて、皇帝カール五世の前で大きなゴムボールを使った球技を披露している。[95] キリスト教の宣教師たちは、近世、実直に——そして無益に——先住民の球技を禁止しようとした。古代の教父テルトゥリアヌスと同じように、彼らは相変わらず球技を悪魔的とみなしたからである。アメリカのフロリダ半島では、一七世紀にティムクア族の隣接した村のあいだでペロタの試合が行われ、魔術の儀式とともに普及した。スペインの総督は先住民に彼らの舞踊と競技の維持を保証していたが、司教ガブリエル・ディアス・ヴァラ・カルデロンは、特にペロタの弾圧を命じた。「それが野蛮で獣的な競技であり、この哀れなやつらの人間性にとって無意味で有害だったからである。」女性チームもペロタをプレーしたことはフランシスコ会の宣教師を驚愕させた。彼らは、こうした球技への愛着を改宗への大きな障害と見ていた。[96]

実際のところ、比較的新しい球技は古典期の球技を受け継いでいる(第一章九七—九九頁参照)。古典期の球技は、同数の選手から構成される二チームのあいだの試合として描かれ、選手たちは球技場でひとつのボールをあちこち動かし、相手のフィールドのゴールにシュートするか、リングの穴にボールを通すことによって点数を獲得した。勝者は決められた点数を獲得したチームだった。ラクロスのような球技は単なるスポーツの催し以上のものであり、さまざまな村、部族、民族間の緊張と関係し、「戦争の弟」であったと[97]人類学者たちは論証している。もっとも、その論証は驚くにあたらない。近代オリンピック競技会やサッカー・ワールドカップとの関連で、同様なことが主張されてきたからである。ボールを打つ方法は全く異なっていた。幾つかの地域では脚でボールを蹴り、アラオナ族ではシラカバのベルトで保護した腹を使う。似たような球技はブラジルの原始林やボリビアの高地でも発見されている。

北アメリカでもっとも普及した球技は、一種のフィールドホッケーであるシニーだった。シニーは女性がプレーすることが多かった。ブラジルのチャコ族では、木の根か結んだ綱で出来たボールを用いて一種のホッケーが行われ、戦争の代わりになることもあった。イロコイ族は火のついた球でプレーし、フィールドを越えて燃えるボールを相手方のゴールに入れた。アンデスでは一種のバスケットボールが発見された。小さなボールまたは別の丸い物を柱に吊るしたかごの中に入れた。アマゾンの低地では、相当数の先住民族が、手のひらを用いてトウモロコシの穂軸の皮を空中で飛ばす一種のバドミントンを行っていた。南アメリカの南端部にあるフエゴ諸島では、ヤーガン族が同じ目的のためにアザラシの腸を羽や草で詰めて利用した。北アメリカのチョクトー族の球技はジョージ・カトリンが描いている(98)。「トリ（*toli*［小さな戦争］）」と呼ばれた一種のテニスであり、今日なお普及しているラクロスの起源とみなされている。そこでは、ラケットを用いて、フィールドを越えて小さなボールを相手方のゴールに入れた。勝者は決められたゴール数を先に獲得したチームだった。高額の賭け金と大きな情熱を伴う球技には最低限のルールしかなく、競技者のプレーも荒々しかった。古典期のラケット球技は、祭りや舞踊とも結びついた社会的な大イベントだった。魔術師やまじない師は、黒魔術や白魔術を用いたり、競技者の医療的なケアに最善を尽くすことによって、試合の経過に影響を与えようとした。しかし、最後にはより高次の力が試合の結果を決定したので、誰が勝者になるのかはそれほど重要ではなかった。アメリカ先住民のその他の競技においてもこうした姿勢は見られるので、ブランチャードはそれを先住民の「遊戯的な世界観」と呼んだ。「白人」はしばしばこの姿勢を無関心と誤解するが、先住民文化を生き残らせる重要なメカニズムであるという(99)。いずれにしても、多数のアメリカ先住民はすでに伝統的に球技に魅了されていたため、アメリカ合衆国社会の――たとえば野球のような――主要な球技を受け入れ易かった(100)。

オーストラリアとオセアニアにおける伝統的なスポーツ

オーストラリアの先住民は、約四万―三万五〇〇〇年前にインドネシアから渡って来た。それ以降、オランダ人が来訪してこの大陸をまず「ニューホランド」と名付けるまで、先住民は非常に固有の文化を発展させていた。自然環境が生活を脅かすほど厳しかったので、入植は非常に少ないままだった。推測では三〇万の人口が約五〇〇から九〇〇の部族に分かれ、さらにその部族が二〇から二五人の家族を構成して、狩猟と採集によって生計を立てていた。一九世紀末、クィーンズランド州のアボリジニの保護者が彼らの風習と遊戯を記録している。九四の遊戯のうち一一をスポーツと呼ぶことができる。その中には、少女も参加できた木登り、動く的《まと》をねらう槍投げ、(石、棒、槍、ブーメランを用いた)遠投と的《まと》投げ、「ネズミカンガルー」(跳躍数をカウントする一種の遠投競技)、「ムンガン・ムンガン」などがあった。「ムンガン・ムンガン」は男性のチーム競技であり、少年たちが自分よりも年齢の高い男性たちに対して「若き乙女」と名付けられた棒を防御しなければならず、どちらかのチームが疲れ切ることで試合は終わった。

メラネシアやニューギニアなどの島々では、カヌー競技やサーフボードを用いた波乗りも行われ、男性、女性、子供が参加した。愛好されたスポーツは各島で非常に異なっていた。メラネシアでは槍投げや矢投げ、ニューヘブリディーズ諸島では一種の前近代的なバンジージャンプが見られた。若い男性が木製の飛び込み台をつくり、つる植物をくるぶしに結んで、肝試しに二五メートルもの高さから下に飛び降りた。ニューギニア島において競走は少年のものしか報告されていないが、チーム対抗の足蹴り試合の様子も記述されている。これはイギリスのすね蹴りに似ていたにちがいない。アドミラルティ諸島ではレスリングの人気が高かった。トンガでは立った姿勢での綱引きが普及し、ニューヘブリディーズ諸島の綱引きはすわった姿勢で行われた。ニューギニア島においては果実を用いた打球技がプレーされ、相当数の島々のフットボールでは、果実やココナッツを相手方のゴールに通さなければならなかった。トレス諸島においては豚の膀胱を用いたハンドボール競技があった。競技者はできるだけ頻繁にボールをバウンドさせなければならず、相手はそれを中断させようとした。さらに一種のホッケーもあった。合衆国国立博物館の学芸員は、一九四三年、ミクロネシアで、陸上競技、ボクシング、レスリング、球技、水泳、潜水を発見している。ポリネシア、特にハワイでは、すべての種目がきわめて競争的であり、賭けと結びついていた。懸賞で生活しているプロのランナーもいた。サモア諸島、ハワイ、マオリ族では、ボートや水泳のレースもあった。さらに、レスリング、ボクシング、棒試合、綱引き、矢投げや槍投げ、九柱戯、木登り、丘の橇すべり、サーフィン、一連の球技が行われた。ハワイでは、毎年、冬に「マカヒキ競技会」が開催された。これはマルチスポーツ祭であり、すべての労働と戦争が休止され、人々は祝い、賭け、酒を飲み、踊った。一八三〇年以後、ハワイの「マカヒキ競技会」は広範囲にわたって姿を消し、復活したのは一九七七年以降になってからだった。[101]

近代オリンピック競技会における伝統的な競技種目

近代オリンピック競技会は、古代オリンピア競技会を受け継ぐことを明白に意図して開始された。このことはとりわけ陸上競技に関係したが、馬の競技種目にはあてはまらなかった。古代の戦車競走に至っては復活さえしなかった。注目されたのは多くの国々で人気のあった競走であり、一〇〇メートル走から新しく導入されたマラソン（約四二キロメートル）まで多種多様だった。幾つかの短距離走や長距離走（たとえば六〇メートルや五マイル）、通常見慣れない距離（たとえば二五〇〇メートルや四マイルなど）の障害物競走、団体競走、リレー競走、さらにクロスカントリー・レース（一九一二―一九二四年に実施されていた）は実施種目から再び除外された。一九〇〇年のオリンピック競技会以降、ヨーロッパの民族競技の領域から助走なしの立ち跳躍種目が実施された。立ち跳躍三種目〔立ち高跳び、立ち幅跳び、立ち三段跳び〕を制覇したのはアメリカ人レイ・ユーリーである。彼は四度のオリンピック競技会において立ち高跳びで優勝し、一・六七五メートルの記録を樹立した。合計で一〇個の金メダルを獲得し、史上もっとも成功した陸上競技選手だった。一八九八年以降、彼は出場した全競技で優勝している。立ち幅跳びでも、この競技が実施されていた限り、三・四七六メートルの世界記録を保持し続けた。彼は幼年時代にポリオに罹患したにもかかわらず跳躍で高成績を上げたため、「カエル人間」というあだ名がつけられた(102)。

投擲競技でも古代の種目と民族的な種目の混合が見られた。円盤投げのように、一五〇〇年間ほとんど行われていなかった古代の種目も幾つか復活した。一八九六年以降、円盤投げには数種目があり、その中にはいわゆる「ギリシア式」円盤投げ(一九〇六年・一九〇八年)や両手投げ(一九一二年のみ)があった。ヨーロッパの民族スポーツからは、一九〇〇年パリ大会で綱引きが競技種目に追加された。

ボブ・ビーモン。8.90mの世界記録の跳躍。1968年、メキシコ。

しかし一九二〇年以後、綱引きは競技会の出場者数を減らしたいというもっともらしい口実をつけて除外された。新種目が採用され、参加者数は増え続けていたにもかかわらずである。

球技は、オリンピック競技会の公式競技種目になるまでにいくらか時間を要した。ラクロスは一九〇四年と一九〇八年にのみ実施された。おそらくＩＯＣにとって、勝者が少々エキゾチックすぎたのだろう。セントルイス大会で銅メダルを獲得したのは、カナダのモホーク族チームだった。チームのトップ選手は、ブラック・ホーク、ブラック・イーグル、オールマイティ・ヴォイス、フラット・アイアン、スポッティド・テイル、ハーフ・ムーン、ライトフット、スネーク・イーター、レッド・ジャケット、ナイト・ホーク、マン・アフレイド・ソープ、レイン・イン・フェースである。アメリカ合衆国南部においては、アパッチ族が怒れる指導者ジェロニモのもとでアメリカ陸軍といまだにゲリラ戦を交えていたのに対し、カナダのファースト・ネイションズはオリンピック競技会でメダルを獲得していたのである。バスケットボールは一九〇四年セントルイス大会で公開競技として採用され、一九三六年ベルリン大会以後は現在まで正式種目である。サッカーに至っては、三度、公開競技に甘んじなければならず、一九〇八年ロンドン大会以降、(一九三二年ロサンゼルス大会を除いて)公式種目となり、国別対抗戦で行われている。もっとも、特にサッカーではＩＯＣが要求してきた選手のアマチュア規定が長いこと問題だった。というのも一九二〇年代以降、ベスト・プレイヤーは、資本主義陣営ではプロであり、社会主義の東欧では一九四八年以後、報酬を受け取る「ステート・アマ」だったからである。ステート・アマは、警察や軍のチームで無制限なトレーニング環境を提供されていた。このようなシステムのもとで、東側陣営のチームはＦＩＦＡワールドカップでは一度も優勝できなかったのに、一九五二年から一九八〇年まで、オリンピック競技会では常に優勝していた。ハンガリーが三度（一九五二年、一九六四年、一九六八年）金メダルを獲得して、現在のところ最多の優勝を誇っている。一九八四年以降、ＩＯＣはプロを解禁したが、年齢制限という不条理な規定が残っている。一九九二年以降、選手は二三歳以下でなければならないという規定が導入された。しかしこのＵ23チームは、二四歳以上の選手を三人まで加えることができるようになった。そのため、二〇〇八年北京大会では、リオネル・メッシがアルゼンチンの優勝チームメンバーだった。

ハンドボールも方向が定まらなかった。ハンドボールは一九三六年ベルリン大会で、アドルフ・ヒトラーの督励に基づいて正式種目に採用された。ドイツは当時、ハンドボールで他を圧倒していたからである。「ベルリン・オリンピアシュタディオン」における決勝戦では、一〇万を超える観衆――今日までハンドボール競技史上最多の観客数である――を前に、ドイツチームがオーストリアを負かした。そもそも国際ハンドボール連盟は一九四六年になってようやく設立されている。このため、ハンドボールは一九五二年ヘルシンキ大会で公開競技として再び採用され、一九七二年ミュンヘン大会以降、正式種目になっている。[103] バドミントンもオリンピックの正式種目になったのが遅く、一九九二年からである。[104] 卓球も一九八八年に正式種目になり、優勝は中国と韓国がほぼ独占している。[105] バレーボールは一九六四年東京大会で実施されるようになった。人気のある屋外スポーツのビーチバレーは、二〇世紀初頭にハワイで考案されたと言われ、一九九二年バルセロナ大会で公開競技として、一九九六年アトランタ大会で正式種目として採用された。

1936年オリンピック・ベルリン大会のポスター

新しい競技種目

オリンピック競技会における新しい競技種目

古代オリンピア競技会も常に新しい競技種目を導入することで際立っていたが、その刷新は長い時間をかけて行われた。近代オリンピック競技会は、古代オリンピア競技会を受け継いだにもかかわらず、当初から、技術的進歩と、それに関連した新しい競技種目に対して偏見がなく、社会発展の速度に応じて短時間で改革されていった。ここでは、一八九六年アテネ大会における自転車競技を挙げることができる。自転車競技は、その数年前に発明されていた自転車を使用して、競技場のトラックレースとロードレースとして計画された。それ以降、数回の大会——たとえばロードレースでは一九〇〇年、一九〇四年、一九〇八年、トラックレースでは一九一二年——を除いてこの二種目は実施されており、さらに一九九六年にはマウンテンバイクレースが、二〇〇八年にはＢＭＸレースが追加された。少し前にはまったく予測できなかった新展開である。

魅力的な新種目。ビーチバレー。

射撃スポーツが一八九六年からオリンピックの正式種目だったのは、ピエール・ド・クーベルタンがピストル射撃を熱狂的に愛好していたからである。もうひとつの理由は、ヨーロッパ諸国の軍備拡張だったろう。射撃競技に主として軍用武器が導入されたのも偶然ではなかった。一九〇四年セントルイス大会と一九二八年アムステルダム大会を除き、射撃スポーツはすべての大会で実施されているだけではなく、常に新種の武器が採用された。アーチェリーは近代の開始以降、軍事訓練よりもむしろスポーツだったが、オリンピック競技会では、このアーチェリーだけではなく、ライフル、ピストル、クレー射撃（トラップとスキート）でも刷新が続いた。

競技種目の枠内で特異なのは、一九〇〇年と一九〇四年に開催されたゴルフ競技である。その後ゴルフ競技は実施されなかったが、ゴルフの人気が高まってきたため、一〇〇年以上を経て、二〇一六年リオデジャネイロ大会では競技種目に復帰することになっている。サッカーの弟ラグビーも同様に正式種目から除外された期間が長く、二〇一六年に再び実施されることになった。格闘技では、もちろんグレコローマン・レスリングが一八九六年アテネ大会から正式種目であり、――一九〇〇年パリ大会を除いて――毎大会で実施されている。一九〇四年セントルイス大会からはフリースタイルも追加された。これらヨーロッパの種目に極東の種目が加わったのはのちのことである。一九六四年東京大会で柔道が初めて正式種目になった。柔道は――一九六八年メキシコ大会では実施されなかったが――次のミュンヘン大会から継続して競技されている。一九八八年ソウル大会では女子柔道も加わり、パラリンピックでも採用された。さらに新競技種目として、韓国発祥のテコンドーが挙げられる。韓国は一九一〇年に日本によって併合され、テコンドーはその併合後、空手から発展した。しかし空手のほうはまだオリンピック競技種目になっていない[106]〔二〇二〇年東京大会で正式種目になることが決定した〕。テコンドー（跆拳道）の名称は、闘いの技（道）に足技（跆）と手技（拳）が結びついたものである。ボクシングと同じように階級で争われ、男女各四階級がある。正式種目に採用されたのち、韓国、次いで中国がほとんど優勝しているのは驚くにあたらない。

過去においても現在でも、モータースポーツがオリンピック競技種目になっていないのは意外である。しかし萌芽は幾つも見られた。たとえば一九〇〇年パリ大会では、自動車の速さと信頼性を競う

極東における最初のオリンピック。1940年大会の中止後、1964年に東京の出番がやってきた。

レースが行われ、タクシーと配達用ライトバン用のサブ種目もあった。さらにオートバイ競技もあったが、参加したのはフランス人だけだった。パリ大会と一九〇八年ロンドン大会では、速さと距離を競うモーターボートレースが行われた。一九〇八年には飛行船競技も計画されていたが、ツェッペリン飛行船への畏怖からか、再び外された。一九二八年サンモリッツ冬季大会ではスキージョーリングが実施された。スキージョーリングでは、水上スキーのように自動車両（オートバイ、レースカー、スノーモービル）や犬橇や馬にスキーヤーを引かせた。一九三六年ベルリン大会の公開競技では、滑空競技が実施された。滑空競技は、操縦士を空中へと運ぶモーターグライダーなしには行えない。日中戦争のために中止された一九四〇年東京大会では、滑空競技が正式種目になるはずだった。一九七二年ミュンヘン大会では、水上スキーが公開競技として実施されている。

オリンピック競技種目の選択に見られる矛盾

オリンピック競技会を例に取ると、何をスポーツと呼ぶのか、結局のところその分類は非常に流動的であることがわかる。近世の民衆スポーツや一九世紀の地域的なスポーツ祭を、違和感を抱いたり、面白がって眺める人は多い。たとえばイギリスでは、フリースタイルの手押し車競争（*wheelbarrow freestyle*）のようなアクロバットが競技種目として存在したし、「ウエンロック・オリンピック」では手押し車競走が行われていた。そうしたスポーツは近代オリンピック競技会では考えられないのではないだろうか。しかし一九〇四年セントルイス大会では、袋跳び競走のように[107]、その他の大衆スポーツも数多く実施された。北米大陸における初めてのこのオリンピック競技会では、一種のペルメルのようなローク競技（*Roque*）や綱引きも行われている。さらに、クラブ・スウィンギング〔二本のこん棒を用いる体操〕は残念ながら今日では忘れられてしまったオリンピック競技種目であるが、クリーブランドのフォーアヴェルツ体操クラブ所属のエドワード・ヘニングがこの種目でアメリカ合衆国に金メダルをもたらし、同じく鉄棒でも優勝している。ヘニングはインディアン・クラブ・スウィンギング種目で全米選手権において一三回も優勝し、最後の優勝は一九五〇年、七一歳のときだった。彼は史上最長でトップを保持したオリンピック優勝者かもしれない[108]。

スポーツが測定可能であるという理論、つまり「より速く、より高く、より強く」というオリンピックのモットーに応じて、スポーツが速度、距離、強さに表れるという理論を受け入れるならば、綱引きのような由緒ある種目が除外された理由を理解することができる。しかし、格闘競技では有効が測定されることは少ない。ラウンドの長さ、打撃や投げの回数は、誰が最終的に勝利するのかとは関係ない。勝ち目のない選手も、最後の瞬間にラッキーパンチによって勝つことができる。同様に、たとえばサッカーで、ボールにもっとも多くタッチしたチームや、ボールをもっとも長く支配したチームではなくて、より多くのゴールを決めたチームが勝利するというのも単なる慣習にすぎない。しかしサッカーでは——全球技と同じように——数えることができる明確な得点というものがある。水中スポーツでも速度や得点を測定することができる。だが、一九〇四年セントルイス大会以降は男子で、一九一二年ストックホルム大会以降は女子でも行われている飛び板飛込や高飛込の場合はどうなのだろうか。当初、（一九〇四年にのみ実施された）距離飛込では、入水後にできるだけ長く水中にとどまることがとりわけ重要だった。一〇メートル高飛込では、一九八八年まではアメリカ合衆国、その後はほとんど中国が優勝しているが、距離や速度が重要なのではない。飛び板飛込や（二〇〇〇年シドニー大会から採用された）シンクロナイズド飛込では、（宙返りや捻りなどの）決められた演技内容もあるが、主として芸術点が物を言うのであり、それは実際には客観化できない。一九八四年に採用されたシンクロナイズドスイミングでも同じことが言える。ドイツ語ではGymnastikとも呼ばれる体操競技（Turnsport）も同様である。

2008年オリンピック・北京大会での3メートルシンクロナイズド飛び板飛込。2008年8月10日、中国の優勝ペアの郭晶晶と呉敏霞。

現在までの体操のベスト女子選手のひとり、ナディア・コマネチ（1961年生）。1976年モントリオール大会と1980年モスクワ大会で計5個の金メダルを獲得した。平行棒で最高得点10.0をマークした初の体操女子選手。電光掲示板は10.0を表示することができなかった。

幾つかの冬季競技種目でも事情は変わらない。フィギュアスケートではショートプログラムとフリーが区別されるが、――男子であれ、女子であれ、ペアであれ――両種目において、審美的なジャッジだけが勝敗を決めることができる。もちろん、ここでも難易度の高い跳躍はある。たとえば、スウェーデンのオリンピック金メダリストであるウルリヒ・サルコウにちなんで名付けられたサルコウジャンプである。サルコウは、一八九七年から一九一三年のあいだ、フィギュアスケートのヨーロッパ選手権と世界選手権ではほとんど優勝し、第一次世界大戦後は長いこと国際スケート連盟会長だった。[109]ペアは第二次世界大戦後、――一九七六年に採用されたアイスダンスと同様に――ソ連が圧倒的に強かった。

他国は、二〇年にわたって、リュドミラ・ベルソワとオレグ・プロトポポフのペア、さらにイリーナ・ロドニナとアレクセイ・ウラノフあるいはアレクサンドル・ザイツェフのペアに屈した。彼らのコーチを務めたかつてのフィギュアスケート選手スタニスラフ・ジュークは、六七人の金メダリスト、三四人の銀メダリスト、三五人の銅メダリストを世に送り出した。

夏季オリンピック競技会の種目に一度は採用されたが再び除外されたものに、綱引きのほかには、綱登り（一八九六年アテネ大会、一九〇四年、一九二四年、一九三二年）、イギリスの二つの球技クリケットとクロッケー（二つとも一九〇〇年パリ大会のみ）、ジュ・ド・ポーム（一九〇八年ロンドン大会、一九二四年と一九二八年は公開競技として）[110]、軽乗（一九二〇年のみ）、ファースト・ネイションズ発祥のカナダの国技ラクロス（一九〇四年セントルイス大会、一九〇八年ロンドン大会で実施。一九二八年、一九三二年、一九四八年は公開競技として）、ペロタ（一九〇〇年のみ実施。一九二四年、一九六八年、一九九二年は公開競技として）がある。ポロは一九〇〇年から一九三六年にかけて繰り返し実施されたが、その後は行われていない。ラケッツは一回だけである（一九〇八年ロンドン大会）。モーターボートも脱落したが（一九〇八年ロンドン大会）、このことは、オリンピック競技会においてモータースポーツが欠如しているという問題を投げかけている。再び除外された種目として、特に野球（一九九二―二〇〇八年）とソフトボール（一九九六―二〇〇八年）がある。さらにローラーホッケー（一九九二年バルセロナ大会公開競技）、水上スキー（一九七二年ミュンヘン大会公開競技）、滑空（一九三六年ベルリン大会公開競技）が挙げられる。冬季競技会では、次のような種目が正式種目入りに失敗している。北ヨーロッパで行われるアイスホッケーの変種であるバンディ（一九五二年オスロ大会公開競技）[111]。今日とりわけ年金生活者のあいだで人気の高いバイエルン・カーリング（一九三六年ガルミッシュ・パルテンキルヒエン大会、一九六四年インスブルック大会で公開競技）。北極地方の娯楽である犬橇レース（一九三二年レークプラシッド大会公開競技）。スキージョーリング（一九二八年サンモリッツ大会公開競技）。スピードスキー（一九九二年アルベールビル大会公開競技）。冬季五種競技（一九四八年サンモリッツ大会公開競技）。冬季五種競技は、クロスカントリー、ピストル射撃、滑降、フェンシング、雪中乗馬といった関連性のある種目で構成されていた。この競技でスウェーデン勢が他を完全に圧倒することをおそらく考案者は考慮していなかった。さらに、こうした異なる種目の混合はトップ選手たちの理性を疲弊させたのだろう。一九九二年アルベールビル大会では、スイス人選手ニコラ・ボシャテーが公開競技のスピードスキーの事故で死亡し、スピードスキーは正式種目にならなかった。もっとも、事故は競技中に起こったのではなく、ボシャテーが朝のウォーミングアップ時に雪上車と衝突したものだった。しかし「スピードの出し過ぎ」が事故の理由として挙げられた。

いわゆるバイアスロンについて一言述べておこう。バイアスロンは、選手がまずクロスカントリースキーを行い、次いでライフルで射撃する冬季競技種目である。バイアスロンの背景にあるのは、一九一五年にノルウェーで冬季の戦争準備のために導入されたミリタリーパトロール競技だった。ミリタリーパトロール・チームは、士官一名、下士官一名、兵士二名から構成された。主催するのは軍であり、参加者はもっぱら兵士だった。一九二四年の国際冬季スポーツ週間で〔翌年、ＩＯＣ総会で第一回冬季オリンピック競技会に認定された〕ミリタリーパトロールは実施され、その後一九二八年サンモリッツ大会、一九三六年ガルミッシュ・パルテンキルヒエン大会、――第二次世界大戦を経て――一九四八年サンモリッツ大会でも行われた。戦後は「文民の」アスリートにも開放された。ミリタリーパトロールと並んで、冬季五種競技（乗馬、フェンシング、射撃、クロスカントリースキー、滑降）が公開競技として採用された。一九五二年オスロ大会では、一九五六年コルティナダンペッツォ大会と同様に冬季の戦争がまだ記憶にあったためか、ミリタリーパトロールと冬季五種競技は行われなかった。スウェーデン人将軍スヴェン・トフェルトの提案でミリタリーパトロールはバイアスロンへと改称され、一九五四年、ＩＯＣによって承認された。一九九二年アルベールビル大会からは、男子種目よりも短距離ではあるが女子種目も追加された。一九九二―二〇〇六年に金メダル四個、銀メダル三個を獲得した上級曹長リッコ・グロスが、ドイツ人バイアスロン選手ではもっとも活躍した。これに対して、世界選手権では連続してタイトルを獲得したマグダレーナ・ノイナーは、オリンピック競技会では二〇一〇年バンクーバー大会で金メダル二個と銀メダル一個「だけ」にとどまっており、早期に引退している。

パワースポーツと障害

カシアス・クレイからモハメド・アリへ

二〇世紀、プロスポーツはスポーツ以上のものを代表する巨人を輩出した。そのひとりが、一九六〇年オリンピック・ローマ大会でのボクシング・ライトヘビー級金メダリストのカシアス・クレイである。両親は、ケンタッキー州ルイヴィル生まれの息子に、アメリカ合衆国におけるもっとも有名な奴隷制度廃止論者のひとりにちなんで、カシアス・マーセラス・クレイと名付けた。カシアス・マーセラス・クレイは長いこと州議会議員を務め、共和党設立に参加した。またロシア大使に任命されてアラスカ購入に携わっている。彼は躊躇するエイブラハム・リンカーン大統領を押して奴隷解放宣言を発布させた[112]。ボクサーになったカシアスのほうは、自転車を盗まれたことがきっかけで、将来、自己防衛ができるようにと、一二歳でボクシングジムに通い始めた。四年後、彼は退学し、ボクシングのトレーニングに集中した。さらに二年が経過し、オリンピック競技会のライトヘビー級で優勝した。すべてのアマチュアタイトルを獲得したのちプロデビューした。スポーツ報道が彼に注目しなかったため、ゴージャス・ジョージのリングネームで活躍した大口をたたくプロレスラーのスタイルを模倣した。その後、クレイはリングに上がると韻を踏んで相手を嘲笑し、ノックアウトのラウンド数を予告して（「アーチー・ムーアはノックアウトされるだろう。床《フローア》にラウンド四《フォアー》で。」）相手を苦しめた。こうした行動は彼のボクシングスタイルとともにエンターテインメント性を著しく高めた。

このことは、ソニー・リストンに対する世界ヘビー級タイトルマッチで全世界に明らかになった。長年にわたってタイトルを保持してきたフロイド・パターソンは、一九五二年オリンピック・ヘルシンキ大会のボクシング・ミドル級で金メダルを獲得していた。リストンは、一九六二年、そのパターソンを一ラウンドでノックアウトし世界王者になった。それは王者パターソンが甘んじなければならなかった最速の敗北だった。クレイはリストンに対して賭け率一対七で圧倒的に不利だった。『ニューヨーク・タイムズ』紙は、「カシアス・クレイが吹くほらはそのボクシング能力よりも大

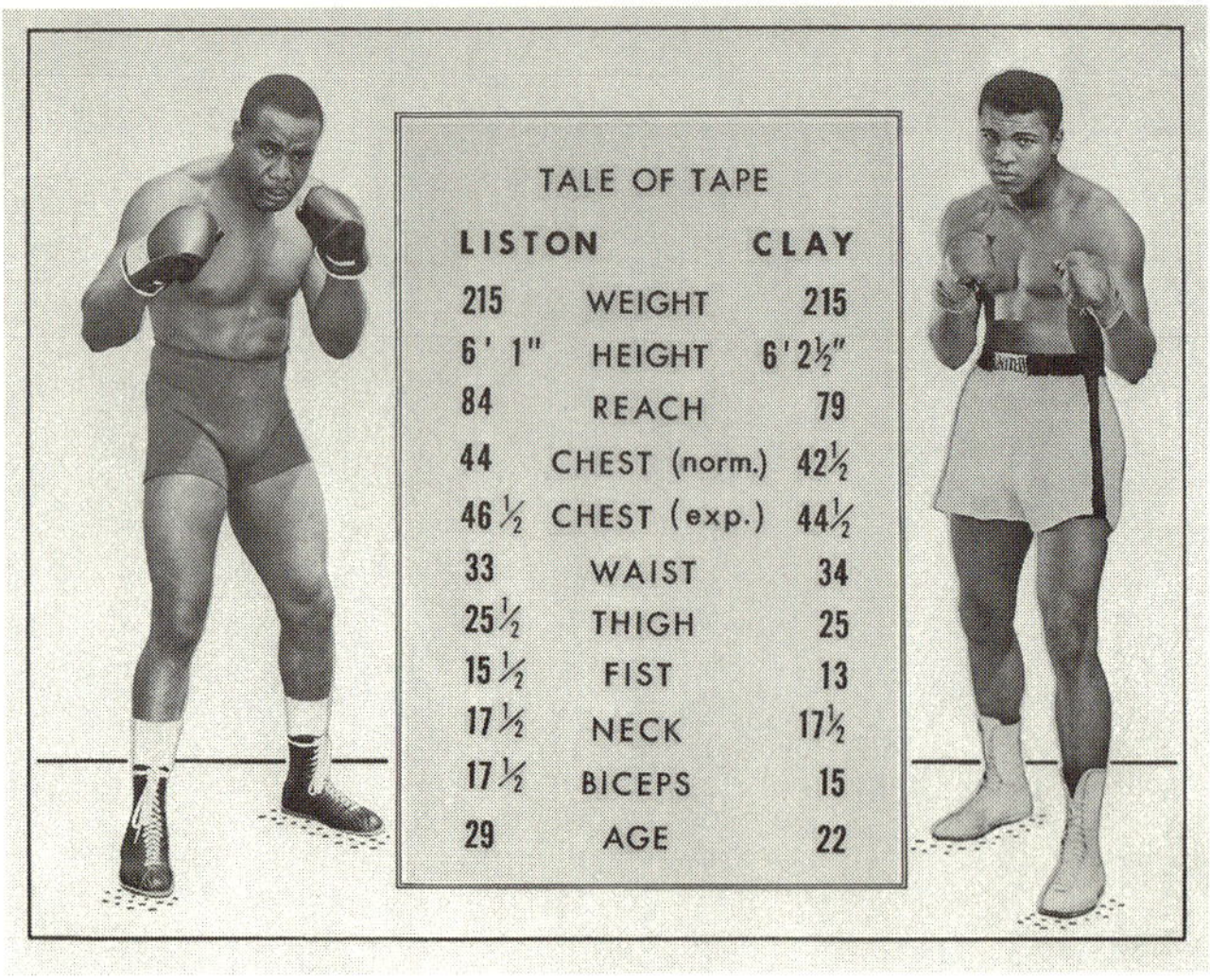

1964年2月25日、マイアミ（フロリダ）でのソニー・リストンとカシアス・クレイのヘビー級タイトルマッチのデータ。

きい」と書いていた。しかしクレイはリストンを負かしたのである。彼はこれまで知られていなかったようにリングを舞い、防御など必要なさそうに見え、雷のような速さのコンビネーションで打ちまくった。試合が大騒ぎに終わったのち、クレイは大胆にもこう言った。「俺はもっとも偉大だ！」一九六〇年、アメリカ大統領選でケネディ対ニクソンのディベートが政界で引き起こしたのと同じことを、一九六四年、このボクシングのタイトルマッチがスポーツ界で生起させた。つまり数百万の視聴者がテレビ中継でこの試合を観戦したのである。メディアでもボクシングでも、新時代が始まっていた。リストンはリターンマッチを挑んだが、新王者はリングで一〇五秒後にその試合を終わらせた。ファントム・パンチは非常に速く放たれたので、観客はそれに気づくことさえなかった。リストンが倒れながら意識を失っていたことはスローモーションでしかわからなかった。いまやクレイは世界チャンピオンだった。しかし彼はすでにそれ以上の者だった。[113]

リターンマッチに先立ち、新王者はまったく別の方法で自己を主張していた。彼は「ネーション・オブ・イスラム」に加入し、「奴隷名」を捨て、モハメド・アリと改名した。最初は宣伝のための冗談のように思われた改名は、彼にとっては本気だった。それから少しして、アリは公民権運動家マルコムXの指導のもとで政治的なイスラム教に改宗する。マルコムXは、一九五二年、朝鮮戦争の徴兵令を拒否し、アメリカ合衆国の政治システムの正当性を疑問視した。[114] アリは、キャリアの絶頂期――ヘビー級での非の打ちどころのない勝利の連続――には、エルヴィス・プレスリーやビートルズのようなスーパースターと並び、彼らと個人的に知り合うようになった。しかし新しい政治的・宗教的な友人たちによって、アメリカ合衆国の政治システムとの敵対を強めた。アリはヴェトナム戦争を批判し、一九六七年には次のような言葉で徴兵を拒否した。「いや、俺は故郷から一万マイル離れて、ほかの貧しい国民を殺し焼き払うことに手を貸さないだろう。奴隷の白い主人が世界の黒い民族たちの優位に立つことを手伝うためだけに。」一九六七年四月、アリは世界王座を剝奪された。どのような法的根拠に立っての措置なのかは不明のままである。さらに彼は五年の禁固刑を言い渡され、パスポートとボクシングライセンスを失ったが、保釈金を払って保釈された。その後、有罪判決は覆される。アリは頻繁にメディアに登場して、社会政策問題で立場を表明するようになった。もっとも、教団メンバーがマルコムXを暗殺したのち、「ネーション・オブ・イスラム」はアリの信頼を失っていた。[115]

ボクシングライセンスの剝奪に対する控訴審手続きは三年のあいだ続き、モハメド・アリは一九七〇年にライセンスを取り戻した。しかし彼の敏捷さは失われており、もはや以前のアリではなかった。前哨戦二試合を終え、アリは一九六八年以降世界王者だった〝スモーキン・ジョー〟・フレージャーと対戦した。フレージャーは、一九六四年オリンピック競技会においてボクシング・ヘビー級で優勝し、そのボクシング人生でいまだ敗北を喫したことがなく、たいていの試合をノックアウト勝ちしていた。無敗の元世界王者と現世界王者とのあいだの決着をつける対決は、それまでのボクシング試合にないほど期待された。双方二五〇万ドルのファイトマネーは当時としては法外だった。ニューヨークのマディソン・スクエア・ガーデンで行われた試合は、興行者側によって「世紀の対決」と称された。試合の経過はこの主張を正当化した。一九七一年、ひとりのボクサーがモハメド・アリを本気で苦境に陥らせることに初めて成功したのである。一一ラウンドでアリはノックダウンされそうになり、最終ラウンドで左フックを浴びて倒れた。ジョー・フレージャーは一五ラウンドでタイトルを防衛した。二年後、フレージャーは、一九六八年オリンピック競技会の金メダリストだったジョージ・フォアマンに負けた。一九七三年はモハメド・アリにとっても不運な年だった。アリはケン・ノートンに対して生涯二度目の敗北を喫し、顎を骨折した。

同じ一九七三年、三〇歳を超えていたアリは、もう一度、舵を切り直した。アリはまずリターンマッチでケン・ノートンに勝ち、数か月後、ジョー・フレージャー相手に勝利した。二度ともアリは苦境を切り抜けねばならなかった。彼のマネージャーは「蝶のように舞い、蜂のように刺す」というスローガンでアリのかつての資質をほのめかしてはいたが、踊るようなフットワークは難しくなっていた。この二度の勝利によってアリは新たに世界戦への挑戦権を得た。プロになってまだ一度も負けを知らず、ほとんどの相手を早いラウンドで倒していた男と、アリはまたしても対戦することになった。スポーツジャーナリストは、アリがジョージ・フォアマンに勝つなど不可能だと思っていた。興行名「ジャングルの中の戦い《ランブル・イン・ザ・ジャングル》」とされたこの試合は、一九七四年秋、(当時ザイール共和国の首都だった)キンシャサのナショナルスタジアムで、独裁者モブツ・セセ・セコの後援のもとに開催された。モブツはその帝国で西欧の衣服を着ることを禁止していた。アリは自分が優勢だと感じ、若い頃のように舞った。しかし彼の「刺し」が効かないように思われると、観客はアリの目に不安が見えたと言った。いずれにしても、アリは自分のテンポを貫くことはできないと気づいて、受け身のブロックに切り替え、空疎な言葉を吐いて根気よく相手を挑発した。戦術は効果を上げフォアマンはアリの身体を休みなく打ったが、しだいに疲労していった。八ラウンドの最後で、アリは相手の頭部に連続パンチを浴びせ、フォアマンはもんどり打って倒れた。

このノックアウト勝ちで、モハメド・アリは王者に返り咲いた。それから数カ月間、アリはそれほど有名でない数人を相手にタイトルを防衛した。そして、再びジョー・フレージャーを相手に、次の「世紀の対決」が一九七五年一〇月一日と決まった。このトップ対決は「スリラー・イン・マニラ」と宣伝された。アリは最悪の人種差別的言辞でフレージャーを揶揄し、先手を取った。「俺がマニラでゴリラを捕えるとき、それはスリラーに、ホラーに、殺人《キラー》になるだろう。」試合は劇的に展開した。序盤はアリが優勢だったが、フレージャーに対して徐々に優位を失っていった。六ラウンドで強い有効打を決めたあと、フレージャー優勢に転じたように見えたが、アリが最後のラウンドでま

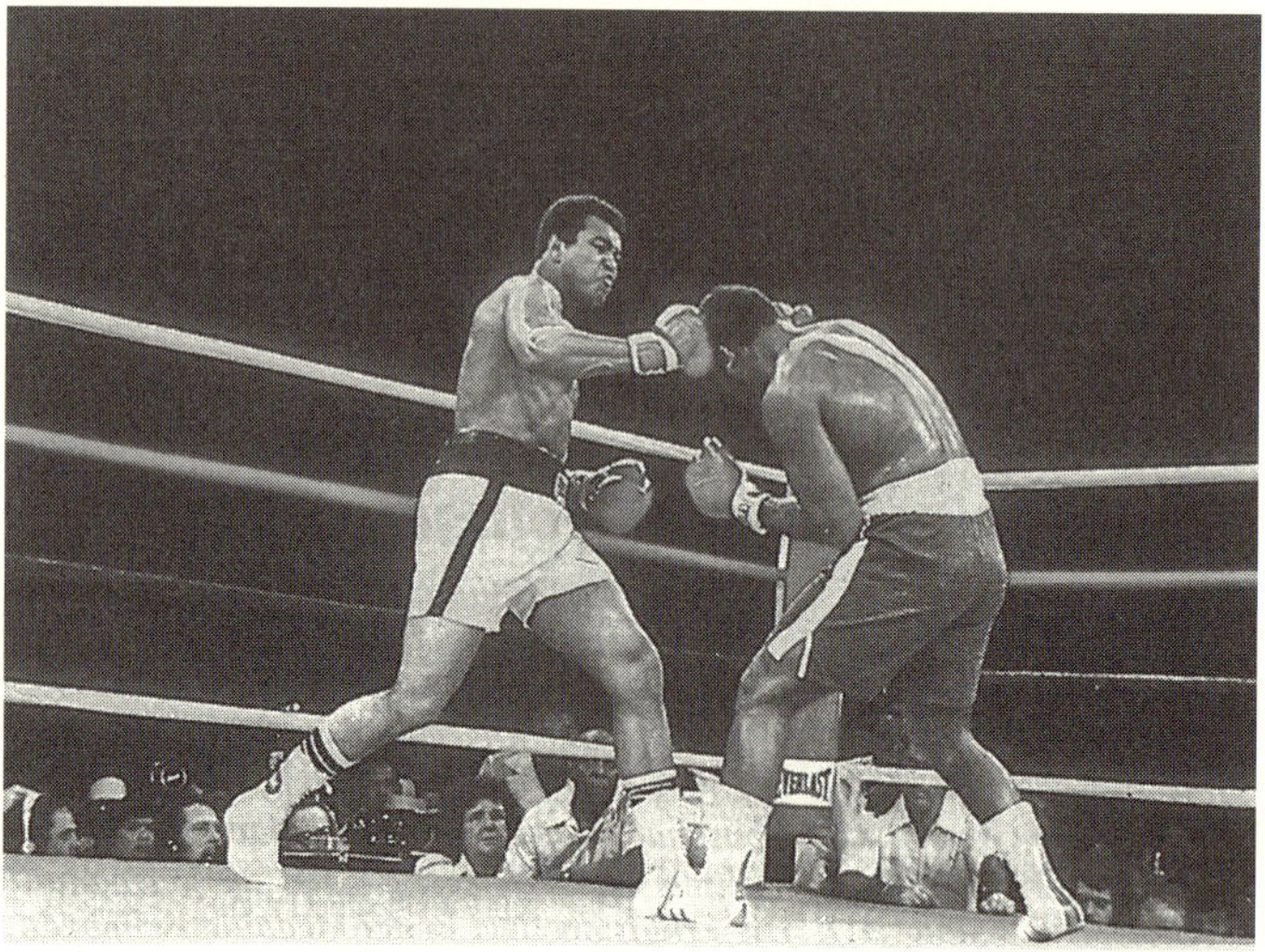

「スリラー・イン・マニラ」における世界王者たち。モハメド・アリ対ジョー・フレージャー。

たしても優位に立った。アメリカ合衆国のテレビ放送のゴールデンタイムに合わせて、試合は昼の摂氏四〇度、高湿度の中、エアコンのないアリーナで行われた。環境は殺人的だった。両者とも強い有効打を異常に高い頻度で放った。フレージャーの顔が膨張して何も見えなくなったので、トレーナーが一四ラウンド終了後、棄権を申し出た。アリーナで二万五〇〇〇人の観客を前に行われ、世界中にテレビ中継されたこの死闘は、ボクシング史上に残る一戦となった(116)。

二人のボクサーはこの死闘から立ち直ることができなかった。アリはのちにパーキンソン病を患うが、その原因を対戦相手から受けた強いパンチのせいだとする者は少なくない。アリは、二〇一一年、沈痛な面持ちでフレージャーの葬儀に参列し、世界に敬意を示した。アリは——一九六三年ののち——一九七二年、一九七四年、一九七五年に「ファイター・オブ・ザ・イヤー」に改めて選出されている。アリは無名の相手と三試合を行い、一九七六年秋、ケン・ノートン相手にもう一度タイトルを防衛した。しかし多くの観戦者にとって、この勝利の評価は定まらないままだった。アリは終わった。一九七八年二月、アリは、「勝ち目のないとされた」レオン・スピンクスを相手に敗北する。スピンクスは、一六年前のアリと同様、オリンピック競技会ライトヘビー級で金メダルを獲得していた。七カ月後、アリは再度、スピンクスを相手に世界王者として二度目のカムバックを果たす。しかし彼はその後、引退を表明した。病気の最初の徴候が現れたというのが理由だった。一九八〇年、ラリー・ホームズに対して三度目のカムバックを試みるが、王座を奪還することはできなかった。アリは有効打を一発も決められず、ホームズが手加減したためにノックアウトを免れた。

アリのボクシングの試合は、初期には軽やかさで衆目を集め、のちには重みを増していった。アリが有名人であり続けたのは、そのためばかりではなく、彼の内面の闘いゆえでもあった。その内面の闘いは、失意の伝記、奔流する多くの意見に逆らう勇敢な泳ぎ、世界の抑圧された者たちへの支持に表れている。彼は罹病したにもかかわらず、精神的には活発であり続け、アメリカ合衆国においても、また最重要な試合を行ったアフリカやアジアにおいても、世界に向けて発言し続けている。一九九九年、アリはＩＯＣによって「二〇世紀を代表するスポーツ選手」に選定され、二〇〇五年には、アメリカ大統領ジョージ・Ｗ・ブッシュの手から文民に贈られるアメリカ合衆国最高位の「大統領自由勲章」を授与された。同じ年、アリ生誕のルイヴィル市は、彼の栄誉を称えて「モハメド・アリ・センター」博物館を落成させている。(117)

障害者スポーツとして何を理解するのかによって、その前史は異なってくる。ジョージ・アイザーはキール出身で片脚を失い、職業は簿記係だった。一九〇四年オリンピック・セントルイス大会で、一日に六個ものメダルを獲得した。そのうち、跳馬、平行棒、二五フィート綱登りで三個の金メダルを手にしている。彼の家族は一八八五年にアメリカへ移住し、——ほかの多くのドイツ系移民と同じように——ミシシッピ川とミズーリ川の合流点に位置するセントルイスに住んでいた。当時、セントルイスは西部への入り口とみなされていた。アイザーは鉄道事故ののちに片脚に義足をつけねばならなくなったが、ドイツ系の「セントルイス・コンコルディア体操クラブ」のメンバーだった。ハンガリーのカロリ・タカーチは軍事演習の際に榴弾で右腕を失ったが、一九四八年オリンピック・ロンドン大会と一九五二年オリンピック・ヘルシンキ大会の二五メートルラピッドファイアーピストル種目で、左手で金メダルを獲得した。引退後、彼は射撃競技のコーチになっている。

障害者スポーツとしては、一九二四年以降、三年または四年毎に開催されている聴覚障害者のための国際競技大会が挙げられる。当初、その競技会は「世界聾者競技大会（*Silent World Games for the Deaf*）」という美しい名称をもっていたが、オリンピックに合わせ、現在では少々ぞんざいな感じのする造語「デフリンピック」と名乗っている。代表選手の派遣は各国の聾唖連盟に任されている。一九二四年の第一回パリ大会では九カ国から一四五人の選手しか参加しなかったが、二〇〇九年の第二一回台北大会は八三カ国から二九〇〇人のアスリートが出場し、参加人数という点から見ればこれまでの新記録を樹立した。夏季大会に加えて、一九四九年以降、「デフリンピック冬季大会」も開催されており、直近では二〇〇七年にソルトレークシティで第一六回大会が実施された。聾者競技大会参加者でもっとも有名なのはテレンス・パーキンである。彼は二〇〇一年デフリンピックで優勝する一年前に、オリンピック・シドニー大会の二〇〇メートル平泳ぎでも金メダルを獲得した。冬季大会の公式競技は、アルペンスキー、クロスカントリー、カーリング、アイスホッケー、スノーボードである。二〇一一年二月にスロヴァキアのハイタトラスで開催予定だった冬季大会は、「国際聾者スポーツ委員会」の報道によれば、理由不明のまま中止された(118)。

障害者スポーツの制度化には、神経外科医ルートヴィヒ・グットマンが決定的な役割を果たした。グットマンはシュレージエンのトースト(今日のポーランドのトシェック)に生まれ、フライブルク・イム・ブライスガウで博士号を取得した。ナチ独裁のあいだブレスラウのユダヤ病院長だったが、一九三九年に家族と一緒にオックスフォードへ亡命した。一九四四年、イギリス政府の委託で、グットマンはバッキンガムシャーにある「ストーク・マンデヴィル・ホスピタル」の脊髄損傷専門センター所長に就任した。彼はスポーツが患者にとって良い治療になると考え、まず一九四八年、傷害をもった傷痍軍人のために世界競技会を開催した。もっともその競技会には一四人の男性と二人の女性しか参加していない。ここではリハビリテーションが重要だった。四年後、彼は身体障害者のための第一回「国際ストーク・マンデヴィル競技大会」を実施した。この競技大会は世界中から一三〇名の参加者があり、障害者オリンピック競技会の原形のような様相をすでに呈していた。四年後、グットマンはオリンピック競技会と並ぶ障害者オリンピック競技会のヴィジョンのために表彰された。

一九六〇年、オリンピック競技会と同じローマで、第九回「国際ストーク・マンデヴィル競技大会」が行われ、二三カ国から四〇〇人のアスリートが出場した。しかし、参加を認められたのは車椅子常用者だけだった。それ以来、障害者競技会は常にオリンピック競技会と同じ年に開催された。特にそのために、一九六〇年の競技会は、二四年後になって第一回「パラリンピック」とみなされた(119)。

グットマンは、一九六一年、「イギリス障害者スポーツ協会」を設立していた。一九六九年までに、障害者スポーツ専用の初めてのスタジアムである「ストーク・マンデヴィル・スタジアム」が病院に隣接して建設された。スタジアムは設立者の死後、一九八〇年に「ルートヴィヒ・グットマン・障害者スポーツセンター」と改称された。一九八四年にはこのスタジアムで第七回パラリンピックが開かれている(120)。パラリンピックの発展は初期の規模を超えていた。一九七六年にさまざまな障害が認可されると、参加人数は四〇カ国から一六〇〇名と急成長した。さらに「冬季パラリンピック」も実施されるようになった。その第一回はスウェーデンのエールンシェルツヴィークで開催されたが、世界からあまり注目されなかった。一九八八年ソウル夏季大会において新基準が定められた。障害者競技会は伝統的なオリンピック夏季大会の直後に同一の開催地で行われた。その後、この連携は維持されている。一九九二年以降、「冬季パラリンピック」もオリンピックの終了後に同一の開催地で行われるという夏季パラリンピックと同様のモデルに従っている。しかしこの連携が国際パラリンピック委員会とIOCの協定によって正式に合意されたのは、二〇〇一年になってからのことである。

「スペシャルオリンピックス」は、障害者競技会よりも遅れて創立された。この競技会は、一九六八年、ジョン・F・ケネディ大統領の妹で社会学者のユーニス・ケネディ＝シュライバーによって開始された。別の妹ローズマリー・ケネディは、スポーツの催しへ行くのがたいへん好きだったが、知的障害のため生涯にわたって世間から隠され続けた。オーストリア系移民アーノルド・シュワルツェネッガーは、アメリカ合衆国において不動産業で莫大な財産を築いたのち、一九七九年には「スペシャルオリンピックス」の国際ウエイトトレーニング・コーチに就任している。

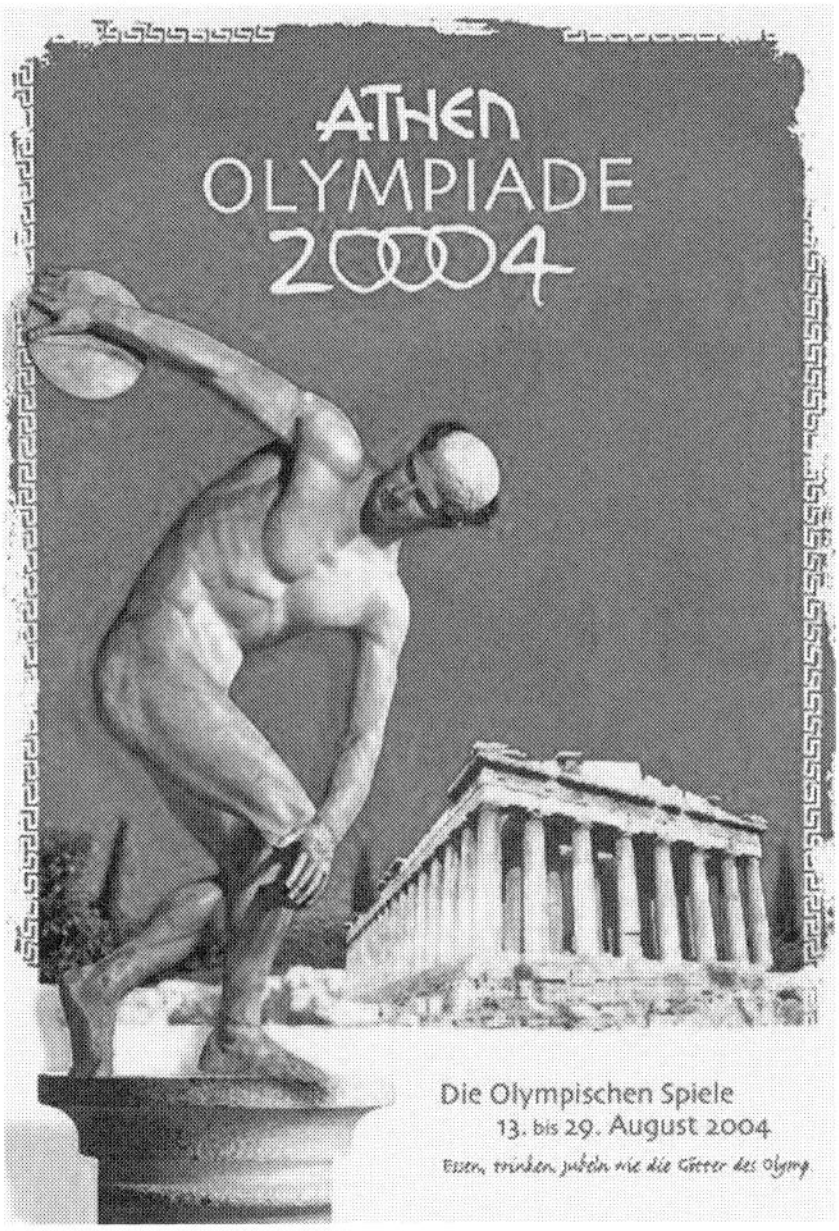

2004年オリンピック・アテネ大会

ミスター・オリンピア――アーノルド・シュワルツェネッガー

アーノルド・シュワルツェネッガーは五つの分野で世界的な経歴をもっている。まず第一にスポーツにおいて（重量挙げ、ウェイトトレーニング、ボディビル）、そして実業家として（不動産業とテーマレストランチェーンであるプラネット・ハリウッドの共同出資者）、第三に映画産業において（俳優と製作者）、第四に――あまり知られていないが――スポーツ教本の著者として、そして最後に政治家としてである。彼の比類ない経歴の基礎はスポーツにおける成功だった。父はグラーツ近郊のタール出身の警官であり、カーリング競技のチャンピオンだった。その息子アーノルドは、一五歳のときに、サッカーの監督から脚の筋肉を強化するためにウェイトトレーニングをするよう指示された。まもなくシュワルツェネッガーはオリンピック重量挙げのトレーニングを行うようになり、一九六五年にはオーストリアのヘビー級ジュニア・チャンピオンになった。同じ年、彼はボディビルを始めている。ミスター・ユニバースになったことから、一九六七年に渡米し、一九六九年には世界チャンピオンのタイトルを獲得、一九七〇年には初めてミスター・オリンピアで優勝した。これに呼応するかのように、同年、シュワルツェネッガーは『SF超人ヘラクレス』で映画デビューしている。この作品は長いこと映画史上の「ワースト一〇〇選」にランクインしていた。シュワルツェネッガーは、一九七〇年から一九七五年に引退するまで、オーストリア国籍のまま出場したボディビルの全競技会で優勝した。彼は合計して五回のミスター・ユニバース、七回のミスター・オリンピアのタイトルを獲得した。最後のミスター・オリンピア優勝は一九八〇年に短期間カムバックした時だった。

スポーツにおける成功と容姿は、シュワルツェネッガーに、映画産業ではなくアメリカの名門一族へ入る道も開いた。一九七七年、彼はボディビルダーの経験をもとにした映画『ステイ・ハングリー』における演技でゴールデングローブ賞最優秀新人賞を受賞し、ケネディ家主催のテニス大会で元大統領の姪マリア・シュライバーと知り合った。一九八六年に彼女と結婚し、四人の子供をもうけている。一九八〇年代・九〇年代には、『コナン・ザ・グレート』(一九八二年)、『ターミネーター』シリーズ(一九八四年、一九九一年、二〇〇三年)で映画俳優として頂点を極めた。『ターミネーター3』はアメリカだけでも一億五〇〇〇万ドルの興行収入があった。アクションファンが崇拝するそうした作品と並んで、彼はボディビルに関するドキュメンタリー映画にも出演した。さらにスポーツ教本も大きな成功を収めた。(121) シュワルツェネッガーの政治家としての輝かしい経歴は、ボディビルダーや俳優としての知名度、また実業家やアメリカン・ドリームの化身としての成功と直接に関連している。大統領ジョージ・H・W・ブッシュは、在職中の三年間、「大統領諮問機関である保険体育評議会」の議長にシュワルツェネッガーを任命した。引き続き、シュワルツェネッガーは一九九九年までカリフォルニア州における同種の職に就いている。二〇〇三年秋、彼はリベラルなケネディ家の一員でありながら、保守的な共和党から立候補し、四八・六パーセントの得票率でカリフォルニア州知事に選出された。五五・九パーセントの得票率をもって再選で勝利したのち、二〇〇七年には州知事二期目に就任した。さらに移民一世であるため大統領選に出馬できないにもかかわらず、大統領候補としても取り沙汰された。もっともそうした出馬条件は、『ザ・シンプソンズ』のような皮肉なアニメシリーズ、特に『ザ・シンプソンズ・ムービー』(二〇〇七年)では通用しない。シュワルツェネッガーは、そこでは繰り返し大統領役で登場している。

相変わらずヨーロッパのメディアは、ボディビルダーの経歴を理由にシュワルツェネッガーを苦笑することが少なくない。この姿勢は、強靭な肉体には脆弱な精神が宿っているにちがいないという古代のアスリート批判の焼き直しのように思われる。さまざまな欠点が指摘されているが、シュワルツェネッガーはまずカレッジで流暢でなかった英語を上達させ、ウィスコンシン大学で経営・国際経済学の学業を終了している。最終的に学問上の表彰がおのずと続いた。一九九六年にはウィスコンシン大学の名誉博士号を授与され、一九九一年と一九九七年にはホロコースト研究の支援が認められて、ウィーンのサイモン・ヴィーゼンタール財団のナショナル・リーダーシップ・アワードを受賞している[122]。

サッカー

闇を通って光へ——ドイツのサッカー

ドイツのサッカーの伝統は、——歴史家の視点からすると——非常に浅い。イタリア人のカルチョ、ノルマン人のスール、あるいはイングランド人のフットボールと匹敵するようなドイツのものは、現在まで史料としては見つかっていない。TSV1860ミュンヘンのサッカー部門も一八九〇年代になって創設された。大部分のサッカークラブの創立年は、ハノーファー（18）96とシャルケ（19）04のあいだであり、時としてイギリスと直接に関連している。[123] ドイツで最初のサッカークラブがかつてのハノーファー王国の地に創設されたのも偶然ではない。その王家はヴィクトリア女王とともに大英帝国を支配し、イギリスとの密接な結びつきを有していた。主導者は教育改革者コンラート・コッホ博士だった。彼はまず一八七二年、ブラウンシュヴァイクのカタリーネン・ギムナジウムにおけるトゥルネンの授業を補完するために遊戯運動を行い、二年後――イギリス製のオリジナルのボールを調達したのち――フットボールのプレーを始めた。一八七五年、彼はドイツで最初のフットボールのルール本を出版する。そのルールはサッカーとラグビーの中間に位置していた。[124] 同じ年、コッホは中級学年のための最初のフットボールクラブを設立した。競技場は「小練兵場」だった。明らかにコッホとその仲間にとって重要だったのは、青少年が関心をもつ遊戯によってトゥルネンを補完することだった。フットボールに続いて一八七五年には野球（「エックバル」）、一八七六年にはクリケット、一八九一年にはハンドボール（「ラフバル」）、一八九六年にはバスケットボール（「コルプバル」）が導入された。[125]

しかしながら、英国崇拝はドイツ帝国のどこでも人気があるわけではなかった。シュトゥットガルトの愛国的なトゥルネン教師カール・プランクは、「不作法な足の行い」を誹謗する文章を書き、一八九八年にもまだそれを「英国病」と呼んでいたが、その中傷文は悪名をはせた。[126] もちろんフットボールは非常に魅力的だと判明したので、数十年のうちに、ドイツ帝国全域だけではなくオーストリアでも、さらにはヨーロッパを横断した各地で、フットボールクラブが設立された。多くのイギリス人がスイスの私立学校に通っていたので、スイスだけは事情が平均して一〇年先に進んでいた。世界で最古のフットボールクラブとみなされているシェフィールドFCの設立は、一八六〇年の「ローザンヌ・フットボール・アンド・クリケットクラブ」より三年早いだけである。現存するスイス最古のクラブは、一八七九年にイギリス人学生によって創設されたFCザンクト・ガレンである。一八八〇年代、このクラブは毎日、正午から日没までサッカーをプレーしていた。当初からクラブは一八八六年に設立されたグラスホッパー・クラブ・チューリヒに負けていたが、一九〇二年、初めての「国際」試合でアレマニア・カールスルーエに大差の二六対〇で勝利した。[127] スイスは国際的にも刺激を与えた。チューリヒのフットボール選手で実業家ハンス・ガンパーは一八九九年にFCバルセロナを創設し、みずから最初の主将にもなって、一九〇三年までに五一ゴールを決めている。三試合で各九ゴールを上げ、彼は「バルサ」のゴール記録を保持している。だから、リオネル・メッシは奮闘しなければならない。[128] スイスでは一八九五年にサッカー協会が設立され、一八九七年／九八年に第一回ナショナル・リーグが実施された。グラスホッパーが優勝している。ドイツでは一九〇〇年にドイツサッカー連盟（DFB）が創設された。一九〇三年、ドイツ・サッカー選手権の第一回決勝戦は、VfBライプツィヒがDFCプラハ相手に七対二で勝利した。DFCプラハは一八九六年に創始されたドイツ系ユダヤ人のクラブだった。本来、プラハはボヘミアの首都として、ハプスブルク家のオーストリア・ハンガリー二重帝国の一部だったが、このプラハのクラブはDFB創設時のメンバーであり、第一回ドイツ・サッカー選手権で準優勝した。オーストリア初のフットボールクラブは一八九四年に創設されたファースト・ヴィエナFCである。ここから一九〇四年にオーストリアサッカー協会（ÖFB）が発展し、数カ月後、国際サッカー連盟FIFAに加盟した。

FIFAは一九〇四年に創立されたが、当初のメンバーは、スイス、デンマーク、フランス、ベルギー、スウェーデン、オランダだった〔スペインはサッカー連盟ではなく、マドリード・フットボール・クラブ（現レアル・マドリード）が代表した。〕。DFBは創立日に電信で加盟した。それ以来、FIFAは、サッカールールの統一、国際試合の組織、ヨーロッパ以外の諸連盟の統合に配慮している。[129] 一九三〇年には第一回ワールドカップが開催されたが、ヨーロッパからは四カ国のみがウルグアイ大会に出場しただけであり、ドイツも欠場した。四年後の大会はファシズム政権下のイタリアで実施された。1FCザールブリュッケンのストライカーであるエドムント・コーネンがハットトリックを決めたのち、ドイツは一回戦で五対二でベルギーを下したが、準決勝でチェコスロヴァキアに敗れた。一九三八年フランス大会では、ナチ・ドイツは――四年前とは異なり、チームは鉤十字の旗のもとに出場した――一回戦でスイスに二対四で敗退した。ドイツ帝国監督はゼップ・ヘルベルガーだった。一九四二年と一九四六年は第二次世界大戦のためにワールドカップは開催されなかった。一九五〇年ブラジル大会では、ドイツは戦争の責任国かつ敗戦国として参加を許されなかった。

ドイツのナショナルチームが再び出場を認められたのは一九五四年スイス大会からである。「ベルンの奇跡」はこれまであまりにも頻繁に物語られてきたので、ここで繰り返す必要はないだろう。むしろ、フライブルクの歴史学者フランツ・ヨーゼフ・ブリュッゲマイアーの著書を参照されたい。ブリュッゲマイアーは、ワールドカップにおけるドイツの優勝の意味を象徴的な次元でも巧みに解明している。要するに、ドイツ人たちは二重のアウトサイダーとしてベルンへやって来たのである。一方ではひとりの監督と高齢のサッカー選手たちとしてであり、他方では政治的に追放された民族としてである。ヘルベルガーとカイザースラウテルンのフリッツ・ヴァルターのように、彼らはナチ独裁の時代に自分たちの老いを認め合っていた。彼らのうちの数人は、捕虜になった結果、体力が弱っており、またドイツでの生活条件やトレーニング条件は劣悪だった。グループリーグでハンガリーに三対八で敗れたことは、否定的な評価を裏付けるように思われた。ゴールキーパーのトーニ・トゥレクによる好セーブによって西ドイツが決勝戦に運良く進み、再びハンガリーと対戦したとき、運命は決まったと見えた。優勝候補のハンガリー——四年以上、無敗だった——が八分後には二対〇でリードしていたからである。しかし西ドイツは同点に追いついただけではなく、試合終了の数分前にはヘルムート・ラーンが三対二に逆転する決勝ゴールを決めた。ラーンはDFBポカールに優勝したロートヴァイス・エッセンに在籍していた。そしてその逆転した点差を、試合が終了するまでかろうじて保持することができたのである。FIFA老会長ジュール・リメが西ドイツ・キャプテンのフリッツ・ヴァルターに優勝カップを手渡した。続く国歌演奏の際に、狂喜する観戦者たちは禁じられていた第一節「ドイツよ、すべてに冠たる、世界のすべてに冠たるドイツよ」を歌ってしまった。チームの帰還はどの駅でも優勝凱旋行進になった。各選手は、報奨金として一〇〇〇マルク、さらに企業寄贈品としてディンゴルフィングのグラス社のゴッゴモービル・スクーターを受け取った。ほかの企業も続々と現物寄付を行い、マギー社は自社製品の入ったプレゼント籠を贈った(130)。

サッカーがドイツ人の感情において特別な地位を占めるのはおそらくこの名誉回復のためだろう。しかしドイツの作家は、ほかのどのスポーツよりも、サッカーに対する態度表明を求められる。しかしドイツのサッカー史をサッカーと政治のワンツーパスとして記述する試みは、説得力をもたない。

FCバイエルン・ミュンヘンと「ビッグマネー」

FCバイエルン・ミュンヘンを理解しようとするならば、地域のライバルであるTSV1860ミュンヘンを考察しなければならない。TSV1860ミュンヘンは、長いこと本来のミュンヘン市クラブ（Stadtverein）だった。このクラブは、三月革命年の一八四八年、「バトラーのビアホール・バイエルンの獅子亭」のホールで創立され、その「共和制的活動」が理由ですぐに活動を禁止されたが、一八六〇年、「トゥルネン・スポーツ・クラブ（Turn-und Sportverein）」（TSV）として活動を再開した。クラブカラーは緑・金だったが、一八九九年に創設されたサッカー部門はバイエルン州のカラーである白・青で登場した。一九二六年、クラブはグリューンヴァルト通りに専用のサッカースタジアムである「ゼッヒツィガー競技場」を建設した。この競技場はクラブを破産の窮地に追い込んだ。クラブはエンブレムにちなんで「獅子たち」と呼ばれ、彼らは一九三一年にドイツ・サッカー選手権で準優勝し、一九四二年にDFBポカールで優勝、一九六三年にはドイツ・ブンデスリーガの創設メンバーとなった。これによってクラブの最盛期が始まった。セルビア出身のゴールキーパーであるペタル・ラデンコビッチは少年たちの心を虜にした。彼はスタジアムの端で少年たちを少しばかり楽しませ、自分にとっては試合などまったく関係ないかのように振る舞った。あるいはみずからフォワードに回り、ペナルティゴールを決めることもあった。あるフォワードがひとりで彼の前に登場し、直接、彼の両腕の中にボールを蹴ったときのシーンは有名である。「ラディ」――彼はそう呼ばれていた――は、その相手選手の足元にもう一度ボールを投げ、彼に二度目のチャンスを与えてやった。完全に度胆を抜かれたそのフォワードは、ラディの腕の中に再度ボールを蹴り込んでしまったのである。そうした奔放な行動は監督マックス・メルケルを失望させたが、クラブには熱狂的なファンをつくった。一九六四年、ゼッヒツィガーはDFBポカールで優勝し、一年後、「ウェンブリー・スタジアム」におけるUEFAカップウィナーズカップの決勝戦に進出したが、ウエストハム・ユナイテッドFCに敗れて準優勝した。センターフォワードのルディ・ブルンネンマイアーは、ブンデスリーガの得点王（二四ゴール）に輝いた。一九六六年にはリーグ優勝を果たし、翌年には準優勝している。ゴールキーパー・ソング『僕はラディだ、僕は王様だ』はヒットチャートの一位になった。(131)

こうした状況の中からFCバイエルンは始動した。クラブはようやく一九〇〇年に創設され、スタジアムももっていなかった。一九六二年／六三年にはブンデスリーガ参入も逃した。上昇し始めるのは一九六五年になってからである。新会長、新マネージャー、ユーゴスラヴィア人の新監督ズラトコ・〝チック〟・チャイコフスキーが加わり、三人の若手選手と契約を結んだ。ニーダーバイエルン出身のゴールキーパーであり、「アンツィングの猫」と呼ばれたゼップ・マイアー。(132)ミュンヘン近郊のギージング出身でミッドフィールダーのフランツ・ベッケンバウアー。そしてシュヴァーベン出身でフォワードのゲルト・ミュラー――〝爆撃機ミュラー〟――である。クラブは、レギオナルリーガ・ズュート（南部）で過ごした最後の年を、一四六得点三二失点という信じられないゴール数で終わらせた。FCバイエルンはまるで別の星からやって来たようなチームだった。ブンデスリーガへの昇格は、テニス・ボルシア・ベルリンを八対〇で下して決めた。ブンデスリーガでの初年は三位だった。優勝したのはTSV1860ミュンヘンである。しかしブンデスリーガの初年、バイエルンはすでにDFBポカールに優勝した。これが出発点となり、UEFAカップウィナーズカップ優勝を手にして、TSV1860との立場を完全に逆転した。二年前に優勝を逃したTSV1860ミュンヘンとは異なり、バイエルンは決勝戦における延長戦でグラスゴー・レンジャーズを一対〇で下した。ゴールを決めたのは、〝ブレ〟・ロートだった。翌年、バイエルンはDFBポカールを防衛し、ブンデスリーガにおける未曾有の勝利の連続を開始した。ドリームチームは一九六八年／六九年にブンデスリーガ・チャンピオンになり、そののち二回準優勝し、さらに新監督ウド・ラテックのもとで三連覇を果たした。一九七一年／七二年（一〇一得点三八失点、勝ち点獲得五五喪失一三）、一九七二年／七三年、一九七三年／七四年である。

こうした成功の時代にも、ドイツ各地でクラブを嫌う動きが根ざしていたのは明らかである。名プレイヤーたちは庶民の出であり、ブラジルのスター選手と変わらず、自分のボールもなく、ストリートサッカーから始めていたにもかかわらず、クラブにはビッグマネーが噂された。ユルゲン・ブッシエやノルベルト・ザイツのような経験豊かな作家やジャーナリストさえも、そうしたステレオタイプを促進した。[133] それゆえ、このステレオタイプに一言述べたい。それは新しくもなければオリジナルでもなく、一九二〇年代の反ユダヤ主義運動に遡るのである。当時、クラブ会長はミュンヘン出身のユダヤ商人の息子クルト・ランダウアーだった。彼は一九〇一年以降バイエルン・ミュンヘンでプレーし、一九一三年に会長に選出され、――第一次世界大戦においてドイツ帝国のために前線で戦ったが、その中断を含めて――一九三三年まで会長職にあった。この期間、ＦＣバイエルンは二度、南ドイツ・チャンピオンになり（一九二六年と一九二八年）、一九三二年にはドイツ・チャンピオンになっている。チャンピオンチームの監督はリヒャルト・コーンだった。彼は〝リトル・ドンビ〟と呼ばれ、ユダヤ教を信仰していた元オーストリア・ナショナルチームの選手だった。[134] ＦＣバイエルンは大恐慌を上手く切り抜けて首尾良く上昇していたが、ライバルはこの成功を喜ぶどころではなかった。ＴＳＶ１８６０ミュンヘンはスタジアム建設の負債で崩壊し、絶望的に救済を求めていた。同じ頃、ビッグマネーのクラブとしてのユダヤ人クラブに対する反ユダヤ主義運動が始まった。[135]

一九三三年、ナチ党が政権を掌握すると、ランダウアーは『ミュンヘン新報』（『南ドイツ新聞』の前身）の広告部長職を失い、ＦＣバイエルンの会長職も辞めなければならなかった。一九三八年、彼は数週間ダッハウ強制収容所に送られ、翌年、――監督コーンと同様――査証をもってスイスへ亡命することができた。四人の兄妹姉妹はドイツで殺害されている。ナチ党にとって、ＦＣバイエルンは政治的に信頼できない団体だった。というのも、一九四三年にナチ党幹部がクラブのトップの座に就いたのちでさえ、クラブはランダウアーとの関係を保持していたからである。一九四三年、スイス・ジュネーヴのセルヴェットＦＣに対する遠征試合後、バイエルンの選手たちはスタンドへ走り寄り、元会長に挨拶した。ゲシュタポはそのユダヤ人クラブを徹底的に脅迫した。一九四七年、ランダウアーはミュンヘンに戻り、再び会長に選出された。彼は自分のクラブチームを復活させようとした。[136] ＦＣバイエルンのウルトラスのひとつである「シッケリア・ミュンヘン」は、数年前からクルト・ランダウアー杯を賭けた「反人種差別主義競技会」を実施している。二〇〇九年には、サッカークラブのマッカビ・ミュンヘンがランダウアーの生誕一二五周年記念式典をダッハウ強制収容所追悼地で行い、代表取締役カール＝ハインツ・ルンメニゲがFCバイエルンを代表した。元バイエルン州首相で、現在はバイエルン・ミュンヘンの経営顧問会長エドムント・シュトイバーはこう述べた。「FCバイエルンはクルト・ラウンダウアーを誇りにしている。ラウンダウアーにはきわめて多くのことを負っている。[137]」

一九六〇年代、学校の中庭の至る所でバイエルンとゼッヒツィガーのファンのあいだで小競り合いが生じたが、TSV1860の若いファンたちは彼らの対立が生まれた歴史的経過を知らなかった。獅子たちはすでに一九三三年に均制化され（gleichgeschaltet）、ユダヤ人選手は外国へ逃れた。[138] TSV1860はナチ党幹部によって運営され、反ユダヤ主義のステレオタイプ――「ビッグマネー」に対する抗議運動――が始まった。会長フリッツ・エーベンベックは一九二三年にヒトラーのミュンヘン一揆に参加し、一九三四年に突撃隊中佐に選ばれた。一九三七―一九四五年には、医師で突撃隊大将エミール・ケッテラーが会長職を引き継いでいる。ケッテラーの娘ヴァルトルーデは、一九三九年、親衛隊少尉ハンス＝マルティン・シュライアーと結婚した。戦後、シュライアーはドイツ経営者連盟会長を務めたが、極左テロ組織によって殺害され、シュトゥットガルトの「ハンス＝マルティン・シュライアー室内競技場」は彼にちなんで名付けられた。[139] TSV1860ミュンヘンは、当時、堅実なFCバイエルンとは対照的に、地域政治においてナチ党とつながった援助でしか破産を免れることができなかった。それゆえ、ヴェルダー・ブレーメン、VfBシュトゥットガルト、一九三〇年代のドイツ・サッカー選手権チャンピオンであるFCシャルケ04と並んで、四つの「ナチズムを掲げたクラブ」のひとつだった。[140] のちになってようやく、TSV1860もみずからの歴史におけるこの暗部を意識し、―クラブ副会長でバイエルン州の社会民主党の元代表フランツ・マーゲートのように――認めたのである。[141]「ビッグマネー・クラブ」としてのFCバイエルンに関しては以上である。

ドリームチーム

FCバイエルンは、ドリームチームの中心選手たちを、文字通り、ライバルTSV1860の鼻先でかっさらってきた。フランツ・ベッケンバウアーは、本来、所属していたミュンヘン市区のクラブからゼッヒツィガーに移籍しようとしたが、ゼッヒツィガーのユース選手からひどい仕打ちを受けたと感じ、衝動的にバイエルンに入団することを決意した。[142] バイエルンは、ゲルト・ミュラーの場合と同じように、ベッケンバウアーの実家でゼッヒツィガーよりも良い条件を提示した。つまりレギュラーメンバーの地位を確約したのである。チャンピオンチームのTSV1860では考えられなかっただろう。二人はレギュラーとして出場した最初の数試合で早くもゴールを決めた。「ちびで太ったミュラー」――監督のチャイコフスキーは彼をそう呼んだ――はゴールゲッターに成長し、ベッケンバウアーはゲームメーカーに出世した。彼らにとって最初のシーズンの第四節に、チームは初めてブンデスリーガで一位となったが、その年はTSV1860が優勝した。ライバルとの最初の試合、彼らは〇対一で負けたが、シーズン後半の次の試合は三対〇で勝利した。

ＦＣバイエルンは、一九六八年／六九年、――一九三二年以後初めて――ブンデスリーガで優勝した。ゼップ・マイアーの失点は、二位のクラブチームのキーパーよりも二〇点少なかった。勝ち点獲得四六喪失二二は、今日の計算によれば――以前は一勝利に二点だったが、現在では三点与えられる――勝ち点獲得六四喪失二八である。ゲルト・ミュラーが三〇得点で得点王になり、一九六四年のウーヴェ・ゼーラーの記録と並んだ。フォークソング歌手フレドル・フェスルの次の歌詞はこの時代のものである。

突然ミュラーがゴール前に躍り出る、
観衆は「ウーヴェ」と叫んだようだ、
そこでミュラーはすぐにシュートを外す、
自分の名が呼ばれなかったからさ

続く数年間、ミュラーは、各シーズンで三八得点（一九六九年／七〇年）から四〇得点（一九七一年／七二年）を上げ、両シーズンで「ヨーロッパの得点王」に選ばれ、ゴールデンシューを贈られた。この四〇得点は、その後、ブンデスリーガのほかのフォワードによっても、またミュラー自身によっても達成されていない。ミュラーはさらに三回、得点王となった。一九七七年／七八年の二四得点が最後だった。比較のために記すと、のちのドイツ・ナショナルチーム監督になるルディ・フェラーとユルゲン・クリンスマンは二三得点と一九得点で得点王となっている。ゲルト・ミュラーは、これまでブンデスリーガ得点王となった選手の中で最年少（一九六六年／六七年）であり、かつ最年長であった。また彼はバイエルンのもうひとりのストライカーであるカール＝ハインツ・ルンメニゲを上回り、得点王にもっとも多くなっている（七回／一九六七年、一九六九年、一九七〇年、一九七二年、一九七三年、一九七四年、一九七八年）。現在まで、ルンメニゲの記録に並ぶのもウルフ・キルステンだけである。ゲルト・ミュラーは、一九六五年から一九七九年まで、ブンデスリーガにおいて（四二七試合で）通算三六五得点――すべてFCバイエルン時代である――を上げ、ドイツの記録リストのトップにいる。彼は西ドイツ代表としては六二試合で通算六八得点を記録し、西ドイツ代表チームのもっとも成功したストライカーである。FIFAワールドカップ得点王リストでは三二年のあいだ首位だったが、二〇〇六年、ロナウドがこれを塗り替えた。総計して、ゲルト・ミュラーは、記録された一二〇四の公式戦および親善試合で一四五五得点を上げた（一試合につき一・二一得点）(143)。

一九七〇年代初頭、FCバイエルンの試合は圧倒的だった。バイエルンは一九七一年／七二年シーズンに一〇一得点を上げ、勝ち点獲得五五喪失一三だった。二四勝とわずか三敗であり、これは今日の計算によると勝ち点獲得七九喪失一六である。シャルケ０４にとっても――同じ二四勝で――並はずれた良年であった。最終日前の時点で、シャルケ０４はバイエルンにわずか一点及んでいなかった。もしもシャルケがさらに一勝していたら、優勝を手にしていただろう。しかし、新しい「ミュンヘン・オリンピアシュタディオン」で行われた「決勝戦」は劇的だった。バイエルンがシャルケ０４を五対一で下したのである。フランツ・ベッケンバウアーはそのシーズン最後の（一〇一回目の）ゴールを決め、一連の勝利のだめ押しをした。多くの相手チームは圧倒的大差で敗北を喫していた。バイエルンはホームゲームでは一度も負けず、ボルシア・ドルトムントには一一対一、ロートヴァイス・オーバーハウゼンには七対〇、ヴェルダー・ブレーメンには六対二、アイントラハト・フランクフルトには六対三、MSVデュースブルクとVfLボーフムには五対一、メンヒェングラートバッハには二対〇、さらにアウェーで、1FCケルン、ハンブルガーSV、VfBシュトゥットガルトに四対一で勝った。ゲルト・ミュラーがこのシーズンで完全なる得点王記録を樹立したとはいえ、クラブの覇権は二人の新しい名前と結びついている。彼らは、三巨頭マイアー、ベッケンバウアー、ミュラーと同様、ほぼ毎試合フィールドに立っていた。ウリ・ヘーネスとパウル・ブライトナーである。

彼らは、ストリートサッカー出身のチャンピオン第一世代を補完する重要なタイプの選手だった。実業家とインテリだったのである。シュヴァーベン出身のウリ・ヘーネスは、大学で勉強したにもかかわらず家業に縛られていた。弟ディーター・ヘーネスはのちにヘルタBSCベルリンのマネージャーになるが、その弟とともにウルムの地元クラブで選手生活を開始した。一五歳でDFBのU15選抜のキャプテンになり、オーバーバイエルン出身のパウル・ブライトナーと親しくなる。一九七〇年、二人はラテック監督によってバイエルンへ引き抜かれた。ブライトナーもサッカー選手としてのキャリアのために大学を中退したが、ヘーネスとは異なりインテリを演じた。彼は「政治的左派の」姿勢を表明して世間を驚かせ、ヴィリー・ブラントのために選挙運動を行い、『ビルト』紙のコラムニストも務めた。DFBを批判して認められ、テレビのためにスポーツ番組をプロデュースし、著書を出版し、頭でするサッカー（Kopf-Ball）〔Kopfballは本来「ヘディング」の意味で、ブライトナーの著書のタイトルである〕を代表した。[144] 児童ス

サッカー界における新しいタイプの選手たち。1973年6月5日、ウリ・ヘーネスとパウル・ブライトナー。

ポーツ財団の創立メンバーでもあった。これに対してヘーネスは、キリスト教社会同盟（CSU）と党首フランツ・ヨーゼフ・シュトラウスの側に確固たる地歩を占め、いかなる時代思潮にも抵抗する姿勢を隠さなかった。現役引退後、FCバイエルンの経営を引き受けて大きな成功を収めた。[145] ゼネラルマネージャーとしてスポーツ政策に頑固に携わり、また窮地に陥った同僚たちを支援し、有名人となっている。[146] マイアー、ミュラー、ベッケンバウアーと同様、ヘーネスは選手生活もマネージャー生活もFCバイエルンで送った。彼は一九回リーグ優勝し（そのうち三回は選手として）、一〇回DFBポカールで優勝している（そのうち一回は選手として）。西ドイツが一九七二年にUEFA欧州選手権ベルギー大会でヨーロッパチャンピオンになり、一九七四年にFIFAワールドカップ西ドイツ大会で世界チャンピオンになったとき、そのチームはFCバイエルン・ミュンヘンを拡大したものだった。先発メンバーは、ゼップ・マイアー、フランツ・ベッケンバウアー、ゲルト・ミュラー、ゲオルク・シュヴァルツェンベック、パウル・ブライトナー、ウリ・ヘーネスだった。一九七二年、UEFA欧州選手権の決勝戦はブリュッセルで行われたが、その決勝戦においてバイエルンのその六人を補ったのが、ボルシア・メンヒエエングラートバッハの選り抜きたちだった。つまり、ベルティ・フォークツ（決勝ラウンドには出場しなかった）、ホルスト＝ディーター・ヘットゲス、ギュンター・ネッツァー、ヘルベルト・ヴィンマー、ユップ・ハインケス、そしてエルヴィン・クレーマーズである。このチームはドイツ・サッカー史上最強とみなされている。チームは準決勝でベルギーに二対一で（ゲルト・ミュラーが二得点）、決勝でソ連に三対〇で勝利した（ミュラーが二得点、ヴィンマーが一得点）。ミュラーは得点王となっている。ギュンター・ネッツァーは西ドイツ年間最優秀選手、ベッケンバウアーは欧州年間最優秀選手になった。一九七四年FIFAワールドカップにおいて、先発メンバーは、再度、ゼップ・マイアー、フランツ・ベッケンバウアー、ゲルト・ミュラー、ゲオルク・シュヴァルツェンベック、パウル・ブライトナー、ウリ・ヘーネスだった。オランダとの決勝戦では、ベルティ・フォークツ、ライナー・ボンホフ、ヴォルフガング・オヴェラート、ユルゲン・グラボウスキ、ベルント・ヘルツェンバインがさらにチームに加わった。決勝は、一次リーグの三試合と三位決定戦と同様、「ミュンヘン・オリンピアシュタディオン」——当時FCバイエルンのスタジアム——で行われた。決勝戦ではオランダが天才的なボールさばきを始めた。もしもウリ・ヘーネスが止めていなければ、ヨハン・クライフ〔オランダ代表〕が試合開始後二分にゴール直前でシュートポジションに入っていただろう。ペナルティキックがオランダの得点になり、ドイツは早々に劣勢となった。しかしオランダを二対一で下した決勝戦において、ドイツが七万五〇〇〇人の観客の前で上げた二ゴールは、パウル・ブライトナー（ペナルティキック）とゲルト・ミュラーが前半で決めた。ミュラーのゴールはいかにも彼らしかった。オランダは、ボールがどのようにゴールに入ったのか、あとになってもわからなかった。皇帝フランツ・ベッケンバウアーのゲームメークは卓越していた。後半、オランダはゲームを支配していたが、ゴールキーパーのゼップ・マイアーに止められた。ミュラーのドイツ三本目のシュートはオフサイドとみなされ、カウントされなかった。キャプテンのフランツ・ベッケンバウアーは西ドイツ年間最優秀選手に選ばれた。一六年後、そのスーパープレイヤーはもう一度、代表監督としてワールドカップを制覇した。一九七五年——FCバイエルンは五月にパリで欧州チャンピオンズカップで再び優勝し（リーズ・ユナイテッドAFCに二対〇）、翌年インターコンチネンタルカップでも優勝した（クルゼイロECに二対〇）——以後、最重要選手の引退によって、FCバイエルンの順位は転落し、西ドイツ代表チームも衰退していった。しかし一九八〇年代、成功が戻ってきただけではなく、FCバイエルンの優勢がさらに顕著になった。カール＝ハインツ・ルンメニゲという新しいリーダーを得たのち、クラブは、一〇年間で六回、ブンデスリーガで優勝した。一九八四年にはフランケン出身のローター・マテウスが移籍してきて、チームはさらに強化された。一連の勝利は次のような好戦績によって強調された。（一九七九年／八〇年、一九八四年／八五年）フォルトゥナ・デュッセルドルフに対して、（一九八三年／八四年）アイントラハト・ブラウンシュヴァイクとヴァルドホーフ・マンハイムに対して、（一九八五年／八六年）メンヒエングラートバッハとハノーファー96に対して、（一九八七年／八八年）ハンブルガーSVとFCホンブルクに対して、すべて六対〇で勝利し、また、（一九八一年／八二年）フォルトゥナ・デュッセルドルフに対して、（一九七九年／八〇年）ヴェルダー・ブレーメンに対して七対〇で勝利し、さらに、（一九八七年／八八年）シャルケ04に対して八対一で勝利し、（一九八三年／八四年）キッカーズ・オッフェンバッハに対して九対〇で勝利している。一九九〇年代、FCバイエルンは、一〇年間で五回、ブンデスリーガ優勝を記録した。オリバー・カーン、メーメット・ショル、ユルゲン・クリンスマンといった三つの新星がバイエルンの空に輝いたのである。ファンはFCバイエルンの優位を当然視していると対戦チームの目には映った。[147] それに対して対戦チームは、時に悪趣味な発言をするようになった。[148]

二一世紀の最初の一〇年、FCバイエルンは再び六回優勝したが、（二〇〇九年／一〇年）ハノーファーに対する七対〇を除くと、一九七〇年代や一九八〇年代のような華々しい大勝はなかった。ブラジル、ペルー、パラグアイ、イタリア、クロアチア、オランダ出身の好感のもてるストライカーたちはいたが、かつての栄光の時代の高得点は戻ってこなかった。もっとも、巨人カーンは、二〇〇七年／〇八年の引退シーズン、失点を歴史的な低さの二一に抑えた。一方、翌年、彼の不運な後継者は、前年とほぼ同じディフェンダー陣だったにもかかわらず、非常に多くの失点を浴びてしまい、シーズン最後には四二を数えた。ブンデスリーガの全ゴールキーパーの中でFCバイエルンのライモント・アウマンだけが、一九八八年／八九年シーズン、二六失点で、巨人カーンに近づいた。単純にブンデスリーガの優勝回数を見ると、その順位は総計して、FCバイエルン（二二回）、1FCニュルンベルク（九回、最後は一九六八年）、ボルシア・ドルトムントとシャルケ（各七回）、ハンブルガーSV（六回、最後は一九八三年）、シュトゥットガルトとメンヒェングラートバッハ（各五回）、ブレーメンとカウザースラウテルン（各四回）、ケルン、グロイター・フュルト、VfBライプツィヒ（各三回）、ハノーファー、ドレスデン、ヘルタBSCベルリン（各二回）、そして、一回だけしか優勝していない「はかない存在たち」が続く。

一九〇二年／〇三年、ドイツ・サッカー選手権初代チャンピオンはVfBライプツィヒだった。しかしその優勝は一九一三年を最後に途切れる。かつてバイエルン・ミュンヘンと似た優勢を占めたのはひとつのクラブチームだけである。一九三三―一九四二年のFCシャルケ04だった。シャルケ04は六回優勝した。ナチ独裁の一一年間に六回である。ドレスデンSCは戦争中最後の二年間のみチャンピオンになった。ドレスデンSCは、一九七四年FIFAワールドカップで西ドイツを優勝させた代表監督ヘルムート・シェーンが所属していたクラブである。ヒトラーの故国オーストリアが「大ドイツ帝国」に併合されたのち、シャルケの優勝はSKラピード・ウィーンによって一度中断された。シャルケの最重要選手フリッツ・シェパンと義兄エルンスト・クツォラは一九三七年にナチ党に入り、一九三八年、ユダヤ人商人から没収した財産の「アーリア化」で私腹を肥やした(149)。驚くべきことに、二人は一九四五年後クラブに復帰している。シェパンはまず選手として、さらに監督として、最終的に――「ユダヤ人信託会社」への補償支払い後――一九六三―一九六七年にはクラブ会長としてである。死後ようやく彼の政治的問題が議論され、ゲルゼンキルヒェン市は通りに彼の名をつけることを最終的に拒否した(150)。

FCバイエルンは覇権を握り続けたことで、ドイツ全国とそれを越えて幾つものファンクラブを有する全ドイツのクラブに成長した。クラブ会員数は、二〇〇〇年から二〇一〇年までにほぼ二倍の一七万人になり、これに加えて二〇万人以上の会員をもつ約三〇〇〇のファンクラブがある。座席数六万九〇〇〇の「アリアンツ・アリーナ」――FCバイエルンの新スタジアム――の入場券は、常に試合のはるか以前に売り切れてしまう。ここに成功の当初の時代との大きな違いがある。戦後初めてチャンピオンになったとき、観客数は平均してわずか二万五〇〇〇人であり、一九七〇年代におけるクラブの栄光の時代でさえも三万五〇〇〇人だった。さらにテレビ放映権収入の増加を考慮すると、財政基盤は完全に変化した。国際的には――たとえばニュース放送局CNNやBBCでは―、ドイツのサッカーについてはほとんどFCバイエルンしか扱われない。バイエルンが常に国際試合に出場しているからである。クラブは国際的なスーパースターとの契約を増やしている。最近ではフランス人フランク・リベリーやオランダ人アリエン・ロッベンである。その移籍金はかつてないほどの高額になった（三八〇〇万ユーロないしは三五〇〇万ユーロ）。それだけに、現在、FCバイエルンのユースチーム出身のプレイヤーたちが中心戦力になっているのは驚きである。バスティアン・シュヴァインシュタイガーやトーマス・ミュラーといったトップ選手たちである。

ほかのトップクラブが支払う移籍金と比較すると、バイエルン・ミュンヘンは依然としてその収入を上手く配分している。二〇〇九年、レアル・マドリードは、クリスティアーノ・ロナウドのために九三〇〇万ユーロもの移籍金をマンチェスター・ユナイテッドに払った。FCバイエルンが二〇一一年／一二年シーズンに移籍のために出費した約四〇〇〇万ユーロ（そのうち二二〇〇万ユーロをマヌエル・ノイアーのためにシャルケ04に支払った）は、ブンデスリーガの中では平均以上に高額であるが、イギリス、イタリア、スペイン、フランスの一部リーグの出費と比較すると、むしろ少ない。二〇一〇年、ドイツで出費された全移籍金は総計して一億六七〇〇万ユーロだったが、イギリスでは五億五九〇〇万ユーロ、イタリアでは五億三三〇〇万ユーロ、フランスでは一億九六〇〇万ユーロだった。マンチェスター・シティのようなクラブは九三〇〇万ユーロ（そのうち、アルゼンチン出身のセルヒオ・〝クン〟・アグエロだけに四五〇〇万ユーロ）を、さらにパリ・サンジェルマン、ユヴェントス、チェルシーFCは、それぞれ約八六〇〇万ユーロを移籍金として出費した。市場価値最高額のプレイヤーはアルゼンチン出身の二四歳のリオネル・メッシだろう。二〇一二年初め、その移籍金は一億ユーロだった。[151] FCバイエルン以外のドイツのどのクラブも彼を「買う」ことはできないだろう。しかし、そうした買い物は充分な準備金の上に経営されているバイエルン・ミュンヘンの哲学とは相容れない。一方、スペインやイタリアのクラブはその故国と同様、多額の借金をかかえている。世界をリードするサッカークラブが財政危機から立ち直るのかどうか、あるいは石油王――チェルシーのようにロシア人の実業家――が救済に駆けつけるのかどうかは、今後、明らかになるだろう。

トップスポーツ

一〇〇メートル走

長距離走は俯瞰が効かないため、さまざまなカメラポジションを伴ったテレビ中継が導入されて初めて多くの人々が観戦するようになったが、短距離走は当初から注目の的だった。世界で最速の人間とみなされるのは一〇〇メートル・スプリンターである。一〇〇メートル走は陸上競技の花形となった。一〇〇メートル優勝者の名はマラソン優勝者よりも知られ、他方で、一〇〇メートルより短距離を走るランナーはほとんど関心を示されない。第一回近代オリンピック競技会・アテネ大会以降、一〇〇メートルで圧倒的に優位に立つのはアメリカ合衆国の選手たちである。初代オリンピック優勝者は一二秒〇のタイムを記録したボストン出身のトーマス・バークだった。もっとも、二位のドイツ人体操選手ホフマンとは僅差だった。ホフマンは本来は綱登りのスペシャリストだった[152]。初めて連続優勝を果たしたのは、一九〇四年と一九〇八年に金メダルを獲得した「ミルウォーキーの流星」アーチー・ハーンである。ジェシー・オーエンスは、一九三五年、オハイオ州立大学のスポーツ施設で四五分のあいだに五つの世界記録を樹立して有名になった。一九三六年オリンピック・ベルリン大会では、一〇〇メートル、二〇〇メートル、四×一〇〇メートルリレー、走幅跳びで優勝し、最多金メダリストになった。フランクリン・D・ルーズベルト大統領は、その優勝者を歓迎することを拒んだ。ホワイトハウスに黒人を招くことによって、再選時に南部諸州の票を失うのではないかと危惧したからである。オーエンスは、自伝で、自分をそっけなく扱ったのはヒトラーではなくルーズベルトだったと辛辣に記している。(153)

一九六〇年ローマ大会では、ドイツ・ザールラント出身のアルミン・ハリーが一〇秒〇のタイムで優勝した。一〇〇メートル走で金メダルを獲得した最後のヨーロッパ人である。(154)この記録を初めて更新したオリンピック優勝者は、一九六八年メキシコシティ大会で九秒九五のタイムを出したジム・ハインズだった。彼はのちにアメリカンフットボール選手になっている。オリンピックで連続優勝した二人目の一〇〇メートル・ランナーは、アスリートとして別格のカール・ルイスである。ルイスは、一九八四年ロサンゼルス大会で――一九三六年ベルリン大会のジェシー・オーエンスと同様――一〇〇メートル、四×一〇〇メートルリレー、二〇〇メートル、走幅跳びで金メダリストになった。さらに一九八八年ソウル大会では一〇〇メートルと走幅跳び、一九九二年バルセロナ大会では四×一〇〇メートルと走幅跳びで、一九九六年アトランタ大会では再び走幅跳びで優勝した。一九八四年から一九九六年の四回のオリンピックで、総計して九個の金メダルと一個の銀メダルを獲得している。西側諸国の多くが一九八〇年モスクワ大会をボイコットしたため、ルイスも出場することができなかった。バルセロナ大会では、病気のため一〇〇メートルと二〇〇メートルの出場資格を得られなかった。一九九一年世界陸上競技選手権東京大会で九秒八六の世界新記録を樹立している。目下の世界記録保持者はジャマイカ出身の超人ウサイン・ボルトである。ボルトは、二〇〇八年オリンピック・北京大会で九秒六九の記録を出し、驚くべき大差で優勝した。北京大会では、さらに二〇〇メートルと四×一〇〇メートルリレーでも金メダルを獲得している。ボルトは、すでに一五歳のと

2008年オリンピック・北京大会。ウサイン・ボルトは、19秒30のタイムで200m走に優勝した。

きに、ジャマイカのキングストンで開催された世界ジュニア選手権大会の二〇〇メートルに優勝し、翌二〇〇三年には世界ユース選手権でも優勝した。二〇〇四年オリンピック・アテネ大会で故障したが、その後は優勝が続いている。二〇〇九年八月一六日、世界陸上競技選手権ベルリン大会で伝説的な九秒五八をマークして一〇〇メートル世界新記録、さらに四日後には同じベルリンで、一九秒一九をマークして二〇〇メートル世界新記録を樹立した。二つの世界記録がドーピングなしに更新され得るとは想像しがたい。運が悪かったのはタイソン・ゲイだった。彼はボルトと同様、すべての選手より速く走ったのに（ベストタイム九秒七二）、ボルトだけには及ばなかったのである。

女子一〇〇メートルでは、アメリカ合衆国がすでに一九二八年、初代オリンピック優勝者ベティ・ロビンソンを輩出している。一九三一年の飛行機事故で彼女の選手生命は終わると思われていたが、再び一九三六年ベルリン大会において四×一〇〇メートルリレーで優勝した。ロビンソンは障害のために――クラウチングスタートの姿勢をとることができなかった――一〇〇メートルには出場を許可されなかった。それゆえ一〇〇メートルを制したのは、ロビンソンのリレーチームメイトであり、ミズーリ州出身のヘレン・スティーヴンスだった。スター選手となった最初の女子スプリンターは、一九六〇年ローマ大会で三つの金メダルを獲得したテネシー州出身のウィルマ・ルドルフである。彼女は小児麻痺を患ったが、走りの強さと優雅さのために「黒いカモシカ」と名付けられた。しかし、二回のオリンピックで連続優勝したのは二人のアメリカ人選手だけである。ひとりは、一九六四―一九六八年のワイオミア・タイアスである。彼女はメキシコシティで一一秒〇八の世界新記録を出した。もうひとりは、一九九二―一九九六年のゲイル・ディバースである。長く伸ばしてマニュキュアを塗った爪が彼女のトレードマークになった。アメリカ以外の国の優勝者で、連続して二回優勝しているドイツ人について触れておきたい。一九七二年ミュンヘン大会では（東）ドイツのレナーテ・シュテヒャーが一一秒〇七の世界新記録で一〇〇メートルに優勝し、さらに二〇〇メートルでも金メダルを獲得した。一九七〇―一九七六年、彼女は合計して一七の世界新記録を樹立した。一〇〇メートルで一一秒の壁を破った最初の女性アスリートである（一九七三年オストラヴァにて一〇秒九）。しかし一九七六年モントリオール大会では、ライバルである西ドイツのアンネグレート・リヒターに屈した。リヒターは一九七二年に四×一〇〇メートルリレーで金メダルを獲得しており、一九七六年にはさらに二つの銀メダルを手にした。

二〇〇八年北京大会では、男子と同様にジャマイカが優勢だった。ジャマイカは一〇〇メートルで、シェリー＝アン・フレーザーが金メダル（一〇秒七八）、そして二つの銀メダルも獲得した（このとき、二位のタイムがタイで銅メダルはなかった。）。ジャマイカ女子スプリンターの台頭は一九八〇年代のマリーン・オッティの輝かしい活躍以来知られていたが、彼女はオリンピック競技会での金メダルはなく、一九八〇年、一九八四年、一九九二年に銅メダル、さらに一九九六年（一〇〇メートルのタイムは一〇秒九四）と二〇〇〇年に銀メダルを手にしていた。二〇年以上にわたる長い実績である。彼女はオリンピック競走で最年長のメダル獲得者だった。いずれにせよ、彼女は一九九一年世界陸上競技選手権東京大会（四×一〇〇メートル）、一九九三年シュトゥットガルト大会（二〇〇メートル）、一九九五年イェーテボリ大会（二〇〇メートル）で、さらに一九八九年世界室内陸上競技選手権ブダペスト大会（二〇〇メートル）、一九九一年セビリア大会（二〇〇メートル）、一九九五年バルセロナ（六〇メートル）でも優勝している。オッティの一〇〇メートルのベストタイムは一〇秒七四である。フレーザーは、この一九九六年のタイムを二〇〇九年になって一〇秒七三で更新することができた。世界記録保持者は、現在でも大差をつけて、アメリカ合衆国出身の魅力的なスプリンターだったフローレンス・グリフィス＝ジョイナーである。ジョイナーは、一九八八年インディアナポリスの競技会における一〇〇メートルで伝説的な一〇秒四九を記録した。彼女は、三段跳びのオリンピック金メダリストであるアル・ジョイナーと結婚した。義妹ジャッキー・ジョイナー＝カーシーは七種競技や走幅跳びの金メダリストであるが、ジャッキーの夫ボブ・カーシーはジャッキーとフローレンスのコーチを務めた。一九八八年オリンピック・ソウル大会において、〝フロー・ジョー〟は一〇〇メートル、二〇〇メートル、四×一〇〇メートルで金メダル、四×四〇〇メートルで銀メダルを獲得している。ソウル大会前に急激に伸びた成績、突然の引退、そして心臓発作後の早すぎる死によって、ドーピング疑惑——検査では一貫してネガティブだったにもかかわらず——が消えることはなかった。カーシーが育てたアメリカ人金メダリストには、女子ではバレリー・ブリスコ＝フックス、シェリー・ハワード、ジャネット・ボールデン、ゲイル・ディバース、ドーン・ハーパー、アンドレア・アンダーソン、ジョアンナ・ヘイズ、アリソン・フェリックス、さらに男子ではアンドレ・フィリップス、ショーン・クロフォードがいる。

精神が肉体を打ち負かす——クリチコ兄弟

クリチコ兄弟は、セミパラチンスク（ソビエト社会主義共和国、現カザフスタン、セメイ）のソ連軍将校を父とし、大学で教育学を学んだ女性を母として、ソ連東部の軍用地で育った。兄弟は、ソ連のスポーツクラブ、兵役、大学でのエリートコースを目前にしているように見えた。兄ビタリ・クリチコは、一三歳で当時のチェコスロヴァキアの軍事基地においてキックボクシングを始め、キエフ移住後、市チャンピオン、共和国チャンピオンになり、遂にはスパルタキアードで優勝した。それによって、彼はユースナショナルチームに入団した。父はウクライナのチェルノブイリ原発事故処理で癌を患っている。一九八九年、ビタリはフロリダのウェストパームビーチで行われたアメリカ・ユースナショナルチームとの試合に招待され、ソ連崩壊前に外国旅行を経験することができた。その際、ソ連のプロパガンダが演出するように、アメリカ合衆国では人々は貧困と悲惨の中で生きているのではなく、スポーツ選手には大国ソ連におけるのとはまったく別の可能性が開かれていることにビタリは気がついた。成功すれば美女と富が手招きしてくれるのである。兄弟は父にそのことを伝えるのに苦労した。父はそれを信じなかった。一九九一年、ソ連は崩壊した。ソ連の生活世界は軍事基地とともに姿を消した。弟ウラジミール・クリチコは、一九九三年、テッサロニキにおいてヘビー級のヨーロッパ・ユースチャンピオンになったが、ソ連はその時すでに過去のものだった。(155)

ビタリとウラジミール・クリチコは、それまで見たことがなかったようなヘビー級ボクサーだった。大学教育を受けた家庭の出身であり、二人ともスポーツ科学を大学で専攻し、その学業を終了しただけではなく、ボクサーとして選手生活を送りながら博士号までも取得した。二人がボクシングをするのは、しなければならないからではなく、したいからだった。そして二人は、かつてのカシアス・クレイにつながるようなボクシングのスタイルを発展させた。二人は野蛮な打ち合いには決して巻き込まれず、チェスのように相手を予測し、相手を観察し、長い利き手を生かし、激しい有効打をくらうことなく、頭部へのパンチを避けた。それは多くのヘビー級ボクサーに後遺症を引き起こしたからである。同時に、二人は相手を計画的に消耗させた。そこで有効だったのは約二メートルの身長と長いリーチである。しかし試合では、時として精神が肉体と闘っているような印象を受けたのは偶然ではない。ウラジミール・クリチコは、一九九六年オリンピック・アトランタ大会において、白人として初めてスーパーヘビー級で金メダルを獲得し、その後——彼以前の多くのオリンピック優勝者と同じように——プロに転向した。黒星を幾つか喫したのち、一九九九年にアクセル・シュルツを制して欧州王座を獲得し、二〇〇〇年にはWBO世界王者となった。タイトル防衛を重ねたので、——博士号にちなんで——「鉄槌博士」と名付けられた。ウラジミールは当然のことのようにレノックス・ルイスの後継者とみなされたが、予想に反し、南アフリカのコーリー・サンダースに敗れて王座から転落し、危機に陥った。この頃、幾つかの判定負けとTKOでの敗北を喫している。

代わりにルイスと闘ったのはビタリ・クリチコだった。二〇〇三年六月、意外にも世界王者ルイスがタイトルを防衛した。ビタリの裂傷からの出血がひどく、試合はストップされ、議論の余地を残すTKO勝ちだった。次の試合は負けの公算が高かったので、ルイスは二〇〇四年初めに引退を表明する。ビタリは、一九九八年、欧州ヘビー級王者となり、さらに一九九九年、ハービー・ハイドと対戦してWBO世界王者になっていた。しかし翌年には、クリス・バードを相手に、ポイントではリードして試合を支配していたにもかかわらず負傷したため、防衛に失敗した。二八試合目の初黒星だった。続く数年で、ビタリはWBC世界選手権に挑戦権を得たが、二〇〇三年、レノックス・ルイスと対戦し、左まぶたを切りTKO負けを喫した。二〇〇四年には弟を破ったコーリー・サンダースと対戦する。ロサンゼルスで行われた試合では、八回TKO勝ちで二つめの世界王座(WBC)を獲得した。ビタリ・クリチコは絶頂期を迎え、センセーショナルな試合運びのために時代のベスト・ヘビー級ボクサーとみなされた。しかし二〇〇五年、健康上の問題が理由で戦わずして王座を返上し、引退しなければならなかった。WBCからは「名誉王者」に認定され、治癒後には即座に王者復帰戦を再開できることになった。

そのあいだに、弟ウラジミール・クリチコは再び上り調子になっていた。反則打の使用で知られ、それまで無敗だったナイジェリアのサミュエル・ピーターに判定勝ちを収め、二〇〇六年にはマンハイムでクリス・バードと対戦し、TKOで倒して二つの世界王座(IBFとIBO)を獲得した。

二〇〇八年二月、ニューヨークのマディソン・スクエア・ガーデンでは、ロシアのスルタン・イブラギモフに大差で判定勝ちした。これによって彼は三タイトルを統一した。その後、ウラジミールは、すべてドイツで行われた六試合でこれらのタイトルを防衛した。そのうち四回はアメリカのボクサーと対戦し、そしてサミュエル・ピーターと再戦し、さらに無敗のWBA世界王者であるウズベキスタンのルスラン・チャガエフと戦った。チャガエフはこのとき一〇回で棄権している。

健康上の理由で引退してから二年後の二〇〇七年、ビタリも復帰した。しかし、この復帰は椎間板の緊急手術で延期される。遂に二〇〇八年、次の挑戦が成功した。王者サミュエル・ピーターは八回終了TKO負けした。ビタリ・クリチコは、これによって——彼以前のモハメド・アリ、イベンダー・ホリフィールド、レノックス・ルイスと同様——自分にとって三つめの世界王者を獲得しただけではなく、——スポーツ史上初めて——弟と同年にそれを達成した。タイトル防衛に成功したのち、WBCは三七歳になっていたそのボクサーを史上もっとも偉大なKO勝者と宣言した。ビタリが三七勝利のうち三六をKOで決めていたからである。比較的容易だった防衛戦が続いたのち、二〇一〇年、アメリカ人ボクサーのシャノン・ブリッグスとの決定的な対戦が行われた。ブリッグスはそのほとんどの試合を一回KOで勝っていた。二〇一〇年一〇月一六日にハンブルクで行われた試合は非常に過酷で、ビタリ・クリチコが技術的な優位を見せつけ、ブリッグスは強烈なパンチを浴びせられた。試合中、レフェリーやコーナーが試合を止めないことを批判されていたが、ブリッグスは断固として棄権を拒否した。試合終了後、ブリッグスはハンブルク＝エッペンドルフ大学病院の集中治療室に搬送された。医師は、重度の脳震盪、顔面に二つの骨折、鼓膜破裂、上腕二頭筋断裂を確認した。ジャッジは皆、一二回すべてをビタリ・クリチコ優位で判定し、ビタリは四五回のプロ試合中で四三回目の勝利を数えた。

二〇一二年初めの時点で、クリチコ兄弟は二人ともボクシング世界王者である。モハメド・アリのように、彼らはボクシングを代表しているだけではない。教養とスポーツが両立しえることを人々にイメージさせる。そこで戦っているのは、やり手の興行主に操られた機械ではなく、自己を認識した実業家である。彼らは自分の名を「クリチコ・マネジメント・グループ」と商品化している。これによって商品化に制約を加えることもできる。彼らはまた、――母親の希望を挙げて――試合でお互いに戦うことをはっきりと拒否している。ほかのトップスポーツ選手と同様、彼らはコマーシャルに出演するが、製品を選択し、スポットコマーシャルが機知に富んでいて、自分たちのイメージを損なわないことに配慮している。さらにアフリカ、アジア、南アメリカ諸国における貧しい子供たちを支援するプロジェクトに参加しユネスコから表彰されたり、ウクライナの政治的自由を擁護している。兄弟は、二〇〇四年の大統領選におけるいわゆる「オレンジ革命」で、民主化運動を成功させるために奮闘した。二年後、ビタリはキエフ市長選に立候補し、二九パーセントの得票率で第二位となった。二〇一〇年四月、新政党「ウクライナ民主改革連合」の党首に選出されている。

スポーツのメタファー

スポーツが「複雑な政治現象を記述するために［…］、イメージを付与するものとして使用される」

ことは、スポーツが中心的なコミュニケーションメディアになったのと関係している。スポーツのメタファーをこのように使用する目的は、事情を単純化し、――たとえば政治家におけるように――スポーツとの親近感を示唆して、国民との結びつきを実演してみせることである。「出場する」、「リングに上がる」、「闘う」、「攻撃する」、「防衛する」、そしてもちろん「点を取る」、「ゴールする」といった単純な動詞がすでにそうである。ジャーナリストや世論調査専門家も、――イギリスにおいて「ホースレースジャーナリズム」と呼ばれるスタイルで――選挙戦の「ゴールイン」を描写する際にスポーツのメタファーを用いている。二〇〇二年、『南ドイツ新聞』と『ビルト』紙に掲載された二五七の新聞記事が調査されたが、ドイツの政治家たちはそこで七七〇ものスポーツのメタファーを使用していた。[156]純粋なスポーツのメタファーの四一パーセントがサッカーに由来していた。このことはさして不思議ではない。修辞学の教師が、特に大学の教員（監督）や学生（選手）にもスポーツのメタファーを用いるように推奨していることが知られている。共同の集会はトレーニングキャンプであり、選手はひとつのチームをつくり、点を取ることが重要である。クラスはチームユニフォームを着用し、共通のマスコットを選択すべきである、など。[157]

もちろん、メタファーは多種多様な競技種目から取られている。例を挙げれば、次のようなメタファーである。物事が開始されるときには「スタートラインに着く」（全種目）、「スタート合図のピストルが発射される」（競走）、「レースを始める」。[158]計画が首尾よく実行されるときには以下のようである。「バトンを渡す」（リレー）、「拍子をとる」（競漕）、「相手を追い抜く」（競走、競漕、自動車レース、など）、「正確に障害物を越える」（乗馬）、「ハードルを跳び越える」（障害物競走）、「上手く行けば（wenn es gut läuft)」（長距離走）、「コースにとどまる（in der Bahn bleiben）」（水泳、短距離走）、「タイムを取る」（アイスホッケー）、「慎重に行く（den Ball flach halten）」（サッカー）、「あきらめない（den Ball nicht fallen lassen）」（野球）、「ゴールを決める」（球技、射撃）、「ハーフタイムに入る」（球技）、「リードする、あるいはリードを保つ」（競走あるいは得点換算において）、「ストライクを取る」（ボーリング）、「スピードを保つ」（競走）、「上手く水に乗っている」（水泳）、「良い記録を出す」（競走）、「規定演技あるいは自由演技で上手く行っている」（フィギュアスケート）、「矢よりも速い」（アーチェリー、弩）、「どうにか切り抜ける（die Kurve kriegen）」（モータースポーツ、水上スキー）、「ホームランを打つ」（野球）、「ボディーチェックを加える」（アイスホッケー）、「ゴールにシュートする」（サッカー、ハンドボール）、「大きな魚が針にかかる」（フィッシング）、「上手く風に乗っている」（セーリング）、「バランスを保つ」（体操、アクロバット）、「ほかの人のバランスを失わせる、あるいは足元をすくう」（レスリング）、「ボールをホールに入れる」（ビリヤード、ゴルフ）、「落ち着いている（eine ruhige Hand behalten）」（射撃、ダーツ）、「重さを持ち上げることができる」（重量挙げ）、「頂上に達する」（登山）、「チェックメイトをかける」（チェス）。誰かが「落ち着いて進んでいるときには（ruhig seine Bahnen ziehen［水泳、長距離走］、die Spur halten［自動車レース］）」、状況は上手く行っているのである。

　正当に利益を得るのは「スリップストリームを利用する」（自動車レース、競漕、セーリング）、「追い風を利用する」（競走）、「上手くサーブする」（テニス、バレーボール）ときであり、不当に利益を得るのは「ブレーキを踏むのを遅らせて追い抜く」（自動車レース）、「ファウルをする」（サッカー）ときである。

チャンスがあるのは次の場合である。「まだレースにいる」（自動車レース、競走、など）、「新たなスタートを切ることができる」（陸上競技）、「メンバーチェンジをする」（チーム競技）、「ほかの人と同じ目的をもっている（mit anderen am gleichen Strick ziehen）」（綱引き）、「危険を避けて通る（Klippen umschiffen）ことができる」（ラフティング）、あるいは「バーを上げることができる」（走高跳び）。競技が終わるのは「旗を振って終了の合図がされる、または旗を降ろされる」（自動車レース）、「タオルを投げられる」（ボクシング）、「時間切れになる」（チーム競技）、「フライングをする」（競走）ときである。成果を上げるのは以下のようなときである。「黒点に命中させる」（アーチェリー、弩、射撃、ダーツ）、「フィニッシュラインを越える」（競走、競馬）、「ある人をあおむけに投げる」（レスリング）、「ある人をノックアウトする」（ボクシング）、「黒帯を締める」（柔道）、「月桂冠を受け取る」（古代オリンピア競技会の優勝）、「金メダルを獲得する」（近代オリンピック競技会の優勝）、たとえ持ち回りの優勝カップであるにしても、「優勝カップを授与される」（多競技種目）。

少なからぬ競技種目はそれ自体が有名になり（たとえばレース、競走、障害物競走、マラソン）、また競技参加者の等級分けはほかの領域に転用され（優勝候補、穴馬、トップに立った人、など）、さらに多くの専門用語は競技種目から独立してメタファーとなった（オフサイド、タイムアウト、コックピット、ドーピング、オウン・ゴール、フェア・プレー、フライング、大接戦、ホームゲーム、ノックアウト、僅差、ピットストップ、ポールポジション、審判員、ヘビー級、競技予定表、スプリント、タッチダウン、引き分け、など）。英語では、一七〇〇にも及ぶスポーツのメタファーを収録した専門の事典がある。オリンピック競技会の競技種目ではなく、伝統的な競技種目に由来するメタファーもある。[159] たとえば「ある人が騙された（jemand über den Tisch gezogen werden)」は、指相撲の一種（Fingerhakeln）の喩えである。

スポーツのメタファーを使用する際、広範な有権者層の想像力と関係する時事的な大事件が好んで扱われる。その際、国民が何を愛好しているのかが重要である。ドイツ、そしてほかのヨーロッパやラテンアメリカ諸国ではサッカー、アメリカ合衆国では野球、カナダではアイスホッケーである。それゆえドイツでは、人々はイエローカードを示し、退場させると警告し、ファウルを犯し、相手をオフサイドポジションに追いやる。しかし同一の競技種目の報道においても、国によってメタファーが異なることがわかる。[160] スポーツのメタファーが若者言葉でも普及していることは翻訳者たちを苦労させる。スポーツ概念はしばしばその競技種目の公式ルールとはほとんど関係しない第二の意味をもつが、交換留学生たちは早期にこのことを知るべきだろう。一塁打（＝キスする）、二塁打（＝ベルトより上でブラウスの下をまさぐる）、三塁打（＝ベルトより下で同じことをしてオーラルセックスをする）、ホームラン（＝性交）は、野球に由来している。[161]

スーパー選手たち

報酬は天井知らず

テレビの普及は、特定の競技種目の知名度にとってだけではなく、青少年の新しい国民的英雄と国民的イメージになるトップ選手にとっても重要だった。それは、彼らの報酬、さらに賞金や広告契約による追加収入のチャンスにも影響している。報酬は民間テレビの導入によって飛躍的に増大した。いまや、多数のケーブルテレビが放映権やスーパースターのコマーシャル出演をめぐってしのぎを削っているからである。ボクシングのファイトマネーを例に取ると、この発展が理解できる。二〇世紀最高額の試合は一九九七年に行われた。ヘビー級世界王者マイク・タイソンが、その最盛期に、WBA、WBC、IBFのタイトルを獲得して三団体統一に成功し、イベンダー・ホリフィールドとの伝説的なファイトにおいて怒りで激高し、ホリフィールドの耳を噛みちぎったときである。当時、両者のファイトマネーはそれぞれ三五〇〇万ドルだった。これには形成外科の費用も含まれていたことだろう。二〇〇七年、通常はあまり注目されないスーパーウェルター級の二人のボクサーの収入は次元が違った。WBC世界王者オスカー・デラホーヤは、フロイド・メイウェザー・ジュニアの挑戦を受けた。メイウェザーはそれまで無敗だったが、アメリカ合衆国以外ではほとんど知られていなかった。この試合は、ボクシングプロモーション会社「ゴールデンボーイ・プロモーションズ」によって、ラスベガスのカジノで約一万六〇〇〇人の観衆を前に行われ、有料放送テレビで二〇〇万件以上視聴された。この試合の興行収入は一億二〇〇〇万ドルに達した。試合に負けた世界王者のファイトマネーは四五〇〇万ドル、一方、判定勝ちした新チャンピオンは二〇〇〇万ドルだった。三〇歳の新チャンピオンは、三八試合で三八勝したのち――無敵の戦績である――、引退を表明した。子供たちともっと多くの時間を過ごしたいからという理由からだった(162)。

サッカーの移籍金も同様である。その最高額は九三〇〇万ユーロである。二〇〇八年FIFA最優秀選手賞を贈られたポルトガル人選手クリスティアーノ・ロナウドが、二〇〇九年、――連続して三回プレミアリーグで優勝していたが、そのマンチェスター・ユナイテッドから――レアル・マドリードへ移籍したときである。[163] この移籍金額は議論を呼んだ。とりわけ、レアル・マドリードが彼の将来の移籍金は二億ユーロになるだろうと予告したからである。FIFA会長ゼップ・ブラッターは、ロナウドは遂に「サッカー界のピカソ」になったという美しい比喩を用いてこの移籍金額を擁護した。それまでの最高金額は、二〇〇一年、両親がアルジェリア出身のフランスのスーパースターであるジネディーヌ・ジダンが同じくレアル・マドリードに移籍する際に手にした七三五〇万ユーロだった。ジダンは、一九九八年、二〇〇〇年、二〇〇三年のFIFA最優秀選手賞を贈られ、フランス代表チームでは一九九八年にFIFAワールドカップで優勝、二〇〇〇年にUEFA欧州選手権で優勝している。レアル・マドリードでは二〇〇二年にUEFAチャンピオンズリーグ、UEFAスーパーカップ、インターコンチネンタルカップで優勝し、二〇〇三年にリーガ・エスパニョーラ、スーペルコパ・デ・エスパーニャで優勝した。[164] 二〇一一年には、レアル・マドリードのスポーツディレクターに就任している。一九八〇年代には、最高移籍金額はまだ二四〇〇万マルク（＝約一二〇〇万ユーロ）にとどまっていた。アルゼンチンのストライカーであるディエゴ・マラドーナがSSCナポリからFCバルセロナに移籍したときである。移籍金が高額化してきた状況は、カール＝ハインツ・シュネリンガーのようなトップ選手――一九六二年に西ドイツ年間最優秀選手賞を受賞――が、一九六三年、1FCケルンからASローマへ五〇〇万マルクで移籍したことを考慮すれば見て取れる。

サッカーのトップ選手たちの年棒も天文学的な数字で動いている。『シュポルト・ビルト』誌は、二〇一〇年三月、もっとも稼ぐトップ二〇人のランキング表を公開した。当時の一位はレアル・マドリードのクリスティアーノ・ロナウドで年棒一三〇〇万ユーロであり、二位はFCバルセロナのズラタン・イブラヒモビッチで一二〇〇万ユーロだった。三位は同じくバルサのリオネル・メッシとインテル・ミラノのサミュエル・エトオの一〇五〇万ユーロ。五位はレアル・マドリードのブラジル人カカの一〇〇〇万ユーロである。ドイツ人では、ようやく八位にフィリップ・ラームがランクインし、カルロス・テベス（マンチェスター・シティ、両者とも八〇〇万ユーロ）と並んでいる。その下が――同じくFCバイエルンの――フランス人フランク・リベリーの七五〇万ユーロであり、チェルシーFCのフランク・ランパード、FCバルセロナのティエリ・アンリ、ACミランのブラジル人ロナウジーニョらと同ランクである。一七位（七〇〇万ユーロ）がVfBシュトゥットガルトのアレクサンドル・フレブだった。ここでドイツの二つ目のクラブが登場してきた。同位にはFCバイエルンのオランダ人アリエン・ロッベンがいた。(165)

もちろん、トップスポーツ選手の正規の年棒は収入の一部にすぎない。『シュピーゲル』誌は、二〇〇九年三月、フランスのサッカー専門誌『フランス・フットボール』による二〇〇八年の調査に従い、デビッド・ベッカムを例に次のような数字を公表した。ベッカムのACミランからの正規年棒は六四〇万ユーロであり、広告契約からの収入を合計すると、彼の全収入は三二〇〇万ユーロだった。二位がリオネル・メッシの二八六〇万ユーロ、三位がロナウジーニョの一九六〇万ユーロ、四位がティエリ・アンリの一七〇〇万ユーロ、五位がカカの一五一〇万ユーロだった。(166) フランツ・ベッケンバウアーは、一九六〇年代初頭、肉団子入りスープを宣伝した上手いキャッチコピー「皿の中に力

2008年8月17日。オリンピック優勝を喜ぶラファエル・ナダル。

を、テーブルの上にクノールを」が使われたコマーシャル・スポットに初めて出演したが、その時の契約料が一二〇マルク（約六〇ユーロ）だったのと比較すると、トップ選手たちの収入がいかに高騰しているのかが理解できる。[167]

　過去数十年で、テニスもまた同様な展開を見せている。テニスは、ウィンブルドンの地域的なイベントから、現代の輸送機関とマスメディアに影響されて、一連のグローバル・イベントになった。「全豪オープン」や「全米オープン」など、一年のうちほぼ毎週、テレビかインターネットでテニス大会を観ることができる。テニスプレイヤーとして、「グランド・スラム」はもちろんのこと、大会のひとつで優勝すれば、賞金、広告契約、スポンサー収入で安定した生計を立てることができるだろう。スペイン出身のラファエル・

ナダルは、二〇〇五年の全仏オープンでブレークしたが、二〇一一年九月付のあるインターネット上のブログによれば、賞金とマーケティングで二二〇〇万ユーロの収入を得ており、ナダルの上は三三〇〇万ユーロのロジャー・フェデラーだけだという。もっとも、ほかのブロガーたちは情報源を挙げていないこのブログを疑問視し、その金額を高すぎるとみなしている。その理由として、フェデラーは選手生活全体を通して「わずか」五〇〇〇万ユーロの賞金しか獲得していないのだからとされた。[168] 数字はオーストリアの専門ホームページから取られているが、推定年収の日割り計算もしている。それによると、フェデラーは一日に一三万七二二六ユーロ、ナダルは一日に九万五一一ユーロの収入があった。[169] ホームページは情報源として『フォーブス』誌を挙げている。フォーブス社は、できるだけ多くの高額所得者に個人的なプロフィールを添えてランク付けしている。そこで、二五歳のナダルは、フォーブス・ランキングリストのセレブリティ一〇〇人長者番付で五八位だった。[170]

年収別ランキング第一位は、トーク番組司会者のアフリカ系アメリカ人オプラ・ウィンフリー（一九五四年生）であり、年収は二億九〇〇〇万ドルである。ヨーロッパでも知られている著名人には、映画監督スティーヴン・スピルバーグ（第六位　一億七〇〇〇万ドル）やポップスの女王レディー・ガガ（第八位　九〇〇〇万ドル）がいる。もっとも成功したスポーツ選手としては、ゴルファーのタイガー・ウッズ（七五〇〇万ドル）が第一四位にランクインし、レオナルド・ディカプリオと並んでいる。さらにバスケットボール選手のコービー・ブライアント（第二四位　五三〇〇万ドル）とレブロン・ジェームズ（第二九位　四八〇〇万ドル）が続き、ゴルファーのフィル・ミケルソン（第三〇位　四七〇〇万ドル）がテニススターのロジャー・フェデラーと同順位である。つまりここでは、フェデラーの年収はほかのランキングリストよりもはるかに高額になっている。ここからかなり下がって、サッカー選手としてはデビッド・ベッカムが初めて挙がっている（第三九位　四〇〇〇万ドル）。テレビ俳優チャーリー・シーンと同ランクである。さらにスポーツ選手としては、クリスティアーノ・ロナウド（第四四位　三八〇〇万ドル）、野球選手アレックス・ロドリゲス（第四七位　三五〇〇万ドル）、リオネル・メッシ（第五六位　三二〇〇万ドル）、ラファエル・ナダル（第五八位　三一〇〇万ドル）が続く。アメリカンフットボール選手トム・ブレイディとバスケットボール選手ドワイト・ハワードが肩を並べている（二八〇〇万ドル）。両者は、映画女優アンジェリーナ・ジョリーと同レベルである（三〇〇〇万ドル）。女子スポーツ選手としては、ロシア人テニスプレイヤーのマリア・シャラポワの収入がもっとも多く（第七二位　二四〇〇万ドル）、ポップス歌手ジェニファー・ロペスと並んでいる（二五〇〇万ドル）。女子スポーツ選手で次に位置するのはビーナス（第九〇位　一三〇〇万ドル）とセリーナ（第九四位　一二〇〇万ドル）のウィリアムズ姉妹であり、女性レーシングドライバーのダニカ・パトリックがこれと並ぶ。もっとも彼女の口座では、露出度の多いモデル出演のほうがインディカー・レースの結果よりも重要かもしれない(171)。

このランキングリストがどれほど有効なのかはわからない。ここに挙げられた金額はほかの調査資料と常に一致しているわけではない。一見すると、F1ワールドチャンピオンのセバスチャン・ベッテルのようなレーシングドライバーがランクインしていないのは目を引くが、彼の稼ぎは単純に少ないのであろう。ミハエル・シューマッハは、約二五〇〇万ユーロの年収で、いまでもなおもっとも成功したレーシングドライバーとして記録されており、次がジェンソン・バトンである（一三〇〇万ユーロ)。ランキングリストにおいて、その他のスポーツ選手で各競技種目の最上位にランクしているのが、自転車ロードレース選手ランス・アームストロング(一五〇〇万ユーロ)、クリケット選手サチン・テンドルカール(六〇〇万ユーロ)、水泳王者マイケル・フェルプス(四四〇万ユーロ)、そして相変わらず、ボクサーのモハメド・アリ(三五〇〇万ユーロ)である![172] だから、成功したスポーツ選手は、多く稼ぐためには必ずしも現役である必要はないのである。いずれにしても、本当の億万長者は比較にならない。大富豪の中で、たとえばマイクロソフト社創業者ビル・ゲイツの年収——資産ではない——は八億ドルであり、鉄鋼メーカー創業者のインド人ラクシュミー・ミッタルの年収は、なんと、二二四億ドルである。[173]

スポーツのメガ・イベント

スポーツ選手がエンターテイメント・ビジネスのセレブリティのカテゴリーに分類されることは、オリンピック競技会出場者の中のアマチュア信奉者には気に入らなかっただろう。しかしこれが現代社会でスポーツが置かれた状況なのである。本書は歴史上、軍事教育からIOCの偽アマチュアリズムを経由して古代ローマでも見られた地点に再び到達した。つまりショー・ビジネスである。事実、スポーツ大会は、競技場における単なる出来事をはるかに超えた次元に達したことが見て取れる。メガ・イベントでは、数百万ドル、時には数十億ドルもの金銭が関係してくる。これに応じて開催地や使用権をめぐる競争は激しくなり、個々の都市や国はスポーツ連盟が行う権利の主張に対して無力であるように思われる。IOCやFIFAは、競技場で観客が口にする飲食物ですら規定するようになってきた。最終消費者（われわれ）は、――不平を言いながらも――それを受け入れている。われわれにとっては、単純にも、いまだにスポーツ大会自体が重要だからである。こうしたメガ・イベントはどのような機能をもっているのだろうか。古代のキルクス競技に関する考察をすべて現代に転用してもほとんど間違ってはいないだろう。しかしメガ・イベント研究からわかるように、考察する点はほかにもある。(174)

メガ・イベントの定義は、大規模な観客数と大規模な資金が動くことである。たとえば二〇〇四年オリンピック・アテネ大会の場合には、累計で推定四〇〇億の視聴者に対して、テレビで三万五〇〇〇時間が放送された。二〇〇〇年シドニー大会と比較すると二七パーセントの伸びである。そのあいだに開催されたFIFAワールドカップは、二一三カ国で四万一〇〇〇時間放送され、累計で二九〇億人が視聴した。二〇年前だったらこうした数字は考えられなかっただろう。この発展を担っているのは、第一に技術の可能性の変化、とりわけ衛星放送である。一九六〇年ローマ大会から、世界中へのテレビ中継が行われた。当時、そのコストは今日では取るに足らないほどの四〇万ドルだった。その後、テレビ放映権からの主催者収入はますます増大している。一九六八年メキシコシティ大会でABC社がアメリカ国内だけの放映権で支払った金額は、まだ四五〇万ドルだった。しかし、一九八八年ソウル大会の放映権は、アメリカ合衆国で三三〇〇万ドル、ヨーロッパで三〇〇〇万ドル、カナダで四〇〇万ドルに上昇した。二〇〇八年北京大会では、収入ないし出費は何倍にもなり、アメリカ合衆国が八億九四〇〇万ドル、ヨーロッパが四億四三〇〇万ドル、カナダが四億五〇〇〇万ドルをもたらしている。二〇一二年ロンドン大会の放映権に対して、NBCテレビネットワークは、アメリカ合衆国だけでも一〇億二〇〇〇万ドルを支払う。IOC会長ジャック・ロゲは、テレビ放映権からの全収入を三〇億五〇〇〇万ドルと見積もっている。全収入金額の内訳は以下のようである。二〇〇八年北京大会では、テレビ放映権が五三パーセント、スポンサー料（コカ・コーラ、コダック、ビザ、パナソニックなど）が三四パーセント、チケット販売が一一パーセント、マーチャンダイジングが二パーセントである（IOCの公式ホームページの数字は異なり、それぞれ四七／四五／五／三パーセント）。メガ・イベントが急速に成長してきた第二の理由はスポーツ、メディア、ビジネスが連携して行う商品化であり、最近数年でプロスポーツに大変革をもたらした。第三に開催地の関心が挙げられる(175)。

スポーツ社会学者キンバリー・S・シンメルは、スポーツのメガ・イベントの開催をめぐって都市が競合する際、最終的に重要なのはスポーツ自体ではなく、将来性であるというテーゼを打ち出した。ソルトレークシティのような都市は、二〇〇二年オリンピック冬季大会開催が決定するまで、いわば地図上にまったく存在していなかったが、開催が成功すると事態は異なり、ソルトレークシティはその後の諸大会の候補地とみなされるようになった。シンメルは、それをクリフォード・ギアーツに依拠してディープ・プレイと言う。一見すると非合理的な姿勢――財政危機にある都市が多額を失う大会の開催地に立候補する――の背後には、そうした多額の出資は別の場所で相殺されるという希望がある。投資された資本は、まず象徴的な資本に転化される。もっと良いケースでは、都市の立候補が成功すれば、一般のインフラ対策（たとえば地下鉄建設）、都市計画のビッグ・プロジェクト（新しい地区の展開、など)、大規模なスポーツ施設建設のために出資が可能になる。理想的なケースでは、投資がさらなるメガ・イベントを引き寄せ、都市が発展し続けることに貢献する。それゆえ、スポーツによって都市が発展し、国内およびグローバルな諸都市のランキングで都市の魅力が増し、投資家の決定が左右され、経済的立地が改善され、産業が誘致され、宿泊能力が向上し、文化のマーケティングが推進される、などである。最高のケースでは、都市の住民自身でさえ、建設の騒音、物価の上昇、安全対策の強化、慣れ親しんだ近隣の喪失、不動産市場の歪曲に何年も悩まされたあとで、そこからいくばくかを得るのである。もちろん、大競技場が都会の環境に置かれ、住民は入場券を買うことができず、何の恩恵も得られない発展のために課税が増大するという危険は存在している(176)。

競技会開催の決定に重要なもうひとつの点、つまり承認という視点を忘れてはならない。二〇〇八年北京大会の開催決定は、中国において、国際的な承認、飛躍的に成長した経済力、国際的に強化してきた政治力がさらに前進すべき方向とみなされた。おそらくIOCは、すでに二〇〇一年の決定時にこの承認を発信したかったのだろう。中国指導部も——おそらく国民もまた——将来性を指し示すものとしてこの承認を受け取ったのは確実である。中国の自信はその七年のあいだに、もう一段階、著しく増大したからである(177)。さらに、社会的な発展にはスポーツの発展も伴った。中国は、一九九六年アトランタ大会において、メダル獲得数で第四位にいたが、アメリカ合衆国にはまだ遠く及ばなかった。二〇〇〇年シドニー大会で第三位、二〇〇四年アテネ大会で第二位に躍進し、二〇〇八年北京大会では、アメリカ合衆国(金三六/銀三八/銅三六)を首位から転落させた。中国(金五一/銀二一/銅二八)が第一位となったのである。今後この競争がどうなるのか期待される。中国水泳チームのコーチであり、ドーピング違反で追放された周明は、一九九七年には予測していた。「中国女子が優勢なのとまったく同じように、四年か五年か六年のうちには男子も圧倒するだろう。そして世界経済でもわれわれは制圧するだろう。(178)」

過去の開催地決定にも、そうした動機や承認を事後的に認めることができる。一八九六年アテネ大会においては、ヨーロッパの周辺部に位置する発展途上国ギリシアでの開催が決定された。一九〇四年セントルイス大会では、すでに第一次世界大戦前に、アメリカ合衆国という新大国のステータスが万博と同時に承認された。一九六四年東京大会では、日本がアジアで初めて開催地となったが、二つの動機が確認される。ひとつには、極東の国を先進工業国として承認することである。東京は一九四〇年に夏季大会を実施する予定になっていたが、第二次世界大戦と、とりわけ日中戦争(一九三七―一九四五年)における日本の中国攻撃のために実施されなかった。日本の敗戦から約二〇年が経ち、政治的復権という視点がこれに加わった。ファシズムの旧枢軸国では、すでにイタリアが復帰を果たし(一九六〇年ローマ大会)、ドイツの復権はそのあとだった(一九七二年ミュンヘン大会)。二〇一六年リオデジャネイロ大会の開催決定も、承認という点から見ることができる。永遠の「中進国」ブラジルは、中国と同様、長いことその成就を待たなければならなかった。そしてオリンピック競技会は初めてラテンアメリカで開催される。この論理に従うならば、次はインドだろう。競争はすでに始まっているのかもしれない。

競技場建設のトップ

すべてを統計化する時代において、世界における競技場数を把握することは難しくないように思われる。競技場数から見ると、二一世紀初頭における世界のスポーツは次のような様相を呈している。ヨーロッパは、競技場建設数では小さな巨人である。しかし、ドイツ（五二一）、スペイン（四三二）、グレートブリテンおよび北アイルランド連合王国（イングランド／スコットランド／ウェールズ／北アイルランド　三六七）、フランス（三三二）、イタリア（二七八）、ポーランド（一九三）、フィンランド（一八六）が有するスポーツ競技場が、ロシア（一六九）よりも、まして日本（一六七）、中国（一四九）、インド（八一）といったヨーロッパ以外の先進工業国や中進国よりも多いという状況は、今後数十年で大きく変わっていくだろう。人口数で比較すると、アジアにおいては、韓国（二四九）だけがヨーロッパに匹敵するスポーツ競技場密度をもっている。世界において競技場数でヨーロッパを上回るのは、ブラジル（六七二）と、大差でアメリカ合衆国だけである。もっとも競技場密度という点ではそうではないかもしれない。

十大競技場を考察すると、幾つも驚くべき点がある。第一に、十大競技場のどれも、人気の高い球技や近代オリンピック競技会の競技種目とは関連せず、もっぱら競馬場か、現代ではそれを補完する自動車レース場である。ここでは、古代ギリシアの競争《アゴン》や古代の高度文化における競技種目との一致が見られる。競馬と戦車競走は、古代ギリシア・ローマにおけるもっとも人気のある競技種目だった。二〇万の観客収容数が推定されるローマの「キルクス・マキシムス」は、現在でもなお世界の三大ス

スポーツ競技場の地理的分布

大　陸			競技場数
アフリカ			706
アメリカ	北[179]	2860	
	中央	285	
	南	1214	
			合計 4359
アジア			1484[180]
オーストラリア／オセアニア			284
ヨーロッパ			4457[181]
			11290

ポーツ施設のひとつであろう。同様に、古代エジプト、ペルシア、インド、中国、つまり古代世界のすべての高度文明において、競馬と戦車競走はもっとも人気を誇った。第二に、十大競技場の多くの建設時期は最近ではなく、二〇世紀を三等分するならばその中央の三分の一にあたる。最大の競技場からして、二〇世紀末ではなく、初頭に建設されているのである。第三に、ヨーロッパとイングランドは、このランク付けではまったく問題になっていない。

この調査結果をどう解釈するかには議論の余地がある。当然のことながら、自動車レース場や競馬場はサッカー競技場よりも大きい。マラソンコースが一〇〇メートル競走コースよりも長いのと同様である。マラソンでは、長距離のコースに沿って大勢の人々が立って観戦することができる。しかし十大競技場の大部分では、観客は固定の観覧席に着く。競走コースが——現代の「イスタンブール・パーク」のように——絵画のごとく美しい風景の中を通ることはめったにない。このサーキットはトルコのイ､ス､タ､ン､ブ､ー､ル､県トゥズラ地区にあり、ビザンツ帝国のヒッポドローム

世界の競技場　トップ10 (182)

完成年	国	競技場	目的	収容能力
1909	アメリカ合衆国	インディアナポリス・モーター・スピードウェイ	自動車レース	250 000
1933	日本	東京競馬場	競馬	223 000
2004	中国	上海インターナショナル・サーキット	自動車レース	200 000
1959	アメリカ合衆国	デイトナ・インターナショナル・スピードウェイ	自動車レース	168 000
1959	アメリカ合衆国	シャーロット・モーター・スピードウェイ	自動車レース	167 000
1990	日本	中山競馬場	競馬	166 000
1961	アメリカ合衆国	ブリストル・モーター・スピードウェイ	自動車レース	160 000
1962	日本	鈴鹿サーキット	自動車レース	155 000
2005	トルコ	イスタンブール・パーク	自動車レース	155 000
1997	アメリカ合衆国	テキサス・モーター・スピードウェイ	自動車レース	155 000

アメリカンフットボール競技場　トップ10 (183)

完成年	国	都市	スタジアム	収容能力
1927	アメリカ合衆国	アナーバー	ミシガン・スタジアム	110 000
1960	アメリカ合衆国	ユニバーシティパーク (184)	ビーバー・スタジアム	107 000
1921	アメリカ合衆国	ノックスビル／テネシー州	ニーランド・スタジアム	102 000
1922	アメリカ合衆国	コロンバス／オハイオ州	オハイオ・スタジアム	102 000
1929	アメリカ合衆国	タスカルーサ／アラバマ州	ブライアント・デニー・スタジアム	102 000
1924	アメリカ合衆国	オースティン	テキサス・メモリアル・スタジアム	100 000
1923	アメリカ合衆国	ロサンゼルス	メモリアム・コロシアム	94 000
1929	アメリカ合衆国	アセンズ／ジョージア州	サンフォード・スタジアム	93 000
1924	アメリカ合衆国	バトンルージュ／ルイジアナ州	タイガー・スタジアム	92 000
1932	アメリカ合衆国	ダラス／テキサス州	コットンボウル・スタジアム	92 000

世界のサッカー競技場　トップ25（2012年までに完成）[185]

完成年	国	都市	スタジアム	収容能力
1984	インド	カルカッタ	ソルトレイク・スタジアム	120 000
1966	メキシコ	メキシコシティ	エスタディオ・アステカ	105 000
1998	マレーシア	クアラルンプール	ブキット・ジャリル	100 000
1957	スペイン	バルセロナ	エスタディオ（カンプ・ノウ）	99 000
2012	ブラジル	リオデジャネイロ	エスタジオ・ド・マラカナン	96 000
1989	南アフリカ	ヨハネスブルク	FNBスタジアム*	95 000
2009	南アフリカ	ヨハネスブルク	サッカー・シティ・スタジアム*	91 000
1971	イラン	テヘラン	アザディ・スタジアム	90 000
2007	イングランド	ロンドン	ウェンブリー・スタジアム	90 000
1962	インドネシア	ジャカルタ	ゲロラ・ブン・カルノ	88 000
2006	エジプト	アレクサンドリア	ボルグ・エル・アラブ・スタジアム	86 000
1956	ソ連／ロシア	モスクワ	ルジニキ・スタジアム	85 000
1974	ドイツ	ドルトムント	ジグナル・イドゥナ・パルク	81 000
1927	イタリア	ミラノ	スタディオ・ジュゼッペ・メアッツァ	80 000
1947	スペイン	マドリード	サンティアゴ・ベルナベウ	80 000
1976	アメリカ合衆国	ニューヨーク	ジャイアンツ・スタジアム	80 000
1959	イタリア	ナポリ	スタディオ・サン・パオロ	78 000
1910	イングランド	マンチェスター	オールド・トラッフォード	76 000
2012	ブラジル	ブラジリア	エスタジオ・ナシオナル	76 000
1916	アルゼンチン	ブエノスアイレス	ガソメトロ	75 000
2011	スペイン	バレンシア	ノウ・メスタージャ	75 000
1960	エジプト	カイロ	カイロ国際スタジアム	74 000
1936	ドイツ	ベルリン	オリンピアシュタディオン	73 000
1953	イタリア	ローマ	スタディオ・オリンピコ	73 000
1950	ソ連／ロシア	サンクトペテルブルク	キーロフ／ゼニト	72 000

*訳者註：FNBスタジアムとサッカー・シティ・スタジアムは同一のものである。

を示唆して、本来は「イスタンブール・オートドローム・サーキット」と名付けられることになっていたが、結局、現代風に改称された。事実、「インディアナポリス・モーター・スピードウェイ」は古代のヒッポドロームの形をしており、異なる点はオーバルコースがいくらか大きく、コースの内側にも観覧席が設置されていることである。現在使用されている一九のF1用サーキットのうち七つは、ドイツ人建築家で元レーサーであるヘルマン・ティルケによって設計され、建設された。その中には、上海やイスタンブールのサーキットのほか、セパン（マレーシア）、バーレーン、イモラ、アブダビ、韓国のものがある。ニューデリー（インド）近郊の「ブッダ・インターナショナル・サーキット」もティルケのデザインであり、そのオープンは、二〇一一年、セバスチャン・ベッテルの優勝で飾られた。さらにアメリカ合衆国の二つの大規模コース（テキサス、ニュージャージー）と、ソチ（ロシア）冬季オリンピック会場を利用したサーキットも、現在、建設中か設計中である〔テキサス州の「サーキット・オブ・ジ・アメリカズ」は二〇一二年に完成し、ニュージャージー州の「ポート・インペリアル市街地コース」の使用計画は未定である。「ソチ・オートドローム」は二〇一四年に完成している。〕。

これらと比較すると、多目的な国立・オリンピック競技場はどこにあるのだろうか。最大の国立競技場は第一一位にランクインし、北朝鮮にある（一九八九年に建設された「綾羅島メーデー・スタジアム」、平壌）。一五万人の収容能力をもち、政治システムの恩恵を受けた特別な地位を占めている。「偉大なる首領様」金日成によって発注された競技場は、パレード、祭典、マスゲーム（アリラン祭）、芸術のパフォーマンスに利用される。アリラン祭は、二〇〇七年、出演者が一〇万人を超え、ギネスブック入りしている。次に大きい国立競技場はマレーシアのクアラルンプール（収容能力一〇万人）にあり、特にサッカー競技場として使用されている。オーストラリアの国立競技場は「メルボルン・

クリケット・グラウンド」（収容能力一〇万人）という名称で、オーストラリア大陸の最重要な国技を示唆している。オリンピックのために二〇〇八年に完成した北京国家体育場でさえ九万一〇〇〇人の観客収容能力しかもたず、その下にはモスクワ（八万五〇〇〇人）、ローマ（八万三〇〇〇人）、トルコ（八万二〇〇〇人）のオリンピック・スタジアム（もっとも、トルコではまだオリンピック競技会は開かれていない）、さらに広東（八万人）、ベルリン（七万四〇〇〇人）、アテネ（七万一〇〇〇人）、キエフ（七万人）、ソウル（七万人）、ミュンヘン（六万九〇〇〇人）が続く。

最大のサッカースタジアムはやっと第二三位にランクインし、カルカッタにある。一二万人の観客収容能力を有し、球技場としては最大である。収容能力一〇万人と一一万人のあいだのクラスには、その他の二つのサッカースタジアム、アメリカ合衆国の六つの野球場、三つの国立競技場（クアラルンプール、ジャカルタ、メルボルン）がある。収容能力一〇万人以上のスタジアムは合計で約五〇存在している。これらと比較すると、ほかの競技種目はどうだろうか。アメリカンフットボールのスタジアム・データが興味深い。その規模は、サーキット・競馬場と国立競技場・サッカースタジアムの中間に位置している。

ヨーロッパで最大の競技場は――イスタンブールを除くと――「ニュルブルクリンク」であり、収容能力一五万人で第一二位である。収容能力一四万人をもつスペインの「カタロニア・サーキット」（一九九一年完成）は第一四位にランクインしている。つまり、最大なのはここでも二つの自動車レース場である。サッカースタジアムのランキングを考察するのも有益である。

常に完売のＦＣバイエルンの「アリアンツ・アリーナ」は、アテネ、トリノ、横浜、タブリーズ

（イラン）、キエフ（ウクライナ）、バンドン（インドネシア）、ダーバン（南アフリカ）のスタジアムよりも下位である。明らかに、約六万九〇〇〇人の収容能力は最初から規模が小さすぎた。ブラジルではＦＩＦＡワールドカップがすでに影響している。二〇一三―二〇一五年の完成をめざして、サンパウロとベロオリゾンテに収容能力約七万人のスタジアムが計画中である。

一般的なイメージから目をそらしてみるのも面白い。すべての国々が自動車レース、競馬、フットボールやサッカーを最重要な競技種目とみなしているわけではないからである。カルカッタにあるクリケット競技場は、九万三〇〇〇人の収容能力をもち、世界で最大の競技場のひとつに数えられる。オーストラリアでは、クリケットと並んでオーストラリアンフットボールも重要である（「ＡＮＺスタジアム」、シドニー、収容能力八万四〇〇〇人）。ロンドンのラグビー競技場「トゥイッケナム・スタジアム」は収容能力八万二〇〇〇人であり、「ウェンブリー」よりも小さいが、二〇一二年ロンドン大会の「オリンピックスタジアム」よりも大きい。リオデジャネイロの「サンボードロモ」は、サンバ学校のパレードを観覧するための席が設けられた長い空間施設であり、収容人員は七万五〇〇〇である。ノルウェーでは、「ホルメンコーレン・ジャンプ競技場」が五万五〇〇〇人の収容能力を有し、国内で最大のサッカー競技場よりも二倍以上大きい。リレハンメルとトロンハイムのスキージャンプ競技場の収容能力もサッカースタジアムを上回っている。さらにフィンランドの「サルパウセルケ・ジャンプ競技場」（収容能力六万人）は、最大のサッカー競技場よりも三倍以上大きい。ノルウェーやフィンランドには自動車レース場や競馬場が存在しない。小国ラトビアにおける最大の「アリーナ・リガ」（収容能力一万三〇〇〇人）はアイスホッケー競技場である。小国モルドバにはルーマニアと同様、サッカー競技場しかない。ダブリンの「クローク・パーク」（収容能力八万二〇〇〇人）を含むアイルランドの三大競技場は、ハーリング、ラグビー、ゲーリックフットボールに使用されている。スコットランドの最大競技場（マレーフィールド、エディンバラ）はラグビー専用（収容能力六万七〇〇〇人）であるが、その他はサッカー競技場である。[186]

大衆スポーツ

われわれの日常文化がスポーツ化されてからまだそれほど長い時間は経っていない。このことを思い出せる読者は少ないないだろう。一九世紀末以降、学校スポーツの導入によって、ヨーロッパのほとんどすべての子どもはスポーツ活動に触れてきた。社内スポーツを通して、特定の競技種目はかつては除外されていた社会層にまで浸透した。さらに二〇世紀初頭以降、クラブスポーツは急速に発展し、各国の国民的な競技種目に応じて広範囲に受容された。ヨーロッパでは、――統計を一瞥すればわかるように――それは特にサッカーである。全サッカークラブの上部団体であるドイツサッカー連盟（DFB）の発展は重要である。連盟は一九〇〇年に創設され、加盟クラブ数は一九九〇年まで絶えず増加して二万五〇〇〇を超えるほどになり、その後このレベルで止まった。加盟クラブの会員数は、一九二五年に約一〇〇万人に達し、二つの世界大戦を経ても増え続け、一九六〇年には二〇〇万人を数えた。一九七〇年には三〇〇万人、一九九〇年には五〇〇万人に増加した。二〇一一年一月、チーム数は一七万七〇〇〇、会員数は七〇〇万人を少し下回るほどになっている。走ることができるドイツ人のうち、ほぼ一〇人にひとりがサッカークラブの会員である。[187] DFBはその他の全競技種目のクラブを合計したよりも多い会員数を誇っている。

一九〇〇年頃、多くの体操・スポーツ協会（Turn-und Sportverein）はサッカー部門を増設したが、一〇〇年後、状況は完全に逆転した。世界で会員数がもっとも多いスポーツクラブは、――統計が存在している限りでは――ベンフィカ・リスボア（会員数は約二二万八〇〇〇）であり、その下にFCバルセロナ（約一七万三〇〇〇）、FCバイエルン・ミュンヘン（約一七万一〇〇〇）、マンチェスター・ユナイテッド（約一五万一〇〇〇）が続く。一八六八年に創設された「ニューヨーク・アスレチッククラブ」のような大規模な国際クラブでも、約八六〇〇の会員数しかない。ニューヨーク・アスレチッククラブの会員は二三〇以上のオリンピックメダルを獲得し、クラブは多様な余暇スポーツを提供している。[188]

すでに一九世紀末以降、クラブスポーツのほかに、生活改革運動（Lebensreformbewegung）と関連して、クラブとは関係なくスポーツを行おうとする動きが存在している。そこでは戸外の空気に触れ、少なくとも窓を開けて運動することが推奨され、定期的な運動が美と健康の前提条件とみなされる。二〇世紀半ば、スポーツはスポーツクラブを超えて、広く社会に浸透した。しかし、いまだにセクト主義的な要素を保持していた。スポーツの領域自体でも、クラブ環境は伝統的な印象を与え、スポーツウェア――トレーニングウェアから登山服まで――はいくらか時代遅れの感を与えた。フランクフルト学派のイデオロギーに影響された学生運動も、スポーツ活動全体を後期資本主義の洗練された抑圧の道具と捉えた。ようやく一九八〇年代になって、「スポーツをすること（Sportivität）」は人々をますます引きつけ、「われわれの日常文化を先導する新しい包括的なモデル」となったのである。[189]

その後の大衆スポーツに特徴的なのは、波のように特定の運動や流行の形をとって社会の中でブレークする点である。一九七〇年、ドイツスポーツ連盟（DSB）は、一九七二年オリンピック・ミュンヘン大会を前に、そうした波のひとつを目標設定的に起こした。DSBはドイツ経済と連携し、太り過ぎと循環器疾患を予防する目的で、「スポーツを通して体調を整えろ（*Trimm dich - durch Sport*）」運動を普及させた。レクリエーションスポーツの可能性を提供する数百の「トリムディッヒ小道（*Trimm-dich-Pfade*）」や、スイスでは「ヴィタ・パルクール（*Vita-Parcours*）」が設置された。一九七二年、ドイツ国民のあいだではこの運動の知名度が九四パーセントに達した。その少しのちにはジョギングが大西洋を越えてブレークした。一九六〇年代初頭、ニュージーランド人コーチであるアーサー・リディアードがこの運動を創始し、陸上競技コーチのビル・ボワーマンがアメリカ合衆国にもたらした。ボワーマンは同時にまた、スポーツ商品企業「ナイキ」――古代における勝利の女神ニーケーの名を商標としている――の共同創始者として、ジョギングに適したシューズを開発した。ドイツでは、ジョギングの流行はランニング・ドクターのエルンスト・ファン・アーケンによって宣伝された。もっともファン・アーケンの運命はジョギングの危険も示した。彼はランニングのトレーニング中に車に巻き込まれ、両脚を切断しなければならなかったのである。[190]

一九八〇年代、体操とダンスから構成される一種の動的なフィットネストレーニングであるエアロビクスは、想像力をかき立て、女性を強く魅了するだけではなく、現代的な用具一式も商品計画化した。これは考案者であるオクラホマシティの運動生理学者ケネス・H・クーパーが命名した。クー

大衆スポーツ。2004年6月15日、ミュンヘンのウェストパークでの体操。

パーは、一九七〇年、サッカー監督としてブラジルをFIFAワールドカップ優勝に導いている。呼吸器を強化する運動トレーニングに関する彼の著書（『エアロビクス』）は、ドイツでは『運動トレーニング』というあまり興味をそそらないタイトルで出版されたが、それにもかかわらず何十万部も売り上げた[191]。特に魅力的な女優ジェーン・フォンダが、一九八二年以降、自分の体操の指針としてエアロビクスを宣伝し、国際的な「フィットネスの女王」になってからである。ジェーン・フォンダはエアロビクスビデオを発表し、世界中の多くの都市にキャンペーンガールを送り、若い女性の心を捕えた[192]。ほぼ同じ時期、ボディビルディングのブームも始まった。ボディビルディングも、ひとりの映画俳優——すなわちアーノルド・シュワルツェネッガー——によって宣伝された。そうした身体を指向する流行によって引き起こされたフィットネスブームは、多数のフィットネススタジオの創設につながった。自分の身体と関わり、身体のプロポーションを最善に保つこと、また、重要と称される「ボディマスインデックス（BMI）指数」のような深遠なカテゴリーに沿って健康維持のトレーニングを私的に行うことは、意味の探求の普及という点ですでに宗教的な特徴を帯びている。実際、フィットネス運動は、二〇〇九年、ドイツにおいて約七〇〇〇のスタジオをもち、国民に広く浸透した。フィットネス教会〔傍点は訳者〕は六三〇万人の会員を有し、DFBの会員数とほぼ並んだ。DFBは六七〇万人の会員数でわずかに上回っているだけである[193]。毎月の会費がサッカークラブよりも少し高額であることが、会員数に影響しているのかもしれない。

未来のオリンピック競技会

歴代トップ記録

オリンピック競技会は、常にスポーツに関する出来事の一端にすぎないが、他の大会と比較するともっとも包括的な一端ではある。多くのオリンピック優勝者——カシアス・クレイ／モハメド・アリを考えてほしい——は、のちにその競技種目においてきわめて成功した選手のひとりに数えられた。誰が近代オリンピック競技会でもっとも成功した選手だったかという問いは、ある意味では公平でない。かなり多くの競技種目——たとえば競泳——では、選手は複数のレースに容易に出場できるのに、ほかの競技種目ではその可能性がないからである。この異議を除外し、さらに、少なからぬトップ選手がオリンピック競技会開催の二週間のあいだにではなく、二つのオリンピック競技会のあいだの四年間のどこかで自己ベストを出すという事実を度外視してみよう。すると、幾つものメダルを同時に獲得することにはそれなりの意義があると認められるだろう。それでは、誰が最多のメダルを手にしたオリンピックの英雄なのか。大差をつけて第一位に輝くのは、アメリカ合衆国出身の異例の水泳選手マイケル・フェルプスである。彼は二回のオリンピック競技会（二〇〇四―二〇〇八年）で一四個の金メダルと二個の銅メダルを獲得した。もしも四七回行われた全夏冬大会の国別メダル獲得総数で彼をランク付けすると、アルゼンチンに次いで第三七位に、二〇〇八年北京大会の国別メダル獲得数でもオーストラリアに次いで第八位に位置するだろう。第二位にランクインするのは、日本在住のウクライナ選手ラリサ・ラチニナである。彼女はオリンピック三大会で（一九五六―一九六四年）フェルプスの一六個を上回るメダル――そのうち九個が金メダル――をソ連にもたらした。種目は、床運動、跳馬、段違い平行棒、平均台、個人総合、団体総合、徒手団体である。つまり、今日までオリンピックで最多のメダルを獲得したのは女性なのである。同様に金メダル九個を獲得したのは、フィンランド出身の超人ランナーであるパーヴォ・ヌルミ、アメリカ合衆国出身の水泳選手マーク・スピッツ、アメリカ合衆国出身の多才な陸上競技選手カール・ルイスである。ルイスは、四回のオリンピックで競走数種目以外に走幅跳びでも金メダルを獲得し、八メートル八七で、ボブ・ビーモンの八メートル九〇の世界記録に迫った。ビーモンの記録はその後のオリンピックでも破られていない。ビーモンは現在もオリンピック記録を保持しているが、世界記録のほうは一九九一年にマイク・パウエルが更新した。パウエルはこのとき、オリンピックで連勝中だったカール・ルイスを下している。

冬季大会の最多メダリストであるビョルン・ダーリが第六位にランクインしている。ノルウェー出身のクロスカントリースキー選手は、三回のオリンピックで（一九九二—一九九八年）八個の金メダル（複合、一〇キロ、五〇キロ、リレー）と四個の銀メダルを獲得した。四回目のオリンピックを準備中にローラースキー事故に遭い、引退を余儀なくされた。ドイツ人で最多のメダルを獲得したのは、ダーリと同位の女子カヌー選手ビルギット・フィッシャーである。彼女はまずは東ドイツ代表として、その後は統一ドイツ代表として、六回のオリンピックに出場し、毎回少なくとも一個の金メダルを手にしている（一九八〇—二〇〇四年　金八／銀四／銅〇　計一二）。東ドイツがロサンゼルス大会をボイコットしていなければ、彼女のメダル数はもっと多かっただろう。同様に八個の金メダルを獲得しているのが、日本の体操選手の加藤沢男（一九六八—一九七六年　金八／銀三／銅一　計一二）、アメリカ合衆国の水泳選手ジェニー・トンプソン（一九九二—二〇〇四年　金八／銀三／銅一　計一二）とマット・ビオンディ（一九八四—一九九二年　金八／銀二／銅一　計一一）である。ただし、トンプソンの金メダルはすべてリレー競技においてである。

オリンピック競技会が終わると、特に比較的大きな国では国別メダル獲得総数ランキングは常に重要だった。もっとも、最近の数年間、リベラルな新聞各紙はその掲載を控え、左派系の新聞はまったく掲載していない。しかし人々が関心を示す限り、ランキングが姿を消すことはないだろう。なぜだろうか。ランキングが存在してから、国家はアイデンティティーを示す指標であり、人々はそれに目を向けて自分がどこにランクインされているのかを知りたがる。ランキングに反感を抱いたり、不必

オリンピック夏季大会の「歴代メダル獲得総数一覧表」(2010年現在)

順位	国	金	銀	銅	計
1	アメリカ合衆国	932	730	640	2302
2	ソ連/ロシア	549	458	439	1446
3	ドイツ	400	413	448	1261
4	イギリス	207	255	252	714
5	フランス	191	212	234	637
6	イタリア	190	156	174	520
7	中国	163	117	105	385
8	ハンガリー	159	141	159	459
9	スウェーデン	142	159	174	475
10	オーストラリア	134	141	169	444

要だと思われることがあるかもしれない。だがオリンピック競技会が開催されるたびに、ランキングには何か訴える力があるように思われる。ただし、そもそも何を訴えているのか。

国別ランキングでは、日本が(夏季大会では)第一一位(金一二三/銀一一二/銅一二五 計三六〇)であり、オランダが第一四位(七一/七九/九六 計二四六)である。ドイツ語圏諸国では、スイスが第二二位(四五/七一/六五 計一八一)、オーストリアが第三四位(一八/三三/三五 計八六)にランクインしている。多数のレスラーを輩出しているトルコが第二六位(三七/二三/二二 計八二)、ギリシアが第二九位(三〇/四二/三六 計一〇八)、競走に強いケニアが第三一位(二二/二九/二四 計七五)である。小国ルクセンブルクは第七六位(一/三/〇 計四)であり、その唯一の金メダルはランナーのヨジー・バーテルが一九五二年ヘルシンキ大会の一五〇〇メートルで獲得した。もしも一九〇〇年パリ大会でルクセンブルク出身のミシェル・テアトが手にした金メダルがフランスに認められていなかったら、ルクセンブルクは第六九位にランクアップしていた。金メダルを獲得している最下位の国は、第八八位のアラブ首長国連邦である（一／〇／一　計一）。その射撃選手アハメド・アル＝マクトゥームは、ドバイ首長国を支配している王家の出身であり、私有射撃場において単独でトレーニングを行って、二〇〇四年アテネ大会のクレー射撃ダブルトラップで優勝した。ランキングは第一一五位で終わっている。ここには、銅メダルを獲得した一二の国がランクインしている（〇／〇／一）。その中には、アフガニスタン、バミューダ諸島、ジブチ、エリトリア、イラク、クウェート、モーリシャス、ニジェール、トーゴの名がある。一八九六年から二〇〇八年まで、総計して一万六三二四個のメダルが授与された(194)。

冬季大会

オリンピック冬季大会は一九二四年シャモニー大会から開催されているが、一九〇八年ロンドン大会以降、オリンピック競技会の枠内で、冬季競技種目もすでに実施されていた。冬季大会が開催されるようになって初めて、それまで一般に広まっていた競技会は夏季大会となった。両者の区別は容易ではない。体操やスケートのような室内競技種目は、夏と同じく冬でも行うことができるからである。冬季競技種目では、ソ連、アメリカ合衆国、ドイツにおけるスポーツの育成と並んで、特定の諸国が伝統的な強さを見せている。ノルウェーはスキーの伝統がもっとも長い国である。近代的なビンディングと「テレマークスキー」はノルウェーで考案された。冬季大会の最多メダリストはノルウェー出身のビョルン・ダーリであり、彼はクロスカントリーでの八個の金メダルを獲得した（一九九二―

一九九八年　金八／銀四／銅〇　計一二）。同様にノルウェーで考案されたバイアスロンでも、ノルウェー出身のオーレ・アイナル・ビョルンダーレンが一一個ものメダルを手にしている（六／四／一　計一一）。そのうちの金メダル六個は、一九八八年長野大会、二〇〇二年ソルトレークシティ大会、二〇一〇年バンクーバー大会においてである。さらに世界選手権では金メダル一六個を獲得している。メダル獲得総数ランキングで第三位と第四位にいるのが二人のロシア女性、クロスカントリーのリュボーフィ・エゴロワとスピードスケートのリディア・スコブリコーワである。第五位に初めてドイツ人女性が登場する。ベルリン出身のクラウディア・ペヒシュタインは、一時的にドーピング違反で資格停止処分を受け、二〇一〇年バンクーバー大会に出場できなかった。

一九二四年から一九五二年まで、スキージャンプで優勝したのはノルウェー選手だけであり、一九八〇年から一九九二年まではフィンランド選手だけだった。「アルペン」スキー選手で最多メダルを獲得したのもノルウェー出身のチェーティル・アンドレ・オーモットだった。彼は、一九九二年アルベールビル大会から二〇〇六年トリノ大会までの四回の冬季オリンピックで、四個の金メダルと四個の銀・銅メダルを手にした。スカンディナヴィア諸国とオランダではスケートの長い歴史があり、カナダにはアイスホッケーのような伝統的な冬季競技種目が存在している。カナダは一九二〇年から一九五二年までは圧倒的な強さを誇っていたが、その後、ソビエト連邦が首位を奪った。一九九二年、ソ連崩壊直後にも、独立国家共同体チームがもう一度優勝した――しかし、その後は一度も優勝していない。冬季競技では、イタリアのトップ選手も――激しい気性で「爆弾トンバ」と呼ばれたボローニャ出身のアルベルト・トンバ（三／二／〇）のような異例のアルペンスキーヤーは別だが――アルプス地方の出身だった。国別メダル獲得総数ランキングのトップ一〇位には、アルプス山脈あるいは北極圏に近い国々がランクインしている。もっとも、四個の金メダルを獲得し（二〇〇二年ソルトレークシティ大会、二〇〇六年トリノ大会）、女子で最多のメダリストであるアルペンスキーヤーのヤニツァ・コステリッチはクロアチアの出身である――彼女は冬季大会でメダルを手にした初めてのクロアチア人であった。そして冬季大会のメダル獲得数でもアジアの国々が上昇してきており、アルプス地方や北極圏に位置しないヨーロッパの国々すべて――オランダを除いて――を大差で追い越している。冬季大会の参加国数は、トレーニングの可能性や伝統の不足から夏季大会よりもはるかに少ない。冬季大会でエチオピアやケニアのような諸国が将来的にも脚光を浴びないだろうと予測するには、預言者の才能は必要ない。

スポーツ中継を視聴すると、スキー競技で優勝するのは基本的にはオーストリア選手であるような印象を受ける。長年、ケルンテン出身のフランツ・クラマーやザルツブルク出身のアンネマリー・モーザー゠プレルだけがいつも話題になり、それに混じってスイスやノルウェーやソ連の選手が時々オリンピックで優勝していた。「スキー王国」オーストリアは、数十年前から、圧倒的に強いスキー選手やスキージャンプ選手を次々と輩出してきている。ドイツの『シュポルトシャウ』誌は、スキージャンプ週間において、オーストリア人――最近ではグレゴール・シュリーレンツァウアー――が驚くべき飛距離で（ほかの三人から五人のオーストリア人選手とひとりの日本人選手を抜いて）優勝したと報じた。それにひきかえ、ドイツ人ジャンパーのトップは第一五位であり、それでも「非常に良い」と伝えられている。ただし、ここで問題になっているのはワールドカップであり、オリンピック競技会での成績は異なっている。クラマーの滑降種目における二五勝のうち、オリンピックでの優勝は一度しかない。彼はあの嘆かわしいアマチュア規定の犠牲になったからである。オーストリア代表のオリンピック最多メダリストは、フェリックス・ゴットヴァルトである。彼は三大会のノルディック複合で七個のメダルを獲得した（三／一／三）。第二位は一九五六年に三個の金メダルを手にしたアルペンスキー選手トニー・ザイラーと、同じくスキージャンプ選手トーマス・モルゲンシュテルンである（二人とも三／〇／〇）。スイス代表の最多メダリストはスキージャンプ選手シモン・アマンだったが（四／〇／〇）、「夏季大会の」体操選手ジョルジュ・ミーツの影にかすんでしまっている（四／三／一）。スイス女子で最多のメダルを獲得したのは、アルペンスキー選手フレニ・シュナイダーである。

冬季大会のメダル獲得総数は以下のようである〔次頁の表参照〕。オーストリアとドイツの順位が意外である。ここでも、ソビエト連邦が一九五六年コルティナダンペッツォ大会まで冬季大会に参加せず、またドイツは二回のオリンピック競技会に招待されなかった（一九二四年シャモニー大会、一九二八年サンモリッツ大会）ことを考慮しなければならない。前述したように、ドイツのウィンタースポーツ選手が国別メダル獲得総数ランキングでトップにいることに驚いたわけだが、そこから冷静になると、ベルヒテスガーデン出身のゲオルク・ハックルのように、ボブスレーやリュージュで堅実に優勝している選手のことが念頭に浮かぶ。とりわけ女子スキー選手たちである。〝金メダルのロジー〟・ミッターマイアー、また、アルゴイでスキーを学び、金メダル三個を獲得したカーチャ・ザイツィンガー、さらに最近では、ガルミッシュ・パルテンキルヒェン出身のマリア・リーシュである。三人とも、特にレポーターの質問に爽やかに答えるので、好感のもてる選手である。「どのようにして、このレースでオリンピック冬季大会の「歴代メダル獲得総数一覧表」

順位	国	金	銀	銅	計
1	ドイツ	128	129	101	358
2	ロシア	123	92	93	308
3	ノルウェー	107	106	90	303
4	アメリカ合衆国	87	95	71	253
5	オーストリア	55	70	76	201
6	カナダ	52	45	48	145
7	スウェーデン	48	33	48	129
8	スイス	44	37	46	127
9	フィンランド	41	59	56	156
10	イタリア	37	32	37	106
11	オランダ	29	31	26	86
12	フランス	27	27	40	94
13	韓国	23	14	8	45
14	中国	9	18	17	44
15	日本	9	13	15	37

こんなに見事に勝利できたのですか。」――「そうですね。スキーに乗ってただ滑降しただけです。」息もつけないほどの激しいレースの後で、ほかに何と答えられるだろうか。

二〇一四年ソチ大会はしばらく政治的に議論された。一九八〇年モスクワ大会がボイコットされ、二〇〇二年冬季オリンピックへの立候補が成功しなかったあとで、ロシアにやっと出番を与えたＩＯＣの意図は理解できるとしても、黒海沿岸に位置する温暖湿潤気候の港湾都市は、一見すると冬季大会にあまり適していないように思われる。確かに背後にはカフカス山脈の印象的な頂がそびえ立っているが、ソビエト連邦解体以降、まさにそこで、ロシア、グルジア（ジョージア）、アゼルバイジャン、アルメニアのあいだに繰り返し紛争が起こっている。グルジアから独立したアブハジアをロシアは支援し、そのアブハジアをめぐる戦争はソチの近くで行われた。歴史的に、黒海沿岸のこの地方は一〇〇〇年にわたってグルジアに属していた。一五世紀にオスマン帝国に征服され、一八二九年にアドリアノープル条約〔一八二八年から一八二九年のギリシア独立戦争後、ロシアとオスマン帝国のあいだで結ばれた講和条約〕でロシアに割譲された。一八三八年、ロシアの要塞がここに建設され、そのために成立した入植地は、一八九六年、ソチと改名された。十月革命時〔一九一七年一一月七日（ロシア暦一〇月二五日）、ロシアの首都ペトログラードで起きた労働者や兵士らによる武装蜂起を発端として始まった革命。世界最初の社会主義革命〕にはグルジア民主共和国がこの温泉地を占領した。赤軍による奪回後にグルジア人が追放され、ソチはスターリンの保養地となり、ロシア人が休暇を過ごす楽園となった。ソチはこれまで夏季スポーツ施設では有名であり、テニス学校は元世界ランキング一位のマリア・シャラポワを輩出した。保養地ソチは、冬季大会後、ほかのメガ・イベントの舞台へと計画的に拡充されるという。まず二〇一四年にはパラリンピック冬季大会、二〇一五年以後は毎年Ｆ１ロシアグランプリが開催される。次のビッグイベントは二〇一八年ＦＩＦＡワールドカップだろう。ソチをイベント首都へ整備していくことは、クラスノダール地方全体を改造し刷新する計画の中心である。

　ソチ大会における競技種目数は、二〇一〇年バンクーバー大会の八六から九二に増える予定である〔実際は七競技九八種目だった。〕。新種目は、リュージュ団体、フィギュアスケート団体、スロープスタイル——障害物コースで行われるフリースタイルスキーとスノーボードの混合——、スノーボードパラレル回転、バイアスロン男女混合リレー、スキージャンプ女子、スキーハーフパイプ男女である。ソチ大会の優勝候補サラ・バークは、ハーフパイプの危険の犠牲になった。感じの良いカナダ人バークは、フリースタイルスキーの先駆者であり、「エックスゲームズ」などで六回優勝した。フリースタイルスキー競技のハーフパイプとスロープスタイルがソチでオリンピック競技種目になったのは、彼女のロビー活動に負うところが大きい。しかし二〇一二年一月半ば、パークシティでハーフパイプのトレーニング中、「危険のない」五四〇度回転で急逝した。彼女は二〇〇九年にもスロープスタイル競技会で肋骨を折っていたが――当時、彼女は「それはよくあることよ。誰でも怪我をするわ」と語っていた――、今回は頭を氷に強打し、昏睡から目覚めることなく、九日後、ソルトレークシティで酸素不足と貧血による脳障害が回復せずに心肺停止で死亡した。これは単なる不運だったのだろうか。二年前にも同じ練習場で、アメリカ合衆国のスノーボード選手でオリンピック優勝候補のケビン・ピアースが転倒して重体となっている。[195] フリースタイルスキー競技は、競技種目から再び除外されたスピードスキーのように〔スピードスキーは、一九九二年アルベールビル大会で公開種目として採用された〕危険が産み出す興奮と共存している。もちろん、そうした危険を冒すことは各人の自由である。しかし問題は、危険がスポーツ育成の対象とならねばならないのか、また、高い負傷の危険性が一般の疾病保険で保護できるのかという点である。「彼はあまりにもしばしば危険な娯楽に没頭したが、不運な激戦のひとつで、不幸にも一撃に見舞われて命を落とした」と、修道士ベルトルトは、『ツヴィーファルテン年代記』の中でハインリヒ・フォン・ハプスブルクの馬上槍試合《トーナメント》における死を記した。[196] 各紙は、現代のエクストリームスポーツ種目についても同じように報じなければならない。

二〇一二年第三〇回オリンピック・ロンドン大会

ロンドンは、オリンピック競技会を三度開催することが許された世界で唯一の都市である。世界が二〇一二年にロンドンで顔を合わせるならば、それは、イギリスが二〇世紀後半に輩出した数少ないオリンピック選手のうちのひとりの功績である。ロンドンで生まれたセバスチャン・コーは、中距離走で八つの世界記録を樹立し、オリンピックで四個のメダルを獲得した。彼は、招致委員会議長として第三〇回オリンピック夏季大会をロンドンへ誘致することに成功し、また、オリンピック組織委員会会長として運営を管轄している。

一九〇八年にロンドンで最初のオリンピック競技会が開催されたとき、ロンドンが追加で開催地として選ばれたのはやむを得なかったように思われる。当時、イギリス連合王国は世界のスポーツをリードしていた。だが本来、大会はローマで開催される予定だった。ローマの組織委員会は実際には活動しないまま最終的に解散してしまい、さらにヴェスヴィオ山が噴火し、イタリアではほかの事柄が優先されねばならなかった。そのとき初めて、ロンドン開催の機会が生まれた。IOCによる開催決定は競技会開始のちょうど二年前だった。しかし、当時のヨーロッパ最大の都市ロンドンはその課題を首尾良く果たした。大部分の競技会場は、ロンドン内外にある会員制の高級スポーツクラブのスポーツ場に振り分けることができた。さらに六万六〇〇〇人というかなり大きな収容能力をもった「ホワイトシティ・スタジアム」が九カ月で建設された。オリンピック後はグレイハウンド競走や自動車レースに利用された。

大会は四月二七日から一〇月三一日まで続いた。一〇月末の比較的涼しくなった時期には、フィギュアスケート競技が初めて実施された。多くの競技種目は、外国が参加したイギリスの選手権試合といった様相を呈していた。競技ルールと圧倒的多数のスポーツ選手が英国出身だったからである。

二三カ国から二〇四一人の選手（男子一九九八名、女子四三名）が参加し、一一〇の種目が競技された。メダル獲得数ではイギリスが大差で首位に立ち（金五四／銀五一／銅三八　計一四五）、アメリカ合衆国（二三／一二／一二）、スウェーデン（八／六／一一）、フランス（五／五／九）、ドイツ帝国（三／五／六）がそれに続いた。公式の閉会式は三週間の「スタジアム週間」が終わった七月二五日に行われた。一〇月三一日の二回目の閉会式にはスピーチを伴った宴会が催された。最多メダリストはイギリスのヘンリー・テイラーであり、競泳で三個の金メダルを手にしている（四〇〇メートル、一五〇〇メートル、四×二〇〇メートル自由形リレー）。[197]

一九四八年に二回目のオリンピック競技会が開かれたとき、ロンドンは、ボルチモア、ローザンヌ、ロサンゼルス、ミネアポリス、フィラデルフィアといった立候補地を抑えて開催を勝ち取った。第二次世界大戦後の最初のオリンピックである。ドイツと日本は参加が認められず、ソビエト連邦は参加を断った。それにもかかわらず、以前よりも多くの選手と国が出場した。五九カ国から参加した四一〇四人の選手（男子三七一四名、女子三九〇名）が、一七競技一三六種目でメダルを争った。世界のスポーツをリードするのはアメリカ合衆国になっていた。開催立候補地にアメリカの都市が多い点からも、そのことがわかる。新しい超大国は、金メダル三八個、銀メダル二七個、銅メダル一九個（計八四個）で他国に圧勝した。第二位はスウェーデンであり（一六／一一／一七）、その下にフランス（一〇／六／一三）、ハンガリー（一〇／五／一二）、イタリア（八／一一／八）、フィンランド（八／七／五）、そして――新しく――トルコが続いた（六／四／二）。トルコは伝統的なレスリングで六個の金メダルを獲得している。イギリスは――多くのイギリス人にとって大変なショックだったが――第一二位（三／

一四／六）に転落した。三個の金メダルのうち二個は競漕、一個はセーリングで獲得された。かつての海軍国が水に戻ってきたようだった。

最多メダリストは、オランダ人の女性陸上競技選手フランシナ・ブランカース゠クンだった。彼女はひとりでイギリスよりも多い金メダルを獲得した。競走で四個の金メダルである（一〇〇メートル、二〇〇メートル、八〇メートルハードル、四×一〇〇メートルリレー）。イギリスはサッカーの三位決定戦においてデンマークに三対五で敗れ、五〇〇〇〇人の観客を落胆させた。優勝はユーゴスラヴィアを三対一で下したスウェーデンであり、ウェンブリーで六万の観衆を集めた。もっとも有名な選手はユーゴスラヴィアの主将ズラトコ・〝チック〟・チャイコフスキーであり、彼はのちにＦＣバイエルン・ミュンヘンの総監督になった。芸術競技が実施されるのはこの大会で最後となったが、イギリスはその芸術競技では強かった。都市計画と詩歌ではフィンランド、建築設計ではオーストリア、オーケストラ作曲ではポーランド、彫刻・エッチングではフランス、彫塑ではスウェーデンが優勝している。イギリス人アルフレッド・トムソンは油彩空想画『ロンドンのアマチュア選手権』で金メダルを、ロザムンド・フレッチャーはレリーフ部門の『隠れ場の終焉』と題された作品で銅メダルを獲得した。このとき金メダルと銀メダルの授与はなかった。イギリスを慰安する銅メダルだったのであろう。

二〇一二年にロンドンで開催される三回目のオリンピック競技会の予選には、二〇四カ国の選手が参加した。そのうち、現在まで、一四四カ国の選手がオリンピック出場資格を獲得している。二六競技三〇二種目が実施され、その中で一六二種目が男子、一三二種目が女子、八種目が混合である。混合には、たとえば八八年ぶりに再び正式競技となったテニス・ダブルスがある。ボクシングでは女子の三種目（フライ級、ライト級、ミドル級）が新しく加わり、男子の一階級（フェザー級）が廃止される。メイン競技場はストラトフォード地区にある新しい「オリンピックスタジアム」であり、八万人の収容能力をもっている。そのほかの競技会場の大部分はグレーター・ロンドンにあり、一部はハイド・パークのような有名な地やウィンブルドンの「オールイングランド・クラブ」、「ウェンブリー・スタジアム」、「ウェンブリー・アリーナ」、「ローズ・クリケット・グラウンド」である。ロンドン市は二〇一二年、「文化オリンピック」を並行して開催し、一九〇八年と――オリンピック芸術競技が最後に開かれた――一九四八年の伝統につながろうとしている。「文化オリンピック」という活性剤を貫徹することができるのだろうか。芸術に対する反論はないだろうが、過去の芸術競技において、重要な芸術家の誰ひとりとして表彰されなかったことを思い出してもかまわないだろう。

頂上の幸福

スポーツとセックス

エクストリームスポーツの発展が示すように、危険に接近することをセクシーとみなす人は少なくないが、スポーツとセックスの関係は、特に能力と感覚をめぐるまったく別の問題をも投げかけている。トレーニングによってベストコンディションを維持する男子選手や女子選手は、寝室でも格別に能力が高いのだろうか。それとも、トレーニングやドーピングはむしろ快楽の妨げになるのだろうか。スポーツとセックスの厄介な関係は古代のギュムナシオンに遡ることができる。そこでは、裸体の若い男性が興味深々な中年男性の目の前でみずからの肉体を披露した。中世のキリスト教文化やイスラム文化は言うまでもなく、ローマ人はすでに――本書で考察したように――ギリシアの少年愛や同性愛を嫌悪し、裸体のスポーツを拒絶していた。

今日われわれは皆、啓蒙されている。しかし、あいかわらずスポーツとセックスは厄介な問題を孕んでいるように思われる。ニュージーランドのある調査が明らかにしたところによれば、女子サッカーでは依然として、特に能力のある女子選手が男性的かあるいはレスビアンか、と問われるという。フェミニズムの論拠に従えば、多くの観客の目には、女子サッカー選手は男性の領域に侵入することによって性の境界を越え、いわば「偽・男性」になったのだとされる。もちろん、ここではメディアによって煽られる「ミソジニスト・ホモファビア」が関係しているのだという意見もあるだろう[198]。だが一般的には、男子選手――おそらくスポーツ選手全般――にとってタブーであり続けている同性愛のほうが問題になっているのではないか。近年ドイツでは、サッカー監督でさえ同性愛がスキャンダルになった。

さらに概して慎重に扱うべきなのは、スポーツにおいては身体が強調される点ではないだろうか。男性あるいは女性のコーチと若い選手のあいだの関係を考えるとき、異性関係が問題になることもある。そこでは依存関係が悪用されるかもしれないという。身体と裸体は、――シャワーを浴びた後では――スポーツと性的欲望に密接に結びついたままである。セックスとスポーツの不可避な結びつきは、時としてメディアの言葉と写真で強調され、必要とあればスキャンダルにされる。それゆえ世界中のスポーツ連盟は自己の活動をわざと非性愛的に呈示するのである。しかし、現役選手個人や、とりわけ女子選手はその呈示方法を考えなければならない。そしてこのことは、選手と観客との関係だけではなく、選手同士の関係にも影響する。女子選手が更衣室でスポーツマンらしくなく薄紫色のレースの下着をつけているとき、それに対する反応は、単純な事柄でも注目の的《まと》になることを示している。下着の色は私的な事柄ではなく、場合によってはチームのほかのメンバーとの関係における性的な意図をほのめかすものとみなされる。(199)

南アフリカの中距離走選手キャスター・セメンヤの登場により、スポーツとセックスは目下のところアクチュアルなテーマである。セメンヤは、二〇〇九年世界陸上選手権ベルリン大会の八〇〇メートル走で一分五五秒四五のタイムを記録し、二秒以上の差をつけてライバルたちを下した。彼女は一年のうちに記録を大きく更新したことから、通常のドーピング疑惑をかけられただけではなく、告発されもした。一九九一年にピーターズブルク（現在のポロクワネ）近郊の村で生まれたセメンヤが、性別を誤認され、本当は男性であるというのである。国際陸上競技連盟（IAAF）は、しばらく躊躇したのちに性別検査を指示した。人権擁護団体や南アフリカはこれに抗議したが、検査は「男性」と「女性」のみを分類カテゴリーとして使用するスポーツのルールの論理に従うものだった。(200)

二〇一〇年、検査の結果を受けて、セメンヤは女子競技種目に復帰することが認められた。もっとも、IAAFの事務総長ピエール・ヴァイスは、みずからの立場を表明してセンセーションを巻き起こした。「たとえ一〇〇パーセントでなくとも、彼女が女性であることは明らかだ。(201)」男性的な容姿を除いて、セメンヤのタイムはそれほど衆目を集めるものではない。女子八〇〇メートルの世界記録は、一九八三年以降、チェコスロヴァキアのヤルミラ・クラトフビロバの一分五三秒二八である。男子の世界記録は、ケニア出身でデンマーク代表のウィルソン・キプケテルが一九九七年にケルンでマークした一分四一秒一一である。セメンヤは二〇一一年九月の世界陸上選手権大邱（韓国）大会でロシア人マリア・サビノワに敗れ、その後、彼女の異例のタイムに関する人々の感情はいくらか静まった。だとしても、セメンヤが現役でいる限り、われわれはこのテーマと関係し続けるだろう。スポーツの性別における不明確さは、近世における諸議論を想起させるスキャンダルである。[202] 両性具有は自然の世界秩序の安定を疑問視させるため、近世における中心的な神話であったと解釈する研究者がいる。[203] キャスター・セメンヤ自身はみずからの特異な状況に甘んじたのかもしれない。二〇〇九年、南アフリカのある新聞に対して、神がそのように自分を創造されたのだという見解を彼女は述べている。[204]

最後に——頂上

登山から発展した最新の競技種目スピードクライミングは、二〇〇七年、映画監督ペペ・ダンカートのドキュメンタリー『限界まで』で映画化された。その二年前、『限界でのクライミング——フーバー兄弟』というタイトルの同じような映画が、グラーツの国際山岳・冒険映画祭でグランプリを受賞していた。二つの映画はトーマスとアレクサンダー・フーバー兄弟の成功を扱っている。兄弟は世界の最難関の岩壁で、フリークライミングだけではなく、きわめて速いスピードでフリーソロ——確保用具なしでのクライミング——も行う。たとえばアメリカのヨセミテ国立公園には一〇〇〇メートルもの一枚岩エル・キャピタンがあるが、ザイル登山隊ならそうした急斜面を登るのに三日から五日を必要とするのに、兄弟は二時間以内で登り切る。この新種目を宣伝する助けとなったのは、南チロル出身で、現在もっとも有名な登山家ラインホルト・メスナーである。(205) メスナーは八〇〇〇メートル級の全一四峰を初めて無酸素登頂し、自己のスポーツ最高記録をマーケティング展開することによって生計を立てるだけではなく、一連の山岳博物館の財政援助もしている。五つの博物館群「メスナー・マウンテン・ミュージアム」である。(206) メスナーは、限界の体験を受け入れることによって自己実現を個人的に達成する方法としてみずからのエクストリームスポーツを理解し、それを広く世間にも魅力的に公表する術《すべ》を彼以前の誰よりも心得ていた。(207)

登山は「頂点のスポーツ」である。なぜなら、あとは飛ぶことによってしか、——あるいはフーバー兄弟にようにベースジャンプすることによってしか——山頂から先へ進めないからである。しかし、登山とはいったい何なのだろうか。スポーツなのだろうか。もしスポーツであるなら、いつからスポーツであるのか。そして何が登山とみなされるのか。岩を登ること、氷を登ること、滝を登ること、ビッグソロクライミング、ボルダリング——岩塊《ボルダー》を登ること——のことか、あるいは単に山歩きやハイキングも登山なのだろうか。絶対的な記録だけが重要なのではない。初登頂というものはどれも一回しかできないからである。ヨーロッパアルプスの最高峰で、標高四八一〇メートルのモンブランの初登頂は一七八六年のことだったが、今日、それがアルピニズムの開始であると多くの人々はみなしている。(208) しかし、スイスの自然研究者コンラート・ゲスナーの報告はどうだろうか。(209) 彼は自己の登山や、一三五八年のボニファチオ・ロタリオ・ダスティによるロッチャメロネ山（三五三八メートル）の登頂や、イタリアの人文主義者フランチェスコ・ペトラルカによるプロヴァンスのヴァントゥ山（一九一二メートル）の有名な登攀について記述している。ロッチャメロネ山は当時アルプスで最高峰とされていた。また、ペトラルカは一三三六年四月二六日にヴァントゥ山に登り、長いラテン語の書簡の中でそれに関して報告している。当時の人々はすでにそれを一種の内面への方向転換の体験と理解した。[210] 少なからぬ登山史家は——予想できることだが——この「初登攀」をアルピニズムの開始と解釈している。

それでは、一二七〇年頃のアラゴンのペドロ三世によるカニグー山の登攀はどうか。これについてはフランシスコ会士サリンベーネ・ダ・パルマが記している。厳密に言えば、これは「アルピニズム」ではなかった。山頂はピレネー山脈にあり、当時、カニグー山はこの山脈の最高峰とされていた。のちのアラゴン王は、単純な好奇心と名誉欲から登山した。カニグー山が自分の未来の王国にあったからである。この偉業は年代記作者にアレクサンドロス大王の行動を想起させた。この時期、先述したロッチャメロネ山はすでに登頂されていた。ベネディクト会のノヴァレーザ修道院の年代記に見られるように、九七五年頃、トリノ辺境伯アルドゥイーノ三世によってである。民族大移動期、イタリアはランゴバルト人によって奪取されたが、それは山登りで始まったと言える。パウルス・ディアコヌスによる『ランゴバルドの歴史』にあるように、ランゴバルト人は、五六八年四月二日、パンノニア低地からやって来てイタリアとの境界に達した。そこでアルボイン王は行軍を止めてこの地方にそびえる山に登り、そこから見渡せる限りイタリアの国を眺めた。だからそれ以降、この山は「王の山」と呼ばれることになったのかもしれない。チヴィダーレ・デル・フリウーリ近郊にある標高一六一五メートルのマッジョーレ山のことである。これらの史料を収集したアルノ・ボルストによれば、ランゴバルド族のベネディクト会士パウルスは、この箇所で古代イスラエル民族の指導者モーセを思ったという。神は旅の終わりにモーセをネボ山頂に立たせ、約束の地を眺望させた。しかし、キリスト教徒ではないアルボイン王の脳裏にあったのは、むしろ軍事的・戦略的なことだっただろう。ちなみに、ペトラルカはヴァントゥ山に登った頃、リウィウスを読んで刺激を受けていた。リウィウスは、紀元前一八一年にバルカン山脈のひとつに登山したと言われるマケドニアのフィリッポス五世の冒険を報告している。フィリッポス五世は、その山からアドリア海と黒海を同時に見渡すことができると聞いていた[211]。それゆえここでは好奇心が動機だった。しかし、誰かがフィリッポス五世にそのことを語っているのだから、その誰かがすでに登頂していたにちがいない。

　アルピニズムとは——ボルストが述べたように——平地に住む人々の視点から山岳を眺めることである。山岳地方の住民にとって、山々は新しいものではなかった。彼らは青銅器時代以降、高原酪農を営んでいた。ジミラウン峰（三六〇六メートル）近くの標高約三二〇〇メートルで、氷河ミイラであるエッツィが発見されている。アルプスの住民は、すでにカルタゴのハンニバルがアルプス山脈を越える際〔紀元前二一八年、第二次ポエニ戦争時、カルタゴ軍はアルプス山脈を越えてイタリア半島を転戦し、共和政ローマとの直接戦争を開始した。〕に、ハンニバルを助けたか、あるいは戦っていた。彼らは、一一世紀以来、兄弟団の支援を受け、アルプスの大きな峠に宿泊施設を設けた。たとえば標高二四七二メートルの大サン・ベルナールの峠である。高い山地を耕作したり、アルプス・カモシカの狩りをする人々は、自分たちの記録を書簡で伝えることはしなかった。そうでなくとも、都市のスポーツマンたちにとってそうした記録は価値がなかった。一九五三年五月二九日にニュージーランド出身のエドモンド・ヒラリーがエヴェレスト初登頂に成功したとき、彼のシェルパであるナムギュル・ワンディが登山隊の主荷物を運んでいた。このことはようやく数十年経って明らかになった。ヒマラヤ山脈の多くの住民は、数世紀来、ガイドや運搬人として雇われ、山岳旅行者を援助してきた。ワンディは、ラマ教の転向体験後に「テンジン・ノルゲイ（宗教の幸運な信奉者）」と名乗り、初登頂当時、すでに約二〇年にわたってプロの登山家兼ガイドとして働いていた。初登頂ののち、ジャワハラール・ネルー首相によって、プロの登山家育成のために「ヒマラヤ登山学院」の設立を委託された。ネパール人たちは、シェルパであるノルゲイこそが頂上を極めた最初の人だと主張した。しかし、ノルゲイは巧妙にも、自分はヒラリーとまったく同時に頂上に到達したのだと述べた[212]。

もちろん、アマチュアリズムの意味において、ワンディはスポーツ選手ではなくプロであったのだから、記録にはカウントされないと異議を申し立てることはできるだろう。しかしその結果として、登山によって単なる精神の幸福以上のことを行った多くの人々を記録リストから削除しなければならなくなる。このことは超人クライマーであるラインホルト・メスナーやフーバー兄弟にもあてはまるだろう。彼らは国家試験に合格して山岳ガイドをしたのち、さらに職業上の資格を得て、エクストリームクライマーとしての名声で生計を立てることができた。二一世紀初頭、スポーツを定義するために、アマチュアリズムと記録マニアはもはや通用しない。メスナーにとってビジネスを超えて本来のモティベーションとして重要だったのは、「絶対的な」記録を更新することではなく、自己の限界を知り、限界を体験すること、すなわち自己を認識することであった[213]。自己の限界は、老年においては青年におけるのとは異なる。限界は、トレーニング以外にも健康、体格、性別に左右され、個人によって非常に違ってくる。ノルベルト・エリアスからアレン・グットマンに至るスポーツ社会学者が提案するように、記録の追求だけをスポーツ性の基準と認めるならば、今日スポーツを行っているほぼ全員に対して、彼らはスポーツをしているのではないと認めることになるだろう。おそらくスポーツは、エクストリームスポーツの選手や危険を冒して頂上を極める選手を必要とし、そうした選手たちは世間の関心をかき立てるだろう。(214) しかしながら、彼らは決してスポーツの特性を示すものではなかったし、将来も示すことはないだろう。

第六章　エピローグ——スポーツとは何か

神は完全である。

一九九八年、ディルク・シューマー

本書を締めくくるにあたり、最初の問いに戻ろう。そもそもスポーツとは何か。アウグスティヌスの省察を引用することができるだろう。「では、いったい時間とは何か。誰も私にたずねないときには、私はそれを知っている。たずねられて説明しようと思うと、わからない。[1]」IOCは会議を開くごとに数種目を除外し、新種目を競技に採用している。本書は、短期間だけオリンピック競技に承認され、そののち再び除外された種目例を幾つか挙げた。綱引きは一九〇〇年から一九二〇年までの六回のオリンピックで、綱登りは五回のオリンピックで実施され、スキージョーリング（一九二八年サンモリッツ大会）と犬橇レース（一九三二年レークプラシッド大会）は一回のみ行われた。クリケット、クロッケー、芸術競技、ペロタも同様である。公開競技も思い出してみよう。魚釣り、熱気球レース、武道、グリマ、サバット、ラ・キャン、大砲発射、凧揚げ、消火活動、（本物の）鳩撃ち（すべて一九〇〇年パリ大会）、バイクポロ（一九〇八年ロンドン大会）、グライダー（一九三六年ベルリン大会）、バイエルン・カーリング（一九六四年インスブルック大会）、水上スキー（一九七二年ミュンヘン大会）、ローラーホッケー（一九九二年バルセロナ大会）。ＩＯＣは、依然としてカードゲームのブリッジや盤上ゲームのチェスを——バンディ、ビリヤード、ブールスポーツ、ボウリングのような競技も——承認競技としており、オリンピック競技会で実施するかどうかの考慮対象となっている。(2) 競技の採用と除外は、競技会についての報道の有無とは関係なく、ジャーナリストや出版業者によっても決められる。チェスは長いこと新聞各紙のスポーツ欄で扱われていたが、最近ではもはや見られない。

スポーツが急速に変化していることは、一九九〇年代以降、変化の広がりを捉えるために、エクストリームスポーツ、ファンスポーツ、トレンドスポーツといった新しい上位概念が考案されていることからわかる。一九九七年／九八年にメディアによって挙げられた約五〇のトレンドスポーツ競技の中に、伝統的な競技はひとつもない。伝統的な競技は、そうした新スポーツの選択基準に明らかに合致しないからである。トレンドスポーツの特徴として、選手とスポーツのある種の融合をめざしたスタイル化、スピード、名人芸、新しい過激さと危険の探求（自己コントロールの一部を放棄すること）、種目相互や種目と第三の要素の組み合わせを意味するサンプリングが挙げられた。サンプリングの結果は、新しいトライアスロンのほかに、たとえば合気道、太極拳、ヨガ、ジャズダンス、エアロビクスの要素を組み合わせたＮＩＡ（*Neuromuscular Integrative Action*）がある。(3) 新種の競技は常に考案されている。多くのトレンドスポーツ競技は特殊な装具や流行のアクセサリーを必要とするため、一部は商業的な理由からであり、また一部は純粋な冒険心や危険を楽しむ喜びからである。(4) 各スポーツ連盟は、古びたビッグイベントに青少年を呼び寄せるためにトレンドスポーツを利用している。そして

ノルディック高飛込、あるいは新しいファンスポーツの模索の行方は？

新しく考案されたスポーツが由緒あるオリンピックの競技リストにいかに早く採用されるかは、目を見張るものがある。オリンピックでボート競技のエイトや四〇〇メートルハードルにあまり関心がない人々も、――比較的高齢のスポーツファンは肩をすくめるだけだが――ハーフパイプやスキー障害物競走のスロープスタイル（両者とも二〇一四年以降）のようなファンスポーツ競技によって参加する気が起こるかもしれない。カイトサーフィン（*Kitesurfen*）やスノーボード（*Snowboarden*）は難なくドイツ語になり、まもなくスケートボードのようにライフスタイルの都会化を表すようになるだろう(5)。

スポーツのアイデンティティーとは何かという問いは、とりわけ歴史的な考察のテーマである。それゆえ次の問いは、過去の身体競技はスポーツだったのか、ということであろう。新しい競技をオリンピックに採用する決定がいかに流動的であるかを認識するならば、スポーツに関する断定的な言明は慎重に行わなければならない。スキーのアクロがスポーツであるならば、なぜ馬の演技はスポーツではなかったのか。友人たちと会って午後のあいだボールを蹴ることが今日スポーツであるならば、なぜそれは二〇〇年前や二〇〇〇年前にはスポーツではなかったというのか。決められた距離を競走することが今日スポーツとみなされるならば、なぜそれは三〇〇〇年前や三万年前にはそうではなかったのか。フィットネストレーニングや余暇に行う水泳といった現象、またチーム競争のような大衆スポーツをスポーツに算入するならば、人類史の過去の諸時代やほかの諸文化をスポーツから除外することはできないだろう。テニスのポイントの数え方は五〇〇年以上前から変わっていないのである(6)。

古代ギリシアの詩人ホメロスが『イリアス』の中の表現「常に第一人者であり、他者の範となろう」を用いて、古代ギリシア文化――そしてスポーツ――の本質を要約したとヤーコプ・ブルクハルトは考えたが(7)、これは誇張である。村の羊飼いや漁師がすべて、友人たちと共にスポーツ活動に専念していたとき、みずからの名が不滅のものとなることを望んだ古代オリンピア競技会優勝者と同様に、この競争原理に支配されていたとは考えられないだろう。「記録」というフェティッシュは、しばらくのあいだスポーツ科学の中心だった。スポーツ科学はその正当性の一部を、高記録をマークする選手を育成すること、あるいは育成する可能性を開くことに見てきた。だが、われわれの社会は完全に競争原理によって特徴づけられていると結論づけようとは誰も思わないだろう。「より速く、より高く、より強く」という記録の追求は、特定の領域では意義を生み出し、スポーツ史のひとつの重要な視点ではある。しかしスポーツは、記録を追求するスポーツだけに尽きるものではない。大衆スポーツ、青少年スポーツ、高齢者スポーツ、体操、ジョギング——つまり日常スポーツ——のような大衆現象は、スポーツ報道の中心を成す記録追求のスポーツよりも、量的には意義がある。個人的な諸活動はもちろんのこと、大量の組織化されたスポーツは、——すでに古代、中世、近代においても——惨事によって注目を浴びない限り、メディアに媒介されたニュースには登場してこない。サンダルを履いて岩の尾根から転落する無邪気な素人についてはは報道されるが、同じときに山を歩いたり登ったりするほかの一〇万人についてはは報道されないのである。

もちろん、さして重要でない記録に関するメディアの記事を誰も読もうとはしないだろう。メディアが非政治的な事情からみずからの存在意義を引き出してくるのであれば別だが。二〇一一年秋、インド出身の一〇〇歳のファウジャ・シン（一九一一年四月一日生まれと思われる）が「ロンドン・マラソン」で完走したとき、彼が八時間半を要したことは重要でなかった。逆に、二人の東アフリカの選手が約二時間の記録で優勝と準優勝を再び獲得したという情報よりも、一〇〇歳のマラソン完走者のニュースはわれわれを感動させた。いずれにしても、インターネットで、男女マラソン優勝者と並んで男女車椅子マラソン優勝者を見ることができるのは注目に値する。車椅子部門は一九八三年から実施されており、そのスピードは、一九八七年以降、健常者のスピードを上回っている。二〇一一年、優勝した車椅子女子マラソンのアマンダ・マクグローリーは一時間四六分三〇秒の記録で、健常者の男子マラソン優勝者よりも速かった。もちろん、公式の優勝者名簿にシンは記載されない。しかし彼も記録をもっている。二〇〇三年、彼は「トロントウォーターフロントマラソン」を五時間四〇分四秒で走り、九〇歳以上クラスの世界記録を樹立した。現在、一〇〇歳の彼は全競走種目で記録を保持している。しかし、二〇一一年に同じ「トロントウォーターフロントマラソン」で彼がマークした一〇〇歳以上クラスの世界記録（八時間二五分一六秒）は「ギネス世界記録」に認定されなかった。有効な出生証明書が呈示されなかったという理由からである。(8)

創られた伝統

スポーツ史を理解するために有益なコンセプトのひとつに、イギリスの歴史家エリック・ホブズボウムと南アフリカの民族学者テレンス・レンジャーが研究対象にした「創られた伝統」がある。二人は、エスノグラフィー研究者たちがもうすでに以前から知っていたこと、すなわち、非常に古いとされる伝統の多くが最近になって導入されたものであることを著した。(9) このことは、特にドイツのスポーツ研究にあてはまるかもしれない。ドイツのスポーツ研究の基本文献は、今日なお、考えられるスポーツ競技がすべてゲルマン人に遡ると主張している。中世初期における民族の発展や、中世の文化史と社会史に関する比較的新しい研究が概して無視されているという事実は別として、そうした主張には歴史的証明や考古学的証明が不足している。そしてそれは単純な理由からである。つまり、証明するものが存在しないのである。

同様な伝説は他国のスポーツ史にもある。ノーサンバーランドのアレンデールで年越しに行われる火祭りはバイキングかアングロサクソン人かフェニキア人に遡るとされる。しかし実際にそれが史料に初出するのは一八八三年であり、祭りを構成する本質的な要素は一九四〇年代に追加された。[10] もちろん、創られた伝統はヨーロッパだけの現象ではない。日本の「古武道」の由来は、たいてい非常に新しい。[11] トニー・コリンズは、創られた伝統が二つの方向に作用しうると指摘した。一方で、歴史的な正当性を主張し、スポーツをより良く構築するために歴史の古さを創るのである。たとえば代表者たちが新しい国民スポーツにしようとしたホッケー競技の場合である。過去のすべての打球技をホッケーの前身と説明することによって――ホッケーという単語は一七八五年に初めて史料で裏付けられる――、新しいスポーツの尊厳を高めようとした。逆に、スポーツを新規に登場させるために、伝統を否定することもある。ラグビーがそうである。ウィリアム・ウエッブ・エリスは、ラグビーの起源が労働者スポーツのストリートサッカーにあることを隠蔽するために、ラグビーをまったく新しいスポーツであるとした。似たような動機は、近代フットボール（サッカー）の生誕が一八六三年にあるという主張の基礎にもなっている。あるスポーツが比較的古く成立したという伝説の大部分も――慈善家の支配者によってつくられたり、軍事的な勝利を追憶する競技として行われたり、など――フィクションの領域に属している。伝統はしばしば、その地方の魅力を高めるために地域の政治家によって創られたり、また、新しい収入源を開拓しようとする民間企業によって起こされる。その極端な例は、ブリトン人が古代ローマ人に勝利したのちに導入されたといわれるダービー・フットボールである。[12] この宣伝は非常に成功したので、ダービーは特に重要なフットボールの試合を指す概念となり、こうした魅力のために、新聞、靴、自転車、自動車もその名を付けるようになった。[13]

スポーツのビッグイベントも、創られた伝統から利益を得る場合がある。スコットランドのハイランドゲームズや一九世紀のオリンピア競技会を想起してみよう。一九世紀のオリンピア競技会は、ギリシア独立戦争後、新国家のための象徴を創造した。[14] もちろん、近代オリンピック競技会も考えられるだろう。近代オリンピック競技会は、基本的には古代オリンピア競技会と何ら関係がなく、ルネサンス以降、古代オリンピア競技会をめぐって成立した伝説を基礎とした。ヨーロッパの学校制度も古代ギリシアを尊重することで学ぶところがあった。その中には古代の体育場ギュムナシオン（*Gymnasion*）の名をつけた新しいタイプの上級学校がある。もっとも、一六世紀のこうした改革学校はスポーツをほとんど行わず、裸（*gymnos*＝裸の）ではなく、人文主義者の学校として新しく創立された。

パラダイムとしてのスポーツ化

近世においては、ヨーロッパ史におけるそれ以前の時代よりも多くスポーツが行われていた。ここでは、この事実だけではなく、この事実の基本的な性格も意識すべきだろう。軍事訓練や人気のある競技のスポーツ化が近代の基本的な過程とみなすことができるかどうかを、吟味しなければならない。この点を裏付けてくれるのは、近代の始まりの時期、ギリシアの文学を受容することによって身体に対する考え方が根本的に変化し、スポーツを行うことが社会のあらゆる層における関心事となったことである。もちろん、これには社会史的な理由もある。というのも、この過程は、比較的自由で自立した都市国家のシステムとともに、古代のしかるべき諸理念の受容を可能にする社会構造が成立した時期に開始されたからである。たとえばフィレンツェやヴェネチアの都市共和国においてである。身体訓練（*exercitia corporis*）は、特に一六世紀以降、学校の授業や行儀作法の教本において不動の地位を占め、医学文献において好意的に議論され、宗教的な攻撃に対して守られてきた。

ワールド・スポーツの今日の形態を理解するために、スポーツの諸競技を個別に考察することもできるし、全体的に観察して、ヨーロッパ史における先行する時代と比較することもできる。近世の競技や試合の特徴は、「スポーツ」という概念で呼ぶことのできる催しが変化したことだった[15]。印刷術のおかげで、ルールブック、標準化された屋外競技場や室内競技場が生まれ、専門職化や商業化も見られた。馬上槍試合《トーナメント》でのアンリ二世の死は、騎士の野蛮な競技が変化することを加速させた。それに代わったのが、能力と優雅さを競技で実演することだった。一六世紀半ば以降、輪突きのような競技が登場してくる。一六〇〇年頃、このスポーツは事故の可能性を含む武芸競技に完全に取って代わっていた[16]。同様の文明化は球技でも見られる。球技は、狩猟や騎手競技と並んで貴族のもっとも重要な競技へと台頭した。民衆に人気のある競技は、上層階級によって取り上げられ、洗練化され、標準化され、常設の競技場の建設によって制度化された。さらにレスリング、剣術、あらゆる身分で人気を博した射撃競技のように、危険のない運動も行われた。制度化のレベルは低かったが、大衆スポーツも実施された。高い技術を必要とせずに実施できる競走[17]、跳躍、レスリング、水泳、投擲、重量挙げ、競漕、水上の船上槍試合のようなツンフトの競技[18]、また、北方ではスケートやスキーである。一八世紀、イングランドで始まったスポーツの民主化は、ヨーロッパ全域で行われたわけではなかったが[19]、西ヨーロッパと中央ヨーロッパの多くの地域は民主化への途上にあった。

近世にスポーツの制度化が高いレベルで行われたとする本書のテーゼに決定的なのは、スポーツの授業、スポーツ器具、スポーツ器具の製作者、そしてスポーツ器具の国際的な売買がこの時期に見られたことである。スポーツ教師、屋外スポーツ場、室内スポーツ場、スポーツ祭も存在した。当然のことながら、スポーツの規則もあったし、当時のマスメディアにおいてではあるが、スポーツの報道もあった。パンフレット、木版画、銅版画、絵画、年代記、一七世紀以降は新聞、一八世紀以降は雑誌が存在した。(20) その発展は、一七九二年、最初のスポーツ専門誌『スポーティング・マガジン』の創刊に結実した。最初の医学専門誌の創刊がその数年前だったことを考慮するならば、スポーツ報道は文化的発展の最前線にあったことがわかる。一七世紀、スポーツ施設は観光旅行のガイドブックに掲載されるスポットや対象となった。ロンドンのヴォクソール・ガーデン、パリのリュクサンブール公園やジュ・ド・ポームが明示されている。

近世におけるスポーツの熱狂がプレイヤーの知覚に作用したことは、多数の例に見られる。若い諸侯の集会は、何週間にも及ぶスポーツイベントと同じだった。一六世紀以降、比較的重要な宮殿にはどこでもスポーツ施設がつくられた。ことに魅力的なスポーツ場のある地に人々は集った。スポーツは身分の境界を超えて、コミュニケーションの機会を提供した。諸侯は遠征するプロスポーツプレイヤーを招待し、彼らの助言やトレーニングに対して謝礼をした。また諸侯は、自国の官吏、その地方の都市行政のメンバー、あるいは原則的にスポーツでなにがしかを提供できる誰とでもスポーツを行った。スポーツに関心があるとき、諸侯にとって、平民との競争に参加することは何ら問題ではなかった。たとえば射撃祭で故意に諸侯を勝たせることはあったが、懸賞は、平民、市民、周辺地域の農民へ授与されるほうがはるかに頻繁だった。スポーツは独自の規則をもち、それは誰に対しても有効だった。先行研究ではほとんど注目されてこなかったスポーツ競争は、前近代の社会にすでに見られた社会的結束を表す重要な象徴である。

スポーツが今日の社会においていかに重要な役割を担っているのかを本書は見てきた。スポーツをする人、競技種目、スポーツクラブやスポーツ連盟、スポーツの催し、新競技場の建設、政治家がスポーツ活動にあからさまに姿を現すこと、これらの数が増え続けていることは、近代の始まりの時期に開始されたスポーツ化のプロセスがまだ終わっていないことを示している。IOCがオリンピック競技会における競技種目の数を断固として制限しようとしても、結局それは成功しないと予想できる。常に新しいスポーツ種目に承認を迫られ、その代わりに、多くの古い種目を任意に除外することはできないだろう。

球技としての世界

すでに古代においてスポーツのメタファーは使われていた。使徒パウロは、コリント人への第一の手紙（第九章二四―二七）の中で競走と拳闘の比喩を用いている。イストミア祭の同時代人だった自分の聴衆や読者が競争の規則を知っていると想定することができたからである。[21] 教父アウグスティヌスやアンブロジウスにおいて、キリスト教の聖職者気質は闘技者のスポーツマン気質と比較された。そして中世において「神の戦士」と言われるとき、おそらくそこで想起されるのは十字軍ではなく馬上槍試合《トーナメント》へ赴く騎士のことであった。一連のスポーツのメタファーは、中世末と近世に遡り、いまなお使用されている。多くの場合、本来の意味はすでに念頭には置かれていない。誰かが「鳥を撃ち落とす＝一番である（den Vogel abschießen）」とき、もはやそこでは、民衆の本格的な娯楽の一部だった「射撃会（Vogelschießen）」のことは意識されない。人々は当初、射撃会において本物の鳥を撃っていた。そしてこの娯楽が史料に登場するやいなや、彩色された木製の鳥を撃つようになった。オウムの形がもっとも好まれたという。(22)

スポーツ化の進展を知るひとつの指標は、スポーツのメタファーがますます言語に浸透していくことである。フランソワ・ラブレーは『ガルガンチュワとパンダグリュエル』の中で、注釈を加えながら一〇〇を超える競技種目を数え上げた。(23) シュトラースブルク出身の多芸多才な法律顧問ヨハン・フィッシャルトは『ガルガンチュワ』をドイツ語に翻案し、『奇想天外な物語』〔一五七五年〕において尾ひれをつけ、この一〇〇以上の競技種目数をさらに二倍にしている。(24) ウィリアム・シェイクスピアは自作の悲劇や喜劇で好んでスポーツを暗示し、およそ五〇の「スポーツ」に言及した。(25) イギリスの旅行家トマス・コリアットはその旅行記で、チューリヒ市の歴史は非常に変化に富んでおり、「それはひとりの紳士から別の紳士へ、あちこち送球される幸運の女神のテニスボールのようだった」と記している。(26) そうした比喩を用いたのは彼だけではない。中世の作家たちがイングランドの支配者を侮蔑するとき、その頭でフットボールをすることを提案した。つまり、それは支配者の斬首を前提にしていた。特にボールはメタファーにふさわしいようである。たとえばコリアットは、サヴォアの男女について書いている。「彼らの喉頭は非常に腫れているので、甲状腺腫はこぶしのように大きい。まるでイングランドの普通のフットボールのようである。(27)」世界の堕落を説明するとき、闘獣の比喩も好まれた[28]。スポーツ競技の身振りもしばしば言語に取り入れられた。誰かが「帽子をリングに投げ入れ」ようとするとき、それは、自分に注意を引きつけることを意味する。事実、一九世紀に至るまで、ボクシングの試合の勝者をこの身振りで挑発することができた。

いかにスポーツの熱狂が知覚を特徴づけたかは、古代の文学の一例が示してくれる。オウィディウスの『変身物語』（第一〇巻）に、同性に求愛したアポローンとゼピュロスが、女神クリオの息子でヒュアキントスという名の青年をめぐって競う物語がある。アポローンはヒュアキントスとスポーツをしていたが、風神ゼピュロスは嫉妬心からアポローンの円盤を空中でとらえて投げたところ、ヒュアキントスの顔に当たって殺してしまった。このスポーツ事故による悲しみで深く心を痛めたアポローンは、その場に、亡くなったヒュアキントスの血から、香りが良く美しい花ヒアシンスを成長させた。一五六一年のジョヴァンニ・アンドレア・デ・ラングイラーラによるイタリア語の翻訳では、アポローンとヒュアキントスは円盤を投げるのではなくテニスをしている。ここでは、ゼピュロスはテニスのボールをヒュアキントスのこめかみに当てたので、ヒュアキントスは死んでしまう[29]。ヴェネチアの画家ジョヴァンニ・バッティスタ・ティエポロは、この翻訳を用いて、注文者のために時流にかなうように物語を絵画化した。絵の右下には、寓意的に、幾つかのテニスボールと並んでヒュアキントスのテニスラケットがヒアシンスとともに置かれている[30]。

この点を芸術家のさして重要でない戯れと片付けることもできるだろうが、背後にはもっと多くのことが隠されている。すなわち、危険な同性愛への告白が偽装されているのである。ヨーロッパの当時の刑法によれば、同性愛の行為には死刑が科されていた。一七五二年、絵画の注文者はシャウムブルク＝リッペ伯ヴィルヘルム・フリードリヒだった。伯は情熱的なテニスプレイヤーであり、ビュッケブルクの城には屋内球技場が敷設されていた。ヴィルヘルムの友人でテニスのパートナーだったひとりの音楽家を、ヴィルヘルムの父は書簡で「おまえの友人アポローン」と呼んでいたが、その音楽家はこの時期にヴェネチアでスポーツ事故で亡くなっている。祖父シャウムブルク＝リッペ伯フリー

ジョヴァンニ・バッティスタ・ティエポロ　ヒュアキントスの死。1753年頃、マドリード、ティッセン＝ボルネミッサ美術館蔵。

ドリヒ・クリスティアンも、ビュッケブルクの屋内球技場でテニスをプレーしたのちに落命していた。ハノーファー選帝侯公子でイギリス王太子フレデリック・ルイス（ウェールズ公《プリンス・オブ・ウェールズ》）は、テニスボール――別の解釈では、クリケットボール――に当たって亡くなったが、おそらくはそのスポーツ事故も影響している。(31)

スポーツと権力

詩人ユウェナリスは、古代ローマ帝国の民衆が「パンと見世物」によって気をそらされ、政治的に盲目となっていることを認めた。最近の数十年で、社会学者は、スポーツと権力の関係に深く従事してきた。フランクフルト学派周辺の学者たち――特にテオドール・W・アドルノ――は、スポーツが抑圧のための巧妙な一手段にすぎないという見解で、極端な立場を取った。しかし、暗い亡命生活の中で下されたこの判断はナチズムのスポーツだけではなく、アメリカの文化産業の一端としてのスポーツにも関連している。(32) この立場に、フランスの哲学者ミシェル・フーコーも共鳴した。フーコーは、スポーツを、近代の開始以降、人間の身体を訓練することを試みた国家権力の規律化機構の一部とみなした。(33)

イタリアのアントニオ・グラムシの考察はこれとは大きく異なっている。グラムシはアドルノと同様にファシズムの大衆動員を念頭に置いていたが、スポーツに解放的な可能性も認めていた。一方で、彼と彼の後継者は、資本主義ブルジョア階級の文化的ヘゲモニーの構成要素としてスポーツを解釈した。そのヘゲモニーは、ことに余暇時間が増大する時代に「見世物」で大衆の気をそらし、とりわけ常に不安定な青年たちをシステムに取り込んだ。他方で、喜びの源泉としてのスポーツは、潜在的にポジティヴなエネルギーも解放した。(34) ピエール・ブルデューは社会学の数少ない古典的著作の著者のひとりであるが、グラムシとは関係なく早い時期からスポーツの問題に言及し、(35) スポーツ種目と階級の関連性を考察することによってグラムシと似た道を辿った。ブルデューの所見によれば、労働者階級の構成員は肉体の強靭さを高く評価し、現在を強く志向し、次のような種目に関心をもつ。つまりレスリング、ボクシング、空手、重量挙げ、ボディビルディングのような闘技種目、またフットボール、ラグビー、アメリカンフットボールのような身体を酷使するチーム種目、さらに自動車レースや器械体操のように、危険と結びつき、身体全部を使用する競技である。これに対して中・上層階級の人々は、スポーツを、健康と社会的威信との関連で未来を志向するものとみなしているという。これに該当するのは、ジョギング、ウォーキングなどのフィットネス志向の活動、また自然と関連した種目(クライミング、カヌー競走、スキー距離競技)、さらに身体接触の少ないチーム競技(バレーボール、クリケット)、あるいはゴルフ、セーリング、ポロ、狩猟のような威信を保つ種目である。それらはふさわしいクラブやアクセサリーを必要とし、象徴資本の蓄積に貢献した。どのスポーツを行うかという選択は、経済的な前提条件だけではなく、異なった社会層が身体を用いるときに抱くメンタリティーによっても左右される。階級のハビトゥスは、いわば身体に書き込まれている支配的な権力構造を維持するのに決定的に貢献するというのである。(36)

スポーツは、前工業社会内部の権力のバランスについて幾らか明らかにしてくれる。前工業社会において、社会的なエリートは、スイス、ネーデルラント連邦共和国、ヴェネチアのような共和国においてだけではなく、フランス、トスカーナ、ドイツ諸邦のような世襲君主国においてさえも、人気のあるスポーツ種目を庇護し、訪問し、――充分に体調が良い限りは――共に行う義務があると感じていた。「選挙のためのランニング」――今日の政治家のように――は諸侯にとって問題ではなかったが、彼らは古きヨーロッパにおいても臣下の同意を得るために戦わなければならなかった。民衆によって承認されない支配者は、近世の政治理論によれば暴君とみなされた。支配は相互の尊敬に基づいていた。特別に不器用な支配者たちにとってはスポーツの庇護も役に立たなかった。イングランド王チャールズ一世は、経済政策と宗教政策の失敗によって、文字通り首を失った。これに対しイングランド王ジェームズ一世は、『スポーツの書』において宗教的な攻撃に対抗してスポーツを擁護し、大きな同意を得ていた。

フェミニズムの立場から文化学に携わる女性研究者たちの「スポーツと権力」というテーマに対する姿勢はアンビヴァレントである。スポーツは女性の強さを見せるだけではなく、撮影するカメラの前で女性の勢力圏を獲得する可能性も提供する。他方で、女性は男性とは異なった方法で資本主義の利害関心にさらされており、露出度の高い女性アスリート――サーフィン、ビーチボール、新体操など――のいる種目の人気は高い。女性レーシングドライバーのダニカ・パトリックはモデルとして服を脱ぎ、多くのF1世界チャンピオンよりも高額の年収を得ている。[37] レスリー・ヘイウッドは、広告産業によって作られた新しい広告アイコンである自己意識の高い女性サーファーを例に、どちらかといえば月並みな結果を引き出している。「今日、その女性アスリートはグローバル経済における重要なアイコンであり、自己決定、成功、活力を体現している。彼女は、〈新しい〉民主的な可能性、グローバリゼーション、ネオリベラリズムを代表し、〈充分に厳しい労働をしている〉すべての人々が自由市場における資本を意のままに使えそうなことを表している。現在、その女性サーファーのイメージはネオリベラルなイデオロギーの担い手として登場する。つまりそのイデオロギーとは、柔軟性、DIY的主体性、さらにアウトサイダーで非生産的な反逆者であるという男性サーファーについての文化的なシナリオを書き換える可能性である。彼女のしなやかな身体フォルムはグローバル経済における柔軟性を表す象徴であり、自己実現の成功という理念に彼女が付与するイメージは年に総額約五億ドルの産業を活気づけるのに充分に有効だった。」もっともこの成功モデルの有効性は、それに結びついたイデオロギーのために、女性サーファーたちにとって常に有利であるとは限らない。「しかし、これらのイデオロギーを体現しているのは女性サーファーのイメージと彼女の最新流行の身体フォルムであって、必ずしも女性サーファー自身がこれらのイデオロギーに与しているわけではない。女性サーファーたちは世界の中に自己の位置を探すとき、こうした物語すべてと付き合っていかなくてはならない。[38]」女性サーファーは自分の物語をみずから語らなければならないという提案は、いくらか自立主義にすぎるように思われる。加えて、市場メカニズムがマスメディアのプレゼンテーションに関する膨大な文化学的研究によって変わることはほとんどないだろう。

スポーツとは、楽しいことである

多くの社会学者の見解によれば、今日、われわれは体験社会に生きており[39]、余暇活動はフィットネスが関心の的《まと》だった一世代前とは異なった価値や意義をもっている。広範層の人々にとって、体験を探求することと同時に、伝統的にはむしろレジャークラスにとって重要だったさまざまなメカニズムが威力を発揮するようになった。差別化や誇示的消費（*conspicuous consumption*）といった問題、国際的な流行を志向すること、社会的には無益な個人的興奮を追求することである[40]。スポーツを体験に包括することは次のような問いに対して答えてくれるだろう。つまり、なぜ新しいトレンドスポーツ種目の発明がますます急速に変化していくのか――そして、なぜトレンドを探し出す人々は常に次のトレンドを探すのか――だけではなく、なぜスポーツがますます娯楽産業の一面になるのか、という問いである。エクストリームスポーツはプロのイベントマーケティングに容易に順応し、それゆえエクストリームスポーツの育成に報いるスポンサリングの対象になる。見世物の要素は、かつてはキルクス競技場や六日間走の際に見られたが、エクストリームスポーツ種目においては日常のことであり、大規模なスタジアムでも行われている[41]。この発展の線上にあるのが、二〇一二年、マドンナのような国際的スーパースターが六万九〇〇〇人の観客を前に、インディアナポリスのスタジアムにおける「スーパーボウル」のハーフタイムショーに出演したことである。ハーフタイムショーは、アメリカ合衆国のナショナル・フットボール・リーグ（ＮＦＬ）優勝決定戦のいわば相棒的なエンターテインメントである。ショーとスポーツイベントは相乗してメガ・イベントになるので、ニューイングランド・ペイトリオッツとニューヨーク・ジャイアンツの試合を世界中で八億人が観戦したほどである。[42] ランキング誌『フォーブス』が映画スターやポップスターとともにスポーツスターをセレブリティ部門に登場させるのも、この発展に含まれる。

今日、スポーツはクラブ（Verein）に組織されていることが多い。一八世紀のヨーロッパで成立した社会形態である。スポーツクラブで行われることすべてがスポーツと呼べるのか、またチェスはスポーツなのか、という問いについてはここでは扱わない。最近、このチェス問題はベルリン州会計検査院によって否定され、助成金や税優遇に関する見通しもつかず、ベルリン・チェス連盟の幹部を怒らせた。[43] クラブは依然として、多数の人々に職業や家族とのバランス、社会的な方向づけのようなものを媒介している。しかし、トレンドスポーツの場合はその要求が速く変化するため、しばしば伝統的なクラブにとっては荷が重すぎるようになってきた。なぜなら、トレンドスポーツではまったく異なった事柄が重要だからである。つまりアイデンティティー、クールな考えを同じくする人々の集まり、共通の言語コードやドレスコード、新しいライフスタイルの試み、古くからのクラブ活動とほとんど調和しない特定の新種目の取り込みである。[44] 今日、スポーツはもはやクラブに組織されず、ほかの制度上の形式でも頻繁に行われている。学校スポーツ、リハビリテーション、障害者行事、職場スポーツ、フィットネスクラブの会員制度、市民大学コース、新聞広告を介する取り決め、フェイスブックによるコンタクトなどである。さらに頻繁に、スポーツは、ジョギング、サイクリング、水泳などのように個人で行われたり、また家族、同級生、学生グループ、職場の同僚、友人サークルでも行われる。たとえばドイツオリンピックスポーツ連盟（DSOB）がある調査で明らかにしたように、全ドイツ人の三〇パーセント以上が今なおスポーツクラブの会員であるにしても、[45] 四〇歳以下のインテリで、自己実現ミリューから出てきた流行をつくり出す人々は、もはや会員であるとは限らない。そして彼らが発展させるスポーツの新種目がほかの比較的若年層の娯楽環境に訴えかけるのである。[46]

われわれはこれらの社会集団で何をしているのか。われわれは常に公式の競技規則を守っているのか。大部分のプレイヤーはその都度の状況に合わせてルールを変えてスポーツを行っているのではないのか。草原で、二人対二人で、ジャケット、自転車、買い物袋、あるいは何かほかの物を地面に置いて小さいゴールを作り、オフサイドのルールもなくサッカーをする。そうした光景は広く普及していると推測される。ペレやマラドーナのような有名なサッカー選手は二〇世紀のサッカーを共につくり上げてきたが、彼らはどのようなルールで、どのような用具を使って、道路や砂浜でサッカーを始めたのだろうか。どのような行動が彼らをビッグにしたのか。ストリートサッカーがスポーツであることを誰も否定しないだろう。たとえ、ぽんこつ車に向かってコーラの缶を蹴ることがＦＩＦＡによって規定されていないとしてもである。規格化されていない競技は今なお存在し、ただ、スポーツ科学の外部で行われているだけなのである。

二〇世紀以前、英語の用語法では、「スポーツ（*sports*）」は楽しませることのすべてだった。「レジャー（*leisure*）」あるいは「娯楽（*pastime*）」と同義だったのである。これらの語のドイツ語訳には、「娯楽（*Kurzweil*）」あるいは「気晴らし（*Vergnügung*）」が用いられた。[47] ここに含まれるのは、競走、射撃競技、球技、あらゆる可能な種類の身体訓練（*exercitia corporis*）、またカードゲームや釣りのような非身体的な活動、そして袋跳び競走、さらには今日ではむしろ子供の遊戯や単なるばか騒ぎと結びつけられる身体活動だった。(48) 一九八六年に生み出されたホーマー・シンプソン〔一九八九年にアメリカで放送開始したテレビアニメ『ザ・シンプソンズ』の主人公〕は、記録欲と記録狂に対するひとつの答えであろう。彼が始めることはすべて災難に終わる。BBCチャンネル4のアンケート調査で、彼は史上もっとも人気のあるテレビ・キャラクターに選ばれた。怠惰、能力のなさ、無思慮さの擬人化であるこの登場人物が選ばれたのは、われわれ全員の中にホーマーがいるからである。(49)

数世紀にわたって神学から攻撃され続け、ヨーロッパの大部分の人々は賭け事がスポーツではないと信じてきた。もちろんスポーツにおける賭けを除いてである。一九世紀、多くのスポーツ種目には新しい競技規則がつくられ、まったく新たに発明された種目もある。市民のクラブ生活とマスコミュニケーションメディアが新しい組織形態を可能にした。しかし、いかに古代の刺激がルネサンスを超えて近代に作用したのかを知るためには、オリンピック競技会（die Olympischen Spiele）のことを考えるだけでよい。そして最後に、すべてのスポーツ競技会の中で最大のものであるオリンピック競技会を目前にし、スポーツ（Sport）はさておき、記録狂とビジネスを無視して、やはり「遊戯（Spiele）」という語で本書を締めくくろうと思う。いずれにしても、観客にとっては、「スポーツ（sports）」の本来の意味である気晴らしが重要なのだから。

訳者あとがき

本書は、Wolfgang Behringer, Kulturgeschichte des Sports, Vom antiken Olympia bis ins 21. Jahrhundert. Verlag C.H. Beck, München 2012 の全訳である。

本書は、二〇一四年にハンガリー語、二〇一五年に中国語に翻訳されている。

著者のベーリンガーは、一九五六年にミュンヘンで生まれ、二〇〇三年からザールラント大学の近世史の教授職に就いている。一九八五年にミュンヘン大学で博士号を（„Hexenverfolgung in Bayern"『バイエルンにおける魔女狩り』）、さらに一九九七年にボン大学で大学教授資格を（„Im Zeichen des Merkur"『メルクールの標識のもとに』）取得した。ベーリンガーは、ドイツ国内外、大学内外のアカデミズムで精力的に活動し、またラジオ番組に出演したり、オンライン版を含むさまざまな新聞・雑誌に寄稿したりと、一般に向けても、魔女、郵便、気候、スポーツ、火山噴火といったテーマを文化史的に明解に論じてきた。本書以外の主要著作には次のようなものがある。

Thurn und Taxis. Die Geschichte ihrer Post und ihrer Unternehmen. Piper, München u.a. 1990.（『トゥルン・ウント・タクシス——その郵便と企業の歴史』高木葉子訳、三元社、二〇一四年）

Hexen. Glaube-Verfolgung-Vermarktung. C.H. Beck, München 1998.（『魔女——信仰－迫害－商品化』）［二〇〇五年には中国語、二〇〇八年にはイタリア語に翻訳されている。］

Im Zeichen des Merkur. Reichspost und Kommunikationsrevolution in der Frühen Neuzeit. Vandenhoeck & Ruprecht, Göttingen 2003.（『メルクールの標識のもとに——帝国郵便と近世のコミュニケーション革命』）

Witches and Witch-Hunts. A Global History. Polity Press, Cambridge 2004.（『魔女と魔女狩り——グローバルな歴史』長谷川直子訳、刀水書房、二〇一三年）［二〇一六年にはチェコ語の訳書が出ており、さらに中国語への翻訳が予定されている。］

Kulturgeschichte des Klimas. Von der Eiszeit bis zur globalen Erwärmung. C.H. Beck, München 2007.（『気候の文化史——氷期から地球温暖化まで』松岡尚子ほか訳、丸善プラネット、二〇一四年）［二〇一〇年には英語、ハンガリー語、チェコ語、二〇一一年には韓国語、二〇一六年にはイタリア語の訳書が出ており、さらに中国語への翻訳が予定されている。］

Tambora und das Jahr ohne Sommer. Wie ein Vulkan die Welt in die Krise stürzte. C.H. Beck, München 2015.（『タンボラ山と夏がなかった年——いかに火山が世界を危機に陥れたか』）［英語、中国語への翻訳が予定されている。］

本書は二〇一二年ロンドン・オリンピックの直前に出版された。それゆえ、「第五章　われわれの時代のスポーツ」の一節が特別に第三〇回ロンドン・オリンピックにあてられているし、近代スポーツがイギリスで誕生したという事情を考慮したとしても、ドイツ以外ではイギリスに関する記述に多くのページが割かれている。また著者が序章で述べているように、三〇〇〇年におよぶ「スポーツの文化史」とはいっても、「スポーツ法、スポーツジャーナリズム、近代のスポーツ医学、ドーピングのような多くの重要な個別の問題」に充分に言及されていないし、全スポーツ種目が同等に扱われているわけでもいない。スポーツ学を専門とされる読者諸氏は、著者のテーマ選択の任意性に疑問を抱く方もおられよう。さらに著者が言うように、本書は決して学術的な専門書ではなく、「情報を提供し、読者を驚かせ、楽しませることをめざしている」。それでは、なぜ、歴史家である著者がスポーツというテーマを扱ったのか。それは、社会におけるスポーツの機能を歴史の変化という大きな物語の視点から問うためである。近世において、スポーツの制度化、つまり「スポーツ化(Sportifizierung)」が始まり、軍事訓練や人気のある競技の「スポーツ化」の過程は近代の基本的プロセスのひとつであるというのが本書のテーゼである。「スポーツ化」は、規律化、法治化、世俗化、グローバル化と同じように、近代を推し進める重要な過程とみなされる。著者は、これまで扱われてこなかったさまざまな史料を駆使して、この点を鮮やかに浮かび上がらせた。ここに、現在ドイツにおける近世史の第一人者である著者がスポーツを扱った理由がある。中世後期から近世・近代にかけての時代を対象とした本書の第二章・第三章・第四章がとりわけ面白いのはこのためである。さらにベーリンガーは、スポーツは近世には衰退していたという従来の偏見を論駁することにも成功している。まさに近世こそが、「オリンピア競技会の古代と一九世紀以後の近代スポーツの興隆」との間隙を埋めていたのである。二〇二〇年の東京オリンピックを前に私たちがスポーツを考察するとき、本書は必ずや有益な視点を提供してくれるだろう。

本書の邦訳作成には、拙訳『トゥルン・ウント・タクシス――その郵便と企業の歴史』（三元社、二〇一四年）と同様、多くの方々のお力をお借りした。まず、ベーリンガー氏に「日本語版への序」の執筆をお願いした。また、ドイツ中・近世史をご専門の立教大学文学部兼任講師の井上周平氏には大変丁寧に訳稿を通読していただいた。その際、立教大学文学部准教授の小澤実氏が仲介の労を取ってくださった。さらに、スポーツ史をご専門のひとつとされている慶應義塾大学文学部教授の粂川麻里生氏にも訳稿に目を通していただいた。ラテン語の引用の訳出や、古英語・古フランス語の人名・地名の日本語表記などに関しては、訳者が出講している早稲田大学教育学部の講師控室で日頃お世話になっている諸先生方が協力してくださった。法政大学出版局の高橋浩貴氏にもさまざまなアドヴァイスをいただき、大変お世話になった。ここに記して、心からの感謝の意を表したい。

「からだを軽蔑している人々よ、俺は、君たちとは別の道を行く！」ツァラトゥストラはそう語った。僭越ながら、今回の翻訳作業でもよく動いてくれた自分のからだに、最後にありがとうと言って筆を置きたい。

二〇一八年四月五日

高木葉子

著　者

ヴォルフガング・ベーリンガー（Wolfgang Behringer）
1956年ミュンヘン生まれ。ザールラント大学教授（近世史）。
主要著作：『トゥルン・ウント・タクシス――その郵便と企業の歴史』（Thurn und Taxis. Die Geschichte ihrer Post und ihrer Unternehmen）（1990年）、『魔女――信仰－迫害－商品化』（Hexen. Glaube-Verfolgung-Vermarktung）（1998年）、『メルクールの標識のもとに――帝国郵便と近世のコミュニケーション革命』（Im Zeichen des Merkur. Reichspost und Kommunikationsrevolution in der Frühen Neuzeit）（2003年）、『魔女と魔女狩り――グローバルな歴史』（Witches and Witch-Hunts. A Global History）（2004年）、『気候の文化史――氷期から地球温暖化まで』（Kulturgeschichte des Klimas. Von der Eiszeit bis zur globalen Erwärmung）（2007年）、『タンボラ山と夏がなかった年――いかに火山が世界を危機に陥れたか』（Tambora und das Jahr ohne Sommer. Wie ein Vulkan die Welt in die Krise stürzte）（2015年）など。

訳　者

髙木葉子（たかぎ・ようこ）
上智大学大学院文学研究科博士後期課程単位取得退学（ドイツ文学専攻）。
早稲田大学・立教大学・青山学院大学・法政大学非常勤講師。
主要訳書：K. H. ボーラー『ロマン派の手紙――美的主観性の成立』（法政大学出版局、2000年）、M. シュナイダー『時空のゲヴァルト――宗教改革からプロスポーツまでをメディアから読む』（共訳、三元社、2001年）、『シリーズ言語態6　間文化の言語態』（共訳、東京大学出版会、2002年）、K. H. ボーラー『大都会（メトロポール）のない国――戦後ドイツの観相学的パノラマ』（法政大学出版局、2004年）、W. ベーリンガー『トゥルン・ウント・タクシス――その郵便と企業の歴史』（三元社、2014年）など。

《叢書・ウニベルシタス　1092》
スポーツの文化史
古代オリンピックから21世紀まで

2019年 3 月25日　初版第 1 刷発行

ヴォルフガング・ベーリンガー
髙木葉子 訳
発行所　一般財団法人　法政大学出版局
〒102-0071 東京都千代田区富士見2-17-1
電話 03(5214)5540　振替 00160-6-95814
組版：HUP　印刷：三和印刷　製本：誠製本

Printed in Japan
ISBN978-4-588-01092-7

人名索引

イタリックのページ数は、図版キャプションを示している。

ア行

アーケン、エルンスト・ファン　Aaken, Ernst van（1910-1984年）
ドイツの医師・スポーツコーチ　515
アーノルド、トーマス　Arnold, Thomas（1795-1842年）
イギリスの教育家・歴史家　332
アーバスノット、ジョン　Arbuthnot, John（1667-1735年）
スコットランドの医師・風刺作家　313
アームストロング、ランス　Armstrong, Lance（1971年-　）
アメリカの自転車競技選手　501
アイザー、ジョージ　Eyser, George（1870-1919年）
ドイツ系アメリカ人の体操選手　454
アイゼンベルク、クリスティアーネ　Eisenberg, Christiane（1956年-　）
ドイツの歴史学者　5, 391
アイヒベルク、ヘニング　Eichberg, Henning（1942-2017年）
ドイツの社会学者・歴史学者　14
アウエルスヴァルト、ファビアン・フォン　Auerswald, Fabian von（1462-1540年）
ドイツの剣術教師　209
アウグスティヌス　Augustinus（354-430年）
古代キリスト教の神学者・哲学者・説教者　86, 541, 551
アウグスト2世　August II. d. J., Herzog von Braunschweig-Lüneburg（1579-1666年　在位：1635-1666年）
ブラウンシュヴァイク＝リューネブルク公　282
アウグストゥス　Augustus, röm. Kaiser（紀元前63-紀元14年　在位：紀元前24-紀元14年）
ローマ皇帝　52, 53, 62, 64, 67, 71, 80, 81
アウターブリッジ、メアリー・ユーイング　Outerbridge, Mary Ewing（1852-1886年）
アメリカのテニスプレーヤー　368

アウマン、ライモント　Aumann, Raymond（1963年-　）
ドイツのサッカー選手　477
アギス2世　Agis II., spart. König（在位：紀元前427-紀元前400年）
スパルタ王　77
アグエロ、セルヒオ　Agüero, Sergio（1988年-　）
アルゼンチンのサッカー選手　480
アグリッピナ　Agrippina（15年頃-59年）
ローマ皇帝ネロの母　78
アゲシラオス2世　Agesilaos II., spart. König（紀元前443年頃-紀元前359年　在位：紀元前399-紀元前359年）
スパルタ王　77
アシャヤカトル　Axayacatl, aztek. Kaiser（在位：1469-1482年）
アステカの皇帝　98
アスカム、ロジャー　Ascham, Roger（1515-1568年）
イングランドの人文主義者・教育家　118, 210, 252
アッピアノス　Appian（90年頃-160年）
古代ローマの歴史家　75
アップルビー、ジェームズ　Appleby, James（18世紀）
イギリスの陸上競技選手　302
アディマーリ、アレッサンドロ　Adimari, Alessandro（1579-1649年）
イタリアの人文主義者　203
アドルノ、テオドール　Adorno, Theodor W.（1903-1969年）
ドイツの哲学者　15, 407, 555
アナスタシウス1世　Anastasius I., röm. Kaiser（430-518年　在位：491-518年）
東ローマ皇帝　91
アパーリー、チャールズ・ジェームズ　Apperley, Charles James（1777-1843年）
イギリスのスポーツマン・スポーツ作家　311
アベラ、ゲザハン　Abera, Gezahegne（1978年-　）
エチオピアの陸上競技選手　403
アボット、マーガレット・アイヴズ　Abbot, Margaret Ives（1878-1955年）
アメリカのゴルフ選手　379
アマン、シモン　Amman, Simon（1981年-　）
スイスのノルディックスキージャンプ選手　524
アメンホテプ2世　Amenophis II.（紀元前1438-紀元前1414年）
古代エジプトのファラオ　38
アラリック1世　Alarich, got. König（370年頃-410年）
西ゴート族の王　88

アリ、モハメド　Ali Muhammad（1942-2016年）
アメリカのプロボクサー　446-453, 489, 490, 501, 517
アリストテレス　Aristoteles（紀元前384-紀元前322年）
古代ギリシアの哲学者　44, 47, 104, 179, 205, 331
アル＝マクトゥーム、アハメド　Al Maktum, Ahmed bin Hasher（1963年-　）
アラブ首長国連邦の射撃競技選手　521
アルキダモス2世　Archidamos II., spart. König（在位：紀元前469-427年）
スパルタ王　77
アルキビアデス　Alkibiades（紀元前451年頃-紀元前404年）
古代アテナイの政治家・軍人　24
アルクラヌス、ヨハネス　Arculanus, Johannes（1484年没）
イタリアの医学教授　194
アルドゥイーノ3世　Arduin III. Der Kühne, Markgraf von Turin（918-977年　在位：962-977年）
トリノ辺境伯　536
アルヒェンホルツ、ヨハン・ヴィルヘルム・フォン　Archenholz, Johann Wilhelm von（1743-1812年）
プロイセンの将校・作家・出版者　318
アルブレヒト・スタニスワフ・ラジヴィウ　Albrecht Stanisław Radziwiłł（1593-1656年）
ポーランド・リトアニア共和国の大貴族・政治家　268
アルブレヒト5世　Albrecht V., Herzog von Bayern（1528-1579年）
バイエルン大公　122
アルベルティ、レオン・バッティスタ　Alberti, Leon Battista（1404-1472年）
イタリア・ルネサンス期の人文主義者　174, 175
アルベルトゥス・マグヌス　Albertus Magnus（1200年頃-1280年）
ドイツのキリスト教神学者　103
アルボイン　Alboin, langob. König（525年頃-573年　在位：560年頃-573年）
ランゴバルド族の王　536, 537
アルント、エルンスト・モーリッツ　Arndt, Ernst Moritz（1769-1860年）
ドイツの作家・歴史家　334
アレクサンドロス1世　Alexander I., maked. König（在位：紀元前498-紀元前454年）
マケドニア王　52
アレクサンドロス大王　Alexander der Große, maked. König（紀元前356-紀元前323年　在位：紀元前336-紀元前323年）
マケドニア王　48, 52, 74, 536

アレン、エドワード　Alleyn, Edward（1566-1626年）
イングランドの俳優　320
アン　Anne, Prinzessin von England（1950年-　）
イギリス王女　416
アングイッソラ、ソフォニスバ　Anguissola, Sofonisba（1552-1625年）
イタリア・ルネサンス期の画家　*225*
アンゲラー、ナディーネ　Angerer, Nadine（1978年-　）
ドイツのサッカー選手　412
アンジェロ、ドメニコ　Angelo, Domenico（1717-1802年）
イタリアの剣術の名手　308, 309
アンジェロ、ヘンリー・チャールズ・ウィリアム　Angelo, Henry Charles William（1756-1835年）
剣術の名手。ドメニコの息子　309, 310
アンダーソン、アンドレア　Anderson, Andrea（1977年-　）
アメリカの陸上競技選手　486
アンダーソン、ビル　Anderson, Bill（1937年-　）
スコットランドのスポーツマン　341
アンティステネス　Antisthenes（紀元前445年頃-紀元前365年）
古代ギリシアの哲学者　47
アントニウス、マルクス　Antonius, Marcus（紀元前83年頃-紀元前30年）
共和政ローマ期の政治家・軍人　52
アントニヌス　Anton von Florenz（1389-1459年）
イタリアのドミニコ会神学者　146
アンヌ・ド・フォワ　Anne de Foix, Königin von Böhmen u. Ungarn（1484-1506年）
ハンガリー王妃・ボヘミア王妃　216
アンブロジウス　Ambrosius（339-397年）
帝政ローマ期のミラノの司教　86, 551
アンリ、ティエリ　Henry, Thierry（1977年-　）
フランスのサッカー選手　497
アンリ2世　Heinrich II., franz. König（1519-1559年　在位：1547-1559年）
フランス王　168-170, 259, 282, 549
アンリ3世　Heinrich III., franz. König（1551-1589年　在位：1574-1589年）
フランス王　151, 169, 211
アンリ3世　Heinrich III., Graf von Löwen（1060年頃-1095年）
ルーヴェン伯　106
アンリ4世　Heinrich IV., franz. König（1553-1610年　在位：1589-1610年）
フランス王　169, 198, 211

イーヴリン、ジョン Evelyn, John（1620-1706年）
イングランドの作家・日記作者 60, 259, 286, 314
イサヴァ・フォンセカ、フロール Isava Fonseca, Flor（1921年-　）
ベネズエラのスポーツウーマン・ジャーナリスト・作家 416
稲垣寿美恵 Ingaki, Sumie（1966年-　）
日本のスパルタスロン選手 406
イブラギモフ、スルタン Ibragimow, Sultan（1975年-　）
ロシアのプロボクサー 489
イブラヒモビッチ、ズラタン Ibrahimović, Zlatan（1975年-　）
スウェーデンのサッカー選手 497
ヴァイゲル、クリストフ Weigel, Christoff（1654-1725年）
ドイツの銅版画家 278
ヴァイスハウプト、アダム Weishaupt, Adam（1748-1830年）
秘密結社イルミナティの設立者 76
ヴァイディッツ、クリストフ Weiditz, Christoph（1498-1559年）
ドイツの画家 428
ヴァインゲルトナー、ヘルマン Weingärtner, Hermann（1864-1919年）
ドイツの体操選手 377
ヴァインスベルク、ヘルマン Weinsberg, Hermann（1518-1597年）
ドイツの自伝作家 284
ヴァラ・カルデロン、ガブリエル・ディアス Vara Calderón, Gabriel Díaz（1621-1676年）
スペイン出身のキューバの司教 428
ヴァルター、フリッツ Walter, Fritz（1920-2002年）
ドイツのサッカー選手 464
ヴァレンシュタイン、アダム Wallenstein, Adam（1570-1638年）
ボヘミアの貴族 283
ウァロ、マルクス・テレンティウス Varro, Marcus Terentius（紀元前116-紀元前27年）
古代ローマの歴史家 32
ヴィーデンロート、ゲッツ Wiedenroth, Götz（1965年-　）
ドイツの風刺画家 *358*
ウィーブル、ジョン Wheble, John（1746-1820年）
イギリスの出版者 310
ヴィクトリア Victoria, engl. Königin（1819-1901年　在位：1837-1901年）
イギリス女王 315, 340, 365, 369, 461
ヴィケラス、ディミトリオス Vikelas, Demetrius（1835-1908年）
IOC初代会長 355, 374

ヴィドゥキント、コルヴァイの Widukind von Corvey（925年頃-973年）
ドイツの歴史記述家 105
ウィトルウィウス Virtuv（紀元前1世紀）
古代ローマの建築家 23, 64-66, 79-81, 202
ウィリアム・マーシャル Guillaume le Maréchal（1144-1219年）
イングランドの騎士・政治家 106
ウィリアムズ、セリーナ Williams, Serena（1981年- ）
アメリカのテニス選手 500
ウィリアムズ、ビーナス Williams, Venus（1980年- ）
アメリカのテニス選手 500
ウィルギリウス、ポリュドルス Virgilius Polydorus（1470-1555年）
イタリアの人文主義者 199
ウィルバーフォース、ウィリアム Wilberforce, William（1759-1833年）
イギリスの政治家 315
ヴィルヘルム・フリードリヒ Wilhelm Friedrich, Graf von Schaumburg-Lippe（1724-1777年）
シャウムブルク＝リッペ伯 554
ヴィルヘルム2世 Wilhelm II., dt. Kaiser（1859-1941年　在位：1888-1918年）
ドイツ帝国皇帝 369
ヴィルヘルム4世 Wilhelm IV., Herzog von Bayern（1493-1550年　在位：1508-1550年）
バイエルン大公 248
ヴィルヘルム5世 Wilhelm V., der Fromme, Herzog von Bayern（1548-1626年　在位：1579-1597年）
バイエルン大公 236, 263, 277
ウィングフィールド、ウォルター Wingfield, Walter（1833-1912年）
イギリスのローンテニスの考案者 365
ヴィンケルマン、ヨハン・ヨアヒム Winckelmann, Johann Joachim（1717-1768年）
ドイツの美術史家 342
ウィンフリー、オプラ Winfrey, Oprah（1954年- ）
アメリカのテレビ司会者 499
ヴィンマー、ヘルベルト Wimmer, Herbert（1944年- ）
ドイツのサッカー選手 475
ヴィンマン、ニコラウス Wynmann, Nikolaus（1510-1550年頃）
スイスの人文主義者 209, *211*
ウールフォール、ダニエル・バーリー Woolfall, Daniel Burley（1852-1918年）
FIFA第2代会長 392

ヴェサリウス、アンドレアス　Vesalius, Andreas（1514-1564年）
ネーデルラントの解剖学者・医師　195
ウェスパシアヌス　Vespasian, röm. Kaiser（9-79年　在位：69-79年）
ローマ皇帝　81
ウェッブ・エリス、ウィリアム　Webb Ellis, William（1806-1872年）
イギリスのラグビーの発明者　547
ヴェルゲリオ、ピエトロ・パオロ　Vergerio, Pietro Paolo（1370-1444年）
イタリアの人文主義者　173
ヴェルザー、フィリピーネー　Welser, Philippine（1527-1580年）
オーストリア大公妃　263
ウェレパエウス、シモン　Verrepäus, Simon（1523-1598年）
ネーデルラントの教育者　181
ヴェンネ、アドリアーン・ファン・デ　Venne, Adriaen van de（1589-1662年）
ネーデルラントの画家　*249, 260*
ヴォイレ、カール　Weule, Karl（1864-1926年）
ドイツの民族学者　10
ウォーラー、エドマンド　Waller, Edmund（1606-1687年）
イギリスの詩人・政治家　256
ヴォーン、カスバート　Vaughan, Cuthbert（1563年没）
イングランドの軍人　278, 279
ウォフィントン、ペグ　Woffington, Peg（1720-1760年）
アイルランドの女優　308
ウォルデ、マモ　Wolde, Mamo（1932-2002年）
エチオピアの陸上競技選手　403
ヴォルフガング・ヴィルヘルム　Wolfgang Wilhelm, Herzog von Pfalz-Neuburg（1578-1653年　在位：1614-1653年）
プファルツ・ノイブルク公　227, 249
ウッズ、タイガー　Woods, Tiger（1975年-　）
アメリカのプロゴルファー　499
ウッフェンバッハ、ツァハリアス・コンラート・フォン　Uffenbach, Zacharias Conrad von（1683-1734年）
フランクフルトの都市門閥・旅行作家　318
ウラノフ、アレクセイ　Ulanow, Alexei（1947年-　）
ソ連のフィギュアスケート選手　444
ウルリヒ　Ulrich von Aquileia（1055-1121年）
アクイレイアの総大司教　102

ウルリヒ、リヒテンシュタインの　Ulrich von Liechtenstein（1200年頃-1275年）
ミンネ詩人 109
ヴワディスワフ4世　Władisław IV. Wasa, poln. König（1595-1648年　在位：1632-1648年）
ポーランド王 293, 294
エウメネス2世　Eumenes II., König von Pergamon（紀元前221-紀元前158年）
ペルガモン王 49
エウリピデス　Euripides（紀元前485年頃-紀元前406年）
古代ギリシアの悲劇詩人 23
エーベンベック、フリッツ　Ebenböck, Fritz（1901-1982年）
ドイツの政治家 469
エゴロワ、リュボーフィ　Jegorowa, Ljubow（1966年-　）
ソ連のクロスカントリースキー選手 522
エステ、アルフォンソ1世　Este, Alfonso I. d'（1476-1534年）
フェッラーラ公 238
エステ、アルフォンソ2世　Este, Alfonso II. d'（1533-1597年　在位：1559-1597年）
フェッラーラ公 210
エステ、エルコレ1世　Este, Ercole I. d'（1431-1505年）
フェッラーラ公 174, 176
エステ、ニッコロ2世　Este, Niccolò II. d', Markgraf von Mantua（1338-1388年）
マントヴァ辺境伯 151
エステ、ニッコロ3世　Este, Niccolò III. d', Markgraf von Ferrara（1383-1441年）
フェッラーラ辺境伯 174
エステ、ベアトリーチェ　Este, Beatrice d'（1475-1497年）
ミラノ公妃 216
エステ、ルイージ　Este, Luigi d', Kardinal（1538-1586年）
イタリアの枢機卿 175
エステ、レオネッロ　Este, Leonello d'（1407-1450年）
フェッラーラ辺境伯 174
エトオ、サミュエル　Eto'o, Samuel（1981年-　）
カメルーンのサッカー選手 497
エドワード1世　Eduard I., engl. König（1239-1307年　在位：1272-1307年）
イングランド王 107
エドワード2世　Eduard II., engl. König（1284-1327年　在位：1307-1327年）
イングランド王 145
エドワード3世　Eduard III., engl. König（1312-1377年　在位：1327-1377年）
イングランド王 107, 145

エドワード6世　Eduard VI., engl. König（1537-1553年　在位：1547-1553年）
イングランド王　278
エドワード7世　Eduard VII., engl. König（1841-1910年　在位：1901-1910年）
イギリス国王　400
エラスムス、ロッテルダムの　Erasmus von Rotterdam（1465-1536年）
ネーデルラントの人文主義者・神学者・哲学者　200
エラトステネス、キュレネの　Eratosthenes von Kyrene（紀元前275年頃-紀元前194年）
古代エジプトで活躍したギリシア人の学者　31
エリアス、"ダッチ"・サム　Elias, «Dutch» Sam（1775-1816年）
イギリスのプロボクサー　308
エリアス、ノルベルト　Elias, Norbert（1897-1990年）
イギリス国籍のユダヤ系ドイツ人の社会学者　14, 251, 539
エリオット、トーマス　Elyot, Thomas（1490-1546年）
イングランドの外交官・学者　185
エリーザベト・フォン・エースターライヒ　Elisabeth von Österreich（1554-1592年）
フランス王妃　198
エリザベス1世　Elizabeth I., engl. Königin（1533-1603年　在位：1558-1603年）
イングランド・アイルランド女王　118, 217, 222, 252, 253, 271, 279, 311
エル・ワフィ、ブエラ　El-Ouafi, Boughera（1898-1959年）
アルジェリアの陸上競技選手　401
エレオノーラ・ダラゴーナ　Eleonora von Aragón, Herzogin von Ferrara（1450-1493年）
フェッラーラ公妃　216
エレオノーラ・アルバレス・デ・トレド　Eleonora Álvarez de Toledo（1522-1562年）
トスカーナ大公妃　229
オウィディウス　Ovid（紀元前43-紀元17年）
古代ローマの詩人　553
オヴェラート、ヴォルフガング　Overath, Wolfgang（1943年-　）
ドイツのサッカー選手　475
オーエンス、ジェシー　Owens, Jesse（1913-1980年）
アメリカの陸上競技選手　481, 482
オーモット、チェーティル・アンドレ　Aamodt, Kjetil André（1971年-　）
ノルウェーのアルペンスキー選手　522
オソン1世　Otto I., griech. König（1815-1867年　在位：1832-1862年）
ギリシア国王　346, 347, 349-352
オッティ、マリーン　Ottey, Merlene（1960年-　）
ジャマイカの陸上競技選手　485
オットー・ハインリヒ　Ottheinrich, Kurfürst von der Pfalz（1502-1559年　在位：

1505/1556-1559年)
プファルツ=ノイブルク公・プファルツ選帝侯 248
オットー、フライジングの Otto von Freising (1112年頃-1158年)
ドイツの司教・年代記作者 108
オットー5世 Otto V., Graf von Schauenburg (1614-1640年)
シャウエンブルク伯 261
オバマ、バラク Obama, Barack (1961年-)
アメリカ合衆国第44代大統領 4
オラウス・マグヌス Olaus Magnus, Bischof (1490-1557年)
スウェーデンの宗教家・歴史学者 *157*, 158
オルタリ、ゲラルド Ortalli, Gherardo (1943年-)
イタリアの歴史学者 16

カ行

カーシー、ボブ Kersee, Bob
アメリカの陸上競技コーチ 485, 486
カーター、ジミー Carter, Jimmy (1924年-)
アメリカ合衆国第39代大統領 4
カール5世 Karl V., Kaiser (1500-1558年 在位:1519-1558年)
神聖ローマ帝国皇帝 3, 4, 185, 225, 235, 238, *241*, 245, 293, 428
カール6世 Karl VI., Kaiser (1685-1740年 在位:1711-1740年)
神聖ローマ帝国皇帝 295
カール大帝 Karl der Große, Kaiser (747/48-814年 在位:800-814年)
西ローマ皇帝 105
カーン、オリバー Kahn, Oliver (1969年-)
ドイツのサッカー選手 477
カエサル、ガイウス・ユリウス Caesar, Gaius Iulius (紀元前100-紀元前44年)
共和政ローマ期の政治家・軍人 62, 66, 70, 75, 175
カカ Kaká (1982年-)
ブラジルのサッカー選手 497
郭晶晶 Guo Jingjing (1981年-)
中国の飛込競技選手 *442*
カスティリオーネ、バルダッサーレ Castiglione, Baldassare, Graf von Novilara (1478-1529年)
ノヴィララ伯。イタリア・ルネサンス期の外交官・作家

184, 185, 197, 212, 288
カスパー・フォン・ラムベルク　Casper von Lamberg（1460年頃-1544年）
オーストリアの貴族　*160*
カッシウス・ディオ　Cassius Dio（163-229年）
帝政ローマ期の政治家・歴史家　53
加藤沢男　Kato, Sawao（1946年-　）
日本の体操選手　519
カトリン、ジョージ　Catlin, George（1796-1872年）
アメリカ西部開拓時代の画家・著作家・旅行家　427, 429
嘉納治五郎　Kano, Jigoro（1860-1938年）
日本の柔道家・教育者　96
ガブリエル・ド・ロルジュ　Gabriel I. de Lorges, Graf von Montgomery（1526-1574年）
モンゴムリ伯爵　168
カメラリウス、ヨーアヒム　Camerarius, Joachim（1500-1574年）
ドイツの人文主義者　181
カリグラ　Caligula, röm. Kaiser（12-41年　在位：37-41年）
ローマ皇帝　59
ガリレイ、ガリレオ　Galilei, Galileo（1564-1642年）
イタリアの物理学者・天文学者・哲学者　233
ガルソー、フランソワ・アレクサンドル・デ　Garsault, François Alexandre de（1691-1776年）
フランスの植物学者・動物学者・画家　137
カルダーノ、ジェロラモ　Cardano, Girolamo（1501-1576年）
イタリアの医師・数学者・哲学者　288
ガルニエ、ロベール　Garnier, Robert（1544-1590年）
フランスの悲劇作家　203
ガルベール・ド・ブリュージュ　Galbert von Brügge（1134年没）
フランドルの聖職者・年代記作者　106
カルボ、カレン　Karbo, Karen（1951年-　）
アメリカの作家　407
ガルボ、グレタ　Garbo, Greta（1905-1990年）
スウェーデンの女優　365
ガレノス　Galenos von Pergamon（130年頃-200年頃）
ペルガモン出身の医学者　176, 182, 191, 192, 194, 196, 199
カローゾ、ファブリツィオ　Caroso, Fabritio（1525/35年頃-1605/20年）
イタリアの舞踊の名人　212, 214
カロリーネ・フォン・ブランデンブルク゠アンスバッハ　Caroline von Brandenburg-

Ansbach（1683-1737年）
グレートブリテン王妃 299
ガンパー、ハンス Gamper, Hans（1877-1930年）
スイスのサッカー選手・実業家 462
ギアーツ、クリフォード Geertz, Clifford（1926-2006年）
アメリカの文化人類学者 11, 313, 503
キーヒェル、ザムエル Kiechel, Samuel（1563-1619年）
ウルムの都市門閥の息子 278
キッド、トーマス Kyd, Thomas（1542-1595年）
イングランドの劇作家 203
キプラガト、エドナ・ンゲリンウォニー Kiplagat, Edna Ngeringwony（1979年- ）
ケニアの陸上競技選手 404
キャサリン・オブ・アラゴン Katharina von Aragon（1485-1536年）
イングランド王妃 6, 239, 244-246
キャロル、ルイス Carroll, Lewis（1832-1898年）
イギリスの数学者・写真家・詩人 364
キュニスカ Kyniska von Sparta（442年頃- ）
スパルタ王アルキダモス2世の娘 77
ギュンデローデ、フリードリヒ・ユスティニアン Günderode, Friedrich Justinian（1747-1785年）
ナッサウ＝ヴァイルブルク伯の上級厩舎長官 318
キルステン、ウルフ Kirsten, Ulf（1965年- ）
ドイツのサッカー選手 472
ギンズブルク、ナタリア Ginzburg, Natalia（1916-1991年）
イタリアの小説家 261
金日成 Kim Il-Sung（1912-1994年 任期：1948-1994年）
朝鮮民主主義人民共和国初代最高指導者 510
グアリーノ・ダ・ヴェローナ Guarino da Verona（1370-1460年）
イタリアの人文主義者 174
グアリノニウス、ヒッポリュトゥス Gualinonius, Hippolytus（1571-1654年）
オーストリアの医師 182, 195, 196, 215, 227
クィリーニ、アンジェロ・マリア Quirini, Angelo Maria（1680-1755年）
イタリアの枢機卿 342
グーツムーツ、ヨハン・クリストフ・フリードリヒ Gutsmuths, Johann Christoph Friedrich（1759-1839年）
ドイツの教育学者 328, 332-334, 337

クーパー、ケネス・H　Cooper, Kenneth H.（1931年-　）
アメリカの運動生理学者　515
クーパー、シャーロット・レネーグル　Cooper, Charlotte Reinagle（1870-1966年）
イギリスのテニス選手　408
クーベルタン、男爵ピエール・ド・フレディ　Coubertin, Pierre de Frédy, Baron de（1863-1937年）
IOC第2代会長　332, 353, 372-375, 378, 382, 391, 397, 422, 438
クザーヌス、ニコラウス　Cusanus, Nikolaus（1401-1464年）
ドイツの哲学者・神学者　104
クシランダー、ヴィルヘルム　Xylander, Wilhelm（1532-1576年）
ドイツの人文主義者　203
グスタフ・エリクソン・ヴァーサ　Gustav Eriksson Wasa, schwed. König（1496-1560年　在位：1523-1560年）
スウェーデン国王　158
グスタフ2世アドルフ　Gustav II.Adolf, schwed. König（1594-1632年　在位：1611-1632年）
スウェーデン国王　228
クツォラ、エルンスト　Kuzorra, Ernst（1905-1990年）
ドイツのサッカー選手　478
グットマン、アレン　Guttmann, Allen（1932年-　）
アメリカのスポーツ学者　9, 12, 222, 539
グットマン、ルートヴィヒ　Guttmann, Ludwig（1899-1980年）
ドイツ出身のユダヤ系神経学者　455, 456
クライフ、ヨハン　Cruyff, Johan（1947年-　）
オランダのサッカー選手　475
クライン、マリー＝ルイーゼ　Klein, Marie-Luise（1953年-　）
ドイツの社会学者　413
クラウゼ、ヨハン・ハインリヒ　Krause, Johann Heinrich（1800-1882年）
ドイツの古典文献学者　348
クラウディウス　Claudius,　röm. Kaiser（紀元前10-紀元54年）
ローマ皇帝　67
クラッスス、マルクス・リキニウス　Crassus, Marcus Licinius（紀元前115-紀元前53年）
共和政ローマ期の政治家・軍人　75
クラナッハ、ルーカス　Cranach, Lucas（1475年頃-1553年）
ドイツの画家　127, 209
クラフトハイム、ヨハン・クラート・フォン　Krafftheim, Johann Crato von（1519-

1585年)
ドイツの医師 195
グラボウスキ、ユルゲン Grabowski, Jürgen (1944年–)
ドイツのサッカー選手 475
クラマー、フランツ Klammer, Franz (1953年–)
オーストリアのアルペンスキー選手 523, 524
グラムシ、アントニオ Gramsci, Antonio (1891–1937年)
イタリアの思想家 555, 556
クリスティ、アガサ Christie, Agatha (1890–1976年)
イギリスの作家 365
クリスティーヌ・ド・ピザン Christine von Pizan (1365–1430年)
ヴェネチア出身の詩人 137
クリスティーヌ・ド・ロレーヌ Christine von Lothringen (1565–1636年)
トスカーナ公妃 233
クリストフ、アンリ Christopher, Henry (1767–1820年)
ハイチの軍人 76
クリストフ強公 Christoph der Starke, Herzog von Bayern (1449–1493年)
バイエルン公 122
グリゾネ、フェデリコ Grisone, Federico (1507–1570年)
イタリアの貴族・乗馬教師 210
クリチコ、ウラジミール Klitschko, Wladimir (1976年–)
ウクライナのプロボクサー 486–490
クリチコ、ビタリ Klitschko, Vitali (1971年–)
ウクライナのプロボクサー 486–490
グリフィス＝ジョイナー、フローレンス Griffith-Joyner, Florence (1959–1998年)
アメリカの陸上競技選手 485
クリューガー、アルント Krüger, Arnd (1944年–)
ドイツのスポーツ学者 16
グリングス、インカ Grings, Inka (1978年–)
ドイツのサッカー選手 413
クリンスマン、ユルゲン Klinsmann, Jürgen (1964年–)
ドイツのサッカー選手 471, 477
クルティウス、エルンスト Crutius, Ernst (1814–1896年)
ドイツの考古学者・歴史学者 344, 347, 348
クレイ、カシアス Clay, Cassius アリ、モハメド参照
クレイ、カシアス・マーセラス Clay, Cassius Marcellus (1810–1903年)
アメリカの政治家 447

グレヴィル、ヴァイオレット　Greville, Violet（1842-1932年）
イギリスの作家　369
クレーマーズ、エルヴィン　Kremers, Erwin（1949年-　）
ドイツのサッカー選手　475
クレオパトラ2世　Kleopatra II., ägypt. Königin（紀元前185年頃-紀元前116年）
古代エジプトのファラオ・女王　49
グレゴリウス13世　Gregor XIII., Papst（1502-1585年　在位：1572-1585年）
第226代ローマ教皇　314
クレンツレーン、アルヴィン　Kraenzlein, Alvin（1876-1928年）
アメリカの陸上競技選手　381
グロス、リッコ　Groß, Ricco（1970年-　）
東ドイツのバイアスロン選手　446
クロフォード、ショーン　Crawford, Shawn（1978年-　）
アメリカの陸上競技選手　486
グンダハール　Gundeharius, burgund. König（436年没）
ブルグント族の王　136
グントラム　Guntram von Orléans（532年頃-592年）
オルレアン分国王　136
グンペルツハイマー、ゲオルク　Gumpelzhaimer, Georg（1596-1643年）
ドイツの教育者　183
ゲイツ、ビル　Gates, Bill（1955年-　）
アメリカの実業家　501
ゲーテ、ヨハン・ヴォルフガング・フォン　Goethe, Johann Wolfgang von（1749-1832年）
ドイツの詩人・作家　227
ゲオルギオス　Georg von Griechenland（1869-1957年）
ギリシア王子　400
ゲオルギオス1世　Georg I., griech. König（1845-1913年　在位：1863-1913年）
ギリシア王　354, 374
ゲオルク　Georg von der Pfalz（1486-1529年）
プファルツ伯　248
ゲスナー、コンラート　Gesner, Conrad（1516-1565年）
スイスの博物学者・書誌学者　535
ケッテラー、エミール　Ketterer, Emil（1883-1959年）
TSV1860ミュンヘン会長　469
ケネディ、ジョン・F　Kennedy, John F.（1917-1963年）
アメリカ合衆国第35代大統領　448, 456

ケネディ、ローズマリー Kennedy, Rose Marie（1918-2005年）
ジョン・F・ケネディの妹 457
ゲバラ、アントニオ・デ Guevara, Antonio de（1481年頃-1545年）
スペインの年代記作者 185
ゲブレセラシェ、ハイレ Gebrselassie, Haile（1973年- ）
エチオピアの陸上競技選手 404
ゲラン、ロベール Guérin, Robert（1876-1952年　任期：1904-1906年）
FIFA初代会長 392
ゲルハルト、ハンス Gerhard, Hans（16世紀）
スイスの傭兵 131
ケンソリヌス Censorinus（3世紀）
古代ローマの文法学者・著作家 32
コウロス、ヤニス Kouros, Yannis（1956年- ）
ギリシアの陸上競技選手 406
コー、セバスチャン Coe, Sebastian（1956年- ）
イギリスの陸上競技選手・政治家 528
コーネン、エドムント Conen, Edmund（1914-1990年）
ドイツのサッカー選手 463
コステリッチ、ヤニツァ Kostelić, Janica（1982年- ）
クロアチアのアルペンスキー選手 523
ゴットヴァルト、フェリックス Gottwald, Felix（1976年- ）
オーストリアのノルディック複合選手 524
コッホ、コンラート Koch, Konrad（1846-1911年）
ドイツの教育者 461
コノリー、ジェームズ Connolly, James（1865-1957年）
アメリカの陸上競技選手 376, 377
呉敏霞 Wu Minxia（1985年- ）
中国の飛込競技選手 *442*
コマネチ、ナディア Comăneci, Nadia（1961年- ）
ルーマニアの体操選手 *443*
コミーヌ、フィリップ・ド Commynes, Philippe de（1447-1511年）
フランスの外交官・作家 235
コメニウス（ヤン・アモス・コメンスキー） Comenius (Jan Amos Komenský)（1592-1670年）
チェコの教育学者 330, 332
コリアット、トマス Coryat, Thomas（1577-1617年）
イングランドの旅行家・作家 273, 552

コリンズ、トニー　Collins, Tony（1961年-　）
イギリスのスポーツ史学者　547
コルソ、リナルド　Corso, Rinaldo（1525-1582年）
イタリアの文人・司法官・聖職者　212
コルテセ、パオロ　Cortese, Paolo（1465-1510年）
イタリアの人文主義者・教皇の秘書官　175, 176, 178
コレマイネン、ハンネス　Kolehmainen, Hannes（1889-1966年）
フィンランドの陸上競技選手　401
ゴンザーガ、ヴェスパシアーノ　Gonzaga, Vespasiano（1531-1591年）
イタリアの貴族　202
ゴンザーガ、エリザベッタ　Gonzaga, Elisabetha（1471-1526年）
ウルビーノ公夫人　184
ゴンザーガ、ジャンフランチェスコ2世　Gonzaga, Gianfrancesco II.（1466-1519年）
マントヴァ辺境伯　238
ゴンザーガ、ジュリオ・チェーザレ　Gonzaga, Giulio Cesare（1552-1609年）
イタリアの貴族　236
ゴンザーガ、フェデリコ2世　Gonzaga, Federico II, Herzog von Mantua（1500-1540年　在位：1519-1540年）
マントヴァ公　225
コンスタンティヌス1世　Konstantin I., röm. Kaiser（272-337年　在位：306-337年）
ローマ皇帝　71, 86-88
コンスタンティヌス3世　Constantinus III., röm. Kaiser（在位：407-411年）
西ローマ皇帝　89
コンスタンティノス1世　Konstantin I., griech. König（1868-1923年　在位：1913-1917年、1920-1922年）
ギリシア王　375, 400
コンドルセ侯爵（マリー・ジャン・アントワーヌ・ニコラ・ド・カリタ）　Condorcet, Marquis de（Marie Jean Antoine Nicolas Caritat）（1743-1794年）
フランスの数学者・哲学者・政治家　329
コンモドゥス　Commodus, röm. Kaiser（161-192年　在位：180-192年）
ローマ皇帝　68

サ行

サートリアス、フランシス　Sartorius, Francis（1734-1804年）
イギリスの画家　311

サーリンズ、マーシャル Sahlins, Marshall（1930年－ ）
アメリカの文化人類学者 13
ザイツ、ノルベルト Seitz, Norbert（1950年－ ）
ドイツの作家 467
ザイツィンガー、カーチャ Seizinger, Katja（1972年－ ）
ドイツのアルペンスキー選手 524
ザイツェフ、アレクサンドル Saizew, Alexander（1952年－ ）
ソ連のフィギュアスケート選手 444
ザイラー、トニー Sailer, Toni（1935-2009年）
オーストリアのアルペンスキー選手 524
サヴォナローラ、ジロラモ Savonarola, Girolamo（1452-1498年）
イタリアのドミニコ会修道士 103
ザックス、ハンス Sachs, Hans（1494-1576年）
ドイツのマイスタージンガー 200
ザッパス、エヴァンゲリス Zappas, Evangelis（1800-1865年）
ギリシアの実業家 346, 349-351, 354, 355
ザトペック、エミール Zátopek, Emil（1922-2000年）
チェコの陸上競技選手 402
サバラ、ファン・カルロス Zabala, Juan Carlos（1911-1983年）
アルゼンチンの陸上競技選手 401
サマラス、スピロ Samaras, Spyros（1861-1917年）
ギリシアの作曲家。オリンピック賛歌の作曲家 384
サマランチ、ファン・アントニオ Samaranch, Juan Antonio（1920-2010年　任期：1980-2001年）
IOC第7代会長 353, 398, 399
サリンベーネ・ダ・パルマ Salimbene da Parma（1221-1288年）
イタリアのフランシスコ会修道士 536
サルコウ、ウルリヒ Salchow, Ulrich（1877-1949年）
スウェーデンのフィギュアスケート選手 443
ザルツマン、クリスティアン・ゴットヒルフ Salzmann, Christian Gotthilf（1744-1811年）
ドイツの教育学者 328, 332
サンダース、コーリー Sanders, Corrie（1966-2012年）
南アフリカ共和国のプロボクサー 488
ザント、カール・ルートヴィヒ Sand, Karl Ludwig（1795-1820年）
ドイツのブルシェンシャフト運動家 333

サンドウ、ユージン　Sandow, Eugen（1867-1925年）
ドイツのボディビルダー　309
シーン、チャーリー　Sheen, Charlie（1965年-　）
アメリカの俳優　500
ジェームズ、レブロン　James, LeBron（1984年-　）
アメリカのバスケットボール選手　499
ジェームズ1世　Jakob I., engl. König（1566-1625年　在位：1603-1625年）
イングランド王　7, 83, 203, 204, *254*, *255*, 319, 324, 557
ジェームズ2世　Jakob II., engl. König（1633-1701年　在位：1685-1688年）
イングランド王　256
シェーン、ヘルムート　Schön, Helmut（1915-1996年）
ドイツのサッカー選手　478
シェクスピア、ウィリアム　Shakespeare, William（1564-1616年）
イギリスの劇作家　320, 374
ジェセル　Djoser, Pharao（第３王朝　在位：紀元前2720年頃-2700年）
古代エジプトのファラオ　35
シエナのベルナルディーノ　Bernhardin von Siena（1380-1444年）
イタリアのフランシスコ会神学者　103, 141, 174
シェパン、フリッツ　Szepan, Fritz（1907-1974年）
ドイツのサッカー選手　478
ジェロニモ　Geronimo（1829-1909年）
アパッチ族の指導者　434
ジギベルト1世　Sigibert I. von Reims, Frankenkönig（535年頃-575年）
フランク王国のランス分国王　136
ジダン、ジネディーヌ　Zidane, Zinédine（1972年-　）
フランスのサッカー選手　496
シッティング・ブル　Sitting Bull（1831年頃-1890年）
スー族の戦士　369
シデナム、トーマス　Sydenham, Thomas（1624-1689年）
イギリスの医師　196, 197
ジャクソン、ジョン　Jackson, John（1769-1845年）
イギリスのベアナックル・ボクシング選手　309
ジャクリーヌ　Jakobe, Herzogin von Bayern-Straubing-Holland（1401-1436年　在位：1417-1433年）
バイエルン＝シュトラウビング＝ホラント女公　138
ジャック、ジョン　Jacques, John（1823-1898年）
イギリスのスポーツ用品製造者　363, 364

シャットナー、アンゲラ　Schattner, Angela
ドイツの歴史家　21, 162
シャピュイ、ウスタシュ　Chapuys, Eustache（1489-1556年）
サヴォイア公国の外交官　247
シャラポワ、マリア　Sharapova, Maria（1987年-　）
ロシアのテニス選手　500, 526
シャルネー、ジョフロワ・ド　Charny, Geoffrey du（1300年頃-1356年）
フランスの騎士・作家　108
シャルル6世　Karl VI., franz. König（1368-1422年　在位：1380-1422年）
フランス王　137
シャルル8世　Karl VIII., franz. König（1470-1498年　在位：1483-1498年）
フランス王　235
シャルル9世　Karl IX. franz. König（1550-1574年　在位：1560-1574年）
フランス王　168, 169, 198
シャルル豪胆公　Karl der Kühne, Herzog von Burgund（1433-1477年）
ブルゴーニュ公　187
シャルル善良公　Karl der Gute, Graf von Flandern（1085年頃-1127年）
フランドル伯　106
ジャン2世　Johann II., der Gute, franz. König（1319-1364年　在位：1350-1364年）
フランス王　108
ジャンヌ・ダルク　Jeanne d'Arc（1412-1431年）
フランスの軍人　137
シュヴァインシュタイガー、バスティアン　Schweinsteiger, Bastian（1984年-　）
ドイツのサッカー選手　479
シュヴァルツェンベック、ゲオルク　Schwarzenbeck, Georg（1948年-　）
ドイツのサッカー選手　475
ジューク、スタニスラフ　Schuk, Stanislaw（1935-1998年）
ソ連のフィギュアスケート選手　444
シューマー、ディルク　Schümer, Dirk（1962年-　）
ドイツの作家　541
シューマッハ、ミハエル　Schumacher, Michael（1969年-　）
ドイツのF1ドライバー　500
シューマン、カール　Schuhmann, Carl（1869-1946年）
ドイツのスポーツ選手　377
シュキュル、ハカン　Sükür, Hakan（1971年-　）
トルコのサッカー選手　420

ジュスティニアーニ、ヴィンチェンツォ Giustiniani, Vincenzo (1564-1637年)
イタリアの銀行家・美術収集家 192
ジュスティニアン、セバスティアン Giustinian, Sebastian (1460-1543年)
ヴェネチアの外交官 240
シュテヒャー、レナーテ Stecher, Renate (1950年-)
ドイツの陸上競技選手 484
シュトイバー、エドムント Stoiber, Edmund (1941年-)
ドイツの政治家 469
シュトゥルム、ヨハネス Sturm, Johannes (1507-1589年)
ドイツの人文主義者・教育者 181
シュトゥルム、レオンハルト・クリストフ Sturm, Leonhard Christoph (1669-1719年)
ドイツの作家・建築家 270
シュトラウス、フランツ・ヨーゼフ Strauß, Franz Josef (1915-1988年)
ドイツの政治家 474
シュナイダー、フレニ Schneider, Vreni (1964年-)
スイスのアルペンスキー選手 524
シュネリンガー、カール＝ハインツ Schnellinger, Karl-Heinz (1939年-)
ドイツのサッカー選手 496
シュピース、アドルフ Spieß, Adolf (1810-1858年)
ドイツの体操家・教育者 336
シュペヒト、ロッテ Specht, Lotte (1911-2002年)
ドイツの女子サッカー・クラブの創始者 410, 411
シュマール、アドルフ Schmal, Adolf (1872-1919年)
オーストリアの自転車競技選手 377, 378
シュメリング、マックス Schmeling, Max (1905-2005年)
ドイツのプロボクサー 303
シュライアー、ヴァルトルーデ 旧姓ケッテラー Schleyer, Waltrude, geb. Ketterer (1916-2008年)
ハンス＝マルティン・シュライアーの妻 469
シュライアー、ハンス＝マルティン Schleyer, Hanns Martin (1915-1977年)
ドイツの実業家 469
シュライバー、マリア Shriver, Maria (1955年-)
アーノルド・シュワルツェネッガーの妻 459
シュライバー、ユーニス 旧姓ケネディ Shriver, Eunice, geb. Kennedy (1921-2009年)
ジョン・F・ケネディの妹・スペシャルオリンピックスの創始者 456
シュリーレンツァウアー、グレゴール Schlierenzauer, Gregor (1990年-)
オーストリアのスキージャンプ選手 523

シュルツ、アクセル Schulz, Axel (1968年-)
ドイツのプロボクサー 487
シュルツ、カール Schurz, Carl (1829-1906年)
ドイツ出身のアメリカの政治家 337
シュレーバー、ダニエル・ゴットフリート Schreber, Daniel Gottfried (1708-1777年)
ドイツの哲学者 137
シュワルツェネッガー、アーノルド Schwarzenegger, Arnold (1947年-)
オーストリア出身のボディビルダー・アメリカの政治家 309, 457-460, 516
ジョイナー、アル Joyner, Al (1960年-)
アメリカの陸上競技選手 485
ジョイナー=カーシー、ジャッキー Joyner-Kersee, Jackie (1962年-)
アメリカの陸上競技選手 485
ジョージ2世 George II., engl. König (1683-1760年 在位：1727-1760年)
イギリス王 299
ジョージ3世 George III., engl. König (1738-1820年 在位：1760-1820年)
イギリス王 309
ジョージ4世 George IV., engl. König (1762-1830年 在位：1820-1830年)
イギリス王 340
ショーラー、クリストフ Schorer, Christoph (1618-1671年)
ドイツの医師 125
ジョーンズ、イニゴ Jones, Inigo (1573-1652年)
イングランドの建築家 319
ジョリー、アンジェリーナ Jolie, Angelina (1975年-)
アメリカの女優 500
ショル、メーメット Scholl, Mehmet (1970年-)
ドイツのサッカー選手 477
ジョンソン、ベン Jonson, Ben (1572-1637年)
イギリスの劇作家・詩人 325
シン、ファウジャ Singh, Fauja (1911年-)
インド出身のイギリスのマラソンランナー 545, 546
シンメル、キンバリー Schimmel, Kimberley
イギリスのスポーツ社会学者 503
スウェールツ、ミハエル Sweerts, Michael (1618-1664年)
ネーデルラントの画家 *201*
スヴェレ・シグルツソン Sverre Sigursson, König (1151年頃-1202年 在位：1177-

1202年）
ノルウェー王 157
スエトニウス Sueton（70-122年）
古代ローマの歴史家 53, 79-81
スカイノ、アントニオ Scaino, Antonio（1524-1612年）
『球技論』の著者 175, *177*, 192, 210, 215, 227, 259, 273, 279
スカモッツィ、ヴィンチェンツォ Scamozzi, Vincenzo（1548-1616年）
イタリアの建築家 202
スコット、ウォルター Scott, Walter（1771-1832年）
スコットランドの詩人・小説家 340
スコブリコーワ、リディア Skoblikowa, Lidja（1939年- ）
ソ連のスピードスケート選手 522
スターリン、ヨシフ Stalin, Josef（1878-1953年）
ソ連第2代最高指導者 385, 526
スッラ Sulla（紀元前138年頃-紀元前78年）
共和政ローマ期の軍人・政治家 70
スティーヴン Stephan von Blois, engl. König（1097-1154年）
イングランド王 106
スティーヴンス、ヘレン Stephens, Helen（1918-1994年）
アメリカの陸上競技選手 484
スティール、リチャード Steele, Richard（1672-1729年）
アイルランドの作家 301
ストークス、エリザベス Stokes, Elizabeth（18世紀）
イギリスのボクサー 219
ストラート、ヤン・ファン・デル Straet, Jan van der (Jacopo Stradano)（1523-1605年）
ネーデルラント出身のイタリアで活動した画家 *230*, 231
ストラット、ジョゼフ Strutt, Joseph（1749-1802年）
イギリスの版画家 7
ストラボン Strabon（紀元前63-紀元23年）
古代ローマのギリシア系の地理学者 27, 202
スパルタクス Spartakus（紀元前109年頃-紀元前71年）
古代ローマの剣闘士 73-76
スピッツ、マーク Spitz, Mark（1950年- ）
アメリカの競泳選手 518
スピルバーグ、スティーヴン Spielberg, Steven（1946年- ）
アメリカの映画監督 499

スピンクス、レオン Spinks, Leon（1953年- ）
アメリカのプロボクサー 453
スフォルツァ、フランチェスコ2世 Sforza, Francesco II., Herzog von Mailand（1495-1535年）
ミラノ公 216
スフォルツァ、ルドヴィーコ Sforza, Ludovico, Herzog von Mailand（1452-1508年）
ミラノ公 216
スボウォ、リタ Subowo, Rita（1948年- ）
インドネシアのIOC委員 416
ゼーバルト・ベーハム、ハンス Sebald Beham, Hans（1500-1550年）
ドイツの画家 165
ゼーラー、ウーヴェ Seeler, Uwe（1936年- ）
ドイツのサッカー選手 471
セネカ Seneca（紀元前1年頃-紀元65年）
古代ローマの哲学者 53, 66
セプティミウス・セウェルス Septimius Severus, röm. Kaiser（146-211年 在位：193-211年）
ローマ皇帝 79
ソウツォス、パナギオティス Soutsos, Panagiotis（1806-1868年）
ギリシアの詩人・ジャーナリスト 348
ソシュール、セザール・ド Saussure, Césare de（1705-1783年）
スイスの旅行作家 219
ソロン Solon（紀元前640-紀元前560年）
古代アテナイの立法家 43
ソン・ギジョン（孫基禎） Son Kee-chung（Son Kitei）（1912-2002年）
韓国の陸上競技選手 401

タ行

ダーリ、ビョルン Daehlie, Björn（1967年- ）
ノルウェーのクロスカントリースキー選手 519, 521
タイアス、ワイオミア Tyus, Wyomia（1945年- ）
アメリカの陸上競技選手 484
タイソン、マイク Tyson, Mike（1966年- ）
アメリカのプロボクサー 495

ダヴィッド、ジャック＝ルイ　David, Jacques-Louis（1748-1825年）
フランスの画家　265
ダエイ、アリ　Daei, Ali（1969年-　）
イランのサッカー選手　420
タカーチ、カロリ　Takács, Károly（1910-1976年）
ハンガリーの射撃競技選手　454
ダグラス、フロレンス・キャロライン、ディクシー男爵夫人　Douglas, Florence Caroline, Baroness Dixie（1855-1905年）
スコットランドの旅行家・作家　371
ダドリー、ロバート、レスター伯　Dudley, Robert, Earl of Leicester（1532-1588年）
イングランドの貴族・廷臣　218, 253
ダニング、エリック　Dunning, Eric（1936年-　）
イギリスの社会学者　16
タブロ、ジャン　Tabourot, Jehan（1519-1595年）
フランスの司祭　212
ダリントン、ロバート　Dallington, Robert（1561-1637年）
イングランドの旅行作家　215, 259, 264
タルクィニウス・プリスクス　Tarquinius Priscus, etrusk. König（紀元前616-紀元前579年）
ローマ王　62
タールホッファー、ハンス　Thalhoffer, Hans（1420年頃-1490年頃）
ドイツの剣術家　125
達磨大師　Daruma Taishi（6世紀）
インド人の仏教僧　96
ダンカート、ペペ　Danquard, Pepe（1955年-　）
ドイツの映画プロデューサー　534
チェルピンスキー、ワルデマール　Cierpinski, Waldemar（1950年-　）
東ドイツの陸上競技選手　403
チャーチル、ウィンストン　Churchill, Winston（1874-1965年）
イギリスの政治家　3, 5
チャールズ1世　Karl I., engl. König（1600-1649年　在位：1625-1649年）
イングランド王　254, 255, 319, 325, 557
チャールズ2世　Karl II., engl. König（1630-1685年　在位：1660-1685年）
イングランド王　254-258, 270, 327
チャイコフスキー、ズラトコ・“チック”　Čajkovski, Zlatko «Čik»（1923-1998年）
ユーゴスラヴィアのサッカー選手・監督　466, 470, 530

チャガエフ、ルスラン Tschagajew, Ruslan（1978年-　）
ウズベキスタンのプロボクサー　489
チャンドラー、リチャード Chandler, Richard（1738-1810年）
イギリスの古代研究家　342
チュグワネ、ジョサイア Thugwane, Josia（1971年-　）
南アフリカ共和国の陸上競技選手　403
趙匡胤 Song Taizu, chin. Kaiser（927-976年　在位：960-976年）
北宋初代皇帝　94, 95
チンギス、ハン Dschingis, Khan（1162-1227年）
モンゴル帝国初代皇帝　93, 424
ツィラー、エルンスト Ziller, Ernst（1837-1923年）
ドイツの建築家　354
ツヴィングリ、ウルリヒ Zwingli, Ulrich（1484-1531年）
スイスの宗教改革者　180
ツェードラー、ヨハン・ハインリヒ Zedler, Johann Heinrich（1706-1751年）
ドイツの出版者　7, 8
ツォピュロス、アウレリオス Zopyros, Aurelios（紀元前4世紀）
古代ギリシアのボクシング選手　54
テアト、ミシェル Théato, Michel（1878-1919年）
ルクセンブルク出身のフランスの陸上競技選手　520
デイ、ベネデット Dei, Benedetto（1418-1492年）
イタリアの詩人・歴史家　164
ディートマル・デア・ゼッツァー Dietmar der Setzer（13世紀）
アルザスの騎士　*107*
ディーム、カール Diem, Carl（1882-1962年）
ドイツのスポーツ学者　381, 384
ティールシュ、フリードリヒ・ヴィルヘルム・フォン Thiersch, Friedrich Wilhelm von（1784-1860年）
ドイツの文献学者　343
ティエポロ、ジョヴァンニ・バッティスタ Tiepolo, Giovanni Battista（1696-1770年）
イタリアの画家　553, *554*
ディオクレス Diocles von Korinth（紀元前8世紀）
古代ギリシアの陸上競技選手　61
ディオクレティアヌス Diokletian, röm. Kaiser（240年頃-312年　在位：284-305年）
ローマ皇帝　232, 288
ディカプリオ、レオナルド DiCaprio, Leonardo（1974年-　）
アメリカの俳優　499

ディクビー、エヴェラード　Digby, Everard（1550/51年頃-1605年頃）
イングランドの神学者・物理学者　210
ティトゥス　Titus, röm. Kaiser（39-81年　在位：79-81年）
ローマ皇帝　71, 81
ディニー、ドナルド　Dinnie, Donald（1837-1916年）
スコットランドのハイランドゲームズのチャンピオン　341
ディバース、ゲイル　Devers, Gail（1966年-　）
アメリカの陸上競技選手　484, 486
ディババ、ティルネシュ　Dibaba, Tirunesh（1985年-　）
エチオピアの陸上競技選手　404
ティベリウス　Tiberius, röm. Kaiser（紀元前42-紀元37年　在位：紀元14-37年）
ローマ皇帝　68, 78
ティマイオス、タウロメニオンの　Timaios von Tauromenion（紀元前345年頃-紀元前250年頃）
古代ギリシアの歴史家　31
テイラー、ジョージ　Taylor, George（1716-1758年）
イギリスのプロボクサー　304
テイラー、ヘンリー　Taylor, Henry（1885-1951年）
イギリスの競泳選手　529
ティリダテス1世　Tiridates I., armen. König（在位：52/53-60年、61-75年頃）
アルメニア王　78
ティルケ、ヘルマン　Tilke, Hermann（1954年-　）
ドイツの建築家　510
テオドシウス1世　Theodosius I., röm. Kaiser（347-395年　在位：379-395年）
ローマ皇帝　54, 86-88
テオドシウス2世　Theodosius II., röm. Kaiser（401-450年　在位：408-450年）
東ローマ皇帝　88
テオドラ　Theodora, röm. Kaiserin（500年頃-548年）
東ローマ皇后　91
テオドリック　Theoderich der Große, Ostgotenkönig（451/56年頃-526年）
東ゴート王　71, *81*
デフォー、ダニエル　Defoe, Daniel（1660年頃-1731年）
イギリスの著述家・ジャーナリスト　299
テミストクレス　Themistokles（紀元前525年頃-紀元前460年頃）
古代アテナイの政治家・軍人　30
デューラー、アルブレヒト　Dürer, Albrecht（1471-1528年）
ドイツの画家・版画家　126, 127

テューク、サミュエル　Tuke, Samuel（1610-1673年）
イギリスの作家　255
テルトゥリアヌス　Tertullian (eig. Quintus Septimius Florens Tertullianus), Kirchenvater（150年頃-230年）
キリスト教神学者　83-86, 103, 221, 312, 428
テレーゼ　Therese von Sachsen-Hildburghausen（1792-1854年）
ザクセン＝ヒルトブルクハウゼン公女　346
テンドルカール、サチン　Tendulkar, Sachin（1973年-　）
インドのクリケット選手　501
トイネ＝マイアー、ティナ　Theune-Mayer, Tina（1953年-　）
ドイツ女子サッカー・ナショナルチーム監督　412
ドウォーキン、シャリ・L　Dworkin, Shari L.（1968年-　）
アメリカの社会学者　407
トゥキュディデス　Thukydides（紀元前460年頃-紀元前400年）
古代アテナイの歴史家　24, 31
トゥッカーロ、アルカンジェロ　Tuccaro, Archangelo（1535-1602年）
イタリアの曲芸師　197-199, 212
トゥレク、トーニ　Turek, Toni（1919-1984年）
ドイツのサッカー選手　464
ドーヴァー、ロバート　Dover, Robert（1575-1641年）
コッツウォルド・オリンピックの創始者　324-327
ドガ、エドガー　Degas, Edgar（1834-1917年）
フランスの画家・彫刻家　379
ドッド、アニー　Dod, Annie（19世紀/20世紀）
イギリスのテニス選手。シャーロットの姉　370
ドッド、ウィリー　Dod, Willy（1867-1954年）
イギリスの陸上競技選手。シャーロットの兄　370
ドッド、シャーロット・“ロッティ”　Dod, Charlotte «Lottie»（1871-1960年）
イギリスのテニス選手　370
トトメス3世　Thutmosis III., Pharao（紀元前1486年頃-紀元前1425年）
古代エジプトのファラオ　36-38, 88
トフェルト、スヴェン　Thofelt, Sven（1904-1993年）
スウェーデンの近代五種競技・フェンシング選手　446
トマス・アクィナス　Thomas von Aquin（1225-1274年）
イタリアの神学者・哲学者　103
ドミティアヌス　Domitian, röm. Kaiser（51-96年　在位：81-96年）
ローマ皇帝　53, 60, 79

トムソン、アルフレッド Thomson, Alfred (1894-1979年)
イギリスの画家 530
トラウン、フリッツ Traun, Fritz (1876-1908年)
ドイツの運動競技選手 376
トラヤヌス Trajan, röm. Kaiser (53-117年 在位：98-117年)
ローマ皇帝 62, 67, 71
ドルリー、アーサー Drewry, Arthur (1891-1961年 任期：1956-1961年)
FIFA第5代会長 393
ドレイトン、ウィリアム・ヘンリー Drayton, William Henry (1742-1779年)
アメリカの農園経営者・法律家 328, 329
ドレイトン、マイケル Drayton, Michael (1563-1631年)
イングランドの作家 325
ドレーク、フランシス Drake, Francis (1540年頃-1596年)
イングランドの海賊私掠船船長 223
トンバ、アルベルト Tomba, Alberto (1966年-)
イタリアのアルペンスキー選手 522
トンプソン、ジェニー Thompson, Jenny (1973年-)
アメリカの競泳選手 519

ナ行

ナイト、ジルヴィア Neid, Silvia (1964年-)
ドイツのサッカー選手 412
ナダル、ラファエル Nadal, Rafael (1986年-)
スペインのテニス選手 *498-500*
ナディ、ネド Nadi, Nedo (1894-1940年)
イタリアのフェンシング選手 393
ナポレオン・ボナパルト Napoleon Bonaparte (1769-1821年)
フランスの皇帝 296, 332, 333
ナルセス Narses (478-573年)
東ローマ帝国の政治家 91
ニールセン、ソフス Nielsen, Sophus (1888-1963年)
デンマークのサッカー選手 392
ニクソン、リチャード Nixon, Richard (1913-1994年)
アメリカ合衆国第37代大統領 448

ニケタス・コニアテス Niketas Choniates（1150年頃-1215年）
東ローマ帝国の政治家・歴史家 111
ニッゲラー、ヨハン Niggeler, Johann（1816-1887年）
スイスの体操教師 336
ニュートン、アイザック Newton, Isaac（1643-1727年）
イングランドの数学者・物理学者 4
ヌー、フランソワ・ド・ラ Noue, François de la（1531-1591年）
フランスの軍人・作家 205
ヌセケラ、リディア Nsekera, Lydia（1967年- ）
ブルンジのIOC委員 416
ヌットン、ヴィヴィアン Nutton, Vivian（1943年- ）
イギリスの医学史家 191, 192
ヌデレバ、キャサリン Ndereba, Catherine（1972年- ）
ケニアの陸上競技選手 404
ヌルミ、パーヴォ Nurmi, Paavo（1897-1973年）
フィンランドの陸上競技選手 401, 518
ネッツァー、ギュンター Netzer, Günter（1944年- ）
ドイツのサッカー選手 475
ネルー、ジャワハルラール Nehru, Jawaharlal（1889-1964年）
インドの初代首相 538
ネロ Nero, röm. Kaiser（37-68年　在位：54-68年）
ローマ皇帝 53, 54, 60, 62, 71, 78, 81
ノイアー、マヌエル Neuer, Manuel（1986年- ）
ドイツのサッカー選手 479
ノートン、ケン Norton, Ken（1943年- ）
アメリカのプロボクサー 450, 453
ノーラ・フォン・リヒテンシュタイン Nora, Prinzessin von Liechtenstein（1950年- ）
リヒテンシュタイン公ハンス・アダム2世の妹。IOC委員 416
ノルゲイ、テンジン（ナムギュル・ワンディ） Norgay, Tenzing (Namgyal Wangdi)（1914-1986年）
チベット人のシェルパ 538
ノルハイム、ソンドレ Norheim, Sondre（1825-1897年）
ノルウェーのスキーヤー 156
ノルベック、エドワード Norbeck, Edward（1915-1991年）
アメリカの人類学者 11

ハ行

パーキン、テレンス　Parkin, Terence（1980年-　）
南アフリカの競泳選手　455
バーク、サラ　Burke, Sarah（1982-2012年）
カナダのフリースタイルスキー・ハーフパイプ選手　526, 527
バーク、トーマス　Burke, Thomas（1875-1929年）
アメリカの陸上競技選手　376, 377, 481
パークス、ベッシー・レイナー　Parkes, Bessie Rayner（1829-1925年）
イギリスの女性解放運動家　366
バーグマン・エスターバーグ、マルティナ　Bergman-Österberg, Martina（1849-1915年）
スウェーデンの体操教師　366-368
バーダー、フランツ・クサーヴァー・フォン　Baader, Franz Xaver von（1765-1841年）
ドイツの医師・鉱山技師・哲学者　343
バーテル、ヨジー　Barthel, Josy（1927-1992年）
ルクセンブルクの陸上競技選手　520
バード、クリス　Byrd, Chris（1970年-　）
アメリカのプロボクサー　488
バートン、ロバート　Burton, Robert（1577-1640年）
イングランドの学者　194, 195
ハーパー、ドーン　Harper, Dawn（1984年-　）
アメリカの陸上競技選手　486
バーロー、フランシス　Barlow, Francis（1626年頃-1704年）
イギリスの画家・版画家　257
ハーン、アーチー　Hahn Archie（1880-1955年）
アメリカの陸上競技選手　481
ハイド、ハービー　Hide, Herbie（1971年-　）
ナイジェリア出身のイギリスのプロボクサー　488
ハイレ・セラシエ　Haile Selassie（1892-1975年）
エチオピア帝国皇帝　403
バイロン、ジョージ・ゴードン　Byron, Lord George Gordon（1788-1824年）
イギリスの詩人　309
ハインケス、ユップ　Heynckes, Jupp（1945年-　）
ドイツのサッカー選手　475
ハインズ、ジム　Hines, Jim（1946年-　）
アメリカの陸上競技選手　482

ハインツ、ヨーゼフ　Heintz, Joseph（1600-1678年）
ドイツの画家　*142*
ハインホーファー、フィリップ　Hainhofer, Philipp（1578-1647年）
ドイツの商人・外交官・美術収集家　282
ハインリヒ・フォン・フェルデケ　Heinrich von Veldeke（1150年頃-1200年）
ドイツの詩人　108
ハインリヒ1世　Heinrich I., ostfränk. König（876年頃-936年　在位：919-936年）
東フランク王　105, 119
バウアー、シビル　Bauer, Sibyl（1903-1927年）
アメリカの競泳選手　409
パウエル、マイク　Powell, Mike（1963年-　）
アメリカの陸上競技選手　518, 519
ハウクヴィッツ伯フリードリヒ・ヴィルヘルム　Haugwitz, Friedrich Willhelm Graf von（1702-1765年）
オーストリアの政治家　270
パウサニアス　Pausanias（115-180年）
ギリシアの旅行家・地理学者　200
パウルス・ディアコヌス　Paulus Diaconus（725年頃-798年頃）
ベネディクト修道会士・歴史家　536, 537
バケト3世　Bakti III., Pharao（II. Dynastie）
古代エジプト（第11王朝）の豪族　37
バシレイオス1世　Basilios I., byz. Kaiser（812年頃-886年　在位：867-886年）
東ローマ皇帝　92
バゼドウ、ヨハン・ベルンハルト　Basedow, Johann Bernhard（1724-1790年）
ドイツの教育者・汎愛主義者　327, 328, 331, 332
パターソン、フロイド　Patterson, Floyd（1935-2006年）
アメリカのプロボクサー　447
バックハウス、ヘルガ　Backhaus, Helga（1953年-　）
ドイツの陸上競技選手　406
ハックル、ゲオルク　Hackl, Georg（1966年-　）
ドイツのリュージュ選手　524
パッセ、クリスピン・デ　Passe, Crispijn de（1593-1670年）
ドイツの銅版画家　*267*
バッハ、トーマス　Bach, Thomas（1953年-　）
IOC第9代会長　416
バッファロー・ビル　Buffalo Bill（1846-1917年）
アメリカ西部開拓時代のガンマン・興行主　369

ハッペル、エーバーハルト・ヴェルナー　Happel, Eberhard Wener（1647-1690年）
ドイツの作家　290
パッラーディオ、アンドレーア　Palladio, Andrea（1508-1580年）
イタリアの建築家　202
バティアトゥス、ガイウス・コルネリウス・レントゥルス　Batiatus, Gaius Cornelius Lentulus（紀元前1世紀）
共和政ローマ期のカプアの剣闘士養成所の所有者　74
ハドリアヌス6世　Hadrian VI., Papst（1459-1523年　在位：1522-1523年）
第218代ローマ教皇　209
パトリック、ダニカ　Patrick, Danica（1982年-　）
アメリカのレーシングドライバー　500, 557
バトン、ジェンソン　Button, Jenson（1980年-　）
イギリスのレーシングドライバー　500
ハニーボール、ネッティー　Honeyball, Nettie（1871年頃-1901年）
イギリスの女子サッカー・クラブの創始者　371
バラツダテス　Varazdates von Armenien
アルメニア王子　87
パラマス、コスティス　Palamas, Kostis（1859-1943年）
ギリシアの詩人。オリンピック賛歌の作詞家　384
ハリー、アルミン　Hary, Armin（1937年-　）
ドイツの陸上競技選手　482
ハリー、ジョン　Hulley, John（1832-1875年）
リバプール・オリンピックの組織者　352
バルディ、ジョヴァンニ・デ　Bardi, Giovanni de'（1534-1612年）
イタリアの作曲家・音楽研究家　232, 259
バルディーニ、ステファノ　Baldini, Stefano（1971年-　）
イタリアの陸上競技選手　403
パルミエリ、マッテオ　Palmieri, Matteo（1405-1475年）
イタリアの人文主義者　199
バレル、ピーター　Burrell, Peter, Lord Gwydir（1754-1820年）
グウィディル卿　340
パロット、ジェームズ　Parrot, James（18世紀）
イギリスのランナー　302
ハワード、シェリー　Howard, Sherrie（1962年-　）
アメリカの陸上競技選手　486
ハワード、トマス　Howard, Thomas, Duke of Norfolk（1536-1572年）
ノーフォーク公　253

ハワード、ドワイト Howard, Dwight (1985年-)
アメリカのバスケットボール選手 500
ハンセル、エレン Hansell, Ellen (1869-1937年)
アメリカのテニス選手 370
ハンニバル Hannibal (紀元前246-紀元前183年)
カルタゴの将軍 537
ハンフリーズ、リチャード Humphries, Richard (1760年頃-1827年)
イギリスのボクシング選手 304
ピアース、ケビン Pearce, Kevin (1987年-)
アメリカのスノーボード選手 527
ピアポント、ジェームズ・ロード Pierpont, James Lord (1822-1893年)
アメリカの作曲家 292
ピーター、サミュエル Peter, Samuel (1980年-)
ナイジェリアのプロボクサー 488, 489
ピーチャム、ヘンリー Peacham, Henry (1578-1644年)
イングランドの詩人・著述家 169
ピープス、サミュエル Pepys, Samuel (1633-1703年)
イギリスの官僚・日記作者 171, 183, 218, 223, 260, 264, 274, 275, 321
ビーモン、ボブ Beamon, Bob (1946年-)
アメリカの陸上競技選手 *433*, 518
ビールフェルト、ヤーコプ・フィリップ Bielfeld, Jakob Philipp (1711-1770年)
プロイセンの公使館参事官 317
ピウス2世 Pius II., Papst (1405-1464年 在位：1458-1464年)
第210代ローマ教皇 133, 152, 164, 165
ピウス5世 Pius V., Papst (1504-1572年 在位：1566-1572年)
第225代ローマ教皇 229, 314
ビオンディ、マット Biondi, Matt (1965年-)
アメリカの競泳選手 519
ピカール、アルフレド Picard, Alfred (1844-1913年)
フランスの政治家 378
ピカール、ベルナール Picart, Bernard (1673-1733年)
フランスの銅版画家 *217*
ビキラ、アベベ Bikila, Abebe (1932-1973年)
エチオピアの陸上競技選手 402, 403
ピコ・デッラ・ミランドラ、ジョヴァンニ Pico della Mirandola, Giovanni (1463-1494年)
イタリアの哲学者 172

ビスティッチ、ヴェスパシアーノ・ダ Bisticci, Vespasiano da（1421-1498年）
イタリアの人文主義者・年代記作者 174
ピッコロミニ、エネア・シルヴィオ Piccolomini, Enea Silvio（1405-1464年）
ピウス2世参照
ピッコロミニ、シルヴィオ Piccolomini, Silvio（1543-1610年）
イタリアの司令官 288
ヒッピアス、エリスの Hippias von Elis（紀元前460年頃-紀元前399年以後）
古代ギリシアの哲学者 32
人見絹枝 Hitomi, Kinue（1907-1931年）
日本の陸上競技選手 409
ヒトラー、アドルフ Hitler, Adolf（1889-1945年）
ドイツの政治家 435, 469, 478, 482
ビベス、ホアン・ルイス Vives, Juan Luis（1492-1540年）
スペインの人文主義者・教育者 185
ヒポクラテス Hippokrates（紀元前460年頃-紀元前370年頃）
古代ギリシアの医師 192, 196, 199
ヒュパティウス、フラウィウス Hypatius, Flavius（532年没）
東ローマ帝国の貴族 91
ビョルンダーレン、オーレ・アイナル Björndalen, Ole Einar（1974年- ）
ノルウェーのバイアスロン・クロスカントリースキー選手 522
ヒラリー、エドモンド Hillary, Edmund（1919-2008年）
ニュージーラントの登山家 538
ヒル、アルバート Hill, Albert（1889-1969年）
イギリスの陸上競技選手 393
ヒルシュマン、カール・アントン・ウィレム Hirschmann, Carl Anton Willem（1877-1951年）
オランダの銀行家・FIFA創立者 392
ピロストラトス Philostratos von Lemnos（170年頃-245年頃）
ギリシアの著述家 51
ピンダロス Pindar（紀元前520年頃-紀元前445年頃）
古代ギリシアの詩人 27, 31, 50, 200, 203
ファルメライアー、ヤーコプ・フィリップ Fallmerayer, Jakob Philipp（1790-1861年）
イタリア出身のオリエント学者 348
ファルンドン、ニコラス・デ Farndone, Nicholas de（13/14世紀）
ロンドン市長 145
フィッグ、ジェームズ Figg, James（1695-1734年）
イギリスのベアナックル・ボクシング選手 302-304

フィッシャー、ビルギット Fischer, Birgit（1962年- ）
東ドイツのカヌー選手 519
フィッシャー、ヨシュカ Fischer, Joschka（1948年- ）
ドイツの政治家 405
フィッシャルト、ヨハン Fischart, Johann（1546-1734年）
ドイツの作家 552
フィッツスティーブン、ウィリアム Fitzstephen, William（1191年没）
イングランドの聖職者 131, 144, 153, 163
フィリップ Philipp von der Pfalz（1480-1541年）
フライジングの司教 248
フィリップ1世 Philipp, Landgraf von Hessen（1504-1567年）
ヘッセン方伯 248
フィリップ3世 Philipp, Herzog von Burgund（1396-1467年）
ブルゴーニュ公 138
フィリップ6世 Philipp VI. von Valois, franz. König（1328-1350年）
フランス王 108
フィリップス、アンドレ Phillips, André（1959年- ）
アメリカの陸上競技選手 486
フィリッポス5世 Philipp V., maked. König（紀元前238-紀元前179年 在位：紀元前221-紀元前179年）
マケドニア王 537
フーコー、ミシェル Foucault, Michel（1926-1984年）
フランスの哲学者 555
フーバー、アレクサンダー Huber, Alexander（1968年- ）
ドイツのクライマー 534, 535, 538
フーバー、トーマス Huber, Thomas（1966年- ）
ドイツのクライマー 534, 535, 538
ブーリン、アン Boleyn, Anne（1501/07-1536年）
イングランド王妃。エリザベス1世の生母 217, 247, 251
フェスル、フレドル Fesl, Fredl（1947年- ）
ドイツの歌手 471
フェデラー、ロジャー Federer, Roger（1981年- ）
スイスのテニス選手 499
フェデリーコ・ダ・モンテフェルトロ Federico da Montefeltro, Herzog von Urbino（1422-1482年）
ウルビーノ公 172, 262

フェラー、ルディ　Völler, Rudi（1960年－　）
ドイツのサッカー選手　471
フェライオス、リガス　Pheraios, Rigas（1757-1798年）
ギリシアの作家　346
フェリックス、アリソン　Felix, Allyson（1985年－　）
アメリカの陸上競技選手　486
フィリペ1世　Philipp I., span. König（1478-1506年　在位：1504-1506年）
カスティーリャ王　225, 235
フェリペ2世　Philipp II., span. König（1527-1598年　在位：1556-1598年）
スペイン王　314
フェリペ3世　Philipp III., span. König（1578-1621年　在位：1598-1621年）
スペイン王　254
フェルディナント・マリア　Ferdinand Maria, Kurfürst von Bayern（1636-1679年　在位：1651-1679年）
バイエルン選帝侯　272
フェルディナント1世　Ferdinand I., Kaiser（1503-1564年　在位：1556-1564年）
神聖ローマ帝国皇帝　262, 293
フェルディナント2世　Ferdinand II., Erzherzog von Österreich（1529-1595年　在位：1564-1595年）
オーストリア大公　248, 263
フェルディナント2世　Ferdinand II., Kaiser（1578-1637年　在位：1619-1637年）
神聖ローマ帝国皇帝　181, 293
フェルディナント3世　Ferdinand III., Kaiser（1608-1657年　在位：1637-1657年）
神聖ローマ帝国皇帝　294
フェルトレ、ヴィットリーノ・ランボルディニ・ダ　Feltre, Vittorino Ramboldini da（1378-1446年）
イタリアの人文主義者・教育者　173
フェルネリウス（ジャン・フランソワ・フェルネル）　Fernelius (Jean-François Fernel)（1497年頃-1558年）
フランスの医師　194, 195
フェルプス、マイケル　Phelps, Michael（1985年－　）
アメリカの競泳選手　501, 518
フォアマン、ジョージ　Foreman, George（1949年－　）
アメリカのプロボクサー　450, 451
フォークツ、ベルティ　Vogts, Berti（1946年－　）
ドイツのサッカー選手　475

フォーデン、ジョン　Foden John（1926年－　）
イギリスの空軍中佐　406
フォール・デ・サン・ジョリ、ピエール（ペトルス・ファーベル）　Faur de Saint-Jory, Pierre（Petrus Faber）（1532-1600年）
フランスの人文主義者　203
フォカス　Phokas, byz. Kaiser（547年頃-610年　在位：602-610年）
東ローマ皇帝　92
フォンセカ、ロドリゴ・ダ　Fonseca, Rodrigo de（1550-1622年）
ポルトガル人のピサ大学教授　194, 215
フォンダ、ジェーン　Fonda Jane（1937年－　）
アメリカの女優　516
フクシウス、レオンハルト　Fuchsius, Leonhard（1501-1566年）
ドイツの植物学者・医師　194
フックス、ゴットフリート　Fuchs, Gottfried（1889-1972年）
ドイツのサッカー選手　392
ブッシェ、ユルゲン　Busche, Jürgen（1944年－　）
ドイツの作家　467
ブッシュ、ジョージ　Bush, George（1924-2018年）
アメリカ合衆国第41代大統領　459
ブッシュ、ジョージ・W　Bush, George W.（1946年－　）
アメリカ合衆国代43代大統領　453
武帝　Wu Di, chin. Kaiser（紀元前156-紀元前87年）
前漢皇帝　94
プトレマイオス、クラウディオス　Ptolemäus, Claudius（100年頃-180年頃）
古代ローマの学者　202, 203
プフィスター、ゲルトルート　Pfister, Gertrud（1945年－　）
ドイツの社会学者　413
ブムケ、ヨアヒム　Bumke, Joachim（1929-2011年）
ドイツの歴史学者　114
フラー、フランシス　Fuller, Francis（1670-1706年）
イギリスの医学著述家　197
ブライアント、コービー　Bryant, Kobe（1978年－　）
アメリカのバスケットボール選手　499
ブライトナー、パウル　Breitner, Paul（1951年－　）
ドイツのサッカー選手　473-476
プラッター・ジュニア、トーマス　Platter, Thomas d. J.（1574-1628年）
スイスの医師・旅行家　268, 269, 271, 273, 274, 277

ブラッター、ゼップ Blatter, Sepp（1936年-　）
FIFA第8代会長 496
ブラッター、フェーリクス Platter, Felix（1536-1614年）
スイスの医師 285
ブラッチョリーニ、ポッジョ Bracciolini, Poggio（1380-1459年）
イタリア・ルネサンス期の人文主義者 164
プラトン Platon（紀元前427-紀元前347年）
古代ギリシアの哲学者 4, 23, 47, 50, 104
ブランカース＝クン、ファニー Blankers-Koen, Fanny（1918-2004年）
オランダの陸上競技選手 530
プランク、カール Planck, Karl（1857-1899年）
ドイツのトゥルネン教師 461
フランコ、ジャコモ Franco, Giacomo（1550-1620年）
イタリアの版画家 *150*, 215, 216, *287*
フランコ、フランシスコ Franco, Francisco（1892-1975年　任期：1939-1975年）
スペインの国家元首 398, 399
フランソワ1世 Franz I., franz. König（1494-1547年　在位：1515-1547年）
フランス王 3, *241*-244, 247, 262
フランソワ2世 Franz II., franz. König（1544-1560年　在位：1559-1560年）
フランス王 168
フランチェスコ・ノヴェッロ・ダ・カッラーラ Francesco Novello da Carrara（1359-1406年）
パドヴァの領主 173
ブランチャード、ケンダール Blanchard, Kendall
アメリカの人類学者 430
フランツ1世 Franz I. Stefan, Kaiser（1708-1765年　在位：1745-1765年）
神聖ローマ帝国皇帝 295
フランツ2世 Franz II., Kaiser（1768-1835年　在位：1792-1806/35年）
神聖ローマ帝国皇帝・オーストリア皇帝 296
ブランデージ、アベリー Brandage, Avery（1887-1975年　任期：1952-1972年）
IOC第5代会長 397, 398
ブラント、ヴィリー Brandt, Willy（1913-1992年）
西ドイツ第4代連邦首相 473
ブランドン、チャールズ Brandon, Charles, Duke of Suffolk（1484-1545年）
サフォーク公 246
フランマ Flamma
古代ローマの剣闘士 68

フリードリヒ・ヴィルヘルム3世　Friedrich Wilhelm III., preuß. König（1770-1840年　在位：1797-1840年）
プロイセン王　334
フリードリヒ・ヴィルヘルム4世　Friedrich Wilhelm IV., preuß. König（1795-1861年　在位：1840-1861年）
プロイセン王　335
フリードリヒ・クリスティアン　Friedrich Christian, Graf von Schaumburg-Lippe（1655-1728年）
シャウムブルク＝リッペ伯　554
フリードリヒ1世　Friedrich I., Herzog von Württemberg（1557-1608年　在位：1593-1608年）
ヴュルテンベルク公　205
フリードリヒ1世、バルバロッサ　Friedrich Barbarossa, Kaiser（1122-1190年　在位：1152-1190年）
神聖ローマ帝国皇帝　110-112
フリードリヒ2世　Friedrich II., Kaiser（1194-1250年　在位：1220-1250年）
神聖ローマ帝国皇帝　112
フリードリヒ2世　Friedrich II., Kurfürst von der Pfalz（1482-1556年　在位：1544-1556年）
プファルツ選帝侯　248
フリードリヒ3世　Friedrich III., Kaiser（1415-1493年　在位：1452-1493年）
神聖ローマ帝国皇帝　125
フリードリヒ4世　Friedrich IV. von der Pfalz, Kurfürst（1574-1610年　在位：1583-1610年）
プファルツ選帝侯　3, 250
ブリスコ＝フックス、バレリー　Brisco-Hooks, Valerie（1960年-　）
アメリカの陸上競技選手　486
ブリッグス、シャノン　Briggs, Shannon（1971年-　）
アメリカのプロボクサー　489, 490
プリュヴィネル、アントワーヌ・ド　Pluvinel, Antoine de（1555-1620年）
フランスの乗馬教師　210, 266-268, 324
ブリューゲル、ピーテル　Brueghel, Pieter（1525/30-1569年）
ブラバント公国の画家　291
ブリュッゲマイアー、フランツ・ヨーゼフ　Brüggemeier, Franz Josef（1951年-　）
ドイツの歴史学者　463
プリンツ、ビルギト　Prinz, Birgit（1977年-　）
ドイツのサッカー選手　412

プルーイー、ジョフロワ・ド　Preuilly, Geoffroy II. de（1015-1067年）
フランスの貴族　106
ブルクハルト、ヤーコプ　Burckhardt, Jacob（1818-1897年）
スイスの歴史家・文化史家　28, 76, 172, 544
ブルクマイアー、ハンス　Burgkmair, Hans（1473-1531年）
ドイツの画家・版画家　*126*
フルシチョフ、ニキータ　Chruschtschow, Nikita（1894-1971年）
ソ連第4代最高指導者　386
プルタルコス　Plutarch（45年頃-125年）
古代ローマのギリシア人著述家　74, 195
ブルックス、ウィリアム・ペニー　Brookes, William Penny（1809-1895年）
ウェンロック・オリンピックの創始者　351-353
ブルデュー、ピエール　Bourdieu, Pierre（1930-2002年）
フランスの社会学者　5, 556
ブルニヒルド　Brunichild, westgot. Prinzessin（545年頃-613年）
西ゴート族の王女　136
ブルンネンマイアー、ルディ　Brunnenmeier, Rudi（1941-2003年）
ドイツのサッカー選手　466
ブレアル、ミシェル　Bréal, Michel（1832-1915年）
フランスの言語学者　400
ブレイディ、トム　Brady, Tom（1977年-　）
アメリカのアメリカンフットボール選手　500
プレヴォ、アントワーヌ・フランソワ　Prévost, Antoine-François（1697-1763年）
フランスの小説家　219
フレーザー、シェリー＝アン　Fraser, Shelly-Ann（1986年-　）
ジャマイカの陸上競技選手　485
ブレーブトリー、エセルダ　Bleibtrey, Ethelda（1902-1978年）
アメリカの競泳選手　393
フレージャー、“スモーキン”・ジョー　Frazier, «Smokin» Joe（1944-2011年）
アメリカのプロボクサー　*450-452*
プレスリー、エルヴィス　Presley, Elvis（1935-1977年）
アメリカのミュージシャン　449
フレッチャー、ロザムンド　Fletcher Rosamund（1908-1993年）
イギリスの芸術家　530
フレデグンド　Fredegunde von Soissons（597年没）
ソワソン分国王妃　136

フレデリック・ルイス Friedrich Ludwig von Hannover, Fürst von Wales（1707-1751年）
プリンス・オブ・ウェールズ 299, 555
フレブ、アレクサンドル Hleb, Aliaksandr（1981年- ）
ベルラーシのサッカー選手 497
ブロートン、ジャック Broughton, Jack（1704-1789年）
イギリスのボクシング選手 304, 306
プロコピオス、カイサレイアの Prokopius von Caesarea（500年頃-565年）
東ローマ帝国の歴史家・政治家 91
プロトポポフ、オレグ Protopopow, Oleg（1932年- ）
ソ連のフィギュアスケート選手 444
プロブス Probus, röm. Kaiser（232-282年　在位：276-282年）
ローマ皇帝 71
ヘイウッド、レスリー Heywood, Leslie
アメリカのジェンダー学者 557
ペイシストラトス Peisistratos（紀元前600年頃-紀元前528年）
古代アテナイの僭主 49
ヘイズ、ジョアンナ Hayes, Joanna（1976年- ）
アメリカの陸上競技選手 486
ベーコン、フランシス Bacon, Francis（1561-1626年）
イングランドの哲学者・神学者・法学者 204
ヘーネス、ウリ Hoeneß, Uli（1952年- ）
ドイツのサッカー選手 473-475
ヘーネス、ディーター Hoeneß, Dieter（1953年- ）
ドイツのサッカー選手 473
ベケレ、ケネニサ Bekele, Kenenisa（1982年- ）
エチオピアの陸上競技選手 404
ペスタロッチ、ヨハン・ハインリヒ Pestalozzi, Johann Heinrich（1746-1827年）
スイスの教育家 332
ベッカム、デビッド Beckham, David（1975年- ）
イギリスのサッカー選手 497, 500
ベッケンバウアー、フランツ Beckenbauer, Franz（1945年- ）
ドイツのサッカー選手 466, 470, 472-476, 497
ベッテル、セバスチャン Vettel, Sebastian（1987年- ）
ドイツのレーシングドライバー 500, 510
ヘットゲス、ホルスト＝ディーター Höttges, Horst-Dieter（1943年- ）
ドイツのサッカー選手 475

ペトラルカ、フランチェスコ　Petrarca, Francesco（1304-1374年）
イタリアの詩人　536, 537
ペドロ3世　Peter III., der Große, König von Aragon（1240-1285年　在位：1276-1285年）
アラゴン王　536
ペトロニウス　Petronius, Titus（14年頃-66年）
古代ローマの政治家・文筆家　78
ヘニング、エドワード　Henning, Edward（1879-1960年）
アメリカの体操選手　441
ペヒシュタイン、クラウディア　Pechstein, Claudia（1972年-　）
ドイツのスピードスケート選手　522
ペリー、フレッド　Perry, Fred（1909-1995年）
イギリスのテニス選手　394
ベリサリウス、フラウィウス　Belisarius, Flavius（500年頃-565年）
東ローマ帝国の将軍　91
ベルソワ、リュドミラ　Belousowa, Ludmilla（1935年-　）
ソ連のフィギュアスケート選手　444
ヘルツェンバイン、ベルント　Hölzenbein, Bernd（1946年-　）
ドイツのサッカー選手　475
ベルトルト　Berthold, Mönch（12世紀）
ベネディクト会修道士　109, 527
ヘルベルガー、ゼップ　Herberger, Sepp（1897-1977年）
ドイツのサッカー選手　463, 464
ペルンシュタイン、ヨハネス・フォン　Pernstein, Johannes von（1561-1597年）
ボヘミアの貴族　236
ペレ　Pelé（1940年-　）
ブラジルのサッカー選手　561
ヘロドトス　Herodot（紀元前490-紀元前424年）
古代ギリシアの歴史家　24, 31, 38, 39, 200, 406
ヘンスロー、フィリップ　Henslowe、Philip（1550年頃-1616年）
イングランドの演劇興行主　320
ベンダー、ヨハン・ゲオルク　Bender, Johann Georg（17世紀）
ニュルンベルクの球技教師　278
ヘンリー8世　Heinrich VIII., engl. König（1491-1547年　在位：1509-1547年）
イングランド王　3, 6, 7, 118, 185, 217, 235, *237-247*, 251, 262, 270, 290, 319
ホイジンガ、ヨハン　Huizinga, Johan（1872-1945年）
オランダの歴史家　11

ボーケル、クラウディア　Bokel, Claudia（1973年-　）
ドイツのフェンシング選手　416
ボーゲング、グスタフ・アドルフ・エーリヒ　Bogeng, Gustav Adolf Erich　(1881-1960年)
ドイツの法学者・作家　10
ホーコン・ホーコンソン（ホーコン4世）　Haakon Haakonsson（Haakon IV.）norw. König（1204-1263年　在位：1217-1263年）
ノルウェー国王　158
ホーヘンベルフ、フランス　Hogenberg, Frans（1535-1590年）
ドイツの銅版画家　274
ホームズ、ラリー　Holmes, Larry（1949年-　）
アメリカのプロボクサー　453
ホーヤ、オスカー・デラ　Hoya, Oscar de la（1973年-　）
アメリカのプロボクサー　495
ボーランド、ジョン・ピウス　Boland, John Pius（1870-1958年）
アイルランドのテニス選手　376
ボールデン、ジャネット　Bolden, Jeanette（1960年-　）
アメリカの陸上競技選手　486
ボールドウィン、カレブ　Baldwin, Caleb（1769-1827年）
イギリスのプロボクサー　308
ホガース、ウィリアム　Hogarth, William（1697-1764年）
イギリスの画家　303, 304
ボギスラウス　Bogislaus, Graf von Schwerin（1764-1834年）
シュヴェリーン伯　344
ボシャテー、ニコラ　Bochatay, Nicolas（1964-1992年）
スイスのスピードスキー選手　445
ポセイドニオス　Poseidonios（紀元前135-紀元前51年）
古代ギリシアの哲学者　48
ボッカリーニ、トラヤーノ　Boccalini, Traiano（1556-1613年）
イタリアの風刺作家　228
ホッグ、ジェームズ　Hogg, James（1770-1835年）
スコットランドの詩人　340
ホドヴィエツキ、ダニエル　Chodowiecki, Daniel（1726-1801年）
ポーランド生まれのドイツの銅版画家　331
ホブズボウム、エリック・J　Hobsbawm, Eric J.（1917年-　）
イギリスの歴史家　546

ホフマン、フリードリヒ　Hoffmann, Friedrich（1660-1742年）
ドイツの医学者　197
ホフマン、フリッツ　Hofmann, Fritz（1871-1927年）
ドイツの陸上競技選手　481
ホメロス　Homer（紀元前850年頃）
『イリアス』および『オディッセイア』の作者　28, 38-41, 46, 195, 544
ホラー、ヴェンツェル　Hollar, Wenzel（1607-1677年）
チェコの銅版画家　274
ホリフィールド、イベンダー　Holyfield, Evander（1962年- ）
アメリカのプロボクサー　489, 495
ボルスト、アルノ　Borst, Arno（1925-2007年）
ドイツの歴史家　537
ボルディン、ジェリンド　Bordin, Gelindo（1959年- ）
イタリアの陸上競技選手　403
ボルト、ウサイン　Bolt, Usain（1986年- ）
ジャマイカの陸上競技選手　482, *483*
ホルバイン、ハンス　Holbein, Hans d. J.（1497/98-1543年）
ドイツの画家　237
ボワーマン、ビル　Bowerman, Bill（1911-1999年）
アメリカの陸上競技コーチ。ナイキ創始者　515
ホワイトヘッド、レヴィ　Whitehead, Levi（1688-1787年）
イギリスの陸上競技選手　301, 302
ポンペイウス　Pompeius Magnus, Gnaeus（紀元前106-紀元前48年）
共和政ローマ期の軍人・政治家　70, 75
ボンホフ、ライナー　Bonhof, Rainer（1952年- ）
ドイツのサッカー選手　475

マ行

マーカム、ジャーヴァス　Markham, Gervase（1568-1637年）
イングランドの作家　213
マーゲート、フランツ　Maget, Franz（1953年- ）
ドイツの政治家　470
マーティン、リチャード　Martin, Richard（1754-1834年）
アイルランドの政治家　315

マイアー、クリスティアン　Meier, Christian（1929年－　）
ドイツの古代史学者　27
マイアー、ゼップ　Maier, Sepp（1944年－　）
ドイツのサッカー選手　466, 471, 473-476
マイファルト、ウルリケ　Meyfahrt, Ulrike（1956年－　）
ドイツの陸上競技選手　413
マウリキオス　Maurikios, byz. Kaiser（539-602年　在位：582-602年）
東ローマ皇帝　91
マカウ・ムショキ、パトリック　Makau Musyoki, Patrick（1985年－　）
ケニアの陸上競技選手　403
マガロッティ、ロレンツォ　Magalotti, Lorenzo（1637-1712年）
イタリアの哲学者・外交官・旅行家　256
マクギー、ウィリアム・J　MacGee, William J.（1853-1912年）
アメリカの人類学者　421
マクグローリー、アマンダ　McGrory, Amanda（1986年－　）
アメリカの車椅子陸上競技選手　545
マクシミリアン1世　Maximilan, Kurfürst von Bayern（1573-1651年　在位：1597-1651年）
バイエルン選帝侯　292
マクシミリアン1世　Maximilian I., Kaiser（1459-1519年　在位：1486-1519年）
神聖ローマ帝国皇帝　*126*, 167, 224, 235, 292, 293
マクシミリアン1世ヨーゼフ　Maximilian I., Joseph. bayer. König（1756-1825年　在位：1799-1825年）
バイエルン王　346
マクシミリアン2世　Maximilian II., Kaiser（1527-1576年　在位：1564-1576年）
神聖ローマ帝国皇帝　181, 192, 198, 235, 236, 293, *294*
マシュー・パリス　Matthäus von Paris（1200年頃-1259年）
イングランドの年代記作者　114
マシューズ、スタンリー　Matthews, Stanley（1915-2000年）
イギリスのサッカー選手　395
マスマン、ハンス・フェルディナント　Maßmann, Hans-Ferdinand（1797-1874年）
ドイツの文献学者　335, 336
マチョリーノ、アントニオ　Maciolino、Antonio（16世紀）
イタリアの剣術師範　209
マティアス　Matthias, Kaiser（1557-1619年　在位：1612-1619年）
神聖ローマ帝国皇帝　283, 293
マテウス、ローター　Matthäus, Lothar（1961年－　）
ドイツのサッカー選手　476

マドンナ　Madonna（1958年‐　）
アメリカのミュージシャン　559
マヌエル1世コムネノス　Manuel I. Komnenos, byz. Kaiser（1118‐1180年　在位：1143‐1180年）
東ローマ皇帝　111
マネッティ、ジャノッツォ　Manetti, Gianozzo（1396‐1459年）
イタリア・ルネサンス期の人文主義者・政治家　171
マラドーナ、ディエゴ　Maradona, Diego（1960年‐　）
アルゼンチンのサッカー選手　496, 561
マリア・テレジア　Maria Theresia von Österreich（1717‐1780年）
オーストリア大公　234, 295
マリーア・マグダレーナ・ダウストリア　Maria Magdalena von Habsburg（1589‐1631年）
トスカーナ大公妃　233
マリンクロット、レベッカ・フォン　Mallinckrodt, Rebekka von（1971年‐　）
ドイツの歴史学者　21
マルガレーテ・フォン・ティロル＝ゲルツ　Margarethe, Gräfin von Tirol-Görz（1318‐1369年）
ティロル女伯　138
マルキャスター、リチャード　Mulcaster, Richard（1531‐1611年）
イギリスの教育者　276, 279
マルクス、カール　Marx, Karl（1818‐1883年）
ドイツの哲学者　76
マルクセン、ヘルベルト　Marxen, Herbert（1900‐1954年）
ドイツの風刺画家　*415*
マルゴ　Margot（15世紀）
ヘンネガウ出身のテニスプレーヤー　137, 138, 226
マルコムX　Malcolm X（1925‐1965年）
アメリカの黒人公民運動活動家　449
マロ、T・アエリウス・アウレリウス　（2世紀）
セレウキア出身のレスラー　53
マンデルバウム、マイケル　Mandelbaum, Michael（1946年‐　）
アメリカの政治学者　12
ミーツ、ジョルジュ　Miez, Georg（1904‐1999年）
スイスの体操選手　524
ミケルソン、フィル　Michelson, Phil（1970年‐　）
アメリカのプロゴルファー　499

ミシュレ、ジュール Michelet, Jules（1798-1874年）
フランスの歴史家 173
ミッターマイアー、ロジー Mittermaier, Rosi（1950年- ）
ドイツのアルペンスキー選手 524
ミッタル、ラクシュミー Mittal, Lakshmi（1950年- ）
インドの資産家 501
ミュラー、ゲルト Müller, Gerd（1945年- ）
ドイツのサッカー選手 466, 470-476
ミュラー、トーマス Müller, Thomas（1989年- ）
ドイツのサッカー選手 479
ムンミウス、ルキウス Mummius, Lucius（紀元前2世紀）
共和政ローマ期の政治家 52
メアリー・スチュアート Maria Stuart, schott. Königin（1542-1587年 在位：1542-1567年）
スコットランド女王 222
メアリー1世 Mary I. Tuder, engl. Königin（1516-1558年 在位：1553-1558年）
イングランド女王 279
メイウェザー、フロイド Mayweather, Floyd（1977年- ）
アメリカのプロボクサー 495
メーリアン、マテウス Merian, Matthäus（1593-1650年）
スイスの版画家 226, 271, *272*
メスナー、ラインホルト Messner, Rheinhold（1944年- ）
イタリアの登山家 535, 538
メチコフ、ロバート Mechikoff, Robert
アメリカのスポーツ史家 104
メッシ、リオネル Messi, Lionel（1987年- ）
アルゼンチンのサッカー選手 435, 462, 480, 497, 500
メディシス、カトリーヌ・ド Medici, Katharina de'（1519-1589年）
フランス王妃 169, 212
メディシス、マリー・ド Medici, Maria de'（1575-1642年）
フランス王妃 259
メディチ、アレッサンドロ・デ Medici, Alessandro de'（1510-1537年）
フィレンツェの僭主 231, 233
メディチ、コジモ1世 Medici, Cosimo I. de'（1519-1574年 在位：1537-1574年）
フィレンツェ公・初代トスカーナ大公 229-233, 287
メディチ、コジモ2世 Medici, Cosimo II. de'（1590-1621年 在位：1609-1621年）
第4代トスカーナ大公 233

メディチ、ジュリアーノ・デ Medici, Giuliano de'（1453-1478年）
フィレンツェ共和国の政治家 128, 130
メディチ、ジュリオ（クレメンス7世） Medici, Giulio（Papst Clemens VII.）（1478-1534年 在位：1523-1534年）
第219代ローマ教皇 129
メディチ、ジョヴァンニ・デ Medici, Giovanni de' レオ10世参照
メディチ、ピエトロ・デ Medici, Pietro de'（1554-1604年）
コジモ1世の末息子 232
メディチ、フェルディナンド1世・デ Medici, Ferdinando I. de'（1549-1609年）
第3代トスカーナ大公 192, 233
メディチ、フランチェスコ・デ Medici, Francesco de'（1594-1614年）
トスカーナ大公子 233
メディチ、フランチェスコ1世・デ Medici, Francesco I. de'（1541-1587年 在位：1574-1587年）
第2代トスカーナ大公 232, 233
メディチ、ロレンツォ・デ Medici, Lorenzo I. de'（1449-1492年）
フィレンツェの僭主 128, 130, 176
メラー、アンドレアス Möller, Andreas（1684-1762年）
デンマークの画家 *303*
メルクリアリス、ヒエロニムス Mercurialis, Hieronymus（1530-1606年）
イタリアの医学者 191-196, 199, 201, 214
メルケル、アンゲラ Merkel, Angela（1954年- ）
ドイツ連邦共和国第8代首相 18
メルケル、マックス Merkel, Max（1918-2006年）
オーストリアのサッカー選手 466
メルデマン、ニコラウス（1552年没）
ドイツの印刷業者・出版者 166
メンドーサ、ダニエル Mendoza, Daniel（1764-1836年）
イギリスのプロボクサー 304, 307, 308
毛沢東 Mao Zedong（1893-1976年）
中華人民共和国初代国家主席 4
モーザー＝プレル、アンネマリー Moser-Pröll, Annemarie（1953年- ）
オーストリアのアルペンスキー選手 523
モージー、フィービー・アン Mosey, Phoebe Anne（1860-1926年）
アメリカの射撃の名手 369
モーリッツ Moritz, Landgraf von Hessen-Kassel（1572-1632年）
ヘッセン＝カッセル方伯 186

モブツ、セセ・セコ　Mobutu Sese Seko（1930-1997年）
ザイール共和国大統領　451
モリス、マイケル、キラニン卿　Morris, Michael, Lord Killanin（1914-1999年　任期：1972-1980年）
IOC第6代会長　398
モルゲンシュテルン、トーマス　Morgenstern, Thomas（1986年-　）
オーストリアのスキージャンプ選手　524
モンティジャーノ、マルクアントニオ　Montigiano, Marcantonio（1485-1555年）
イタリアの医師　176
モンテーニュ、ミシェル・ド　Montaigne, Michel de（1533-1592年）
フランスの哲学者　285-288
モンフォーコン、ベルナール・ド　Montfaucon, Bernard de（1655-1741年）
フランスの学者　342

ヤ行

ヤーン、フリードリヒ・ルートヴィヒ　Jahn, Friedrich Ludwig（1778-1852年）
ドイツの体操家・教育者　198, 332-337, 372, 414
ユウェナリス　Juvenal（60年頃-130年）
古代ローマの風刺詩人　58, 79, 190, 331, 555
ユーリー、レイ　Ewry, Ray（1873-1937年）
アメリカの陸上競技選手　432
ユスティニアヌス1世　Justinian I., röm. Kaiser（483-565年　在位：527-565年）
東ローマ皇帝　90, 91
ユスティニアヌス2世　Justinian II., byz. Kaiser（668-711年　在位：685-695年、705-711年）
東ローマ皇帝　92
ユリアヌス　Julian, röm. Kaiser（331/332-363年　在位：361-363年）
ローマ皇帝　87
ユリウス2世　Julius II., Papst（Giuliano della Rovere）（1443-1513年　在位：1503-1513年）
第216代ローマ教皇　178
楊陽　Yang Yang（1977年-　）
中国のスピードスケート選手　416
ヨーゼフ1世　Joseph I., Kaiser（1678-1711年　在位：1705-1712年）
神聖ローマ帝国皇帝　295

ヨーゼフ2世　Joseph II., Kaiser（1741-1790年　在位：1765-1790年）
神聖ローマ帝国皇帝　273, 295
ヨハン・カジミール　Johann Casimir, Rheingraf von Salm-Kyrburg（1577-1651年）
ザルム＝キールブルク伯　250
ヨハン・ゲオルク1世　Johann Georg I., Kurfürst von Sachsen（1585-1656年　在位：1611-1656年）
ザクセン選帝侯　277
ヨハン・フォン・ルクセンブルク　Johann von Luxemburg, böhm. König（1296-1346年　在位：1310-1346年）
ボヘミア王　115
ヨハン・フリードリヒ　Johann Friedrich, Herzog von Württemberg（1582-1628年）
ヴュルテンベルク公　188, 236, 281, 283

ラ行・ワ行

ラートゲープ、ヤーコプ　Rathgeb, Jakob（1562年頃-1621年）
ヴュルテンベルク公の秘書官　205
ラーム、フィリップ　Lahm Philipp（1983年-　）
ドイツのサッカー選手　497
ラーン、ヘルムート　Rahn, Helmut（1929-2003年）
ドイツのサッカー選手　464
ライプニッツ、ゴットフリート・ヴィルヘルム　Leibniz, Gottfried Wilhelm（1646-1716年）
ドイツの哲学者　208
ラウデール、ジモーネ　Laudehr, Simone（1986年-　）
ドイツのサッカー選手　412
ラチニナ、ラリサ　Latynina, Larissa（1934年-　）
ソ連の体操選手　518
ラッツェブルク、ハンネローレ　Ratzeburg, Hannelore（1951年-　）
ドイツのサッカー選手　411
ラディスラウス5世　Ladislaus V., ungar. König（1440-1457年）
オーストリア公・ハンガリー王・ボヘミア王　104
ラテック、ウド　Lattek, Udo（1935-2015年）
ドイツのサッカー選手　467, 473
ラデンコビッチ、ペタル　Radenković, Petar（1934年-　）
ユーゴスラヴィアのサッカー選手　465

ラブレー、フランソワ　Rabelais, François（1494年頃-1553年）
フランスの作家　185, 552
ラングイラーラ、ジョヴァンニ・アンドレア・デ　Anguillara, Giovanni Andrea dell'（1517-1570年）
イタリアの詩人　553
ランケ、レオポルト・フォン　Ranke, Leopold von（1795-1886年）
ドイツの歴史家　3
ランダウアー、クルト　Landauer, Kurt（1884-1961年）
FCバイエルン・ミュンヘン会長　467-469
ランドゥッチ、ゴスタンツォ　Landucci, Gostanco（15・16世紀）
ルカ・ランドゥッチの弟　128
ランドゥッチ、ルカ　Landucci, Luca（1436-1516年）
イタリア・ルネサンス期の商人　128-130, 155
ランパード、フランク　Lampard, Frank（1978年-　）
イギリスのサッカー選手　497
リー、ウィリス・A　Lee, Willis A.（1888-1945年）
アメリカ海軍の軍人　393
リーシュ、マリア　Riesch, Maria（1984年-　）
ドイツのアルペンスキー選手　524
リース、ガブリエル　Reece, Gabrielle（1970年-　）
アメリカのバレーボール選手　407
リーヒテナウアー、ヨハン　Liechtenauer, Johann（14世紀）
ドイツの剣術師範　127
リウィウス、ティトゥス　Livius, Titus（紀元前59-紀元17年）
古代ローマの歴史家　537
リゴーリオ、ピッロ　Ligorio, Pirro（1514-1583年）
イタリア・ルネサンス期の建築家　214
リストン、ソニー　Liston, Sonny（1932-1970年）
アメリカのプロボクサー　447-449
リチャード　Richard von Cornwall（1209-1272年）
コーンウォール伯　112
リチャード1世　Richard Löwenherz, engl. König（1157-1199年　在位：1189-1199年）
イングランド王　107, 111
リッター、モーリッツ　Ritter, Moritz（1840-1923年）
ドイツの歴史家　3, 4
リッポマーノ　Lippomano（16・17世紀）
ヴェネチアの公使　264

リディアード、アーサー Lydiard, Arthur（1917-2004年）
ニュージーランドの陸上競技選手・コーチ 515
リヒター、アンネグレート Richter, Annegret（1950年- ）
ドイツの陸上競技選手 484
リヒャルツ、アルフレート Richartz, Alfred（1953年- ）
ドイツのスポーツ学者 414
リベリー、フランク Ribéry, Franck（1983年- ）
フランスのサッカー選手 479, 497
リメ、ジュール Rimet, Jules（1873-1956年）
FIFA第3代会長 392, 464
リンカーン、エイブラハム Lincoln, Abraham（1809-1865年　任期：1860-1865年）
アメリカ合衆国第16代大統領 337, 447
リング、ペール・ヘンリック Ling, Pehr Henrik（1776-1839年）
スウェーデンの体育家 337, 338
ルイ9世 Ludwig IX., der Heilige, franz. König（1214-1270年　在位：1226-1270年）
フランス王 108
ルイ10世 Ludwig X., franz. König（1289-1316年　在位：1314-1316年）
フランス王 148
ルイ13世 Ludwig XIII., franz. König（1601-1643年　在位：1610-1643年）
フランス王 198, 210
ルイ14世 Ludwig XIV., franz. König（1638-1715年　在位：1643-1715年）
フランス王 259, 294, 321
ルイ16世 Ludwig XVI., franz. König（1754-1793年　在位：1774-1792年）
フランス王 323, 324
ルイーゼ・フォン・アンハルト＝デッサウ Luise von Anhalt-Dessau（1750-1811年）
アンハルト＝デッサウ公爵夫人 284, 328
ルイーゼ・フォン・ブランデンブルク＝シュヴェート Luise, Fürstin von Brandenburg-Schwedt（1750-1811年）
ブランデンブルク＝シュヴェート辺境伯公女。アンハルト＝デッサウ公爵夫人。ルイーゼ・フォン・アンハルト＝デッサウ参照
ルイス、カール Lewis, Carl（1961年- ）
アメリカの陸上競技選手 482, 518, 519
ルイス、スピリドン Louis, Spiridon（1873-1940年）
ギリシアの陸上競技選手 399, 400
ルイス、レノックス Lewis, Lennox（1965年- ）
イギリスのプロボクサー 487-489

ルーズベルト、エレノア　Roosevelt, Eleanor（1884-1962年）
フランクリン・ルーズベルトの妻　409
ルーズベルト、フランクリン・D　Roosevelt, Franklin D.（1882-1945年）
アメリカ合衆国第32代大統領　481, 482
ルートヴィヒ・フリードリヒ　Ludwig Friedrich, Herzog von Württemberg（1586-1631年）
ヴュルテンベルク公子　276
ルートヴィヒ1世　Ludwig I., bayer. König（1786-1868年　在位：1824-1848年）
バイエルン王　335, 346, 347
ルートヴィヒ5世　Ludwig V., Kurfürst von der Pfalz（1478-1544年　在位：1508-1544年）
プファルツ選帝侯　248
ルキアノス　Lukian von Samosata（120年頃-180年以後）
ギリシア語で執筆したアッシリア人の風刺作家　24
ルター、マルティン　Luther, Martin（1483-1546年）
ドイツの神学者　175, 180
ルドヴィーコ・ダ・カノッサ　Ludovico da Canossa（1476-1532年）
イタリアの司教　184
ルドヴィーコ3世・ゴンザーガ　Luigi III., Markgraf von Gonzaga（1414-1478年）
マントヴァ侯　174
ルドルフ、ウィルマ　Rudolph, Wilma（1940-1994年）
アメリカの陸上競技選手　484
ルドルフ2世　Rudolf II., Kaiser（1552-1612年　在位：1576-1612年）
神聖ローマ帝国皇帝　236, 293
ルンメニゲ、カール＝ハインツ　Rummenigge, Karl-Heinz（1955年-　）
ドイツのサッカー選手　469, 472, 476
レイヴンスティン、アーネスト・ジョージ　Ravenstein, Ernst Georg（1834-1913年）
ドイツの地理学者　352
レイン、フランシス　Lane, Francis（1874-1927年）
アメリカの陸上競技選手　376
レヴィティ、スタマタ　Revithi, Stamatha（1866-1896年以後）
ギリシアの陸上競技選手　408
レーナイゼン、ゲオルク・エンゲルハルト・フォン　Löhneysen, Georg Engelhard von（1552-1622年）
ブラウンシュヴァイクの官吏　183
レオ10世　Leo X., Papst（Giovannni de' Medici　本名ジョヴァンニ・デ・メディチ）（1475-1521年　在位：1513-1521年）
第217代ローマ教皇　129, 130, 313

レオポルト1世　Leopold I., Kaiser（1640-1705年　在位：1657-1705年）
神聖ローマ帝国皇帝　294
レオポルト2世　Leopold II., Kaiser（1747-1792年　在位：1790-1792年）
神聖ローマ帝国皇帝　234, 296
レオポルト3世フリードリヒ・フランツ　Leopold III. Friedrich Franz, Fürst von Anhalt-Dessau（1740-1814年）
アンハルト＝デッサウ侯　327
レック、ベルント　Roeck, Bernd（1953年-　）
ドイツの歴史家　16
レディー・ガガ　Lady Gaga（1986年-　）
アメリカのミュージシャン　499
レナータ・フォン・ロートリンゲン　Renata von Lothringen（1544-1602年）
バイエルン公ヴィルヘルム5世妃　277
ルネ・ダンジュー　René I. d'Anjou（1409-1480年）
フランスの王族・ナポリ王　187
レピドゥス、M・アエミリウス　Lepidus, M. Aemilius（紀元前280-紀元前216年）
古代ローマの政治家　66
レフヴィング、コンコルディア　Löfving, Concordia（1843-1927年）
スウェーデンの教育者　367
レムニウス、レヴィヌス　Lemnius, Levinus（1505-1568年）
ネーデルラントの医学者　194, 195
レンジャー、テレンス　Ranger, Terence（1929-2015年）
イギリスの歴史家　546
ローゼンツォップフ、ヨハン　Rosenzopf, Johann（1939年-　）
ユースオリンピックの発案者　388
ロート、フランツ・"ブレ"　Roth, Franz «Bulle»（1946年-　）
ドイツのサッカー選手　467
ローレンス、ヘンリー　Laurens, Henry（1723-1792年）
アメリカの商人・農園主・政治家　329
ロゲ、ジャック　Rogge, Jacques（1942年-　）
IOC第8代会長　399, 503
ロダン、オーギュスト　Rodin, Auguste（1840-1917年）
フランスの彫刻家　379
ロック、ジョン　Locke, John（1632-1704年）
イギリスの哲学者　331, 332
ロッティーニ、ジョヴァンニ・フランチェスコ　Lottini, Giovanni Francesco

(1512-1572年)
イタリアの政治家 229, 230
ロッベン、アリエン Robben, Arjen (1984年-)
オランダのサッカー選手 479
ロドニナ、イリーナ Rodonina, Irina (1949年-)
ソ連のフィギュアスケート選手 444
ロドリゲス、アレックス Rodriguez, Alex (1975年-)
アメリカのプロ野球選手 500
ロナウジーニョ Ronaldinho (1980年-)
ブラジルのサッカー選手 497
ロナウド、クリスティアーノ Ronaldo, Christiano (1985年-)
ポルトガルのサッカー選手 479, 496, 497, 500
ロバ、ファツマ Roba, Fatuma (1973年-)
エチオピアの陸上競技選手 404
ロバート Robert von Gloucester (1100年頃-1147年)
グロスター伯 106
ロビンソン、ベティ Robinson, Betty (1911-1999年)
アメリカの陸上競技選手 483, 484
ロペス、ジェニファー Lopez, Jennifer (1969年-)
アメリカの歌手 500
ワンジル、サムエル・カマウ Wanjiru, Samuel Kamau (1986-2011年)
ケニアの陸上競技選手 406,

原　註

序章　まず、スポーツをしないこと！

(1) J. Wille (Hg.), Das Tagebuch und Ausgabenbuch des Churfürsten Friedrich IV. von der Pfalz, in: Zeitschrift für die Geschichte des Oberrheins 3 (1880) 201-295.
(2) Moriz Ritter, Friedrich IV., in: ADB 7 (1877) 612-621.
(3) Diogenes Laertius, Leben und Meinungen berühmter Philosophen, Hamburg 1998, 150.
(4) The Sporting Magazine 1 (1792) 12.
(5) www.n-tv.de/img/37/3705836/O_1000_680_680_Mao-schwimmt.jpg.
(6) «At last ... Gordon runs for election!», in: The Mail, 8. 11. 2009.
(7) Home-exercise-equipment.blogspot.com/2011/11/Romney-runs-3-miles-day.html.
(8) Richard Tames, Sporting London. A Race Through Time, London 2005, 150.
(9) Allen Guttmann, Vom Ritual zum Rekord. Das Wesen des modernen Sports, Schorndorf 1979.
(10) Pierre Bourdieu, Historische und soziale Voraussetzungen modernen Sports, in: Gerd Hortleder/Gunter Gebauer (Hg.), Sport - Eros - Tod, Frankfurt/Main 1986, 91-112.
(11) Christiane Eisenberg, Fußball - Soccer - Calcio, München 1997.
(12) Dies., «English Sports» und deutsche Bürger, Paderborn 1999.
(13) Horst Bredekamp, Florentiner Fußball. Die Renaissance der Spiele, Frankfurt/Main 1993.
(14) Otto Brunner, Land und Herrschaft, Darmstadt ^{5}1965, 163.
(15) Peter Blickle, Nekrolog Otto Brunner (1898-1982), in: Historische Zeitschrift 236 (1983) 779-781.
(16) Sport, in: Der Neue Pauly, Bd. 11, 838.
(17) Roland Renson, Traditional Rural Sports in Europe, in: Tony Collins et al. (Hg.), Encyclopedia of Traditional British Rural Sports (= ETBRS), London 2005, 1-20, S. 6-7.

(18) Alison Weir, All Goodly Sports, in: Henry VIII. The King and His Court, New York 2001, 105-112.

(19) Lionel Arthur Govett, The King's Book of Sports. A History of the Declarations of King James I [1618] and King Charles I. [1633] as to the Use of Lawful Sports on Sundays, with a reprint of the declarations, London 1890.

(20) M. J., Sports and Pastimes; or Sport for the City and Pastime for the Country, London 1676.

(21) Joseph Strutt, The Sports and Pastimes of the People of England [...] from the earliest period to the present times, London 1801. - Christina Hole, English Sports and Pastimes, London 1949.

(22) Pia Maria Grüber (Hg.), «Kurzweil viel ohn' Maß und Ziel». Alltag und Festtag auf den Augsburger Monatsbildern der Renaissance, München 1994. - Harald Tersch, Freudenfest und Kurzweil. Wien in Reisetagebüchern der Kriegszeit (ca. 1620-1650), in: Andreas Weigl (Hg.), Wien im Dreißigjährigen Krieg. Bevölkerung - Gesellschaft - Kultur - Konfession, Wien 2001, 155-249.

(23) Wett-Rennen, in: Johann Heinrich Zedler (Hg.), Großes vollständiges Universal-Lexicon aller Wissenschaften und Künste, 64 Bde. und 4 Ergänzungsbde., Halle/Leipzig 1732-1754, Bd. 55, 1085-1098.

(24) Giovanni de' Bardi, Discorso sopra il giuoco del calcio fiorentino, Florenz 1580. - Reprint in: Carlo Bascetta (Hg.), Sport e giuochi. Trattati e scritti dal XV al XVIII secolo, Bd. 1, Mailand 1978, 127-162.

(25) Georges Vigarello, Jeux populaires: Les paris et les prix dans la France classique, in: John McClelland/Brian Merrilees (Hg.), Sport and Culture in Early Modern Europe, Toronto 2009, 317-336.

(26) Francisco Alcocer, Tratado del juego [...] y las apuestas, suertes, torneos, iustas, juegos de cana, toros y truhanes, Salamanca 1559.

(27) Lambert Daneau, Brieue Remonstrance sur les Ieux de Sort, ou de Hazard, [Genf] 1574.

(28) Jean-Jules Jusserand, Les sports et jeux d'exercise dans l'ancienne France, Paris 1901. Nd. Genf 1986. - Jeux et sports dans l'histoire, Paris 1992.

(29) Franz Begov, Sportgeschichte der frühen Neuzeit, in: Horst Ueberhorst (Hg.), Geschichte der Leibesübungen, Bd. 3/1, Berlin 1980, 145-164.

(30) Wolfgang Decker, Sport, in: Der Neue Pauly 11, 838.

(31) Robert Gugutzer, Sport, in: Sina Farzin/Stefan Jordan (Hg.), Lexikon Soziologie und Sozialtheorie. Hundert Grundbegriffe, Stuttgart 2008, 274-278, S. 275.

(32) Allen Guttmann, A Whole New Ball Game, London 1988, 2.

(33) Gustav Adolf Erich Bogeng (Hg.), Geschichte des Sports aller Völker und Zeiten, Leipzig 1926.

(34) Karl Weule, Ethnologie des Sports. Der Sport der Natur- und Urvölker. Exotische Sports [sic!], in: Ebd., 1-75.

(35) Kendall Blanchard, The Anthropology of Sport, Westport 2005, 38-56.

(36) Johan Huizinga, Homo ludens, Basel 1944, 88.

(37) Ebd., 16-19.

(38) Edward Norbeck, Man at Play, in: Play. Natural History Magazine, Special Supplement (1971) 48-53.

(39) Clifford Geertz, Deep Play. Notes on the Balinese Cockfight, in: Ders. (Hg.), The Interpretation of Cultures. Selected Essays, New York 1973, 412-453.（クリフォード・ギアーツ『文化の解釈学（II）』吉田禎吾・柳川啓一ほか訳、岩波書店、1987年、389-445頁）

(40) Allen Guttmann, A Whole New Ballgame. An Interpretation of American Sports, 1988.

(41) Michael Mandelbaum, The Meaning of Sports, New York 2004.

(42) Allen Guttmann, Vom Ritual zum Rekord, Schorndorf 1979.

(43) Klaus Wiemann, Die Phylogenese des menschlichen Verhaltens im Hinblick auf die Entwicklung sportlicher Betätigung, in: Horst Ueberhorst (Hg.), Geschichte der Leibesübungen, Bd. 1, Berlin 1972, 48-61.

(44) Ingomar Weiler, Langzeitperspektiven zur Genese des Sports, in: Nikephoros 2 (1989) 7-26.

(45) Marshall Sahlins, Stone Age Economics, London 1974, 1-40.（マーシャル・サーリンズ『石器時代の経済学』山内昶訳、法政大学出版局、1984年、8-55頁）

(46) Pferd, in: Der Neue Pauly 9, 692-703.

(47) Norbert Elias, Über den Prozess der Zivilisation, 2 Bde., Frankfurt/Main 1978.（ノルベルト・エリアス『文明化の過程（上）』赤井慧爾・中村元保・吉田正勝訳、法政大学出版局、1977年。同前『文明化の過程（下）』波田節夫ほか訳、法政大学出版局、1978年）

(48) Ders./Eric Dunning, Sport im Zivilisationsprozess, Münster 1981.（ノルベルト・エリアス／エリック・ダニング『スポーツと文明化――興奮の探求』大平章訳、法政大学出版局、1995年）

(49) Henning Eichberg, Geometrie als barocke Verhaltensnorm, in: ZHF 4 (1977) 17-50.

(50) Ders., Vom Fest zur Fachlichkeit, in: Ludica 1 (1995) 183-200.

(51) Alexandre Fernandez Vaz, Sport und Sportkritik im Kultur- und Zivilisa-

tionsprozess, Butzbach 2004, 44.

(52) このモットーは、1894年にIOC創立会議で用いられ、標語としては1924年オリンピック・パリ大会で公式に使用され、1949年にIOC憲章に採択された。それ以降——オリンピック・リングとともに——オリンピック・エンブレムの構成要素である。

(53) Gherardo Ortalli, Perché Ludica?, in: Ludica. Annali di storia e civiltà del gioco 1 (1995) 5-7.

(54) Wolfgang Behringer, Arena and Pall Mall. Sport in the Early Modern Period, in: German History 27 (2009) 331-357.

(55) Ders., Sport, in: EDN 12 (2010) 381-399.

(56) John McClelland, Introduction: «Sport» in Early Modern Europe, in: Ders./Brian Merrilees (Hg.), Sport and Culture in Early Modern Europe, Toronto 2009, 23-40.

(57) Wolfgang Behringer, Frühe Neuzeit, in: EDN 4 (2006) 80-87.

(58) Arnd Krüger/John McClelland (Hg.), Die Anfänge des modernen Sports in der Renaissance, London 1984.

(59) Rebekka von Mallinckrodt (Hg.), Bewegtes Leben. Körpertechniken in der Frühen Neuzeit, Katalog Wolfenbüttel 2008.

(60) Peter Burke, The Invention of Leisure in Early Modern Europe, in: Past & Present Nr. 146 (1995) 136-150.

(61) Winfried Schulze, Einführung in die neuere Geschichte, Stuttgart ^{4}2001, 58-60.

(62) Rudolf zur Lippe, Vom Leib zum Körper, Reinbek 1988.

(63) Wolfgang Behringer, Alltag, in: EDN 1 (2005) 216-235.

(64) Alan G. Ingham, The Sportification Process. A Biographical Analysis Framed by the Work of Marx, Weber, Durkheim and Freud, in: Richard Giulianotti (Hg.), Sport and Modern Social Theorists, New York 2004, 11-32.

(65) Kendall Blanchard, The Anthropology of Sport, Westport 2005, 9-22.

(66) Jens Adolphsen et al., Sportrecht in der Praxis, Stuttgart 2011.

(67) Michael Kleinjohann, Sportzeitschriften in der Bundesrepublik Deutschland, Frankfurt/Main 1987.

(68) Wildor Hollmann/Kurt Tittel, Geschichte der deutschen Sportmedizin, Gera 2008.

(69) Christoph Asmuth (Hg.), Was ist Doping?, Bielefeld 2010.

(70) Marcus Rosenstein, Das Ballsport-Lexikon. Die Ball- und Kugelspiele der Welt, Berlin 1997, 8.

(71) ここで、私は特に秘書のユーディット・ルフ、助手のカタリーナ・ライ

ンホルト博士とユストゥス・ニッペルデイ博士、さらに共同研究員や学生協力者であるヨハンナ・ブルーメ、フェリシタス・フレスル、リディア・シュルツ、イザベル・ムリツ、マクシミリアン・ロルスホーヴェン、ヤナ・フライ、ベルベル・ブッフハイト、ザラ・エールマントラウト、アレクサンダー・ヘーベルト、そしてザールブリュッケンの研究コロキウムの参加者たちに感謝する。

(72) Rebekka von Mallinckrodt/Angela Schattner, Sport in Early Modern Europe, GHI London 17.-19. 11 2011.

(73) Wolfgang Behringer/Mara Wade, 36. Internationaler Wolfenbütteler Sommerkurs: Kommunikation und Körperkultur in der Frühen Neuzeit. Herzog August Bibliothek Wolfenbüttel, 15.-26. 8. 2011.

第一章　古代の競技

(1) Ulrich Sinn, Olympia. Kult, Sport und Fest in der Antike, München 1996, 36-38.

(2) Ebd., 33-34.

(3) Pindar, Siegeslieder. Griechisch-Deutsch, hg. und übers. von Dieter Bremer, Düsseldorf 2003.

(4) Augusta Hönle, Olympia in der Politik der griechischen Staatenwelt. Von 776 bis zum Ende des 5. Jahrhunderts, Bebenhausen 1972.

(5) Jacob Burckhardt, Griechische Kulturgeschichte, Darmstadt 1962.（ヤーコプ・ブルクハルト『ギリシア文化史1-8』新井靖一訳、ちくま学芸文庫、1998-1999年）

(6) Christian Meier, Das große Fest zu Olympia im klassischen Altertum, in: Uwe Schultz (Hg.), Das Fest. Eine Kulturgeschichte von der Antike bis zur Gegenwart, München 1988, 38-49.

(7) Wolfgang Decker, Sport in der griechischen Antike. Vom minoischen Wettkampf bis zu den Olympischen Spielen, München 1995, 46-47.

(8) Zeitrechnung, in: Der Neue Pauly 12 (2002) 717-724.

(9) Diogenes Laertius, Leben und Meinungen berühmter Philosophen, Hamburg 1998, 149-150, 241-245.

(10) Wolfgang Decker, Sport in der griechischen Antike. Vom minoischen Wettkampf bis zu den Olympischen Spielen, München 1995.

(11) Paul Dräger, Die Fahrt der Argonauten, griechisch/deutsch, Stuttgart 2002.

(12) Joachim Ebert, Zum Pentathlon der Antike. Untersuchungen über das

System der Siegerermittlung und der Ausführung des Halterensprunges, Berlin 1963.

(13) Wolfgang Decker, Pentathlon, in: Der Neue Pauly 9, 524-525.

(14) Ders., Sport und Spiel im Alten Ägypten, München 1987, 32-41, S. 37.（ヴォルフガング・デッカー『古代エジプトの遊びとスポーツ』津山拓也訳、法政大学出版局、1995年、45頁）

(15) Selim Hassan, The Great Limestone Stela of Amenhotep II, in: Annales du Service des antiquités de l'Égypte (Kairo) 37 (1937) 129-134.

(16) Wolfgang Decker, Sport und Spiel im Alten Ägypten, München 1987, 32-41.（デッカー前掲書、38-50頁）

(17) Helmut Wilsdorf, Der Ringkampf im alten Ägypten, Würzburg 1939.

(18) C. D. Jarrett-Bell, Rowing in the XVIII. Dynasty, in: Ancient Egypt 15 (1930) 11-19.

(19) Walter Burkert, Von Amenophis II. bis zur Bogenprobe des Odysseus, in: Grazer Beiträge 1 (1973) 69-78.

(20) John A. Wilson, Ceremonial Games in the New Kingdom, in: Journal of Egyptian Archeology 17 (1931) 211-220.

(21) Wolfgang Decker, Sport und Spiel im Alten Ägypten, 25.（デッカー前掲書、28頁）

(22) Ebd., 14-21.（デッカー前掲書、19-24頁）

(23) Ebd., 26-34.（デッカー前掲書、31-38頁）

(24) R. Knab, Die Periodoniken, Gießen 1934; Nd. Chicago 1980.

(25) Decker, 59-65.

(26) Ebd., 39-41.

(27) Stadion, in: Der Neue Pauly 11, 886-890.

(28) Gymnasion, in: Der Neue Pauly 2, 20-27.

(29) Donald G. Kyle, Athletics in Ancient Athens, Leiden 1987.

(30) Ernst Wegner, Das Ballspiel der Römer, Würzburg 1938.

(31) Petrus Faber, Agonisticon, Paris 1592, 128, zit. nach: Norbert Müller, Der Humanist Petrus Faber - ein unbekannter «Sportschriftsteller» des ausgehenden 16. Jahrhunderts, in: Sarkhadun Yaldai et al. (Hg.), Menschen im Sport, Köln 1997, 39-51.

(32) Barbara Levick, Julia Domna, Syrian Empress, London 2007.

(33) Philostratos, in: Der Neue Pauly 9, 887-894.

(34) Sinn, Olympia, 85.

(35) Ebd., 96-103.

(36)「[...] 我々ローマ市民は、選挙権を誰にも売らなくなって以来、長いあ

いだ政治的な責任を放棄している。つまり、かつては命令権も、儀鉞も、軍団兵も、何もかも自分の意志で与えていたのに、今では我とわが欲望を制限し、ただ二つのことしか気にかけず、ただそれだけを願っているのだ。穀物の無償配給と大競走場の催し物を。」(Juvenal, Satiren. Lateinisch-Deutsch, hg. von Joachim Adamietz, München 1993, Satire Nr. 10, 77-81.(ペルシウス/ユウェナーリス『ローマ諷刺詩集』國原吉之助訳、岩波文庫、2012年、240頁))

(37) Karl-Wilhelm Weeber, Panem et circenses. Massenunterhaltung als Politik im antiken Rom, Mainz 1994, 145-155.

(38) Michele Renee Salzmann, On Roman Time. The Codex-Calendar of 354 and the Rhythms of Urban Life in Late Antiquity, Berkeley/Ca. 1991.

(39) John Evelyn, Diary, hg. von William Bray, 2 Bde., Reprint London 1973, 166.

(40) Circus, in: Der Neue Pauly 2, 1210-1220.

(41) Ebd.

(42)「イータリアの諸都市ではギリシアのと同じやり方で造られるべきでない。その理由は、フォルムで剣闘士の競技が催される慣習が先祖代々伝えられているからである。」(Vitruv, De architectura libri decem. Zehn Bücher über Architektur, Darmstadt [5]1996 (lib 5, cap 1), S. 206-207.(『ウィトルーウィウス建築書』森田慶一訳註、東海大学出版会、1969年、211頁))

(43)「[...] こうして、その形は長方形になり、見世物の演出に役立つ配置となる。」Ebd., S. 206.(ウィトルーウィウス前掲書、211頁)

(44)「クシュストゥムの奥には多数の人が技を競う競技者をゆったりと眺めることができるように設計されたスタディウムがある。」Ebd. (lib 5, cap 11) 248-249.(ウィトルーウィウス前掲書、257頁)

(45) Villy Sörensen, Seneca. Ein Humanist an Neros Hof, München 1984, 132-137.

(46) Vitruv, De architectura libri decem. Zehn Bücher über Architektur, übers. und mit Anmerk., Darmstadt 1996 (lib 5, cap 1), 206-207.(ウィトルーウィウス前掲書、211頁)

(47) Augusta Hönle, Munus, Munera, in: Der Neue Pauly 8, 483-494.

(48) Egon Flaig, Gladiator, in: Der Neue Pauly 4, 1076-1078.

(49) Donald G. Kyle, Spectacles of Death in Ancient Rome, London 1998, 112.

(50) Augusta Hönle, Venatio, in: Der Neue Pauly 12/2, 3.

(51) Plutarch, Crassus, in: Plutarchi vitae parallelae, Bd. 1, Fasc. 2, hg. von Konrat Ziegler/Hans Gärtner, Stuttgart 1960, 8-11.

(52) Appian, Römische Geschichte, übers. von Otto Veh, 2 Bde., Stuttgart 1987/

1989, 1. Buch, Über die Bürgerkriege, 7.

（53）Jacob Burckhardt, Griechische Kulturgeschichte, Frankfurt/Main 2007, 754.（ブルクハルト『ギリシア文化史 6』251頁）

（54）Ludwig Drees, Olympia. Götter, Künstler und Athleten, Stuttgart 1967, 47.

（55）Karl-Wilhelm Welwei, Sparta. Aufstieg und Niedergang einer antiken Großmacht, Stuttgart 2004.

（56）Cornelia Ewigleben, «What these Women love is the sword». The Performers and their Audiences. in: Eckart Kohne/Cornelia Ewigleben（Hg.）, The Power of Spectacle in Ancient Rome. Gladiators and Caesars, Berkeley 2000, 125-139.

（57）Cassius Dio, Römische Geschichte, übers. von Otto Veh, 5 Bde., Düsseldorf 2007, Buch 62, 17.3.

（58）Petronius, Satiricon oder das Gastmahl des Trimalcion. In der Übertragung von Wilhelm Heinse, München 1980, XLV.（ペトロニウス『サテュリコン 古代ローマの諷刺小説』國原吉之助訳、岩波文庫、1991年、75-78頁）

（59）Amy Zoll, Gladiatrix. The True Story of History's Unknown Woman Warrior, New York 2002, 27.

（60）Mark Vesley, Gladiatorial training for girls in the «collegia iuvenum» of the Roman Empire, in: Echos du Monde Classique 42（1998）85-93.

（61）Sueton, Vita Domitiani, 4.1., in: De vita caesarum/Die Kaiserviten, Düsseldorf 1997.（スエトニウス『ローマ皇帝伝（下）』國原吉之助訳、岩波文庫、1986年、312頁）

（62）Peter Connolly, Colosseum. Arena der Gladiatoren, Stuttgart 2005.

（63）Amphitheater, in: Der Neue Pauly 1, 619-624.

（64）L. A. Govett, The King's Book of Sports. A History of the Declarations of King James I. and King Charles I. as to the Use of Lawful Sports on Sundays, London 1890.

（65）Tertullian, De spectaculis/Über die Spiele, Stuttgart 1988, 18-19.

（66）Ebd., 52-53.

（67）Ebd., 68-69.

（68）Ebd., 60-61.

（69）Ebd., 66-67.

（70）Augustinus, zit. in: Petrus Faber, Agonisticon, Paris 1592, 207.

（71）Faber, Agonisticon, Paris 1592, 128, hier zit. nach: Norbert Müller, Der Humanist Petrus Faber - ein unbekannter «Sportschriftsteller» des ausgehenden 16. Jahrhunderts, in: Sarkhadun Yaldai et al.（Hg.）, Menschen im Sport, Köln 1997, 39-51, S. 46.

（72）Jonathan Harris, Constantinople. Capital of Byzantium, London 2007.

(73) Karl Lennartz, Kenntnisse und Vorstellungen von Olympia und den Olympischen Spielen in der Zeit von 393-1896, Schorndorf 1974, 13.

(74) Wolfgang Decker, Sport, in: Der Neue Pauly 11, 838-846. - Ders., Sportfeste, in: Der Neue Pauly 11, 847-855. - Rolf Hurschmann, Sportgeräte, in: Der Neue Pauly 11, 655-657. - Peter Gummert, Sport, in: Der Neue Pauly 15/3, 208-219.

(75) Hartmut Leppin, Theodosius der Große und das christliche Kaisertum, Darmstadt 2003.

(76) Fergus Millar, A Greek Roman Empire. Power and Belief under Theodosius II. (408-450), Berkeley 2006.

(77) John P. V. D. Balsdon, Life and Leisure in Ancient Rome, Michigan UP 1974, 252.

(78) James Evans, The «Nika» Rebellion and the Empress Theodora, in: Byzantion 54 (1984) 380-382.

(79) Alan Cameron, Circus factions. Blues and Greens at Rome and Byzantium, Oxford 1976, 278-281.

(80) Norman Tobias, Basil I (867-886) the founder of the Macedonian dynasty, New Brunswick/N. J. 1969.

(81) Michael B. Poliakoff, Wrestling, in: Encyclopedia of World Sport: From Ancient Times to the Present, hg. von David Levinson/Karen Christensen, Santa Barbara/Ca. 1996, Bd. 4, 1194.

(82) Charles Benn, China's Golden Age. Everyday Life in the Tang Dynasty, Oxford 2002.

(83) James Riordan, Sport and Physical Education in China, London 1999, 32.

(84) Benn, China's Golden Age, 172.

(85) Nishiyama Hidetaka, Karate - Die Kunst der leeren Hand, Lauda 2007.

(86) Meir Shahar, The Shaolin Monastery. History, Religion, and the Chinese Martial Arts, Honolulu 2008.

(87) Andrew Morris, «To Make the Four Hundred Million Move»: The Late Qing Dynasty. Origins of Modern Chinese Sport and Physical Culture, in: CSSH 42 (2000) 876-906.

(88) Allen Guttmann/Lee Thompson, Japanese Sports. A History, Honolulu 2001.

(89) Vernon Scarborough/David R. Wilcox (Hg.), The Mesoamerican Ballgame, Tucson 1991.

(90) Jacinto Quirarte, The Ballcourt in Mesoamerica: Its Architectural Development, in: Alana Cordy-Collins/Jean Stern (Hg.), Pre-Columbian Art History: Selected Readings, Palo Alto/Ca. 1975, 63-69.

(91) Pierre Colas/Alexander Voss, A Game of Life and Death - The Maya Ball Game, in: Nikolai Grube (Hg.), Maya Divine Kings of the Rain Forest, Köln 2006, 186-191.
(92) John W. Fox, The Lords of Light versus the Lords of Dark: The Postclassic Highland Maya Ballgame, in: Vernon Scarborough/David R. Wilcox (Hg.), The Mesoamerican Ballgame, Tucson 1991, 213-240.
(93) Marie Ellen Miller, The Ballgame, in: Record of the Art Museum, Princeton University, 48 (1989) 22-31.
(94) Historia Chichimeca, nach: Jacques Soustelle, Daily Life of the Aztecs on the Eve of the Spanish Conquest, Palo Alto/Ca. 1955, 160.
(95) Kendall Blanchard, Traditional Sports, America, in: Encyclopedia of World Sport. From Ancient Times to the Present, 3 Bde., hg. von David Levinson et al., Santa Barbara/Ca. 1996, Bd. 3, 1075-1083.

第二章　中世の馬上槍試合《トーナメント》

(1) Lexikon des Mittelalters, Bd. 7, Sp. 2134 bzw. 2105-2111 (Spiele).
(2) Rolf Sprandel, Sport, in: LMA 7, 2105-2106.
(3) Achatz von Müller, Die Festa S. Giovanni in Florenz. Zwischen Volkskultur und Herrschaftsinszenierung, in: Uwe Schultz (Hg.), Das Fest, München 1988, 153-163.
(4) Miguel Ángel Ladero Quesada, Sport II. Südeuropa, in: LMA 7, 2106-2108. - Ders., La Fiesta en la Europa Mediterránea Medieval, in: S. Cavachiocchi (Hg.), Il Tempo libero, Prato 1995, 83-110.
(5) Joachim Bumke, Höfische Kultur, München 2005, 306-307.（ヨアヒム・ブムケ『中世の騎士文化』平尾浩三ほか訳、白水社、1995年、295頁）
(6) Thomas von Aquin, Summa Theologiae, II/1, 4,6.（トマス・アクィナス『神学大全　第9冊』高田三郎・村上武子訳、創文社、1996年、108-111頁）
(7) Robert A. Mechikoff, A History and Philosophy of Sport and Physical Education, New York 2010, 114.
(8) Walter Endrei, Spiele im privaten Bereich, in: LMA 7, 2108-2111.
(9) Das Nibelungenlied, hg. von Helmut Brackert, Frankfurt/Main 1970, 32-33.（『ニーベルンゲンの歌』相良守峯訳、岩波文庫、1955年、42-43頁）
(10) Joachim Bumke, Höfische Kultur, 342.（ブムケ前掲書、327頁）
(11) Georges Duby, Guillaume le Maréchal oder der beste aller Ritter, Frankfurt/Main 1997.

（12） Joachim Bumke, Höfische Kultur, 343.（ブムケ前掲書、327-328頁）
（13） Philippe Contamine, Turnier（A. Allgemein, Westeuropa）, in: LMA 8（2003）Sp. 1113-1115.
（14） Ulrich von Liechtenstein, Frauendienst, Ms. ca. 1255, 177, 1-315, 8.
（15） Joachim Bumke, Höfische Kultur, 344.（ブムケ前掲書、329頁）
（16） Franco Cardini, Turnier（C. Italien）, in: LMA 8（2003）Sp. 1118.
（17） P. Schreiner, Turnier（D. Byzanz）, in: LMA 8（2003）Sp. 1118.
（18） A. Ranft, Turnier（B. Mitteleuropa）, in: LMA 8（2003）Sp. 1115-1116.
（19） Peter Moraw, Die Hoffeste Kaiser Friedrich Barbarossas von 1184 und 1188, in: Uwe Schultz（Hg.）, Das Fest, München 1988, 70-83.
（20） Joachim Bumke, Höfische Kultur, 303.（ブムケ前掲書、291-293頁）
（21） Ebd., 304.（ブムケ前掲書、292頁）
（22） Ebd., 348-356.（ブムケ前掲書、322-320頁）
（23） Matthäus von Paris, Chronica majora, Bd. 2, 650（nach Bumke 356）.
（24） Bumke 356.（ブムケ前掲書、340頁）
（25） Richard Tames, Sporting London, London 2005, 15-17.
（26） Hagen Seehase/Ralf Krekeler, Der gefiederte Tod. Die Geschichte des englischen Langbogens in den Kriegen des Mittelalters, Ludwigshafen 2001.
（27） Roger Ascham, Toxophilus. The School of Shooting, London 1545.
（28） William Wood, The Bowman's Glory, or Archery Revived, London 1682.
（29） Richard Tames, Sporting London, 18.
（30） Beverley Ann Tlusty, Risk, Honor, and Safety in German Martial Sports. Paper at the Conference «Sport in Early Modern Europe», London 17.-19. 11. 2011.
（31） Christoph Schorer, Memminger Chronik, Ulm 1660, 12-13.
（32） Ebd., 34-35.
（33） Ebd., 36.
（34） August Alckens, Herzog Christoph der Starke von Bayern-München, Mainburg 1975.
（35） Carl Theodor Gemeiner, Regensburgische Chronik, Bd. 2, Regensburg 1821, 472-473.
（36） Max Radlkofer, Die Schützengesellschaften und Schützenfeste Augsburgs im 15. und 16. Jahrhundert, in: Zeitschrift des Historischen Vereins für Schwaben und Neuburg 21（1894）87-138, S. 98-99.
（37） Klaus Zieschang, Vom Schützenfest zum Turnfest, Würzburg 1973, 79-80.
（38） Augsburger Schützenbrief von 1507, zit. in: Klaus Zieschang, ebd., 78-79.
（39） Max Radlkofer, Die Schützengesellschaften, 106-108.

(40) Klaus Zieschang, Vom Schützenfest zum Turnfest, 83-84.
(41) Schorer, Memminger Chronik, 43.
(42) Gustav Hergsell (Hg.), Talhoffers Fechtbuch von 1443, Prag 1889. - Gustav Hergsell, Talhoffers Fechtbuch von 1467, Prag 1887. - Hans Talhoffer, Medieval Combat. A Fifteenth-Century Illustrated Manual of Swordfighting and Close-Quarter Combat, hg. von Mark Rector, London 2000.
(43) Henner Kuhle/Helma Brunck, 500 Jahre Fechtmeister in Deutschland. Ältester privilegierter Berufsstand, Kelkheim im Taunus 1987.
(44) Tower-Museum, London, Ms., 33. - Ehemals Bibliothek Gotha, Ms. membr. I, 115.
(45) Hans-Peter Hils, Meister Johann Liechtenauers Kunst des langen Schwertes, Frankfurt/Main 1985.
(46) Heidemarie Bodemer, Das Fechtbuch: Untersuchungen zur Entwicklungsgeschichte der bildkünstlerischen Darstellung der Fechtkunst in den Fechtbüchern des mediterranen und westeuropäischen Raumes vom Mittelalter bis Ende des 18. Jahrhunderts, Diss. phil. Stuttgart 2008.
(47) Luca Landucci, Ein florentinisches Tagebuch 1450-1516, nebst einer anonymen Fortsetzung 1516-1542, hg. von Marie Herzfeld, Jena 1912, 39-40.（ルカ・ランドゥッチ『ランドゥッチの日記——ルネサンス一商人の覚え書』中森義宗・安保大有訳、近藤出版社、1988年、28頁）
(48) Ebd., 76-77.（ランドゥッチ前掲書、57-58頁）
(49) この野獣狩りは、1459年に、コジモ・イル・ヴェッキオが教皇ピウス2世とのちのミラノ公ガレアッツォ・マリーア・スフォルツアに敬意を表して開催していた。 Enea Silvio Piccolomini, Commentarii. Ich war Pius II. Memoiren eines Renaissance-Papstes, hg. von Günter Stölzl, Augsburg 2008, 109.
(50) Landucci, 273-279.（ランドゥッチ前掲書、355-357頁）
(51) Albert Hauser, Was für ein Leben. Schweizer Alltag vom 15. bis 18. Jahrhundert, Zürich 1990, 169.
(52) William Fitzstephen, A Description of London [ca. 1174/1183, übers. aus dem Lateinischen], in: Henry Thomas Riley (Hg.), Liber Custumarum. Rolls Series, No. 12, vol. 2, London 1860, 2-15.
(53) Walter Endrei, Spiele und Unterhaltung im Alten Europa, Hanau 1988, 99.
(54) Enea Silvio Piccolomini, Commentarii. Ich war Pius II. Memoiren eines Renaissance-Papstes, Augsburg 2008, 345-347.
(55) Das Nibelungenlied, hg. von Helmut Brackert, Frankfurt/Main 1970, 101-105.（『ニーベルンゲンの歌』前掲書、94-97頁）

(56) Edith Ennen, Frauen im Mittelalter, München 1994, 49-52.

(57) Nibelungenlied, in: KLL 8, 6719-6722.

(58) François Alexandre de Garsault, L'art du paumier-raquetier et de la paume, Paris 1767.

(59) Ders., Die Kunst der Ball- und Raquettenmacher und vom Ballspiele, übers. von Daniel Gottfried Schreber, in: Schauplatz der Künste und Handwerke, oder vollständige Beschreibung derselben/verfertiget oder gebilliget von denen Herren der Academie der Wissenschaften zu Paris, übers. und mit Anmerkungen versehen von Johann Heinrich Gottlob von Justi, Bd. 7, Leipzig 1768, 225-276, S. 236.

(60) Journal d'un bourgeois de Paris de 1405 à 1449, hg. von Colette Beaune, Paris 2009, 239.

(61) Heiner Gillmeister, Tennis. A Cultural History, New York 1997, 98.

(62) Anja Grebe et al., Schloss Runkelstein, Regensburg 2005.

(63) Walter Endrei, Spiele und Unterhaltung im Alten Europa, Hanau 1988, 99.

(64) Albert Hauser, Was für ein Leben. Schweizer Alltag vom 15. bis 18. Jahrhundert, Zürich 1990, 172.

(65) Edward Armstrong, Dante in Relation to the Sports and Pastimes of His Age, in: The Modern Language Review 1 (1964) 173-187, S. 184.

(66) Robert C. Davis, Say it with Stones. The Language of Rock-Throwing in Early Modern Italy, in: Ludica 10 (2004) 113-129.

(67) Walter Endrei, Spiele und Unterhaltung im Alten Europa, Hanau 1988, 108.

(68) Robert C. Davis, The War of the Fists. Popular Culture and Public Violence in Late Renaissance Venice, Oxford 1994.

(69) 今日、この絵画のうちの一枚はドゥカーレ宮殿に、もう一枚はヴェネチアのカ・レッツォーニコにある。

(70) Robert C. Davis, The Spectacle Almost Fit for a King: Venice's Guerra de' Canne of 26 July 1574, in: Ellen E. Kittel/Thomas F. Madden (Hg.), Medieval and Renaissance Venice, Chicago 1999, 181-212.

(71) William Fitzstephen, A Description of London, 2-15.

(72) Walter Endrei, Spiele und Unterhaltung im Alten Europa, Hanau 1988, 114 f.

(73) Thomas Reilly, Science and Football. A History and an Update, in: Thomas Reilly/Jan Cabri/Duarte Araújo (Hg.), Science and Football V. The Proceedings of the Firth World Congress on Science and Football, New York 2005, 3-12, S. 4.

(74) Hagen Seehase/Ralf Krekeler, Der gefiederte Tod. Die Geschichte des englischen Langbogens in den Kriegen des Mittelalters, Ludwigshafen 2001.

(75) Jean-Jules Jusserand, Les sports et jeux d'exercice dans l'ancienne France, Paris 1901; Neudruck Genf 1986.

(76) William Heywood, Palio and Ponte. An Account of the Sports of Central Italy from the Age of Dante to the Twentieth Century, London 1904.

(77)「[...] パラ・グロッサと呼ばれる球技をしていたあいだに自分の腕を折ったという。」Edward Armstrong, Dante in Relation to the Sports and Pastimes of His age, in: The Modern Language Review 1 (1964) 173-187, S. 182-183.

(78) Dom Vaissette, Histoire générale du Languedoc, Paris 1733-1745, 5 Bde., Bd. 2, col. 518.

(79) Walter Endrei, Spiele und Unterhaltung im Alten Europa, Hanau 1988, 112.

(80) Heiner Gillmeister, Tennis. A Cultural History, London 1998, 17-21.

(81) おそらく、バルトロメオ・ヴィッテレスキのことであろう。彼は1438-1442年、さらにまた1449-1463年にコルネートの司教であり、1449-1449年にはサン・マルコの枢機卿だった。エルサレムへの巡礼の途中で1463年にギリシアで亡くなり、コルネートの大聖堂に埋葬された。

(82) Enea Silvio Piccolomini, Commentarii, 321-324.

(83) William Fitzstephen, A Description of London, 2-15.

(84) Wolfgang Behringer, Kulturgeschichte des Klimas. Von der Eiszeit bis zur globalen Erwärmung, München ^{5}2010, 126-129.(ヴォルフガング・ベーリンガー『気候の文化史——氷期から地球温暖化まで』松岡尚子ほか訳、丸善プラネット、2014年、131-135頁)

(85) Luca Landucci, Ein florentinisches Tagebuch 1450-1516, nebst einer anonymen Fortsetzung 1516-1542, hg. von Marie Herzfeld, Jena 1912.(ランドゥッチ前掲書)

(86) M. Welber (Hg.), Affreschi dei mesi di torre d'Aquila Castello Buonconsiglio (sec. XV), Trient 1992.

(87) Walter Endrei, Spiele und Unterhaltung im Alten Europa, Hanau 1988, 106-107.

(88) Henry Hoek, Der Ski, München ^{5}1911, 201-203.

(89) E. John B. Allen, The Culture and Sport of Skiing, Boston 2007.

(90) Claus Krag, Sverre - Norges største middelalderkonge, Oslo 2005.

(91) Olaus Magnus, Historia de gentibus septentrionalibus, Rom 1555. - Ausgabe Antwerpen 1562 (online), 3, 42, 113.(オラウス・マグヌス『北方民族文化誌(上巻)』谷口幸男訳、渓水社、1991年、47頁)

(92) Sverre Bagge, From Gang Leader to the Lord's Anointed, Odense 1996.

(93) Michael Roberts, The Early Vasas. A History of Sweden, 1523-1611, 1968.

(94) Olaus Magnus, Historia de gentibus septentrionalibus, 128-129.(マグヌス

前掲書、85-90頁）

（95） Angela Schattner, Places of Sport und Spaces for Sport in Early Modern England, Paper at the Conference «Sport in Early Modern Europe», London 17.-19. 11. 2011.

（96） William Fitzstephen, A Description of London, 2-15.

（97） Alexandra Foghammar, «allen inwonern zu lust und ergetzung». Die Hallerwiese ist Nürnbergs älteste Grünanlage, in: Nürnberg heute 70（2001）50-55.

（98） Antonio de Beatis, The Travel Journal 1517-1518, hg. von John Hale, London 1979, 69.

（99） Poggio Bracciolini, Die Berichte über Baden und St. Gallen, übers. von W. Oechsli, Zürich 1893, 361.

（100） Benedetto Dei, La Cronica dall'anno 1400 all'anno 1500, hg. von Roberto Barducci, Florenz 1985, 79; nach: Bredekamp 1993, 44.

（101） Enea Silvio Piccolomini, zit. nach: F. K. Mathys, Spiel und Sport im alten Basel, Basel 1954, 16-21.

（102） Luigi Roffare, La Repubblica di Venezia e lo Sport, Mestre ^{2}1999, 39-40.

（103） Richard Lassels, The Voyage of Italy, Paris 1670, 212.

（104） Heidrun Wozel, Die Dresdner Vogelwiese - Vom Armbrustschießen zum Volksfest, Dresden 1993.

（105） アメリカのボウリングと取り違えてはいけない。アメリカのボウリングは、1837年、コネチカットにおける九柱戯禁止を受けてアメリカで生まれた。禁止を回避するために、従来の九柱に十番目の柱を追加し、それらをひし形の代わりに三角形に配置して、柱をピンと呼んだ。

（106） Maximilian I., Der Weiß Kunig, Reprint Leipzig 2006.

（107） Rudolf Keck, «Homo ludens» oder «Homo militans». Zur Geschichte mittelalterlicher und frühneuzeitlicher Sportbetätigung, in: Max Liedtke（Hg.）, Sport und Schule, Bad Heilbrunn 1998, 55-88.

（108） Rainer Babel, Heinrich II., in: Peter C. Hartmann（Hg.）, Französische Könige und Kaiser der Neuzeit, München 1994, 71-90.

（109） John H. M. Salmon, Society in Crisis. France in the Sixteenth Century, London 1979.

（110） Irene Mahoney, Katharina von Medici. Königin von Frankreich - Fürstin der Renaissance, München 1988, 263.

（111） David Buisseret, Henry IV., London 1984.

（112） Henry Peacham, The Compleat Gentleman. Fashioning him absolute in the most necessarie and commendable Qualities concerning Mind or Bodie, that

may be required in a Noble Gentleman, London 1627, hg. von G. S. Gordon, Oxford 1906, 214.

第三章　競技のルネサンス

(1) John McClelland, Einleitung, in: Arnd Krüger/John McClelland (Hg.), Die Anfänge des modernen Sports in der Renaissance, London 1984, 9–18.
(2) Giannozzo Manetti, Über die Würde und Erhabenheit des Menschen [1452], hg. von August Buck/übers. von Hartmut Leppin, Hamburg 1990, 27.
(3) Martin Schmeisser: «Wie ein sterblicher Gott ...» Giannozzo Manettis Konzeption der Würde des Menschen und ihre Rezeption im Zeitalter der Renaissance, München 2006.
(4) Giovanni Pico della Mirandola, Oratio de hominis dignitate. Rede über die Würde des Menschen [1494], hg. von Gerd von der Gönna, Stuttgart 1997. (ジョヴァンニ・ピコ・デッラ・ミランドラ『人間の尊厳について』大出哲ほか訳、国文社、1985年)
(5) Vespasiano da Bisticci, Große Männer und Frauen der Renaissance [1483], hg. von Bernd Roeck, München 1995, 230–231.
(6) Lucien Febvre, Wie Jules Michelet die Renaissance erfand (1950), in: Ders., Das Gewissen des Historikers, hg. von Ulrich Raulff, Berlin 1988, 211–221.
(7) Pietro Paolo Vergerio, De ingenuis moribus et liberalibus adolescentiae studiis [1402], Venedig 1472.
(8) Karl Alois Kopp, Pietro Paolo Vergerio, der erste humanistische Pädagoge, Luzern 1894.
(9) Gregor Müller, Mensch und Bildung im italienischen Renaissance-Humanismus, Baden-Baden 1984, 73–75.
(10) John McClelland, Leibesübungen in der Renaissance und die freien Künste, in: Arnd Krüger/John McLelland (Hg.), Der Anfang des modernen Sports in der Renaissance, London 1984, 85–110.
(11) Vespasiano da Bisticci, Große Männer und Frauen der Renaissance, 283–284.
(12) Renate Schweyen, Guarino Veronese. Philosophie und humanistische Pädagogik, München 1973.
(13) Peter Gummert, Sport (Antikenrezeption), in: Der Neue Pauly 15/3 (2003) Sp. 208–219.
(14) Bernardino da Siena, Le Prediche volgari, Bd. II, Siena 1884, 436, 438; Bd. III, Siena 1888, 136.

(15) Leon Battista Alberti, Über das Hauswesen (Della Famiglia, 1440), Zürich 1962, 90.

(16) Ebd., 89–91.

(17) Giorgio Nonni, Vorwort, in: Antonio Scaino, Trattato del giuoco della palla, Venedig 1555, hg. von Giorgio Nonni, Urbino 2000.

(18) Paolo Cortese, De Cardinalatu, s. l. [vermutl. Rom] 1510, ab p. 76 verso.

(19) Dioscoride Anarzarbeo, Della materia medicinale. Tradotto in lingua fiorentina da M. Marcantonio Montigiano da S. Gimignano, Medico, Florenz 1547.

(20) Martin Dolch, Paolo Corteses Bemerkungen über das Ballspiel der geistlichen Würdenträger (1510), in: Stadion 8/9 (1982/83) 85–97.

(21) Paul Monroe, Gymnasia, in: The New International Encyclopeaedia, 1905 (online-Version).

(22) Klaus Zieschang, Vom Schützenfest zum Turnfest, Würzburg 1973, 106.

(23) Ebd., 107.

(24) 本来は、「どうか、健全な身体に健全な精神を与え給えと祈るがいい。」Juvenal, Satiren, Kapitel 10, 356.(ペルシウス/ユウェナーリス前掲書、258頁)

(25) Joachim Camerarius, Dialogus de gymnasiis, Basel 1536.

(26) Ernst Laas, Die Pädagogik des Johannes Sturm, Leipzig 1872. - Bernd Schröder (Hg.), Johannes Sturm (1507–1589) - Pädagoge der Reformation, Jena 2009.

(27) Hubert Schwerd, Die Rolle der Leibesübungen in den Schulordnungen des 16. und 17. Jahrhunderts, in: A. Schwerd (Hg.), Gymnasium und Wissenschaft. Festgabe zur Hundertjahrfeier des Maximiliansgymnasiums in München, München 1949, 56–131.

(28) Dudley Fenner, A Short and Profitable Treatise of Lawfull and Unlawfull Recreations, Middleburg 1587.

(29) Simon Verrepäus, De ingenuis scholasticorum moribus libellus, Köln 1583.

(30) Hubert Schwerd, Die Rolle der Leibesübungen, 56–131.

(31) Hippolytus Guarinonius, Die Grewel der Verwüstung menschlichen Geschlechtes, Ingolstadt 1610, 1212.

(32) Samuel Pepys, Die Tagebücher. Vollständige Ausgabe in neun Bänden, Berlin 2010, VII, 74. 53.(『サミュエル・ピープスの日記　第七巻』臼田昭訳、国文社、1991年、80頁)

(33) Georg Engelhard von Löhneysen, Die neu-eröffnete Hof-, Kriegs- und Reitschul, 1588.

(34) Ders., Della Cavalleria. Das ist: Gründtlicher und ausführlicher Bericht von allem was zu der löblichen Reuterei gehörig, Remlingen 1609.

(35) Ders., Hof-, Staats- und Regierkunst, bestehend in dreyen Büchern, deren erstes handelt von Erziehung und Information junger Herren, wie dieselbe von Jugend auf in löblichen Tugenden, Künsten und Sprachen zu unterrichten, desgleichen was für Ergetzung und Leibes-Übungen sie dabey haben sollen [...], Frankfurt/Main 1679.

(36) Georg Gumpelzhaimer, Gymnasma de exercitiis academicorum, Straßburg 1652, 309-310, zit. nach Löhneysen, Aulicus Politicus, cap. 54.

(37) Peter Burke, Die Geschicke des «Hofmann». Zur Wirkung eines Renaissance-Breviers über angemessenes Verhalten, Berlin 1996.

(38) Baldassare Castiglione, Il libro del Cortegiano [1528]. - Das Buch vom Hofmann, übers. und erläutert von Fritz Baumgart, München 1986, 45-49.(『カスティリオーネ　宮廷人』清水純一・岩倉具忠・天野恵訳註、東海大学出版会、1987年、74-81頁)

(39) Juan Luis Vives, De tradendis discipulis, Antwerpen 1531. - Nach: Carl Rossow, Italienische und deutsche Humanisten und ihre Stellung zu den Leibesübungen, Leipzig 1903, 50. - Roland Renson, Le jeu chez Juan Luis Vives, in: Philippe Ariès/Jean-Claude Margolin (Hg.), Les jeux à la Renaissance, Paris 1982, 469-487.

(40) Antonio de Guevara, Menosprecio de corte y alabanza de aldea, Valladolid 1539.

(41) Thomas Elyot, The Boke named The Governour, London 1531.

(42) François Rabelais, Gargantua und Pantagruel [1534], Frankfurt/Main 1974, 98-102. (フランソワ・ラブレー『第一之書　ガルガンチュワ物語』渡辺一夫訳、岩波文庫、1973年、119-125頁)

(43) Wilhelm Streib, Geschichte des Ballhauses, in: Leibesübungen und körperliche Erziehung 54 (1935) 373-382, 419-432, 448-464, zit. S. 449.

(44) Roy Strong, Feste der Renaissance, 1450-1650. Kunst als Instrument der Macht, Freiburg 1991, 24-31.

(45) Michael Hörmann, Ringrennen am Stuttgarter Hof. Die Entwicklung des Ritterspiels im 16. und 17. Jahrhundert, in: Sozial- und Zeitgeschichte des Sports 3 (1989) 50-69, 63-64.

(46) Ingrid Hanack (Hg.), Die Tagebücher des Herzogs Johann Friedrich von Württemberg aus den Jahren 1615-1617, Göppingen 1972, 1-109.

(47) Juvenal, Satiren. Lateinisch-Deutsch, hg. von J. Adamietz, 356. (ペルシウス／ユウェナーリス前掲書、258頁)

(48) Galenos aus Pergamon, in: Der Neue Pauly 4, 748-756.

(49) Galenus, Il libro dell'esercitio della palla, Mailand 1562.

(50) Hieronymus Mercurialis, Artis gymnasticae apud antiquos celeberrimae, nostris temporis ignoratae, libri sex, Venedig 1569. - Venedig 1573. - Pavia 1577. - Ders., De arte gymnastica libri sex, in quibus exercitationum omnium vetustarum genera, loca, modi, facultates et quidquid denique ad corporis humani exercitationes pertinet, diligenter explicatur, Paris 1577. - Venedig [3]1587. - Venedig 1601. - Venedig 1644. - Amsterdam 1672. - Faenza 1856. - Imola 1884. - Rom 1970. - München 1994.

(51) Girolamo Mercuriale, De arte gymnastica. The Art of Gymnastics, hg. von Concetta Pennuto, Florenz 2008.

(52) Cristobal Mendez, Libro del exercicio corporal, Sevilla, 1553.

(53) Vincenzo Giustiniani, Discorso sopra il giuoco del pallamaglio (1626), in: Sport e Giuochi II, 326-332.

(54) Sandra Cavallo/Tessa Storey, The Conceptualization and Practice among the Roman Aristocracy in the 17th Century. Paper at the Conference «Sport in Early Modern Europe», London 17.-19. 11. 2011.

(55) Rodrigo da Fonseca, De tuenda valetudine, et producenda vita liber, Florenz 1602.

(56) Robert Burton, Anatomie der Melancholie (1651), Stuttgart 1988, 186-187.

(57) Levinus Lemnius, De habitu et constitutione corporis, Antwerpen 1561.

(58) ここで注目されるのは、バートンがメルクリアリスのスポーツ医学以前に世に出た著作だけを引用していることである。彼はメルクリアリスによって挙げられたすべての文献を引用しているのかもしれない。

(59) Robert Burton, Anatomie der Melancholie, übers. nach der 6., verbesserten Ausgabe London 1651, Stuttgart 1988, 187-189.

(60) Hippolytus Guarinonius, Die Grewel der Verwüstung menschlichen Geschlechtes, Ingolstadt 1610.

(61) Jürgen Bücking, Hippolytus Guarinonius (1571-1654), Pfalzgraf zu Hoffberg und Volderthurn. Eine kritische Würdigung, in: Österreich in Geschichte und Literatur, o. O. 1968, 65-80.

(62) Friedrich Hoffmann, De motu, optima corporis medicina, Halle 1701. - Auch in: Friedrich Hoffmann, Dissertationes physico-medicae curiosae selectiores, ad sanitatem tuendam maxime pertinentes, Bd. 1, Leiden 1708, 259-303 (online).

(63) Francis Fuller, Medicina gymnastica, Cambridge 1705 (online).

(64) Archangelo Tuccaro, Trois dialogues de l'exercise de sauter et voltiger en l'air,

Paris 1599.

(65) Ebd.

(66) Friedrich Karl Mathys, Tuccaro, der Schöpfer des modernen Bodenturnens, in: Olympisches Feuer 36 (1986) 50-52.

(67) Friedrich Ludwig Jahn, Die deutsche Turnkunst zur Einrichtung der Turnplätze, Berlin 1816.

(68) Sandra Schmidt, Kopfübern und Luftspringen. Bewegung als Wissenschaft und Kunst in der Frühen Neuzeit, München 2008.

(69) Karl Lennartz, Kenntnisse und Vorstellungen von Olympia und den Olympischen Spielen in der Zeit von 393-1896, Schorndorf 1974, 172.

(70) Matteo Palmieri, Libro della vita civile, dialoghi LIV, Florenz 1529, zit. nach: Lennartz 22.

(71) Polydorus Virgilius, De inventoribus rerum, 1499. - Basel 1575.

(72) Ders., Von den Erfyndern der Dyngen, Augsburg 1537.

(73) Pausanias, Beschreibung Griechenlands, München 1972, Bd. 1, 277-280, 294-295 und 300-301.（パウサニアス『ギリシア案内記（上）』馬場恵二訳、岩波文庫、1991年）

(74) Karl Lennartz, Kenntnisse und Vorstellungen von Olympia, 26-27.

(75) Friedrich Lindenbrog, Commentarius de ludis veterum, Paris 1605. - Jan de Meurs[ius], De ludis Graecorum, Leiden 1622.

(76) Erasmus von Rotterdam, Apophthegmata [1532], I, 40, zit. nach: Peter Gummert, Sport, in: Der Neue Pauly 15/3, 218.

(77) Hans Sachs, Der Fechtspruch. Ankunft und Freiheit der Kunst, in: Ders., Werke, hg. von Adelbert Keller, Stuttgart 1870, Bd. 4, 209-210.

(78) Peter McIntosh, Hieronymus Mercurialis' «De arte gymnastica». Klassifizierung und Dogma der Leibeserziehung im 16. Jahrhundert, in: Arnd Krüger/John McClelland (Hg.), Der Anfang des modernen Sports in der Renaissance, London 1984, 43-57, S. 49.

(79) Andrea Palladio, I quattro libri dell'architettura. Die vier Bücher zur Architektur, Wiesbaden 2008, 270-273 (Drittes Buch, Cap. XXI, Delle Palestre e dei Xisti).

(80) Andreas Beyer, Andrea Palladio. Teatro Olimpico. Triumpharchitektur für eine humanistische Gesellschaft, Frankfurt/Main 1987, 33-38.

(81) Gerrit Confurius, Sabbioneta - Oder die schöne Kunst der Stadtgründung, Frankfurt/Main 1985, 178-186.

(82) Abraham Ortelius, Theatrum Orbis Terrarum, Antwerpen 1570.

(83) Phlegon Trallianus, De mirabilibis et longaevis libellus. Eiusdem de

Olympicis fragmentum, Basel 1568. - Ders., De ludis Olympicis, Straßburg 1590.

(84) Petrus Faber, Agonisticon, sive de re athletica ludisque veterum gymnicis, musicis, atque circensibus spicilegiorum tractatus, Paris 1592.

(85) Thomas Kyd, Works, hg. von Frederick S. Boas, Oxford 1901, 138.

(86) Alessandro Adimari, Ode di Pindaro, Pisa 1631, 12.

(87) Giorgio Coresio, Narratio inclyti certaminis Florentinorum graecis versibus, quod apud illos calcio, apud antiquos vero Arpastum appellatur, Venedig 1611, A2 recto.

(88) Maria Kloeren, Sport und Rekord (Diss. Köln 1935), Münster 1985, 14-16.

(89) Simone Clarke, Olympus in the Cotswolds. The Cotswold Games and Continuity in Popular Culture, 1612-1800, in: The International Journal of the History of Sport 14 (1997) 40-66.

(90) Johann Heinrich Krause, Gymnastik und Agonistik der Hellenen aus den Schriften und Bildwerken des Altertums, Leipzig 1841.

(91) Norbert Conrads, Ritterakademien in der Frühen Neuzeit, Göttingen 1982, 28 und 326-333 (Quelle).

(92) Von offentlicher Disciplin der Jungen vom Adel, in: Ebd., 326-333, S. 328.

(93) Friedrich Koldewey, Die Ritterakademie zu Wolfenbüttel, in: Ders., Beiträge zur Kirchen- und Schulgeschichte des Herzogtums Braunschweig, Wolfenbüttel 1888, 1-83.

(94) Johann Schwarz, Geschichte der Savoyschen Ritterakademie in Wien vom Jahre 1746 bis 1778, Wien 1897.

(95) Norbert Conrads, Ritterakademien in der Frühen Neuzeit, 112.

(96) Der geöffnete Ritter-Platz, Hamburg 1706. - Valentin Trichter, Curiöses Reit-, Jagd-, Fecht-, Tanz- oder Ritter-Exercitien-Lexicon, Leipzig 1742.

(97) Ludwig Ditzinger/Johann Ch. Neyffer, Illustrissimi Wirtembergici Ducalis Novi Collegii, quod Tubingae qua situm qua exercita accurata delineatio, s. l., s. d. [Tübingen ca. 1606].

(98) Bruno Mahler, Die Leibesübungen in den Ritterakademien, Erlangen 1921, 8, 11-12, 21-22.

(99) Karl Waßmannsdorff, Die Turnübungen in den Philanthropinen zu Dessau, Marschlins, Heidesheim und Schnepfenthal. Ein Beitrag zur Geschichte des neueren Turnwesens, Heidelberg 1870, 6-7.

(100) Gernot Heiß, «Ihro keiserliche Mayestät zu Diensten ... unserer ganzen fürstlichen Familie aber zur Glori». Erziehung und Unterricht der Fürsten von Liechtenstein im Zeitalter des Absolutismus, in: Evelin Oberhammer (Hg.),

Der ganzen Welt ein Lob und Spiegel. Das Fürstenhaus Liechtenstein in der frühen Neuzeit, Wien 1990, 155-181.

(101) Gottfried Wilhelm Leibniz, Werke, hg. von Onno Klopp, Bd. 5, Hannover 1866, 21, 65.

(102) Carlo Bascetta, Sport e giuochi. Trattati e scritti del XV al XVII secolo, 2 Bde., Mailand 1978.

(103) Heiner Gillmeister, Fifteen Love. The origin of scoring by fifteens in Tennis, in: L. S. Butler/P. J. Wordie (Hg.), The Royal Game, Stirling 1989, 88-99.

(104) Andre Pauernfeindt, Ergrundung ritterlicher Kunst der Fechterey, Wien 1516.

(105) Karl Waßmannsdorff, Aufschlüsse über Fechthandschriften und gedruckte Fechtbücher des 16. Jahrhunderts, Berlin 1888.

(106) Fabian von Auerswald, Ringerkunst, Wittenberg 1539.

(107) Antonio Manciolino, Opera nuova [...] nel mestier de l'armi, Venedig 1531.

(108) Nikolaus Wynmann, Colymbetes, sive de arte natandi dialogus, Augsburg 1538.

(109) Everard Digby, De arte natandi libri duo, Cambridge 1587.

(110) Roger Ascham, Toxophilus. The School of Shooting, London 1545.

(111) Francisco Alcocer, Tratado del juego [...] y las apuestas, suertes, torneos, iustas, juegos de caña, toros y truhanes, Salamanca 1559.

(112) Federico Grisone, Gli ordini di cavalcare, Neapel 1550.

(113) Ders., Künstliche Beschreibung [...] die Pferdt [...] geschickt und vollkommen zu machen, Augsburg 1566. - Auflagen unter dem Obertitel « Ippokomike»: 1570, 1573, 1580, 1585, 1590, 1599, 1623.

(114) Antoine de Pluvinel, Le maneige royal, Paris 1623.

(115) Antonio Scaino, Trattato del giuoco della palla, Venedig 1555.

(116) Stefan Größing, Pallone - ein aristokratisches Ballspiel, in: Homo ludens 6 (1996) 79-107, S. 82.

(117) Jan van de Berghe, De Kaetspel Ghemoralizeert (1431), hg. von Jacobus A. R. Frederikse, Leiden 1915.

(118) Jean Gosselin, Déclaration de deux doutes qui se trouvent en comptant le ieu de la paume (1579), in: Charles Hulpeau (Hg.), Le Ieu Royal de la Paulme, Paris 1632, 1-9.

(119) Jean Forbet L'Aisne, L'utilité qui provient du jeu de la paume au corps et à l'esprit, avec les règles du jeu de prix, Paris 1592.

(120) Archangelo Tuccaro, Trois dialogues de l'exercise de sauter et voltiger en l'air, Paris 1599.

(121) Giocondo Baluda, Trattato del modo di volteggiare e saltare il cavallo di legno, 1620.

(122) Johann Georg Pasch, Kurtze jedoch gründliche Beschreibung des Voltesierens. Sowohl auf dem Pferde als auch über den Tisch, Halle 1661.

(123) Cees de Bondt, Royal Tennis in Renaissance Italy, Turnhout/Belgien 2006, 165 ff.

(124) Rinaldo Corso, Dialogo del ballo, Venedig 1555, hg. von Alessandro Arcangeli, Verona 1987.

(125) Fabritio Caroso, Il Ballarino, Venedig 1581.

(126) Cesare Negri, Nuove invencioni di Balli, Mailand 1604.

(127) Doris Weickmann, Der dressierte Leib. Eine Kulturgeschichte des Balletts, Frankfurt/Main 2002.

(128) Thoinot Arbeau [= Jehan Tabourot], Orchésographie, Langres 1588. - Paris 1589.

(129) Gervase Markham, The Discourse of Horsemanshippe, London 1593. - Ders., Cavelarice, or the English Horseman, London 1607. - Ders., Country Contentments, or, the husbandman's recreation, Containing the whole Art of Riding [...], of Hunting [...], Shooting, Bowling, Tennis [...], London 1615. - Ders., The Young Sportsman's Instructor, London s. d. [ca. 1615]. - Ders., The Art of Archery, London 1634.

(130) Robert Johns, A Treatise on Skating, London 1772.

(131) Valentin Trichter, Curiöses Reit-, Jagd-, Fecht-, Tanz- oder Ritter-Exercitien-Lexicon, Leipzig 1742.

(132) Gerhard Ulrich Anton Vieth, Versuch einer Encyklopädie der Leibesübungen, Theil 1: Beiträge zur Geschichte der Leibesübungen, Halle 1793.

(133) Johann Christoph Friedrich Gutsmuths, Gymnastik für die Jugend, Schnepfenthal 1793.

(134) Joseph Strutt, The Sports and Pastimes of the People of England [...] from the earliest period to the present times, London 1801.

(135) Alessandro Arcangeli, Exercise for Women. Paper at the Conference «Sport in Early Modern Europe», London 17.-19. 11. 2011.

(136) Rodrigo da Fonseca, Del conservare sanità, Florenz 1603.

(137) Sandra Cavallo/Tessa Storey, The Conceptualization and Practice among the Roman Aristocracy in the 17th Century. Paper at the Conference «Sport in Early Modern Europe», London 17.-19. 11. 2011.

(138) Robert Dallington, The View of France, London 1604.

(139) Antonio Scaino, Trattato del giuoco della palla, Venedig 1555, 2.
(140) Erwin Mehl, «Von siebenerley unterschiedlichen Förm und Nutzbarkeit des Ballenspiels», in: Die Leibeserziehung (1957) 200-207.
(141) Giacomo Franco, Habiti delle donne venetiane, Venedig 1610.
(142) Luigi Roffare, La Repubblica di Venezia e lo sport, Venedig 1931, 102 und 112-114.
(143) Alison Weir, Elizabeth the Queen, London 1998, 14, 22, 56.
(144) Maria Kloeren, Sport und Rekord (Diss. Köln 1935), Münster 1985, 34-35.
(145) Samuel Pepys, Die Tagebücher, Berlin 2010, I, 110.（ピープス前掲書、第二巻、108頁）
(146) Ebd., III, 173.（ピープス前掲書、第三巻、166頁）
(147) Ebd., VIII, 213.（ピープス前掲書、第八巻、199頁）
(148) The Sporting Magazine 1 (1792/93) 9.
(149) Maria Kloeren, Sport und Rekord, 44-46.

第四章　スポーツの発明

(1) Alison Weir, Elizabeth the Queen, London 1998, 208.
(2) Ebd., 389.
(3) Samuel Pepys, Die Tagebücher I, 256.（ピープス前掲書、第一巻、225頁）
(4) Ebd., III, 312.（ピープス前掲書、第四巻、312頁）
(5) Ebd., III, 524.（ピープス前掲書、第四巻、526頁）
(6) Heiner Gillmeister, Tennis. A Cultural History, London 1998.
(7) Christian Jaser, Capital Distractions. Urban Sport Spaces and Facilities in Paris (15th-16th Centuries), Paper at the Conference «Sport in Early Modern Europe», London 17.-19. 11. 2011.
(8) Stefan Größing, Pallone - ein aristokratisches Ballspiel, in: Homo ludens 6 (1996) 79-107.
(9) Antonio Scaino, Trattato del giuoco della palla, Venedig 1555, hg. von Giorgio Nonni [s. l., ca. 2001].
(10) Stefan Größing, Pallone, 82.
(11) Hippolytus Guarinonius, Die Grewel der Verwüstung menschlichen Geschlechtes, Ingolstadt 1610, hier zit. nach: Erwin Mehl, Von siebenerley unterschiedlichen Förm und Nutzbarkeit des Ballenspiels, in: Die Leibeserziehung (1957) 200-207, S. 205.
(12) Horst Bredekamp, Florentiner Fußball: Die Renaissance der Spiele, Berlin

2001.

(13) Martin Dolch, Das Ballonspiel auf dem großen Wandteppich im Pfalzgrafensaal, Kaiserslautern 1978.

(14) Georg Gumpelzhaimer, Gymnasma de exercitiis academicorum, Straßburg 1652, 363.

(15) Traiano Boccalini, Ragguali di Parnasso [Venedig 1612], hg. von Giuseppe Rua, Bari 1934, 159.

(16) 「これと並ぶ球技が、ボールとスティックを用いるイタリアのペルメルという競技である。この競技は数年前にナポリ王国で発案されたが、今ではヨーロッパ中で、その独特の楽しみのためにきわめて良く知られている。」Georg Gumpelzhaimer, Gymnasma de exercitiis academicorum. In quo per discursum disseritur de eorum necessitate, modo, tempore, personis, utilitate, hg. von Johann Michael Moscherosch, Straßburg 1652, 369.

(17) Cees de Bondt, Pallacorda or Tennis at the Italian Renaissance Courts 1450-1650, in: The Proceedings of the Fourth Congress of the History of Sports in Europe, Florenz 1999, 94-99.

(18) Giovanni de' Bardi, Discorso sopra il giuoco del calcio fiorentino, Florenz 1580. - Reprint in: Carlo Bascetta (Hg.), Sport e giuochi. Trattati e scritti dal XV al XVIII secolo, Bd. 1, Mailand 1978, 127-162. - Deutsche Übers. zit. nach Bredekamp 2001, 68.

(19) Horst Bredekamp, Florentiner Fußball, Berlin 2001.

(20) Giorgio Coresio, Narratio inclyti certaminis Florentinorum graecis versibus, quod apud illos calcio, apud antiquos vero Arpastum appellatur, Venedig 1611, B3 verso.

(21) Die Reise des Kronprinzen Władisław Wasa in die Länder Westeuropas in den Jahren 1624/25, hg. von Adam Przybos, übers. von Bolko Schweinitz, München 1988, 196-197.

(22) 本節のすべての記述は、ほかに指示がない限り以下の著作による。Horst Bredekamp, Florentiner Fußball, Berlin 2001, 186-212.

(23) Philippe de Commynes, Memoiren, hg. von Fritz Ernst, Stuttgart 1972, 395.

(24) Wim Blockmans, Philipp I., in: Brigitte Hamann (Hg.), Die Habsburger, München 1988, 382-385, S. 385.

(25) Heiner Gillmeister, Tennis. A Cultural History, London 1998.

(26) www.real-tennis.nl/czech.

(27) Bernhard Baader, Der bayrische Renaissancehof (...), Leipzig 1943, 67-71.

(28) Martin Dolch, Das Ballonspiel auf dem großen Wandteppich im Pfalzgrafensaal, Kaiserslautern 1978.

(29) Sönke Lorenz (Hg.), Das Haus Württemberg. Ein biographisches Lexikon, Stuttgart 1997.

(30) Anton Wilhelm Ertl, Kur-Bayerischer Atlas, München 1687, hg. von Hans Bleibrunner, Passau 1968, 112-113.

(31) John Bowle, Henry VIII., London 1965.

(32) Simon J. Thurley, The Royal Palaces of Tudor England. Architecture and Court Life, 1460-1547, London 1993, 186.

(33) Alison Weir, Henry VIII. The King and His Court, New York 2001, 105-113 «All Goodly Sports».

(34) Gerd Treffer, Franz I. von Frankreich, Regensburg 1993, 113.

(35) Alison Weir, Henry VIII., 209-217.

(36) Ebd., 234-237.

(37) Ebd., 241.

(38) Ebd., 304.

(39) Ebd., 323-324.

(40) Ebd., 361.

(41) Das Tagebuch Ott Heinrichs, in: Hans Rott (Hg.), Die Schriften des Pfalzgrafen Ott Heinrich, in: Mitteilungen zur Geschichte des Heidelberger Schlosses 6 (1912) 46-133, S. 95.

(42) Ebd., 98-99.

(43) Friedrich Zoepfl, Ein Tagebuch des Pfalzgrafen Wolfgang Wilhelm von Pfalz-Neuburg aus dem Jahr 1593, in: Jahrbuch des Historischen Vereins Dillingen 37 (1924) 136-146. - Ders., Ein Tagebuch des Pfalzgrafen Wolfgang Wilhelm von Pfalz-Neuburg aus dem Jahr 1600, in: Jahrbuch des Historischen Vereins Dillingen 38 (1925) 72-99. - Ders., Ein Tagebuch des Pfalzgrafen Wolfgang Wilhelm von Pfalz-Neuburg aus dem Jahr 1601, in: Jahrbuch des Historischen Vereins Dillingen 39/40 (1926/27) 173-209.

(44) Martin Dolch, Das Ballonspiel auf dem großen Wandteppich im Pfalzgrafensaal, Kaiserslautern 1978.

(45) J. Wille (Hg.), Das Tagebuch und Ausgabenbuch des Churfürsten Friedrich IV. von der Pfalz, in: Zeitschrift für die Geschichte des Oberrheins 3 (1880) 201-295, S. 203-243.

(46) Ebd., 244-295.

(47) Alison Weir, Elizabeth the Queen, London 1998, 14.

(48) Roger Ascham, Toxophilus. The School of Shooting, London 1545.

(49) Ders., The Schoolmaster, London 1570.

(50) Alison Weir, Elizabeth the Queen, London 1998, 300.

(51) Ebd., 157.
(52) Ebd., 56.
(53) Ebd., 455.
(54) [Samuel Tuke], A Character of Charles the Second, Written by an Impartial Hand, and Exposed to Publick View for Information of the People, London 1660. - Auch zit. in: Jenny Uglow, A Gambling Man. Charles II and the Restoration, London 2009, 51-52.
(55) Jenny Uglow, A Gambling Man, 59-62.
(56) John Evelyn, Diary, hg. von William Bray, 2 Bde., London 1973, 360-361.
(57) Edmund Waller, On St. James' Park, as Lately Improved by His Majesty (1661), zit. nach: Jenny Uglow, A Gambling Man, 62.
(58) Ebd., 450-452.
(59) Hans Erhard Escher, Beschreibung des Zürich-Sees, sambt der daran gelegenen Orthen, Zürich 1692.
(60) Giorgio Crovato/Maurizio Crovato, Regate e regatanti. Storia e storie della voga a Venezia, Venedig 2004.
(61) J. B. Masüger, Schweizer Buch der alten Bewegungsspiele, Zürich 1955.
(62) Samuel Pepys, Die Tagebücher, Berlin 2010, II, 136.(ピープス前掲書、第二巻、133頁)
(63) Robert C. Davis, The War of the Fists, Oxford 1994.
(64) Ders., The Spectacle Almost Fit for a King: Venice's Guerra de' Canne of 26 July 1574, in: Ellen E. Kittel/Thomas F. Madden (Hg.), Medieval and Renaissance Venice, Chicago 1999, 181-212.
(65) John Evelyn, Diary, hg. von William Bray, 2 Bde., London 1973, 65.
(66) John McClelland, Einleitung, in: Arnd Krüger/John McClelland (Hg.), Die Anfänge des modernen Sports in der Renaissance, London 1984, 9-18, S. 14-15.
(67) Konrad Eisenbichler, The Boys of Archangeli. A Youth Confraternity in Florence, 1411-1785, Toronto 1998.
(68) Cees de Bondt, «Heeft yemant lust met bal, of met reket te spelen». Tennis in Nederland, 1500-1800, Hilversum 1993.
(69) Elisabeth Belmas, Jeu et civilisation des moeurs: le jeu de paume à Paris du XVIe au XVIIIe siècle, in: Ludica 3 (1997) 162-176.
(70) John Lough, France Observed in the Seventeenth Century by British Travellers, Boston 1984, 118.
(71) Samuel Pepys, Die Tagebücher, Berlin 2010, I, 286 und IV, 171-172 (dort das Zitat).(ピープス前掲書、第一巻、252頁。第四巻、169頁)

(72) Heiner Gillmeister, A Tea for Two. On the Origins of Golf, in: Homo ludens 6 (1996) 17-38.

(73) Natalia Ginzburg, Lessico familiare, Turin 1963.

(74) Antonio de Beatis, The Travel Journal 1517-1518, hg. von John Hale, London 1979, 93-94.

(75) Wolfgang Brunner, Städtisches Tanzen und das Tanzhaus, in: Alfred Kohler/ Heinrich Lutz (Hg.), Alltag im 16. Jahrhundert. Studien zu Lebensformen in mitteleuropäischen Städten, Wien 1987, 45-65.

(76) Livio Galafassi, I diversi giochi di palla praticati nella Mantova Gonzaghesca, in: Civiltà Mantovana 35 (2000) 69-80.

(77) Cees de Bondt, The Court of the Estes, Cradle of the Game of Tennis. Trattato del giuoco della palla (1555) di Antonio Scaino, in: Schifanoia 22/23 (2002) 81-102.

(78) Ders., Ballhaus, in: Werner Paravicini (Hg.), Höfe und Residenzen im spätmittelalterlichen Reich, Ostfildern 2005, 205-207.

(79) Harald Tersch, Freudenfest und Kurzweil. Wien in Reisetagebüchern der Kriegszeit (ca. 1620-1650), in: Andreas Weigl (Hg.), Wien im Dreißigjährigen Krieg, Wien 2001, 155-249.

(80) Wolrad von Waldeck, Des Grafen Wolrad von Waldeck Tagebuch während des Reichstags zu Augsburg 1548, hg. von Karl L. P. Tross [= Bibliothek des Literarischen Vereins Stuttgart, Bd. 59], Stuttgart 1861. - Nachdruck Hildesheim/ New York 1980, 53, 107, 110.

(81) Berndt Ph. Baader, Der bayerische Renaissancehof Herzog Wilhelms V. (1568-1579). Ein Beitrag zur bayerischen und deutschen Kulturgeschichte des 16. Jahrhunderts, Leipzig 1943, 67.

(82) Matthaeus Merian, Topographia Provinciarum Austriacarum, Frankfurt/ Main 1649, 142-144.

(83) Hans Georg Ernstinger, Raißbuch von 1570-1610, hg. von Ph. A. F. Walther, Stuttgart 1877.

(84) Norbert Nail, «... ganz ruinieret und zum Ballspielen untauglich gemacht». Zur Geschichte des Marburger Ballhauses, in: Claudia Mauelshagen/Jan Seifert (Hg.), Sprache und Text in Theorie und Empirie. Festschrift für Wolfgang Brandt, Stuttgart 2001, 209-221.

(85) Günther G. Bauer, Das fürstliche Salzburger Hofballhaus 1620/25-1775, in: Homo ludens 6 (1996) 107-148.

(86) Johann Friedrich Penther, Ausführliche Anleitung zur Bürgerlichen Baukunst, Augsburg 1748, Bd. 4, 101.

(87) Cees de Bondt, Royal Tennis in Renaissance Italy, Turnhout/Belgien 2006, 221.

(88) Wilhelm Streib, Geschichte des Ballhauses, in: Leibesübungen und körperliche Erziehung 54 (1935) 373-382, 419-432, 448-464, S. 375.

(89) Robert Dallington, The View of France, London 1604, hg. von Humphrey Milford, Oxford 1936. - John Lough, France Observed in the Seventeenth Century by British Travellers, Boston 1984, 117-118.

(90) Samuel Pepys, Die Tagebücher VIII, 525.(ピープス前掲書、第八巻、448頁)

(91) Antoine de Pluvinel, Le Maneige Royal, Paris 1623. - Paris 1624. - Paris 1660. - Deutsche Übers. Braunschweig 1626. - Neu-auffgerichtete Reut-Kunst, Frankfurt/Main 1670.

(92) Die Reise des Kronprinzen Władisław Wasa in die Länder Westeuropas in den Jahren 1624/1625, München 1988, 184-186.

(93) Ebd., 194-195.

(94) Thomas Platter der Jüngere, Beschreibung der Reisen durch Frankreich, Spanien, England und die Niederlande 1595-1600, hg. von Rut Keiser, Basel 1968, 581.

(95) F. Koldewey, Die Ritterakademie zu Wolfenbüttel, in: Ders., Beiträge zur Kirchen- und Schulgeschichte des Herzogtums Braunschweig, Wolfenbüttel 1888, 1-83.

(96) Bruno Mahler, Die Leibesübungen in den Ritterakademien, in: Zeitschrift für Geschichte der Erziehung und des Unterrichts 8/9 (1918/19) 170-219, S. 191-193.

(97) 今日のイエ・ブルアージュであり、現在では人口700にも満たない村になっている(シャラント・マルティム県)。

(98) Thomas Platter der Jüngere, Beschreibung der Reisen, 452-453.

(99) Leonhard Christoph Sturm, Durch einen großen Theil von Teutschland [...] gemachte Architectonische Reise-Anmerckungen, Augsburg 1720.

(100) Norbert Conrads, Ritterakademien in der Frühen Neuzeit. Bildung als Standesprivileg im 16. und 17. Jahrhundert, Göttingen 1982, Abbildung 4 (vor S. 249).

(101) Johann Schwarz, Geschichte der Savoyschen Ritterakademie in Wien vom Jahre 1746 bis 1778, Wien 1897, 90.

(102) Samuel Pepys, Die Tagebücher IV, 13. (ピープス前掲書、第四巻、11頁)

(103) Alison Weir, Elizabeth the Queen, London 1998, 241-243.

(104) Thomas Platter der Jüngere, Beschreibung der Reisen, 844-845.

(105) Michael Hörmann, Ringrennen am Stuttgarter Hof. Die Entwicklung des

Ritterspiels im 16. und 17. Jahrhundert, in: Sozial- und Zeitgeschichte des Sports 3（1989）50-69, S. 63-64.

（106） Roswitha von Bary, Henriette Adelaide, Kurfürstin von Bayern, Regensburg 2004, 190.

（107） Antonio Scaino, Trattato del giuoco della palla, Venedig 1555, 282.

（108） Thomas Platter der Jüngere, Beschreibung der Reisen, 105.

（109） Thomas Coryate, Die Venedig- und Rheinfahrt 1608, Stuttgart 1970, 173-176.

（110） Johann Wilhelm von Archenholtz, England und Italien, Leipzig 1785, Teil II, 60-61.

（111） Antoine de Brunel, Voyage d'Espagne（1655）, in: Revue Hispanique 30（1914）119-376, Kap. XVII.

（112） Marcelin Defourneaux, Daily Life in Spain in the Golden Age, Stanford/Ca. 1979, 132-135.

（113） Christoph Daigl, «All the World is but a Bear-Baiting». Das englische Hetztheater im 16. und 17. Jahrhundert, Berlin 1997, 65-108.

（114） Thomas Platter der Jüngere, Beschreibung der Reisen, 792-793.

（115） Samuel Pepys, Die Tagebücher IV, 177.（ピープス前掲書、第五巻、170頁）

（116） Ebd., VIII, 78.（ピープス前掲書、第八巻、74-75頁）

（117） Ebd., 302-303.（ピープス前掲書、第八巻、278頁）

（118） Christoph Daigl, «All the World is but a Bear-Baiting», 152.

（119） Georges Vigarello, The Upward Training of the Body from the Age of Chivalry to Courtly Civility, in: Michael Fehe（Hg.）, Fragments for a History of the Human Body, 2, New York 1989, 149-199.

（120） F. K. Mathys, Spiel und Sport im alten Basel, Basel 1954, 25-27.

（121） Richard Mulcaster, Positions, Wherein those primitive Circumstances can be Examined, which are necessarie for the Training up of Children, London 1581.

（122） Antonio Scaino, Trattato del giuoco della palla, Venedig 1555, 9-10.

（123） Ingrid Hanack（Hg.）, Die Tagebücher des Herzogs Johann Friedrich von Württemberg aus den Jahren 1615-1617, Göppingen 1972, 10.

（124） Berndt Ph. Baader, Der bayerische Renaissancehof, 70.

（125） Julius Richter, Das Erziehungswesen am Hofe der Wettiner Albertinischen（Haupt-）Linie [= Monumenta Germaniae Paedagogica Bd. LII], Berlin 1913, 220-221.

（126） Ludwig Ditzinger/Johann Ch. Neyffer, Illustrissimi Wirtembergici Ducalis Novi Collegii, quod Tubingae qua situm qua exercita accurata delineatio, s. l., s.

d. [Tübingen ca. 1606].

(127) Thomas Platter der Jüngere, Beschreibung der Reisen, 27 (Genf), 39 (Lyon), 78 (Montpellier), 118-127 (Avignon), 419-421 (Brouage), 459 (La Rochelle), 580-581, 594-596 (Paris), 657-658 (Brüssel), 682 (Antwerpen), 788-789 (London), 844 (Windsor), 867 (Richmond).

(128) Wilhelm Streib, Geschichte des Ballhauses, in: Leibesübungen und körperliche Erziehung 54 (1935) 373-382, 419-432, 448-464, S. 375.

(129) Samuel Kiechel, Die Reisen des Samuel Kiechel, übertragen und hg. von Hartmut Prottung, München 1987, 40 und 52.

(130) Christoff Weigel, Abbildung der Gemein-Nützlichen Haupt-Stände, Regensburg 1698, 175-178 (Fechtmeister), 179-182 (Tanzmeister), 183-185 (Ballmeister).

(131) Johann Georg Bender, Kurtzer Unterricht deß lobwürdigen, von vielen hohen Stands-Personen beliebten Exercitii deß Ballen-Spiels, denen so Lust haben, solches zu erlernen, sehr nützlich gestellet durch Johann Georg Bender, Ballen-Meister in Nürnberg, Nürnberg 1680.

(132) *Pars pro Toto* die beiden Leipziger Tanzmeister: Johann Pasch, Beschreibung wahrer Tantz-Kunst, Frankfurt 1707. - Gottfried Taubert, Tantzmeisters zu Leipzig, Rechtschaffener Tantzmeister, oder gründliche Erklärung der frantzösischen Tantz-Kunst, Leipzig 1717.

(133) Norbert Nail, «ganz ruiniret (...)», 209-221.

(134) Hans Khevenhüller, Geheimes Tagebuch 1548-1605, hg. von Georg Khevenhüller-Metsch, Graz 1971.

(135) Christoph Daigl, «All the World is but a Bear-Baiting», 166.

(136) Thomas Schnitzler, Die Kölner Schützenfeste des 15. und 16. Jahrhunderts. Zum Sportfest in «vormoderner» Zeit, in: Jahrbuch des Kölnischen Geschichtsvereins 63 (1992) 127-142, S. 137-138.

(137) Richard Mulcaster, Positions, Wherein those primitive Circumstances can be Examined, which are necessarie for the Training up of Children, London 1581 (online).

(138) Hermann Wiesflecker, Kaiser Maximilian I., München 1986, Bd. V, 391.

(139) Roy Strong, Feste der Renaissance, 1450-1650. Kunst als Instrument der Macht, Freiburg 1991.

(140) Vera Jung, Körperlust und Disziplin. Studien zur Fest- und Tanzkultur im 16. und 17. Jahrhundert, Köln 2001, 65-195.

(141) Gustav Freytag, Bilder aus der deutschen Vergangenheit, Bd. III, Aus dem Jahrhundert der Reformation, 2. Teil, Leipzig o. J. [ca. 1910], 420-464. - F. K.

Mathys, Spiel und Sport im alten Basel, Basel 1954, 19-21.

(142) Walter Endrei, Spiele und Unterhaltung im Alten Europa, Hanau 1988, 160.

(143) Ingrid Hanack (Hg.), Die Tagebücher des Herzogs Johann Friedrich von Württemberg aus den Jahren 1615-1617, Göppingen 1972.

(144) Max Radlkofer, Die Schützengesellschaften und Schützenfeste Augsburgs im 15. und 16. Jahrhundert, in: Zeitschrift des Historischen Vereins für Schwaben und Neuburg 21 (1894) 87-138.

(145) Gustav Freytag, Bilder aus der deutschen Vergangenheit, Bd. III, Aus dem Jahrhundert der Reformation, 2. Teil, Leipzig o. J. [ca. 1910], 420- 464, S. 446.

(146) Pia Maria Grüber (Hg.), Kurzweil (...), 241-251.

(147) Ronald Gobiet (Hg.), Der Briefwechsel zwischen Philipp Hainhofer und August d. J. von Braunschweig-Lüneburg, München 1984, Briefe Nr. 215, 223-227, 229, 232, 234, 236, 238-239.

(148) Andreas Gugler, Feiern und feiern lassen. Festkultur am Wiener Hof in der zweiten Hälfte des 16. und der ersten Hälfte des 17. Jahrhunderts, in: Frühneuzeit-Info 11 (2000) 68-176.

(149) Ludwig Krapf/Christian Wagenknecht (Hg.), Stuttgarter Hoffeste. Texte und Materialien zur höfischen Repräsentation im frühen 17. Jahrhundert, Tübingen 1979.

(150) Alain Landurant, Montgomery, le régicide, Paris 1988.

(151) Ingrid Hanack (Hg.), Die Tagebücher des Herzogs, 34.

(152) Eric Dunning, Sport. Readings from a Sociological Perspective, London 1971.

(153) www.real-tennis.nl/czech.

(154) Christoph Daigl, «All the World is but a Bear-Baiting», 147-151.

(155) Horst Bredekamp, Florentiner Fußball, 115.

(156) Alan Dundes/Alessandro Falassi, La Terra in Piazza. An Interpretation of the Palio of Siena, Berkeley 1975.

(157) Rosemarie Aulinger, Das Bild des Reichstags im 16. Jahrhundert. Beiträge zu einer typologischen Analyse schriftlicher und bildlicher Quellen, Göttingen 1980.

(158) Hermann von Weinsberg, Das Buch Weinsberg. Kölner Denkwürdigkeiten aus dem 16. Jahrhundert, 2 Bde., hg. von Konstantin Höhlbaum [= Publikationen der Gesellschaft für Rheinische Geschichtskunde], Leipzig 1886-1887. - 3. Bd., bearbeitet von Friedrich Lau, Bonn 1897, 97-107.

(159) Fürstin Louise von Anhalt-Dessau, Die Englandreise im Jahre 1775, hg. von Johanna Geyer-Kordesch, Berlin 2007, 78.

(160) Felix Platter, Tagebuch 1536-1567, hg. von Valentin Lötscher [= Basler Chroniken, Bd. 10], Basel/Stuttgart 1976. - Felix Platter, Beloved Son Felix. The Journal of Felix Platter, a Medical Student in Montpellier in the Sixteenth Century [1552-1557], übers. von Seán Jennett, London 1961, 126.

(161) Thomas Platter der Jüngere, Beschreibung der Reisen, 334.

(162) Michel de Montaigne, Essais [1592]. Erste moderne Gesamtübers. von Hans Stillett, Frankfurt/Main 1998 [2. Buch, Essai 17, Über den Dünkel], S. 319. (モンテーニュ『エセー（四）』原二郎訳、岩波文庫、1966年、78頁)

(163) John McClelland, Montaigne and the Sports in Italy, in: Renaissance and Reformation 27 (2003) 41-51.

(164) John Evelyn, Diary, hg. von William Bray, 2 Bde., London 1973, 172.

(165) Ebd., 213.

(166) Ebd., 175-176.

(167) John McClelland, Montaigne and the Sports in Italy, in: Renaissance and Reformation 27 (2003) 41-51.

(168) Girolamo Cardano, De propria vita [1576], Paris 1643. - Amsterdam 1654. Lyon 1666. - Des Girolamo Cardano von Mailand eigene Lebensbeschreibung. Aus dem Lateinischen übers. von Hermann Hefele, Jena 1914. - 2. Aufl. Kempten 1969, 30-31.

(169) Cees de Bondt, Ballhaus, in: Werner Paravicini (Hg.), Höfe und Residenzen im spätmittelalterlichen Reich, Ostfildern 2005. - (online-Version auf der Homepage der Residenzen-Kommission der Akademie der Wissenschaften zu Göttingen).

(170) Walter Endrei, Spiele und Unterhaltung im Alten Europa, Hanau 1988, 147-148.

(171) Eberhard Werner Happel, Größte Denkwürdigkeiten der Welt. Oder sogenannte Relationes Curiosae, Hamburg 1684, hg. von Uwe Hübner und Jürgen Westphal, Berlin 1990, 282-286.

(172) Peter Volk, Barocke Rennschlitten am Münchner Hof, in: Staats- und Galawagen der Wittelsbacher. Kutschen, Schlitten und Sänften aus dem Marstallmuseum Schloß Nymphenburg, Bd. 2: Staats- und Galawagen der Wittelsbacher, hg. von Rudolf Wackernagel, o. O. 2002, 106-108.

(173) Claudia Schnitzer/Petra Hölscher (Hg.), Eine gute Figur machen. Kostüm und Fest am Dresdner Hof, Dresden 2000, 100-333, S. 141 und S. 182-186.

(174) Wolfgang Behringer, Schlitten, in: EDN 11 (2010) 769-771.

(175) Die Reise des Kronprinzen Władisław Wasa in die Länder Westeuropas in den Jahren 1624/25, München 1988, 48-52.

(176) Johann Wilhelm von Archenholtz, England und Italien, Teil II, Leipzig 1785, 89.
(177) Richard Tames, Sporting London, London 2005, 64–81.
(178) Michael De-la-Noy, The King Who Never Was. The Story of Frederick, Prince of Wales, London 1996.
(179) A New and Accurate History of Boxing, in: The Sporting Magazine, 1 (London 1793), 11–14, S. 12.
(180) The Sporting Magazine 1 (1792/93) 8.
(181) Dave Day, Developing «Science» and «Wind»: Eighteenth Century Sports Training. Paper at the Conference «Sport in Early Modern Europe», London 17.-19. 11. 2011.
(182) Max Schmeling, Ich boxte mich durchs Leben, Stuttgart 1967.
(183) Dave Day, Developing «Science» and «Wind»: Eighteenth Century Sports Training. Paper at the Conference «Sport in Early Modern Europe», London 17.-19. 11. 2011.
(184) Mendoza, The Art of Boxing, London 1789.
(185) Thomas Parkyns, Wrestling Manual, London 1713.
(186) Dave Day, Developing «Science» and «Wind»: Eighteenth Century Sports Training. Paper at the Conference «Sport in Early Modern Europe», London 17.-19. 11. 2011.
(187) Pierce Egan, Boxania, 5 Bde., London 1813–1828.
(188) The Sporting Magazine 1 (London 1793) 11–14, S. 11–12.
(189) The Sporting Magazine 2 (1793/94) 43.
(190) Ebd., 10–12.
(191) James B. Roberts/Alexander Skutt, The Boxing Register: International Boxing Hall of Fame Official Record Book, Ithaca/New York [4]2006, 25.
(192) Domenico Angelo, L'école des armes, London 1763. - [2]1765. - [3]1767.
(193) Richard Tames, Sporting London, 20–21.
(194) David Chapman, Sandow the Magnificent. Eugen Sandow and the Beginnings of Bodybuilding, Champaign/Illinois 1994. - [2]2006.
(195) Charles Henry Timperley, A Dictionary of Printers and Printing, London 1839, 878.
(196) 以下に再版されている。 Nimrods German Tour (1828), Wismar 2006.
(197) The Sporting Magazine 1 (1792/93) III-VIII.
(198) Johannes Caius, De canibus Britannicis, London 1570. - Of Englishe Dogges: The Diuersities, the Names, the Natures, and the Properties, London 1576.

(199) George Aitken, Life and Works of John Arbuthnot, Oxford 1892.
(200) Handbuch für Hetzliebhaber, Wien 1796.
(201) Karl Möseneder (Hg.), Feste in Regensburg. Von der Reformation bis zur Gegenwart, Regensburg 1986.
(202) John Evelyn, Diary, hg. von William Bray, 2 Bde., London 1973, II, 49.
(203) Elisabeth Hardouin-Fugier, Bullfighting: A Troubled History, Chicago 2010, 115.
(204) John Martin, Clay Pigeon Shooting, in: ETBRS (2005) 64-65.
(205) Jakob Philipp Bielfeld, Freundschaftliche Briefe nebst einigen andern, 2 Bde., Leipzig 1765, Bd. 1, in: Michael Maurer, «O Britannien, von deiner Freiheit einen Hut voll», München 1992, 113-122, S. 115.
(206) Ebd., 116.
(207) Zacharias Conrad von Uffenbach, Merkwürdige Reisen durch Niedersachsen, Holland und Engelland, Bd. 2, Ulm 1753, in: ebd., 43-74, Zit. S. 55-65.
(208) Friedrich Justinian von Günderode, Beschreibung einer Reise aus Teutschland durch einen Teil von Frankreich, England und Holland, 2 Bde., Breslau 1783, Bd. 1, in: ebd., 205-224, S. 222.
(209) Johann Wilhelm von Archenholtz, England und Italien, Teil I, Leipzig 1785, 538.
(210) Peter Thomson, Cockpit Theatre, in: Martin Banham (Hg.), The Cambridge Guide to Theatre, Cambridge 1995, 225.
(211) Jason Scott-Warren, When Theaters were Bear-Gardens; Or, What's at Stake in the Comedy of Humours, in: Shakespeare Quarterly 54 (2003) 63-82.
(212) E. K. Chambers, The Elizabethan Stage, 4 Bde., Oxford 1923.
(213) Wilhelm Streib, Geschichte des Ballhauses, in: Leibesübungen und körperliche Erziehung 54 (1935) 373-382, 419-432, 448-464.
(214) Joachim K. Rühl, Die «Olympischen Spiele» Robert Dovers, Heidelberg 1975.
(215) Celia Haddon, The First Ever English Olimpic Games, London 2004.
(216) Annalia Dubrensia, hg. von M. Walbancke, London 1636 (Reprints 1736, 1877, 1878, 1962).
(217) Simone Clarke, Olympus in the Cotswolds. The Cotswold Games and Continuity in Popular Culture, 1612-1800, in: The International Journal of the History of Sport 14 (1997) 40-66.
(218) Gerald Redmond, Toward Modern Revival of the Olympic Games: The Various ‹Pseudo-Olympics› of the 19th Century, in: OGT (1988) 71-88.
(219) Erhard Hirsch, Die Dessau-Wörlitzer Reformbewegung im Zeitalter der

Aufklärung. Personen - Strukturen - Wirkungen, Tübingen 2003.

(220) Johann Christoph Friedrich Gutsmuths, Gymnastik für die Jugend, Schnepfenthal 1793, 126–127.

(221) Johanna Geyer-Kordesch (Hg.), Die Englandreise der Fürstin Louise von Anhalt-Dessau im Jahre 1775, Berlin 2006.

(222) Roland Naul, Olympische Erziehung, Aachen 2007, 44–54.

(223) Richard D. Mandell, The First Modern Olympics, Berkeley 1976, 33–34.

(224) Elisabeth Badinter/Robert Badinter, Condorcet (1743–1794), Paris 1988.

(225) X. L. Messinesi, A Branch of Wild Olives. The Olympic Movement and the Ancient and Modern Olympic Games, New York 1973, 52.

(226) Johann Amos Comenius, Orbis sensualium pictus, Nürnberg 1658.

(227) Ders., Didactica Magna (1657), hg. von Andreas Flitner, Stuttgart 1992, 99.

(228) John Locke, Essay Concerning Human Understanding, London 1690.（ジョン・ロック『人間知性論（一）－（四）』大槻春彦訳、岩波文庫、1972–1977年）

(229) Ders., Some Thoughts Concerning Education, London 1693.（ジョン・ロック『教育に関する考察』服部知文訳、岩波文庫、1967年）

(230) Ders., Two Treatises of Government, London 1689.（ジョン・ロック『市民政府論』鵜飼信成訳、岩波文庫、1968年）

(231) Thomas Pangle, The Spirit of Modern Republicanism. The Moral Vision of the American Founders and the Philosophy of Locke, Chicago 1988.

(232) Johann Bernhard Basedow, Das in Dessau errichtete Philanthropinum, Leipzig 1774.

(233) Ebd.

(234) Johann Bernhard Basedow, Das Elementarwerk, Leipzig ^{2}1785.

(235) Karl Waßmannsdorff, Die Turnübungen in den Philanthropinen zu Dessau, Marschlins, Heidesheim und Schnepfenthal. Ein Beitrag zur Geschichte des neueren Turnwesens, Heidelberg 1870.

(236) Johann Christoph Friedrich Gutsmuths, Gymnastik für die Jugend, Schnepfenthal 1793.

(237) Ders., Spiele zur Übung und Erholung des Körpers und Geistes für die Jugend, ihre Erzieher und alle Freunde unschuldiger Jugendfreuden, Schnepfenthal 1796.

(238) Ders., Turnbuch für die Söhne des Vaterlandes, Frankfurt/Main 1817.

(239) Fritz Osterwalder, Pestalozzi - ein pädagogischer Kult. Pestalozzis Wirkungsgeschichte in der Herausbildung der modernen Pädagogik, Weinheim 1996.

(240) Arnd Krüger, The Origins of Pierre de Coubertin's *Religio Athletae*, in:

Olympika. The International Journal of Olympic Studies 2 (1993) 91-102.
(241) Michael McCrum, Thomas Arnold, Headmaster, Oxford 1989.
(242) Tobias Pilz, Der Einfluss der Philanthropen auf die Turnbewegung von Friedrich Ludwig Jahn, Hamburg 2007.
(243) Wolfgang Behringer, Turnen, in: EDN 13, 839-841.
(244) George S. Williamson, What Killed August von Kotzebue? The Temptations of Virtue and the Political Theology of German Nationalism, 1789-1819, in: JMH 72 (2000) 890-943.
(245) Ernst Frank, Friedrich Ludwig Jahn. Ein moderner Rebell, 1972.
(246) Ernst Jung, Wartburgfest 1817. Aufbruch zur deutschen Einheit, Stuttgart 1991.
(247) Heinrich Best/Wilhelm Weege, Biographisches Handbuch der Abgeordneten der Frankfurter Nationalversammlung 1848/49, Düsseldorf 1998.
(248) Joachim Burkhard Richter, Hans Ferdinand Maßmann. Altdeutscher Patriotismus im 19. Jahrhundert, Berlin/New York 1992.
(249) Oliver Ohmann, Turnvater Jahn und die Deutschen Sportfeste, Erfurt 2008.
(250) Adolf Spieß, Die Lehre der Turnkunst, 4 Bde., Basel 1840-1846.
(251) Johannes Niggeler, Turnschule für Knaben und Mädchen, 2 Bde., 1860-1861.
(252) Hannes Neumann, Die deutsche Turnbewegung in der Revolution 1848/49 und in der amerikanischen Emigration, Schorndorf 1968.
(253) Carl Schurz, Lebenserinnerungen. Vom deutschen Freiheitskämpfer zum amerikanischen Staatsmann. Mit einem Vorwort von Theodor Heuss, Zürich 1988.
(254) Gertrud Pfister, The Role of German Turners in American Physical Education, in: International Journal of the History of Sport 26 (2009) 893-925.
(255) Henry Metzner, History of the American Turners, Rochester/NY 1974.
(256) Anne Bloomfield, Martina Bergman-Osterberg. Creating a Professional Role for Women in Physical Training, in: History of Education 34 (2005) 517-534.
(257) Grant Jarvie, Highland Games. The Making of a Myth, Edinburgh 1991.
(258) John Burnett/Grant Jarvie, Highland Games, in: ETBRS (2005) 148-151.
(259) Correspondance inédit de Mabillon et de Montfaucon avec l'Italie, hg. von M. Valery, Bd. 3, Paris 1846, 213-214.
(260) Richard Chandler, Travels in Greece, London 1776. - Reisen in Griechenland, Leipzig 1776.
(261) Johann Joachim Winckelmann, Geschichte der Kunst des Alterthums, 1767.

（ヨハン・ヨアヒム・ヴィンケルマン『古代美術史』中山典夫訳、中央公論美術出版、2001年）
（262） Martin Gabriel, Philhellenismus, in: EDN 9, 1089-1092.
（263） Ernst Curtius, Olympia, Berlin 1852.
（264） Ders./Friedrich Adler, Ausgrabungen zu Olympia, 3 Bde., Berlin 1877-1878.
（265） Gerald Redmond, Toward Modern Revival of the Olympic Games: The Various ‹Pseudo-Olympics› of the 19th Century, in: Jeffrey O. Segrave/Donald Chu（Hg.）, The Olympic Games in Transition, Champaign 1988, 71-88, S. 67.
（266） Ake Svahn, Olympic Games in Sweden 1834, in: ICSPE Review 3（1980）35-36.
（267） Ann Donaldson, The Scottish Highland Games in the United States, Gretna/LA 1986.
（268） Kristine Toohey/Anthony James Veal, The Olympic Games. A social science perspective, Cambridge/Mass. 2007, 33-34.
（269） Andreas von Dall'Armi, Das Pferderennen zur Vermählungsfeier Seiner Königlichen Hoheit des Kronprinzen von Baiern, München 1811.
（270） Karl Lennartz, Kenntnisse und Vorstellungen von Olympia und den Olympischen Spielen in der Zeit von 393-1896, Schorndorf 1974, 66-69.
（271） Gerda Möhler, Das Münchner Oktoberfest. Brauchformen des Volksfestes zwischen Aufklärung und Gegenwart, München 1980, 130-135.
（272） Johann Heinrich Krause, Theagenes oder wissenschaftliche Darstellung der Gymnastik, Agonistik und Festspiele der Hellenen, Halle 1835. - Ders., Olympia oder Darstellung der großen Olympischen Spiele und der damit verbundenen Festlichkeiten, Wien 1838. - Ders., Die Gymnastik und Agonistik der Hellenen aus den Schriften und Bildwerken des Altertums, Leipzig 1841.
（273） Ernst Curtius, Olympia, Berlin 1852.
（274） Jakob Philipp Fallmerayer, Olympia（1853）, in: Ders., Gesammelte Werke, hg. von Georg Martin Thomas, Bd. 2, Leipzig 1861, 419-440, hier Zit. 419-420.
（275） Die neuen Olympien in Griechenland, in: Deutsche Turn-Zeitung 4（1859）, Heft 5, 21-22.
（276） Deutsche Turn-Zeitung 5（1860）Heft 1, 8. - Ediert in: Karl Lennartz, Kenntnisse und Vorstellungen von Olympia, 194-195.
（277） Sam Mullins, British Olympians. William Penny Brookes and the Wenlock Games, London 1986.
（278） Ernst Georg Ravenstein, A Handbook of Gymnastics and Athletics, London 1867.

(279) Kristine Toohey/Anthony James Veal, The Olympic Games, 32.

(280) Pierre de Coubertin, Olympism. Selected Writings, Lausanne 2000, 281.

(281) Sam Mullins, British Olympians, London 1986.

(282) Maro Kardamitsi-Adami, Classical Revival: The Architecture of Ernst Ziller 1837-1923, Athen 2006.

(283) J. P. Mahaffy, The Olympic Games at Athens in 1875, in: Macmillans's Magazine 32 (1876) 325-327.

(284) David C. Young, A Brief History of the Olympic Games, London 2004.

(285) Konstantinos Georgiadis, Die ideengeschichtliche Grundlage der Erneuerung der Olympischen Spiele im 19. Jahrhundert in Griechenland und ihre Umsetzung 1896 in Athen, Kassel 2000, 13-37.

第五章　われわれの時代のスポーツ

(1) Doping: Betrug im Sport. Schneller, höher, weiter - oft mit Hilfe verbotener Substanzen, in: Spiegel Online Wissenschaft, 1. Dezember 2011.

(2) Henning Eichberg, Der Weg des Sports in die industrielle Zivilisation, Baden-Baden 1979.

(3) Ders., Sport im 19. Jahrhundert - Genese einer industriellen Verhaltensform, in: Horst Überhorst (Hg.), Geschichte der Leibesübungen, Bd. 3/1, Wuppertal 1980, 350-412.

(4) Christiane Eisenberg (Hg.), Fußball - Soccer - Calcio, München 1997.

(5) Eric Dunning/Kenneth Sheard, Barbarians, Gentlemen and Players. A Sociological Study of the Development of Rugby Football, Oxford 1979.

(6) Gerhard Schulze, Die Erlebnisgesellschaft. Kultursoziologie der Gegenwart, Frankfurt/Main 1992, 22.

(7) Allen Guttmann, Games and Empires. Modern Sports and Cultural Imperialism, New York 1996.（アレン・グットマン『スポーツと帝国――近代スポーツと文化帝国主義』谷川稔ほか訳、昭和堂、1997年）

(8) Héctor López Martínez, Plaza de Acho: Historia y Tradición, Lima 2005.

(9) Roger Hutchinson, Empire Games: The British Invention of Twentieth-Century Sport, London 1996.

(10) Tom Fort, The Grass is Greener: Our Love Affair with the Lawn, London 2000.

(11) Franz Bosbach/John R. Davis (Hg.), Die Weltausstellung von 1851 und ihre Folgen, München 2002.

(12) Richard Tames, Sporting London, London 2005, 122-124.
(13) Archibald Maclaren, A Military System of Gymnastic Exercises for the Use of Instructors, London 1862.
(14) Max Robertson, Wimbledon 1877-1977, London 1977.
(15) Manuela Müller-Windisch, Aufgeschnürt und außer Atem, München 2000, 25.
(16) Lily Cheetham, Skating, the Ladies' Chapter, in: D. Adams (Hg.), Skating, London 1890, 70-86.
(17) Donald Walker, Exercises for Ladies, London 1837.
(18) Bettie Rayner Parkes, Remarks on the Education of Girls, London 1854, 11, zit. nach: Manuela Müller-Windisch, Aufgeschnürt und außer Atem, 36.
(19) Concordia Löfving, On Physical Education, and its Place in a Rational System of Education, London 1882.
(20) Jennifer Hargreaves, Sporting Females, London 1997, 77.
(21) www.tennisfame.com/hall-of-fame/mary-outerbridge.
(22) Robert M. Quackenbush, Who's That Girl With the Gun? A Story of Annie Oakley, New York 1988.
(23) History of Women in Sports Timeline: www.nothnet.org/stlawrenceaauw/timelne2.htm.
(24) Violet Greville (Hg.), The Gentlewoman's Book of Sports, London 1893.
(25) Manuela Müller-Windisch, Aufgeschnürt und außer Atem, 25-29.
(26) Gertrud Pfister, Vom Turnrock zum Bodystocking. Zur Entwicklung der Frauenturn- und Sportbekleidung, in: Sportswear, Krefeld 1992, 45-55.
(27) Jeffrey Pearson, Lottie Dod - Champion of Champions. Story of an Athlete, London 1988.
(28) Marion Tinling, Lady Florence Dixie, 1855-1905, in: Dies., Women into the Unknown, Westport 1989, 105-111.
(29) John J. MacAloon, This Great Symbol. Pierre de Coubertin and the Origins of the Modern Olympic Games, Chicago 1981.
(30) Pierre de Coubertin, L'éducation en Angleterre, Paris 1888.
(31) Michael L. Smith, Olympics in Athens 1896. The Invention of the Modern Olympic Games, London 2004.
(32) March L. Krotee, Organisational Analysis of the IOC, in: OGT (1988) 113-148.
(33) Richard D. Mandell, The First Modern Olympics, Berkeley 1976, 112.
(34) www.olympiastatistik.de.
(35) Karl Lennartz (Hg.), Die Olympischen Spiele 1896 in Athen, Kassel 1996.

(36) Pascal Ory, Les Expositions universelles de Paris, Paris 1982.
(37) Karl Lennartz/Walter Teutenberg, Olympische Spiele 1900 in Paris, Kassel 1995.
(38) André Drevon, Paris 1900, in: EMOM (2004) 27-32.
(39) www.olympiastatistik.de.
(40) www.sports-reference.com/olympics/athletes.
(41) Kristine Toohey/Anthony J. Veal, The Olympic Games. A Social Science Perspective, Cambridge/Mass. 2007, 27.
(42) Kevin B. Wamsley/Kevin Young, Coubertin's Olympic Games, in: GO (2004) xiii-xxv.
(43) John Horne/Wolfram Manzenreiter (Hg.), Sports Mega-Events. Social Scientific Analyses of a Global Phenomenon, Malden/Ma. 2006.
(44) Pierre de Coubertin, Why I Revived the Olympic Games (1908), in: OGT (1988) 101-106, S. 104.
(45) Benedict Anderson, Imagined Communities. Reflections on the Origin and Spread of Nationalism, London 1991. (ベネディクト・アンダーソン『想像の共同体――ナショナリズムの起源と流行』白石隆・白石さやか訳、リブロート、1987年)
(46) Mark Dyreson, Making the American Team. Sport, Culture, and the Olympic Experience, Urbana 1998.
(47) Arnd Krüger, The Nazi Olympics of 1936, in: GO (2005) 43-57.
(48) Heinz Florian Oertel/Kristin Otto, Vancouver 2010. Unser Olympiabuch, Berlin 2010.
(49) de.wikipedia.org/wiki/World_Games.
(50) Christiane Eisenberg, «English Sports» und deutsche Bürger, Paderborn 1999, 152-214.
(51) フックスはユダヤ教を信仰するドイツ人だったので、1937年にカナダへ亡命しなければならなかった。カナダでは彼はゴッドフリー・フォックスと名乗った。ゼップ・ヘルベルガーは「若き日のフランツ・ベッケンバウアー」と彼を呼んだ。Harald Kaiser, Als Fuchs auf Torjagd ging: Zehn Treffer in einem Spiel, in: Der Kicker, 29. Juni 2009, 78-79.
(52) Cesar R. Torres/Mark Dyreson, The Cold War Games, in: GO (2005) 59-82, S. 61.
(53) Ross McKibbin, Classes and Cultures. England 1918-1951, Oxford 1998, 377-379.
(54) Ebd., 345.
(55) Ebd., 381.

(56) Hart Cantelon, Amateurism, High-Performance Sport, and the Olympics, in: GO (2005) 83-102, S. 90.

(57) Lord J. Killanin, My Olympic Years, London 1983, 61.

(58) Cesar R. Torres/Mark Dyreson, The Cold War Games, 59-82.

(59) Hart Cantelon, Amateurism, 83-101.

(60) Richard Mandell, The First Modern Olympics, 135-141.

(61) Hans W. Giessen/Heinz-Helmut Lüger, Ein Grenzgänger der ersten Stunde. Michel Bréal: Vom Marathon zum Pynx, in: Dokumente. Zeitschrift für den deutsch-franz. Dialog 4 (2008) 59-62.

(62) Joschka Fischer, Mein langer Lauf zu mir selbst, Köln 1999.

(63) Leslie Heywood, Third Wave Feminism, Global Economy, and Women's Surfing: Sport as Stealth Feminism in Girl's Surf Culture, in: Anita Harris (Hg.), Next Wave Cultures: Feminism, Subcultures, Activism, London 2008, 63-82.

(64) Leslie Heywood/Shari L. Dworkin, Built to Win: The Female Athlete as Cultural Icon, Minneapolis 2003, xv.

(65) Karen Karbo, The Ubergirl Cometh, in: The Outsider, Oktober 1995, 60-66.

(66) David E. Martin/Roger W. H. Gynn, The Olympic Marathon. Running through the Ages, Illinois 2000, 22.

(67) Kevin B. Wamsley/Gertrud Pfister, Olympic Men and Women, in: GO (2005) 103-125.

(68) Charles Little, «What a freak-show they made!» Women's Rugby League in 1920s Sydney, in: Football Studies 4/2 (2001) 25-40 (online).

(69) John Williams/Jackie Woodhouse, Can Play, Will Play? Women and Football in Britain, in: John Williams/Steven Wagg (Hg.), British Football and Social Change, Leicester 1991, 85-111.

(70) 以下の新聞からの抜粋である。 Sport und Sonne 6 (1925), nach: Eduard Hoffmann/Jürgen Nendza, Verlacht, verboten und gefeiert. Zur Geschichte des Frauenfußballs in Deutschland, Weilerswist 2005.

(71) Gertrude Pfister, «Must Women Play Football?» Women's Football in Germany, Past and Present, in: Football Studies 4/2 (2001) 41-57.

(72) Eduard Hoffmann/Jürgen Nendza, Verlacht, verboten und gefeiert, Weilerswist 2005.

(73) Hannelore Ratzeburg et al., Frauen Fußball Meisterschaften. 25 Jahre Frauenfußball, Kassel 1995.

(74) Gail J. Newsham, In a League of their Own!, London 1997.

(75) Gertrude Pfister, «Must Women Play Football?», 49-51.

(76) de.wikipedia.org/wiki/Fußball_Weltmeisterschaft_der_Frauen_2007.

(77) de.wikipedia.org/wiki/Fußball_Weltmeisterschaft_der_Frauen_2011.

(78) Bild-Zeitung, 12. 2. 1979, S. 7 (abgebildet in: Klein/Pfister 1985).

(79) Angela Gebhardt, Neuer Sport-BH, in: Bild-Zeitung, 29. 8. 1979, S. 7.

(80) Marie-Luise Klein/Gertrud Pfister, Goldmädel, Rennmiezen und Turnküken. Die Frau in der Sportberichterstattung der BILD-Zeitung, Berlin 1985, 109.

(81) Eva Herzog, «Frisch, frank, fröhlich, frau». Frauenturnen im Kanton Basel-Landschaft. Ein Beitrag zur Sozialgeschichte des Breitensports, Liestal 1995, 389-396.

(82) Herbert Marxen, Der Sport veredelt die Frau: Weltmeisterinnen, Karikatur von 1931.

(83) Alfred Richartz, Sexualität - Körper - Öffentlichkeit. Formen und Umformungen des Sexuellen im Sport, in: SZGS 3 (1990) 56-72, S. 69.

(84) Frank Becker, Die Sportlerin als Vorbild der «neuen Frau». Versuche zur Umwertung der Geschlechterrollen in der Weimarer Republik, in: SZGS 3 (1994) 34-55.

(85) Barbara Cox/Shona Thompson, Facing the Bogey: Women, Football and Sexuality, in: Football Studies 4/2 (2001) 7-24.

(86) Eike Emrich et al., Zur Situation der Sportvereine im Deutschen Sportbund (1996): www.dosb.de/fileadmi/fm-dsb/arbeitsfelder/wiss-ges/Dateien/FISAS-Kurzfassung.pdf.

(87) Jeré Longman, The Girls of Summer. The U. S. women's soccer team and how it changed the world, New York 2000.

(88) de.wikipedia.org/wiki/Liste_der_Mitglieder_des_Internationalen_Olympischen_Komitees.

(89) 本節の全結果は、以下のウェブサイトのデータによる。 de.wikipedia.org/wiki/Fußball-Weltmeisterschaft.

(90) Bill Malon, The 1904 Olympic Games. Results for all Competitors in all Events, with Commentary, Jefferson 1999, 12.

(91) William J. Baker, Traditional Sports: Africa, in: Encyclopedia of World Sport. From Ancient Times to the Present, 3 Bde., hg. von David Levinson et al., Santa Barbara/Ca. 1996, Bd. 3, 1062-1067.

(92) Alan Trevithick, Traditional Sports: Asia, in: Encyclopedia of World Sport, Bd. 3, 1067-1070.

(93) Christopher McDougall, Born to Run, New York 2009.

(94) Kendall Blanchard, Traditional Sports: America, in: Encyclopedia of World Sport, Bd. 3, 1075-1083.

(95) Marie Ellen Miller, The Ballgame, in: Record of the Art Museum/Princeton

University 48 (1989) 22-31.

(96) Amy Bushnell, «That Demonic Game». The Campaign to Stop Indian Pelota Playing in Spanish Florida, 1675-1684, in: The Americas 35 (1978) 1-19.

(97) Thomas Vennum, American Indian Lacrosse: Little Brother of War, Washington D. C. 1994.

(98) George Catlin, A Choktaw Ball Game, in: Margaret Mead/Nicolas Calas (Hg.), Primitive Heritage. An American Anthropology, New York 1953, 289-295.

(99) Kendall Blanchard, Traditional Sports: America, in: Encyclopedia of World Sport, Bd. 3, 1075-1083.

(100) Jeffrey Powers-Beck, The American Indian Integration of Baseball, 1897-1945, in: American Indian Quarterly 25 (2001) 508-538.

(101) Reet Howell, Traditional Sports: Oceania, in: Encyclopedia of World Sport, Bd. 3, 1083-1091.

(102) www.sports-reference.com/olympics/athletes/ew/ray-ewry-1.html.

(103) Erhard Wunderlich (Hg.), Handball. Die Welt eines faszinierenden Sports, München 2006.

(104) Bernd-Volker Brahms, Handbuch Badminton, Aachen 2009.

(105) Jürgen Schmicker, Das große Buch vom Tischtennis, Schwalmtal 2000.

(106) Eu-min Ko, Taekwondo, München 1980.

(107) Emma Lile, Sack Racing, in: ETBRS (2005) 235.

(108) www.sports-reference.com/olympics/athletes/he/ed-hennig-1.html.

(109) Ulrich Salchow, Das Kunstlaufen auf dem Eise, Leipzig 1925.

(110) Theo Stemmler, Vom Jeu de Paume zum Tennis, Frankfurt/Main 1988.

(111) Marcus Rosenstein, Das Ballsportlexikon, Berlin 1997, 52-58.

(112) Keven McQueen, Cassius M. Clay. Freedom's Champion. The life-story of the famed Kentucky emancipationist, Paducah/Kentucky 2001.

(113) Jan Philipp Reemtsma, Mehr als ein Champion. Über den Stil des Boxers Muhammad Ali, Reinbek ²2002.

(114) Manning Marable, Malcolm X. A Life of Reinvention, New York 2011.

(115) David Remnick, King of the World. Der Aufstieg des Cassius Clay, oder: Die Geburt des Muhammad Ali, Berlin 2010.

(116) Mark Kram, Ghosts of Manila, New York 2001.

(117) Peter Kemper, Muhammad Ali. Leben, Werk, Wirkung, Berlin 2010.

(118) www.deaflympics.com/news/pressreleases.asp/ID=1542.

(119) Susan Goodman, Spirit of Stoke Mandeville: The Story of Sir Ludwig Guttmann, London 1986.

(120) Joan Scruton, Stoke Mandeville: Road to the Paralympics, Aylesbury 1998.

(121) Arnold Schwarzenegger/Douglas Kent Hall, Arnold: The Education of a Bodybuilder, New York 1977. - Dies., Arnold's Bodyshaping for Women, New York 1979. - Arnold Schwarzenegger/Bill Dobbins, The New Encyclopedia of Modern Bodybuilding, New York ^{2}1998. - Arnold Schwarzenegger, Bodybuilding für Männer: Das perfekte Programm für Körper- und Muskeltraining, München 2004.

(122) Michael Blitz/Louise Krasniewicz, Why Arnold Matters: The Rise of a Cultural Icon, New York 2004.

(123) Christiane Eisenberg (Hg.), Fußball - Soccer - Calcio. Ein englischer Sport auf seinem Weg um die Welt, München 1997.

(124) Konrad Koch, Fußball. Regeln des Fußball-Vereins der mittleren Klassen des Martino-Katherineums zu Braunschweig, Braunschweig 1875.

(125) Kurt Hoffmeister, Der Wegbereiter des Fußballspiels in Deutschland: Prof. Dr. Konrad Koch (1846-1911). Eine Biografie, Braunschweig 2011.

(126) Karl Planck, Fusslümmelei. Über Stauchballspiel und englische Krankheit, Stuttgart 1898. - Reprint Münster 2004.

(127) Martin Furgler et al., Ein Jahrhundert FC St. Gallen 1879-1979.

(128) Dietrich Schulze-Marmeling, Barça, oder die Kunst des schönen Spiels, Göttingen 2010, 26.

(129) Christiane Eisenberg u. a., FIFA 1904-2004: 100 Jahre Weltfußball, Göttingen 2004.

(130) Franz Josef Brüggemeier, Zurück auf den Platz. Deutschland und die Fußball-Weltmeisterschaft 1954, München 2004.

(131) Petar Radenkovic, Das Spielfeld ist mein Königreich, München 1966.

(132) Sepp Maier, Wer mit dem Ball tanzt, Hamburg 2000.

(133) Jürgen Busche, Der FC Bayern ist unbeliebt, in: Norbert Seitz (Hg.), Doppelpässe. Fußball & Politik, Frankfurt/Main 1997, 109-114.

(134) ウィーン生まれのコーンは監督として国際的なキャリアを積んだ。彼は特に、ウルグアイのチーム、ヘルタ・ベルリン、1925年にはディアモ・ザグレブの前身チーム（準優勝）、1926年にはファースト・ヴィエナFC（準優勝）、1926-1927年にはFCバルセロナ、1927-1928年にはKSヴァルシャヴィヤンカ、1928-1930年にはTSV1860ミュンヘン、1930-1931年にはVfRマンハイム、1931-1933年にはバイエルン・ミュンヘン、1933年にはグラスホッパーズ・チューリッヒ、1934年にはFCバルセロナ、1935年にはFCバーゼル、その後、1935-1939年、1951-1952年、1955-1956年にはフェイエノールト・ロッテルダムを監督し、フェイエノールト・ロッテルダ

ムでは1936年と1938年に優勝している。1997年には、彼にちなんで、ロッテルダムの街路がリヒャルト・ドンビ通りと名付けられた。Andreas Wittner, Richard Little Dombi - Kleine Eminenz, vom Himmel gesandt, in: Dietrich Schulze-Marmeling（Hg.), Strategen des Spiels - Die legendären Fußballtrainer, Göttingen 2005, 54-63.

(135) Nils Havemann, Fußball unterm Hakenkreuz, Frankfurt/Main 2005, 216-218 und 277-278.

(136) Ein Leben für den Fußball. Wer war Kurt Landauer?, in: www.hagalil.com/archiv/2009/07/21/landauer/.

(137) Sebastian Fischer, Ungeliebte Vereinsgeschichte: Bayern Münchens jüdischer Meistermacher, in: einestages. Zeitgeschichten auf Spiegel online.

(138) David Schelp, Das Gebrüll der Löwen, in: Jüdische Allgemeine v. 26. 8. 2010, online in: www.juedische-allgemeine.de/article/view/id/8491.

(139) Lutz Hachmeister, Schleyer. Eine deutsche Geschichte, München 2004.

(140) Nils Havemann, Fußball unterm Hakenkreuz, 213-225.

(141) Anton Löffelmeier, Die «Löwen» unterm Hakenkreuz. Der TSV 1860 München im Nationalsozialismus, Göttingen 2009.

(142) Franz Beckenbauer, Ich. Wie es wirklich war, München 1992.（フランツ・ベッケンバウアー『ベッケンバウアー　自伝――「皇帝」と呼ばれた男』沼尻正之訳、中央公論新社、2006年）

(143) de.wikipedia.org/wiki/Gerd_Müller（24. Dez. 2011).

(144) Paul Breitner, Ich will kein Vorbild sein, München 1980. - ^{2}1981. - Paul Breitner, Kopf-Ball, Frankfurt/Main 1982. - ^{2}1984.

(145) Nick Golüke/Uli Köhler, Uli Hoeneß. Attacke mit Herz; TV-Dokumentation, 45 Minuten, BR, Erstausstrahlung 2. Januar 2010.

(146) Sonja Brandmaier, Die Kommerzialisierung des Sports, Hamburg 1998. - Christoph Bausenwein, Das Prinzip Uli Hoeneß, Göttingen 2009. - Patrick Strasser, Hier ist Hoeneß, München 2010.

(147) Ralf Grengel/Rafael Jockenhöfer, 100 Jahre FC Bayern München ... und ein Paar Titel mehr, Berlin 2001.

(148) Torsten Geiling/Niclas Müller, Das FC-Bayern-Hass-Buch, Frankfurt/Main 2002.

(149) Nils Havemann, Fußball unterm Hakenkreuz, 222-224.

(150) de.wikipedia.org/wiki/Fritz_Szepan.

(151) 数字は以下による。 www.transfermarkt.de/de/statistiken.

(152) Richard Mandell, The First Modern Olympics, Berkeley 1976, 134.

(153) Jesse Owens/Paul G. Neimark, The Jesse Owens Story, New York 1970.

(154) Armin Hary, 10,0, München 1960.

(155) Kinofilm *Klitschko* von Sebastian Dehnhardt, deutsches Debüt Juni 2011. Vgl. ferner die arte-Reihe *Lebt wohl, Genossen!* sowie György Dalos' gleichnamiges Buch, München 2011.

(156) Florian Schafroth, Die Sportmetaphorik in der politischen Kommunikation (Zusammenfassung): www.imb-uni-augsburg.de/files/zusammenfassung_schafroth.pdf.

(157) Kay D. Woelfel, Sports Metaphors as a Motivational Leadership Strategy, in: Academic Leadership. The Online Journal: www.academicleadership.org/article/sports-metaphors-as-a-motivational-leadership-strategy.

(158) Stephan R. Walk, The Footrace Metaphor in American Presidential Race, in: Sociology of Sport Journal 1 (1995) 36–55.

(159) Robert A. Palmatier/Harold L. Ray, Sports Talk. A Dictionary of Sports Metaphors, Santa Barbara/Ca. 1989.

(160) Torsten Heidemann, Ein doppelter Blick: Metaphern in der deutschen und französischen Fußballberichterstattung, in: Wolfgang Settekorn (Hg.), Fußball - Medien. Medien - Fußball. Zur Medienkultur eines weltweit populären Sports, Hamburg ^{2}2007, 70–84.

(161) Sportmetaphern oder warum Teenager Baseball verstehen sollten, in: USA Erklärt (8. Juli 2009), in: usaerklaert.wordpress.com/2009/07/08/sportmetaphern. - Alvin L. Hall/Thomas L. Altherr, Eros at the Bat: American Baseball and Sexuality in Historical Context, in: The Cooperstown Symposium on Baseball and American Culture 1998, s. l. 2000, 157–182.

(162) De la Hoya vs. Mayweather, Der teuerste Kampf der Geschichte, in: Spiegel online, 10. 5. 2007.

(163) Markus Alexander, Cristiano Ronaldo - Der neue Fußballgott, Rostock 2009.

(164) Zinédine Zidane/Dan Franck, Der mit dem Ball tanzt, München 2005.

(165) sportbild.de/SPORT/fussball/2010/03/17/geld-rangliste-top-20-gehaelter/das-verdienen-die-mega-stars.html.

(166) www.spiegel.de/sport/fussball/0,1518,616591,00.html.

(167) このコマーシャル・スポットはyoutube.comで閲覧することができる。

(168) www.gutefrage.net/frage/wie-viel-verdient-man-so-als-profi-tennisspieler.

(169) www.lohnspiegel.org/osterreich/home/vip-gehalt/gehalt-tennisspieler.

(170) www.forbes.com/profile/rafael-nadal.

(171) www.forbes.com/wealth/celebrities/list?ascend=true&sort=money Rank.

(172) www.lohnspiegel.org/osterreich/home/vip-gehalt/gehalt-sportler.

(173) www.forbes.com/wealth/billionaires.
(174) John Horne/Wolfram Manzenreiter (Hg.), Sports Mega-Events. Social Scientific Analyses of a Global Phenomenon, Malden/Ma. 2006.
(175) John Horne/Wolfram Manzenreiter, An introduction to the sociology of sports mega-events, in: ebd., 1-24.
(176) Kimberley S. Schimmel, Deep Play: Sports Mega-Events and Urban Social Conditions in the USA, in: ebd., 160-174.
(177) Xin Xu, Modernizing China in the Olympic Spotlight: China's National identity and the 2008 Beijing Olympiad, in: ebd., 90-107.
(178) Andrew Morris, «To Make the Four Hundred Million Move»: The Late Qing Dynasty. Origins of Modern Chinese Sport and Physical Culture, in: CSSH 42 (2000) 876-906, S. 876.
(179) グリーンランドを含む（競技場数5）。
(180) ペルシアとアラビア半島を含む。
(181) ロシア（競技場数167）、ウクライナ（同106）、トルコ（同181）、アルメニア（同10）、ジョージア（同17）を含む。
(182) データは以下による。www.worldstadiums.com.
(183) データは以下による。www.worldstadiums.com, korrigiert nach: de.wikipedia.org/Liste_der-größten_Stadien_der_Welt.
(184) ペンシルベニア州立大学。
(185) データは以下による。 www.worldstadiums.com, korrigiert nach: de.wikipedia.org/Liste_der-größten_Stadien_der_Welt.
(186) Angelo Spampinato, Stadi del mondo, 2004.
(187) de.wikipedia.org/wiki/Deutscher_Fußball-Bund.
(188) en.wikipedia.org/wiki/The_New_York_Athletic_Club.
(189) Wolfgang Kaschuba, Sportivität: Die Karriere eines neuen Leitwertes. Anmerkungen zur «Versportlichung» unserer Alltagskultur, in: Sportwissenschaft 19 (1989) 164-171.
(190) Ernst van Aaken, Dauerbewegung als Voraussetzung der Gesundheit, Düsseldorf 1974.
(191) Kenneth H. Cooper, Bewegungstraining, Frankfurt/Main 1970.
(192) Jane Fondas Fitness-Buch, Stuttgart 1983.
(193) Detlef Lienau/Arnulf von Scheliha, Fitnessstudio/Gesundheit, in: Dietrich Korsch/Lars Charbonnier (Hg.), Der verborgene Sinn. Religiöse Dimensionen des Alltags, Göttingen 2008, 118-128.
(194) de.wikipedia.org/wiki/Ewiger_Medaillenspiegel_der_Olympischen_Sommerspiele.

(195) Thomas Hahn, Eine böse Laune. Zum Tode von Sarah Burke, der Pionierin, Wegbereiterin und Akkord-Gewinnerin des Freeskifahrens, in: Süddeutsche Zeitung, 21./22. Jan. 2012, 37.

(196) Joachim Bumke, Höfische Kultur, München 2005, 344.（ブムケ前掲書、329頁）

(197) Karl Lennartz, Olympische Spiele 1908 in London, Kassel 1998.

(198) Barbara Cox/Shona Thompson, Facing the Bogey: Women, Football and Sexuality, in: Football Studies 4/2 (2001) 7-24, S. 7-8 (online).

(199) Ebd., S. 13.

(200) Kathrin Zehnder, Zwitter beim Namen nennen. Intersexualität zwischen Pathologie, Selbstbestimmung und leiblicher Erfahrung, Bielefeld 2010.

(201) de.wikipedia.org/wiki/caster_semenya.

(202) Stephan Bernhard Marti, Androgynität, in: EDN 1 (2005) 377-382.

(203) Lorraine Daston, The Nature of Nature in Early Modern Europe, in: Configurations 6 (1998) 149-172.

(204) Makeover for Southafrican Gender-Row Runner, in: BBC News, 8. September 2009.

(205) Alexander Huber/Thomas Huber/Reinhold Messner, The Wall. Die neue Dimension des Kletterns, München 2000.

(206) Andreas Gottlieb Hempel, Die Messner Mountain Museen. Architektur und Berge, München 2011.

(207) Reinhold Messner, Berge versetzen. Das Credo eines Grenzgängers, München 2010.

(208) Stefano Ardito, Mont Blanc. Die Eroberung eines Bergmassivs, Erlangen 1996.

(209) Conrad Gesner, Über die Bewunderung der Gebirgswelt (1541), hg. von Traugott Schiess, St. Moritz 1901.

(210) Karlheinz Stierle, Francesco Petrarca. Ein Intellektueller im Europa des 14. Jahrhunderts, München 2005.

(211) Arno Borst, Alpine Mentalität und europäischer Horizont im Mittelalter, in: Ders., Barbaren, Ketzer und Artisten. Welten des Mittelalters, München 1988, 471-527.

(212) Tenzing Norgay, Der Tiger vom Everest. Die Autobiographie Sherpa Tenzings, niedergeschrieben von J. R. Ullman, Wiesbaden 1955.（N. テンジン述／J. R. アルマン記『ヒマラヤの男』井上勇訳、紀伊國屋書店、1955年）

(213) Reinhold Messner, Mein Weg, München 2006.

(214) Joe Tomlinson, Extreme Sports, Augsburg 1997.

第六章　エピローグ――スポーツとは何か

(1) Aurelius Augustinus, Confessiones/Bekenntnisse, lat./dt., Hamburg 2000, 25 (Buch 11, 14).（アウグスティヌス『告白（III）』山田晶訳、中公文庫、2014年、38頁）

(2) de.wikipedia.org/wiki/Liste_der_vom_IOC_anerkannten_Sportarten.

(3) Jürgen Schwier, «Do the right things» - Trends im Feld des Sports, in: dvs-information 13,2 (1998) 7-13.

(4) David Le Breton, Lust am Risiko. Von Bungee-Jumping, U-Bahn-Surfen und anderen Arten, das Schicksal herauszufordern, Frankfurt/Main 1995.

(5) Iain Borden, Skateboarding, Space and the City: Architecture and the Body, Oxford 2001.

(6) Heiner Gillmeister, Fifteen Love. The Origin of Scoring by Fifteens in Tennis, in: L. S. Butler/P. J. Wordie (Hg.), The Royal Game, Stirling 1989, 88-99.

(7) Jacob Burckhardt, Griechische Kulturgeschichte, Frankfurt/Main 2007, 744.（ブルクハルト『ギリシア文化史（6）』204頁）

(8) Khushwant Singh, Turbaned Tornadoe. The Oldest Marathon Runner Fauja Singh, Kalkutta 2011.

(9) Eric J. Hobsbawm, Inventing Traditions, in: Eric J. Hobsbawm/Terence Ranger (Hg.), The Invention of Tradition, Cambridge 1983, 1-14, S. 1.（E・ホブズバウム／T・レンジャー編『創られた伝統』前川隆治・梶原景昭ほか訳、紀伊國屋書店、1992年、9頁）

(10) Bob Pegg, Rites and Riots. Folk Customs of Britain and Europe, Blandford 1981.

(11) Stephen Vlastos (Hg.), Mirror of Modernity: Invented Traditions of Modern Japan, Berkeley 1998.

(12) Tony Collins, Invented Traditions, in: ETBRS (2005) 171-173.

(13) Omar Gisler, Fußballderbys - Die 75 fußballverrücktesten Städte der Welt, München 2007.

(14) Marco Sievers, The Highland Myth as an Invented Tradition of the 18th and 19th Century and its Significance for the Image of Scotland, Norderstedt 2005.

(15) James I., The King's Majesty's Declaration to his Subjects Concerning Lawful Sports to be Used (1618), London 1633. - L. A. Govett, The King's Book of Sports. A History of the Declarations of King James I and King Charles I as to the Use of Lawful Sports on Sundays, London 1890.

(16) Michael Hörrmann, Ringrennen am Stuttgarter Hof. Die Entwicklung des

Ritterspiels im 16. und 17. Jahrhundert, in: Sozial- und Zeitgeschichte des Sports 3 (1989) 50-69.

(17) Stephan Oettermann, Läufer und Vorläufer, Frankfurt/Main 1984.

(18) Henning Petershagen, Zünftige Lustbarkeiten. Das Ulmer Fischerstechen. Der Bindertanz, Ulm 1994.

(19) Thomas S. Henricks, The Democratization of Sport in Eighteenth Century England, in: Journal of Popular Culture 18 (1984) 3-20.

(20) Arnd Krüger/John McClelland, Ausgewählte Bibliographie zu Sport und Leibesübungen in der Renaissance, in: Dies. (Hg.), Der Anfang des modernen Sports in der Renaissance, London 1984, 132-180.

(21) Christine Gerber, Paulus und seine Kinder, Berlin 2005, 192-197.

(22) Eduard Jacobs, Die Schützenkleinodien und das Papageienschießen, Wernigerode 1887.

(23) François Rabelais, Gargantua und Pantagruel [1534], Frankfurt/Main 1974, 91-95 und 95-104.（ラブレー前掲書、110-124頁）

(24) Johann Fischart, Affentheurlich Naupengeheurliche Geschichtklitterung (Gargantua). Text der Ausgabe letzter Hand von 1590, hg. von Ute Nyssen, Darmstadt 1977, 238-251 und 251-270.

(25) Paul G. Brewster, Games and Sports in Shakespeare, in: FFC 72 (1959) 3-26.

(26) Thomas Coryate, Die Venedig- und Rheinfahrt 1608, Stuttgart 1970, 227.

(27) Ebd., 67.

(28) Christoph Daigl, «All the World is but a Bear-Baiting». Das englische Hetztheater im 16. und 17. Jahrhundert, Berlin 1997.

(29) Giovanni Andrea dell'Anguillara, De le Metamorfosi d'Ovidio libri III, Venedig 1561.

(30) Rose-Marie Hagen/Rainer Hagen, Giovanni-Battista Tiepolo: Der Tod des Hyacinth. Tennis-Match mit Gott Apoll, in: art. Das Kunstmagazin 7 (1985) 66-71.

(31) Cees de Bondt, Tiepolo's «The Death of Hyacinth» and the Image of the Game of Tennis in Art (1500-1800), in: Studi Veneziani 47 (2004) 381-403.

(32) David Inglis, Theodor Adorno on Sport. The Jeu d'Esprit of Despair, in: Richard Giulianotti (Hg.), Sport and Modern Social Theorists, New York 2004, 81-96.

(33) Cheryl L. Cole/Michael D. Giardina/David L. Andrews, Michel Foucault. Studies of Power and Sport, in: ebd., 207-224.

(34) David Rowe, Antonio Gramsci: Sport, Hegemony and the National- Popular, in: ebd., 97-110.

(35) Pierre Bourdieu, Sport and Social Class, in: Social Science Information 17 (1978) 819-840.

(36) Ders., Die feinen Unterschiede, Frankfurt/Main 1982, 332-354.(ピエール・ブルデュー『ディスタンクシオン (I)』石井洋二郎訳、藤原書店、1990年、317-343頁)

(37) www.forbes.com/wealth/celebrities/list?ascend=true&sort=money Rank.

(38) Leslie Heywood, Third Wave Feminism, Global Economy, and Women's Surfing: Sport as Stealth Feminism in Girl's Surf Culture, in: Anita Harris (Hg.), Next Wave Cultures, London 2008, 63-82, S. 81-82.

(39) Gerhard Schulze, Die Erlebnisgesellschaft. Kultursoziologie der Gegenwart, Frankfurt/Main 1992 (^{2}2005).

(40) Thorstein Veblen, The Theory of the Leisure Class, New York 1899.

(41) Jürgen Schwier, «Do the right things» - Trends im Feld des Sports, in: dvs-information 13,2 (1998) 12.

(42) www.indianapolissuperbowl.com.

(43) Ist Schach Sport?, in: Berliner Zeitung, 28. Jan. 2002, S. 26 (online).

(44) Jürgen Schwier, Jugend - Kultur - Sport, Hamburg 1998, 9-29.

(45) Eike Emrich et al., Zur Situation der Sportvereine im Deutschen Sportbund (1996): www.dosb.de/fileadmi/fm-dsb/arbeitsfelder/wiss-ges/Dateien/FISAS-Kurzfassung.pdf.

(46) Gerhard Schulze, Die Erlebnisgesellschaft, Frankfurt/Main 1992, 54.

(47) Wolfgang Behringer, Vergnügung, in: EDN 14 (2011) 106-108.

(48) Sack Racing, in: ETBRS (2005) 235.

(49) There's nobody like him ... except you, me, everyone, in: Sunday Times, 20. 7. 2007.

略語一覧

AAA	Amateur Athletic Organisation
AD	Anno Domini（«Im Jahre des Herrn» = christliche Zeitrechnung）
ADB	Allgemeine Deutsche Biographie
amt.	amtierte, Amtszeit
Bd., Bde.	Band, Bände
BRD	Bundesrepublik Deutschland
ca.	circa
CSSH	Comparative Studies in Society and History
DDR	Deutsche Demokratische Republik
DFB	Deutscher Fußball-Bund
DFG	Deutsche Forschungs-Gemeinschaft
DOSB	Deutscher Olympischer Sport-Bund
EDN	Enzyklopädie der Neuzeit（参考文献・原典史料（抜粋）参照）
EHR	English Historical Review
EMOM	Encyclopedia of the Modern Olympic Movement（参考文献・原典史料（抜粋）参照）
at al.	et alii/und andere
ETBRS	Encyclopedia of Traditional British Rural Sports（参考文献・原典史料（抜粋）参照）
EWS	Encyclopedia of World Sport（参考文献・原典史料（抜粋）参照）
FA	Football Association
FFC	Folklore Fellows Communications
FIFA	Fédération Internationale de Football Association
GHI	German Historical Institute
GO	Global Olympics（参考文献・原典史料（抜粋）のYoung参照）
Hg.	Herausgeber bzw. herausgegeben von
Jh.	Jahrhundert
JMH	The Journal of Modern History
JSTOR	Journal Storage（digitales Zeitschriftenarchiv）
m	Meter
KLL	Kindlers Literatur Lexikon, 14 Bde., München 1986

km	Kilometer
Lit.	Literaturauswahl im Anhang
LMA	Lexikon des Mittelalters（参考文献・原典史料（抜粋）参照）
Nd.	Neudruck
NOK	Nationales Olympisches Komitee
IOC	International Olympic Committee
OGT	The Olympic Games in Transition（参考文献・原典史料（抜粋）の Segrave 参照）
reg.	regierte, Regierungszeit
s	Sekunden
S.	Seite
s. a.	sine anno/ohne Jahresangabe
s. l.	sine loco/ohne Ortsangabe
SZGS	Sozial- und Zeitgeschichte des Sports
UdSSR	Union der Sozialistischen Sowjet-Republiken
UEFA	Union of European Football Associations
UK	United Kingdom
UNO	United Nations Organisation
USA	United States of America
v. Chr.	vor Christus (vor Beginn der christlichen Zeitrechnung)
WM	Weltmeisterschaft
ZHF	Zeitschrift für historische Forschung

参考文献・原典史料（抜粋）

Alessandro Arcangeli, Recreation in the Renaissance. Attitudes Towards Leisure und Pastimes in European Culture, c. 1425-1675, New York 2003.

Carlo Bascetta (Hg.), Sport e giuochi. Trattati e scritti dal XV al XVIII secolo, 2 Bde., Mailand 1978.

Johann Bernhard Basedow, Das Elementarwerk, Leipzig ²1785.

Wolfgang Behringer, Arena and Pall Mall. Sport in the Early Modern Period, in: German History 27 (2009) 331-357.

Kendall Blanchard, The Anthropology of Sport, Westport 2005.

Gustav Adolf Erich Bogeng (Hg.), Geschichte des Sports aller Völker und Zeiten, 2 Bde., Leipzig 1926.

Cees De Bondt, Royal Tennis in Renaissance Italy, Turnhout/Belgien 2006.

Pierre Bourdieu, Die feinen Unterschiede. Kritik der gesellschaftlichen Urteilskraft, Frankfurt/Main 1982.

Ders., Sozialer Sinn, Frankfurt/Main 1987.

Dennis Brailsford, British Sport. A Social History, Cambridge 1992.

Horst Bredekamp, Florentiner Fußball. Die Renaissance der Spiele, Frankfurt/Main 1993.

Franz Josef Brüggemeier, Zurück auf den Platz. Deutschland und die Fußball-Weltmeisterschaft 1954, München 2004.

Joachim Bumke, Höfische Kultur. Literatur und Gesellschaft im hohen Mittelalter, 2 Bde., München 1986; 11. Auflage 2005.

Alan Cameron, Circus Factions. Blues and Greens at Rome and Byzantium, Oxford 1976.

Baldassare Castiglione, Das Buch vom Hofmann [Il Cortegiano, 1528]. Übersetzt und erläutert von Fritz Baumgart, München 1986.

Norbert Conrads, Ritterakademien in der Frühen Neuzeit. Bildung als Standesprivileg im 16. und 17. Jahrhundert, Göttingen 1982.

Pierre de Coubertin, Olympische Erinnerungen [1931], Frankfurt/Berlin 1996.

Wolfgang Decker, Sport und Spiel im Alten Ägypten, München 1987.

Ders., Sport in der griechischen Antike. Vom minoischen Wettkampf bis zu den Olympischen Spielen, München 1995.

Der Neue Pauly. Enzyklopädie der Antike, (Hg.) Hubert Cancik/Helmuth Schneider, 16 Bde., Stuttgart 1996-2003 (= Der Neue Pauly).

Eric Dunning (Hg.), Sport and Society. A Selection of Readings, London 1971.

Henning Eichberg, Geometrie als barocke Verhaltensnorm. Fortifikation und Exerzitien, in: Zeitschrift für Historische Forschung 4 (1977) 17-50.

Christiane Eisenberg, «English Sports» und deutsche Bürger. Eine Gesellschaftsgeschichte 1800-1939, Paderborn 1999.

Norbert Elias/Eric Dunning, Sport im Zivilisationsprozess, Münster 1981.

Encyclopedia of Traditional British Rural Sports, (Hg.) Tony Collins/John Martin/Wray Vamplew, London 2005 (= ETBRS).

Encyclopedia of World Sport. From Ancient Times to the Present, 3 Bde. (Hg.) David Levinson/Karen Kristensen, Santa Barbara/Ca. 1996 (= EWS).

Encyclopedia of the Modern Olympic Mouvement, (Hg.) John E. Findling/Kimberley D. Pelle, Westport 2004 (= EMOM).

Enzyklopädie der Neuzeit, (Hg.) Friedrich Jäger, 16 Bde., Stuttgart 2005-2012 (= EDN).

Ernst Freys (Hg.), Gedruckte Schützenbriefe des 15. Jahrhunderts, 2 Bde., München 1912.

Alison Futrell, Blood in the Arena. The Spectacle of Roman Power, Austin 1997.

Clifford Geertz, The Interpretation of Cultures. Selected Essays, New York 1973.

Heiner Gillmeister, Kulturgeschichte des Tennis, München 1990.

Richard Giulianotti (Hg.), Sport and Modern Social Theorists, New York 2004.

Hippolytus Guarinonius, Die Grewel der Verwüstung Menschlichen Geschlechtes, Ingolstadt 1610 (leider noch nicht online).

Georg Gumpelzhaimer, Gymnasma de exercitiis academicorum. In quo per discursum disseritur de eorum necessitate, modo, tempore, personis, utilitate, Straßburg 1621.

Johann Christoph Friedrich Gutsmuths, Gymnastik für die Jugend, Schnepfenthal 1793.

Allen Guttmann, Vom Ritual zum Rekord. Das Wesen des modernen Sports, Schorndorf 1979.

Ders., A Whole New Ballgame. An Interpretation of American Sports, 1988.

Ders., Sports. The first Five Millennia, Amherst/Mass. 2004.

Albert Hauser, Was für ein Leben. Schweizer Alltag vom 15. bis 18. Jahrhundert, Zürich [3]1990.

Nils Havemann, Fußball unterm Hakenkreuz: Der DFB zwischen Sport, Politik und Kommerz, Frankfurt/Main 2005.

Leslie Heywood/Shari L. Dworkin, Built to Win. The Female Athlete as Cultural Icon, Minneapolis 2003.
Johan Huizinga, Homo Ludens. Versuch einer Bestimmung des Spielelements in der Kultur, Basel 1944.
Charles Hulpeau (Hg.), Le Ieu Royal de la Paulme, Paris 1632.
Friedrich Ludwig Jahn, Die deutsche Turnkunst zur Einrichtung der Turnplätze, Berlin 1816.
James I., The King's Majesty's Declaration to his Subjects Concerning Lawful Sports to be Used (1618), London 1633.
Jean-Jules Jusserand, Les sports et jeux d'exercise dans l'ancienne France, Paris 1901.
Arnd Krüger/John McClelland (Hg.), Die Anfänge des modernen Sports in der Renaissance, London 1984.
Karl Lennartz, Kenntnisse und Vorstellungen von Olympia und den Olympischen Spielen in der Zeit von 393-1896, Schorndorf 1974.
Lexikon des Mittelalters, 9 Bde. und ein Registerband, München 1980-1999 (= LMA).
Rebekka von Mallinckrodt (Hg.), Bewegtes Leben. Körpertechniken in der Frühen Neuzeit, Katalog Wolfenbüttel 2008.
Michael Mandelbaum, The Meaning of Sports. Why Americans Watch Baseball, Football, and Basketball and What They See When They Do, New York 2004.
G[ervase] M[arkham], The Young Sportsman's Instructor, in Angling, Fowling, Hawking, Hunting [...], London s. a. [ca. 1615].
Friedrich Karl Mathys, Spiel und Sport im alten Basel, Basel 1954.
John McClelland/Brian Merrilees (Hg.), Sport and Culture in Early Modern Europe. Le sport dans la civilisation de l'Europe pré-moderne, Toronto 2009.
Peter C. McIntosh (Hg.), Sport and Society, London 1963.
Ross McKibbin, Classes and Cultures. England 1918-1951, Oxford 1998.
Robert A. Mechikoff, A History and Philosophy of Sport and Physical Education. From Ancient Civilizations to the Modern World, New York ^{5}2010.
Jean-Michel Mehl, Les jeux au royaume de France du XIIIe au début du XVIe siècle, Paris 1990.
Hieronymus Mercurialis, Artis Gymnasticae apud antiques celeberrimae, nostris temporis ignoratae, libri sex, Venedig 1569 (leider noch nicht online).
Richard Mulcaster, Positions, Wherein those Primitive Circumstances can be Examined, which are Necessarie for the Training up of Children, London 1581 (online).
Manuela Müller-Windisch, Aufgeschnürt und außer Atem. Die Geschichte des

Frauensports, München 2000.
Stephan Oettermann, Läufer und Vorläufer. Zu einer Kulturgeschichte des Laufsports, Frankfurt/Main 1984.
Gherardo Ortalli, Dal medioevo all'età umanistica: quando il gioco diventa serio, in: Carlo Petrini/Ugo Volli (Hg.), Cibo, festa, moda [= Luigi Luca Cavalli Sforza (Hg.), La cultura italiana, 10 Bde., Bd. 6], Turin 2009, 238–283.
Thomas Platter der Jüngere, Beschreibung der Reisen durch Frankreich, Spanien, England und die Niederlande 1595–1600, (Hg.) Rut Keiser, Basel 1968.
Antoine de Pluvinel, Le Maneige Royal, Paris 1623 (online).
Steven W. Pope/John R. Nauright (Hg.), Routledge Companion to Sports History, London 2010.
James Riordan, Sport and Physical Education in China, London 1999.
Ders./Arnd Krüger (Hg.), The International Politics of Sport in the 20th Century, London 1999.
Luigi Roffare, La Repubblica di Venezia e lo sport, Venedig 1931.
Marcus Rosenstein, Das Ballsport-Lexikon. Die Ball- und Kugelspiele der Welt, Berlin 1997.
Antonio Scaino, Trattato del giuoco della palla, Venedig 1555, (Hg.) Giorgio Nonni, Urbino 2000.
Walter Schaufelberger, Der Wettkampf in der alten Eidgenossenschaft. Zur Kulturgeschichte des Sports vom 13. bis ins 18. Jahrhundert, 2 Bde., Bern 1972.
Sandra Schmidt, Kopfübern und Luftspringen. Bewegung als Wissenschaft und Kunst in der Frühen Neuzeit, München 2008.
Gerhard Schulze, Die Erlebnisgesellschaft. Kultursoziologie der Gegenwart, Frankfurt/Main 1992 (^{2}2005).
Dirk Schümer, Gott ist rund. Die Kultur des Fußballs, Frankfurt/Main 1998.
Jeffrey O. Segrave/Donald Chu (Hg.), The Olympic Games in Transition, Champaigne/Illinois 1988 (= OGT).
Ulrich Sinn, Olympia. Kult, Sport und Fest in der Antike, München 1996.
Joseph Strutt, The Sports and Pastimes of the People of England [...] From the Earliest Period to the Present Times, London 1801.
Richard Tames, Sporting London. A Race through the Times, London 2005.
Georg Tanzer, Spectacle müssen sein. Die Freizeit der Wiener im 18. Jahrhundert, Wien 1992.
Tertullian, De spectaculis/Über die Spiele, (Hg. und übers.) Karl-Wilhelm Weeber, Stuttgart 1988.
Norah M. Titley, Sports and Pastimes. Scenes from Turkish, Persian and Mughal

Paintings, London 1979.
Valentin Trichter, Curiöses Reit-, Jagd-, Fecht-, Tanz- oder Ritter-Exercitien-Lexicon, Leipzig 1742.
Arcangelo Tuccaro, Trois dialogues de l'exercise de sauter et voltiger en l'air, Paris 1599.
Horst Ueberhorst (Hg.), Geschichte der Leibesübungen, 6 Bde., Berlin 1971-1989.
Jenny Uglow, A Gambling Man. Charles II and the Restoration, London 2009.
Jacques Ulmann, De la gymnastique aux sports moderne: Histoire des doctrines de l'éducation physique, Paris 1982.
Thomas Vennum, American Indian Lacrosse: Little Brother of War, Washington D.C. 1994.
Paul Veyne, Brot und Spiele. Gesellschaftliche Macht und politische Herrschaft in der Antike, Frankfurt/Main u. a. 1988.
Gerhard Ulrich Anton Vieth, Versuch einer Encyklopädie der Leibesübungen, Theil 1: Beiträge zu einer Geschichte der Leibesübungen, Halle 1793.
Vitruv, De architectura libri decem. Zehn Bücher über Architektur, übers. und mit Anmerkungen versehen von Dr. Curt Fensterbusch, Darmstadt ^{5}1996.
Alison Weir, Henry VIII. The King and his Court, New York 2001.
Michael Whittington (Hg.), The Sport of Life and Death. The Mesoamerican Ballgame, New York 2001.
Sally Wilkins, Sports and Games of Medieval Cultures, London 2002.
Francis Willughby, Book of Games [ca. 1665]. A Seventeenth Century Treatise on Sports, Games and Pastimes, (Hg.) David Cram/Jeffrey L. Forgeng/Dorothy Johnston, Aldershot 2003.
Kevin Young/Kevin B. Wamsley (Hg.), Global Olympics. Historical and Sociological Studies of the Modern Games, Amsterdam/Oxford 2005 (= GO).
Johann Heinrich Zedler (Hg.), Großes vollständiges Universal-Lexicon aller Wissenschaften und Künste, 64 Bde. und 4 Ergänzungsbde., Halle/Leipzig 1732-1754. - Reprint Graz 1961. - online: http://mdz.bib-bvb.de/digibib/lexika/zedler/ (= Zedler).
Amy Zoll, Gladiatrix. The True Story of History's Unknown Woman Warrior, New York 2002.

図版出典

33頁　「パンアテナイ祭」の走者たち。紀元前530年頃、賞品の壺絵。ミュンヘン、州立古代美術博物館蔵。
45頁　古代の競技場を修復して第1回近代オリンピック競技会のために建造されたギリシア、アテネのパナシナイコスタジアム。
63頁　「キルクス・マキシムス」遺跡、ローマ。
81頁　ローマの「コロッセウム」。紀元後72-80年、ウェスパシアヌス帝治下で建設された。
95頁　ペルシアのシャーの宮廷におけるポロ競技。1546年。タブリーズ。詩「ボールとマレット（*Guy u Chawgan*）」に付されたペルシアの書籍の挿絵。
117頁　マイスター・デア・ハイリゲン・ジッペ（若）　聖セバスティアヌスの殉教。1493年頃。祭壇画。ケルンのアウグスティノ会聖アントン修道院。現在はケルン、ヴァルラフ・リヒャルツ美術館蔵。
188頁　フランクフルト・アム・マインのロスマルクトにおける輪突き。1658年の銅版画。
201頁　ミハエル・スウェールツ　格闘技。1649年、ローマ。カールスルーエ、州立美術館蔵。
255頁　チャールズ1世によって更新された『スポーツの書』。1633年、ロンドン。
294頁　1993年の火災後に復元されたノイブルク宮殿の巨大な屋内球技場。今日のウィーン11区、ジンメリング。
323頁　1792年12月、（王立乗馬学校の）演技場におけるルイ16世に対する裁判。
415頁　ヘルベルト・マルクセン　スポーツは女性の価値を高める。女性の世界チャンピオンたち。1931年のカリカチュア。
437頁　ビーチバレーボール・クラシック2007。　*WikiCommons-«public domain»*

433頁　ボブ・ビーモン。8.90 mの世界記録の跳躍。1968年、メキシコ。
448頁　1964年2月25日、マイアミ（フロリダ）でのソニー・リストンとカシアス・クレイのヘビー級タイトルマッチのデータ。

©Bettmann/Corbis

107頁　大ハイデルベルク歌謡写本（マネッセ写本）。部分。ディートマル・デア・ゼッツァー殿。チューリヒ。1305-1340年。
Cod. Pal. germ. 848, fol. 321v © *Universitätsbibliothek Heidelberg*

281頁　アウクスブルクの射撃広場。ニコラウス・ゾリス。1567年10月6日。
© *Germanisches Nationalmuseum Nürnberg, Graphische Sammlung*

358頁　二つの信用できる顕彰メダル。2004年。　© *Götz Wiedenroth*

442頁　2008年オリンピック・北京大会での3メートルシンクロナイズド飛び板飛込。2008年8月10日、中国の優勝ペアの郭晶晶と呉敏霞。
483頁　2008年オリンピック・北京大会。ウサイン・ボルトは、19秒30のタイムで200m走に優勝した。　© *Reuters*

474頁　1973年6月5日。ウリ・ヘーネスとパウル・ブライトナーが水泳パンツでポーズをとる。　© *picture-alliance/dpa-Sportreport*

498頁　2008年8月17日。オリンピック・北京大会優勝を喜ぶラファエル・ナダル。　© *MCT via Getty Images*

516頁　2004年6月15日。ミュンヘンのウェストパークでの体操。
© *Süddeutsche Zeitung Digitale Medien GmbH*

543頁　ノルディック高飛込　© *Volker Dornemann*

邦語参考文献

アイヒベルク、ヘニング『身体文化のイマジネーション――デンマークにおける「身体の知」』清水諭訳、新評論、1997年

アウグスティヌス『告白』(全3巻) 山田晶訳、中公文庫、2014年

アンダーソン、ベネディクト『想像の共同体――ナショナリズムの起源と流行』白石隆・白石さやか訳、リブロート、1987年

伊藤貞夫『古代ギリシアの歴史――ポリスの興隆と衰退』講談社学術文庫、2013年

稲垣正浩・谷釜了正編『スポーツ史講義』大修館書店、1995年

『ウィトルーウィウス　建築書』森田慶一訳、生活社、1943年

ヴィンケルマン、ヨハン・ヨアヒム『古代美術史』中山典夫訳、中央公論美術出版、2001年

ヴェーヌ、ポール『パンと競技場――ギリシア・ローマ時代の政治と都市の社会学的歴史』鎌田博夫訳、法政大学出版局、1998年

エリアス、ノルベルト『文明化の過程・上――社会の変遷／文明化の理論のための見取図』赤井慧爾・中村元保・吉田正勝訳、法政大学出版局、1977年

エリアス、ノルベルト『文明化の過程・下――ヨーロッパ上流階層の風俗の変遷』波田節夫・溝辺敬一・羽田洋・藤平浩之訳、法政大学出版局、1978年

エリアス、ノルベルト／ダニング、エリック『スポーツと文明化――興奮の探求』大平章訳、法政大学出版局、1995年

オウィディウス『変身物語（上・下)』中村善也訳、岩波文庫、1984年

小原淳『フォルクと帝国創設――19世紀ドイツにおけるトゥルネン運動の史的考察』彩流社、2011年

表孟宏編『テニスの源流を求めて』大修館書店、1997年

梶田昭『医学の歴史』講談社学術文庫、2003年

『カスティリオーネ　宮廷人』清水紘一・岩倉具忠・天野恵訳註、東海大学出版会、1987年

ギアーツ、C.『文化の解釈学（Ⅰ・Ⅱ)』吉田禎吾・柳川啓一・中牧弘允・板橋作美訳、岩波現代選書、1987年

木村靖二・千葉敏之・西山暁義編『ドイツ史研究入門』山川出版社、2014年

グットマン、アレン『スポーツと帝国――近代スポーツと文化帝国主義』谷川稔・池田恵子・石井昌幸・石井芳枝訳、昭和堂、1997年

グートマン、アレン『スポーツと現代アメリカ』清水哲男訳、ティビーエス・ブリタニカ、1981年
グラヴェット、クリストファー『オスプレイ戦史シリーズ3　馬上槍試合の騎士――トーナメントの変遷』須田武郎訳　新紀元社、2003年
『ゲーテ全集第11巻　イタリア紀行』高木久雄訳、潮出版社、1979年
高津春繁『ギリシア・ローマ神話辞典』岩波書店、1960年
越宏一先生退任記念論文集刊行会編『ルクス・アルティウム――越宏一先生退任記念論文集』中央公論美術出版、2010年
サーリンズ、マーシャル『石器時代の経済学』山内昶訳、法政大学出版局、1984年
桜井万里子・橋場弦編『古代オリンピック』岩波新書、2004年
桜井万里子編『新版　世界各国史17　ギリシア史』山川出版社、2005年
真田久『19世紀のオリンピア競技祭』明和出版、2011年
島田誠　『コロッセウムからよむローマ帝国』講談社選書メチエ、1999年
シュルツェ、ハンス・K.『西欧中世史事典――国制と社会組織』千葉徳夫・五十嵐修・佐久間弘展・浅野啓子・小倉欣一訳、ミネルヴァ書房、1997年
シュルツェ、ハンス・K.『西欧中世史事典Ⅱ――皇帝と帝国』五十嵐修・小倉欣一・浅野啓子・佐久間弘展訳、ミネルヴァ書房、2005年
シュルツェ、ハンス・K.『西欧中世史事典Ⅲ――王権とその支配』小倉欣一・河野淳訳、ミネルヴァ書房、2013年
スエトニウス『ローマ皇帝伝（上・下）』國原吉之助訳、岩波文庫、1986年
スワドリング、ジュディス『古代オリンピック』穂積八洲雄訳、日本放送出版協会、1994年
寒川恒夫編『図説　スポーツ史』朝倉書店、1991年
デッカー、ヴォルフガング『古代エジプトの遊びとスポーツ』津山拓也訳、法政大学出版局、1995年
デュメジル、ジョルジュ『ローマの祭り――夏と秋』大橋寿美子訳、法政大学出版局、1994年
『キリスト教教父著作集13　テルトゥリアヌス1』土岐正策訳、教文館、1987年
『キリスト教教父著作集16　テルトゥリアヌス4』木寺廉太訳、教文館、2002年
テンジン、N. 述／アルマン、J. R. 記『ヒマラヤの男――テンジンの生きてきた道』井上勇訳、紀伊國屋書店、1955年
土井正興『スパルタクスの蜂起――古代ローマの奴隷戦争』青木書店、1973年
トウニー、A. D. ／ヴェニヒ、ステフェン『古代エジプトのスポーツ』滝口宏・伊藤順蔵訳、ベースボール・マガジン社、1978年
トマス・アクィナス『神学大全　第9冊』高田三郎・村上武子訳、創文社、1996年

中川良隆『娯楽と癒しからみた古代ローマ繁栄史——パンとサーカスの時代』鹿島出版会、2012年
成瀬治・山田欣吾・木村靖二編『世界歴史大系　ドイツ史1』山川出版社、1997年
成瀬治・山田欣吾・木村靖二編『世界歴史大系　ドイツ史2』山川出版社、1996年
『ニーベルンゲンの歌』相良守峯訳、岩波文庫、1955年
野崎直治『ヨーロッパ中世の城』中公新書、1989年
パウサニアス『ギリシア案内記（上・下）』馬場恵二訳、岩波文庫、1991-1992年
長谷川博隆『カエサル』講談社学術文庫、1994年
ハルトゥング、F.『ドイツ国制史——15世紀から現代まで』成瀬治・坂井栄八郎訳、岩波書店、1980年
『サミュエル・ピープスの日記』（全10巻）臼田昭・岡照雄・海保眞夫ほか訳、国文社、1987-2012年
ピコ・デッラ・ミランドラ、ジョヴァンニ『人間の尊厳について』大出哲・安部包・伊藤博明訳、国文社、1985年
ファン・デュルメン、リヒャルト『近世の文化と日常生活2——村と都市』佐藤正樹訳、鳥影社、1995年
フィッシャルト、ヨーハン『チューリヒの幸運の船／蚤退治』大澤峯雄・精園修三訳、同学社、1998年
ブムケ、ヨアヒム『中世の騎士文化』平尾浩三・和泉雅人・相沢隆・斎藤太郎・三瓶慎一・一条麻美子訳、白水社、1995年
ブルクハルト、ヤーコプ『ギリシア文化史』（全8巻）新井靖一訳、ちくま学芸文庫、1998-1999年
ブルデュ、ピエール『実践感覚1』今村仁司・港道隆訳、みすず書房、1988年
ブルデュ、ピエール『実践感覚2』今村仁司・福井憲彦・塚原史・港道隆訳、みすず書房、1990年
ブルデュー、ピエール『ディスタンクシオン——社会的判断力批判（Ⅰ・Ⅱ）』石井洋二郎訳、藤原書店、1990年
ブルデュー、ピエール『社会学の社会学』田原音和監訳、藤原書店、1991年
ベーリンガー、ヴォルフガング『気候の文化史——氷期から地球温暖化まで』松岡尚子・小関節子・柳沢ゆりえ・河辺暁子・杉村園子・後藤久子訳、丸善プラネット、2014年
ベッケンバウアー、フランツ『ベッケンバウアー自伝——「皇帝」と呼ばれた男』沼尻正之訳、中央公論新社、2006年
ヘッセ＝リヒテンベルガー、ウルリッヒ『ブンデスリーガ——ドイツサッカーの軌跡』秋吉香代子訳、バジリコ、2005年

ペトロニウス『サテュリコン――古代ローマの諷刺小説』國原吉之助訳、岩波文庫、1991年
ペルシウス／ユウェナーリス『ローマ諷刺詩集』國原吉之助訳、岩波文庫、2012年
ホイジンガ『ホモ・ルーデンス』高橋英夫訳、中公文庫、1973年
ホブズボウム、E.／レンジャー、T.編『創られた伝統』前川啓治・梶原景昭ほか訳、紀伊國屋書店、1992年
『筑摩世界文学大系2　ホメーロス』呉茂一・高津春繁訳、筑摩書房、1971年
ホルクハイマー、マックス／アドルノ、テオドール・W.『啓蒙の弁証法』徳永恂訳、岩波書店、1990年
マグヌス、オラウス『北方民族文化誌（上巻）』谷口幸男訳、渓水社、1991年
松井良明『近代スポーツの誕生』講談社現代新書、2000年
松井良明『球技の誕生――人はなぜ球技をするのか』平凡社、2015年
松尾順一『ドイツ体育祭と国民統合――近代ドイツにおける全国体操祭に関する史的研究（1860～1880）』創文企画、2010年
ミッタイス、H.『ドイツ法制史概説　改訂版』世良晃志郎訳、創文社、1971年
南川高志『新・ローマ帝国衰亡史』岩波新書、2013年
メゾー、フェレンス『古代オリンピックの歴史』大島鎌吉訳、ベースボール・マガジン社、1962年
本村凌二『帝国を魅せる剣闘士――血と汗のローマ社会史』山川出版社、2011年
モンテーニュ『エセー』（全6冊）原二郎訳、岩波文庫、1966年
ラブレー、フランソワ『第一之書　ガルガンチュワ物語』渡辺一夫訳、岩波文庫、1973年
ランドゥッチ、ルカ『ランドゥッチの日記――ルネサンス一商人の覚え書』中森義宗・安保大有訳、近藤出版社、1988年
ルター、マルティン『卓上語録』植田兼義訳、教文館、2003年
ロック、ジョン『人間知性論』（全4巻）大槻春彦訳、岩波文庫、1972-1977年
ロック、ジョン『教育に関する考察』服部知文訳、岩波文庫、1967年
ロック、ジョン『市民政府論』鵜飼信成訳、岩波文庫、1968年